U0851619

《铁路工程水文勘测设计规范》
解读与思考(上册)

周四思　主编

中国铁道出版社有限公司

2024年·北京

内 容 简 介

本书为《铁路工程水文勘测设计规范》(TB 10017—2021)的配套参考书。全书包括13章,基本按照规范的顺序逐条解读相关条款。重点讲述制定规范的基本思路、方法及演变过程,引导读者全面准确地理解规范的内在涵义。并提出尚应继续开展研究的规范课题,以及对规范部分条款的不同看法与建议,引导读者共同参与讨论。

本书可供从事铁路水文勘测设计、科研及教育等相关人员参考。

图书在版编目(CIP)数据

《铁路工程水文勘测设计规范》解读与思考 / 周四思主编. -- 北京 : 中国铁道出版社有限公司, 2024. 10.
ISBN 978-7-113-31462-0

Ⅰ. U212.22-65

中国国家版本馆 CIP 数据核字第 2024JL8050 号

书　　名:《铁路工程水文勘测设计规范》解读与思考(上册)
作　　者: 周四思

责任编辑: 张　悦　张卫晓　**编辑部电话:**(010)51873193　**电子邮箱:** gst1163@163.com
封面设计: 郑春鹏
责任校对: 刘　畅
责任印制: 高春晓

出版发行: 中国铁道出版社有限公司(100054,北京市西城区右安门西街8号)
网　　址: https://www.tdpress.com
印　　刷: 北京铭成印刷有限公司
版　　次: 2024年10月第1版　2024年10月第1次印刷
开　　本: 880 mm×1 230 mm 1/32　**印张:** 26.125　**字数:** 792千
书　　号: ISBN 978-7-113-31462-0
定　　价: 75.00元(上、下册)

版权所有　侵权必究

凡购买铁道版图书,如有印制质量问题,请与本社读者服务部联系调换。电话:(010)51873174

打击盗版举报电话:(010)63549461

序

水文勘测设计规范作为水文工作的基础，是水文工作服务社会、支撑经济建设及防汛抗旱决策的重要依据；铁路工程的水文工作对铁路运营安全起着重要作用。

《铁路工程水文勘测设计规范》（TB 10017—2021）已于2022年1月起实施。本书是作者继《〈铁路桥涵设计规范〉解读与思考》《〈铁路桥涵地基和基础设计规范〉解读与思考》《〈铁路桥梁钢结构设计规范〉解读与思考》三本铁路桥规方面的参考书之后，另一本针对铁路桥渡、路基、隧道及站场等在水文勘测设计方面的参考书。

本书按照现行规范的顺序，进行了全面细致的逐条解读，侧重阐述了编制的思路、方法及演变历程。并旁征博引大量涉及铁路的水害、勘测设计、科研试验等方面的资料数据，力图加深读者对规范的理解，在勘测设计实践中准确灵活地使用规范。

主编周四思同志几十年来参与起草编制了我国多部铁路桥涵设计规范，对桥梁工程设计有着很深的理解与认识。在起草编制《铁路工程水文勘测设计规范》

的初稿过程中，收集了大量铁路水文研究的原始资料，为丰富本书内容奠定了坚实基础。在分析研究了铁路工程水文领域前辈专家观点的基础上，对一些问题提出了思考与建议，这将对铁路工程水文科技的进步和相关规范的进一步完善起到重要作用。

出版《〈铁路工程水文勘测设计规范〉解读与思考》将对铁路工程水文科技人员的实践有所助益，并对我国铁路工程水文勘测相关技术规范的改进创新有所助益。

中国工程院院士

2023 年 12 月

前　言

《铁路工程水文勘测设计规范》(TB 10017—2021)在《铁路工程水文勘测设计规范》(TB 10017—99)及《铁路桥渡勘测设计规范》(TBJ 17 86)的基础上，系统分析了铁路工程水文勘测设计的现状，全面总结了铁路工程水文勘测设计的经验，充分借鉴了国外及路外的相关标准规范并与之相协调，贯彻了国家对环境保护的要求。

为了帮助广大技术人员更好地理解规范内容、依据及编制背景，正确运用规范解决铁路工程水文勘测设计问题，作者总结从业几十年参加铁路设计规范起草编制的心得认识，并得到了天津宏建工程设计咨询有限公司以及中国铁道出版社有限公司的写作支持，主编完成本书，是作者为铁路工程设计规范进行进一步解读思考的又一本参考书。

全书共 13 章，除第 1 章外，基本按规范的顺序逐条解读有关条款。第 1 章概述中国铁路工程水文勘测设计规范演变过程、桥渡水文发展历程及展望、编制背景及主要修订内容。第 2 章按照国家标准的制定目的、适用范围、共性及执行的总则要求给予解读。

第3～12章重点讲述规范的演变，制定的基本思路方法，算法公式及主要设计参数取值，规定的应用事宜及示例等，借以方便读者全面理解规范的内在涵义。第13章提出了尚应继续开展研究的规范课题，以及对规范的不同看法和思考建议，供读者一同参与探讨。最后提供了与规范相关的7个附录，以方便查阅。

另外，自20世纪50年代以来，桥渡水文规范及参考资料的时代背景不同，其术语及符号存在一定差异。本书作者及编辑出版单位对原有资料的表述进行了全力的调整统一，尽量使表述方式趋于标准化，但仍会存在某方面的局限性，也包括对原既有普速铁路的简称沿用了当年的惯常用法，或称××线，勘测设计里程也沿用当时的资料数据。本书按现行规范的内容架构逐一进行解读，在此说明几点：其一，对桥渡水文及河流水害史上资料的掌握范围集中在20世纪50年代及以后，来源于当地水文站等原始资料，内容及数据确切可靠（经考证无质疑）；为尽可能解读清晰各不同条目，同一案例及其数据可被引用于不同条目的解读，但其指向重点有差异。其二，条文解读的内容立足于铁路，并援引了一些公路交通及其他相关行业涉及水文的标准与规范，其国标、铁标及企标等编号确切无误；从版面简约的角度考虑，对经常提及的书名仅在首次及重要处书写全称，其后多采用首次全称后注释的简称，并括注标准号全称。其三，对照、引用介绍以上涉及的标准与规范时，条文内容采用当时的工程及水患发生时执行的版本，这些年代号的版本大部分沿用至今，少许有替代版本，考虑到解析对比的客观性均抄录原标准号。对经常引用的内容[如被现行规范替代的《铁路工程水文勘测设计规范》(TB 10017—99)、《铁路桥渡勘测设计规范》(TBJ 17—86)]，包括公路方面现行《公路工程水文勘测设计规范》(JTG-C30—2015)等规范与标准的内容，已在正文中表述清楚，由于参考文献要求所列条目数据具有规范性与精准性，其中不再列入这些部分。其四，考虑到条文的完整性，引用的条文或有少量重复与交叉。

全书由周四思策划和统稿，并编写第1～3、7、8、10、13章。白晓崑编写第4～6章，周津斌编写第9、11、12章，张瑞蓉、廉凯、李树铮负责编写附录和组织绘制图表。

作者在中国铁设规范组工作期间，承蒙国家铁路局薛吉岗，国铁集团乔健、盛黎明、辛学忠、陈良江、杨梦蛟、杨鹏建，中国铁设孙树礼，中铁设计徐升桥，中铁大桥院肖海珠，铁科院胡所亭的支持帮助，并得到原规范组同仁苏伟、杜宝军和张莉的关照。在本书编写过程中，荣幸得到高宗余院士作序鼓励并提出了宝贵意见。中国铁道出版社有限公司张悦也为本书的策划出版做了大量工作。在此一并致谢。

限于作者水平，书中观点有待商榷之处在所难免，敬请广大读者批评指正。

周四思

2023年12月于天津

目　　录

第1章 概 述

水文勘测设计规范作为水文工作的基础，是水文服务社会、支撑经济建设和防汛抗旱决策的重要依据，特别是铁路工程的水文工作，对铁路安全运营起着重要作用。

自《铁路工程水文勘测设计规范》(TB 10017—99)[下文简称《规范》(TB 10017—99)]发布至今的20多年间，我国迎来了铁路建设的高潮，桥梁建设数量日趋庞大。但由于我国经济体制改革及其他因素的影响下，铁路水文专业的发展在这一阶段基本处于缓慢阶段。主要因素在于由于结构设计不断改进优化，桥梁与线路的造价比大幅度降低，常采用以桥代路的设计。修建跨越江河的桥梁已不再特别限制桥梁的长度，而桥长问题是桥渡水工水文计算和桥渡水工模型试验研究需要解决的重要问题之一。由于桥梁沉井基础、桩基础施工技术的不断改进，桥梁基础的埋深在我国不再是难题，多数情况下，不必通过桥渡水工模型试验研究来解决冲刷深度问题。

我国自铁路桥渡水文专业起步至今，已取得大量珍贵的科研成果。桥渡水文专业目前进入了缓慢发展阶段，近期的科研成果仍有一些尚未纳入现行的桥渡水文设计规范。

结合现今铁路桥涵、隧道、路基、站房等工程的水文特点、现状及技术发展需要，并根据以往规范在多年执行过程中存在问题的调研结果，特别是与其他相关行业规范的协调问题，均需要对铁路工程水文勘测设计等规定进行全面修订。

为统一铁路工程水文勘测设计技术要求，保障铁路正常运行，系统分析铁路工程水文勘测设计现状，全面总结铁路工程水文勘测设计实践经验，充分借鉴国内相关标准并与之相互协调，贯彻国家节约能源、保护环境的要求，经广泛征求意见，铁路部门对《规范》(TB 10017—99)进行了全面修订。

根据《国家铁路局2016年铁路工程建设标准编制计划》(国铁科法函

〔2016〕29 号）和《铁路工程建设标准管理办法》（国铁科法函〔2014〕24 号）的要求，本次修订系统分析了铁路工程水文勘测设计现状，全面总结铁路工程水文勘测设计实践经验，充分吸纳行业内勘测细则及相关手册中的成熟经验，并借鉴了公路、海港等相关行业标准。

本规范的章节划分、内容组成等框架结构保留了《规范》（TB 10017—99）的核心内容，从而保持了其连续性。

1.1 我国铁路工程水文勘测设计规范演变过程

20 世纪 50 年代前，我国的桥梁设计大多不进行水文计算，不做桥渡设计。通常只调查一个高水位，甚至凭经验定桥孔。因此铁路桥梁在洪水期时有水害事故发生，不能保障运输安全。

50 年代以来，我国的桥渡水文工作逐渐受到重视，逐步纳入科学有序的轨道。初期的桥渡设计主要学习苏联时期的技术。他们已建立的学科系统开始对我国桥渡设计学科的形成与发展产生了深刻影响。代表性著作有安德列耶夫的《桥位设计》（1949 年出版的教材）、包尔达可夫的《大河桥渡》（1949 年出版的工程技术用书）、《永久桥址之勘测设计规程》（1948 年颁布的规程）等。我国这期间的桥位设计流量大都利用上述著作中的公式，根据雨量间接推求。由于中国水文状况非常复杂，加之当时水工水文工作薄弱，观测、试验资料短少，苏联时期的一些办法不能完全适合中国的自然条件和水文特征，以致某些桥涵流量不切实际，设计施工后，遇有水害常带来一些不应有的损失。

1957 年开始，铁路各科研、设计、管理等单位联合公路、水利、林业部门及有关大专院校进行协作，开展了水文观测、水工试验和科学研究。20 世纪 60 年代初期，陆续绘制了许多适合中国地域特点的水文图表，制订了分析方法和不同地区的小径流计算公式，并编写了桥涵水文勘测细则；同期，随着唐山铁道学院教材《桥梁水文》、同济大学教材《道路设计》三分册《桥渡设计》、铁道部第三勘测设计院（以下简称铁三院）《铁路勘测设计技术手册 · 桥涵水文计算》等工具书的出版，逐渐形成了我国的桥渡设计学科。1966—1976 年间，桥涵水文工作进展一度缓慢，但铁路水文工作者仍在极端困难的条件下开展水文工作。

铁道部安排以铁三院主编的《铁路桥渡勘测设计规范》(部〔1981〕铁基字1115号)为脚本,并协同部分铁路科研设计单位和铁路专业院校共同努力,编制了中国第一部《铁路桥渡勘测设计规范》(TBJ 17—86)[下文简称《规范》(TBJ 17—86)],根据铁道部《关于发布〈铁路桥渡勘测设计规范〉的通知》(铁基〔1986〕1243号),《规范》(TBJ 17—86)于1987年7月开始施行,这是中国铁路桥涵勘测设计中选定桥位,确定桥长、桥高、基础埋深的法规准则,对提高铁路桥渡设计质量,减少铁路水患起到积极作用。同时,全国水文科技人员先后在壅水计算公式改进、斜交壅水计算、黏性土冲刷计算、岩石基础冲刷和浅基防护计算、感潮河段的桥渡水文计算、溃坝流量计算等方面,结合生产实际进行科学研究,桥渡设计的基本理论和试验工作有了很大进展。由于该规范是我国铁路桥渡勘测设计首部规范,施行5年多,各单位的执行程度和桥涵勘测设计人员掌握的深度各异,《铁路桥渡勘测设计规范条文说明》发行数量也较少。1993年,在有关单位和领导的关心支持下,规范主编和参编单位部分人员编写了《铁路桥渡勘测设计规范宣贯材料》,着重讲解规范条文编制依据和执行中的具体要求,并介绍一些与规范有关的水文科研成果,以提高桥涵勘测设计人员对规范的认识并能准确执行。

根据《1997年铁路工程建设标准规范编制计划》(铁建函〔1997〕54号)要求,主编单位铁三院完成了《规范》(TB 10017—99)的编制,并于1999年9月开始施行。

1.1.1 《铁路桥渡勘测设计规范》(TBJ 17—86)

桥渡是以桥梁的桥头、导流堤等为主体的跨越河流、深谷、低洼地带的全部建筑物。桥渡勘测设计是为使桥梁安全跨越河流并满足桥下通航需要进行的一系列工作,也称桥渡设计。包括确定下列内容:桥位、桥头引线及其与线路设计的协调、洪水频率及其流量、孔径、通航净空与桥面高程、基础埋深,以及导流堤等建筑物的设置与设计等。也有专家学者将桥渡设计的内容概括为,确定"桥位、孔径、主要跨度、梁底高程、桥墩基础埋深、导治结构物"6项,引自参考文献钱冬生著《科学地对待桥渡和桥梁》。

《规范》(TBJ 17—86)包括总则、桥渡勘测、桥位选择、设计洪水、孔径设计、桥头路堤与滨河路堤水文、导治建筑物、特殊情况水文计算共8章,并有附录10个(河段类别、溃坝流量计算、泥石流分类简表、天然河道洪水糙率系数、堰流公式、水深1 m时非黏性土不冲刷流速 v_{H1}、墩形系数、泥石流堵塞系数、法定计量单位与非法定计量单位对照换算、用词说明等)。

第1章 总 则

第1条为规范的适用范围和改动权限,第2~4条为桥渡的内涵和布设总体要求,第5、6条为水文资料的搜集,第7条为桥梁按长度的分类,第8条为桥渡设计依据的洪水频率标准,本条是反映国民经济状况、技术水平、建设方针政策的主要条文,也反映了确定桥渡设计乃至铁路建设的重要技术政策,第9、10条为桥渡与其他涉河工程的关系以及增建二线桥时对既有桥的取舍原则。

第2章 桥渡勘测

第1节为一般规定,第2节为勘测期间的主要任务,第3节为勘测资料内容,第4节为水文测量,第5节为特殊地区水文测量,第6节为沿线小桥涵勘测,共22条。

第3章 桥位选择

第1节为一般规定,第2节为一般地区桥位选择,第3节为特殊地区桥位选择,第4节为增建二线及改建既有线的桥位选择,共16条。

第4章 设计洪水

第1节为一般规定,第2节为设计流量,第3节为设计水位,第4节为设计洪水过程线,共27条。

第5章 孔径设计

第1节为一般规定,第2节为桥涵孔径,第3节为桥孔布设,第4节为桥涵净空,第5节为壅水计算,第6节为冲刷计算与防护,共40条。

第6章 桥头路堤与滨河路堤水文

第1节为一般规定,第2节为水位计算,第3节为路肩高度,第4节为沿堤流速,共13条。

第7章 导治建筑物

第1节为一般规定,第2节为一般河流的导治,第3节为泥石流沟的导治,共31条。

第8章 特殊情况水文计算

第1节针对泥石流地区,第2节针对岩溶地区,第3节针对感潮河段，第4节针对水利化地区，第5节针对水库地区，第6节针对一河多桥，共45条。

1.1.2 《铁路工程水文勘测设计规范》(TB 10017—99)

《规范》(TB 10017—99)包括总则、术语和符号、桥涵、路基、其他建筑物(隧道、站场、立交地道、房屋建筑)共5章，并有8个附录(溃坝流量计算、河段类别、泥石流分类、天然河道洪水糙率系数、堰流公式、水深1 m时非黏性土不冲刷流速 v_{H1}、墩形系数、泥石流堵塞系数)。大部分吸收了铁路工程各专业现行设计规范中有关水文的内容，经多年实践检验较为成熟。主要解决铁路工程如何对待暴雨、海潮、冰凌、泥石流等问题，不包括地下水的水文勘测和隧道洞身等地下工程的防排水工程。重点在第3章桥涵，第4、5章着重写一般原则、设计标准等。

1. 各章编制综述

第1章　总　　则

阐明本规范为统一铁路工程水文勘测设计技术标准，使之符合防洪、水利、环保等方面的要求，保障铁路的正常运行的目的。适用于新建、改建铁路工程的水文勘测设计。规定了铁路工程在防洪、排洪、排水方面的共性要求，全面修改了《规范》(TBJ 17—86)的总则，与其主要不同的是，除规定桥涵、路基洪水频率标准外，还规定了隧道、站场、房屋建筑等铁路工程的洪水频率标准，以使铁路工程都有了明确的洪水频率标准。

第2章　术语和符号

符号均采用《规范》(TBJ 17—86)所列，术语为新增。

第3章　桥　　涵

本章包括桥涵勘测、桥位选择、设计洪水、孔径设计、壅水计算、冲刷计算与防护、桥头河滩路堤、桥头河堤防护、导治建筑物、特殊情况水文计算。在全面修订《规范》(TBJ 17—86)时，除修改部分条款外，增加了桥头河堤防护和海湾地区水文计算方面的内容，修订或增加的主要内容如下。

(1)根据铁道部《关于印发〈铁路基本建设工程设计程序改革实施方案〉的通知》(铁建函〔1998〕82号)和《关于发布〈铁路基本建设项目预可行性研究、可行性研究和设计文件编制办法〉的通知》(铁建设〔1999〕99号)，按照文件提出的"新建铁路、改建铁路建设项目在设计前增加预可行性研究和加深可行性研究，设计阶段由现行的初步设计、技术设计、施工图三阶段调整为初步设计、施工图两阶段”等，重新编制桥涵勘测期间的主要任务。

(2)新增“桥头河堤防护”一节，规定了桥梁跨越河道时梁底至堤顶高度和墩台设在河堤上施工时扰动河堤，施工后河堤防护及设有防洪抢险通道三方面内容。

堤防根据河道的形态、水文特征等方面要求，如一些人工开挖的河道和蓄洪、滞洪区等由于防洪、蓄水、通航等要求，都有一定的标准和发展规划，而且有时设计标准高于铁路桥梁的设计洪水频率标准，铁路桥梁按设计水位计算路基高度所确定的梁底高程比堤顶还低，为满足防洪要求，不能将河堤拉槽，避免大洪水时沿缺口跑水。因此在设计时，对于有规划的河道或设计标准高于桥梁的河道都应该将梁底高程按高于规划或现状堤顶高程设计。但在困难条件下，当设计梁底高程不能满足堤防规划要求时，应与有关部门协商，在墩台结构及基础设计时要考虑预留抬高梁底的条件和措施。

为保护堤防使河道顺利行洪防止水害发生，在桥孔布设时应尽量将墩台避开河堤，避免由于墩台设在河堤上施工时扰动河堤。如桥孔布设困难，不得已将墩台设在河堤上时，为防止洪水发生时造成冲刷，使墩台处的河堤形成薄弱点沿此破堤，必须在施工时作好防洪措施。施工后要及时回填夯实，使回填土的密实度达到开挖前的程度，并按河堤断面恢复原状。对原有铺砌的河堤，应按原铺砌断面恢复，无铺砌时应在墩台附近，对恢复后的河堤迎水面增加铺砌防护，以加强河堤的防冲能力。铺砌长度一般采取在河堤迎水面按照桥台锥体铺砌标准，上下游铺砌 30～50 m 的范围。

为确保行洪河道、行洪、蓄、滞洪区，汛期抗洪抢险人员、物资、设备及时到位，车辆畅通无阻，满足防洪安全，铁路与堤防交叉时，应根据防护区内各类防护对象的重要性和规划、堤防工程的级别等情况，同河道主管部门协商，留有防汛抢险通道，设置平交道口或立交通道。

(3)随着国家基本建设的发展，海湾铁路逐渐增多，为使海湾桥渡的设计统一标准，有所遵循，在本规范编制过程中吸取各方面的意见和建议，增加了“海湾地区水文计算”内容。确定海湾地区桥渡的设计水位、设计波浪的重现期标准及桥下不通航的桥梁梁底高程确定的标准。

根据《港口工程技术规范》(JTJ 213—87)，不同的建筑物应采用不同的潮位进行设计，港口工程用累积频率10%的高潮位及累积频率90%的低潮位作为作业水位，并以重现期50年一遇的高潮位作为校核水位。铁路工程设计洪水是每年选取1个最大值作为洪水频率计算样本。海湾地区桥渡的设计水位是由海潮潮位来确定的，在确定潮位时，也以历年最高潮位值资料进行统计，按铁路等级及洪水频率标准确定高潮位的重现期，即规范要求的Ⅰ、Ⅱ级铁路采用重现期为100年一遇的高潮位，Ⅰ级铁路采用重现期50年一遇的高潮位作为海湾地区桥渡的设计水位标准。

设计波浪的标准包括设计波浪重现期和设计波浪的波列累积频率。不同的设计内容采用不同的设计波浪标准。本章确定Ⅰ、Ⅱ级铁路采用50年一遇，Ⅰ级铁路采用25年一遇重现期的波高，作为波浪的设计标准。并分别与100年一遇、50年一遇的高潮位组合，这种组合遭遇机会很小，具有足够安全度。在结构物的强度和稳定性计算时，根据结构物的型式、部位、计算内容采用不同设计波高的累积频率标准。对于不通航的桥梁梁底高程考虑桥下为墩柱式结构，采用设计重现期的高潮位加上设计重现期波列累积频率1%的波高值，再加0.5 m安全值。

第4章　路　　基

本章规定滨河、滨海、水库等特殊条件下路基在水文方面应作的勘测工作和设计原则及路基冲刷防护、路基排水方面的主要原则。

本章按照总则要求的路基设计洪水频率标准考虑滨河或滨海或水库路基水文特性方面的影响，加上不小于0.5 m的安全值，确定其路肩最低高程。这里着重提出对水库设计洪水频率标准较高其正常蓄水位高于铁路设计洪水位时，为避免路基长期被库水淹没，路肩高程应按正常蓄水位考虑。考虑非常时期，避免库水从路基溢出危及行车与地方安全，在跨越水库边缘，填挖交界处的路肩高程不应低于水库坝顶高程。

当滨河、滨海、水库路基受经常的或周期性水流冲刷作用时，应采取冲刷防护措施。应考虑河道特性、地形、水流流速、波浪对滨海路堤的作用特点、堤前水深、波浪高度、最大波浪底流速、波浪对水库边坡的破坏、水库流速、冬季封冰和流冰等因素，确定滨河、滨海、水库路基的防护标准。

为保证路基边坡和基底的稳固，路基应有良好的排水设备，并与桥涵、车站、隧道等铁路工程的排水设备衔接配合，要考虑农田水利综合利用，不使农田失灌或冲刷。排水设备的标准应根据排水量的大小确定。

第 5 章　其他建筑物

本章包括隧道、站场、立交地道、房屋建筑的防洪和排水设计原则。

本章规定了隧道、站场、房屋建筑设计洪水频率标准。包括隧道和辅助坑道洞口截排水沟、车站内排水沟、房屋建筑场地内排水沟的设计洪水频率标准和布设原则，以及隧道石渣处理和立交地道有关水文的设计原则。

本章按照总则要求的铁路工程设计洪水频率标准，考虑隧道洞口或站场股道布置或房屋建筑场地防洪条件等情况，加上 0.5 m 安全值，确定路肩设计高程。对于受水库回水影响范围的隧道洞口，水库设计洪水频率标准高于铁路设计洪水频率标准时，在水库边缘填挖交界处的隧道洞口高程不应低于水库坝顶高程。

为保护环境，当隧道施工向河边或河滩弃渣时，不能影响河道行洪，应遵守国家的有关要求，并征得河道主管部门的同意，要确保隧道弃渣的稳定，防止随水流流失。

本章提出的城镇交通要道或重要公路下穿铁路设置立交地道的有关问题，主要解决地道的排水设计标准，考虑地道排水特点，要在短时内能将水排除，防止因积水而断绝交通。设计时主要根据道路的重要性确定设计标准，一般与城市排水设计相比适当提高标准，其降雨强度选用设计期 3～5 年的 5～10 min 降雨量，按随降随排的原则计算其排水量。雨水流量的计算一般参照城市排水设计的流量计算方法进行。

2. 需要说明的问题

(1)1996 年 7 月的设计规范复审会建议，将《铁路桥渡勘测设计规范》改名为《铁路工程水文勘测设计规范》，主要是在《规范》(TBJ 17—86)的基础上扩充、增加路基、站场防洪、排水等内容，使铁路工程对有关水文勘测设计有一个统一标准。同年 11 月的《铁道行业工程建设标准体系表设计标准、规范(征求意见稿)》，列入《铁路工程水文勘测设计规范》，这是《规范》(TB 10017—99)的来由。

第3章桥涵基本引用了《规范》(TBJ 17—86)的全部内容,这是《规范》(TBJ 17—86)编制组近30位专家积几十年艰苦工作的经验,经历6～7年的研究讨论、勤奋编写而得的结果。在此基础上又补充增加了路基、站场、隧道、房屋建筑专业等水文方面内容,使铁路工程在水文勘测设计方面更完善、更丰富。

由于《规范》(TB 10017—99)涉及专业较广,科学试验课题很多,总结积累的经验和资料还很不够,提出的海湾地区水文计算方法和公式(孔径计算、冲刷计算等)、岩石河床墩台冲刷计算、桥台局部冲刷计算等都需要继续研究,有些条款有待补充完善,以满足勘测设计的需要。

(2)《规范》(TB 10017—99)主要解决铁路工程如何对待暴雨、海潮、冰凌、泥石流等问题,不包括地下水的水文勘测和隧道洞身等地下工程的防排水工程,以及桥面防水层铺设、台后盲沟设置、屋面防排水设置等。

第3章桥涵水文勘测设计为其重点。列出了流量、水位、孔径、壅水、冲刷等具体算法及公式。第4、5两章着重一般原则、设计标准、主要设施构造要求等。

(3)《规范》(TB 10017—99)大部分内容吸收了铁路工程各专业现行设计规范中有关水文部分,使铁路工程水文勘测设计有一个统一的标准。海湾地区水文计算采纳了国内外的科研成果,在大连海湾桥渡设计中试用,与实际情况相符。按复审会纪要修改后,保留海湾地区水文计算的一些标准,未列入勘测设计中所需的孔径、冲刷等算法及公式。

(4)建议采用根据水文特征与河道特性来确定桥长与孔径的新方法,同时对岩石河床墩台、桥台局部冲刷的算法等继续进行科研工作,以便纳入规范。

1.2 我国铁路桥渡水文发展历程

1.2.1 铁路桥渡水文发展的若干阶段

1949 年前，我国铁路水工水文工作是很简陋的，旧有铁路病害严重，经不起洪水、风暴潮、洪水、泥石流、风沙、地震和坍方滑坡等自然灾害的袭击，尤以暴雨洪水最为严重、频繁。在暴雨洪水季节，经常发生断道、冲毁等水害事故不能保证安全运输。

20 世纪 50 年代后，在修建西北干线，西南铁路、东北路网、京汉复线和长江黄河等大桥工程中，广大桥梁工作者积极投身于这方面工作，使桥渡水工水文工作的开展有一个广泛的实践基础。铁路建设中水文工作的发展大致可分以下阶段。

1. 1949—1966 年

随着大规模铁路建设的发展，铁路各设计院相继建立水文组，铁道科学研究院（以下简称铁科院）于 1953 年建立水工水文研究组，包括了第一代水工水文专业人员，在现场进行各类河流上的勘测设计和调查研究，在试验室开展了桥渡水工模型和桥墩冲刷等各种试验研究。当年即筹备三项研究课题：小径流计算、桥渡冲刷计算和泥石流计算。随即开展一系列调查研究工作。1956 年京广线滹沱河大桥被冲毁，水工水文研究组开始第一项桥渡水工模型试验研究。1957 年水工水文研究组筹划设计水工试验馆，水流循环系统由科研人员自行规划。1958 年 1 月，铁道部《1956—1967 年铁道科学技术发展愿景规划》要求，由铁科院组建水工水文室。

20 世纪 50 年代初，主要学习苏联时期有关规范和算法，但不符合我国大多数河流的特点，通过实践观测，过渡到局部修正参数，并开始在重点的新旧桥上进行汛期洪水观测，建立了径流观测站，1956 年举办了第一期全路桥梁水文学习班，1957 年交通部邀请苏联桥渡水力学专家来华讲学，推动了水工水文工作的进程。

60 年代初，在基建总局组织下，各设计院和大桥局全面总结了 50 年代以来桥渡勘测设计的经验教训并写成报告。各设计院都编写了结合国情的勘测设计细则，总结出版了有我国实际资料和科研成果的计算手册。

此间充实了桥渡水工试验基地，为南京、芜湖等长江大桥，京广、津浦黄河大桥，以及滹沱河、南沙河、巨流河等几十座新旧桥渡工程进行了水工模型试验，起到良好作用。同时针对桥渡冲刷计算，铁道部、交通部两个系统的水工水文专业相关单位共同开展桥渡水文科研协作，并成立相应协作组织。下设西北、西南、东北与华北、中南与华东，共四个协作片区。

首先集中对相对较为简单的非黏性土壤桥渡一般冲刷及桥墩局部冲刷进行研究。1960 年 12 月提出桥渡一般冲刷和局部冲刷计算试用公式。1964 年召开全国桥渡冲刷研讨会，将原有桥渡一般冲刷试用公式进行微调并定名为“式(64—1)”。

科研大协作组织还逐步开展了小径流计算、河床糙率计算、铁道洪水设计频率标准研究、桥渡壅水计算等科研项目，均取得大量珍贵的科研成果。

河床糙率计算是大中桥流量计算的关键，通过科研协作提出了适合我国各类河流特性的糙率系数表。还提出了适合我国国情的铁路洪水设计频率标准。

2. 1966—1976 年

20 世纪 70 年代前后，个别新建铁路遇到困难，如施工时不相信水文计算成果，随意降低标准，无根据地改动线路，个别桥随便压缩孔径或减少基础埋深，从而增加了水害隐患。此时桥渡水文专业科研工作基本处于停滞状态。但通过相关单位的不懈努力，还是取得了一定成绩。

1966 年，铁科院西南所在峨眉建成了当时铁路系统最大的水工试验室和我国第一个大型室内泥石流防治工程模型，试验于 1966—1967 年承接了成昆铁路羲农河泥石流防治工程模型试验，1968—1969 年又承接和完成了成昆铁路黑沙河泥石流防治工程方案的模型试验任务。

1971 年，铁科院水工水文研究室开展桥梁浅基防护的科研工作，提出桥梁浅基局部防护和整孔防护计算公式。水工水文室恢复了桥墩局部冲刷的试验研究，启动了桥渡黏土冲刷及岩土冲刷研究，以及部分水害地区的桥渡水工模型试验研究。

3.1977—2000 年

20 世纪 70 年代后期，铁路水工水文工作逐渐恢复。各设计院和大桥局的水文工作在新的基础上迈进，新编了桥涵水文计算手册、细则。在工务局组织下，各路局桥鉴队编写了鉴定规范，如黏性土桥渡冲刷、感潮和倒灌水流计算等都取得可喜进展。

70 年代后期以来，铁路桥渡水工水文迅速发展成熟并进入高峰阶段，取得丰硕成就。1981 年举办了全国第二次桥梁水文进修班，在小桥涵流量计算方面逐步形成四个地区各有水平特色的算式，在泥石流方面开展了广泛调查观测试验，完成一些有成效的防护工程，科研成果主要体现在以下方面。

(1)桥梁冲刷计算研究

桥梁冲刷计算在前期研究基础上，科研单位深入开展黏性土壤桥渡一般冲刷及局部冲刷的调查分析研究工作。1979 年提出黏性土壤桥渡一般冲刷和局部冲刷两项计算公式。1993 年推导出分层土壤桥墩冲刷计算解析式，通过水工模型试验资料验证了解析式的正确性，还提出了一组分层土壤桥墩局部冲刷计算经验公式。

(2)桥渡非恒定流研究

明渠不恒定流是水力学研究的重要课题，涉及范围很广。针对影响溃坝最大流量的主要参数，组成了约 600 次水工模型试验，提出能计算各种溃坝情况的溃坝最大流量算式。并针对水库溃坝水流变化极为复杂的情况，推导出计算大坝全部溃决或横向局部溃决时的最大流量算式。该式经简化与仅能计算大坝全溃的经典理论公式完全一致。

1982 年，相关单位引用铁路列车雷达测速装置，测量天然非恒定水流流速，解决了天然情况下，流速大、变化快的非恒定水流流速难以测量的问题。

1999 年，在开展京沪高速铁路南京上元门越江工程桥渡整体河工模型试验研究中，铁科院专门新建了铁路系统以往设计制造的最大桥渡河工试验模型，并自行研制了以木粉为原材料的动床试验模型沙，性能特别优越。

(3)桥渡壅水计算研究

针对苏联时期有关平原河流桥渡壅水算式中参变量较少、不能充分反映天然桥渡壅水的实际情况，我国铁路、公路部门的科技人员在 1977 年共同研究桥渡壅水，从野外调查观测、室内水工模型试验和理论分析三个方面开展，陆续提出不少算式。

1983 年，铁三院针对山区斜交桥的桥渡壅水相关问题开展了 70 余次水工模型试验，提出了水流偏转角的计算方法及斜交桥壅水计算公式。

(4)小流域暴雨径流计算研究

早在 1957 年，为进行小流域暴雨径流研究，在北培建立径流试验站，后迁至峨眉。经过长期观测试验，科研单位提出"华北、东北地区小流域暴雨洪水计算办法"及其他检验小流域暴雨洪水计算方法。

(5)我国第一部铁路桥渡勘测设计规范诞生

由铁道部牵头，相关单位参加，共同编写了部颁标准《铁路桥渡勘测设计规范》，1987 年刊印施行。该部规范不仅指导了我国铁路桥渡勘测设计工作，在当时也是交通部门桥渡勘测设计工作的重要参考。

在此阶段，各地学会和协会活动形成高潮，国际学术交流活动频繁，使桥渡水工试验研究工作蓬勃发展。截至 2000 年，桥渡水工水文专业逐步发展成熟。铁路桥渡水工水文专业的发展在我国铁路系统自成体系，且在全国水利界形成一个重要分支。

4. 2000 年至今

21 世纪以来，铁路桥渡水工水文专业进入了一个相对稳定的发展阶段，主要因素如下。

(1)桥梁建设数量日趋庞大，结构设计不断改进优化，桥梁与线路的造价比大幅度降低，常出现以桥代路的设计，修建跨越江河的桥梁不再计较桥长问题。

(2)由于桥梁沉井基础施工技术和施工机械的不断改进，桥梁基础的埋深在我国已不再是难题。多数情况下不必通过桥渡水工模型试验研究解决冲刷深度问题。

(3)铁路桥渡水工水文专业经历了发展的高峰期，积累了大量科研成果和丰富的实践经验，使桥渡设计和施工不再频繁出现技术难关而需寻求科研单位协助解决。我国有关桥渡水文勘测设计规范的出现使桥渡设计和管理逐渐规范化。

(4)国家防洪评价强制性政策出台后，跨河铁路桥渡一般委托有资质的水利部门或专业团队开展复杂桥渡水文分析以及水工模型试验研究，社会力量的投入极大提升了处理复杂桥渡水文问题的整体水平，也保证了桥渡设计质量和工程安全。

(5)在铁路科研、设计单位体制改革条件下，不少相关单位撤除水文专业人员。桥渡水工模型试验研究如需精度提高，必须加大模型尺寸，改进测试仪器设备，选用新型试验材料，使成本增高，经济效益降低。

此间，铁科院水工水文科研人员克服困难，先后开展 4 项桥渡壅水计算和洪水安全警戒值的研究。

1.2.2 铁路桥渡水工水文实践及展望

1. 国内水害概况

根据国内史料记载，公元前 206 年至公元 1949 年间，共发生较大的水害 1 090 余次，平均约 2 年 1 次。

铁科院搜集了历年大中河流水害桥渡资料，将 155 例进行整理分析，给出 10 个直接原因。

(1)桥位选择不佳；

(2)设计流量偏小；

(3)桥式布置不妥；

(4)孔跨安排不当；

(5)孔径、桥长偏短；

(6)基础埋深不足；

(7)桥高不够；

(8)防护措施不完善；

(9)水利工程变动；

(10)极端天气等情况。

这些原因中，桥位选择不佳、设计流量偏小、桥高不够、防治措施不完善等前 8 种原因多为设计和施工留下的，对桥来说是一种先天性不足。而水利工程变动和其他意外情况非设计和施工时所能预料，属后天性原因。可将桥渡水害的 10 个原因按其性质列表 1-1 如下。

统计数字表明，桥渡水害的主要原因为基础埋深、孔径、桥长、桥高偏小不足，占水害总数 52.4%，基础埋深偏小不足占其中近 1/2，设计欠佳占总数75.4%。

表1-1　桥渡水害十大原因及其频次统计

性质	级别	序号	原因名称	桥数	频次		实桥	说明
					数量	占比(%)		
先天性原因	Ⅰ	①	桥位不佳	26	26	9.3	安昌江桥	对河流认识不足
		②	流量偏小	26	26	9.3	渭河桥，峨眉河桥，洛河桥	短系列推算100年一遇洪水可能偏小
	Ⅱ	③	桥式布置不妥	21	24	8.5	闽江桥，嫩河桥，清江河桥	对河流认识不足
		④	孔跨安排不当	3	3	1.1	青衣江桥，闽江桥，红水河1号桥	为数不多，设计不妥
		⑤	孔径偏小	35	53	18.9	柳河桥，嘉陵江4、7、9号桥	径流性质改变
		⑥	基础埋深不足	50	64	22.8	黑石关桥，胥水河桥，洛河桥	设计不妥等
		⑦	桥高不够	27	30	10.7	青衣江桥，柳江桥	对河流认识不足
		⑧	防治不善	25	25	8.9	黑石关桥，嘉陵江10号桥	对河流认识不足
后天性原因	Ⅱ	⑨	水利工程变动	6	6	2.1	郑州黄河桥，恒河桥	
		⑩	意外原因	11	24	8.5	坝河桥	桥下挖沙，径流性质改变
总计		10种		230	281	100		先天性212次，占75.4%；后天性69次，占24.6%

先天性水害主要来自勘测设计。曾将桥渡勘测设计全过程的各步骤中可能引入不妥的原因进行分析，发现来自两方面。一为算式算法、参数选择不恰当，或依据的资料不准造成不良后果。例如壅水计算、冲刷计算和洪水计算可能出现这种情况，包括推算的设计洪水偏小，称为设计计算

不妥。二为来自对河流的性质(包括径流形成)和河道演变(包括深泓摆动、冲淤变化和河滩、河槽的划分,甚至泛滥宽度)认识不足,称为对河流认识不够。

根据统计结果,先天性原因中 62.7%缘于对河流认识不够,37.3%缘于设计欠妥,算法、算式和参数的选择,甚至资料的搜集整理和取舍也都与设计者对河流的认识有关,对河流认识不足会导致不妥的计算结果。

桥渡水害是威胁铁路运输安全一个十分严重的自然现象。需要在分析水害原因、总结防治经验基础上,提出减小水害的对策,从根本上提高桥渡水文勘察设计质量。为迎接铁路建设新高潮,减少水害,保证运输安全,铁路水文勘察设计更需进一步得到重视。水文勘测在很大程度上取决于资料和实践经验的积累,以进一步掌握自然界的水文现象客观规律。

2. 桥位选择

除跨越长江、黄河等大江大河的重要桥址可根据河段特点在较大范围选择桥渡位置外,一般大中桥位多根据其线路走向确定。但局部地区尤其山区、山前区地带,常可根据桥渡水文条件安排该地区的线路方案,得出较为经济合理的结果。例如山前区开阔走廊地带跨越冲积扇地带的辽西走廊、河西走廊、阴山山麓、太行山麓、天山南麓等,都为著名的交通要道,南北、东西向的交通干线穿行其间。

在山前区冲积扇河流上游,靠山口有一段较稳定河段,下游为坡度变缓的山麓地带。挟带大量泥沙的洪水出山口后流速骤减泥沙停积,河身中部宽阔隆起形成冲积扇。其下游水流归槽形成几股较稳定的河道。

沿山麓的铁路修建跨越冲积扇的桥渡会遇到很多困难。用一河一桥跨越需解决长大的导流防护工程问题,投资量大且难以抵抗洪水;如用多桥跨越冲积扇上的多股水流也难控制各桥的流量分配,且很难合理解决桥下淤积和集中冲刷改道等问题。

桥渡应根据线路走向来确定。在此基础上,一定范围内选择水文条件较佳、技术经济合理的桥位也是可行的。穿行山麓冲积扇、跨越平原河流、山区河流等处的桥渡都有迹可寻。

3. 对泥石流的调查与防治

泥石流的分布范围较广。日本曾统计每年因大型泥石流沟造成的经济损失近 7 亿美元;我国仅西部地区发现的泥石流沟近 3 500 条。

我国的泥石流主要分布在西南、西北地区，1980 年在东北平原也出现泥石流干扰铁路运营。全路查明的泥石流沟 737 处，其中成昆铁路 249 条为最多。20 世纪 50 年代后修建防治工程，对泥石流起到良好的抑制作用。

泥石流又分泥流型、水石型、泥石型。如宝天铁路伯阳地区某工点，1958 年 7 月侵入渭河的泥流堆积体总量约 20 万 m^3，不仅掩埋铁路且将渭河堵塞 4/5，余下宽 20 m 的过水口门。

铁道部十分重视对泥石流的调查、试验与防治，成绩也很显著。防治工程有拦、挡、排、导、设明洞渡槽等方式。其中拦挡工程约占工程总数 53%，排导工程约占 35%，两种约占工程总数 88%。拦挡工程常用几种拦挡坝，天兰铁路崔家沟上游修筑的阶梯式拦渣坝，坝分两级，高 9.5 m，顶宽 10 m，长 56 m，坝后淤积坡度达 65%。成昆铁路龙井沟修筑铁丝石龙和水泥拦渣坝，其效果良好。

4. 对桥渡冲刷的认识

桥渡范围内各种方式的河床下降统称桥渡冲刷。桥梁长度和墩台基础埋置深度，与桥渡冲刷分析计算密切相关。

(1)桥渡冲刷的组成

①河道的天然演变；

②桥渡压缩水流引起的桥下河床压缩冲刷；

③桥墩台周围的局部冲刷。

20 世纪 50 年代前，修建铁路桥梁只凭经验确定基础埋深。很多桥梁经不起洪水冲刷，用抛石来度过汛期。如京广铁路黄河老铁桥，累计抛石近 50 万 m^3。

50 年代后，桥渡工作者对实际桥渡冲刷进行了大规模调查观测和分析对比，逐步加深了对桥渡冲刷的认识。

(2)呈比例性冲刷

20 世纪 50 年代初期引入包尔达柯夫计算公式。表明河床内水深大的部位冲刷深，水深浅的部位特别是河滩处冲刷小，这就是呈比例性冲刷概念，对河宽不大、河槽较稳的河流是合适的。对一般河流，断面冲刷不与水深呈比例发展，而是不均匀的。按此概念设计的桥梁墩台基础特别是河滩上的基础，埋深不足的情况不断出现。

(3)集中冲刷

50 年代后期—60 年代初期，铁路与公路部门组织了大规模的桥渡冲刷观测。获得最可贵的概念：洪水时桥下河床发生不均匀的集中冲刷。京广铁路黄河老桥桥址断面的冲淤变化，桥址断面全长约 3 000 m，1958 年 8 月发生 22 000 m^3/s 流量时，左侧约 800 m 河槽平均水深 10 m，右侧约 2 000 m 河槽平均水深仅 1 m。显示出不均匀的集中冲刷。

在这些观测资料基础上，制定了适合我国河流特点的桥渡一般冲刷计算公式。用单宽流量集中系数的概念反映桥下河床冲刷过程水流集中产生集中冲刷的特点。并提出在冲淤变化明显、河槽可能有摆动的河床上，墩台基础的埋深一律按最大可能的集中冲刷深度确定。

(4)傍岸与河中冲刷

京广铁路郑州黄河铁桥建成后，开始组织桥下水位和河床断面的观测。通过对观测资料的分析，发现两种不同的冲刷，即傍岸与河中集中冲刷。产生这两种冲刷的水流结构不同：河中集中冲刷的最大深度与断面最大垂流速度对应；傍岸集中冲刷则不对应，由水流傍岸坐弯产生断面环流，淘刷弯曲河道凹岸河床而形成，为一种深度较大的冲刷。

弯道环流的水流结构稳定，淘刷力大。多年积累资料表明在同一个河床断面上，傍岸集中冲刷的深度大于河中集中冲刷的深度。这就要求桥梁工作者在这类河流上建桥时，桥台和傍岸桥墩的基础要埋得更深。

(5)一般冲刷与局部冲刷的组合

目前桥渡总冲刷深度的计算方法是，先计算一般冲刷深度，再用一般冲刷后水流条件计算桥墩周围的局部冲刷，二者相加成为总冲刷深度。这样做接近两个可能的最大值相加。一般冲刷充分发展或较大时，局部冲刷较小。傍岸集中冲刷充分发展时，局部冲刷很小或没有。因傍岸集中冲刷超过河中集中冲刷深度，在这类河流上建桥，傍岸的墩台基础需埋深一些。这类河流上桥渡的浅基防护工程也应根据这些概念进行设计。

(6)黏性土桥渡的冲刷

建立在黏性土河床上的桥渡，给出了用黏性土液性指数为指标建立的计算一般冲刷和局部冲刷公式，在物理意义或实用效果上都优于国外的同类公式。

5. 展　　望

目前铁路桥渡水文已取得大量珍贵科研成果。但无论是现有的科研成果或是现行的勘测设计规范，还有很多关键技术问题尚未涉及。当前铁路建设正向一些新的领域扩展，如过江隧道、跨海桥梁等。随着这些工程陆续开展，逐步发现一些需要桥渡水文工作者研究解决的技术难题，桥渡水文工作将会进入一个快速发展时期。

展望未来的《铁路工程水文勘测设计规范》，尚应充分结合铁路建设的需求，与相关标准相协调，与当前技术水平相适应，对提高铁路工程勘测设计水平，特别是增强铁路防洪抗灾能力起到关键技术支撑作用。

1.3　编制背景

1.3.1　任务来源和编制依据

根据《关于公布国家铁路局2016年铁路工程建设标准计划项目〈铁路工程水文勘测规范〉编制单位的函》（研院标准函〔2016〕22号）和《铁路工程建设标准管理办法》（国铁科法〔2014〕24号）要求，对《规范》（TB 10017—99）进行全面修订。

1.3.2　编制原则、审批程序和编制过程

1. 编制原则

（1）目标导向、需求牵引。坚持新发展理念，落实新时代交通强国建设要求，满足铁路工程水文勘测设计的需要，推进科研成果转化应用，促进铁路水文勘测设计工作高质量发展。

（2）重点突破、覆盖全面。着眼铁路工程水文勘测设计主要技术要求，涵盖铁路工程所有专业对水文工作的指导要求，适用于国内全部等级和类型铁路工程水文勘察设计。

（3）系统完整、规范统一。系统总结铁路工程水文勘测设计相关科研成果，符合国家现行有关法律、法规和标准，并与铁路行业其他标准以及水利部门相关的规范、规程及标准相协调。

（4）行业协同、便于操作。将桥渡水文中重要的水文勘测设计内容和计算方法纳入规范，充分借鉴水利、公路、海港等相关行业水文最新成果，

内容丰富完善、便于操作。

2. 审批程序

本规范由中国铁路设计集团有限公司主编。编制过程中进行了广泛调研，充分吸纳铁路建设水文的实践经验，并借鉴水利、公路、海港等相关行业水文设计经验，最终形式普遍适用于铁路工程水文勘测设计标准。修订后的内容较《规范》(TB 10017—99)有较大扩充，按编制大纲、征求意见稿、送审稿和报批稿的程序，经多次征求意见、讨论审查、修改定稿后报国家铁路局发布施行。

3. 编制过程

编制过程中系统分析了铁路工程水文勘测设计现状，全面总结了铁路工程水文勘测设计实践经验，充分借鉴国内外相关标准，对《规范》(TB 10017—99)进行了全面修订。

(1)2017 年 4 月，国家铁路局科技与法治司(以下简称科法司)组织召开工作大纲审查会，与会专家对工作大纲进行认真审查，形成专家意见。

(2)2018 年 9 月，根据工作大纲审查会专家意见，编制完成征求意见稿。国家铁路局规划与标准研究院(以下简称规划标准院)组织向多家单位征求意见，收到反馈意见 85 条，经认真讨论最终采纳意见 72 条。

(3)2018 年 10 月，国家铁路局规划标准院组织召开征求意见稿审查会，与会专家对征求意见稿进行认真审查，形成专家意见。

(4)2019 年 4 月，根据征求意见稿审查会专家意见，编制完成送审稿。国家铁路局科法司组织向 34 家单位征求意见，收到反馈意见 38 条，经认真讨论最终采纳意见 35 条。

(5)2020 年 8 月，国家铁路局科法司组织召开送审稿审查会，与会专家对送审稿进行认真审查，形成专家意见。

(6)2020 年 9 月，根据送审稿审查会专家意见，编制完成报批稿初稿，经多次审核修改将报批稿报送国家铁路局规划标准院。

(7)2020 年 9 月，国家铁路局规划标准院组织报批稿统稿，与会专家进一步对条文及其说明进行全面审核修改完善。

1.4 主要修订内容

1.4.1 目录框架

目录为资料性概述要素，是标准内容基本划分单元的索引，具有了解标准的结构框架、引导阅读、方便检索等功能。

本次修订保留《规范》(TB 10017—99)的核心内容，优化章节划分与内容组成，保持原规范的完整性、延续性、先进性，并借鉴水利、公路、海港工程等行业规范的最新水文成果。

本规范包括总则、术语和符号、基本规定、桥梁水文调查与勘测、设计洪水分析和计算、桥位选择和桥涵孔径设计、桥梁冲刷计算与防护、特殊地区水文计算、调治和桥头路堤工程、小桥涵、路基、其他建筑物共12章，另有11个附录，见表1-2。

表 1-2 两版的轮廓对比

TB 10017—2021	TB 10017—99
1 总则	1 总则
2 术语和符号	2 术语和符号
2.1 术语	2.1 术语
2.2 符号	2.2 符号
3 基本规定	3 桥涵
4 桥梁水文调查与勘测	3.1 桥涵勘测
4.1 一般规定	3.2 桥位选择
4.2 水文调查	3.3 设计洪水
4.3 水文勘测	3.4 孔径设计
4.4 洪水观测及冲刷探查	3.5 壅水计算
4.5 特殊地区水文勘测	3.6 冲刷计算与防护
5 设计洪水分析和计算	3.7 桥头河滩路堤
5.1 一般规定	3.8 桥头河堤防护
5.2 设计流量	3.9 导治建筑物
5.3 设计水位	3.10 特殊情况水文计算

续上表

TB 10017—2021	TB 10017—99
5.4 设计洪水过程线	4 路基
6 桥位选择和桥涵孔径设计	4.1 滨河路基
6.1 一般规定	4.2 滨海路基
6.2 一般河段上的桥位选择	4.3 水库路基
6.3 特殊地区的桥位选择	4.4 路基冲刷防护
6.4 孔径设计	4.5 路基排水
7 桥梁冲刷计算与防护	5 其他建筑物
7.1 一般规定	5.1 隧道
7.2 桥下一般冲刷计算	5.2 站场
7.3 局部冲刷计算	5.3 立交地道
7.4 基础埋置深度	5.4 房屋建筑
8 特殊地区水文计算	
8.1 泥石流地区	
8.2 岩溶地区	
8.3 感潮河流地区	
8.4 水利化地区	
8.5 水库地区	
8.6 海湾地区	
8.7 戈壁及干旱地区	
8.8 山前漫流地区	
8.9 一河多桥	
9 调治和桥头路堤工程	
9.1 一般规定	
9.2 导治建筑物	
9.3 桥头河滩路堤	
9.4 桥头河堤防护	
9.5 改沟工程	
10 小桥涵	

续上表

TB 10017—2021	TB 10017—99
10.1　一般规定	
10.2　水文调查和勘测	
10.3　小径流设计流量	
10.4　孔径计算	
10.5　小桥涵防护	
11　路基	
11.1　滨河路基	
11.2　滨海路基	
11.3　水库路基	
11.4　路基冲刷防护	
11.5　路基排水	
12　其他建筑物	
12.1　隧道	
12.2　站场	
12.3　立交地道	
12.4　房屋建筑	
12.5　“四电”场地	
附录A　溃坝流量计算	附录A　溃坝流量计算
A.1　坝址断面溃坝最大流量	A.1　坝址断面溃坝最大流量
A.2　桥址断面溃坝最大流量	A.2　桥址断面溃坝最大流量
附录B　河段类别及特征指标	附录B　河段类别
附录C　泥石流分类简表	附录C　泥石流分类简表
附录D　天然河道洪水糙率系数表	附录D　天然河道洪水糙率系数表
附录E　堰流公式表	附录E　堰流公式表
附录F　水深1 m时的非黏性土不冲刷流速表	
附录G　墩形系数表	附录F　墩形系数表
附录H　岩石地基桥墩冲刷及基底埋深参考数据	
附录J　泥石流堵塞系数表	附录G　泥石流堵塞系数表

续上表

TB 10017—2021	TB 10017—99
附录K　坝桥区间的流量计算	
附录L　小流域暴雨径流计算	
本规范用词说明	本规范用词说明
《铁路工程水文勘测设计规范》条文说明	《铁路工程水文勘测设计规范》条文说明

1.4.2　主要修订轮廓

1. 总　　则

按照工程建设标准的编写要求，总则应按制定规范的目的、适用范围、共性要求、执行标准等方面的顺序编写。

本章对《规范》(TB 10017—99)进行系统梳理，保留10条且内容有变。

(1)修订"规范的制定目的"，增加"通航、排凌要求""蓄洪区、滞洪区内的铁路工程设计洪水频率标准"；

(2)扩大规范的适用范围，涵盖"高速、城际、重载、市域(郊)、铁路专用线的桥涵设计洪水频率"；

(3)修订"铁路桥涵、路基、隧道、站场、房屋建筑的洪水频率标准"，新增"施工阶段临时设施采用的洪水频率"等；

(4)整合第1.0.6、1.0.7款，纳入第1.0.5款。

2. 术语和符号

保留《规范》(TB 10017—99)的术语词条，并参照《公路工程水文勘测设计规范》(JTG C30—2015)等相关行业标准，对设计洪水频率、设计流量、设计水位、河槽、一般冲刷、局部冲刷6个术语进行修订，新增"波浪爬高"的术语解释。

3. 基本规定

本章对其中3款进行重新梳理修订，增加4条。

(1)对初测阶段的工作内容进行修订，增加"对水下隧道应提出冲刷深度意见"；

(2)新增"一般规定"，对铁路线路、路基各专业水文工作等基本要求进行原则规定。

4. 桥梁水文调查与勘测

本章包括一般规定、水文调查、水文勘测洪、水观测及冲刷探查、特殊地区水文勘测共5节，对桥梁水文调查勘测应遵循的基本原则进行详细规定，对原条文重新进行文字梳理与条文整合，保留10条、修订14条、新增8条。

(1)在“基本规定”中对水文调查与勘测有4条原则规定；

(2)修订“复杂大桥”的定义；

(3)修订“洪水调查包含的主要内容”；

(4)修订“河道调查的内容”；

(5)修订“冰凌调查的内容”；

(6)新增“行洪、蓄洪、滞洪区应搜集的水文资料”；

(7)新增“江河堤防两岸低洼地区调查工作的内容”；

(8)修订“水文断面图、水面坡度图测绘时应符合的有关规定”；

(9)新增“汇水面积测绘的有关规定”；

(10)修订“水文测绘方法和精度的要求”；

(11)修订“洪水观测的内容要求”；

(12)新增“一般桥梁在勘测期间遭遇洪水应进行的洪水观测内容”；

(13)修订“泥石流地区搜集资料”。

5. 设计洪水分析和计算

本章包括一般规定、设计流量、设计水位、设计洪水过程线共4节，对设计洪水给出详细的计算原则。对原条文重新进行文字梳理与条文整合，保留10条、修订3条、新增1条。

(1)修订“利用实测流量系列推算设计流量时采用的实测流量资料”；

(2)新增“江河堤防两岸低洼地区设计内涝水位计算的简易办法”。

6. 桥位选择和桥涵孔径设计

(1)修订“对天然河道改移或开挖的原则要求”；

(2)新增“对增建第二线桥涵的基础埋深与防护的原则要求”；

(3)新增“泥石流地区桥渡净空确定原则”；

(4)修订“通航河流上的桥位选择的要求”；

(5)修订“岩溶地区的桥位选择的规定”，删除第3.2.9条第1～3款；

(6)修订“水利化地区的桥位选择的规定”；

(7)修订“水库地区的桥位选择的规定”；

(8)新增“海湾地区的桥位选择的规定”；

(9)修订“平原河流地区的桥位选择的规定”。

7. 桥梁冲刷计算与防护

本章包括一般规定、桥下一般冲刷计算、局部冲刷计算、基础埋置深度共4节，规定了桥梁水文计算时，桥下一般冲刷、局部计算办法，以及基底埋置深度的要求。

本章在“壅水计算、冲刷计算与防护”的基础上，对条文重新进行文字梳理与条文整合，保留14条、修订1条、新增2条。

(1)新增“局部冲刷计算中一般冲刷后墩前行近流速计算公式”；

(2)新增“墩台基础埋置的规定”；

(3)修订“岩石河床墩台基底最小埋置深度的规定”。

8. 特殊地区水文计算

本章对原条文重新进行文字梳理整合，保留41条、修订4条、新增11条。

(1)修订“感潮河段桥址处设计高(低)潮位计算公式中的系数K”；

(2)修订“水库校核洪水频率小于桥梁设计洪水频率时，水坝下游的桥梁设计流量的计算原则”；

(3)新增“戈壁及干旱地区”；

(4)新增“山前漫流区”；

(5)新增“一河多桥”。

9. 调治和桥头路堤工程

本章包括一般规定、导治建筑物、桥头河滩路堤、桥头河堤防护、改沟工程共5节，对“导治建筑物”一节重新进行条文整合，保留27条、修订5条、新增6条、删除2条。

(1)修订“山前冲积扇下游收缩河段上布设导流堤时的原则”；

(2)新增“宽浅河流的河滩桥位的布置原则”；

(3)新增“改河改沟工程”。

10. 小 桥 涵

本章包括一般规定、水文调查和勘测、小径流设计流量、孔径计算及小桥涵防护共5节，重新拆分整合第3.1、3.3、3.4、3.6节与小桥涵水文勘测设计相关的内容，对条文进行内容归纳，保留14条、修订2条、新增

8条，并将多年来铁路常用的小流域暴雨径流计算公式纳入附录L。

(1)新增“一般规定”；

(2)新增“小流域暴雨径流计算办法”；

(3)修订“涵洞长度的确定原则”；

(4)新增“小桥涵防护”。

11. 路　　基

本章包括滨河路基、滨海路基、水库路基、路基冲刷防护及路基排水共5节，基本保持原编排顺序及条文内容，保留40条、修订6条。

(1)修订“滨海路堤设计水位及设计波浪的标准”；

(2)修订“路基排水布置、工程设计的基本原则”；

(3)修订“路基排水设施设计的原则”。

12. 其他建筑物

本章包括隧道、站场、立交地道、房屋建筑、“四电”场地共5节，基本保持原编排顺序及条文内容，保留21条、修订15条、新增10条。

(1)新增“隧道水文勘测设计的一般规定”；

(2)补充完善了与隧道水文勘测设计相关的规定；

(3)新增“站场范围内需按流量设计的排水沟(槽)算法”；

(4)修订“站场水文工作的相关规定”；

(5)修订“房屋建筑水文工作的相关规定”；

(6)新增“建筑场区的汇水量的相关规定”；

(7)新增一节“四电”场地。

13. 附　　录

(1)新增“附录H 岩石地基桥墩冲刷及基底埋深参考数据”；

(2)新增“附录K 坝桥区间的流量计算”；

(3)新增“附录L 小流域暴雨径流计算”。

第2章 总 则

2.1 制定标准的目的

[第1.0.1条引文]

为统一铁路工程水文勘测设计技术要求，满足防洪、通航、排凌、水利、环保等方面的要求，保障铁路正常运行，制定本规范。

[第1.0.1条解读]

按照《工程建设标准编写规定》(建标〔2008〕182号)要求，总则第一条是制定标准(规范)的目的，该条应概括阐明制定该标准(规范)的理由和依据。

本规范在《规范》(TB 10017—99)基础上，总结铁路各设计院水文勘测设计等方面的成熟经验，借鉴通航、公路、港口工程、水利等相关行业标准的成果。其目的是统一铁路工程水文勘测设计技术要求，满足防洪、通航、排凌、水利、环保等方面的要求，保障铁路正常运行。

《规范》(TB 10017—99)第1.0.1条要求，为统一铁路工程水文勘测设计技术标准使之符合防洪、水利、环保等方面的要求，必须保障铁路正常运行。本规范增加"通航、排凌"的要求。

1. 防洪要求

1988年6月，《中华人民共和国河道管理条例》(国务院令第3号)发布实施，在河道管理范围内修建开发水利、防治水害、整治河道的各类工程和跨河、穿河、穿堤、邻河的建设项目，建设单位必须按照河道管理权限，将工程建设方案报送河道主管机关审查同意。未经河道主管机关审查同意，建设单位不得开工建设。建设项目经批准后，建设单位应将施工安排告知河道主管机关。

1992年4月，《河道管理范围内建设项目管理的有关规定》(水利部、国家计委水政〔1992〕7号)对相关建设方案审查管理进行规定。

2004年7月，水利部印发试行《河道管理范围内建设项目防洪评价报告编制导则》,对涉河工程建设方案防洪评价报告编制有重大作用,降低对防汛抢险的影响。围垦河道、湖泊,乱建水工程等违章建设现象逐年减少,水利工程运行及河湖管理逐步规范有序,为国家经济建设发展的良好水环境提供有力支撑。

由于国家对防洪安全、水利工程运行、河湖管理提出要求,为做好涉河工程建设方案审查管理,适应行政管理改革要求,指导涉河工程建设方案防洪评价报告编制,水利部发布了《河道管理范围内建设项目防洪评价报告编制导则》(SL/T 808—2021)。

对于河道管理范围内铁路桥梁工程建设项目,应进行防洪评价,编制防洪评价报告,按《导则》(SL/T 808—2021)及地方流域要求编写。根据建设项目所在河段防洪要求、河道整治工程布局等情况对铁路桥梁建设项目的防洪影响进行综合评价,其内容如下。

(1)与有关规划的关系及影响分析;

(2)是否符合防洪防凌标准、技术管理要求;

(3)对河道泄洪、河势稳定、防汛抢险的影响;

(4)对堤防、护岸等水利工程设施的影响分析;

(5)防御洪涝的设防标准措施是否得当;

(6)对第三方合法水事权益的影响。

防洪评价报告应在建设项目建议书或预可行性研究报告审查批准后、可行性研究报告审查批准前由建设单位委托具有相应资质的编制单位进行编制,初测阶段铁路桥梁水文勘察基本资料应能满足防洪评价报告编制要求。

2. 通航要求

《跨越国家航道的桥梁通航净空尺度和技术要求的审批办法》(交基发〔1994〕906号)要求拟建桥梁及其所在航道如有下列情况之一,必须报送《桥梁通航净空尺度和技术要求论证研究报告》。

(1)拟建桥梁在通航3 000 t级以上(含)海轮的沿海、内河航道上;

(2)拟建桥梁在分汊或不稳定的航道上;

(3)拟建桥梁在流速3 m/s以上、滩礁多、水势汹涌的山区性河流上;

(4)拟建桥梁不能完全满足内河通航标准规定的各项要求。

3. 文件比较

为使水上水下活动通航安全影响论证和评估工作更加科学规范，最大限度避免减少对船舶通航的影响，保障通航安全，促进水运发展，2011 年交通部发布了《中华人民共和国水上水下活动通航安全管理规定》(2011 年第 5 号令)，引入了通航安全影响论证和通航安全评估两种制度，与以往海事部门组织的通航安全评估相比，具有如下两点区别。

(1)侧重不同

通航安全影响论证主要侧重于从宏观上考虑水上水下工程对港口或水域整体通航环境的影响，其重点在于海事部门对水上水下工程的“早参与、早把关”，在工程建设早期研究对水域环境的影响和工程建设的可行性，避免水上水下工程盲目上马。

通航安全评估主要侧重于从细节上考虑水上水下活动施工期间或举办期间对通航安全和防污染的影响，提出具体安全建议保障活动顺利实施，海事部门组织的通航安全评估融合了上述内容。

(2)实施时间不同

通航安全影响论证在工程立项前实施，通航安全评估在申请水上水下活动许可前实施。

由此可见，通航安全影响论证和评估制度有利于分阶段从不同角度分析论证水上水下活动对通航环境的影响程度，对保护通航资源、保障活动安全开展有重大意义。

4. 补充规定

《中华人民共和国海事局水上水下活动通航安全影响论证与评估管理办法》(海通航〔2011〕262 号)要求，从事论证与评估工作的单位应具备下列条件。

(1)具有独立法人资格。

(2)具有本行业评估咨询、技术研究或工程设计等资格。

(3)具有开展论证与评估的相关设施设备。

(4)具有相当数量的航海技术及海事管理高级技术职称、通过海事局组织的通航安全影响论证与评估培训的技术人员，能组成满足本办法第十五条规定的论证与评估小组。

(5)具有与论证与评估业务相关，或与涉水工程项目设计、技术咨询业务相关的经验。

通航安全影响论证应于工程立项前申请海事管理机构组织审查。通航安全评估应开始于活动筹划前，开展通航安全影响论证的重大涉水工程初步设计已被批复后，申请海事管理机构开展审查。

5. 通航论证

对通航安全可能产生影响的铁路桥梁涉水工程应进行通航论证，编制桥梁通航安全影响论证报告。按《桥梁通航安全影响论证报告编制规定》(JTS 110-9—2012)及地方法规要求编写，对涉水工程建设是否对通航安全造成影响进行初步判断。在对涉水工程建设条件进行必要勘察基础上，依据航运与港口发展规划、船舶交通现状分析通航安全形势，预测船舶交通变化、通航环境秩序的适应能力，论证涉水工程建设带来的各种通航安全风险发生率与安全保障能力，论证涉水工程建设的可行性，涉及如下事项。

(1)有关通航设计参数的规范性；

(2)有关通航设计参数与港口、航道岸线、航运船型、功能区划的符合适应性；

(3)工程选址、平面布局的合理性；

(4)工程建成后对通航资源秩序的影响，包括建筑物对航道资源的影响、工程对船舶航行相关水域污染防治的影响等；

(5)系统保障措施，包括工程建设方案的调整优化建议、安全设施和应急保障设施建议、工程限制条件、落实安全生产主体责任相关措施、通航标准等。

论证报告可根据工程实际情况编制，上述《规定》(JTS 110-9—2012)目录如下。

第1章　概　　述

1.1　任务背景

1.2　报告编制依据

1.3　论证过程

1.4　主要论证结论

第2章　桥位河段、海域通航环境

2.1　自然条件

2.2　水上水下有关设施

2.3　通航条件

2.4　通航安全状况

第 3 章　相关规划

3.1　航道规划

3.2　港口规划

3.3　水运发展规划

3.4　过河或跨海通道规划

3.5　其他相关规划

第 4 章　河床、海床演变分析

4.1　历史演变分析

4.2　近期演变分析

4.3　演变趋势预测

4.4　河床、海床稳定性分析

第 5 章　桥位方案论证

5.1　桥位选址的原则

5.2　桥位方案比选情况

5.3　设计推荐桥位方案通航要求论证

5.4　桥位方案论证结论

第 6 章　桥梁通航净空尺度及桥跨布置方案论证

6.1　通航代表船型、船队论证

6.2　相关行业的通航要求

6.3　设计通航水位的确定

6.4　通航净空尺度的确定

6.5　桥跨及通航孔、桥墩布置方案论证

第 7 章　桥梁通航安全影响分析

7.1　建桥对航道条件的影响分析

7.2　建桥对交通组织的影响分析

7.3　建桥对水上水下有关设施的影响分析

7.4　建桥对安全监管的影响分析

7.5　桥区水域船舶航行安全风险分析

第 8 章　航道与通航安全保障措施

8.1　桥区航路规划及航道布置

8.2　桥墩防撞

8.3　航道建设与维护

8.4　通航安全及应急保障设施和措施

8.5　对桥梁施工组织的要求

第 9 章　结论和建议

6. 排凌要求

我国北方严寒地区冰凌情况十分特殊复杂，凌汛期冰塞、冰坝、融冰洪水常造成水位暴涨发生灾害，威胁桥梁结构。凌汛特点主要表现为流量小、水位高、上涨快、变幅大，凌峰流量自上游向下游逐渐增大。

(1)冰塞洪水

河流封冻后，冰盖下面冰花碎冰大量堆积，阻塞部分过水断面，造成了上游河段水位显著壅高，形成冰塞洪水。冰塞常发生在水面比降由陡变缓的河段。大量的冰花碎冰向下游流动，冰盖前缘处的流速大于冰花下潜临界流速时，冰花碎冰下潜并堆积于冰盖下形成冰塞。黄河上游严重冰塞河段冰花度达 14 m，碎冰堆积面积占横断面 60％以上，大型冰塞体可存在至整个冬季。

由冰塞引起的冰凌洪水涨落过程较缓慢，水位的涨落与气温变化相应，气温下降、河道来冰量较大时，冰塞体增大、壅水位抬高。严冬后气温回升，冰塞体逐渐融解，槽蓄水量释放，壅水位下降。由冰塞洪水引起的水位变化过程一般持续时间较长。

(2)冰坝洪水

开河期大量冰块在特定河段堆积，形成巨大阻水冰堆体，如河道内筑起水坝，严重阻塞过水断面，并显著抬高上游水位，称为冰坝洪水。

冰坝洪水多发生在由低纬度向高纬度流向的河段内。由于下游河段纬度高，气温低，封冻早、解冻晚、封冻历时长、冰盖厚；而上游河段因纬度低、气温相对较高，封冻晚、解冻早、封冻历时短、冰盖薄，当河段气温突然升高，或上游流量突然增大，迫使冰盖破裂开河时，上游来水加上区间蓄水量，挟带大量冰块向下游流动。但下游河段会常处于固封状态，阻止冰水下泄形成冰坝，使冰坝上游水位迅速壅高，冰坝下游水位明显下降。冰坝发展到一定规模不能承受上游冰水压力时便突然破坏,同时沿程汇集更多的冰水量向下游流动,在弯曲、狭窄、固封河段又形成冰坝。有些由北向南流向的河流如东北嫩江上游,开江期由于流域尚有积雪,地表尚未解冻,降雨径流系数很大。开江前如遇集中降水则产流量大,加上流域支流众多,汇流快而集中,容易造成冰凌洪水灾害。

(3)融冰洪水

以河道融冰为主、以高山冰雪融水为主,形成两种融冰洪水。

以河道融冰为主的融冰洪水主要发生在冰雪融化过程中,由南向北流向的河段内。分段冰雪融化导致槽蓄水增量释放,河段降水量加入导致急剧壅水,就形成融冰洪水。

以高山冰雪融水为主的融冰洪水主要发生在我国西北内陆河区的一些高大山系上部,分布众多冰川和永久性积雪,冰雪消融后形成融冰雪洪水,一般峰低量大,持续时间长、变化缓慢,相对灾害较小。洪水峰量超过防洪标准或发生冰川湖溃决时,也会给下游造成灾害损失。

桥位选择应根据河流冰情特征、来水来冰过程、阻冰壅水影响等因素进行综合分析择优确定。

7. 水利要求

多年来的铁路勘测设计实践证明,凡与大江大河防洪有关的桥渡问题几乎按水利或防洪部门意见定局。京九铁路在黄河桥位选定时,鱼山桥位短、基础稳、造价省,但权衡考虑防洪问题还是按黄委会意见选用桥位长、造价高的孙口桥位。线路通过防洪河道、滞蓄或分洪区时,桥位选择必须与水利、防洪部门协商。

(1)水闸、引洪、分洪工程附近不宜设桥。水利工程一般标准较低、基础较浅,会因铁路工程施工的要求被毁坏或产生冲刷变化等不利后果,因此桥位宜离开这些工程有一定安全距离。

(2)河网地区地势较低,桥位选择应与水利、航运部门配合,充分利用局部地形,线路宜选在地势较高处,不宜选在低洼或特殊松软地基地带。

(3)铁路跨经灌溉渠网时,不应轻易破坏现有灌溉系统和穿越大片良田。线路与干渠平行时,之间保持一定距离不能太近,以免影响路基稳定,包兰铁路某段就有此现象。山坡地段时,线路宜选在上坡一侧,以免造成铁路桥涵孔径与通过流量不相适应。

(4)线路在库区上游时，桥位宜选在库水面较窄、岸坡稳定、沉积较少地段；若在水面封冻地区，桥位不宜选在回水末端以免形成冰坝；当线路沿上游库区蓄水范围边缘、跨越水深较大、支沟较多时，应考虑必要时将线路绕远，以减小深沟桥的施工水深。线路在库区下游时，桥位应离开坝址一定距离，避开冲刷较严重地段并注意局部冲刷。

8. 工程实例

现以新建大准增二线黄河铁路特大桥为例介绍其对即有水库的影响，桥位选择应能满足水库正常使用要求。

大准增二线黄河铁路特大桥位于内蒙古自治区清水河县境内的岔河口村，桥址河段属黄河中游的上段，下距水库大坝 57.2 km，汇水面积 39 万 km^2。根据《黄河万家寨水库凌汛期运用方式研究》成果，将来冰量分为四个等级，即 1 000 万～4 000 万 m^3，将封河流量分为三个标准，即 450、600、700 m^3/s。对大桥进行防凌影响评价时，考虑万家寨水库最不利的来冰量和封河流量组合进行分析计算，即采用 4 000 万 m^3 来冰量、700 m^3/s 封河流量。

冰塞形成的位置主要取决于水库回水末端的位置。坝前为 960 m 时，回水末端在距坝 45 km 附近；坝前为 970 m 时，回水末端在距坝 57 km 的大准黄河铁路大桥附近；封河发展期采用原设计运用方式的 975 m 水位，回水末端在距坝 61.5 km 的下塔村。对大桥进行防凌影响评价时分别计算坝前 960、970、975 m 的冰塞水位。

大准增二线铁路桥修建后将缩窄桥位断面的过流面积，使冰塞体沿程分布在桥位以上发生变化，造成桥位断面以上，在万家寨水库冰塞壅水高度的基础上进一步壅高水位。修建大准增二线铁路桥后壅水计算方法差异体现在桥位断面过水面积减少，采用畅流期河宽，减小 39.7 m。

(1)大准增二线铁路桥修建后，封河期考虑不利的来冰量和封河流量组合情况，当水库坝前水位 960 m 时，大准增二线铁路桥将影响拐上断面，冰面高程抬高 1.51 m，冰面高程由 984.27 m 至 985.78 m。水库坝前水位 970 m 时，大准增二线铁路桥影响上游断面，冰面高程抬高 1.34 m。水库坝前水位 975 m 时，水库的回水末端在桥位以上，对封河期防凌影响较小。

(2)大准增二线铁路桥修建后，开河期桥址断面由于新老桥的共同作用，断面具备了形成冰坝的河道边界条件。考虑最不利情况，桥位断面冰坝上游壅水高达 7.59 m，桥位断面的冰面高程将达 981.8 m。参照万家寨水库运用以来，形成冰坝最严重的 2005 年实测冰坝形态，冰坝影响范围在距铁路桥 12.5 km 的公路桥以下，随着水库运用，库区泥沙不断淤积。

(3)根据万家寨水库运用方式，开河期水库运用水位 970 m，按此水位评价，形成冰坝壅水最高水位 986.9 m，低于万家寨水库移民淹没水位 987 m，对万家寨水库运用不会带来不利影响。

9. 环保要求

铁路选线应符合全国生态环境建设、城市规划和环境保护规划等要求，充分利用既有交通走廊，减少对生态敏感区的分割、避免造成生态环境岛屿化。线路应尽量避绕特殊环境敏感区，确需穿越时应进行多方案综合比选，采取减缓不利影响的环境保护措施。

铁路桥位选择需要注意以下环境保护区域。

(1)风景名胜区和自然保护区

《中华人民共和国自然保护区条例》要求，自然保护区的核心区和缓冲区内不得建设任何生产设施，自然保护区的实验区内不得建设污染环境、破坏资源或景观的生产设施。一般情况下，桥位尽量避开自然保护区和风景名胜区，由于自然保护区和风景名胜区植被面积小则几平方千米，大则几百或几千平方千米，线路确实无法避开该区域时，首先保证线路位置必须避开核心区和缓冲区。试验区内虽可以通过，但不得设车站、不准鸣笛，工程建设必须与周围景观相协调。渝怀铁路选线过程中，沿线涉及贵州铜仁境内的梵净山自然保护区，最终放弃穿过该保护区的方案，采用沿江方案。遂渝铁路涉及重庆的缙云山自然保护区，最终放弃穿过该保护区的方案，采用两跨嘉陵江方案。

(2)水源保护区

我国制定了许多保护有限水资源的法律法规，在对水体的污染治理方面，对饮用水源采取保护措施。《中华人民共和国水污染防治法》要求，禁止在生活饮用水地表水源地保护区内新建、扩建与供水设施和保护水源无关的建设项目。《饮用水源保护区污染防治管理规定》也有同样表述。《生活饮用水卫生标准》要求，取水点上游 1 000 m 至下游 100 m 的水域不得排入工业废水和生活污水。选择跨越河流的大桥位置和设立车站时，先应查清跨越和接纳车站污水的河流的使用功能，大桥位置和车站排污口上下游有无集中式取水口。若存在此类设施，在线路条件允许及投资增加较少情况下，可适当改变大桥桥位和车站排污口位置。若线路投资增加较大或车站位置改变，将影响全线的车流组织时，应考虑改变集中式取水口的位置。

(3)文物保护单位

《中华人民共和国文物保护法》要求，文物保护单位范围内不得进行其他建设工程，如特殊需要必须经人民政府和上一级文化行政管理部门同意。在铁路选线过程中应避开文物保护区域。线路确实无法避开时应进行经济技术比较。郑西铁路方案比选中，设计院得知在洛阳白马寺附近有国家一级文物保护单位——洛阳古城遗址、国家夏商断代工程研究区域。北线、中线方案均要经过该区域，最后推荐确定避绕该区域的南线方案。

(4)野生动植物资源区域

《中华人民共和国野生动物保护法》《中华人民共和国野生植物保护条例》要求，对国家重点保护野生动物和地方重点保护野生植物的生长环境产生不利影响的建设项目，建设单位提交的环境影响报告书必须对此做出评价。这些野生动植物资源在自然保护区内，铁路选线要遵照《中华人民共和国自然保护区条例》要求，设计中应考虑植物移栽、预留动物通道等内容。青藏铁路经过可可西里自然保护区，设计中考虑藏羚羊的迁徙通道采用高架桥跨越。

(5)文教及大规模住宅区

《中华人民共和国噪声污染防治法》要求，建设经过噪声敏感建筑物集中区域的铁路、公路、城市高架轻轨道路，可能造成环境噪声污染，应设置声屏障等有效控制措施。穿越城市居民区、文教区的铁路，当地政府应组织铁路等部门，制定控制环境噪声污染规划，采取有效措施。对线路改线增加的投资和进行噪声治理的投资进行经济技术比较，确定合理方案。

2.2 适用范围

[第1.0.2条引文]

本规范适用于高速铁路、城际铁路、市域(郊)铁路，客货共线Ⅰ级、

Ⅱ级、Ⅲ级和Ⅳ铁路，重载铁路，铁路专用线工程的水文勘测设计。

[第 **1.0.2** 条解读]

适用范围是标准规范性一般要素，同时也是标准(规范)的必备要素。每一项标准都应有适用范围，并应位于每项正文的起始位置。一切规范性内容都在规范界定的适用范围内起作用，超出了范围的规定就失去作用。

《铁路桥涵设计规范》(TB 10002.1—2017)有如下定义。

高速铁路：设计速度 250 km/h(含预留)及以上动车组列车，初期运营速度不小于 200 km/h 的客运专线铁路。

城际铁路：专门服务于相邻城市间或城市群，旅客列车设计速度 200 km/h 及以下的快速、便捷、高密度客运专线铁路。

客货共线铁路：旅客列车与货物列车共线运营、设计速度 200 km/h 及以下的铁路。

重载铁路：满足列车牵引质量 8 000 t 及以上、轴重 27 t 及以上、在至少 150 km 线路上年运量大于 4 000 万 t 三项条件中两项的铁路。

《Ⅲ、Ⅳ级铁路设计规范》(GB 50012—2012)第 1.0.3 条要求如下。

为某一地区或企业服务的铁路，近期年客货运量小于 10 Mt、大于或等于 5 Mt 者为Ⅲ级铁路。

为某一地区或企业服务的铁路，近期年客货运量小于 5 Mt 者为Ⅳ级铁路。

《市域(郊)铁路设计规范》(TB 10624—2020)术语中如下定义：市域(郊)铁路为都市圈中心城市城区连接周边城镇组团及其城镇组团之间提供公交化、大运量、快速便捷的轨道交通系统，是城市综合交通体系的重要组成部分。

本规范涵盖了普速铁路、高速铁路、城际铁路、重载铁路、市域(郊)铁路、铁路专用线的水文勘测设计。

2.3 共性要求

本规范的共性要求为第 1.0.3～1.0.9 条。

第 1.0.3 条为桥渡的内涵和布设的总体要求，第 1.0.4 条说明了水文资料的搜集要求。桥渡勘测设计的核心问题是水文水力计算,记录水文现象的资料既有系统完整的可靠记录,也有民间记载传闻等。第1.0.5～1.0.9条规定了铁路工程水文勘测设计依据的洪水频率标准。是反映国民经济、建设方针政策的最主要条文,也是确定桥渡设计以致铁路建设的最重要技术政策。

2.3.1 铁路工程设施设置

[第1.0.3条引文]

铁路工程设施设置应能防御设计洪水,使设计洪水顺畅排泄。桥涵布设应满足排水、通航要求,并应与线路排水系统、水利规划相配合。铁路工程设在城镇时,还应与城镇排水设施相协调。

[第1.0.3条解读]

以往将桥梁孔径在净空、桥长、基础埋深三方面的过洪能力分解为两层意思:一是将洪水通过时桥孔的高、长两方面提供的能力称为过洪能力;一是桥基埋深能够抵抗洪水的能力称为抗洪、抗冲能力。用流量、相应水位及流速大小作为桥涵设备的过洪能力与抗洪能力的衡量标准。概括说,孔径对应过洪能力,冲刷对应抗洪能力,桥梁的抗洪能力是由这两者综合构成。桥梁水害主要也是水淹和冲刷这两大类,都是过洪、抗洪能力不足的必然结果。

本条规定的目的是既保证铁路的安全,又使铁路上下游免遭水害。铁路工程的排水设施应该统一规划、合理布局。桥涵设置需要考虑与站场、隧道等的排水建筑物和路堑地段的天沟、侧沟、吊沟,路堤地段的取土坑、排水沟,以及桥涵上下游的截水沟、改沟等工程密切配合,组成一个完整的排水系统。桥涵的设置还要注意农田水利,避免大量的改沟合并使水流过分集中,冲刷下游农田房舍,或因设置不当造成水流宣泄不畅,或造成上游水位壅高,淹没农田房舍。设置时还要考虑农业灌溉上的合理需要,对农业机械、人畜、车辆等穿越铁路,要根据既有农村道路分布情况及人畜车辆通行密度,结合路堤高度等条件,选择适当地点设置立交桥涵或排灌通行的兼用桥涵。铁路工程设置时还需注意周围环境,避免对农田、森林、植被、排灌系统的破坏。

位于城镇的铁路工程排水系统可自成体系,也可与所在城镇的排水系统衔接。与城镇的排水系统衔接时，双方排水设备特别需要考虑互相增加来水的影响。

2.3.2 水文调查和勘测

［第 1.0.4 条引文］

水文调查和勘测应根据工程设计要求和所在区域条件，采用相应的方法。搜集和调查的资料应鉴别其可靠性，勘测精度应符合相关规定。

［第 1.0.4 条解读］

水文资料是推算设计洪水的基础，是决定精度的关键。水文资料的搜集需深入现场做好调研。除了向水利部门搜集资料，还需向公路、航运、城建、林业、工矿企业等单位搜集资料，通常采用以下方法鉴别其可靠性。

1. 鉴别重点应放在对设计洪水影响较大的大水年份的资料上。

2. 水文站的观测资料：需要注意因水尺位置、零点高程、水准基面变动、浮标系统选用不当引起的系统误差，必要时可对通过上下游站、干支流站水量平衡的分析比较进行鉴别。

3. 历史洪水调查资料：必须采用可靠或较可靠的数据。年代久远、精度不高的资料在频率计算中也可适当考虑。对调查洪水特别是最大的几个洪水，从流域当前的植被与开垦情况、暴雨大小及流向情况等进行分析论证。

由于水文现象和河流演变都是很复杂的自然现象，人们对其认识还很有限。为了工程需要，《规范》（TB 10017—99）规定了一些计算公式和图表来描述这些现象，都建立在有限的认识和经验基础之上。要求愈细、愈具体，其中包含的合理因素愈多，适应性可能好一点，但计算一般较繁琐；要求粗一点，计算可简化，但对具体情况的贴切程度就可能要差一点。本规范的大多数公式按全路使用情况考虑，也有些是分地区制定的。总的来说，覆盖面较大是其主要特点。因此，计算成果需要根据当地具体条件进行分析核对，使其更加切合具体情况。目前各地均有不少当地经验可供参考借鉴，有条件使计算成果更符合客观实际情况。

2.3.3 铁路桥涵、路基、隧道、站场洪水频率标准

[第 1.0.5 条引文]

铁路桥涵、路基、隧道、站场专业应按表 1.0.5-1～3 规定的洪水频率标准进行设计或检算。

表 1.0.5-1(本规范) 桥涵、路基洪水频率标准

铁路分类	设计洪水频率			检算洪水频率
	桥梁	涵洞	路基	特大桥(或大桥)属于技术复杂、修复困难或重要者
高速铁路、城际铁路、市域(郊)铁路，Ⅰ、Ⅱ级铁路，重载铁路	1/100	1/100	1/100	1/300
Ⅲ级铁路	1/100	1/50	1/100	1/300
Ⅳ级铁路	1/50	1/50	1/50	1/100
≥5 Mt 铁路专用线	1/100	1/50	1/50	
<5 Mt 铁路专用线	1/50	1/50	1/50	

注：1. 若观测洪水(包括调查洪水)频率小于表列标准的设计洪水频率时，应按观测洪水频率设计。但Ⅰ、Ⅱ、Ⅲ级铁路的路基，特大桥和大中桥设计洪水频率不得小于 1/300；Ⅳ级铁路的路基、特大桥和大中桥设计洪水频率不得小于 1/100，小桥和涵洞设计洪水频率不得小于 1/100。

2. 当水位不随流量而定，如逆风、冰塞、潮汐、倒灌、河床变迁、水库蓄水及其他水工建筑物壅水等时，则流量与水位应分别确定。

3. 设在水库淹没范围内的桥涵，仍采用表列洪水频率标准。设在水坝下游的桥涵，若水库设计洪水频率标准高于桥涵洪水频率标准，则按表列标准的水库泄洪量加桥坝之间的汇水量作为桥涵设计及检算流量；若水库校核洪水频率标准低于桥涵洪水频率标准，则应与有关部门协商，提高水坝校核洪水频率标准，使之与铁路桥涵洪水频率标准相同。如有困难，除按河流天然状况设计外，还应适当考虑溃坝可能对桥涵造成的不利影响。

4. 在水坝上下游影响范围内的铁路工程，应考虑水库淤积和清水冲刷等情况对铁路工程造成的不利影响。

5. 有压和半有压涵洞的孔径应按设计路堤高度的洪水频率检算。

6. 改建既有线或增建第二线时的洪水频率，应根据多年运营情况和水害的具体情况加以考虑，利用既有建筑物。

表 1.0.5-2（本规范） 隧道洪水频率标准

隧道部位	设计洪水频率
出入口高程	1/100
边仰坡截（排）水沟排水	1/50

表 1.0.5-3（本规范） 站场洪水频率标准

工程种类	设计洪水频率
车站、机务段、车辆段、客车整备所、动车段、动车运用所等的路基	1/100
货场路基	1/50

［第 1.0.5 条解读］

1. 设计洪水频率概念

一定频率的洪水是铁路的防洪标准，也是设计和修筑铁路的标准。铁路跨河桥渡的桥高、桥长、基础埋深和导治工程布设，要以设计洪水的频率标准为依据，受水位控制的线路（包括山区河谷线路、桥头河滩路堤等）和站场路基标高的确定，要以设计洪水的频率标准为依据。设计洪水频率标准是确定铁路建设投资的主要技术指标之一。

设计洪水频率（以 $P=1/100$ 为例）涵义如下：

（1）洪水大小是以年为时间单位选取的，即每年只选取一个最大洪水进行频率推算。

（2）平均看上千年中，每百年出现一次的大洪水为 100 年一遇洪水，其频率 $P=1/100$，或说其重现期为 100 年。作为建筑物，例如桥渡设计的洪水频率还包括如下：

①频率为 1/100 的洪水，有可能出现在建桥的当年、次年或建桥后的任何一年，而且也有可能在桥梁使用年限的 100 年内未曾出现；

②按 1/100 设计洪水频率标准的铁路，从长期平均情况来看，每百座桥渡平均每年有一座桥渡出现设计洪水。

对于受水位控制的线路和站场也应作如是理解。只有全面地理解上述要点，才能真正认识建筑物设计洪水频率标准的全貌。

20 世纪 50 年代之前，铁路桥梁设计的洪水位以历史最高洪水位为准，也有许多桥涵设计是根据设计者的经验，确定孔跨、布设桥孔。由于设计洪水位不准确，遇到洪水时给铁路桥梁和路基带来水害，造成铁路中断。京汉、津浦铁路有1/3的桥和路基被破坏，运输中断3个月。

50年代初期，中国铁路开始采用洪水频率概念。1951年12月，铁道部公布了中国第一部《铁路桥涵设计规范》。1958、1975年的《桥规》修订中调整了铁路桥涵设计洪水标准，补充对技术复杂、修复困难的特大桥和其他重要大桥按铁路等级分别采用1/300和1/100的洪水频率。1975年《铁路工程技术规范·第二篇桥涵》关于铁路桥涵设计洪水频率标准的要求是在中国铁路建设的多年经验、大量试验和调查研究的基础上确定的，符合中国实际情况。在1985年《铁路桥涵设计规范》、1986年《铁路桥渡勘测设计规范》、1999年《铁路桥涵设计基本规范》及《规范》(TB 10017—99)中，设计洪水频率标准沿用1975年《铁路工程技术规范第二篇·桥涵》的要求。2005年修订的《铁路桥涵设计基本规范》将Ⅰ、Ⅱ级铁路涵洞的设计洪水频率标准由1/50调整为1/100，其余标准沿用1999年铁路桥涵、水文两规范的要求。2017年《铁路桥涵设计规范》对设计洪水频率标准没有修订。

2. 设计洪水频率检算

本规范结合现今铁路桥涵、隧道、路基、站房等工程的水文特点、现状及技术发展需要，并根据调研规范在多年的使用过程中存在的问题，对铁路工程水文勘测、设计等规定进行了全面修订。规范涵盖了高速铁路、城际铁路、市域(郊)铁路，Ⅰ、Ⅱ级铁路，重载铁路、铁路专用线等新建、增改建铁路工程的水文勘测设计的内容。

在采用铁路工程设计洪水频率标准进行设计检算时，可从以下方面考虑：

(1)本条文要求技术复杂、修复困难或重要的特大桥或大桥，需要按规定的检算洪水频率标准进行检算。一般的特大桥，虽然桥长较长，但从设计、施工、养护等方面来说，与一般大桥没有很大区别，故规范只对技术复杂、修复困难或重要的特大桥或大桥提出洪水检算的要求。有些大桥虽然不长，但由于所处的位置很重要，在技术上需要给予更大的保证，因此在抗洪标准方面要进行检算。

技术复杂、修复困难一般系指高墩、桥跨结构复杂、深水基础、施工困难者以及防洪条件很差、河流形势及水流分布对建筑物十分不利的桥梁。

(2)观测最高洪水位包括调查可靠的历史最高洪水位。频率标准高于规定的设计洪水频率标准时，规范考虑到工程投资及频率标准重现的机遇因素，在采用上作了一些限制。历史洪水进行设计时，应该作全面的调查研究，注意自然地理的变化和人类活动的影响，分析此项历史水位有无重现的可能性。

(3)设在水库淹没范围内的铁路工程，若水库校核洪水频率标准低于铁路工程的洪水频率标准，且提高水坝校核洪水频率标准又有困难时，通常需要适当考虑溃坝可能对水坝下游铁路工程造成的不利影响。这时桥梁设计要适当加深基础的埋置深度，适当加大桥孔和桥下净高，有条件时还需要将基础嵌入基岩内。路基也同样需要适当加强边坡防护、加深防护基础的埋置深度。本规范附录A溃坝流量计算，为铁科院等单位经调查研究及水工模型试验，于1985年经铁道部科技局评审的研究成果。

(4)水库大坝上下游的桥涵，考虑大坝对桥涵的不利影响，应考虑提高桥涵设计标准。如有些水库由于淤积严重，有可能在今后提高坝身以延长水库的使用年限；有些水库在实际运用过程中，常有提出防洪与兴利的新要求，如提高发电量、提高灌溉水位、扩大灌溉面积、提高航行水位、考虑下游正在施工的水下工程、保证下游农作物不淹没、为下游洪水错峰等，这些都使得水库蓄水时的水位与原设计有较大出入，造成对桥涵的不利影响。有些水库由于要求少泄多蓄，因而在洪水期间提高了汛前水位，使实际泄洪量大于该洪峰频率的设计泄洪量。也有些水库，调洪库容很大，当闸门调洪设备失灵就会产生险情，对下游桥涵将造成不利影响。如遇上述情况，桥涵的设计洪水标准可考虑适当提高。

(5)为节约投资，避免浪费，对既有建筑物尽量利用。如既有建筑物不能满足设计洪水频率标准的要求时，应该从多年运营情况、历年防洪抢险、水害修复加固、设备完好程度，以及流域内的水文特征的改变等方面，综合分析、全面权衡确定是否需要改建或废弃。

(6)为防止洪水淹没站场或流入隧道，设计时需控制站场邻河侧的路肩或隧道洞口的高度，因此受洪水控制的站场或隧道洞口采用与路基相同的设计洪水频率标准。

国标《防洪标准》(GB 50201—2014)第6.1.1条要求，国家标准轨距铁路的各类建筑物、构筑物，应根据铁路在路网中的重要性和预测的近期年客货运量分为两个防护等级，按表2-1确定。

表 2-1　国家标准轨距铁路各类建筑物、构筑物的防护等级和防洪标准

<table>
<tr><th rowspan="3">防护等级</th><th rowspan="3">铁路等级</th><th rowspan="3">铁路在路网中的作用、性质</th><th rowspan="3">近期年客货运量(Mt)</th><th colspan="4">防洪标准(重现期,年)</th></tr>
<tr><th colspan="3">设计</th><th>校核</th></tr>
<tr><th>路基</th><th>涵洞</th><th>桥梁</th><th>技术复杂、修复困难或重要的大桥和特大桥</th></tr>
<tr><td rowspan="3">Ⅰ</td><td>客运</td><td>以客运为主的高速铁路</td><td>—</td><td rowspan="3">100</td><td rowspan="3">100</td><td rowspan="3">100</td><td rowspan="3">300</td></tr>
<tr><td>Ⅰ</td><td>在铁路网中起骨干作用的铁路</td><td>≥20</td></tr>
<tr><td>Ⅱ</td><td>在铁路网中起联络、辅助作用的铁路</td><td><20,≥10</td></tr>
<tr><td rowspan="2">Ⅱ</td><td>Ⅲ</td><td>为某一地区或企业服务的铁路</td><td><10,≥5</td><td rowspan="2">50</td><td rowspan="2">50</td><td rowspan="2">50</td><td rowspan="2">100</td></tr>
<tr><td>Ⅳ</td><td>为某一地区或企业服务的铁路</td><td><5</td></tr>
</table>

注:1. 近期指交付营运后的第 10 年。

2. 年客货运量为重车方向的运量,每天一对旅客列车按 1.0 Mt/年货运量折算。

国家标准与铁路行业标准实质上都一致,不同的是国家标准用重现期(年)表示,铁路行业标准用频率表示。如桥梁的洪峰流量的设计频率 $P=1\%$,其重现期 $T=1/P=100$ 年,即出现超过该洪水的次数平均 100 年一次。按此标准设计或经检算符合上述标准的桥梁,即具备安全通过该标准频率及其以下频率的洪水的能力,否则视作抗洪能力不足。一般将设计频率的洪水称设计洪水,小于设计频率的洪水称作超标准洪水。对属于技术复杂、修复困难的特大桥或大桥,还规定了小于设计洪水频率的检算洪水频率。

2.3.4　铁路房屋室外地面设计洪水频率或内涝水位标准

[第 1.0.6 条引文]

铁路区间生产设备房屋设计室外高程应符合国家现行标准中设计洪水频率或内涝水位的相关规定。铁路房屋室外地面设计洪水频率或内涝水位应符合表 1.0.6 的规定。

表 1.0.6(本规范) 铁路房屋室外地面设计洪水频率或内涝水位标准

工程种类	设计洪水频率或内涝水位
牵引变电所、开闭所及自耦变压器(AT)所、电力变电所、配电所、区间通信信号设备场坪	1/100
开闭所及自耦变压器(AT)所、电力变电所、配电所、区间通信信号设备房屋、给水站的泵站	1/50
生活供水站(点)的泵站	1/20

注:1. 表中生产设备房屋室外地面采用的设计洪水位或内涝水位按规定增加安全值。
2. 泵站位于大江河、湖泊和水库岸边时,室外地面高程尚应加波浪高。

[第 1.0.6 条解读]

房屋建筑设计的洪水频率标准,是根据铁路运营需要、建筑物的规模与重要性、所在位置,结合地形、汇水面积等因素而确定的。确定铁路运输作业房屋室外地面设计高程应同时满足防洪和铁路运输作业需要两个条件。本规范引用《铁路房屋建筑设计标准》(Q/CR 9146—2017)的相关条款,并对铁路主要房屋建筑防洪设计的洪水位或内涝水位设计频率标准进行了修订。

上述《标准》(Q/CR 9146—2017)第 2.2.2 条要求,铁路区间生产设备房屋设计应符合下列两项要求。

1. 房屋室外地面高程应符合国家现行标准中相关洪水位和内涝水位的相关要求

洪水位或内涝水位重现期应符合表 2-2 的要求。

表 2-2 铁路房屋室外地面设计洪水位或内涝水位重现期

房屋名称	设计洪水位或内涝水位重现期
牵引变电所	100 年
分区所、开闭所及自耦变压器(AT)所、电力变电所、配电所、区间通信信号设备房屋、给水站的泵站	50 年
生活供水站(点)的泵站	20 年

注:1. 表中生产设备房屋室外地面采用的设计洪水位或内涝水位应增加 0.5 m 安全超高。
2. 当泵站位于大江河、湖泊和水库岸边时,室外地面高程尚应加波浪高。
3. 设置在同一处所的通信,信号、电力等生产设备房屋基础高程应一致,并应采用较高设计洪水位或内涝水位高。

2. 铁路房屋选址应考虑道路交通运输条件

上述对洪水位的要求依据了《铁路电力设计规范》(TB 10008—2015)第 5.1.1 条、《铁路电力牵引供电设计规范》(TB 10009—2016)第 4.1.1 条、《铁路给水排水设计规范》(TB 10010—2016)第 7.0.2 条而制定。由于铁路区间信号中继站、区间信号箱式机房、区间通信设备房屋在其相应的技术标准中没有明确提出防洪标准,本条依据电力牵引供电的分区所、开闭所及自耦变压器(AT)所的相应规定,考虑其重要程度,确定采用 50 年一遇洪水位或内涝水位。增加 0.5m 安全超高的要求参照了《城市防洪工程设计规范》(GB/T 50805—2012)。

2.3.5　蓄洪区、滞洪区内的铁路工程设计洪水频率

[第 1.0.7 条引文]

经过蓄洪区、滞洪区内的铁路工程设计洪水频率应根据其规模、特点综合研究确定。铁路工程不得影响蓄洪区、滞洪区的正常运用。

[第 1.0.7 条解读]

本条为新增条文。

行洪、蓄洪、滞洪区是我国主要江河防洪体系的重要组成部分,如果存在碍洪设施,发生大洪水或特大洪水需要行洪或分洪时,将影响行洪、蓄洪、滞洪区正常功能的发挥,增加干流河道的防洪压力,带来重大损失。铁路的防洪标准高于所在河段地区的防洪标准时,应按铁路的防洪要求确定防洪标准,反之则按行洪、蓄洪、滞洪区的防洪要求确定铁路防洪标准。

2.3.6　排水沟(管)、涵的洪水频率标准或暴雨强度标准

[第 1.0.8 条引文]

铁路工程按流量设计的排水沟(管)、涵的洪水频率标准或暴雨强度标准,应符合本规范有关章节的规定。

[第 1.0.8 条解读]

本条沿用《规范》(TB 10017—99)第 1.0.8 条。

2.3.7　施工阶段临时设施洪水频率

[第 1.0.9 条引文]

施工阶段临时设施采用的洪水频率,应考虑防洪度汛要求,结合工程

的重要性、工期长短等因素综合确定。

[第 1.0.9 条解读]

施工阶段水文计算的任务，是为确定施工栈桥、施工围堰、导流隧洞和导流渠等临时性水工建筑物的规模，提供施工期的设计洪水频率。由于导流建筑物的修建，使得施工河段过水断面变窄，水位壅高，产生回水。在施工时受到施工回水影响的河段，需要做好流量预报和施工区水文预报工作。流量预报方法与一般天然河道相同，施工区的水文预报则主要是处理不同导流方式时的水力计算问题。

施工水位目前尚无明确定义或正式规定，据各设计院的经验及通常做法，常以经济、施工技术和工期安排等因素为依据，选择 3、5、8、10 年一遇的周期洪水位，个别也用 1 年和 20 年一遇的周期洪水位作为施工水位。有时视施工项目不同也可采用不同周期的洪水位，例如围堰工程工期较短，便桥工程使用期间较长，两者就可采用不同周期的洪水位。

低水位和常年水位可被视为施工水位。低水位是历年枯水期间的平均水位，常年水位是历年洪水期间的平均水位，不含平均洪水位以上的水位。

施工阶段临时设施采用的洪水频率，应考虑防洪度汛要求，结合工程的重要性、工期长短等因素综合确定。铁路工程部分复杂跨河桥梁工期统计见表 2-3，可供确定桥梁施工水位的洪水频率时参考。

表 2-3　铁路工程建设部分复杂跨河桥梁工期统计

序号	建设项目	长度(m)	开工时间	竣工时间	总工期（月）	地点	主要工程数量	正线数目
1	包神线包头黄河桥	848	1986.6	1987.9	16	内蒙古包头	13-64 m 栓焊钢桁梁	单线
2	广州黄浦港东江铁路大桥	1 964	1988.7	1993.9	63	广东广州	21-32 m 预应力梁＋5-64 m 简支栓焊钢桁梁＋29-32 m 预应力梁	单线
3	广州黄浦新沙港区一期工程麻冲铁路大桥	752	1988.12	1993.9	58	广东广州	10-32 m 预应力梁＋2-64 m 简支栓焊钢桁梁＋9-32 m 预应力梁	单线
4	浙江复线樟树立交桥	3 068	1992.12	1995.5	30	江西樟树	43-32 m 预应力 T 梁＋(60＋4-80＋60)m 钢梁＋37-32 m 预应力 T 梁	单线
5	天津南疆铁路桥	2 873	1993.6	1995.12	31	天津	(32.76＋53-32.7＋33.35)m 预应力 T 梁＋(48＋3-64＋48)m 连续钢梁＋(33.35＋32.71＋32.72＋32.73＋32.75＋9-32.76＋32.84)m 预应力 T 梁	单线
6	石长铁路常德沅江特大桥	3 683	1993.11	1998.7	57	湖南常德	64-32 m 预应力 T 梁＋(62.3＋5-96＋62.3)m 预应力箱梁＋30-32 m 预应力 T 梁	单线
7	浙赣复线弋阳葛水河桥	121	1994.1	1995.9	21	江西弋阳	(25＋40＋25)m 预应力连续梁	单线
8	石长铁路长沙湘江桥	2 433	1994.9	1998.9	49	湖南长沙	40-32 m 预应力 T 梁＋(61.65＋7-96＋61.65)m 预应力箱梁＋10-32 m 预应力 T 梁	单线

续上表

序号	建设项目	长度(m)	开工时间	竣工时间	总工期(月)	地点	主要工程数量	正线数目
9	湘黔线湘潭湘江特大桥	1 336	1994.12	1998.1	38	湖南湘潭	10-32 m 预应力 T 梁＋(42＋10-75＋42)m 预应力箱梁＋5-32 m 预应力 T 梁	单线
10	宁波大榭岛跨海公铁两用大桥	A标段 615；C标段 511	1997.4	2001.4	49	浙江宁波大榭开发区	A标段:6-31.7 m 简支梁＋(124.45＋170＋124.45)m 连续刚构； C标段:(40.8＋40.7＋40.7)m＋4-40.7 m 预应力连续梁＋(33＋2-34)m 预应力连续弯箱梁＋5-25 m 连续梁	单线
11	济南洛口黄河铁路桥单线桥修复工程	1 228	1998.6	1999.9	16	山东济南	(65.2＋7-92.7＋128.7＋164.7＋128.7＋92.7)m 钢桁梁	单线
12	新长线及海安至南通线建设工程新长铁路第三标段	11 150	1998.8	1999.12	17	江苏淮安	(2-24＋17-32)m 预应力梁＋48 m 半穿式栓焊桁梁＋(32＋24＋32)m 混凝土梁	单线
13	新荷线增建二线长东黄河特大桥二桥	13 013	1998.9	1999.11	15	河南长垣	(123-32＋100-40＋9-96＋7-108＋19-32)m	单线
14	水柏线北盘江大桥C合同段(六盘水)	468	1999.5	2002.1	33	贵州六盘水	3-24 m 预应力 T 梁＋236 m 上承式钢管混凝土拱＋5-24 m 预应力 T 梁	单线

续上表

序号	建设项目	长度(m)	开工时间	竣工时间	总工期(月)	地点	主要工程数量	正线数目
15	萧甬线庄桥至宁波段增建二线1标姚江大桥	908	2000.12	2001.11	12	浙江宁波	19-32 m简支梁＋16 m低高度梁＋8-32 m下承式钢板梁	单线
16	宁启铁路京杭运河特大桥	1 649	2002.3	2004.3	25	江苏扬州	(27-16＋5-32)m预制梁＋112 m钢桁梁＋28-32 m预制梁	单线
17	宁启铁路同三大桥	127	2002.3	2004.3	25	江苏江都	32 m预制梁＋48 m钢桁梁＋33 m预制梁(两墩两台三跨)	单线
18	宁启铁路高水河大桥	174	2002.4	2004.3	24	江苏扬州	(2-16＋32)m预制梁＋64 m钢桁梁＋32 m预制梁	单线
19	青藏铁路拉萨河特大桥	928	2003.3	2005.4	26	西藏拉萨	5联3-32.7 m预应力连续箱梁＋(36＋72＋108＋72＋36)m钢管混凝土拱连续梁＋3-32.7 m预应力连续箱梁	单线
20	宜万铁路万州长江大桥	1 106	2002.12	2005.12	37	重庆万州五桥区	(46.6＋46＋50＋51.3)m连续箱梁＋(168.7＋360＋168.7)m单拱连续钢桁梁＋(43.6＋3-42.7＋43.3)m连续箱梁	单线
21	江西丰城电厂二期工程铁路专用线工程第四合同段	3 773	2005.1	2006.8	20	江西丰城	64 m预应力简支箱梁＋9-32 m预应力简支梁＋(68＋2-120＋68)m预应力连续梁＋6-32 m预应力简支梁	单线

续上表

序号	建设项目	长度(m)	开工时间	竣工时间	总工期(月)	地点	主要工程数量	正线数目
22	衡广复线江村南/北桥	152/236	1984.8	1986.12	29	广东广州	南桥:32 m 预应力 T 梁＋128 m 铆接钢桁梁＋(32＋40)m 预应力 T 梁; 北桥:20 m 混凝土 T 梁＋128 m 铆接钢桁梁	双线
23	京广线韶关曲江桥	278	1985.3	1987.3	25	广东韶关	16 m 混凝土 T 梁＋2-64 m 栓焊钢桁梁＋(2-31.7＋2-23.8)m 预应力 T 梁	双线
24	衡广复线乐昌武水桥	404	1986.5	1988.6	26	广东乐昌	128 m 铆接钢桁梁＋8-32 m 预应力 T 梁	双线
25	钱塘江第二大桥	2 861	1988.4	1992.3	48	浙江杭州	铁路:(12.8＋25-32)m 预应力箱形连续梁＋(45＋65＋14-80＋65＋45)m18 孔一联预应力箱形连续梁＋22-32 m 预应力箱形连续梁; 公路:7-32 m 预应力箱形连续梁＋(45＋65＋14-80＋65＋45)m 18 孔一联预应力箱形连续梁＋7-32 m 预应力箱形连续梁	双线
26	神朔线府保黄河大桥	1 598	1990.1	1995.12	72	陕西府谷	12-32 m 预应力简支梁＋(48＋8-80＋48)m 变高度预应力连续梁＋14-32 m 预应力简支梁	双线
27	广深准高速铁路石龙特大桥	1 103	1991.1	1993.12	36	广东广州	(2-32＋3-24＋3-32＋3-24＋20＋2-24＋4-32)m＋(40.5＋3-72＋40.5)m 连续箱梁＋(2-32＋2-24＋3-32＋3-24)m	双线

续上表

序号	建设项目	长度(m)	开工时间	竣工时间	总工期(月)	地点	主要工程数量	正线数目
28	京九线孙口黄河大桥	6 887	1991.9	1996.9	61	山东台前梁山	32.1 m路基+13-24 m部分预应力T梁(金堤河桥)+948.3 m路基+12-24 m部分预应力T梁(梁庙沟桥)+24.1 m路基+48-32 m预应力T梁+222.1 m路基+20-40 m预应力T梁+4-108 m连续钢梁+31-32 m预应力T梁+212.5 m路基+33-32 m预应力T梁+973.5 m路基	双线
29	芜湖长江大桥(B_1C、E_1标段)	正桥2 194;引桥1 167	1997.3	2000.9	43	安徽芜湖	铁路B_1:(40+2-80)m,铁路C:8-40 m+(48+68+48)m+3-40 m箱梁+(120+2-144)m钢桁梁+3-144 m-2+(180+312+180)m斜拉桥+(2-120+2-40)m+(43.5+61+43.5)m+3-40 m箱梁; 公路C:(48+74+48)m箱梁+3-40 m T梁+(120+2-144)m钢桁梁+3-144 m-2+(180+312+180)m斜拉桥+(2-120+2-40)m+(43.5+61+43.5)m连续箱梁+3-40 m T梁,公路E_1:40 m箱梁预制722片	双线
30	宣杭铁路东苕溪特大桥	1 171	2003.10	2005.9	24	浙江杭州余杭区	21-32 m预应力简支T梁+112 m下承式提篮拱+(2-32+24+8-32)m预应力简支T梁	双线

续上表

序号	建设项目	长度(m)	开工时间	竣工时间	总工期(月)	地点	主要工程数量	正线数目
31	渝怀铁路嘉陵江大桥	1 025	2001.5	2003.3	23	重庆市沙坪坝区井口镇	(3-24＋8-32)m 预应力简支梁＋(84＋144＋84)m 预应力连续刚构＋(8-32＋4-24)m 预应力简支梁	双线
32	渝怀铁路长寿长江大桥	898	2001.10	2003.9	24	重庆市江北区	(2-24＋3-32)mT 梁＋(144＋2-192＋144)m 下承式连续钢桁梁＋2-32 mT 梁;8-32 mT 梁(白家湾大桥)	双线

2.4 国家现行有关标准

[第 1.0.10 条引文]

铁路工程水文勘测设计除应符合本规范外，尚应符合国家现行有关标准的规定。

[第 1.0.10 条解读]

例如涉河工程，为确保河道行洪安全，在河道蓄滞洪区、洪泛区铁路工程，应符合《中华人民共和国防洪法》《中华人民共和国水法》《中华人民共和国河道管理条例》等有关要求，并符合相关防洪标准、堤防规划、航运要求等技术要求，依法、按程序进行水文勘测设计工作。

铁路工程水文勘测设计有关标准见表 2-4。

表 2-4 国家现行有关标准

序号	标准名称
1	《水位观测标准》(GB/T 50138—2010)
2	《城市防洪工程设计规范》(GB/T 50805—2012)
3	《蓄滞洪区设计规范》(GB 50773—2012)
4	《堤防工程设计规范》(GB 50286—2013)
5	《防洪标准》(GB 50201—2014)
6	《内河通航标准》(GB 50139—2014)
7	《河流流量测验规范》(GB 50179—2015)
8	《灌溉与排水工程设计标准》(GB 50288—2018)
9	《建筑给水排水设计标准》(GB 50015—2019)
10	《室外排水设计标准》(GB 50014—2021)

第3章　基本规定

3.1　各勘察阶段工作内容和要求

3.1.1　踏勘阶段

[第3.0.1条引文]

编制预可行性研究报告前，应对控制线路的桥渡进行研究或利用航摄像片进行水文判释，并进行现场重点调查核对。对线路可能通过地区的水文、大型水利设施和地形等进行调查。

[第3.0.1条解读]

本条基本沿用《规范》(TB 10017—99)第3.1.3条第1款。

预可行性研究文件是项目立项的依据，根据国家批准的铁路中长期规划，搜集相关资料，经社会、经济、运量调查及现场踏勘后编制。从宏观上论证项目建设的必要性，为编制项目建议书提供必要的基础资料。踏勘阶段水文工作应利用既有资料，了解线路各方案以及重大工程的水文条件，对水文条件作出评价。

1. 踏勘阶段基本任务

(1)新建铁路

①会同线路等有关专业找出控制点间所有可行的重点桥位方案；结合线路、地质条件和水文因素对控制线路方案的桥位(如特大桥、复杂大桥、墩高50 m以上的高墩桥和宽河漫流、泥石流、水库等地区的桥位)、路基、隧道及站场提出水文条件评价；

②对沿线水文特征、水陆交通、水利设施对铁路的影响进行一般性了解；

③估算结构物工程量及造价。

(2)改建铁路

①调查了解既有线桥涵载重等级和既有钢梁、跨线建筑物的净空限界情况，既有大中桥结构使用状况和沿线水害、桥涵病害的情况并作出评价；

②会同线路等有关专业选择重点桥位方案及增建第二线在左右侧和线间距的意见；同时对沿线水文特征及大型水利设施、水陆交通、城市规划的影响和要求进行一般了解；

③估算结构物工程量及造价。

2. 踏勘阶段铁路水文工作内容

(1)新建铁路

①搜集、分析沿线水文资料，初步评价线路各方案水文条件；

②调查了解线路可能通过地区的水文、水陆交通、水利设施、地形和地质特征情况，以及重点工程与控制性工程的分布；利用既有的水文资料，初步分析其水文条件及其对工程设置的影响；

③对影响线路走向水文条件复杂地区的控制性工程，必要时进行现场踏勘，进行水文条件评价并提出下阶段工作内容及要求；

④对控制线路方案的桥位进行纸上研究或利用航摄像片进行判析，并现场重点核对，选择出几个可行的桥位方案。

(2)改建铁路

①搜集养护部门的既有桥涵竣工资料和台账、履历、图纸、鉴定资料及其他有关资料；

②现场调查控制线路方案的既有桥涵使用情况(尤其水害、病害情况)，提出利用、加固、改建意见，增建第二线时，提出选择左右侧及线间距的意见；

③选择绕行地段或增建第二线时，确定控制线路的桥位方案；

④调查了解沿线水文特征及大型水利设施、重要的水陆交通工程、城建规划的情况及其影响程度和地方要求。

本条规定了编制预可行性研究报告前，应对控制线路的桥渡进行研究或利用航摄像片进行水文判析，并进行现场重点调查和核对；对线路可能通过地区的水文、大型水利设施和地形等应进行调查，为编制预可行性研究报告提供水文资料。

3.1.2 初测阶段

[第3.0.2条引文]

初测阶段应为铁路工程可行性研究提供必要的水文资料。桥隧工程在初测阶段还应进行以下工作：

1. 特大桥和控制线路方案以及水文、地质复杂地区的大中桥，应进行桥位和桥式方案比选，并提出推荐方案。

2. 搜集沿线相关水文、雨量资料。进行现场水文勘测确定特大桥、大中桥的设计流量，通过小流域验证确定相关的水文计算方法和参数。

3. 从水文方面考虑，增建第二线时应提出左右侧、并行或绕行的意见。对既有桥涵应提出改建、加固和利用的原则，对水下隧道应提出冲刷深度意见。

4. 水文条件特别复杂的河流，必要时宜进行水(河)工模型试验。

［第 3.0.2 条解读］

本条基本沿用《规范》(TB 10017—99)第 3.1.3 条第 2 款。

可行性研究文件是项目决策的依据，根据国家批准的铁路中长期规划或项目建议书，进行社会、经济和运量调查，综合考虑运输能力和运输质量，从技术、经济、环保、节能、土地利用等方面进行全面深入的论证，采用初测资料进行基础性设计。也就是说可行性研究通常按批准的项目建议书意见和初测资料进行编制。

初测阶段的水文勘测应根据预可行性研究报告审查批复意见安排工作，以满足现场确定推荐方案的需要，为编制可行性研究报告提供水文资料。

1. 初测阶段基本任务

(1)新建铁路

①着重选好控制线路走向、控制长大限坡地段高程或其他重点的桥位方案(包括特大桥、复杂大桥、墩高 50 m 以上的高桥及泥石流、宽河漫流或水库等地区的大中桥位)，结合线路、水文、地质等条件及城镇、水陆交通、水利设施及规划等因素，通过技术、经济比较，确定推荐的桥位和桥式方案；

②对一般大中桥进行必要的桥位比选和桥式概略比选；

③进行水文勘测或利用既有资料予以必要的补充，确定特大、大中桥的设计流量、水位及有关水力特征数值；

④进行典型小流域流量验证工作，找出适合于本线的小流域流量计算方法。

(2)改建铁路

①弄清沿线水文特征，除在线路专业配合下选好控制线路方案的桥位方案，并通过经济、技术比较确定推荐的桥位方案和桥式方案外，一般大中桥的桥位则配合线路专业进行比选，桥式也要做必要的概略比选，不遗漏有比较价值的方案；

②进行水文勘测验证，核实既有大中桥设计流量、水位等水力特征数值和滨河路堤洪水位等资料，据以提出推荐的桥位、桥式方案；

③进行小流域流量验证并确定其计算办法；

④掌握既有线桥涵载重等级和既有钢梁、跨线建筑物的净空、限界情况及结构类型、图纸，弄清沿线(尤其水害地段)桥涵使用情况及结构状况，以确定对既有桥涵的利用、加固、改建原则；

⑤提出第二线左右侧、线间距和并行或绕行意见；

⑥桥涵工程量控制的估算。

2. 初测阶段水文工作基本内容

(1)新建铁路

①搜集有关资料：凡在预可行性研究阶段未搜集或搜集不全的、与桥涵可行性研究有关的资料应详细搜集；

②桥位方案的纸上研究和比较：重点是对预可行性研究方案进行必要的补充研究和比较；

③提供初测任务书素材；

④制定初测工作补充要求；

⑤按批准的任务书及补充要求进行现场水文工作：

a. 桥位和概略的桥式方案比选(含高路堤与建旱桥方案的比较)；

b. 桥涵调查及布置；

c. 重点桥涵测绘；

d. 水文调查与测绘：对水文条件复杂的较大河流，必要时，应进行汛期洪水观测。如桥位附近有水文站资料可利用时，有条件的也可通过简易水文观测或详细的水文勘测来建立桥位与水文站的相关关系，以充分利用水文站既有观测资料；当水文条件特别复杂时，必须进行汛期内水文观测，如有必要应进行水工模型试验并搜集所需地形、水文资料；

e. 汇水面积测绘及调查；

f. 滨河路堤的水文调查及测绘；

g. 其他调查记录，如农田水利及水库、水陆交通对净空要求，城镇的防汛与排水，河道规划等；

h. 流量及孔径计算；

i. 桥涵工程量控制估算；

j. 桥涵勘测说明书。

(2)改建铁路

①搜集有关资料：重点是详细搜集既有桥涵的各种资料及与桥涵可行性研究有关的资料；

②对可行性研究方案中的控制桥位，左右侧的及线间距等进行研究，提出修改补充意见；

③提供初测任务书素材；

④制定初测工作补充要求；

⑤现场工作：

a. 按批准的任务书及补充要求调查了解既有桥涵使用情况、结构现状，以及历史水害、冻害等病害；

b. 丈量既有桥涵主要结构尺寸，对无资料的隐蔽部分进行必要开挖，查明结构尺寸；

c. 改建既有线时，确定既有桥涵的利用、加固、改建原则，落实到每座桥涵；

d. 增建第二线时，提出第二线在左右侧及其线间距的意见，选择绕行或并行的桥位方案；

e. 进行水文勘测、验证或修改既有大中桥设计流量，确定绕行地段大中桥设计流量和水位，提出增建的第二线或绕行的大中桥的推荐桥位、桥式方案；

f. 进行滨河路堤的水文勘测，确定其设计水位、沿堤流速、波浪高等；

g. 流量及孔径计算，并检查既有桥涵孔径；

h. 对小桥涵做典型水文勘测，验证既有桥涵的流量计算办法，确定适于本线的流量计算办法；

i. 汇水面积的调查与测绘；

j. 桥涵工程量控制估算；

k. 桥涵勘测说明书。

初测阶段应为铁路工程可行性研究提供必要的水文资料，本条规定了桥隧工程在初测阶段还应进行的工作，以满足铁路工程可行性研究文件要求。

南京大胜关长江大桥对桥墩冲刷进行研究，尤其南辅助墩及南主桥墩冲刷对南岸岸坡稳定的影响。以往主要在水槽中进行单个桥墩局部冲刷试验，或对河道中局部岸坡及河床进行概化模拟试验。在水槽中进行局部冲刷试验，桥墩两侧水流结构一致，无法模拟天然情况，以及桥墩间水流结构的变化，需在整体河段模型中模拟。天然河道中形成冲刷坑，如位于陡坡则在桥墩两侧为不对称。

桥轴线断面呈不对称V形，主槽靠右岸，南主墩位于深槽，辅墩位于坡上，桥墩两侧水流条件不对称。通过整体河段模型试验发现，桥墩两侧水流条件不一致时，桥墩冲刷坑的大小和形状与以往采用水槽试验、概化模型和小比尺模型试验的结果存在差别。试验成果为桥梁设计及边坡防护范围提供了关键技术参数。

3.1.3　定测阶段

［第3.0.3条引文］

定测阶段的水文勘测工作应根据可行性研究报告批复意见，对初测资料进行核对和补充。对初测后发生过的较大洪水应进行补测。对可行性研究报告中已确定的改建、加固或利用的既有桥涵，应进一步考虑落实有关单位提出的合理要求。

［第3.0.3条解读］

本条基本沿用《规范》(TB 10017—99)第3.1.3条第3款。

初步设计文件是项目建设的主要依据，应根据批准的可行性研究报告进行现场调查，对局部方案进行比选采用定测资料，依据批准的环境影响报告书、水土保持方案、地质灾害危险性评估、压覆矿产资源评估、地震安全性评价、防洪影响评价报告及通航论证报告等，进行比较详细的设计。初步设计通常按批准的可行性研究报告批复意见和定测资料编制。施工图通常按批准的初步设计批复意见和补充定测资料编制。

定测阶段的水文勘测工作应根据可行性研究报告批复意见，在利用初测资料的基础上，详细查明采用的线路方案的水文条件，为桥涵初步设计提供完整、正确的资料，满足现场确定平剖面的需要，为桥涵和各类工程的初步设计提供水文资料。

1. 定测阶段基本任务

(1)新建铁路

①根据初步设计确定的设计原则和鉴定意见，进一步结合线路、地质条件确定桥涵的孔径和位置；

②对桥涵逐个地进行详细调查和断面地形测绘；

③在利用初测水文资料的基础上逐个地进行或补充水文计算，必要时补充水文勘测，以确定其设计流量及水位等水力特征数值；

④对桥涵工程造价进行匡算，其造价不得突破批准的初步设计概算限额。

(2)改建铁路

①根据初步设计确定的设计原则和鉴定意见，进一步结合线路、地质、水文条件，最后确定桥涵的孔径和位置；

②对利用、加固和改建的桥涵或第二线桥涵的线间距做最后的现场落实设计方案和施工过渡方案工作；

③对桥涵逐个地进行详细的调查和测绘；

④在利用初测水文资料的基础上，对桥涵逐个地进行或补充水文计算，以确定其设计流量和水位等水力特征数值；

⑤对桥涵工程造价进行匡算。

2. 定测阶段水文工作主要内容

(1)新建铁路

①在充分利用初测阶段已搜集的资料基础上，进一步搜集补充资料；

②根据初步设计鉴定意见，对桥位方案进行必要的补充研究；

③提供定测任务书的素材，并制定补充要求：

a. 按批准的定测任务书及补充要求进行桥位定线：对初测桥位方案尽可能加以改善，必要时作补充桥位选择和方案比较工作，然后报请上级确定；若需对初测的各桥位方案做定测比较时，各方案均应按定测要求进行勘测；

b. 桥涵调查和测绘：包括桥涵河床情况和上、下游特点的调查以及桥(涵)址的平面图、纵横断面图和改沟平面、断面图与必要的导流建筑物纵横断面图等的测绘；对于不能直接丈量的桥，必要时需进行桥位三角测量；

④汇水面积测绘与调查；

⑤补充水文调查与测绘；

⑥滨河路堤的水文补充调查与测绘；

⑦其他有关调查：搜集最后落实的各种有关资料和签订协议书等；

⑧流量、孔径计算，及其他测绘资料的计算；

⑨桥位及桥式方案的经济比较：

对初设中各种方案进一步补充、修正、比较和落实，配合有关专业对以桥代路堤的旱桥进行综合比较落实；

⑩桥涵工程量的估算；

⑪桥涵勘测说明书的编制。

(2)改建铁路

①在充分利用初测阶段已搜集的资料的基础上，做进一步补充搜集落实；

②根据初步设计的鉴定意见，对桥位方案进行必要的补充纸上研究；

③提供定测任务书素材；

④制定定测工作补充要求：

a. 按批准的定测任务书及补充要求进行桥位定线：

根据初步设计所确定的既有桥涵利用、加固和改建的原则或增建第二线左右侧位置和线间距的意见进行，对初测桥位方案尽可能加以改善；

b. 对既有桥涵的主要尺寸进行校核丈量；

c. 桥涵调查和测绘；

d. 汇水面积测绘与调查；

e. 水文补充调查与测绘：在初测后发生较大洪水时，必须加以补充；

f. 滨河路堤的水文补充调查与测绘；

g. 立交地道机排时的排水计算，确定排水出路，选择泵站位置；

h. 水利与交通资料的搜集、协议书的签订等工作；

i. 流量孔径计算及既有桥涵孔径检算；

j. 桥位及桥式方案的经济技术比较

对增建第二线桥涵的线间距及桥式方案进一步比较、修正，配合有关专业对以桥代路堤的旱桥进行综合落实；

k. 桥涵工程量概预算；

l. 桥涵勘测说明书。

本条要求定测阶段的水文勘测工作应根据可研报告的批复意见，对初测资料进行核对补充；对初测后发生的较大洪水应进行补测；对可行性研究报告中确定的改建、加固利用的既有桥涵，应进一步考虑落实有关单位提出的合理要求。

3.2 河段分类

3.2.1 河流分类与河段分类

[第 3.0.4 条引文]

桥涵应根据不同河段、冲沟的特点，结合地形、地质等自然条件进行布设。河段类别应按附录 B 的规定分类。

[第 3.0.4 条解读]

桥渡勘测设计工作中，洪水频率标准是最重大的基础问题，河流分类则是另一重大的基础问题。现将河流分类相关研究综述如下。

1. 分类河流的必要性

河床承受着运动的水流泥沙作用，又影响着水流泥沙的运动过程。每条河流都有各种不同演变过程，这些变化显示出一些共同的基本状态和规律性。

桥渡工程是复杂的涉河系统工程。河流变化不仅影响桥梁孔跨、高度和基础埋深，很多场合影响桥渡布置，如轴线位置走向、导治工程布设甚至桥位选择，对工程投资也有重要影响。统计分析桥梁破坏有 9 种原因，其中 60％来自水害，原因多为对河流认识不足。

桥渡勘测设计者必须谙熟河流的变化，逐渐总结归纳分类以指导勘测设计工作，进而列入规范形成体系。

2. 河流分类原则

可从不同角度对河流、桥渡和众多的涉河工程进行分类，如码头、取水口等处河流的演变特性和稳定性。决定河流演变特性和稳定性的首要因素是当地河床的边界条件，其次是上游流域的来水来沙情况。

(1)场地作用

当地边界条件的主要内容是河床组成物(河谷地质构造)及河谷比降。流经岩石裸露的山区河流，不会有平原冲积河流那样的冲淤变形特点。当地边界条件为河流的演变和发展提供了基本场地，可称之为影响河流性质的场地作用。

河流分类中以地形地貌为依据的地区划分法，既包含河谷地质构造特点，又在一定程度上代表不同的河谷比降，能概括地反映影响河流性质的场地作用。用来作为第一级分类原则是合适的。

(2)塑造作用

来水来沙反映了流域特性对当地河流的演变和发展所起的作用。由于来水来沙的不同，使同一类型场地上的河流发生不尽相同的演变，显示为对河流的塑造，对平原地区的河流表现得特别明显。不同的来水来沙配合一定的场地作用，塑造出微弯、蜿蜒、游荡、分汊等多种多样的河流平面外形。在山区、河流受塑造作用的影响小得多，山区开阔河谷，河流外形也在一定程度上反映了来水来沙的塑造作用。在按区域分类基础上，可选择能反映塑造作用的指标为进一步分类河流的原则。一般说，河流的平面外形能较好反映这种在场地作用基础上的塑造作用。

(3)稳定性

河流的稳定性，客观上是在给定的场地条件下河段为适应来水、来沙变化而进行自我调整的表现，主观上还有工程适应、抗拒和控制河流演变造成危害的能力；可视为河流对工程的影响和工程与河流关系的概括。在工程使用年限为 50～100 年的时段内，以河道演变对工程危害的大小为依据，可将河流分为稳定，次稳定、变迁性三大类，并细分为六个等级，第Ⅰ级最稳定，第Ⅵ级最不稳定，以便对河流的稳定有一个定性的数量级概念。

根据上述原则分类列表，河段类别应按照本规范附录 B 进行分类。由表 B.0.1 可见，主要是通过主流、岸线与河床的变化、迁移，变化迁移的速度快慢，幅度大小等方面来判别河流稳定性的等级。桥渡勘测可以参照表列特点结合实际情况判断桥位河段的类属。一般应在桥位上游不小于 3～4 倍河床宽度，下游不小于 2 倍河床宽度的范围内，进行实地观察分析确定。对于变迁性河段及游荡性河段，在桥位上游至少还要包括一个河湾。判断河段的稳定性及变形，通常以50年演变为衡量标准。

3. 各类河流特性及其演变

(1)山区河流特性及其演变特点

①水文泥沙特点

山区河流比降大，河床坡度一般大于2‰。流速大，洪水时天然河槽平均流速可达5～8 m/s。水位变幅大，如汉水黄金峡站枯洪水位变幅为24～25 m，长江巫山站达55.6 m。通常水流含沙量较小，河床泥沙颗粒较大。因比降和流速大，水流搬运能力大，洪水时河床上有卵石甚至漂石运动，但因受边界条件影响沿程差异较大。

②形态特征

山区河流平面多卡口，宽窄相间，河谷为V或U形。峡谷段河床狭窄，河岸陡峭多石质；中水河槽与枯水河槽的形态无明显差别。开阔段河面较宽，有边滩，有时有不大的河漫滩和明显阶地，有时或出现心滩和沙洲。这里比降较缓，河床泥沙也较细。河流纵剖面多微呈凸形。随着平面上的宽窄相同，纵比降亦缓陡相连。

③河床演变特点

山区河流比较稳定，变形多为单方向的切蚀作用，但十分缓慢。在狭谷段或窄口的上游，受壅水影响，枯水时刷深河床。在开阔段，有时有较厚的细颗粒沉积物，洪水时全部或部分被冲走，低水时又淤回。两岸对河流的约束作用较大。

(2)平原河流特性及其演变特点

①水文泥沙特点

平原河流比降平缓，通常河床降比小于1‰，有的不到0.1‰。如黄河下游比降一般为1.5‰，长江中下游比降一般均在0.5‰以下。流速较小，洪水时天然河槽平均流速通常不超过2～3 m/s。洪峰持续时间长，水位和流量的变幅一般小于山区河流。河床颗粒较细，水流挟带泥沙多为粉沙和黏粒。输送的泥沙中以悬移质为主，推移质占比不大。

②平面外形

平原河流的平面外形大体可分为：顺直(微弯)型，河段大体顺直，两岸有交错边滩；分汊型，又称江心洲型，桥渡跨越分汊型河道多为分两汊；

弯曲型，又可分为强制弯曲型、自由弯曲型；以及游荡散乱型。

平原河流平面外形可随年代变化而迁移，主流方向可能不断变化。

③河床断面形态和组成特征

河谷开阔，有时河槽高出地面，靠两侧堤防束水。河床断面多呈宽浅矩形。通常横断面上滩槽分明。河湾处，横断面呈斜三角形，凹岸侧窄深，凸岸侧为宽且高的边滩。过渡段有浅滩、沙洲。枯水期河槽中露出各种形态的泥沙堆积体。由于平原河流多河湾和浅滩（过渡段）连续分布，纵断面深浅相间。

④平原河流河床演变特点

平原河流的河床演变相较山区河流更为复杂。

顺直微曲型河段：洪水期边滩向下游移动，边滩对岸的深槽也相应地向下游移动。

分汊交替型河段：中水河槽分汊，两股汊道有周期性交替消长趋势。

弯曲河段：中水河槽具有弯曲外形，河湾水流呈螺旋状运动。螺旋流冲刷凹岸侧河床，淤高凸岸侧河床。在自由型弯曲河道中，随着凹岸侧冲刷的下切和傍蚀，顶部逐渐横移并蜿蜒下行；凸岸则堆积成鬃岗，并扭曲弯向下游。与此同时，弯曲路径加长，阻力增大，颈口缩短，终于在大洪水时裁弯取直，重新开始下一轮演变过程。整个河段呈现出一个带状平原内蜿蜒蠕动的现象。强制型弯曲河道内多因凹岸侧边界全部或主要部分坚不可冲，无傍蚀蜿蜒作用，河段平面外形多年无明显变化，水流流向基本稳定。

游荡散乱型河段：河槽宽淤，沙滩众多且变化迅速，主流、支汊变迁无常。如游荡不定的主流斜向冲击较坚的河岸，就会形成游荡型弯曲水流，这时河床变形具有弯曲型河流特点。游荡型河流上的一岸或两岸有坚固的依托，形成河槽宽度较小和主流摆动范围也较小的节点。

（3）山前区河流特性及其演变特点

①水文泥沙特点

河床比降介于山区和平原区河流之间，一般约为 0.1%～1%，山麓冲积扇河段可达 2%～5%。

流速通常亦介于山区和平原区河流之间。洪水时天然河槽平均流速约为 3～5 m/s。水深变幅不大，通常既小于山区河流亦小于平原区河流。水流宽浅可达30 m以上。泥沙颗粒多为中等或较大。干旱或半干旱地区，洪水挟带大量颗粒较粗的泥沙，是淤积的主要材料。

②河道形态和演变特点

山前区变迁型河段，多出现在较开阔的地面坡度平缓的大平原前沿地带。河段距山口较远，其下即为较稳定的平原河流。这类河流水流多支分汊，主流迁徙不定，岸线不稳，洪水时主流有滚动改道之可能。

这类河流的泥沙和河床演变特点有类似平原游荡型河段之处，其比降和泥沙颗粒皆大于游荡河段，河道演变改造之势更为迅猛。在狭窄的山前走廊地带，如辽西走廊、河西走廊、阴山南麓和天山南北麓等地区。河流出山口后，流入大河或内陆盆地，其间多出现山麓冲积扇。这类河流因距山口很近，河床坡度较陡；因地势单调平缓，水流出山口呈喇叭形散开，流速、水深骤减；水流挟沙能力陡增。由峡口内带出的颗粒较粗的大量泥沙，落淤堆积在邻近山口的坦坡上，形成松散的冲积扇。

水流流经冲积扇堆积体上，通常无固定河槽。挟带大量粗粒泥沙的水流淤此冲彼，再加坡陡流速大，造成水沙混合体奔突冲击，有很大破坏力。洪水后河床上汊道纵横支离破碎，这类河流不存在稳定的河漫滩，为最不稳定的河流。

(4)河口段特性及其演变特点

河口指的是受海洋潮汐作用的河口。涨潮时海水倒灌入河内，在河流内产生逆向水流；逆向水流所及之处称为潮流界。河水受倒灌水顶托水位上升，水位上升所及之处称为潮区界。潮区界到潮流界之间为河流的进口段，进口段的水流受潮汐影响呈周期性涨落变化，但河道演变仍以河水(又称山水)的塑造作用为主。潮流界至海边，为河流的河口段。河口段除水位周期性涨落外，水流周期性往复运动。河口段的河道演变，既与流域的来水来沙有关，又与潮流侵入河口的强弱变化密切相关。

河口段可简分为三角港河口和三角洲河口两类。三角港河口有如下特点：河水带来的泥沙不多，不会在河口地区淤积下来，潮水又比较强，潮差较大；形成海洋伸入大陆内部的一个漏斗形河口，又称强潮河口。强潮河口在涨落变化过程中，水流的冲击力和淘刷力很强，河床地形变化有时也很剧烈。钱塘江河口就是这种河口。三角洲河口的特点是河水带来的泥沙较多,潮差较小,有一定数量的泥沙在河口段的河道内或口门附近落淤,形成沙洲或拦门沙。沙洲和拦门沙的成长迫使主流改道,年深日久在河口段形成支汊纵横沙洲众多的网状河道,如黄河河口。

4. 河流稳定性的判别

河流的稳定性可由河流横向(平面)变形和竖向(深度)变形的幅度和速度来分析。

横向变形主要包括主流的横向摆动、岸线的平面位移两方面。

主流摆动的幅度是选择桥位,确定桥孔和墩台埋深,及设置平面防护工程的主要依据。若桥渡工程不足以限制主流的摆动,就会出现主流突破岸线扩大河道,或冲出新的河道,甚至夺流改道,形成显著的岸线平面位移。京广铁路沿线的沙河大桥为一例,1963 年大水后,扩孔成跨度 500 m 以上的特大桥,流量占河道 70%～80%。

一般山区峡谷河段、平原顺直稳定河段,即第Ⅰ、Ⅱ类河流没有明显的横向变形。第Ⅲ类河流,如平原分汊和强制弯曲河段,可能有缓慢的河槽切蚀河滩而位移的平面变形。但只要桥长满足泄洪要求并有适当的防护就能限制这种缓慢的变形,不至危害桥渡。属于第Ⅳ类的平原自由弯曲型河流,有明显的蜿蜒蠕动现象;桥渡不仅要有适当的长度,而且要有可靠的防护工程,必要时可进行人工裁弯,以防在桥头坐弯危及引道路堤。但岸线横向位移的速度和主流改道的可能性,跨越第Ⅴ、Ⅵ类河流的桥渡为至关重要。

河流的竖向变形主要有河床下降和淤高两方面。河床下降又可分为单向下切和天然冲刷两种。

河床的淤高,是由于上游来沙量较多,在相对来说较缓的当地河谷坡降条件下造成的泥沙停积河床上升。淤高不仅减小桥下过洪能力,也是第Ⅵ类河流横向摆动较第Ⅴ类河流更快、对桥渡威胁更大的重要原因。

前述河段分类表对各类河流稳定性都有适当说明,进一步归纳提出河流稳定性等级判别(表 3-1)。

表 3-1 河流稳定性等级判别

分类	等级	主流、岸线与河床演变特点	对工程影响	防治措施
稳定类	Ⅰ	主流、岸线无变化或变化不显，河床稳定	无或微	无需
	Ⅱ	主流可能有缓慢的横向移动，但岸线稳定河床外形变化不大	工程布置恰当，无甚影响	无需或适当顺导水流
次稳定类	Ⅲ	在较长时限内主流有明显的迁移，但幅度不大，速度不快，岸线与河床可呈单方向缓慢移动，有可能有往复，但速度慢，周期长	可能在较长时限内缓慢地呈现对工程不利影响	工程布设恰当无危害，必要时借试验设置防护措施
	Ⅳ	主流、岸线与河床有较大幅度的变迁，但一般速度慢，周期长，认真分析或可找出其规律性	可在某时显出对工程不利的作用，甚至危及工程安全	必须有防治措施；宜借试验布设防治措施
不稳定类	Ⅴ	主流、岸线与河床迁徙多变、幅度大，速度快；有的频发难寻规律；有的较大破坏作用不易控制，工程布设较难	对工程有明显威胁；其强度有时很难预估	可通过试验探求工程布设最佳方案；但仍需注意可能的意外
	Ⅵ	主流、岸线与河床变化迅猛，破坏作用强烈	对工程有明显威胁；有时迅猛破坏难以避免	通过试验探求可行方案或避绕

5. 桥渡与河流的关系

研究河流习性、演变特点，对河流进行分类，分析各类河流的稳定性，都是为了说明桥渡与各类河流的关系，以利更好的设计和修建桥渡，并达到经济合理和安全可靠的建设要求。

表 3-2、表 3-3 分别显示了河流横向变形、竖向变形与桥渡的关系。可见河流威胁涉河工程的横向变形主要表现为主流的横向摆动和岸线的横向迁移两方面。有关河流的竖向变形有 6 种。

就横向变形而言，一般有主流摆动未必有岸线迁移如Ⅰ～Ⅲ类河流，有岸线迁移的横向变形多由主流摆动造成。只是Ⅳ～Ⅵ类（自由弯曲和变迁型)河流的河道演变构成对桥渡的威胁。破坏力最大为河道岸线的横向迁移,其次为主流的摆动和由此而引起的集中冲刷。

几种竖向变形并非每条河都有或每条河至少有一项。如山区稳定河段或中小型黏性土河床的河段,可以是既无横向变形又无竖向变形。其他各类河流都有不同的变形,一般有洪水冲刷的较多,次稳定和不稳定河段多伴有集中冲刷。

明显强烈的横向变形多伴有不同的竖向变形,但轻微的竖向变形未必伴有横向变形。

表 3-2 河段横向变形与桥渡的关系

横向变形内容	强烈程度	河段稳定性序号	主要现象	宜用措施	代表性桥渡或河段
主流横向摆动	不明显	Ⅰ、Ⅱ	—	—	—
	较小	Ⅱ、Ⅲ	桥下河槽可能扩宽或略有移动	扩大墩台深埋基础的范围	济南黄河桥、强制型弯曲
	明显	Ⅳ	主流坐弯威胁上游桥头路堤	①加强上游侧导流防护 ②墩台基础埋至同一标高 ③检算傍岸集中冲刷	沈山铁路辽河大桥
	强烈	Ⅴ、Ⅵ	集中冲刷严重威胁桥墩台安全	①桥孔不宜偏小 ②加固桥头防护 ③检算傍岸集中冲刷	郑州黄河桥峨眉河大桥,马营河桥等
岸线横向迁移	微	Ⅰ～Ⅲ	—	—	—
	有	Ⅳ	易改道冲毁桥渡 自由型弯曲防止裁弯性改道	①注意桥位选择 ②适当加固上游河岸 ③检算傍岸集中冲刷	京广铁路沙河桥
	易	Ⅴ、Ⅵ	主流破堤改道,靠长大导流堤控制很勉强	审慎选择桥位	兰新铁路大河沿大桥

表 3-3 河段竖向变形与桥渡的关系

竖向变形内容	强烈程度	河段稳定性序号	主要现象	宜用措施	注释
天然下切		Ⅰ、Ⅱ	造成基础埋深不足	通过调查研究或试验确定可能数值	
溯源冲刷		Ⅰ～Ⅵ	造成基础埋深不足		河段下游基准标高下降引起溯源冲刷
坝下游冲刷		Ⅰ～Ⅵ	使已建桥渡成为浅基	通过分析或试验确定可能数值，也可用输沙平衡进行估算	上游建坝后初期，可能出现
洪水冲刷		Ⅰ～Ⅵ	加深基础埋深	—	有冲淤变化的河流都有但也有涨淤落冲现象，要具体分析
集中冲刷	无或微	Ⅰ、Ⅱ	—	—	—
	明显	Ⅲ、Ⅳ	①桥下河床皆有发生最大集中冲刷的可能 ②出现坐弯的傍岸集中冲刷	①所有墩台基础埋置同样深度 ②如有坐弯水流应计算傍岸集中冲刷	宝鸡渭河桥等
	强烈	Ⅳ～Ⅵ			
淤积堆高	无或微	Ⅰ～Ⅳ	—	—	—
	可能有	Ⅴ～Ⅵ	减小桥渡泄洪能力，导致主流改道	调查研究估计可能淤高	郑州黄河铁桥，山麓冲积扇等

6. 河段特征指标

表 3-4 为根据桥渡洪水观测资料整理出的各类河流的水力和形态指标的变化范围。但因观测桥渡的数量有限，所列指标范围只是不同类型河流的参考之一。本规范附录表 B. 0. 2 内容取自该表。

7.《公路工程水文勘测设计规范》(JTG C30—2015)的河段分类

表 3-5 为对应的河流特性及其演变河段分类表。

表 3-4　各类河流的水力和形态指标变化范围

指标	山区河流		平原河流				山前河流		河口
	峡谷段	开阔段	顺直段	分汊段	弯曲段	游荡段	变迁段	冲积段	河口段
	Ⅰ	Ⅱ、Ⅲ	Ⅱ、Ⅲ	Ⅲ、Ⅳ	Ⅲ、Ⅳ	Ⅴ	Ⅴ	Ⅵ	Ⅴ、Ⅵ
I(‰)	2～4		0.15～0.73	0.2～1.7	0.2～1.7	1.2～2.3	1～3		
d(mm)	30～200	5～200	0.09～2.0	0.1～25.0	0.1～25.0	0.1～2.0	3～100	25～200	
d/I	14～90	4.9～55	0.37～2.2		0.25～19.2	0.17～1.3	1～24.4		
$\sqrt{B}/H$	2～4	3～5	3～4	6	6～17	20～40	5～12	15～32	
$\sqrt{L}/h_{cp}$	1.4～2.5	2.3～4.9	3～4		3～8	6～8	4.9～7.4	6～15	
q(m³/s)	20～50	10～40	10～20	7～15	10～15	15～29	6.2～11	2.3～5.4	
V(m/s)	2.6～4.8		2～3		2～3	2～5	3.6		
V_{max}(m/s)	4.0～4.8		4.5				3～5		
$h_{max}/\bar{h}$	1.1～1.5	1.1～1.3	1.3～1.5	1.24～1.56		1.2～1.7	1.2～1.8	1.2～1.8	

注：表中数据取自桥渡洪水观测资料。

表 3-5 《公路工程水文勘测设计规范》(JTG C30—2015)的河段分类

河流类型	河段类型	稳定程度		河流特性及河床演变特点			
		序号	分类	形态特征	水文泥沙特征	河床演变特征	河段区别要点
山区河流	峡谷河段	Ⅰ	稳定	1. 在平面上多卡口，宽窄相间，河床为V形或U形； 2. 河流纵断面多呈凸形，比降缓陡相连； 3. 峡谷河段，河床狭窄，河岸陡峭多石质，中、枯水河槽无明显区别； 4. 开阔河段，河面较宽，有边滩，有时也有不大的河漫滩和明显阶地，有的地方也会出现心滩和沙洲，比降较缓，河床泥沙较细	1. 河床比降陡，一般大于0.2%； 2. 流速大，洪水时河槽平均流速可达到5～8 m/s； 3. 水位变幅大，个别达到50 m左右； 4. 含沙量小，河床泥沙颗粒较大；由于流速大，搬运能力强，故洪水时河床上有卵石运动	1. 河流稳定，变形多为单向的切蚀作用，速度相当缓慢； 2. 峡谷河段的进口或窄口的上游，受壅水的影响，洪淤、枯冲； 3. 开阔河段有时有较厚的颗粒较细的沉积物，且多呈洪冲、枯淤变化； 4. 两岸对河流的约束和嵌制作用大	1. 峡谷河段，河床窄深，床面岩石裸露或为大漂石覆盖，河床比降大，多急弯、卡口，断面呈V或U形； 2. 开阔河段和顺直微弯河段，岸线整齐，河槽稳定，断面多呈U形，滩槽分明，各级洪水流向基本一致
	开阔河段	Ⅱ Ⅲ					
平原区河流	顺直微弯河段	Ⅱ Ⅲ		1. 平原区河流，平面外形可分为顺直微弯型、分汊型、弯曲型、宽滩型和游荡型； 2. 河谷开阔，有时河槽高出地面，靠两侧堤防束水；	1. 河床比降平缓，一般小于1‰，有时不到0.1‰； 2. 流速小，洪水时河槽平均流速多为2～4 m/s； 3. 洪峰持续时间长，水位和流量变幅小于山区河流；	1. 顺直微弯河段，中水河槽顺直微弯，边滩呈犬牙交错分布；洪水时边滩向下游平移，对岸深槽亦向下游平移； 2. 分汊河段，中高水河槽分汊，两汊可能有周期性交替变迁趋势；	1. 稳定和次稳定河段的区别，前者河槽岸线、河槽、洪水主流均基本稳定，变形缓慢；后者河湾发展下移，主流在河槽内摆动

续上表

河流类型	河段类型	稳定程度		河流特性及河床演变特点			
		序号	分类	形态特征	水文泥沙特征	河床演变特征	河段区别要点
平原区河流	分汊河段	Ⅲ Ⅳ	次稳定	3. 河床横断面多呈宽浅矩形,通常横断面上滩槽分明,在河湾处横断面呈斜三角形,凹岸侧窄深,凸岸侧为宽且高的边滩,过渡段有浅滩、沙洲; 4. 枯水期河槽中露出多种形态的泥沙堆积体; 5. 由于平原区河流多河湾、浅滩连续分布,因此,河床纵断面亦深浅相间	4. 河床泥沙颗粒较细:水流输送泥沙以悬移质为主,多为沙、粉沙和黏粒;但也有推移质; 5. $\frac{Q_t}{Q_p}>0.4$ 或 $\frac{Q_t}{Q_c}>0.67$ 者为宽滩河流	3. 弯曲型河段,凹冲凸淤,自由弯曲型河段,由于周而复始的凹冲凸淤,随着凹岸侧冲刷下切侵蚀,顶部横移下行,凸岸侧鬃岗地形并扭曲弯向下游;与此同时弯曲路径加长,阻力加大,颈口缩短,洪水时发生裁弯取直; 4. 宽滩蜿蜒型河段,河床演变与弯曲型河段类似; 5. 游荡型河段,河槽宽浅,沙洲众多,且变化迅速,主流、支汊变化无常	2. 分汊河段,两汊有交替变迁的趋势;宽滩河段泛滥宽度很宽,达几公里、十几公里,滩槽宽度比、流量比都较大,滩流速小,槽流速大
	弯曲河段	Ⅲ Ⅳ					
	宽滩河段	Ⅲ Ⅳ					
	游荡河段	Ⅴ	不稳定				
山前区河流	山前变迁河段	Ⅴ		1. 山前变迁河段,多出现在较开阔的地面坡度较平缓的山前平原地带,河段距山口较远,其下多是比较稳定的平原河流,水流多支汊,主流迁徙不定,河槽岸线不稳,洪水时主流有滚动可能;	1. 河床比降介于山区和平原区之间,一般为1‰~10‰;但冲积漫流河段有时大于20‰~50‰; 2. 流速介于山区与平原区之间,洪水时河槽平均流速可达到3~5 m/s;	1. 山前变迁型河段,泥沙与河床演变特点有类似平原游荡型河段之处,但其比降和泥沙颗粒皆大于平原游荡型河段;主要还是山前河流的特点,夺流改道之势更为凶猛迅速;	1. 不稳定河段与次稳定河段的区别,前者主流在整个河床内摆动,幅度大,变化快,河床有可能扩宽;后者主流在河槽内摆动,幅度小;

续上表

河流类型	河段类型	稳定程度		河流特性及河床演变特点			
		序号	分类	形态特征	水文泥沙特征	河床演变特征	河段区别要点
山前区河流	冲积漫流河段	Ⅵ	不稳定	2. 冲积漫流河段，距山口较近，河床坡度较陡；因为地势单调平坦，水流出山口呈喇叭形散开，流速、水深骤减，水流挟带大量泥沙落淤在山口坦坡上形成冲积扇	3. 水流宽浅；水深变幅不大，既小于山区亦小于平原区； 4. 泥沙中等或较大；在干旱、半干旱地区，洪水时挟带大量细颗粒泥沙(既有悬移质又有推移质)，是淤积的主要材料	2. 冲积漫流河段，常无固定河槽，挟带大量粗颗粒泥沙的水流淤此冲彼；加以坡陡、流急造成水沙混合体奔突冲击，有很大的破坏力，洪水后，河床支汊纵横，支离破碎，没有勘定河漫滩，是最不稳定的河段；河床有可能淤高	2. 游荡性河段与山前变迁性河段的区别，前者土质颗粒细，冲刷深，回淤快，主流不仅在河床内摆动，甚至可能造成河道改道；后者颗粒粗，冲刷浅，由于河床淤高扩宽和主流摆动，造成主槽变迁，河岸傍切扩宽幅度小； 3. 冲积漫流河段地貌大致具有冲积扇体特征，床面逐年淤高，较游荡性河段明显，洪水股流按总趋势在高沟槽中通过

续上表

河流类型	河段类型	稳定程度		河流特性及河床演变特点			
		序号	分类	形态特征	水文泥沙特征	河床演变特征	河段区别要点
河口	三角港河口	V	不稳定	1. 三角港河口段为凹向大陆的海湾型河口段； 2. 三角洲河口段为凸出海岸伸向大海的冲积型河口；河口段沙洲林立，支汊纵横交错	比降一般小于0.1‰，流速也小；由于受潮汐影响，流速呈周期性正负变化；泥沙颗粒极细，多为悬移质	河口除受波浪和海流作用外，河流下泄的部分泥沙（进入河口后），由于受潮流和径流的相互作用，常形成拦门沙，加之咸、淡水交汇造呈泥沙颗粒的絮凝现象，促进了泥沙的淤积，洪水期山水占控制的河段，可能有河床冲刷，因此很多河口段河床的冲淤变化很明显	区别要点同形态特征
	三角洲河口	Ⅵ					

注：1. 表列河段为一般情况，如山区河段一般为稳定河段，但也有例外的情况。有的山区河流有次稳定的，甚至有不稳定的河段，遇到这类场合，应根据具体河段的实际情况，分析其稳定性，确定采用何种勘测设计方法。

2. 表中序号表示河段的稳定程度，序号愈小河段愈稳定，反之愈不稳定。

3.3 线路、路基、站场、隧道、房屋建筑及“四电”工程水文工作基本要求

3.3.1 线　　路

[第 **3.0.5** 条引文]

线路经过滨河、滨海和水库地区宜采用桥梁形式通过。

[第 **3.0.5** 条解读]

本条对线路经过滨河、滨海和水库地区宜用桥梁型式通过的总体规定做了基本要求，为新增条文。

3.3.2 路　　基

[第 **3.0.6** 条引文]

路基水文勘测设计应根据地区特点和水文特征，采用相应的勘测设计方法，为路基及其地表排水、防护工程的合理设计提供水文依据。

[第 **3.0.6** 条解读]

本条参考了《公路工程水文勘测设计规范》(JTG C30—2015)[下文也称《规范》(JTG C30—2015)]第 10.1.1 条，为新增条文。

3.3.3 各专业与桥涵

[第 **3.0.7** 条引文]

路基、站场、隧道与桥涵水文勘测设计应统一协调进行，综合考虑全线排水系统设计。

[第 **3.0.7** 条解读]

本条参考了《规范》(JTG C30—2015)第 10.1.3 条，为新增条文。

路基、站场、隧道与桥涵水文勘测设计应统一协调，综合考虑全线排水系统。实施过程中有时专业间协调不够，铁路边坡防护及防排水工程出现问题。2009 年 9 月铁道部建设司(铁建设〔2009〕172 号)发布《铁路边坡防护及防排水工程设计补充规定》《铁路边坡防护及防排水工程施工质量验收补充规定》《铁路边坡防护及防排水工程管理补充规定》3 项标准，是为改进提高铁路边坡防护及防排水工程的设计、验收、管理水平制

定的。

1.《铁路边坡防护及防排水工程设计补充规定》适用于铁路路基、桥涵、隧道、站场等边坡防护及防排水工程设计，该补充规定进一步强调路基、站场、隧道与桥涵水文勘测设计应统一协调进行，综合考虑全线排水系统设计的原则要求。

《铁路边坡防护及防排水工程管理补充规定》对设计单位管理要求如下。

(1)地质勘察、水文调查等工作应能满足边坡防护及防排水工程结构设计要求。

(2)强化边坡防护及防排水工程设计应与路基支挡、隧道洞口、桥梁墩台、涵洞等同步设计，同步出图。

(3)加强通用参考图的使用管理。湿陷性黄土、岩溶发育区等不良地质、特殊岩土区段的边坡防护及防排水工程应加强方案研究和工程设计，严禁套用通用参考图。

(4)“四电”与站前工程接口应作专门设计，明确“四电”与站前工程接口的施工技术要求。

(5)参与建设单位组织的有关边坡防护及防排水工程现场核对、技术交底及检查、验收等工作，加强现场配合施工，及时解决工程建设中存在的技术问题。

(6)铁路边坡防护及防排水工程设计图纸及内容应符合《铁路边坡防护及防排水工程设计补充规定》的要求。

2. 2009 年 7 月 8～18 日，石太客运专线连续出现 3 次降雨，累计降雨量 50～80 mm，石太客专路基下沉、穿洞，路堑、隧道边坡护砌开裂、下沉塌陷，隧道仰坡护砌开裂，路堑挡墙裂纹，天沟、吊沟、侧沟等排水设施堵塞、开裂、下沉、塌陷等大小水害共计 12 大类。其中 K106～K109、K158、K178 等处由于路基下沉或路基穿洞，线路限速运行。2009 年 10 月，铁道部专题研讨对路基、隧道的排水改进设计。《关于改进铁路路基、隧道排水设计研讨会议纪要》(鉴综〔2009〕320 号)如下。

(1)水是铁路基础设施病害之源，要提高排水工程重要性的认识，彻底摒弃原来“重主体、轻附属”的思想，搞好铁路路基、隧道等工程的排水设计、施工和建设管理，为铁路运营、管理创造有利条件。

(2)改进排水设计

①改变将外部水体引入铁路主体排出的旧观念，尽量将水排出路基本体之外，建立路基排水设施为结构物的新理念。

②重视排水工程的系统性和完整性，设计单位内部应统一规划、明确分工、责任到人。重视站前、站后工程的衔接，重视末段处理和细节设计，加强专业沟通，增设排水的分管总体，协调专业接口，统一筹划管理。

③排水工程的设计应从源头抓起，应重视、加强水文调查工作，加强地表水与地下水的勘测，加强对地形地貌、城市管网等资料的搜集与调查，考虑平原、山区、城市的衔接，考虑铁路排水与地方水系的衔接，在选线阶段就应结合排水工程对线路平纵断面进行优化，宜路则路、宜桥则桥、宜隧则隧，尽量避免高填、深挖、长路堑。

④加强排水工程动态设计，制定因地制宜的设计原则。排水工程因涉及多专业、面向多部门，历经多时段，设计难以一次完成，避免只有数量没有图纸现象。

⑤加强现场配合施工工作，重视设计交底，明确设计意图，高度重视现场外部环境的改变情况，及时进行变更设计，完善设计回访制度、做好施工图完成后的现场核对工作。

⑥加强对特殊地段(如封闭式路堑、沿海、沿河、平原低凹区)，特殊地质(黄土、冻土)条件下的排水设计，制定有针对性的技术可靠、施工可行的排水方案。

⑦系统考虑水土保持，农田、水利保护方案，考虑大型临时工程的排水方案，从排水安全角度考虑防护工程的设计方案。

⑧隧道设计要切实遵循“早进洞、晚出洞”的设计原则。对正在实施工程项目的隧道洞口进行全面现场核查梳理，有条件时可采用接长明洞型式，适当调整洞口位置。对于客运专线隧道明洞段，可适当开口，缓解空气动力学效应。

⑨应尽量减少隧道洞口边仰坡的开挖，保护植被和生态。可采用大管棚超前支护进洞，暗挖进洞的洞顶仰坡开挖高度不大于 2 m 为宜。如果暗洞、明洞里程发生变化，按照变更设计程序进行批准，现场不得随意开挖洞口边坡和仰坡。

⑩应优化洞顶排水设计，强化排水措施。洞口上方天沟的水，尽量引排至远离隧道口、远离铁路路基本体的地方。需排入路基排水系统时，应检算路基排水沟的排水能力，做好各专业之间的接口设计，保证水流顺利、通畅流入排水沟。

⑪优化洞内防排水系统设计，进一步提高隧道内防水系统、排水系统的可靠性，双线隧道内设置侧沟和中心沟，保证排水通畅，衬砌背后的排水系统应具有可维护性。

3.3.4 各专业防排水工程

[第 3.0.8 条引文]

路基、隧道、站场、立交地道、房屋建筑和"四电"工程等的防排水工程，应统筹考虑铁路选线和总体设计，优化线路平、纵断面，进行工程方案比选，合理确定工程类型。

[第 3.0.8 条解读]

本条对路基、隧道、站场、立交地道、房屋建筑和"四电"工程等的防排水工程总体设计作了原则要求，为新增条文。

1953 年初，铁道部设计局组织苏联专家作关于铁路总体设计报告，同年 7 月命令各设计分局建立总体设计负责制，各铁路设计院先后设置总体组。各铁路设计院交总体牵头，考虑以下内容，有效解决各专业排水设计衔接难题，提高了铁路工程排水的设计水平。

1. 总体原则要求

(1)全体设计人员应充分认识排水工程对确保铁路运营安全的重要性，彻底改变排水工程为附属工程的旧观念，牢固树立高标准铁路无附属工程的新理念，重视排水工程的系统性和完整性。

(2)加强对排水系统勘测资料的搜集，充分了解当地气象水文、自然水系、排洪灌溉、洪涝灾害与流向，以及铁路排水情况，为设计提供准确详实的基础资料，在工程中进行单项检查验收。

(3)排水工程进行系统设计，应避免排水系统不到位、不完善、不畅通。施工图阶段中，排水方案设计应本着就近自流排放、流畅迅速为原则，分区分段进行系统布局。以自然、排洪、市政排水为先后顺序，合理选择排放点，排水方案必须符合当地排洪、灌溉的要求。

(4)对路基外的水体拦截排放、路基上的水体汇集排放。利用天沟、侧沟、排水沟等排水设施将水体排出路基坡脚之外，并引向河流、沟渠、水塘，不得漫流。

(5)加强路基、桥梁、涵洞、隧道排水系统的接口设计，做好排水设施平纵断面设计的衔接。

(6)加强特殊地质地段的排水工程设计。湿陷性黄土、岩溶区段、内涝区段、浸水路堤等特殊地质地段的排水需单独设计。

(7)加强交通涵的排水处理措施。设计文件中需充分考虑建设施工不同步的程序，在配合施工时应有设计方案或预案。

(8)在城区应加强与市政管线的接口设计。充分考虑市政建设和规划情况，使铁路排水与市政排水形成有机的整体，必要时应考虑排水过渡方案。

(9)加强细部设计。排水末端设计要引导水体流向路基外侧，防止水体正面冲击路基、道床；吊沟设计应有消能措施，采用集水井、跌水槽、挡护等工程措施；注重排水沟边与路基边坡的衔接与过渡，避免水体冲刷、淘空沟底或沟帮。排水沟材料宜选用混凝土预制块或浇注，使用浆砌片石时选用 M10 材料。

(10)总体应在总体设计原则、专业设计细则中进一步明确和细化排水系统的设计要求。

2. 设计要求

(1)调查搜集当地的气象、水文、市政排水、灌溉等资料，充分了解当地的自然水系、市政管线建设等情况。

(2)根据项目建设方案及走向，计算汇水面积、汇水量，确定分段分区排水与市政管线衔接的方案。

(3)根据流量计算并结合流向，确定排水构筑物的型式、断面尺寸、材料。流量的计算要考虑极端气候的影响。

(4)结合工程设计，确定排水构筑物的标高和各种排水设施之间的衔接，形成排水系统总平面布置图。

(5)全面检算各排水构筑物的排水能力。

3. 专业分工

(1)桥梁:负责调查搜集当地的气象、水文、自然水系、水利设施等资料,负责汇水面积、汇水量的计算,与桥梁合并设置的排水构筑物设计、排水能力检算等。

(2)给排水:负责调查搜集市政排水、市政管线建设等资料,协调与市政管线的衔接,负责与市政管线的接口设计、污水处理及排放设计。

(3)线路:负责确定区间排水分段、分区方案,排水构筑物设计、排水能力检算等;负责区间排水设计的衔接、汇总和出图。

(4)站场:负责确定站场排水分段、分区方案,排水构筑物设计、排水能力检算等;负责站场排水设计的衔接、汇总和出图。

(5)房建:负责房屋、生活区、站段场坪及与之相关道路的排水构筑物设计、排水能力检算等:负责上述范围排水设计的衔接、汇总和出图。

(6)隧道:负责与隧道合并设置的排水构筑物设计,排水能力检算等。

(7)地路:对于特别设计地段的排水构筑物设计、排水能力检算等。

4. 作业程序

(1)总体牵头,召集相关专业集中研究,确定工程项目的排水系统规划、设计方案、实施步骤等。

(2)桥梁专业进行汇水面积、汇水量的计算。

(3)线路、站场专业确定分区、分段排水方案,给排水专业确定与市政排水管线衔接的排水方案。

(4)线路、站场专业负责与地方政府排水、排灌、排洪方案的协调,给排水专业负责与市政排水管线衔接方案的协调。

(5)相关专业进行各类排水构筑物能力检算。

(6)排水系统设计总体方案送集团公司审定。

5. 文件编制和图纸

(1)排水设计说明按《铁路建设项目预可行性研究、可行性研究和设计文件编制办法》(TB 10504—2018)纳入各专业章节,详细说明流量流向、排水构筑物设计、排水能力检算等内容。

(2)线路、站场、大型站房、动车段应单独出图,确定排水系统的总平面布置。

第 4 章　水文调查与勘测

4.1　一般规定

4.1.1　水文调查与勘测用途

[第 4.1.1 条引文]

水文调查与勘测应为水文分析、桥涵布设和相关的水文、水力计算提供基础资料，水文分析和计算成果应作为确定设计洪水的依据。

[第 4.1.1 条解读]

根据我国实际条件，水文资料的来源主要有水文站观测、洪水调查、文献考证三方面。水文站资料是一定时期内连续实测的资料，能较真实地反映客观实际，为水文计算的主要依据。我国的中小河流水文站较少，不能单纯依靠水文站观测资料。对于缺乏水文站观测资料的河流，洪水调查则是搜集水文资料的基本方法。对于有长期观测资料的河流，洪水调查资料也是重要补充，可起到延长系列的作用，并减小误差提高计算精度。不论有无水文站观测资料都必须进行洪水调查。我国有些历史文献还较完整，有关洪水的记载为调查分析历史洪水情况提供了宝贵资料，也是搜集水文资料的重要途径。上述三方面的资料可互相补充核对，使水文资料更趋于完整可靠。

为达到上述使水文资料更趋完整可靠的目标，水文调查勘测为弥补基本水文站网定位观测的不足，采用查访、考证、勘测等方式扩大资料搜集范围，是提供水文分析、桥涵布设和相关的水文、水力计算基础资料的工作。水文分析和计算成果应作为确定设计洪水的依据。

4.1.2　勘测阶段的水文调查、分析

[第 4.1.2 条引文]

水文调查、水文分析应涵盖可行性研究、初测、定测全过程。

［第 4.1.2 条解读］

新建(改建)铁路水文勘测应按踏勘、初测、定测、补充定测阶段开展水文勘测工作。水文勘测应与设计阶段相适应,满足《铁路建设项目预可行性研究、可行性研究和设计文件编制办法》(TB 10504—2018)的要求。

1. 踏勘阶段

踏勘阶段水文工作应充分利用国家和行业既有资料,对控制线路和技术复杂的重点桥渡进行纸上研究或利用航摄像片进行水文判析;深入现场搜集调查沿线主要河流的水系特征等资料;对线路各方案以及重大工程水文条件作出评价,为编制预可行性研究报告提供水文资料。

2. 初测阶段

初测阶段是铁路勘测设计全过程中的一个重要阶段,水文勘测应根据预可行性研究报告审查批复意见安排工作,满足现场确定推荐方案的需要,为编制可行性研究报告提供水文资料。

初测阶段应深入现场调查研究既有桥涵的现状,对存在的主要问题进行分析、研究;会同线路、地质等专业进行综合选线,对特大桥重点桥渡,以及大漫流、严重泥石流和水库、软土、盐碱、水利化等水文地质情况复杂地区大桥通过桥位和桥式方案的比选提出推荐方案;对一般大中桥,必要时也应适当进行上述比选工作。

成昆铁路成峨段岷江大桥位于漫流地段的下游,选择在水流集中、河床平稳的河段上,使线路的位置高度选择适当。又如通过综合选择,在漫水湾—西昌区间 30 km 以上地段,线路顺安定河而下,通过左右岸方案的研究比较,采用了线路顺直而地质条件复杂的左岸方案,虽是以整治地质病害为主的方案,但在左岸线路所经为平缓宽阔的河谷台地,又是四川西部泥石流较严重而又集中地区之一,大小泥石流沟达 30 余条,其中有著名的灾害性泥石流沟,如黑沙河、义农河、热水河、大塘河等危害近百年,仅黑沙河在 20 世纪上半叶的若干年内使 2 500 多亩良田变为沙石滩。对左岸线路研究了高、中、低三种方案,高线通过各泥石流沟口,线长、工程大,低线沿安宁河边,线长、占地多,中线靠洪积扇扇缘,方案比较最后选择中线。为处理这些泥石流沟,单位设计进行了大面积的精心勘测:对黑沙河做了模型试验,采取综合整治,铁路分散设桥,山上植树造林,上游建库蓄水,中游设立拦沙坝,下游采取导流措施;对义农河采用引水输沙;

对热水河采用加固导流堤;对大塘河采取以明洞通过安宁河左岸中线,为选线较为成功的实例。

搜集水文、气象、水利工程、水利规划及航运要求等资料,一般为地形图、航摄像片,还有农田水利灌溉、潮汐、城建交通、航运等,以及既有桥梁建筑物的资料。有些可经核实引用,有些可直接引用。20世纪70年代,洛阳黄河下挖隧道,隧道埋入黄河下。如何从水文角度计算冲刷,铁三院勘测队搜集资料并进行大量计算,但没能对症下药,水文组来到郑州局、大桥局、黄河水利委员会(以下简称黄委会),发现有一个重要观点,就是黄河天然冲刷应根据历史资料分析得到,不能采用任何现有公式,应考虑天然冲刷河床最低基准面的高程。

对于特大桥、大中桥,其设计流量、设计水位,以及小流域暴雨径流算法通过现场水文勘测确定。对水文特别复杂的大桥,在汛期必须进行实地水文观测,有必要还进行水工模型试验,如济南、郑州、潼关等黄河大桥。

根据一定数量的小桥涵典型流域调查验证资料,提出对小流域流量计算采用的主要公式参数,各设计院公式的地区性较强。铁二院公式偏重西南特性,海南西环线测量时没有用该式,而是采用铁四院公式,这样比较符合实际。

3. 定测阶段

定测阶段的水文勘测工作应根据可行性研究报告鉴定审批意见,在利用初测资料的基础上对初测资料进行调查核对、测绘补充和落实;详细查明采用的线路方案的水文条件,为桥涵初步设计提供完整、正确的资料,满足现场确定平剖面的需要;为桥涵和各类工程的初步设计提供水文资料。在定测中所采用的桥位有较大变动时,应根据实际情况另作水文勘测和调查,或在原初测资料的基础上补充修正。有关水库、通航及灌溉应与有关单位签订协议,取得书面意见。对既有桥涵等建筑物进行改建加固或涵洞接长时,应在初测资料基础上核对补充,初测后发生较大洪水应进行补测。

4. 补充定测

补充定测期间应根据初步设计审批意见,对定测中遗漏的水文勘测、计算和协议等予以补充。对初测及定测资料进行最后的核对和补充落实，为编制施工图提供必要的依据。施工图是工程实施和验收的依据，应根据初步设计审批意见，采用定测和补充定测资料编制。

4.1.3 水文分析计算要求

［第 4.1.3 条引文］

水文分析计算可采用不同的方法相互校核，必要时应对计算成果进行现场核对。

［第 4.1.3 条解读］

水文分析与计算的基本内容，包括设计洪水过程的分析计算、设计暴雨的分析计算和由设计暴雨推求设计洪水的计算、小流域设计洪水的计算等。

资料的数量与质量是影响水文计算成果的重要因素。力求搜集充分的资料并对其合理性进行论证。人类活动的影响或历史上溃堤、分洪等事件的作用，使同一河流同一断面的观测记录反映了不同的洪水形成条件。对资料进行统计分析之前必须先进行调整，使其具有一致基础。

除资料的数量与质量的差异外，所用的数学模型（一般是概率分布函数）与参数估计方法是决定计算结果质量的关键。为合理地选择概率分布函数，最好能推导出有物理依据的水文概率分布函数，但由于问题复杂，至今仍没有得到很好的解决。为降低由短期资料所得各种水文估计量的抽样误差，采用两种方法。一是设法增加本站的资料长度，主要是调查历史洪水与资料插补延长；二是利用区域，缺乏实测水文资料时也可用一些简化方法，如等值线图法、水文比拟法、经验公式法等得到估算结果。

4.1.4 水工模型试验

［第 4.1.4 条引文］

需进行水工模型试验的河道，应根据其内容、规模进行相应的水文调查和勘测。

［第 4.1.4 条解读］

桥渡水工模型试验利用远较原型为小的模型，根据水流及泥沙运动的力学相似原理，复制与原型相似的边界条件和动力条件，研究河流在天然情况和修建桥渡后，在各种水流流量作用下的水位、流向、流速，单宽流量的变化，以及河床冲淤的变化。在铁路桥涵工程中，通过水工试验解决的主要问题如下。

1. 检验比选跨河、跨海桥梁的桥位(址)方案、桥孔及引道和调治构造物等布设方案;

2. 估算桥台、桥墩、导流堤、丁坝、护岸的冲刷深度,确定防护型式、位置、尺度;

3. 测定桥梁壅水高度、范围;

4. 预测建桥后对河道水流、河床变形及其对其他工程如航道、码头、防洪堤等的影响;

5. 测定潮汐、海浪等对桥梁的影响;

6. 测定流冰、流木、船舶对桥梁的冲击力;

7. 测定涵洞等泄洪、排水构造物及消能、防护工程的水力性能、结构型式;

8. 实施沿河岸及海岸路基的冲刷及防护工程。

由于河道需进行水工模型试验的内容、规模不一定相同,故应对其进行相应的水文调查和勘测。

4.2 水文调查

4.2.1 勘测前应调查、搜集的资料

[第 4.2.1 条引文]

勘测前应调查搜集以下资料:

1. 地形资料。包括地形图,航摄像片,水准点的位置、高程及高程系统。

2. 水文资料。包括流域水系图,桥涵处流域面积,桥址附近河床及河岸变迁资料,流域内有关水文测站历年实测最大流量及其相应水位、流速、流量、糙率、水面坡度、测流断面、水位流速关系曲线,流域勘察报告,水文调查和历史水灾分析报告,各种水文图集,暴雨洪水查算图表,以及地方志等。

3. 降水资料。包括有关气象、水文台站历年长短历时和日最大降水量等。

4. 流冰、流木资料。包括河流最高和最低流冰水位,封冻最高水位,冰厚,冰块最大尺寸,冰块的密度,流冰的速度,冰块极限抗压强度,冰坝

抬高水位的高度，流木最大长度和筏运资料，以及漂流物类型、大小尺寸等。

5. 通航资料。包括桥址河道的通航等级、航道图、航行线位置，最高最低通航水位、封冻停航水位，通航净空、通航孔数，排筏最大宽度和长度，以及航道整治规划等。

6. 既有桥梁资料。包括各种图表、台账、履历簿、鉴定书、检算资料，泄洪能力，冲淤情况，涵前积水位和水害、病害等情况。对水害、病害桥涵还应搜集运营单位的历次改善措施，搜集邻近既有铁路和公路桥涵的排洪等情况。

7. 其他资料。包括沿线农田水利与灌溉排涝、城市交通规划、河道排水整治等。

［第 **4.2.1** 条解读］

勘测前向有关部门调查搜集资料是进行水文计算与正确设计桥涵所必需的，利用这些资料可减少现场勘测工作量。资料包含地形、水文、降水、流冰、流木、通航、既有桥涵资料及其他资料，其中对于地形资料，重点在于搞清水准点的位置和高程，并查明其系统、设置单位、时间以及与铁路的换算关系等。既有桥涵资料的各种图表指桥涵设计图、施工图、竣工图、防护加固图和开挖丈量图等。勘测前应搜集的资料主要包括下列内容。

1. 地形资料

(1)桥位附近历年测绘的各种地形图、航摄像片；

(2)桥址平面图；

(3)桥位方案平面图；

(4)桥位附近铁路及水文、水利方面的水准点，其位置、高程及相互关系；

(5)桥头引线的纵断面图；

(6)桥位附近三角点、导线点的坐标和方位角。

2. 水文资料

(1)流域水系图；

(2)桥位附近河床、河岸变迁资料；

(3)桥位附近河流的水文计算、整治情况、竣工图表及其有关规划资料；

(4)桥位附近的历史水位调查和计算成果；

(5)桥位上下游水文站历年实测的最大流量及其相应的水位、流速、糙率、水面坡度、测流断面等和各项水位流量、水位流速关系曲线以及水文站位置和断面冲淤变化情况，含沙量、冰凌等资料；

(6)流域的勘察报告、水文调研和历史水害分析报告；

(7)水文手册和各种水文图集、暴雨洪水查算图表等资料；

(8)当地水文、水利单位关于小流域流量计算方法及公式、图表等；

(9)当地现有及规划的农田排灌系统资料；邻近既有铁路和公路桥涵历史排洪情况及水害、冲淤等资料；

(10)有关水库及水利工程资料，重点是水库的设计、校核标准及其相应的水位、水库使用年限、水库淤积及淤积后各种频率的回水水位曲线和下泄流量以及坝顶高程、坝体结构状况和规划资料；

(11)线路滨邻或穿越库区时，还必须搜集兴利水位和越冬水位、冰厚等资料；

(12)沿海地区海潮及冰凌情况。

3. 河流的流冰、流木及其他漂流物资料

(1)河流最高和最低流冰水位，封冻最高水位，冰坝抬高水位的高度；

(2)流冰的速度，冰厚，冰块最大尺寸，冰块的密度，冰块极限抗压强度；

(3)流木最大长度和筏运资料，以及漂流物类型、大小尺寸等资料。

4. 通航资料

(1)桥位处河流通航规划；

(2)目前行驶或规划资料，包括通航等级，最大船只的类型、吨位、高度、吃水深度；

(3)最高、最低通航水位、封冻停航水位和通航净空；

(4)船队的最大长度和航行线位置、航道图以及航道整治规划等资料及木船和排筏的有关资料。

5. 气象资料

按设计院专业分工要求一般气象资料由地质专业搜集提供，特殊气象资料，自行搜集。

(1)雨量资料：历年来每天最大降雨量，历史最大一场暴雨量及历时；

(2)气温资料：历史最高、最低气温、历年最冷月平均气温；

(3)风的资料：累年各月风向频率，累年各月平均风速，历史最大风速及其风向，历年6～10月内各风向最大风速及观测方法、气象台地理特点；

(4)沿线最大冻结深度、最大结冰厚度。

6. 既有桥涵资料

(1)各种图表台账、鉴定书、检算资料，泄洪能力，冲淤情况，涵前积水位和水害、病害等资料；

(2)对水害、病害桥涵应搜集运营单位历次改善措施，以及邻近既有桥涵的排洪情况等资料。

4.2.2 特大桥、大中桥初测测绘

[第4.2.2条引文]

特大桥、大中桥初测应测绘以下内容：

1. 特大桥、水文复杂的大桥及控制线路方案的大桥，均应测绘桥位方案平面图、桥址平面图。地质复杂时还应有必要的工程地质资料。增建第二线与改建既有线的桥位方案平面图及桥址平面图，还应测绘既有线路的中心线以及桥梁和导治建筑物位置。既有桥渡附近的斜流、涡流、死水和冲淤显著地段，也宜一并测入图内。

2. 特大桥和控制线路方案的大桥以及水文、地质复杂地区的大桥，均应测绘桥址纵断面图，并加绘工程地质资料。既有桥梁桥址纵断面图(必要时应包括工程地质资料)，还应测出既有墩台及其附属建筑物的位置、有关尺寸和高程。

[第4.2.2条解读]

1. 桥位方案平面图

桥位方案平面图也称桥渡位置图、桥渡总平面图、桥渡地貌平面图或桥址地貌平面图。主要为供特大桥和大中桥选择桥渡方案，布置桥头引线，导流建筑物和施工场地，判明桥址区域河流通过地带的水文、地形、地貌、不良地质情况，选择水文断面位置之用，同时具有水文平面关系图的作用。初测中除线路主要方案(初步设计阶段进一步比选有可能选用的均为主要方案)的特大桥、复杂大中桥及控制线路方案的桥有桥位方案比

较时，需要测绘外，其余大中桥凡无桥位方案比较，无导流设备或确定桥位、流向、孔径无困难者，可以不测。如需要，也应尽量利用既有地形图、线路平面图和航摄像片绘制，并至现场核对、修正和补充。定测阶段，一般不测本图。仅在有新增的桥位比较方案及较大改河工程或附属工程而不能利用既有地形图或初测桥位方案平面图时可以测绘。

测绘范围应能满足上述用途，且能包括对桥址处水流的流向有影响的因素，如河湾岸边突出的岩石、大孤石、树林、堤坝等，以及桥址上下游在建桥后可能发生冲淤的地点。有几个桥渡方案时应尽量将各桥位方案绘在同一图内。桥位方案平面图应包括如下内容。

(1)各个方案的线路导线，经纬距，纸上定线、中线等；

(2)地形导线，历史洪水位点，各年平均洪水位点，测量时水面坡度测点，水准点，水文断面及桥位控制桩等；

(3)地形等高线，高程间距 0.5～10 m；

(4)历史最高洪水位或设计频率的洪水位泛滥线并注明其年代或设计频率；

(5)洪水时的水流方向及深泓线；

(6)主河槽岸边线及测量时期观测水位的水边线；

(7)支流、湖泊、沼泽、旧河道及河流变迁情况；

(8)林木及灌木的边界轮廓线；

(9)居民区建筑物及河道上对水流通过有影响的其他建筑物；

(10)航标及航行线；

(11)河岸受冲刷地段，岩石露头地段，不良地质范围；

(12)河网化、冲积扇、长大漫流和严重泥石流地区的水系分布情况、水流泛滥范围、主要流向等。

2. 桥址平面图

(1)桥址平面图主要为满足下列各项工作需要：

①布置及确定桥渡平面位置、包括墩台、桥头引线及导流建筑物等；

②判明桥址区域内河流通过地带的地形、地貌和地质情况；

③计算详细工程数量(例如桥头路堤以及各项附属工程等)；

④布置施工场地；

⑤进行水工模型试验(仅在个别情况下需要)；

⑥研究建桥前后对河流两旁农田、村庄的影响。

特大桥、大中桥桥址平面图在初测时，属于线路主要方案(初步设计阶段进一步比选有可能选用的均为主要方案)的均需测绘；实测时，应尽量利用线路平面图、并在现场核对、修正和补充。

特大桥、大中桥的桥址平面图测绘范围应能满足上述用途，顺线路方向应测至高出两岸历史最高洪水位或设计水位 2 m 以上，平坦地区河滩过宽时，其范围应不小于桥梁全长加导流堤在桥址中线上的投影长度或以能设计桥头填土及防波横堤并稍有余量为度。上下游施测长度根据实际需要而定，亦可考虑上游测至 $3B_{槽}+0.12B_{滩}$，下游测至 $1.5B_{槽}+0.06B_{滩}$($B_{槽}$ 为河槽宽度，$B_{滩}$ 为两岸河滩宽度之和)。平坦地区上游测至桥长的 2 倍和大于 200 m，下游为桥长的 1～1.5 倍和大于 100 m。如为不受水位控制的高桥，其范围以能布设桥位及附属工程为原则。对上游受壅水影响、下游受冲淤影响之处，施测范围应酌情增加。

(2)桥址平面图应有如下内容：

①应测绘地形等高线、地物、地貌、线路导线、中线、既有线中线、桥梁和导流建筑物平面、历史最高洪水位及设计频率水位泛滥线及桥头控制桩等；

②特大桥及地质不良或地质复杂的大中桥，应加绘工程地质资料；

③水下地形部分对水流有影响的孤石、陡岸、突出的岩石、堤防等、如在平面图上显示时，应绘示意图，注明主要尺寸并加文字说明。

④改建既有线或增建第二线还应测绘既有线路中心线、桥梁及导治建筑物的位置以及既有桥渡附近的斜流、涡流、死水和冲淤显著地段的范围。

3. 桥址纵断面图

桥址纵断面图供推求桥址水位、流速，布置桥孔，确定墩台高度及基础埋置深度之用。初测时，根据现场确定平剖面的原则，特大桥、复杂大桥及墩高 50 m 以上高桥，在纸上定线后，应按线路平面图与导线关系放线实测；一般大中桥则按桥址平面图比照导线断面点绘；改建既有线或增建第二线时，既有大中桥均应测绘。桥址水流斜交角为 10°～15°或布置在曲线时，定测时桥址附近(包括桥址中心处)应增测河槽垂直断面 1～3 个，以便合理确定桥下设计水位和计算桥下实际供给的过水面积。桥址纵断面图测绘范围应能满足上述用途，一般要求如下。

(1)两岸宽度应测至桥头路肩设计高程以上。当河滩过宽,洪水漫流时,也应能满足布置桥孔全长及导流堤在桥址中线上的投影长度并能设计桥头路堤的需要。

(2)桥址纵断面兼作水文断面用以计算流量时,应测至岸边高出最高洪水位至少 2 m,同时满足水文断面要求。对泛滥很广的河流视情况而定,应能满足计算流量要求。

(3)既有桥址纵断面图应标明既有墩台及其附属建筑物的位置、尺寸和高程,必要时应测绘墩台与线路的平面关系。第二线桥址纵横断面当既有线较近时,应考虑既有路堤对桥址纵断面的影响,在纵断面标明路堤以下的原地面线。墩台辅助断面应根据需要,标明其与既有线的关系,加绘工程地质资料。

本条将《规范》(TB 10017—99)中"复杂大桥"修订为"特大桥和控制线路方案的大桥以及水文、地质复杂地区的大桥"。

4.2.3　特大桥、大中桥定测测绘

[第 4.2.3 条引文]

特大桥、大中桥定测应测绘以下内容:

1. 特大桥必要时应测绘桥渡总平面图,也可利用初测桥位方案平面图,进行核对、修正并加绘线路中心线。

2. 特大桥及大中桥均应测绘桥址平面图(包括水下地形),地质复杂的还应有工程地质平面图。

3. 大中桥两岸应设置中线控制桩并测绘桥址纵断面图和加绘工程地质资料。斜交桥尚应测绘桥址正交断面图。既有桥梁桥址纵断面图(包括工程地质资料)可利用初测资料进行核对补充。

[第 4.2.3 条解读]

1. 桥渡总平面图

定测桥渡总平面图尽量利用初测桥位方案平面图资料,补绘桥址中线,检查核对测绘质量,必要时局部补测修正,如不能利用时应根据需要进行测绘。

2. 桥址平面图

桥址平面图也称桥址地形图、桥址地形平面图或桥址详细地形平面

图。为判明桥址上、下游河流通过地段的地势地形和地貌情况，以布设桥梁孔跨、导治建筑物、桥头河滩路堤和水工模型试验等需要之用。

桥址平面图实测时应尽量利用线路平面图，并在现场核对、修正和补充，必要时加宽实测。定测桥址平面图一般可利用线路平面图补测水下地形加宽使用，将工程地质平面合并绘制。水下地形必须实测，水下地形测绘的目的主要是为了判明水流流向和河道演变趋势，研究必要的改河及防护工程和通航条件，弄清桥址附近有无深坑，洪水时是否可能移至桥下，影响基础埋置深度以及布置导流建筑物。有以下情况之一时应实测比例尺 1∶500～1∶1 000 的地形平面图(包括水下地形)。

(1)锥体需作处理；

(2)需设导流建筑物或防护工程；

(3)施工水深不小于 3 m，水中基础需加强；

(4)三线及以上大中桥的地形地质情况复杂。

3. 桥址纵断面图

大中桥两岸应设置中线控制桩每岸不应少于 2 个，并设于土质坚实、稳定可靠、不被淹没冲刷处。桥址纵断面应测出地形地貌变化点，并加绘工程地质资料。对桥址与水流斜交、并受水文控制的桥，应另行测绘桥址处正交水流的断面。地形陡峻、地质复杂，影响墩台布置者加测两线外侧各 3 m 或 5～8 m 的纵断面线，绘于桥址纵断面同一图中并加以区分。或在墩台范围实测辅助横断面，也可实测周边地形，邻近隧道洞口时应与洞口地形合并测绘以保证设计的总体性。既有桥址纵断面图可利用初测资料核对补充。

4.2.4　水工模型试验测绘

[第 4.2.4 条引文]

水工模型试验应测绘以下资料。

1. 桥址平面图的施测范围应根据具体情况确定。桥址上游要包括一个洪水流向较为固定、水位流量关系较为稳定的控制断面，下游不应短于水流过桥后恢复到天然水位(或水深)的河段长度。测绘宽度除必须达到河流两岸最高历史洪水位或检算水位泛滥线以外，应适当增加一定的富余量。图上应绘出河床断面和调查洪水位的位置。

2. 桥址地形施测范围内每隔 50～200 m 应施测一个河床横断面，河床形状显著变化处需加测断面。断面上应注明滩槽、各部分地貌、糙率和土的种类及粒径等。

3. 洪水坡度图施测时可利用水文站的观测资料，调查历史最高洪水位和次高洪水位，绘出最高和次高洪水位的水面坡度图，并在图上绘出测量时顺洪水流向的水面坡度和河底坡度线。

［第 **4.2.4** 条解读］

定床模型是河床在水流作用下不发生变形的模型，这种模型在水工试验中应用较广泛。凡河床变形不显著，或虽有变形，但变形对所研究的主要问题关系不大，都可采用定床模型试验。当铁路桥涵勘测设计需要进行定床模型试验时，必须取得下列各项资料。

1. 桥址平面图

施测范围：桥址上游要包括一个洪水流向较为固定、水位流量关系较为稳定的控制断面；下游不应短于水流过桥后恢复到天然水位（或水深）的河段长度。测绘宽度必须达到河流两岸最高历史洪水位泛滥线以外，并酌加一定余量。

施测内容：除按一般地形测量要求外，图上应绘出河床断面和调查洪水位的位置。等高线间距 0.5～2.0 m。河槽宽小于 100 m 时比例尺为 1∶1 000～1∶5 000；河槽宽 100～500 m 时比例尺为 1∶5 000～1∶10 000；河槽宽大于 500 m 时比例尺为 1∶10 000～1∶25 000。

2. 河床横断面图

在桥址地形施测范围内每隔 50～200 m 测一河床横断面，但在河床形状显著变化处必须加测断面。应注明滩槽划分、各部分地貌、糙率、土的种类及粒径。

地形图和断面图的主要作用是将原型复制成模型，视情况适当增减勘测工作量。

3. 洪水位坡度图

在桥址地形图范围内尽量利用水文站的观测资料，调查历史最高和次高洪水位，据此绘出洪水位的水面坡度，绘出测量时洪水流向的水面坡度和河底纵坡线。

4.2.5 洪水调查基本内容

［第 4.2.5 条引文］

洪水调查应包括以下内容：

1. 结合所搜集的历史洪水资料（地方历史文献档案、水利河道专著等），在河段两岸调查各次洪水发生的时间、洪痕位置、洪水来源、涨落幅度、洪水时的主流方向，调查有无漫流、分流及受建筑物的影响，结合当地水文水利部门分析资料，确定洪水设计频率。

2. 调查各次洪水发生时的雨情、灾情、汇水区内有无受人类活动影响及自然条件有无变化，宜按大小排序确定其设计频率。

3. 洪水调查的河段宜选择两岸有较多洪痕点，水流顺直稳定，无回流、分洪及建筑物影响处，并宜靠近水文断面。

4. 同一次洪水应调查 3 个以上较可靠的洪痕点作出标志。现场历史洪水调查时与受访者交流顺畅，并记录其姓名、职业、年龄和叙述内容。根据指定的洪痕标志物情况、对洪水的记忆程度综合分析。可按表 4.2.5 来判断洪痕点的可靠性。

表 4.2.5（本规范） 洪痕可靠程度评定标准

评定因素	等级		
	1	2	3
	可靠	较可靠	供参考
指认人印象和旁证	亲眼所见，印象深刻，情况逼真，旁证确凿	亲眼所见，印象较深刻，所述情况较逼真，旁证材料较少	听传说或印象不深，所述情况不够清楚具体，旁证少
标志物和洪痕	标志物固定，洪痕位置具体或有明显的洪痕	标志物变化不大，洪痕位置较具体	标志物有较大变化，洪痕位置不具体
估计水位误差范围(m)	小于 0.2	0.2～0.5	0.5～1.0

注：评定时以表内 1、2 为主，3 项仅作参考，使用时应根据具体情况确定。

［第 4.2.5 条解读］

在桥位勘测设计中，经常会遇到缺乏水文资料或水文观测系列资料太短，不能满足设计要求的情况，故应进行历史洪水的调查勘测。有时由于根据单站观测资料推求罕见洪水，发生较大抽样误差，虽有较长系列的水文观测资料，也应进行洪水调查，历史洪水的加入，可以起到延长和提高系列代表性的作用。本规范第 5.1.4 条要求：利用流量系列推算设计流量时，应选择在桥址或其上下游，不宜小于 30 年的实测流量资料，且应有历史洪水调查和考证成果，方可直接根据流量资料进行频率计算，推算设计流量。历史洪水常是通过现场调查，考证历史文献，力求弄清桥渡或计算断面附近在一个较长时期（100～200 年）发生大洪水的情况，包括洪水发生的年份和大小顺序。

铁路桥渡勘测中常以洪水调查形态验证法作为确定跨河建筑物设计流量算法之一，这种方法实质上是调查流域内历史上曾发生的大洪水，用来计算相应频率洪峰流量。桥渡勘测中，调查最高洪水是一个关键性问题，原则上调查近年来或历史上的大洪水，如图 4-1 和图 4-2 所示。

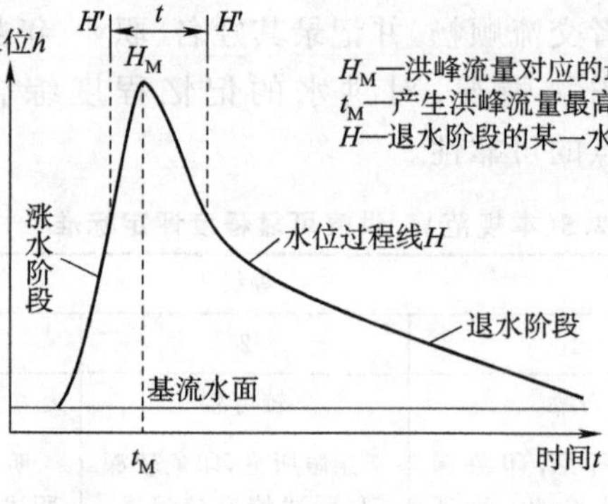

图 4-1 洪峰流量水位过程线

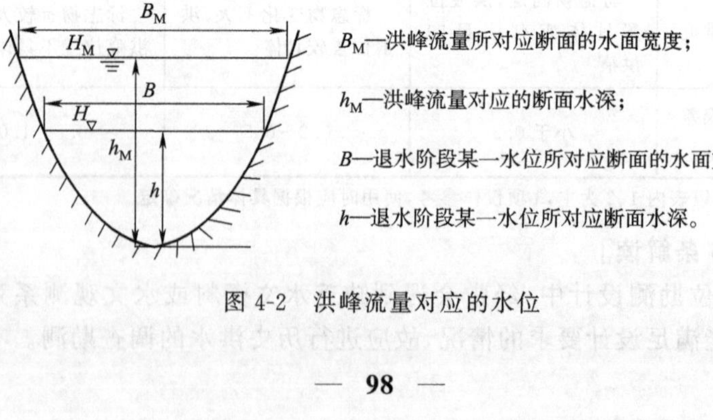

图 4-2 洪峰流量对应的水位

最高水位时其河槽内水深 h_M，相应流速 $v_M=(1/n)h_M^{2/3}I^{1/2}$，过水断面$\bar{\omega}_M=\alpha B_M h_M$。如只调查到退水阶段某一水位，则水深 $h<h_M$、$\bar{\omega}=\alpha Bh$、$\bar{\omega}_M>\bar{\omega}$、$v_M>v$ 时，相应洪峰流量超过 $Q=\bar{\omega}v$，为 $Q_M=\bar{\omega}\cdot v_M$。需要解释的是：下文(包括以下各章)涉及的公式中引入几个水利水文计算的概念，及其表示符号、单位，具体说明如下。

总体来说，Q 表示水流的流量，单位一律取 m^3/s；ω 表示过水断面的面积，单位一律取 m^2；v 表示水流的流速，单位一律取 m/s；$Q=\omega\cdot v$；V 表示水体的体积或水库的库容，以及其他液态或固态物的体积，单位一律取 m^3；F 表示流域或汇水面积，单位一律取 km^2；H 或 h 表示水位标高或水深，单位一律取 m；B 或 b 表示河宽，单位一律取 m；I 或 i 表示水流坡度，数值取‰至整数位；g 表示重力加速度，数值一律取 $g=9.81\ m^2/s$。上述符号如果带有下角标，其涵义也如此，也包括洪水与泥石流。几个主要参数的单位约定一般不在“解读”中的公式解释中重复注明。

一般情况下，洪水调查应包括以下方面。

1. 洪水原始资料

可从以下方面对历史上出现过和近期发生的大洪水进行调查分析。

(1)洪水发生时间调查

洪水发生时间是确定洪水重现期的重要依据，可在沿河居住的一些老人中进行调查。由于农业生产与洪水关系密切，长年从事农业生产的老人会比较关心水情，会提供出洪水发生的日期，从而可推算洪水的周期。当一时说不清洪水发生的具体时间时，可引导生活上印象较深的事件来追忆。调查洪水发生时间及大小顺序，方法及注意事项如下。

①联系历史上发生的较大事件：如水灾、旱灾、虫灾、震灾等，能使群众产生深刻印象，结合当时情况推断洪水发生的年份。

②联系群众容易记忆的事情：如年龄、搬家、收成情况等，可推算出洪水发生的年份。

③搜集文物资料：如省志、府州县志、水利河道专著或史书、碑文题刻、民间诗文、家谱族谱等，分析洪水发生年份。要考证历史记载的连续真实、地理名称沿革、古建筑变迁、河道地貌特征、历史度量数据统一等。

④传说下来的历史洪水时间只能是大体年份，还需参照桥位上下游及邻近流域洪水的发生日期推断论证。

⑤应注意因遭受某次洪水损失较大，将一般洪水夸大为特大洪水。

⑥同一年发生几次洪水或连续几年都发生洪水，时间顺序易记错，应特别注意。

⑦确定干流、支流汇合处的洪水位时，应避免将干流涨水对支流的顶托误认为支流涨水，或将支流涨水误认为是干流。

(2)洪水成因调查

洪水成因调查的目的是确定洪水类别，有的大洪水是由于地震造成山崩、堵塞河道而后溃决或上游水库失事溃决造成的，北方河流有因冰坝、冰塞壅高水位或溃决形成洪水，这些均要和暴雨洪水或融雪洪水区分开。

(3)洪水来源调查

洪水来源调查可通过访问、查考文献资料，主要是综合以上资料进行分析。一般而言，流域面积愈大，洪水地区分布不均匀程度就愈明显。

(4)洪水痕迹调查

洪水痕迹是确定最高洪水位、绘制洪水水面线和计算洪水流量的直接依据。如果调查的洪水痕迹不准，调查成果的质量就难以保证。洪水痕迹调查具有重要地位，应调查洪峰时最高水位的洪痕，但洪峰历时一般很短，最高水位的洪痕不一定十分明显。洪水时会出现漫流、分流、死水，流域自然条件的变化和人类的活动都会对洪痕产生影响。

洪峰流量和洪水总量推算可根据调查得到的洪痕点分布及调查河段的水力特性条件，选用比降法、水面曲线法等计算洪峰流量，并根据调查或文献考证所得的洪水位涨落过程，通过该河段所建立的水位流量关系，推求出流量过程线，据此计算各时段的洪量。有关洪水记载的文献对确定洪水量级、重现期等具有重要作用。还需注意水文、水利、气象部门实测积累的洪水暴雨资料，对历史上发生的洪水结合文献记载，对其定性、定量分析比较，确定最高洪水位。

2. 雨情、灾情、汇水区人类活动影响及自然条件变化

(1)雨情调查

调查与洪水相应的雨量大小及其分布、暴雨走向等，对洪水调查成果起旁证作用。洪水过程线的绘制需结合雨情资料分析确定，内容包括降雨成因、降雨量、降雨起讫时间、降雨变化过程等。

暴雨调查是掌握特大暴雨、研究其地区规律性及洪水成因的重要手段，与洪水调查相辅相承。近几十年我国各地先后发生一些特大暴雨，其雨量分布很多通过调查获得，如长江流域1935年7月暴雨、辽宁西部1930年8月暴雨、河北省1963年8月暴雨、河南省1975年8月暴雨等，暴雨调查资料无疑是洪水调查成果的重要旁证。

(2)灾情调查

灾情调查资料对洪水调查成果起旁证作用，有助于进一步了解流域变化情况，举例如下。

例一：1980年7月9日16—17时，辽宁省清原县大苏河公社降下一场大暴雨。降雨量57 mm，造成当地百年不遇的特大洪水灾害。铁三院对降雨过程、强度几乎完全相同而受灾程度显著不同的相邻两个大队进行重点调研。

一大队：全队1 300亩坡耕地被浸蚀成大小1 450余条，沟宽1 m以上的630余条。最大的浸蚀沟长116 m，宽5 m，沟底露出岩石。据抽样调查，坡度在5°以下的耕地表土层平均冲走0.35 cm，6°～15°的平均冲走0.8 cm，16°～25°的平均冲走1.5 cm，25°以上的平均冲走2.2 cm，露出岩石35亩。原有1 m宽的小河沟已冲刷到岩石，最宽达15 m。小河边树径62 cm的大杨树被连根拔倒，青苗被冲、压盖130余亩，年减产42.7%。

二大队：个别山地被浸蚀成较小沟，农田基本没受损失，个别地块出现几条小浸蚀沟，年减产35.5%。

上述洪水灾害调查结果表明，同一场暴雨的受灾程度大不一样。二队有13 496亩次生林和人工林，森林覆盖率达51%，截留降雨12万m^3，平均每亩截留8.4 m^3，削减洪峰35%使大量农田免受冲刷。一队在1962年之前有次生林3 400余亩，大部分为较整齐的柞林、杨桦林、水曲柳、柳林，有许多灌木丛。1974年前被逐步砍伐，仅有人工幼林和次生林地200余亩，覆盖率降至3%，没起到截留降雨削减洪峰作用。因此可以认为，造成森林植被不同是其主因。

另外，坡耕地势组成和治理情况不同。二队超坡耕地占总耕地30%，一队占70%。二队的300余亩坡地形成过渡式梯田，一队未进行任何治理，开荒到顶出现裸露，蓄水保土能力越来越低。二队当年夏季雨量达237 mm，为常年的3～4倍，土壤基本处于水分饱和状态，受森林植被作用，土壤结构较好，地表径流大。一队地表径流与之差异很大，地表经受过多次冲刷，暴雨前耕地已被冲刷成许多凹沟，为暴雨造成浸蚀沟起了先导作用，增大了受灾程度。

例二：1983 年 7 月 27—31 日，陕西南部汉江上游发生特大洪水。安康最大洪峰流量达 31 000 m^3/s，县城遭受灾害，经降雨量和洪峰流量频率计算分析，初步确定降雨量为 15 年一遇，洪峰流量达 200 年一遇。

从灾情看，洪水重现期不止 200 年一遇。据百科全书《中国地理册》介绍，安康市于秦朝在城北的汉江北岸设西城县，南北朝移至今址。河道自古至今逐步演变，如河道位置摆动、河宽扩宽、河道深度加深。将年代久远的洪水用于经过长期演变的河床断面进行流量计算，难以推算流量重现期。森林的调蓄作用大，不可能发生大洪水，未发生过 1983 年 7 月的情况，在现实流域地面条件下，暴雨产生相应流量的重现期约为 15 年。

(3)人类活动影响及自然条件变化调查

当流域内的植被、土质、地貌情况差异大，虽然汇水区的面积大小及暴雨情况相近，而产生的流量却相差非常悬殊。实测资料是反映自然规律的，洪水调查也必须符合自然规律，必须重视流域内的各种地面情况及其今昔变化调查。

如果流域内今昔的植被、地貌、土质差异大，即形成流量的产流、汇流条件不同。根据数理统计原则，发生条件不一致的事件不能放在一起统计，昔日发生的流量与现实发生的流量不能共同统计。

京承铁路于 20 世纪 50 年代勘测设计。调查发现柳河流域曾古树参天，后已大不相同，沟内耕地大增都有人家，小沟变成 100～200 m 大河。又如 1993 年对集宁—通辽铁路沿线沙力河的水害调查，据该河上游沿线村民介绍，村中以往草高林密只有几户人家，后来增至近 60 户，河道变宽河床变深，增大若干倍。

3. 河段选择

河段选择主要是为便于调查洪痕和使调查河段近似于稳定均匀流和稳定非均匀流的条件，以便用稳定均匀流和稳定非均匀流的算式来计算洪峰流量，关系到成果质量及其作用，选定河段时应考虑下述问题。

(1)满足调查目的和要求，如为确定某一工程设计而进行的洪水调查，所选择的调查河段应尽量靠近工程地点。如为延长洪水实测系列，则一般均以水文站测验河段或其邻近范围内作为调查河段。

(2)为能调查出一定数量的可靠的历史洪水痕迹，调查河段应有一定长度且两岸宜有古老村屯、古建筑物等，以便于准确查明历史洪水的洪痕位置和重现期。

(3)其他条件相同时，河段应比较顺直，各处断面形状相近。河段内无大的支流、分流、变动回水及阻水等影响。

(4)河道的平面位置及断面变化不大，如有冲淤变化，当年的过水断面是可以查清的。

(5)不能满足上述(3)要求时，应选择向下游收缩的河段，避免扩散河段。当无河床糙率的可靠资料，很难准确推算洪峰流量时可利用控制断面的局部损失推算。这时，调查河段应选在急滩卡口或桥涵等处的上游。

4. 洪痕辨认

洪水痕迹是确定最高洪水位，绘制洪水水面线和计算洪峰流量的直接依据，对计算成果影响很大，调查时应根据洪痕标志的明显程度、是否固定可靠，选择具有代表性的洪痕。

(1)洪痕位置的选定

洪痕位置的选定要考虑下述要求：

①洪痕位置最好选在顺直河段内，或在水文站附近，或在控制断面(急滩、卡口等具有束水作用构造物)上游。

②洪痕位置在河湾处时，应在两岸调查洪水位并取平均值。

③洪痕位置应尽量避开河床断面变化剧烈的河段。

④洪痕位置应尽量远离两河汇合口。

⑤洪痕的间距一般宜大于水面宽度，不宜太长或太短。

(2)一般洪痕的辨认

①对于有明显标志的洪痕，要考证标志物位置是否有变动，若有应设法弄清其幅度、距离。

②对于无特定标志的洪痕，为在洪水后发现和看到岸壁、陡崖、窑洞等处留有冲刷痕迹。遇水与未遇水部分有明显分界线，应注意风浪和迎水面壅水的影响，还应与雨水斜打的水痕相区别。

(3)人烟稀少地区洪痕辨认

①根据洪水淤积物或漂浮物确定

地形平缓的河岸或河滩台地,大洪水会留有与河底比降接近条带状淤积物,一般可视为洪水到达处。但应注意迎水面由于壅高,淤积物有可能比实际洪水位偏高。

靠河岸较茂密的树林中,常悬挂有草球等物,连接起来就可得出洪水坡度。应注意树木受冲倾斜,水退树木复原或长高产生洪痕偏高现象。也有可能草球经日晒风吹滑动,产生偏低现象。从附在河岸较大树干、树皮及沉积在岩石裂缝中的泥沙淤痕也可判断洪水位,与树干根部雨水落地溅起的泥痕相区别,岩石裂缝中的淤泥痕迹与从岩石坠落的泥土有区别,后者不会充满整条裂缝,泥沙积存量极少。

②根据洪水冲刷痕迹确定

河流两岸受洪水冲刷后,在未受冲刷部分的下缘,常呈现一明显的冲刷线或洪痕,可作为判断最高洪水位的标志。在洪水泛溢线的两岸边缘,因冲走树干、杂草和泥土而显露出新鲜基岩;黄土地带,受洪水冲刷后,其表面特别干净;盐碱地带,被水淹没后,冲走地表白色盐碱而呈现黑色,稍低于黑白分界线处,即为洪水水面线。岩石河岸有时长有苔藓,洪水冲刷后部分剥落,呈现明显分界,即为洪水位。

森林地区河岸大树表面在洪水期受到漂流物摩擦造成痕迹,可作为判断洪水位的参考。春汛流冰也可造成痕迹,冰块摩擦造成的痕迹较深斑纹更密,可作为流冰最高水位。

③根据洪水对两岸所起的物理、化学及生物作用的标志确定

洪水中所含的矿物质与两岸岩石接触后,引起物理、化学及生物作用,常会留下特殊的痕迹。

(4)平均洪水位洪痕辨认

多年平均洪水位对推求设计频率有用,但调查困难很难找准,易与普通洪水位混淆,平均洪水位调查有如下方法。

①在河岸岩石上或旧有墩台及水工建筑物上,受水流多年冲刷及日光曝晒,常留有条带痕迹,岩石青苔覆盖层也留痕迹,其下缘稍上部位可作为平均洪水位。

②根据河岸冲刷痕迹确定平均洪水位。河岸易受洪水冲刷的部分,

通常形成 1∶5～1∶10 的坡度，其余部分受洪水冲刷机会较少，因而能保持原来 1∶1～1∶2 的自然坡度，两者之间的分界线可作为平均洪水位。

多年平均洪水的出现周期，根据对成昆铁路 93 处调查河段及铁一院 46 处河段资料统计分析，其中 3.1～3.2 年共 9 处占 6.5%，2.5～3.0 年共 112 处占 80.7%，2.2～2.4 年共 18 处占 12.8%。以上统计说明，出现周期超过 3 年的仅占 6.5%，不超过 3 年的占 93.5%。故多年平均洪水频率为 33%。为安全计，建议采用 3～4 年出现一次洪水可作为调查的多年平均洪水。

(5)洪痕可靠程度的判定

调查各次大洪水的洪痕水位，同一场洪水至少调查三个以上可靠或较可靠的代表性洪痕点，调查水位应分别在两个以上的自然村进行。根据指定的洪痕标志物情况、受访人对洪水的记忆程度来综合分析。

洪水痕迹经调查测量后，应对其可靠性作出评价以供参考。评定标准有“可靠、较可靠、供参考”三级，分级条件见本规范表 4.2.5。

在无人烟地区洪水调查法确有困难，可借助暴雨径流算法或以短周期洪水资料，选用适当的 C_v、C_S 推求长周期洪水资料，结合地方水文计算经验公式资料，对照河槽形态综合分析，据以确定选用的水文资料，各桥涵的孔径应留有充分余地。

多条线路跨越同一河流时，应在整个河段作洪水调查法勘测，按形态、坡度、糙率、断面等条件全面分析，据以推求各桥渡处的设计水位、流量、流速、流向等资料。

4.2.6 河道调查

[第 4.2.6 条引文]

河道调查应包括以下内容：

1. 搜集河道历年变迁的图纸和资料，调查河道弯曲发展及滩槽稳定情况。

2. 调查河道支流、分流、急滩、卡口、滑坡、塌岸、塘、坝、尾矿库、弃渣场和自然壅水等现象。

3. 调查河床冲淤变化、上游泥沙来源、历史上淤积高度和下切深度。

4. 调查河道规划与河底管线等埋设物的情况。

5. 调查河堤设计标准、河道安全泄洪量及相应水位。

6. 调查航道等级,最高及最低通航水位,通航孔数,高、中、低水位的上、下行航线位置。

7. 调查漂流物类型及尺寸。

8. 根据河床形态、泥沙组成、岸壁及植被情况,确定河床各部分洪水糙率。

[第 **4.2.6** 条解读]

本条与《规范》(JTG C30—2015)第 5.2.2 条一致。

河道调查主要包括河道弯曲和滩槽情况,以及有无支流、分流、急滩、卡口、滑坡、塌岸和壅水现象等;调查既有桥涵、堤防等的所在位置、修建年代、使用情况、防洪标准及对河道水流的影响;调查河道历史上边滩沙洲的稳定、支汊分流的变化、漫溢泛滥的宽度、河流稳定的程度、改道的原因、航道的变化等,并分析预估演变发展的趋势;调查河床冲淤变化、上游泥沙来源及下切深度;调查路基及其他人工建筑物挤压侵占河道和施工弃渣等对水位的影响;调查在河床平面和纵断面变化较大河段的两岸洪水情况。

河床、流域情况调查中,河槽变迁为重要一项,直接影响流量计算准确程度。河槽变迁的基本特征在勘测期间通过查访、搜集资料进行比较加以确定。河槽变迁的调查项目包括农田冲淤、河床坍塌冲刷、河湾移动决口、旧河河槽分流、边滩沙洲移动、航道改变、河槽泥沙淤积等。如有多年实测河槽平面图可据以绘制各年综合河床平面图,与调查资料核对,供选择桥位方案时参考。

河道调查的内容主要都是一些影响过水断面面积、水面曲线及河床糙率等的基本因素。河道变化很大时不能作为洪水调查河段。考虑人为因素对桥梁布设的影响,应调查漂流物、河道规划、河底埋设物。

2007 年 7 月,水利部发布《河道演变勘测调查规范》(SL 383—2007),包括河道来水来沙、河道演变基本勘测、河道演变专项勘测、河口段河道演变勘测等河道演变勘测调查技术要求,以及河道演变分析、河道演变勘测调查报告编写要求,其相关技术要求可为铁路工程水文勘测河道调查提供参考。

4.2.7 冰凌调查基本内容

[第 4.2.7 条引文]

冰凌调查应包括以下内容：

1. 调查历年封河及开河的时间、开河方式、最高和最低流冰水位及时间、上下游是否形成冰塞和冰坝现象，以及上下游水工建筑物对流冰的影响。

2. 调查冰厚、冰块大小、结冰面积及冰凌发生区域的水文、气象资料等。

[第 4.2.7 条解读]

1. 开河形势的调查

冰凌调查中开河形势的调查，主要调查河段解冻的"武开"或"文开"。当结冰河流的流向由南向北，遇到天气突变，上游解冻较早，有大量流冰涌下，而下游尚未开冻，则将有冰坝出现。此时河水陡涨，上下游压差很大，冲开冰坝，流水汹涌而下，这种以动力作用为主的解冻称"武开"，对下游桥梁危害较大。反之，若上下游解冻时间差别不大，或者由北向南流向的河流，沿河就没有卡冰结坝的可能，是以热力作用为主的解冻称"文开"，一般危害较小。

黄河内蒙古段处于黄河流域最北端，东经 106°12′～112°50′，北纬 37°35′～41°50′，干流由石嘴山市和伊克昭盟进入，由河曲县旧城流出，横跨阿拉善盟阿左旗、乌海市、包头市、清水河县等地。河道流向大致呈西—南—东—北，河段呈大弯曲形。由于黄河其上游甘肃、宁夏段温度高，内蒙古段温度低，入冬时下游河段先行冻结，初春解冻时则由上游逐渐向下发展，因气温低而延后解冻。在流凌封冻期和融冰解冻期极易在内蒙古段下游形成冰塞、冰坝等严重冰情。

黄河内蒙古段处于内陆地带、黄河最北端，大部分时间为西风环流所控制，冬季严寒而漫长，气温在零度以下的时间可持续 4～5 个月，最低温度可达－35 ℃，常伴有寒潮入侵。北方来的最强，降温最多，西北来的次数最多。通常 11 月降温导致流凌，12 月促成河流封冻。一般寒潮入侵越晚，其降温强度越大，流凌时间越短。

水流速度直接影响成冰条件，对冰凌搬运、卡塞有直接影响。水位上涨与开河形势有密切关联，涨水不多，冰盖未被膨裂，就地消融为文开河；涨水较多，冰盖被膨裂，冰水向下汇流，为武开河。水流的速度和水位常取决于流量，流量大则水位高、流速大，故凌汛始于冰却成于水。由于黄河内蒙古段的特殊地理位置，入冬下游流凌封河，河道冰凌使水流阻力加大。封河时水流由畅流转为管流状态，水位上涨，凌汛期最高水位一般超过同年伏汛期。春季上游先融冰解冻开河，槽蓄水流挟冰凌直泄而下。下游极易形成武开河形势，也极易形成冰塞、冰坝等险情。

黄河内蒙古段一般于每年 11 月中下旬流凌，12 月上中旬封冻，流凌及封冻日期见表 4-1。

表 4-1　黄河内蒙古段流凌及封冻日期统计

项目站名		巴彦高勒	三湖河口	昭君坟	头道拐
流凌日期（月-日）	最早	11-10	11-4	11-7	11-6
	平均	11-29	11-19	11-17	11-19
	最晚	12-13	12-3	12-3	12-1
封冻日期（月-日）	最早	11-23	11-20	11-13	11-14
	平均	15-15	12-7	12-29	12-12
	最晚	1-8	1-1	12-14	1-18
流凌天数	最少	5	1	2	3
	平均	16	18	13	23
	最多	36	52	36	54
封冻天数	最少	52	93	71	52
	平均	91	108	105	99
	最多	129	136	131	133

注：昭君坟站为 1968—1997 年数据统计，其他站为 1961—2007 年数据统计。

由于各年寒潮入侵的早晚和强弱不同，加以大风的影响，历年内流凌、封冻日期相差甚远，早晚变幅较大，流凌天数 1～54 天，因历年气温冷暖不同，冰厚的变幅也达 1 倍以上，封冻天数一般 100 天左右，最长 136 天。内蒙古段解冻开河一般在 3 月中下旬，少数年份在 4 月上旬，各站开河情况见表 4-2。

表 4-2　内蒙古段开河日期统计

项目站名		巴彦高勒	三湖河口	昭君坟	头道拐
开河日期（月．日）	最早	3.7	3.10	3.17	3.14
	平均	3.17	3.19	3.24	3.23
	最晚	3.27	4.5	4.2	3.31
冻冰日期（月．日）	最早	3.10	3.18	3.19	3.21
	平均	3.22	3.28	3.28	3.30
	最晚	4.7	4.10	4.9	4.9

2. 冰厚、冰块大小、结冰面积调查

冰厚、冰块大小、结冰面积应通过实地调查获得。《水工建筑物抗冰冻设计规范》(GB/T 50662—2011)附录 A 提供了中国主要河流冰情特征，提供了初冰、封冰、解冻日期，以及最大冰厚等数据。河流冰情的相关资料摘编于本书附录 A，铁路冰凌调查亦可根据具体情况借鉴参考。

4.2.8　汇水区流域特征调查基本内容

[第 4.2.8 条引文]

汇水区流域特征调查应包括以下内容：

1. 土质种类及其分布；
2. 农田、森林、沼泽和岩溶的情况；
3. 流域的地形、地貌和植被情况；
4. 人类活动。

[第 4.2.8 条解读]

汇水区流域特征调查主要是调查汇水区内的土质种类及其分布；农田、森林、沼泽、岩溶的情况；地形、地貌、植被等的自然特征；以及人类活动的影响等。这些因素将起到调洪和径流重分配的作用。

当流域内的植被、土质、地貌情况差异大，虽然流域的面积大小及暴雨情况相近，而产生的流量却相差非常悬殊。实测资料是反映自然规律的，洪水调查也必须尊重自然规律，要重视流域内的各种地面情况及其今昔变化。如果流域内今昔的植被、地貌、土质差异大，则形成流量的产流、汇流条件就不同。根据数理统计原则，发生条件不一致的事件不能放在一起统计；昔日发生的流量与当下发生的流量不能作共同统计。流量数值统计应考虑流域现状特征和演变过程，主要是围绕产流、汇流条件的大概调查。

1. 土质种类及其分布

土质种类按宏观土类作土质分类。如土类是按土质、土石山、石山等宏观土类划分，不按黏土、沙土等划分。因宏观土类是自然界普遍存在且易于分辨的，是形成不同水文规律的重要因素。

(1)土质区

产流、汇流特点与黄土类基本相同，但其规律易受人类活动影响，如植物种植与破坏、斜坡耕作方式等。

(2)土石山区

露头岩石面积少于土质面积的流域，岩石露头处土层浅，无深大冲沟，地面土石相间，暴雨难于冲刷侵蚀，冲沟较少，无槽山坡有一定长度。岩石受不同程度的风化，宏观地表土质沙性较大，沟床表面多为小块石、卵石等，沟床断面较规则，沟道蜿蜒曲折，跌水较少。

(3)石山区

露头岩石作为一种广义土质，也是一种地貌状态，其产汇流特点如下。

①抵抗暴雨侵蚀性强，冲沟少无槽坡面长，对地面径流阻滞大，沟道床面由于有丰富的块石来源，多块石漂石，致使沟道曲折，断面形状多变，纵坡多跌水，消能多，构成汇流慢的特点；

②石山区岩块入渗小，从全流域看，洼地多、调蓄大，部分水流进入裂隙变为地下水，削减了洪量。

无露头岩石的石山区表土极薄，只能生长矮草与灌木，山形浑圆支沟少，大部为坡面漫流。

露头岩石风化严重成为颗粒状，风化层堆积在山坡及沟内，冲沟发育，产流、汇流与土质区相近。

按黏土、沙土等划分土质，不能显示自然界汇流、产流的重要水文特性，制定的计算参数及流量成果难以符合实际。由土质及土石区与植被条件综合后，有些参数彼此交叉或相同，可做一些整理合并。

2. 农田、森林、沼泽、岩溶等情况

在山区、丘陵区，长有密草树林的坡面，对水土保持有利。如坡面垦为斜坡的耕地，只要在流域内占较大比例，会使流量大增，造成重现期小的暴雨引发非常大的洪水。

如果过去是密草树林的山坡，今日成为大量斜坡耕地。流量的地面条件不同，流量数值也相差很大，今昔的流量不能在同一个系列推求设计重现期流量。即山坡为密草年代的洪水不需调查。森林、沼泽、岩溶等因素将起到调洪和径流重分配的作用。

3. 流域的地形、地貌和植被情况

如流域是位于黄土区，过去的植被较好，今日的植被情况差，过去的历史洪水则不需作调查。由实测对比资料可知植被好时流量非常小，黄土没有植被时，切口扩宽很大，过水断面已完全不是浅而窄的河槽。

风化严重的石质山区，地面表层常有一层厚度不等的风化粗沙，只要大的暴雨径流就可被带走一些，这种流域不仅流量大，水流中含沙量也大，在河道纵坡稍小的河段即大量淤积。

风化极轻微的石山区能经受长期暴雨侵蚀，地貌改变很少。今昔流域内的植被相差不大，洪水调查的河段变化不大，河槽断面变化小，调查的历史洪水可与现实流域产生的洪水共同计算。

其他密实的土及土石山视今昔植被、地貌而定，如果过去植被良好，地貌完整，今日植被已经很差，地貌也成为破碎状，则过去的流量不必调查。

调查必须按植被、地貌及土质综合确定，而不能孤立对待。

4. 人类活动的影响

由于同样大小的雨强由于地面条件不同可产生悬殊流量，流域地面条件除流域地形这些固定因素外，主要为流域植被、地貌、土质。其中植被与地貌在很多流域受人类活动控制。

流域内人口少时，地面有植被受暴雨侵蚀少，故地貌完整。相同土壤条件下成为产流小、汇流慢的水文条件。

由于地面被暴雨径流侵蚀，成为破碎的地貌。如陕北黄土高原，被暴雨径流侵蚀，成为深沟大壑，无植被的山坡布满大小不同的沟槽，成为产流大、汇流快的水文条件。

由此可见，流域内今昔人口变化调查是判析流量变化程度的有力旁证。

4.2.9 洪水调查要求

[第 4.2.9 条引文]

洪水调查宜调查低水位、常水位及其持续时间，濒邻大河时还应调查有无倒灌情况。搜集洪水期的水面横坡、水拱及波浪高度等。

[第 4.2.9 条解读]

常年有水的河流，低水位、常水位及其持续时间的调查目的是能为施工水位与方案比选提供依据，一般可向附近水文站搜集。低水位、常水位及其持续时间是确定施工水位的重要设计参数，如搜集有困难，则可调查各季度多年平均水位作为施工水位，包括该水位的持续时间。如东北地区春季施工调查流冰后的水位，华北地区调查伏汛、秋汛、凌汛水位及其持续时间。

施工水位尚无明确要求，按经验及通常做法，以经济、施工技术和工期安排等因素为依据，选择 3、4、5、8、10 年一遇的周期洪水位，个别也有用 1 年和 20 年一遇的周期洪水位作为施工水位。有时视施工项目不同也可采用不同周期的洪水位，例如围堰工程工期较短，便桥工程使用期较长，两者可采用不同周期的洪水位。低水位是指历年枯水期间的平均水位，常年水位是指历年洪水期间的平均水位，不含平均洪水位以上的水位，两种水位需实地调查或搜集附近水文站资料。

跨越支流的桥涵当受大河倒灌影响时，其孔径不但要进行支流水文勘测计算，还应按大河涨落水与支流涨落水可能最不利相遇的情况分别计算，择其最大值为桥涵孔径的设计依据，两种最不利情况如下。

1. 大河涨水倒灌，支流为常水位的情况；

2. 大河开始退水、支流发生设计洪水时的情况。

调查时应分别调查推算大河和支流的洪水资料，以及一般洪水、常水位的相应流速、大河倒灌流速、退水流速、泛滥河段的滩槽糙率、水面坡度等资料。

4.2.10 行洪、蓄洪、滞洪区资料搜集

[第 4.2.10 条引文]

行洪、蓄洪、滞洪区除应搜集一般河流上桥涵设计所需要的水文资料外，还应搜集以下内容：

1. 流域历史、现状和近远期治理规划；

2. 地形图和断面资料及有专人管理的观测资料；

3. 分洪、滞洪和蓄洪区的布置，堤闸的设置和运用原则；

4. 历史上分洪、滞洪和蓄洪的情况和各种特征水位。

［第 **4.1.10** 条解读］

勘测时除搜集一般河流桥涵设计所需水文资料，还应搜集防洪地区设计中的所需资料，包括以下内容。

1. 全面了解流域历史、现状和近远期治理规划，从而判明桥渡处水位、流量、流速的可能变化、河道的可能变迁和桥渡布设可能受到的影响。

2. 搜集大比例尺地形图和河道纵横断面资料，以适应防洪地区洪水要素变化大的特点，便于采用间接法推求河道改变后桥址的设计水位和流速。

3. 搜集分洪闸等有专人管理观测到的资料，这些资料比较零散，常未被整编，但这些资料可弥补防洪地区水文测站较少、水文观测资料匮乏，尤其是防洪地区洪水要素变化大对桥涵设计和洪水分析都是有很重要的应用和参考价值，应予重视。

4. 了解分洪、滞洪、蓄洪区的布置，以及堤闸的设置和运用原则。堤闸会改变流域的水文要素，对铁路桥涵带来影响。

5. 了解历史上分洪、滞洪和蓄洪的情况和各种特征水位，如溃堤时内外最大水头差、分洪控制水位、历史最高水位等。

4.2.11　堤防两岸低洼地区调查、资料搜集

［第 **4.2.11** 条引文］

在有足够保证率的江河堤防两岸低洼地区修建铁路时，调查工作应包括以下内容：

1. 了解江河堤防设计，圩区农田灌溉和行政范围，小河沟和湖塘数量、地形、地质情况，滞洪、蓄洪条件，排灌能力和联系通道等。

2. 搜集足够比例尺的地形图，其等高线间距宜为 0.5～1.0 m。

3. 调查沿线历史最高内涝水位和相应年份的降雨量。

［第 **4.2.11** 条解读］

堤防工程的防护对象主要指受到洪水威胁，自身无防洪能力或不宜

单独采取防洪措施的对象。如城镇、乡村、工矿企业、民用机场、文物古迹和风景区以及位于洪泛区的铁路、公路、管道、水利水电工程、动力设施、通信设施。有保护自身防洪安全能力的对象如桥梁、引水及排水的水工建筑物，跨越江河、湖泊等水域的管道、动力设施和通信设施，水库、尾矿坝及水利水电枢纽等，均不属于堤防的防护对象。

确定堤防工程的防护对象时首先要划分防工程的防护区，需考虑的因素较多，主要有洪水大小及其发生几率、洪泛区的地形地物状况、行洪及退水条件、可能的干预等。

《堤防工程设计规范》(GB 50286—2013)第 3.1.3 条要求，堤防工程级别应根据确定的保护对象防洪标准来确定，见表 4-3。

表 4-3 堤防工程的级别

防洪标准（重现期，年）	≥100	<100 且≥50	<50 且≥30	<30 且≥20	<20 且≥10
堤防工程的级别	1	2	3	4	5

其条文说明如下：

堤防工程是为保护对象的防洪安全而修建的，其自身并无特殊的防洪要求。规范要求堤防的级别以确定的保护对象的防洪标准确定。例如某保护区的防洪标准为 100 年一遇，按照流域防洪规划，发生 100 年一遇洪水时，由上游水库工程承担调洪、蓄洪任务，水库下泄流量相当于 30 年一遇洪水的洪峰流量，此时河道堤防工程承担的防洪任务为 30 年一遇洪水，堤防工程的防洪标准亦应确定为 30 年一遇。本条要求，堤防工程的级别应按其保护对象 100 年一遇的防洪标准确定为 1 级。蓄滞洪区堤防的级别根据经审批的流域防洪规划或区域防洪规划确定。

易形成内涝的地区和大面积滞洪区，铁路选线应尽量避绕。该地区不但路基造价高，且桥涵设计流量、孔径等不易确定，起不到降低水位的效果。

对于有足够保证率的江河堤防两岸低洼地区修建铁路，求算内涝设计积水位时，应进行如下调查计算。

1. 向当地水利部门调查了解江河堤防设计标准，圩区农田概况和行政范围，小河沟和湖塘数量，地形地质情况，滞洪蓄洪条件，排灌能力和联系通道等。

2. 搜集足够比例尺的地形图，其等高线间距最好为 0.5～1 m。

3. 调查沿线历史最高内涝水位和相应年份的降雨并求出该年降雨量和 100 年一遇降雨量差值。可查地区水文手册，采用降雨天数标准应视地区降雨特性和地形条件等因素确定。

4. 建立各种水位下的蓄水面积关系曲线 $\Omega=f(H)$ 和各种水位下的蓄水体积关系曲线 $V=f(H)$，并假定降雨增加的体积 ΔV 等于蓄水增加的体积 $\Delta V'$，由 $\Delta V=F\times\Delta h$ 算出 100 年一遇洪水雨量较历史最高内涝水位相应雨量增加的降雨体积，即可由 $V=f(H)$ 曲线查得增加的积水深 ΔH，可用公式 $\Delta H=\frac{\Delta V'}{\Omega_{历}}=\frac{\Delta V}{\Omega_{历}}=\frac{F\times\Delta h}{\Omega_{历}}$ 表示。

4.3 水文勘测

4.3.1 水文断面图测绘

[第 4.3.1 条引文]

水文断面图测绘应符合下列规定：

1. 水文断面宜选在河段顺直，河滩宽度较窄，河床稳定，断面变化不大、纵坡平顺、无较大支流汇入、无任何倒灌或水库回水影响，并靠近洪水痕迹或洪水位点较多之处。

水文断面应与主河槽和河滩流向垂直。施测范围应高于最高历史洪水位或检算水位 0.5 m 以上。漫滩较宽的河流可只测至上述水位的边界。

2. 水文断面应在桥位上、下游各测绘一个。对河面不宽的中桥可只测绘一个。桥位断面符合水文断面条件时，桥位断面可作为水文断面。

3. 水文断面应标出河床地面线、滩槽分界线、植被和地质情况、糙率、测时水位、施测时间、历史洪水位及发生年份、其他特征水位等。滩槽分界线应在现场确定。

4. 增建第二线和改建既有线工程应施测既有桥梁处水文断面，并在不受既有桥梁影响的河段上，再选一个或两个水文断面作为流量计算断面。

[第 4.3.1 条解读]

水文断面图用于桥渡水文计算，属于主要资料之一，初测时即需测绘，定测时核对及补充。水文断面两端测至高出最高历史洪水位或检算水位 0.5 m 以上，漫滩较宽的河流可只测至上述水位的边界。测绘内容应包括洪水位高程，河段地貌及河床质概况，主槽、河滩、回水区、死水区的分界线，相应的糙率，以及与水面坡度的相交点、测点的起点距和高程等，以能满足计算流量及绘制水位流量关系曲线为度。

首先选定水文断面的位置。一般要结合现场选择及在水文平面关系图上定位，尤其当水面较宽或水文复杂时，应根据河段特征、水文情况、洪水位点分布密度等具体确定。一般选在河段顺直、河滩宽度较窄、河床稳定、断面变化不大、纵坡平顺、无较大支流汇入、无大河倒灌或回水影响、靠近洪水痕迹或洪水位点较多处。水文断面应与主河槽、河滩流向垂直。

每个桥渡至少施测两个水文断面。其目的是便于将计算流量互相印证。影响流量计算精度的因素很多，例如洪水调查、洪水坡度、水深勘测等误差。

水文断面主要指流速测量断面，为正确观测计算通过桥址的流速、流量，通常利用桥址纵断面作为水文断面进行断面测量、流速观测、流量计算等。桥址纵断面的法线与水流交角超过 10°时，应在其上游或下游选择与水流正交的水文断面。

需进行河段水文试验时，水文断面的间距根据铁路线路纵断面设计、路堤防护工程需要等情况确定。我国有些边远地区人烟稀少，如断面间距太近，调查洪水位确实困难，太远又难以反映实际情况。为便于现场掌握，一般要求最大值平原地区为 10 km 一个水文断面，山区为 5 km。这不是严格要求，而是布设时要根据河流大小、洪水位点分布、水面坡度等情况综合确定。

断面上各测点间的距离可采用直接丈量、经纬仪视距、交会法等测定，限差应不大于距离的±1/50，采用经纬仪交会法测定水中测点距离时，基线起点在断面线上，基线丈量的限差不大于±1/200。水面以上部分断面各测点的高程一般采用水准仪施测，有条件时可用光电测距仪测定水面以上高程。

断面测深开始及终了均应测定断面处的水面高程，一般用水准仪施测，水位涨落较快时，定时测定水面高程，并记录断面上各测点测深时间。

测深垂线的布置应能控制河床高程变化的转折点，主槽部分较河滩密集，测深垂线间距按照表4-4选取。

表4-4 水文断面测深垂线最大间距

水面宽度(m)	＜50	50～100	100～300	300～1 000	＞1 000
最大间距(m)	3～5	5～10	10～20	20～50	50

测深方法应根据水深、流速大小及河床情况，可选用测深杆、测深锤、回声测深仪等工具。测深前应对测深工具进行检校。两次测深的误差限制为：水深小于2 m时应不大于0.1 m，当水深大于2 m时应不大于水深的5%，施测有特殊困难时可酌情降低要求。

绘图向下游分左右岸，左岸绘在左侧，右岸绘在右侧。纵横比例可不同。

4.3.2 水文平面关系图测绘

[第4.3.2条引文]

水文平面关系图的施测范围应包括调查的洪水位点、水文断面和桥位方案的位置，可利用桥位方案平面图进行补充。水文断面仅用于推算流量使用时，可不测绘平面关系。

[第4.3.2条解读]

水文平面关系图可供了解桥渡附近水文情况的平面关系，推求河流水流坡度和计算流量之用。此图在初测时即应测取，定测时进行必要的补充修改，应尽量利用桥位方案平面图或其他平面图，范围不足时可以扩充。如无平面图可资利用时，应予实测。当有1∶5 000～1∶10 000航摄像片时可不测取，在航摄像片上完成所需测绘内容。

测绘范围应能示出所有调查洪水位点位置、洪水流向、水文断面位置、水面坡度全长及各桥位方案的位置。离桥址较远时可单独成图，必要时可采用假设的高程。内容包括简易地形地貌、水准点、地形导线或线路中线、洪水位点(均应注明编号及其高程)、水文断面位置、水流方向、洪水泛滥线(一般用勾绘，个别情况实测，以便于定出明确的主流方向)、测量时的水边线、河床变迁情况、上下游水工建筑物等。当河道宽阔复杂，不易辨别主流方向时,应加测河槽岸边线。利用航摄像片时,将上述内容标注于像片上。上游地形范围应以确定桥址及水文断面处洪水流向为原则。

测绘方法和精度要求一般与桥址平面图相同。

本图中的洪水位点平面位置,可采用经纬仪视距法、光电测距仪测距法或直接丈量测定,其距离限差不应大于距离的1/50。由水准点引测洪水位点高程,闭合差应按不低于五等水准测量要求。

4.3.3 水面坡度图测绘

[**第4.3.3条引文**]

水面坡度图测绘应符合下列规定:

1. 一般在桥址上下游附近测量不少于三倍河宽的长度,其范围应包括所有洪水位测点水文断面位置及各桥渡位置在内,并能反映河段的水文特征。

2. 测绘内容应包括历史最高洪水位、多年平均洪水位及设计水位等水面坡度曲线,测量时的水面坡度,河床纵坡,桥址纵断面及水文断面位置,水工建筑物位置,既有公(道)路、铁路中线位置,壅水曲线及跌水等。

3. 顺直河段上可沿一岸施测。弯曲河段或当设计需要时,应在两岸同时施测。

[**第4.3.3条解读**]

水面坡度图用于桥渡水文计算,属于主要资料之一。初测时即需测绘,定测时核对并补充。

一般在桥址上下游附近测量不少于三倍河宽的长度,其范围应包括所有洪水位测点水文断面位置及各桥渡位置在内,并能反映河段的水文特征。如需整理河床或因排水不畅而需开挖河道或其他措施时,则应酌情加测。对于水面坡度特别平缓的河段,施测长度应使上下游水面差达到0.1~0.3 m以上。桥址位于另一河流的壅水范围时,上游应尽可能测至壅水曲线的终点,下游应测至河流汇合处,分清大河倒灌与不倒灌的两种情况。

计算流量用的坡度,高低水位时不相同,应分别按大、中、小洪水的水流方向施测高程及距离,因其距离不同,坡度也不同。如限于条件无法取得洪水坡，不得已需以浅水坡或河床纵坡作为计算用水坡度时，注意适当延长测量范围，取平均坡度，以防局部浅水坡、河床纵坡过大或过小，甚至出现倒坡，影响流量计算成果。平原人工河道如有水利部门或附近水文站的可靠水面坡度时应充分利用。水面坡度的确定也要考虑河道宽窄变化及人工阶梯河底等影响。

测绘内容应包括历史最高洪水位、多年平均洪水位及设计水位等水面坡度曲线，确定河床纵坡、桥址纵断面、水文断面、水工建筑物、既有公路铁路中线等位置，以及壅水、跌水等曲线。注明河流里程、河底高程、洪水位点高程等。

在河道顺直情况下，一般根据水边线进行水面坡度测绘。如在结冰河流上工作，应测量冰面下的水面高程，如冰下无水可测河床纵坡或冰面纵坡。按调查洪水痕迹确定水面坡度时，应有足够多的洪水位测点。勘测时无水的季节性河流应顺河床最低点抄平，确定河床纵坡。对弯曲河段的水面坡度，应先在水文平面关系图上定出洪水时考虑洪水取直的水流轴线，作为水面坡度图河流长度的依据，再将各种水位点、各项断面、河床测点投影于水流轴线，确定其在水面坡度图上的位置和高程，注明河流弯曲或地形突变处。

河道水面坡度可沿一岸施测。当设计需要时应加测另一岸水面坡度，测点间距宜为 100～300 m。当水文断面或水面坡度有突变时应加密测点。一般用视距法测量距离(亦可用测绳或皮尺，但需经常以钢尺校正)，测点间距一般为 20～50 m，最大应不大于 100 m，当洪水位点较少时可适当放宽，各测点应测绘在水文平面关系图内。

确定水面坡度时要注意收缩颈口、扩散段、河湾、斜流、急滩、支流汇入、台阶形河底等在不同水位时的影响，对河滩辽阔或河床宽浅的河流，应注意两岸河滩与主槽水位的不同如河湾超高等。利用调查高水位拉水面坡时，应结合河段形态特征可能对其产生的影响来综合确定。

水面坡度图上河流上游在左、下游在右，河湾处的水面坡度图应展直，纵横比例可不同。

4.3.4 汇水面积测绘

[**第 4.3.4 条引文**]

汇水面积测绘可利用搜集到的既有地形图或利用航摄像片进行勾

绘。无既有地形图或航摄像片可以利用时，需进行现场实测汇水面积。

［第 4.3.4 条解读］

河流中的水是从两岸坡面上汇集起来的，河流的集水区域称为流域或汇水区。流域的周界即相邻流域的分界线称为分水线，通常都是流域四周的山脊线，也称分水岭。分水线包围的平面面积称为流域面积，单位以 km^2 计。河流的地面水和地下水常具有不同的分水线，但地下水分水线不易找到，故一般都以地面水分水线为准。

流域几何特征主要是流域的面积大小和形状。流域面积大小直接影响水量的大小和径流过程。在相同的自然地理条件下，流域面积越大径流量就越大，但流域对径流变化的调节作用也越大，因而洪水的涨落相对较为平缓。流域面积越小则径流量越小，但洪水涨落急促。流域的形状是水流从流域各部分流至出口断面所需时间长短的主要影响因素，而且对径流变化过程也有很大影响。若流域平面形状窄而长，则出口断面流量就小，径流过程变化较小；如果流域呈扇形则流量大，径流过程时间短。

1. 汇水面积测绘

汇水面积是确定小桥涵设计流量的主要依据。初测阶段即需要勾绘或测绘，定测时进行必要的补充修改。

(1)利用既有地形图勾绘

首先考虑尽量利用搜集到的地形图进行勾绘，将线路中线绘于该图上，然后沿线调查核对勾绘的每一桥涵汇水区的形状、沟心与分水岭位置，以及相应于现地流域和线路上的实际位置，找出差错并改正。

(2)利用航摄像片勾绘

勾绘方法与在地形图上基本相同，但应注意同一像片各部分比例尺都不相同，需注意调整。

(3)实测汇水面积

如无既有地形图或航摄像片时则需现场实测。测绘时除测出控制汇水面积大小的主要分水线和沟心线，绘出汇水区轮廓，求算面积外，必须测出高程及查明有关资料，具体内容应根据采用的流量计算办法要求确定。如遇地形十分平坦找不出分水线，无法实测时，可向当地了解汇水区的大致长宽、水流流向及其通过线路的位置，估算汇水面积，作为确定孔径的参考。实测一般采用经纬仪视距法，困难时可采用交会法，导线长度及高程可用钢尺丈量，水准仪抄平，也可用光电测距仪测距三角高程。

2. 汇水面积调查

(1)调查并划分不汇水部分的面积；

(2)检查是否可能有水自其他汇水区流来；

(3)勘估汇水区流域地形情况(山区、丘陵或平原)，主河沟平均坡度及河岸岸坡系数一般利用地形图确定，必要时可用仪器简单测量；

(4)调查整个汇水区的土壤种类及分布情况，估计其所占百分数或测出分界线，必要时沿线选择典型汇水区挖取代表性土壤样品进行化验；

(5)确定树林植被、梯田、稻田、种植生物地带和沼泽岩溶地带的分布情况及所占面积百分比；

(6)查明汇水区中有无湖泊、水库、池塘和封闭洼地及其位置和面积，并确定水流入及流出湖泊情况；

(7)调查附近人类的经济活动情况，如大量植树、开垦、筑路和水利工程等，同时了解汇水区内水土流失情况以及所采用的水土保持措施(位置、概况、修建年代及其对流量的影响)。

4.3.5 水文测绘方法和精度

[第 4.3.5 条引文]

复杂特大桥、重要大桥水文测绘方法和精度要求应符合《铁路工程测量规范》(TB 10101—2018)有关规定。

[第 4.3.5 条解读]

桥涵测量分为一般桥涵、复杂特大桥、重要大桥测量。一般桥涵系指一般特大桥、大桥、中桥、小桥和涵洞，复杂特大桥、重要大桥指水面较宽且有高墩、大跨、深水基础，或基础施工难度大，梁部结构类型复杂，要求测量定位、放样精度较高的特大桥、大桥。一般桥涵测量应在线路控制网基础上进行。

上述《规范》(TB 10101—2018)第 7 章为桥涵测量，其中第 7.3 条为桥址水文测量。一般桥涵测量与复杂特大桥及重要大桥测量既有共性也有差异，为区分两者在技术方法上的不同要求，遵循以下基本原则：凡专属于一般桥涵测量或者复杂特大桥及重要大桥测量的技术要求均予以明确要求,同时适用于一般桥涵测量和复杂特大桥及重要大桥测量的技术要求则应根据具体工程的特点及勘测设计的实际需求合理选用。

4.4 洪水观测及冲刷探查

4.4.1 洪水观测

[第4.4.1条引文]

水文情况复杂或需做水工模型试验的特殊桥梁或水下隧道,应进行洪水观测。

观测项目可根据需要确定,包括水位、水深、流速、流向、水文断面、水面坡度和含沙量等内容。

[第4.4.1条解读]

对水文条件复杂的较大河流,必要时应进行汛期洪水观测。如桥位附近有水文站资料可利用,有条件时可通过简易水文观测或详细的水文勘测,建立桥位与水文站的关系,以充分利用水文站既有观测资料。水文条件特别复杂时,必须进行汛期内水文观测,如有必要还应进行水工模型试验,搜集试验所需的地形、水文资料。水文观测项目可根据需要确定,包括水位、水深、流速、流向、水文断面、水面坡度、含沙量等。

4.4.2 勘测期间洪水观测

[第4.4.2条引文]

一般桥梁在勘测期间遭遇洪水时,宜进行水位、流速、流向、坡度和含沙量等观测,洪水过后补测水文断面。

[第4.4.2条解读]

桥渡勘测设计阶段如遭遇较大洪水,应抢测洪水资料。为数不多的水文资料只有数十年或十几年记载,依据河流短系列组成样本资料,短期的水文样本常对总体分体的代表性不足,甚至严重偏离总体分布,使洪水计算推求设计流量容易带来较大的偶然误差。

有些地区没有水文站及水文资料,全靠水文调查来确定设计流量,误差会很大甚至错误,所以在勘测或施工期间如遇大洪水,应进行洪水痕迹断面、桥址纵断面等测绘工作,修正原有水文计算使之切合实际。要抢测水文资料，就是因为可借鉴实际的经验教训。成昆铁路成峨段1959—1961年发生10～20年一遇洪水，已建成桥涵普遍发生不同程度水害，仅就大中桥统计，桥墩冲倒1处，基础严重冲刷11处，护坡冲垮2处。铁二院专门组织了水文复查组深入第一线调查，占有可靠的第一手资料。原来确定的大部分设计流量偏小，孔径也偏小。后采取了较合理的改善工程措施，大中桥由原来17座1 734 m增加为29座3 589 m，分别增加71%和106%，小桥涵由原来238座增加到450座，增加89%。通过水害复查工程措施成功解决成峨段水害问题，经20多年运营考验基本满足要求。又如京原线在太行山北部山区河谷内迂回连续跨拒马河9次，1962年勘测验收时，从上下游站的观测资料和其他单位计算资料中发现，原初步设计水位、流量和桥孔计算都偏小，路基侵入河床阻水严重，经检查提出应再次深入普查历史洪水和流量，建议设置汛期水文观测站，改正河槽粗糙系数和河床洪水比降值，通过实测的1963年8月大洪水资料和外业勘测人员调查，测绘沿河平面、纵横断面形态变化和两岸洪水痕迹，重新核算沿河铁路和两桥的洪水位修正参数，改正设计流量，使处于洪水灾害地段的铁路桥渡得到改善，1972年建成后未遭洪水灾害。1962年5月下旬，闽江流域连降暴雨江水上涨，上游建溪江岸水东贮木场有木排约3×10^4 m^3，缆绳被洪水冲空拉断，铁路闽江大桥13号墩断裂，第12、13两孔钢板梁坠入河中，一孔冲至下游1 km处河滩，另一孔下落不明，水害发生后立即组织抢修。13号墩高21 m，基础嵌入岩层0.86 m，冲断的墩身下段残留3.4 m，上段顺流卧倒河中离残墩1.2 m。后在原墩位置重建新墩，用无底钢套筒作防水，高出第一次3 m，大量流木漂入塔架，附近壅水高达2.5 m，钢塔架及两孔钢梁再次倾倒江中，又经11天抢修，列车得以通过。

汛期简易水文观测（水位、水面纵横坡度、流速、洪水前后水下断面等）的观测参照《规范》（TB 10101—2018）有关要求。如初测或定测期间正值汛期则可由勘测队进行。

4.4.3 既有桥冲刷探查

[第4.4.3条引文]

增建第二线和改建既有线时需探明既有桥冲刷情况。

[第 4.4.3 条解读]

浠水铁路大桥全长 422 m(6-32 m 后张法预应力简支梁＋2-40 m 半穿式栓焊钢桁梁＋4-32 m 后张法预应力简支梁),1995 年底竣工。主河槽位于 6～8 号墩之间,2001 年上游公路桥竣工时,主河槽变迁至9～10 号墩之间,后来公路部门采取改道措施,又使主河槽位于 3～5 号墩之间。由于河床变迁致使桥址处河床断面普遍下降,大部分桥墩承台及桩身裸露。

东莱铁路 K41＋184 桥建于 1959 年,桥墩为圆形,75 号浆砌料石;基础为直径 5.2 m 的混凝土圆形沉井,高度均为 5 m。因下游不断挖沙,0 号台～7 号墩之间河床面每年约下降 1 m,1～7 号墩的沉井顶露出河床面约 1.5 m,局部冲刷深度约 2.5 m 接近沉井底部。列车通过时桥墩晃动严重,横向振幅超限限速行驶。

增建二线或改建既有线需弄清既有桥冲刷情况,冲刷观测应符合《规范》(TB 10101—2018)相关要求。

4.5 特殊地区水文勘测

4.5.1 泥石流地区资料搜集

[第 4.5.1 条引文]

泥石流地区应搜集泥石流流域气象、地形、地质、水文、冰川、植被、既有工程等资料,并搜集泥石流沟的流域平面图或航摄像片,泥石流沟的坍方地貌图,地方有关部门关于本地区泥石流观测、调查、测绘、总结分析等资料。

[第 4.5.1 条解读]

1. 泥石流是由于降水(融雪等)而发生在山区的一种挟带大量泥沙、石块等松散固态物的特殊洪流。泥石流的主要特征如下。

(1)主要活跃于山区与山前地区;

(2)暴发突然,历时短暂(几分钟至几十小时),来势凶猛;

(3)密度变化范围大,上限为 1.2～1.3 g/cm^3,下限为 1.8～2.3 g/cm^3;

(4)固相物质粒度变化范围大(由黏粒至巨砾);

(5)惯性力大,具有直进性和爬高能力;

(6)冲淤能力大,具有巨大的破坏作用。

2. 泥石流是一个快速剥蚀堆积运动过程，对铁路建筑物的主要危害方式如下。

(1)侵蚀作用造成的危害

铁路通过泥石流沟段时，泥石流常直冲铁路造成危害，推覆或剪断桥梁建筑物，甚至将梁体悬浮在泥石流表层冲走。1981 年 7 月 9 日，成昆铁路利子依达沟大桥因泥石流剪断该桥 2 号墩，造成落梁车毁人亡的恶性事故。1981 年 8 月 21 日，宝天铁路小桥沟泥石流直接冲走横跨该沟的一孔 10 m 钢筋混凝上梁。泥石流还具有冲刷作用，有的侵蚀桥梁墩台与护坡基础，曾一次底蚀沟床深达 7~13 m，且离桥墩很近险些毁桥。有的侧蚀河岸形成分流，冲刷路基淤埋道床中断行车。1981 年 8 月 21 日宝天铁路 K1305＋862 区段，泥石流在沟床凹岸冲刷路基淤埋线路。有的泥石流堵塞主河然后溃决，强烈冲刷主河两岸。1984 年 7 月 1 日成昆铁路某段，泥石流堵断牛日河后溃决，将凉红隧道外侧宽 13 m 的阶地冲光，隧道基础悬空。

(2)堆积作用造成的危害

在地形开阔、沟坡平缓的泥石流堆积区，泥石流形成散流，流速不断减小直至停止运动。如果铁路以桥涵通过泥石流冲积扇前缘，则极易造成淤积，几乎年年清淤。如宝天铁路元龙车站的四大泥石流沟，常需清除桥下泥石流沉积物以保证排洪。如果铁路以桥涵通过洪积扇中上部，则常易造成桥涵堵塞。如成昆铁路马厂沟、宝成铁路黄龙嘴沟。车站位于泥石流冲积扇时，常由于对泥石流沟的发展判识有误或对泥石流危害程度估计不足，防治措施不当，如排导设施坡度过缓，桥涵孔径过小，不恰当的改沟与并沟造成淤埋。如成昆铁路新铁村站、联合乡站，宝成铁路李家河站、红花铺站，都遭受过泥石流的淤埋。

泥石流地区水文勘测的要求主要为，查明泥石流的形成条件及活动规律，判明其发展趋势，研究防治方案的可行性。泥石流勘测内容包括航判、调查测绘、试验观测等。勘测前应搜集泥石流流域气象、水文、地质地形、冰川、植被、既有工程等资料，以及泥石流沟的平面图或航摄像片、泥石流沟的坍方地貌图等。外业调查前对上述资料进行分析，是否具备产生泥石流的条件。

在分析既有资料基础上，利用航摄像片从宏观上判断泥石流的分布范围，通过对区域地质构造和活动性断裂带特征的判析，了解泥石流形成的地质背景。

航摄像片具有直观性强、视野广、判析效率高等优点。对于泥石沟的地层、构造、地貌形态、三个区段（供应、流通、沉积区）的特征、植被、山坡变形、人类活动等都一览无余，将同一地区不同时期的航摄像片加以对比，了解泥石流的发展趋势。泥石流沟谷地形复杂，流域实地调查的劳动强度大，还受到许多方面的限制。通过航摄像片判析结合地面调查，可获得泥石流沟谷地质构造、地貌类型与形态、流域内各种新老不良地质现象的分布、泥石流冲积特征、植被发育状况与覆盖率等大量信息，并可初步了解整个泥石流地区的地形地貌、地质水文特征，以及泥石流的发展趋势与危害程度，为线路方案的比选提供依据，拟定泥石流调查勘测计划。

对于地质条件复杂、控制线路方案的特大型、大型泥石流，搜集不同时期的航摄像片，经判析后获取泥石流的动态变化资料。如泥石流冲积扇的变迁、不良地质体范围与数量的变化等。

4.5.2 泥石流汇水区调查

［第 4.5.2 条引文］

泥石流汇水区内的调查工作主要包括以下内容：

1. 沟谷淤积、冲刷情况，松散物质的分布和数量等。

2. 形成区、流通区、堆积区的地形、地质、地貌和范围，并分析其可能的发展趋势。

3. 调查泥位痕迹、水源及泥石流发生过程概况和灾情、堵塞、冲淤等情况。

4. 流域内的采伐、陡坡垦荒、开矿或筑路弃渣等人类活动的影响。

5. 既有建（构）筑物的破坏情况。

［第 4.5.2 条解读］

1. 泥石流勘测应以工程地质测绘和调查为主。测绘范围应包括沟谷至分水岭的全部地段和可能受泥石流影响的地段。测绘比例尺对全流域宜采用 1∶50 000，对中下游可采用 1∶2 000～1∶10 000，应调查下列内容。

(1)冰雪融化和暴雨强度、前期降雨量、一次最大降雨量，一般及最大流量，地下水活动情况。

(2)地层岩性，地质构造，不良地质现象，松散堆积物的物质组成、分布和储量。

(3)沟谷的地形地貌特征，包括沟谷的发育程度、切割情况，坡度、弯曲和粗糙度，划分泥石流的形成区、通过区和沉积区，圈绘整个沟谷的汇水面积。

(4)形成区的水源类型、水量、汇水条件，山坡坡度，岩层性质及风化程度，断裂、滑坡、崩塌、岩堆等不良地质现象的发育情况及可能形成泥石流固态物的分布范围、储量。

(5)通过区的沟床纵横坡度、跌水、急弯等特征，沟床两侧山坡坡度、稳定程度，沟床的冲淤变化和泥石流的痕迹。

(6)沉积区的洪积扇分布范围、表面形态，纵坡、植被、沟道变迁和冲淤情况，堆积物的性质、层次、厚度，一般及最大粒径及分布规律。判定沉积区的形成历史、堆积速度，估算一次最大堆积量。

(7)泥石流沟谷的历史，历次泥石流的发生时间、频数、规模、形成过程，暴发前的地震、降水情况和降水后产生的灾害情况。区分正常沟谷还是低频率泥石流沟谷。

(8)开矿弃渣、修路切坡、陡坡开荒等人类活动情况。

(9)既有建(构)筑物的破坏情况。

2. 调查时首先着重访问哪些沟在历史上有泥石流活动，在无人烟地区要判断一条沟是否有泥石流，应考查各沟与邻近泥石流沟及清水流沟的异同，注意下述特殊情况。

(1)以往有的仅注意到一些沟口沉积物的调查，以致错判、漏判泥石流沟。沟口洪积扇地貌显著，但新生洪积扇不显著，扇上灌木繁茂，甚至有较大乔木，有较固定的沟槽，甚至有耕地、沟渠、村庄等，可能有泥石流。对各沟谷应进行全流域调查，就供应、流通、沉积三个区段详细考察，连贯对比作综合分析。一般说，供应区有大量松散物质，流通区有强大径流迹象，洪积扇就应有大量的近期沉积物。也有的洪积扇暂时稳定，但沟谷纵坡急陡，沟内有大量松散储存物，山坡变形持续发展，遇暴雨必然暴发泥石流。

(2)在山区沟口缺少洪积扇，甚至沟口一带草木繁茂，但有少量大石块堆积与该沟清水流条件相适应，有可能该沟泥石流大部分被山区河流带走。以上情况不能轻易判断不会发生泥石流，凡历史上发生过泥石流或不了解是否发生过，或泥石流形迹不甚显著，但具备形成泥石流三个基本条件（坡度、松散固态物、水源），均应深入流域踏勘落实。

(3)人类活动对泥石流产生较大影响，已发现人为泥石流占铁路泥石流病害的 1/4～1/3，人为活动对泥石流的影响主要是增加松散固态物的补给，如沟内筑路修渠、山坡溜木、陡坡垦荒、顺坡耕作等，都有可能引发泥石流。如宝天铁路毛家滩车站东西闸口，由于建立石砟场形成泥石流，两座桥梁被毁。又如田家沟段，当地开凿石磨、沟口堆积大量石块，修路后兴建采石场，影响了天然植被和山体，弃渣不合理，常年发生大小不等的泥石流，1968 年泥石流将 15 m 钢板梁冲走。

4.5.3 泥石流地区资料搜集

[第 4.5.3 条引文]

泥石流地区除应搜集水文平面关系图、河床纵坡图、水文断面图外，还需搜集下列资料：

1. 桥址上游流通区沟床顺直稳定段原沟及泥石流面的河床纵坡及横断面；
2. 山坡上松散物的储量及一次洪水可能携带的冲积物数量；
3. 泥石流、沉积物的容重；
4. 通过桥址处沉积物的平均粒径及最大粒径。

[第 4.5.3 条解读]

除一般水文勘测所需的水文平面关系图、河床纵坡图、水文断面图等外，泥石流地区尚需增加下列资料：

1. 桥址上游流通区沟床顺直稳定段原沟及泥石流面的河床纵坡及横断面；
2. 山坡上松散物的储量及一次洪水可能挟带的冲积物数量；
3. 泥石流容重，根据对流域的查访确定；
4. 沉积物的比重；
5. 通过桥址处沉积物的平均粒径及最大粒径；
6. 河槽内有泥石流阻塞现象时的附加流量百分数。

铁路勘测各阶段对泥石流沟谷的调查有不同内容。在可行性研究阶段，重在宏观分析，看区域性泥石流的发展趋势，通过对重点沟谷的核实提出处置的主要措施。在初测阶段，对线路通过的泥石流沟作小流域调查，绘制沟谷平剖面示意图，按有代表性的横断面，结合地层构造来说明不同地段的沟谷特征、储存物质类型及估算数量，对各沟谷作出分类评价。注意不同纵坡、结合不同粒径泥石散布，进行小流域测绘调查。在定测阶段，线路跨越的山坡型沟谷、典型的泥石流沟谷都要有实测资料，以落实工程措施。

4.5.4 泥石流的分类

[第4.5.4条引文]

规模大、危害严重的泥石流沟应进行对泥石流龙头高度、运动速度、流动特征的现场观测和黏度、静切力等静力学试验，并可按附录C确定泥石流的分类。

[第4.5.4条解读]

对于规模大、危害严重的泥石流沟，应进行泥石流龙头高度、流动速度、流动特征的现场观测和黏度、静切力等静力学试验，以确定泥石流的类别。

铁路勘测中常按泥石流的流域形态特征、固态物成分、流体性质、规模大小、发育阶段等情况分别进行泥石流分类，见表4-5～表4-9。

表4-5 泥石流的流域形态特征划分

指标	沟谷型	山坡型
流域面积(km^2)	>1	0.1～1.0，一般小于0.5
主沟长度(km)	>2	≤1.0，个别可达2.0
形态特征	沟谷形态明显，一般呈上游宽下游窄的葫芦形或勺形，支沟发育，下游剖面呈V形，沟床纵坡一般在15°以下，有卡口、跌坎，沟床呈束放相间，沟内常发育有滑坡、崩塌，沟口堆积物呈扇形或带状，颗粒有一定磨圆	沟床短、浅、陡，沟床纵坡与山坡坡度基本一致，一般无支沟，中、上游常发生坡面侵蚀和崩塌，规程物呈锥形，颗粒粗大，棱角明显

表 4-6 泥石流固态物成分的分类

指标	泥流	泥石流	水石流
固态物成分	由黏粒、粉粒和少量砂砾、碎石等物质组成	由黏粒、粉粒、砂砾、漂砾等不同粒径物质混合组成	由砾石、碎石块石及少量砂砾、粉粒组成

表 4-7 泥石流流体性质划分

特征性质	黏性		稀性		
	泥流	泥石流	泥流	泥石流	水泥流
泥石流流体密度 ρ_c(kg/m³)	$>1.5\times10^3$	$1.5\times10^3\sim2.3\times10^3$	$1.3\times10^3\sim1.5\times10^3$	$1.2\times10^3\sim1.8\times10^3$	$1.2\times10^3\sim1.6\times10^3$
黏度 η(Pa·s)	>0.3	>0.3	<0.3	<0.3	
流态特征	呈层流状态，固、液两相物质呈整体等速运动，阵性流明显，黏滞性强，浮托力大，能将巨大的干土块浮托出沟外，遇卡口常发生堵沟、断流	呈层流状态，固、液两相物质呈整体等速运动，无垂直交换，流体黏稠，浮托力大，能使巨大的漂石悬移或滚动，阵性流明显，有堵沟、断流，弯道处常有爬高	呈紊流状态，有时具波状流，有泥浪、砾石、碎石、块石呈滚动或跃移前时，具有垂直交换，弯道处常见泥浆飞溅	呈紊流状态，漂块石流速慢于浆体流速，呈滚动或跃移，阵性流不明显，偶有股流或散流	呈紊流状态，无阵性流现象，固态物流速慢于浆体流速，垂直交换明显，砾石、块石呈推移式前进

续上表

特征性质	黏性		稀性		
	泥流	泥石流	泥流	泥石流	水泥流
堆积特征	流体停积后，多呈舌状或坎坷不平，表层常有泥球，堆积物一般保持流动时结构特征，堆积剖面中，粗颗粒且浮状特点	流体停积后，呈扇关或舌状，表面坎坷不平，堆积物一般保持流动时结构，间有泥球，堆积剖面中一次堆积无层次，但各次堆积分层明显，堆积物无分选，砾石、块石呈悬浮或支撑状	流体停积后，呈扇状或垄岗状，间有泥球，堆积剖面中粗颗粒物质一般呈底积状态	扇状或垄岗状，泥石流过后水体与固态物较快分离，堆积物分选差、空隙大、结构较松散，表面细颗粒物质较少，堆积剖面可见固态物呈叠置状	流体停积后，一般呈扇状，堆积物有分选性，结构松散，表面粗颗粒物较多
危害作用	大量泥土冲出沟头或沟外，堵塞桥涵，淤埋道路或农田村庄	泥石流来势迅猛，冲击破坏力大，能使大型桥梁、房屋，护岸建筑等在短时间内遭受破坏	冲击力较小，对建筑物产生慢性冲刷破坏，淹没农田、道路	冲击破坏力较大，磨蚀力较强，有淤有冲，以冲刷危害为主，对建筑物产生慢性冲刷破坏	比一般洪水破坏力大，以冲刷为主，对护岸及桥涵建筑物产生慢性冲刷破坏

表 4-8 泥石流规模划分

指标	特大型	大型	中型	小型
流域单位面积固态物储量（$10^4\ m^3/km^2$）	＞100	10～100	5～10	＜5
固态物一次最大冲出量（$10^4\ m^3$）	＞10	5～10	1～5	＜1
破坏范围及威力	最大	大	中等	小

表 4-9　泥石流发育阶段分期

指标	初期	旺盛期	间歇期
形态特征	沟床纵坡陡，上游沟床浅，下游呈V形，沟口泥石流扇面新鲜，无固定沟槽	沟谷下切，呈V形，沟床纵坡陡，多急弯，常发生泥石流堵沟，泥石流扇发育，扇面新鲜，有漫流现象	沟谷呈U形，沟床纵坡较缓，支沟较多，主沟内常有零星阶地，沟口泥石流扇陈旧，有的扇面上辟为耕地或建有村舍
地质作用	沟谷内溯源浸蚀和坡面侵蚀较严重，崩塌、滑坡正处于发展阶段	沟谷山坡稳定性极差，坡面沟状侵蚀严重，沟内滑坡、崩塌、岩堆很发育，松散固态物丰富，补给量大	沟谷内滑坡、崩塌体已趋稳定，局部有小坍方，沟床有下蚀和侧蚀现象，松散固态物补给量小
流域内坍方面积率（%）	1～10	＞10	＜1
冲淤趋势	沟谷上游以冲为主，下游以淤为主，淤积速度增快	沟谷上游以冲刷为主，下游以淤为主或大冲大淤	沟谷上、下游有淤有冲，冲刷下切速度快于淤积速度

《规范》(TBJ 17—86)还按泥石流危害程度进行分类，见表 4-10。

表 4-10　泥石流按危害程度分类

危害程度	严重的	松散固态物丰富，植被破坏，水土流失严重，河滩堆积和堵塞现象严重，坍方面积率大于10%
	中等的	松散固态物较丰富，植被部分遭到破坏，水土流失较严重，在河床局部地段形成较严重的坍方，坍方面积率5%～10%
	轻微的	流域内侵蚀情况明显减弱，河槽堆积物质甚少，冲刷下切为主，植被良好，坍方面积率小于5%

综上，本规范采用按固态物性质、物质成分和危害程度进行分类，见表 4-11。

表 4-11　泥石流分类简表

类别	分类	内容及特征
流体性质	黏性	容重大于 16 kN/m³，黏度大于 0.3 Pa·s，层流，有阵流，浆体浓稠，承浮和悬托力大，流体直进性强，补给量大
	稀性	容重 12～18 kN/m³，黏度小于 0.3 Pa·s，有股流及散流现象，浆体混浊，悬托力弱，堆积物松散，补给量小
物质组成	泥流	颗粒均匀，由粒径小于 0.005 mm 的黏粒和小于 0.05 mm 的粉粒组成，偶挟砂砾，有稀性和黏性
	泥石流	颗粒差异性大，由黏粒、粉粒、砂砾、圆砾、碎块石等大小不同的粒径混杂组成，有黏性和稀性
	水石流	堆积物分选性强，由圆砾、碎块石及砂砾组成，挟少量黏粒和粉粒，为稀性
危害程度	严重的	松散固态物丰富，植被破坏，水土流失严重，河滩堆积和堵塞现象严重，坍方面积率大于 10%
	中等的	松散固态物较丰富，植被部分遭到破坏，水土流失较严重，在河床局部地段形成较严重的坍塌堆积，坍方面积率 5%～10%
	轻微的	流域内侵蚀明显减弱，河槽堆积物质甚少，冲刷下切为主，植被良好，坍方面积率小于 5%

4.5.5　岩溶地区调查与勘测基本内容

[第 4.5.5 条引文]

岩溶地区调查与勘测应包括以下内容：

1. 应进行地质调绘勘探。

2. 调查施测汇水区地表水系，封闭洼地，消水洞的位置、深度及其控制汇水面积、积水高度和消水能力、地下水源及其与地表水的关系等。

3. 调查溶洞、溶泉出水流量与地区降水量的关系，并通过水文观测掌握岩溶地区系统的雨量和水文资料。

4. 调查沿线岩溶区内既有建筑物的破坏、变形、修复、整治及运用情况。

5. 线路通过消水溶洞的边缘，消水溶洞又承接上游明河水流，洪水能形成积水时，应查明该地区最大积水高度。

6. 实测岩溶上、下游洪水流量过程线、水位流量关系线及积水位变化过程线。

[**第4.5.5条解读**]

本条规定了岩溶地区调查与勘测的主要内容，包括以下方面。

1. 洪水形成条件调查

(1)通过外业调查结合水文地质资料，应查明溶泉，溶洞水，暗河水的排泄条件，包括历史和现状；地表水与地下水的补给关系，地形分水岭与地下分水岭的关系；泥斗、溶洞，落水洞、洼地、暗河的分布和走向，以便圈定地下集水面积，滞流，闭流区和判定流域特性。

(2)汇流特征调查，应查明地下岩溶水的汇入、分出情况，落水洞、暗河网的滞洪、调蓄特性。不仅调查其现状，也要调查历史上岩溶对洪水形成的影响，必要时通过水源调查、巡回测流、连通试验等手段，确定补给关系及汇流作用。

2. 洪水调查

岩溶地区河流的洪水调查河段，最理想的情况是选择在靠近桥址地点，能控制全部来水，并且不受下游溶洞壅水影响的明流河段，这一点在岩溶地区河流尤为必要，这样不仅资料使用方便，洪水流量计算也简便。洪水调查内容和计算方法与非岩溶河流一样。

当调查河段处在溶洞，暗河的壅水河段时，要根据调查河段受壅水影响的程度选定计算方法，由计算方法确定调查内容。如果调查河段内受壅水的影响不大，可用水面曲线推算，调查方法和内容与地表河流相同，如果调查河段受壅水的影响严重时，洪水流量计算应按水量平衡原理来推求，必须考察清楚溶洞，暗河的进出口位置、数量和大小，既要调查现状，还必须了解历史情况。

3. 地质勘查

(1)应查明桥址附近岩溶的位置、高程，层数、大小等平剖面特征及其与桥涵的关系；查明溶洞顶板岩石厚度、构造和稳定性；查明洞穴填充物和洞壁稳定对桥涵建筑物的影响。

(2)调查测绘区域地质构造，判明地质褶皱带、断层裂碎带，确定其性质。

4. 搜集水文及其他资料

(1)岩溶地区除搜集一般水文资料外,还应调查施测汇水区封闭洼地、消水洞的位置、深度,及其控制的汇水面积、积水高度和消水能力。对溶洞、溶泉还应调查出水流量的变化幅度与规律,以及水源来由、出水流量与地区降水量的关系等,掌握该地区系统的雨量和水文资料。

(2)调查搜集沿线岩溶地区既有建筑物的破坏变形、工作现状和历史情况,以及工程措施、整治方法等,以充实桥涵设计的依据。

贵昆铁路穿越平坝羊昌河,地层为石灰岩,河床溶蚀严重,河水泉水受季节变化影响大,雨季时河床地下水大量上冒,设计汇水面积圈定过小,流量偏低。1960 年铁路建成后,雨季时桥涵建筑物远不能通过实际发生的流量。原建桥涵时,为选择溶蚀较轻的地基,将桥涵置于河谷蛇曲部分但造成水流不畅、淹没大量农田,后改设四处中小桥以解除水患(图 4-3)。

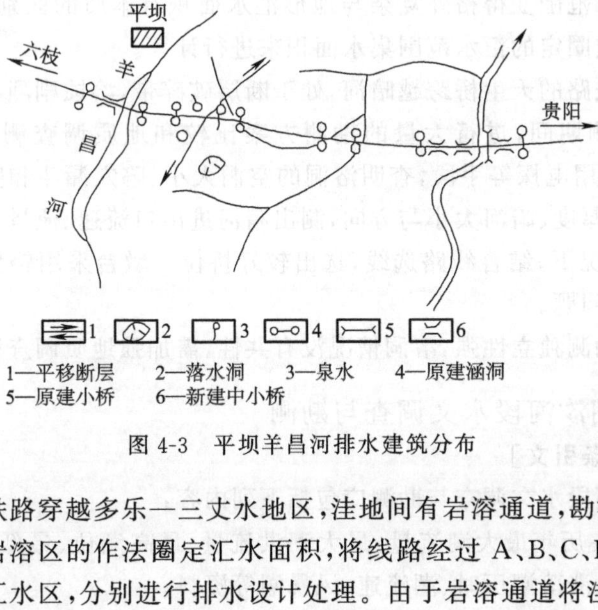

图 4-3　平坝羊昌河排水建筑分布

贵昆铁路穿越多乐—三丈水地区,洼地间有岩溶通道,勘测设计时仍按一般非岩溶区的作法圈定汇水面积,将线路经过 A、B、C、D 洼地各列为独立的汇水区,分别进行排水设计处理。由于岩溶通道将洼地 A 的汇水量导入洼地 B 内,再由洼地 B 导入洼地 C、D 内,汇水面积增大,在洼地 C、D 的汇水区内,流量远超本身的汇水量,积水淹没农田(图 4-4)。

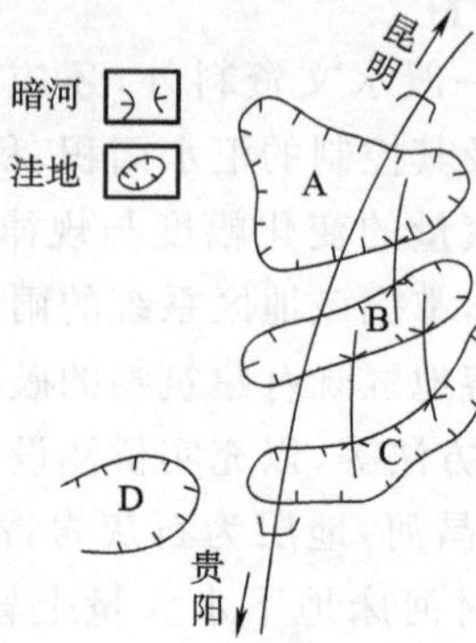

图 4-4　多乐—三丈水地区洼地汇水区示意

岩溶地区由于溶蚀通道裂隙等纵横交错，各岩溶洼地所连接的地下水系互相沟通，以及岩体的渗透性差异和构造差异等因素的影响，使岩溶地区的汇水范围变得格外复杂与地形汇水面积有本质的区别，为此应根据地形地质圈定的汇水范围集水面积来进行计算。

贵昆铁路的天生桥跨越暗河，处于断层破碎带，溶蚀剧烈、溶洞发育。1958 年勘测期间，进行大量的勘测方案比较和地质调查测绘，钻探近 20 孔，并采用电探等手段，查明溶洞的空洞大小、陷穴漏斗和竖井位置分布、覆盖层厚度、暗河大小与方向，测出暗河进出口流速、流量。在搞清地质、水文情况下，结合线路选线，选出较好桥位。墩台采用轻型结构浅基础，未发现问题。

岩溶勘测独立性强，溶洞情况没有共性，需加强地质调查测绘。

4.5.6　潮汐河段水文调查与勘测

［第 4.5.6 条引文］

潮汐河段水文调查与勘测应包括下列内容：

1. 搜集历年最大潮流量、最大潮洪流量、最高潮位、最低潮位、最大潮差、潮型、涨落潮历时、潮流速、风暴潮等资料。

2. 测绘桥址附近河道地形图，对受潮汐影响区段的其他部分，可只测河道横断面图。当能搜集到桥址河段历年河道地形图、航迹线图或海洋地形图及桥址处河道断面等资料时可不测。

3. 搜集桥址上、下游水工建筑物的设计和现状、河段的航道标准和整治及冲淤变化等资料。

4. 封冻及流冰时应调查是否形成冰坝和搜集冰块尺寸、冰层双向移动和上、下浮动资料。

5. 调查海水浪溅高度及风浪的侵袭高度。

6. 无实测资料或资料缺乏时，应在桥位断面及河口附近进行水位、流量连续观测，观测时间不应短于一年。如时间和条件限制，可仅作洪、枯水季节的观测，观测时间不应短于一个月。观测时应有逐时（每小时）连续实测记录，其垂线数目不应少于3条。

同时应作相应测点的盐度观测，必要时尚应进行洪水与高潮位顶托影响的水位和涨落潮流速的观测。

[第4.5.6条解读]

潮汐河段水文调查、勘测前，应该对以下需要搜集的资料有所了解。

1. 最大潮流量

由于潮波海水的水质点系进行波动运动，潮波的振幅比波长小得多，水质点的水平运动比垂直运动要大得多，这样的水质点在水平方向的流动叫做潮流。涨潮时的潮流称为涨潮流，落潮时的潮流称为落潮流。在半日潮明显地区，一天要发生4次转流，但在特殊情况下，亦有一天转流2次。最大流速的日变化大潮时最强，小潮时最弱，因此选择每年的最大潮流量，可在年内大潮时挑选。

2. 最大潮洪流量

主要指历年本河洪水与潮流相遇的不同组合，它随着外海的潮差大小和内河径流大小的变化而不同。

3. 最高、最低潮位，最大潮差

潮汐是由月球和太阳的引力作用引起的海面升降运动，在一般情况下每昼夜有两次涨落。海面涨至最高水位称为高潮，落至最低水位称为低潮。由低潮至高潮称为涨潮，由高潮至低潮称为落潮。相邻高低潮的潮位差称为潮差。

4. 潮型

潮水位随时间变化的曲线称为潮型，每天的两个高潮中较高的高潮称为高高潮，较低的高潮称为低高潮，同样有高低潮和低低潮之分。在一天中两次高潮、两次低潮相接的潮型称为半日潮。在日潮不是很显著的地区，低高潮及高低潮几乎消失，变成一日只有一次高潮及低潮，称为全日潮，介于半日潮和全日潮之间的潮型称为混合潮。

5. 涨落潮历时

通常选取每年最高潮位时的涨潮历时和落潮历时，计算全潮历时和潮差，以便求得多年平均全潮历时和平均潮差，借以放大潮型为设计频率的潮位过程线，并推算设计频率的流量、流速过程线。

6. 潮流速

潮流速是指潮流从海面高的地方流向低处时的流速，一般在实测资料中每年选取一个较大的变化过程；无实测资料可采用一般经验公式估算。

7. 风暴潮

风暴潮包括台风风暴潮及连续风增水引起的风暴潮两类。由于从台风中心向海岸推进时所造成的涌浪而引起的平均水位开始上升，继而进入台风区内，就出现水位上升速度大的风暴潮的主体部分。包括潮峰在内的水位变化速度大的部分，叫做风暴潮。由于连续刮风在海面产生切线应力，随之引起海水的质量输送，如海水向着海岸并在那里堆积而形成的风暴潮。根据我国近年沿海城市的观测资料，风暴潮与气象潮相遇，加上河道涨水，是灾害性大、破坏性强的最不利条件。如 1985 年 9、11 号台风，由上海至大连都接近历史最高潮位。由于风暴潮和气象潮从观测资料中不易划分，故仍以年内最高潮位为样本。

4.5.7　水利化地区水文调查与勘测

[第 4.5.7 条引文]

水利化地区水文调查与勘测应包括以下内容：

1. 了解流域水利化历史、现状和治理规划。搜集流域河道、堤防、泵站、涵闸、防洪、分洪、排涝等规划和设计资料，以及大比例尺地形图和河道纵横断面图。泵站和涵闸的实测水文资料也应搜集。

2. 调查了解有关跨流域的规划以及河网、圩区的分布，各圩区之间、各河汊之间及其与主河道的联系和水流调节方向，蓄洪、滞洪、分洪区和堤闸的设施及运用原则，以及历史上溃堤破圩和蓄洪、滞洪、分洪情况与各种特征水位。

3. 调查多沙河流的行洪滩地有无放淤的可能，了解引水的能力和淤积的影响。

4. 调查水土流失严重地区的泥沙淤积、崩塌、滑坡等情况。

5. 调查灌溉系统的分布、调节水流的方向、排灌方式及水源等资料。对大型灌渠应向水利部门搜集最大灌溉流量资料，兼有排洪任务的渠道，以及渠道最大排洪流量。

[**第 4.5.7 条解读**]

水利化地区的水文调查与勘测按一般要求搜集有关资料，尚应进行以下工作。

1. 了解水利化地区流域的历史、现状和近远期规划的目的，是为了判明桥渡洪水要素如水位、流量、流速的可能变化，河道的变迁，近远期规划及其对桥渡布置和设计的影响。

京承铁路柳河上游流域原为皇家禁区，后有移民开垦。开发前林遍山野，截流能力强，径流系数小，上游河沟狭小尚未成形。移民后伐木垦荒，径流系数变大，上游河谷较宽，开发 20 余年后山林大减，后来洪水频繁，流量比往年大。1958 年洪水超过铁路设计标准，1963 年又发生相近的洪水。再如某铁路两河之间，地方开挖新河，截断原河道，流域面积由 758 km^2 减为 74 km^2，洪水要素发生显著变化。

条文要求要充分搜集大比例尺地形图和河道纵横断面，注意搜集泵站和涵闸的实测水文资料，是由于平原及水利化地区洪水要素变化大。一般采用间接法推求流量为主，并用河道流量算法推求河道改变后的桥址设计水位和流速。如浙赣铁路跨越赣抚平原，为大面积综合治理规划需要，施测 1∶10 000 地形图，抚河特大桥和支流桥充分利用这些资料，既减少了勘测工作量，又提高了水文分析精度。

平原地区水文测站较少，但新建泵站和涵闸很多，大量分布在无资料的中小河流上，有一定的管理人员和观测资料，这些资料由于零星分散，有的没有被正式整编，因此在刊印的水文年鉴上查找不到，但这些资料对于水利化地区桥涵设计和水文分析就有很重要的参考价值，但易被忽略故特别予以强调。

2. 本条文对勘测时除应按一般要求搜集资料外，还应进行邻近流域的调查，因为水利化地区地貌变化很大。

如淮北地区河道疏浚，加固堤防，堤防分割，筑圩蓄水，在河与圩间有闸门相通，大河与大河互相沟通调剂洪水，由于圩堤的分割和水流的调节，将使洪水情况产生显著变化。又如津浦铁路徐蚌段K733＋887处圩堤分割，早年洪水时，该处圩堤左右侧水位高差达1.9 m。

分洪、滞洪、蓄洪区的布置及口门位置直接影响铁路和桥梁设计洪水的大小和淹没程度。如津浦铁路穿越蚌埠，附近30 km位于行洪区，1982年分洪造成路基浸泡下沉。又如浙赣铁路跨越抚河支流，分洪直接影响下游铁路桥的设计洪水大小，原设计最大分洪流量1 200 m^3/s。1982年特大洪水时，抚河干流水文站实测最大流量8 630 m^3/s，实际分洪600 m^3/s。

堤闸的设置会改变流域的水文要素，给铁路和桥涵带来控制性影响。如大沙铁路的大冶湖大桥由于下游流域出口处加固修堤，并新建大型排水闸和泵站，显著改变了内湖积水位情况。又如浙赣铁路沿线修建军山闸、英山闸圩堤后，改变了圩内下游倒灌的影响，使圩内桥头路基仅受本河与内涝水位控制，路基高度降低1.2 m，避免了既有铁路桥梁的改建。

了解蓄洪、滞洪、分洪区和堤闸的设施和运用是水利化地区勘测的一项重要内容。蓄洪、滞洪、分洪区的布置及口门位置会直接影响桥梁设计洪水的大小。堤闸设施的运用会改变流域水文要素，给铁路桥涵带来控制性影响。

3. 多沙河流上，为减轻河槽内淤积，常利用大面积滩地作为放淤区，在入口处修建引水闸，将上游挟带的大量泥沙沉积在放淤区内，以解决下游河道淤积。在这种放淤滩地内修桥需了解引水渠及其引水能力，考虑淤积造成的水位抬高，设计时应预留该项高度。

4. 调查水土流失严重地区的泥沙淤积、崩塌、滑坡等情况。

水土流失严重地区的泥沙淤积、崩塌、滑坡等情况会给水利化地区带来极大危害。水土流失使大量泥沙淤积池塘水库，降低工程效益，缩短工程寿命。大量泥沙流入河川，导致河床抬高引起河道淤浅加宽，为特大水灾的主因。大量泥沙流入河川，增加河水的含沙量。如用含沙量很高的河水灌溉农田，会使渠道被泥沙淤积，降低输水能力。

5. 跨越大型灌渠的桥梁，其设计流量可采用水利主管部门提供的最大灌溉流量或最大排洪流量，一般中小型渠道可根据灌溉方式采用下述流量计算原则。

(1)蓄水灌溉：以水库作为蓄水工程，将河川多余水量蓄积起来，在农作物生长期内的干旱少雨季节，将库内存水通过输水渠道向田间供水，补充有效降雨及塘坝供水的不足，保证农作物所需水量。

铁路通过该地区，桥涵的设计流量可选择调节年度内的月最大毛用水量推求，即渠首设计流量$\left(Q=\dfrac{\text{月最大毛用水量}}{30\times24\times3\,600}\ \mathrm{m^3/s}\right)$。

(2)引水灌溉：与蓄水灌溉不同，没有调节径流的能力，只能将河流来水量由灌溉水源引入灌区。确定引水工程规模的水利计算在于推求设计引水流量，以保证灌溉面积。

(3)提水灌溉：一般指排灌和井灌，由于抽水机组工作能力有限，一般提水流量不会太大，外业勘测时，只要了解某一灌溉保证率的装机流量即可计算。

4.5.8 水库地区水文调查与勘测

[第 4.5.8 条引文]

水库地区水文调查与勘测应包括以下内容：

1. 水库的性质、等级、设计标准和主坝、副坝、溢洪道尺寸，水库库岸稳定情况资料；
2. 库区地形图，河床纵横断面图；
3. 水库的水位与容积、水面面积、总下泄流量关系曲线；
4. 建库前天然状态下桥址河道的水位与流量、流速关系曲线，设计流量和历史最大流量过程线；
5. 历年汛期入库的平均流量、水量、含沙量及悬移质颗粒级配曲线等；
6. 水库各种特征水位、回水曲线、水库设计淤积年限和淤积计算资料等；
7. 库区最大波浪高度、波浪侵袭高度、波浪长度及其相应的库水位资料；
8. 库区冰情；
9. 桥梁施工时库区可能的高、低水位及持续时间；

10. 水库的改扩建规划；

11. 水库大坝管理和保护范围；

12. 水库的运行资料。

［第 4.5.8 条解读］

水库的性质主要分防洪、发电、灌溉和综合利用。根据其性质即可了解其对铁路桥涵的影响程度。如防洪为主的水库，其调洪库容较大，下泄流量经水库调节将显著减少；以发电为主的水库由于调洪作用较小，其出库流量一般均与天然情况相近。

我国 1961 年在《水库防洪安全标准》中提出水利水电工程分等库容指标，将水库分为五等。水库的永久性建筑物（如水坝、水闸、泄洪建筑物、输水建筑物）的设计级别与水库等别一致（如一等水库的永久性建筑物按一级标准设计），设计标准则按洪水频率划分。除了设计洪水频率标准外，尚规定了非常运用条件下的校核标准。

根据《水利水电工程等级划分及洪水标准》（SL 252—2017），水库等级及其相应洪水标准分别为：总库容大于 10 亿 m^3 的大(1)型水库，正常运用设计洪水重现期为 500～1 000 年；总库容（1～10）亿 m^3 的大(2)型水库洪水重现期为 100～500 年；总库容（0.1～1）亿 m^3 的中型水库洪水重现期为 50～100 年；总库容（100～1 000）万 m^3 的小(1)型水库洪水重现期为 30～50 年；总库容（10～100）万 m^3 的小(2)型水库洪水重现期为 20～30 年。可见最后两等小型水库的设计洪水标准低于铁路桥涵设计洪水标准。

通过对大坝主要建筑物和设备的布置尺寸及过水能力等资料的搜集，可全面了解水库运用方式、泄流规模和泄流方式。而这些正是直接影响坝上、坝下冲淤情况和水沙输送条件的主要因素之一，如卧管式和竖井式放水建筑物只能放走水库表层清水，不能排走底部浑水，因而水库淤积量大，水库若有底孔设施，并分层和分散布设，则对水库排沙有利，能减少水库的淤积量，但对下游河道可能使河床面回升甚至抬高。

2020 年 9 月《中华人民共和国水库大坝安全管理条例》要求，禁止在大坝管理和保护范围内进行爆破、打井、采石、采矿、挖砂、取土、修坟等危害大坝安全的活动。

水库地区的资料搜集、设计洪水分析与计算，按桥位在水坝上游（水库蓄水影响区)内和水库下游两种情况分别考虑。

1. 水坝上游

位于水坝上游的新建或既有线改建的桥涵,尚应搜集下列资料。

(1)地形图。比例尺为1∶10 000～1∶100 000,注明桥涵位置与坝址,水库设计洪水位及正常蓄水位淹没边界线,流入库的河流与其相应流域面积,其他水工建筑物等标识,高差1～5 m。

(2)库区河床纵剖面。比例尺为:距离1∶10 000～1∶100 000,高程1∶100～1∶1 000。自坝址至上游回水范围以上。应绘出河底线、桥涵位置、坝址断面、水库校核洪水位、设计洪水位、防洪高水位,正常蓄水位、防洪限制水位、死水位、溢洪道泄水洞、排沙孔(孔径和高程)、水库等别、建筑材料及使用年限。

(3)库区横断面图。比例尺为:距离1∶10 000～1∶100 000,高程1∶100～1∶1 000。横断面间距200～5 000 m。断面形状变化大,则间距可小一些,反之可大一些。如无实测横断面图,可在足够比例的地形图上切割,横断面上注明河槽与河滩各部分的糙率。

(4)天然状态下(即建库前)桥址处河道的$Q=f(H)$,设计频率的径流总体积W_p,设计频率的流量过程线$Q_p=f(t)$或历史最大流量过程线$Q_{历}=f(t)$。

(5)水库的水位与容积关系曲线$V=f(H)$,水位与水面面积关系曲线$\Omega=f(H)$,水位与总下泄流量关系曲线$\sum\Omega_{泄}=f(H)$。

(6)进入水库的历年悬移质输沙量G_f,历年汛期的平均流量$\overline{Q}_{汛}$,历年的汛期水量W,历年悬移质颗粒级配曲线。

(7)库区最大的波浪高度,波浪侵袭高度,波浪长度及相应库水位。

(8)水库冰冻情况,有无冰块流向下游,流速及冰块大小,水库冻结及解冻日期,水位标高,有无冰塞及冰坝,封冻及流冰期间的最大厚度及强度。

(9)坝址断面和泄流建筑物布置范围,注明标高。

(10)水库设计的淤积年限,建库后的淤积情况。

(11)建岸后的坍岸资料。

(12)库区桥梁施工期内可能的高、低水位。

(13)水库冲淤、河床组成及其他水库相关资料。

2. 水坝下游

桥址位于水坝下游时，尚应搜集下列资料。

(1)地形图。比例尺为：距离1∶500～1∶5 000，高程1∶100～1∶1 000。包括桥址，坝址，溢洪道，泄水洞和排沙孔的位置，汇入的大支流，其他水工建筑物等。等高线高差1～5 m，范围从坝址至桥址下游大支流汇合口外或河床地质有侵蚀基面处。

(2)坝址断面。比例尺为：距离1∶500～1∶5 000，高程1∶100～1∶1 000。包括地面线、坝顶线、溢洪道断面、泄洪及排沙孔位置、水库正常蓄水位、水库等别及使用年限、各种频率($P=0.33\%,1\%,2\%$)设计洪水位、水坝下游正常水位。

(3)库水位与总下泄流量关系曲线 $\sum Q_{泄}=f(H)$，设计洪水频率的下泄流量($Q_{0.33\%},Q_{1\%},Q_{2\%}$)。

(4)河底局部冲刷的最大深度及其向下游扩展情况。

(5)修建水坝后，下游河底可能普遍降低的尺寸及水库淤积后预计恢复天然河床的时间。

(6)水坝下游汇入各大支流的设计流量和流域面积，以及水坝上游流域面积。

(7)河床横断面。在上述地形图范围内选测若干有代表性的横断面。比例尺为：距离1∶500～1∶5 000，高程1∶100～1∶1 000。注明河槽、河滩的糙率。

(8)坝址至桥址下游处的河床纵剖面，参照上游比例尺绘制。

(9)下游河床地质资料。在上述地形图的范围内，对每处地质不同河段，测绘表层至深度5～15 m的地质横断面图，标出各层土质颗粒级配曲线。

(10)下泄水沙资料。根据水库淤积估算出库流量、沙量，以及含沙量多年变化过程、河段内主要支汊的来水来沙条件。

(11)已成水库多年来下游河床水文测验调查等资料。

第 5 章　设计洪水分析和计算

5.1　一般规定

5.1.1　设计洪水分析和计算目的

[第 5.1.1 条引文]

铁路工程设计洪水应符合本规范第 1.0.6 条规定设计洪水频率流量及其相应的水位和洪水过程线。

[第 5.1.1 条解读]

设计洪水分析和计算的目的在于推求符合第 1.0.5、1.0.6 条规定洪水频率标准的桥址处设计洪水流量，及其相应水位和洪水过程线，为桥孔、路基、调治建筑物等提供设计依据。

5.1.2　设计洪水资料的审核

[第 5.1.2 条引文]

用于分析、计算的设计洪水资料应进行可靠性、独立性、一致性和系列代表性的审核。

[第 5.1.2 条解读]

设计洪水是一种必然性随机事件，可运用概率理论以及数理统计方法估算，推断其在大量现象中的一般规律。一般情况按以下几方面审查。

水文资料主要有三方面来源，即水文站观测资料、洪水调查资料、文献考证资料。水文站观测资料能较真实反映客观实际，为水文计算的主要依据，我国偏远地区的水文站较少，观测年限不多，中小河流水文站更少，不能单纯依靠水文站观测资料。洪水调查资料是对水文站没有长期观测资料的主要补充，起到延长系列、提高资料系列精度作用。水文资料搜集中不论有无观测资料，洪水调查必须进行。文献考证中的历史洪水记载对洪水分析提供了依据，为一个重要途径。上述三方面可互相核对补充，使资料趋于完整。水文资料是水文计算的基础，是决定成果精度的关键，资料需满足可靠性、独立性、一致性、代表性等要求。

1. 可靠性

苏联时期的水文专家曾提出“错误的数据比没有数据更糟”的观点，我国许多专家深有同感，论断阐明了水文资料可靠性的意义。

(1)我国 20 世纪 50 年代以来的观测资料一般是可靠的。需注意因水尺位置、零点高程、水准基面、浮标系数判断错误或选用不当引起的系统误差，注意水文站、流量站、水位观测站点位置及基面标高是否可靠，有无变动。必要时对上下游、干支流站点水量平衡进行分析比较。

(2)调查得到历史洪水位由调查者根据洪痕及当事者叙述确定其可靠程度。年代久远、精度不高的资料在频率计算中适当考虑仅为参考。对调查洪水特别是前几位洪水应充分论证。

(3)资料的编制刊印是否准确应予核实。水文年鉴资料需注意观测站位置是否有变动。

(4)资料重点应放在对设计洪水计算成果影响较大的大水年份。

2. 独立性

水文统计计算要求同一系列的所有变量必须相互独立。即采用的资料相互之间没有任何关系。因此在资料筛选中应注意不能将彼此有关联的水文资料一起进行分析计算，将缺乏独立性的资料剔除。

流域内的观测调查洪水资料需在本流域上下的雨季形成，与其他流域无牵连，岩溶地区应注意暗河与溶洞易引起流域之间水量互通，另外注意本流域前一场与后一场洪水之间的独立性，遇此情况应客观分析。

3. 一致性

水文计算资料需在同一类型、同一条件下产生，不同性质的水文资料不能一起统计，如降雨产生的洪水与融雪产生的洪水，由于洪水成因不同，性质完全不一样；修水库前和修水库后不一样；经分洪、蓄洪与不经分洪、蓄洪不一致。水文资料必须在类型、产生条件、性质方面一致，否则必须采取资料还原计算等措施。

岩溶地区溶洞、暗河会存在资料不一致，标高系统也会存在不一致。

数理统计中只有发生条件有一致性，代表这种条件所发生的事件才能放在一起统计。

4. 代表性

水文现象的统计规律，只能通过若干年实测资料而得，是一个有限的短暂的系列。系列代表性分析是频率计算的一项重要工作，必须给予足够重视。所谓代表性，系指样本分布对总体分布的代表程度如何。实测系列中，各级洪水的频率分布愈接近总体时，则代表性愈好，抽样误差愈小。样本代表总体的程度究竟如何，通常无法确切规定某种尺度标准，更没有一个准确描述代表程度的数字模式来衡量评判，常采用如下方法。

(1)调查历史洪水，考证历史文献分析判断其代表性。如某水文站有1941—1970 年 30 年实测资料。同时还调查到 1911 年之后的 60 年发生过几次较大洪水，分别在 1913、1917、1923、1933、1939、1943、1956 年，1956 年洪水在实测系列中是特大洪水。从文献了解到公元 1 500—1970 年间，发生严重水旱灾害的次数为：特大洪水 8 次，较大洪水 47 次，大旱年 15 次。即特大洪水年平均为 8/470≈1/60，较大洪水年平均为 47/470≈1/10，大旱年平均为 15/470≈1/30。特大洪水近 60 年一遇，较大洪水近 10 年一遇。上述某些年份的历史洪水不能定量，但有助于对系列的代表性做出分析判断，可认为 30 年的样本系列具有一定代表性。

(2)检查样本系列在数值上的年际分布，即系列处于丰、平、枯水年中的何种时期(可参照同一气候区内相邻测站)，当系列跨上丰、平、枯或丰、枯水年份，通常认为样本资料有较好的代表性、统计误差较小，如样本系列仅处于丰或枯水年份，则认为其代表性较差。统计成果一般趋于偏小，丰水年系列的均值 $\overline{Q}$ 较大，洪水的年际变化 C_v 小，枯水年的 $\overline{Q}$ 和 C_v 均较小。

(3)与邻近测站的长期资料进行比较。如甲站有 1951—1970 年 20 年资料，乙站有 1921—1970 年 50 年资料，通过对历史洪水的调查考证认为，乙站的 50 年样本系列具有一定代表性。那么可分别计算甲乙两站的统计参数，如两站的统计特征参数比较接近，则认为甲站 20 年样本资料具有一定代表性。

5.1.3 设计洪水计算方法

[第 5.1.3 条引文]

设计洪水可根据资料及地区特点，采用多种方法计算，经分析论证后，选用合理的分析计算成果。

［第 5.1.3 条解读］

影响设计洪水的因素很多，如流域的地理位置、气候条件、植被特征、湖泊调节、河道演变及人类活动等影响，计算中的不确定性随之增加。水文分析计算是一门发展中学科，虽已有一定的理论基础和积累的经验，但分析方法还不够完善。计算公式有相当的局限性，这就使计算成果不能完全反映自然界复杂水文现象的变化规律。因此水文计算通常根据资料条件及地区特点，采用多种方法并相互核对，论证其合理性。

成果的合理性分析主要用于检查多年平均径流量 $\overline{Q}$、变异系数 C_v、偏差系数 C_s 是否合理。当资料一致、可靠且代表性较好时，上述三个参数比较合理。为进一步检查分析参数的合理性，多年平均径流量 $\overline{Q}$、变异系数 C_v 可用各省多年平均年径流深等值线图和年径流等值线图进行比较检查；检查时应注意到 C_v 一般随流域面积的增大，湖泊水库的增多，地下水补给量的增大而减小；偏差系数 C_s 与变异系数 C_v 的比值有一定的分区性，各省水文手册或图集均有 C_s/C_v 值的分区表或分区图，作为检查值是否合理的参考。经分析论证后，选用合理的分析计算成果。

铁二院在黄桶—百色铁路设计中，对线路跨大中河流地段，在充分利用地方水文资料、水电站成果资料、水利部门计算成果基础上，对跨越的河流均现场调查历史洪水位、实测水文断面、水力坡度，并参考各河流地区性 C_v、C_s 经验资料，选择合理的统计参数。用调查的历史洪水位和确定的重现期，根据河流断面和坡度计算出在这一水位时的流量，利用本地区的偏差系数 C_s、变异系数 C_v 间的关系和重现期流量推求设计流量。对部分不受水文控制又难于调查准确水位的河流采用铁二院《西南地区大中河流洪峰流量计算方法及其应用》公式推算桥位处的流量，或采用贵州、广西《中小流域暴雨洪水计算手册》暴雨洪水推理公式计算流量，或用地方水利部门的水文资料用面积比拟法推算桥位处的流量。大多数河流均采用形态勘测结果、地方既有水文资料、公式推算流量、面积比拟等方法相互核对，分析论证得出较合理的结果。

5.1.4 推算设计流量实测流量资料年数

[第 5.1.4 条引文]

利用流量系列推算设计流量时,应选择在桥址或其上下游,不宜小于 30 年的实测流量资料,且应有历史洪水调查和考证成果,方可直接根据流量资料进行频率计算,推算设计流量。

[第 5.1.4 条解读]

水文计算中所依据的资料是样本,样本存在着抽样误差,此误差的大小与设计频率、系列长度、总体分布及其统计参数、频率计算方法等因素有关。根据单站短期资料推算罕见设计洪水时,抽样误差比较大,这是频率分析法存在的主要问题,要求样本系列具有一定长度才能将抽样误差限制在一定范围。《规范》(TB 10017—99)限于当时的观测资料条件,采用频率计算时,要求实测洪水年数为 20 年及以上。随着国家水文观测的加强,很多水文站资料系列早已超过 20 年。截至 2019 年底,我国水文测站的数量由 20 世纪 50 年代初的 353 处发展到 12.1 万处,其中包括国家基本水文站 3 154 处。绝大多数测站的观测系列超过 30 年,即使所依据的水文站观测系列不足 30 年,大多数仍可通过相关插补延长,达到 30 年系列的要求,本规范将实测流量资料年数提高到 30 年以上的系列。就总体而言,实测洪水系列计算的设计洪水成果仍具有较大的抽样误差,因此还应同时补充具有一定的历史洪水资料以弥补洪水系列代表性的不足,减少抽样误差。

实测径流系列长度不足 30 年或有 30 年但系列代表性不足时,在保证精度的前提下尽量延长系列。当水位流量关系稳定时,采用水位资料插补延长径流系列;当上下游或邻近相似流域的参证站流量资料系列较长,与设计依据站有一定的同步观测系列且相关关系较好时,采用参证站流量资料插补延长设计依据站径流系列;当设计流域或自然地理条件相似流域的降雨径流关系较好时,采用较长的降雨资料插补延长径流系列。进行相关插补时,外延幅度过大可能导致较大误差,一般不超过实测变幅的 50%,相关关系较好时,外延幅度可适当放宽。对插补延长的径流资料,需从径流系数、径流模数和水量平衡等方面检查。

《水利水电工程水文计算规范》(SL/T 278—2020)要求,设计依据站实测径流系列不足 30 年,或虽有 30 年但系列代表性不足时应进行插补延长，插补延长年数应根据参证站资料条件、插补延长精度和设计依据站系列代表性要求确定；《水电水利工程水文计算规范》(DL/T 5431—2009)要求，径流系列应不少于30年，实测径流系列长度不足30年，或虽有30年但系列代表性不足时，应插补延长系列，潮水位资料30年以上且满足系列一致性要求时，可直接进行潮水位分析计算；《规范》(JTG C30—2015)同样要求，计算洪水频率时，实测洪水流量系列不宜少于30年，且应有历史洪水调查和考证成果。

工程所在河段附近没有可直接引用的流量资料时，可采用暴雨资料计算设计洪水。据统计，我国1958年约有雨量站9 500处，到2011年达19 082处，到2020年达53 392处。全国雨量站平均数量偏少，占国土面积很大的西部地区雨量站稀少，经济发展较快地区的雨量站密度较大。用暴雨资料计算设计洪水也应具有30年以上系列。

5.1.5 洪水流量资料的选择

[第5.1.5条引文]

流量资料的选择应采用年最大法。当某些大水年份的资料缺测、漏测，应通过调查予以补全。

[第5.1.5条解读]

河流的水位和流量随时间不断变化，其变化曲线分别称为水位过程线和流量过程线。曲线上升部分为涨水段，下落部分为退水段，最高峰处的流量称为洪峰流量，最高峰处的水位称为洪峰水位，一涨一落称为一次洪峰。将一年每天的流量点绘成过程线，称为年流量过程线，其最高峰为年内最大洪峰流量，称为年最大流量。

1. 通过对各地水文站多年观测的流量、水位等水文资料的分析发现，河川径流和水文现象具有下列一般规律。

(1)周期性

径流是以年为周期而循环变化的，可用年为单位研究径流的变化。一年中每一条河流都存在着洪水期、平水期、枯水期。对于某些河流，还存在丰水年、平水年、枯水年的年际周期性变化规律。

(2)地区性

河流流域的气候因素和下垫面因素，由于地理位置不同而具有不同的特点，使河川径流的变化具有相应地区性。一方面，水文现象在不同地区具有不同表现；另一方面，气候和下垫面因素在区域上逐渐变化，一般相邻地区水文现象基本相似。因而进行水文分析时可将自然条件类似的邻近地区资料作为参考补充。

(3)不重复性

影响径流的因素很多，各因素间的联系错综复杂，虽径流和一切水文现象的变化总体上存在年循环规律，但每年的具体水文现象都不完全相同，每条河流每年的水位或流量过程线都不可能完全一样。

2. 根据上述分析，流量资料的选择应考虑以下几方面。

(1)洪水资料选样应满足频率计算关于独立随机取样的要求。

(2)洪水频率标准要求各年洪水按年最大值法选样，即每年中取一个最大值。各年大洪水数值应属于同一洪水类型。例如同由暴雨所形成，或同由融冰化雪所形成，或同由暴雨和融冰化雪混合所形成。类型显著不同的不要放在一起分析。如果洪水特性在一年内随季节和成因有显著差别时，可分别选样统计，但季节和成因的划分不必过细。根据洪水频率标准要求，应选取防洪期内各年最大值进行统计。天然或人工溃坝所形成的洪水也不要列入样本分析。

(3)某些大水年份资料缺测漏测时，所余观测系列不再是一个时序连续的随机样本，应通过调查补全并查明其大小等级，尽量使观测系列的时间顺序为连续的随机样本。至于调查得到的历史大洪水数值也不能简单加入到观测与插补系列，放在同等地位进行频率计算，应适当处理。

(4)洪峰流量指瞬时最大流量，只有在洪水涨落很平缓的特殊情况才可用最大日平均流量，经调整采用。

5.1.6 插补延长洪水系列

[第 5.1.6 条引文]

插补延长洪水系列时，资料展延的年数不应超过实测年数，并不应使用辗转相关的方法。

[第 5.1.6 条解读]

频率分析是研究探讨流量这个随机变量的总体分布规律。能获得的仅是总体中极小的一个样本系列，用短小的样本资料去推求总体的分布规律存在很大的抽样误差。由统计学可知，抽样误差与资料系列的样本长度密切相关，将随着样本系列长度的增长而减小，增加样本系列的长度是提高计算成果可靠性的有效途径之一。

为弥补实测系列过短或有缺测年份，如有条件时可利用上下游站、邻近测站的流量资料进行资料的插补延长。桥涵水文计算中常用的是年最大流量之间的相关，应注意两个资料系列必须确有客观联系。两个水文站年最大流量系列间的关系一般以直线相关居多，可采用简单直线相关分析进行插补延长。为保证插补延长的流量具有一定精度，要求两系列相对应的流量至少有 10 对以上，对应的点据至少有 80％在回归直线两侧±15％的范围以内，而且对应流量的变化幅度较大，回归直线的外延部分不得超出实测范围的 30％～50％，插补延长的年限一般不得超过已有对应资料的年限。

通常插补延长的方法有下列几种，在可能条件下尽量采用多种方法进行插补，经综合比较选取较合理数值。大水年的插补数据应尽量根据调查资料校核。

1. 利用上下游站的流量资料进行插补延长

设计断面的上下游站有较长观测系列的水文站时，可以此为参证站，根据本站与参证站的同期资料，点绘相应的洪水相关图。如区间面积不大、无较大支流汇入、两站相关关系较好、点据密集分布呈带状，则可通过直接相关，利用参证站的资料，采用流域面积比拟法进行插补延长。

(1)当上下游邻近水文站与测站的流域面积相差不超过 10％，且中间无天然或人工分洪滞洪设施时，可将上下游邻近水文站的洪水资料直接用于测站。

(2)当两站的流域面积相差较大但不超过 20％，流域内自然地理条件比较一致，降雨比较均匀，区间河道无特殊调蓄作用时可按下式计算。

$$Q_1=\left(\frac{F_1}{F_2}\right)^n Q_2$$

式中 Q_1——测站洪峰流量；

Q_2——上下游邻近水文站洪峰流量；

F_1——测站流域面积；

F_2——上下游邻近水文站流域面积；

n——指数，可根据本河流或邻近河流上下游测站已有实测或调查洪水资料按上式反求，一般大中河流 $n=0.5\sim0.7$，对于 $F<100\ \text{km}^3$ 的较小河流 $n\geqslant0.7$。

(3)如果在测站上下游不远处均有观测资料，则可按流域面积直线内插。

$$Q_1=Q_2+(Q_3-Q_2)\frac{F_1-F_2}{F_3-F_2}$$

式中 Q_1,F_1——与上述(2)中相同；

Q_2,Q_3——上下游不远处的观测洪峰流量；

F_2,F_3——上下游不远处的流域面积(km^2)。

2. 利用本站洪峰与水位(或洪量)关系进行插补延长

洪峰、水位(或洪量)关系线的绘制一般根据较多的点据，每年可选择几次较大的洪水资料来分析它们之间的相关性。相关线受到暴雨特性和河网调蓄等影响时，通常考虑这些因素确定其外延趋势，采用水位与流量关系曲线插补延长。

一般水文站的流速观测平时约 10～15 天一次，洪水期对较大的洪水过程要求观测 5 次，日平均流量和洪水期的洪峰流量都是根据观测的水位资料，利用水位与流量的关系推求。

一般以水位为纵坐标，以全断面流量 Q、过水断面面积 ω、断面平均流速 v 分别为横坐标，点绘关系曲线，如图 5-1 所示。

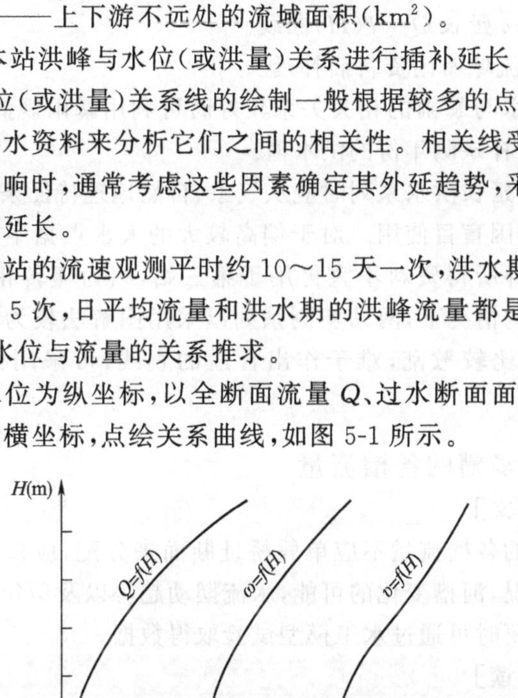

图 5-1　水位与流量、过水面积、流速关系曲线

水位与过水面积关系曲线即 $\omega=f(H)$ 曲线，一般按实测水位和断面直接计算的资料点绘；水位与流量关系曲线即 $Q=f(H)$ 曲线和水位与流速关系曲线即 $v=f(H)$ 曲线，一般应根据流速仪实测资料点绘，通过实

测点据中心绘成光滑曲线。各曲线上查得的流量 Q、过水面积 ω、流速 v 近似符合 $Q=\omega v$,否则应修正。天然河流的水位与流量关系受很多因素影响,实测点据一般较散乱,并非稳定的单一曲线关系,需对各种影响因素进行分析,才能建立合理的水位与流量关系曲线。

水位与流量关系曲线的延长主要是为推求高水位和低水位的流量。有糙率系数 n 和水面比降 I 的资料时,可绘制 $n=f(H)$ 和 $i=f(H)$ 曲线并进行延长,求出高低水位的 n 和 i 值,再以谢才—满宁公式计算的流速值延长 $v=f(H)$ 曲线,同时按实测断面的计算值延长 $\omega=f(H)$ 曲线,最后可根据 $Q=\omega v$ 延长 $Q=f(H)$ 曲线。

3. 利用本流域暴雨资料插补延长

本流域洪水与暴雨的相关关系较好时可利用暴雨观测资料,通过降雨径流关系,插补缺测年份的洪水值。

总之,插补延长洪水系列时应从气象、自然地理特征条件进行合理分析,不能不问成因盲目使用。对于偏高较大的大水点据不应盲目通过或简单舍弃。插补所得资料不宜再用于第三站,因为辗转相关误差较大。相似条件较好的情况下,两站实测系列以采用图解法较为方便。如果作图时点子分布比较散乱,难于作出合适的直线,可采用回归方程式计算法。

5.1.7 一河多槽的各槽流量

[第 5.1.7 条引文]

一河多槽的各槽流量不应单凭桥址断面来分配,应根据地形、地貌,主流分布的情况,河槽变化的可能,水流摆动趋势以及历年实测洪水资料适当加大。必要时可通过水工模型试验取得数据。

[第 5.1.7 条解读]

由于河道总是在不断地变化,即使是稳定的河段,一河多桥各桥设计流量的分配比例,也不可能长期保持不变,各桥设计流量应按可能出现的最大流量分配比例确定,该分配比例可根据历史的和桥址附近断面的流量变化,找出各桥桥址以往出现过的最大流量分配比例作为设计依据。以往使用的流量分配方法有以下几种。

1. 方法一

根据桥址断面及上下游辅助断面图，在两相邻桥之间寻找地形凸起的天然分水线，作为计算流量的分界点，将流量在断面上分配。如果天然分水线不明显，可将两桥间河滩路堤的中心作为计算流量的分界点。各桥的最大流量分配比例可按下述方法确定。

(1)各桥流量分配率

根据最近所测桥址断面，按设计频率的天然洪水位计算各桥通过流量 Q_m，并求出各桥的流量分配率 P_1。

$$P_1 = \frac{Q_m}{\sum_1^n Q_m}$$

(2)上下游辅助断面的流量分配率

在距桥址上下游大致为泛滥宽度的 1/2 处，各测一个辅助断面，从桥址断面上的分界点作流向线，与上下游辅助断面相交，其交点即为辅助断面上各桥计算流量的分界点。按设计频率的天然洪水位计算各桥通过流量 Q'_m 及 Q''_m，并得上游及下游断面各桥流量分配率 P_2 及 P_3。

$$P_2 = \frac{Q'_m}{\sum_1^n Q'_m}$$

$$P_3 = \frac{Q''_m}{\sum_1^n Q''_m}$$

(3)各桥历史流量分配率

桥址上下游各一倍泛滥宽度范围内有实测流量资料时，可根据大洪水时实测资料确定各桥的分配率 P_4。

$$P_4 = \frac{Q'''_m}{\sum_1^n Q'''_m}$$

在以上流量分配率计算中找出各桥的最大流量分配，最大流量的加强系数为 1.22，见表 5-1。

表 5-1 流量分配

流量分配	各桥最大流量与总流量的占比(%)				共计(%)
	1 号桥	2 号桥	3 号桥	4 号桥	
桥址断面流量分配率 P_1	31	18	43	8	100
上游辅助断面流量分配率 P_2	30	26	35	9	100
下游辅助断面流量分配率 P_3	32	20	38	10	100
历年实测最大流量分配率 P_4	36	24	40	17	117
采用流量分配率	36	26	43	17	122
采用设计流量	$0.36Q_{1\%}$	$0.26Q_{1\%}$	$0.43Q_{1\%}$	$0.17Q_{1\%}$	$Q_P=1.22Q_{1\%}$

在缺乏天然河道实测资料时,可采用下列流量加强系数,即全河流量的加大倍数作为设计桥孔时的参考,见表 5-2。

表 5-2 流量加强系数

河道性质	流量加强系数
稳定河流	1.2～1.5
宽河及不稳定河流,对于一河二桥	1.5～1.75
宽河及不稳定河流,对于一河三桥	≥2

铁一院曾结合西北地区的具体情况和特点要求:各桥的流量应该根据现场调查的地形特征,主流的分布情况,现有支汊流量的分配,河槽变化的可能和水流摆动趋势等进行分配。对于变迁河段,若为一河二桥时,各桥设计流量之和一般约为河流总流量的 1.5 倍,若为一河三桥时,各桥设计流量之和一般约为河流总流量的 2 倍。对于比较稳定的河流,具体倍数根据不同情况确定。

2. 方法二

天然分水线的位置难于保证时,可重复计算一部分断面流量,以此重复部分流量作为加强流量,双槽复式断面如图 5-2 所示。

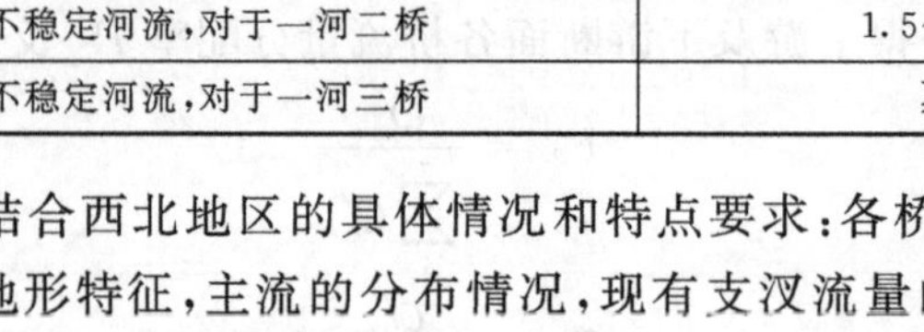

图 5-2 双槽复式断面示意

计算 1 号桥流量 Q_1 时用分水线 1,计算 2 号桥流量 Q_2 时用分水线 2,分水线 1、2 之间流量为重复计算部分,总流量加强系数如下。

$$A=\frac{Q_1+Q_2}{Q_2}$$

3. 方法三

该方法为提高洪水频率标准的方法,先用不同频率的水位如 $H_{1/100}$、$H_{1/300}$、$H_{实测}$ 或 $H_{历史}$,以及相应流量 $Q_{1/100}$、$Q_{1/300}$、$Q_{实测}$ 或 $Q_{历史}$,采用类似方法一的作法,求得各桥流量的最大流量分配率及总流量加强系数,从而得出各桥设计流量。其二将设计流量提高到 $Q_{1/300}$,将 $Q_{1/300}$ 直接分配到各桥,得各桥设计流量,因此加强系数 $A=Q_{1/300}/Q_{1/100}$。该方法较少采用。

4. 方法四

该方法为水工模型试验方法,水工模型试验可演示各种桥渡布设方案、通过设计流量时的过水状态、流量分配、水位高低和桥下流速等。一河多桥的桥位布设、流量分配、桥孔选定、导流建筑的布设均可通过水工模型试验来提供必要数据。以往通过水工模型试验的一河多桥桥渡有长江芜湖大桥、京广铁路南沙河桥等。

对于增建第二线上的一河多桥,其流量分配可利用既有线相应的一河多桥的流量分配率来决定。既有线桥历经多次历史洪水考验,流量分配比例基本固定,无严重水害时,增建第二线一河多桥各桥的流量就可利用既有线相应桥的历史最大分配率 P_i,即 $Q_i=P_iQ_p$,总流量加强系数即 $A=\sum_{1}^{n}P_i$。

5.2 设计流量

5.2.1 设计流量的经验频率计算

[第 5.2.1 条引文]

洪水流量的经验频率可按以下办法估算:

1. 连序系列

将 n 年各项洪水值按其大小顺序统一排位,其第 m 项的经验频率,可用下式估算：

$$P_m=\frac{m}{n+1} \quad (5.2.1—1)$$

式中　P_m——不小于某一流量变量 Q_m 的经验频率；

m——由大到小排位的顺序号；

n——系列的总年数。

2. 不连序系列

其经验频率可根据资料条件按下述方法之一估算：

1)实测值和特大值分别在各自系列中进行排位，其中实测系列的各项经验频率仍按式(5.2.1—1)估算，而调查期 N 年中的前 a 项特大洪水(无遗漏时)序位为 M 的经验频率为：

$$P_M=\frac{M}{N+1} \quad (5.2.1—2)$$

式中　M——历史特大洪水按递减次序排列的序位；

N——调查考证期。

2)将实测值和特大值共同组成一个不连序系列。不连序系列各项在调查期 N 年内统一排位，若 N 年中有特大洪水 a 项，其中有 l 项发生在 n_1 年实测系列之内，则 N 年中的 a 项特大洪水的经验频率仍可用式(5.2.1—2)估算，其余 (n_1-l) 项的经验频率可按下式估算：

$$P_{m_1}=\frac{a}{N+1}+\left(1-\frac{a}{N+1}\right)\frac{m_1-l}{n_1-l+1} \quad (5.2.1—3)$$

式中　P_{m_1}——实测系列第 m_1 项的经验频率；

a——在 N 年中连续顺位的特大洪水项数，包括发生在实测系列内的 l 项；

m_1——实测洪水的序位；

n_1——实测洪水系列项数；

l——实测洪水系列中抽出作特大值处理的洪水项数。

［**第 5.2.1 条解读**］

工程设计中常需知道某一指定频率 P 的水文特征值，一般就采用频率分布曲线。利用实测资料点绘的频率分布曲线称之为经验频率曲线。

1. 连序系列经验频率计算

实测和插补延长资料组成的系列，可看作是从总体分布中独立随机选择得到的。如果通过历史洪水的调查考证，在实测和插补延长的资料系列中，没有特大洪水值需提出作单独处理，而直接按各项洪水值的大小顺序统一排位，这样的样本称为连序系列。

设系列共 n 项，按由大到小的次序排列为 x_1、…、x_m、…、x_n。不小于 x_1 的数值出现的次数为 1，其频率为 $1/n$；等于和大于 x_2 的数值出现的次数为 2，其频率为 $2/n$；等于和大于 x_m 的数值出现的次数为 m，频率为 m/n，各随机变量经验频率可按下式计算。

$$P=\frac{m}{n}$$

式中 P——不小于 x_m 的经验频率，一般以%表示；

m——等于和大于 m 的出现次数，即样本系列随机变量 x 由大到小排列的序号；

n——样本系列的总项数。

上式只有在掌握的 n 项资料就是总体的情况下，计算结果才属合理。

随着观测年数增多总会有更小数值出现，因此公式 $P=\frac{m}{n}$ 需修正为如下公式。

$$P=\frac{m}{n+1}$$

上式称为数学期望公式，如有 100 年资料，第一项约为 100 年一遇，在工程设计中偏于安全，是我国水文计算中广泛采用的公式，已制成表格备查。

另外还有以下修正公式

海森公式 $$P=\frac{m-0.5}{n}$$

中值公式 $$P=\frac{m-0.3}{n+0.4}$$

上两式对系列第一项频率计算影响较大。海森公式只要有 50 年的系列资料，其第一位即为 100 年一遇；中值公式只要有 70 年的系列资料，其第一位即为 100 年一遇。故从安全考虑均不宜采用。

2. 不连序系列经验频率计算

若系列中包含有历史洪水考证的资料，则实测或调查到的特大洪水可在较长时间内进行排位，这种系列称为不连序系列（即特大洪水与一般洪水之间有空缺项），是一个不完全样本。历史洪水的调查考证多为不连序系列，其频率可按下列方法之一估算。

(1)方法一

将实测系列和特大值看作各自从总体中独立抽取的几个随机连序系列分别在各自系列中进行排位，实测系列的各项经验频率按式 $P=\frac{m}{n+1}$ 估算，调查 N 年中前 a 项无遗漏时的特大洪水，序位为 M 的经验频率 P_M 见式(5.2.1—2)。

某项特大洪水可以同时在两个时期内顺位时，其经验频率选取时期较长者，这样抽样误差较小。但一般对调查考证的时期越长，发生遗漏错误的可能性也越大，需具体分析。

(2)方法二

将实测系列和特大值共同组成一个不连序系列作为代表总体的样本，实测系列为其中的组成部分，从最远的调查考证年份迄今的时期内统一排位，估算其经验频率。设在调查期 N 年中，调查到为首的有 a 个特大洪水，其中 l 个发生在 n_1 年实测与插补系列之内，则 N 年中的 a 项特大洪水的经验频率仍用式 $P_M=\frac{M}{N+1}$ 估算。实测系列中其余的 (n_1-l) 项，抽样在总体内小于末位特大洪水条件下进行，其经验频率估算公式(5.2.1—3)。

如果 N 年之外尚有更远的 N' 年内的调查洪水，可同样将 N 与 N' 年组成不连序系列进行频率估算。

关于上述方法的适用条件一般按如下条件考虑：如实测资料代表性较好可采用方法一；如调查考证历史洪水资料较为可靠，且为首几项大洪水无遗漏时可采用方法二；也可参考经验频率点据的适线情况加以选用。

5.2.2　理论频率曲线线型

［第 5.2.2 条引文］

理论频率曲线宜采用皮尔逊Ⅲ型曲线，特殊情况经分析论证后也可采用其他线型。

[第 5.2.2 条解读]

按实测资料点绘经验频率曲线，并用经验频率曲线外延推求罕见频率的流量值，存在着任意性和精确度差的缺点。因此在水文计算工作中，常用数理统计中符合水文现象发生规律的某些曲线作为模型，使外延有了凭借。这些曲线并不具备水文上的理论，但在水文计算中广泛加以应用，称为理论频率曲线。

1. 曲线线型

我国采用皮尔逊Ⅲ型曲线(即 P-Ⅲ型曲线，图 5-3)作为洪水特征的频率曲线，它是一种概括性较强，适应性较人的频率分布线型，我国水文条件复杂，流域特征各异，洪峰流量多变且呈随机变化规律，如采用单一频率分布线型来描述各地资料的各种情况还不够完善。特殊情况可采用与经验频率点据相配合较好的其他线型。如克里茨基-闵凯里曲线(简称 K-M 曲线)、耿贝尔曲线等。

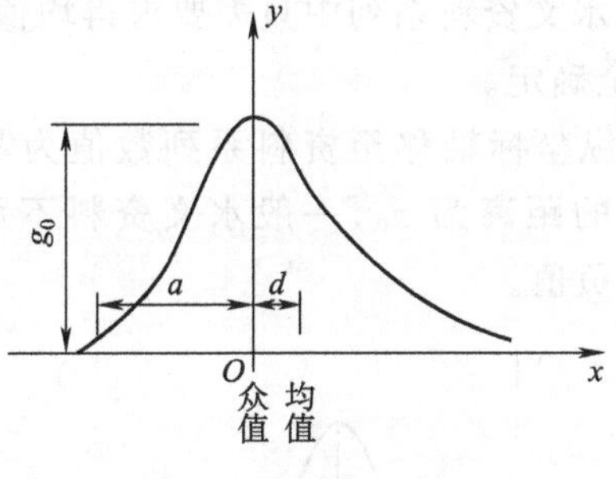

图 5-3 P-Ⅲ型曲线

(1)P-Ⅲ型曲线

P-Ⅲ型曲线是皮尔逊 13 种类型曲线之一，皮尔逊将很多经验资料统计整理后发现一些共同特性，即中间某组出现次数最多，两边出现次数逐渐减少，即 P-Ⅲ型曲线为一端有限、一端无限的偏态曲线。正偏态时一般为左端有限、右端无限的偏斜铃形曲线，基本符合水文现象的变化规律，曲线公式如下。

$$y=y_0\left(1+\frac{x}{a}\right)^{\frac{a}{d}}\mathrm{e}^{-\frac{x}{d}}$$

式中 y_0——众值处的纵坐标，众值是系列中出现次数最多的一个随机变量；

d——偏距，众值与均值之间的距离；

a——曲线起点与众值间的距离；

e——自然对数之底。

式中，y_0、a、d 等参数经过适当演算都可用统计学常用的变异系数 C_v、偏差系数 C_s 等表示，即

$$y_0=\frac{2C_s\left(\frac{4}{C_s^2}-1\right)^{\frac{4}{C_s^2}}}{C_V(4-C_s^2)\cdot e^{\frac{4}{C_s^2}-1}\Gamma\left(\frac{4}{C_s^2}\right)}$$

$$a=\frac{C_V}{2C_s}(4-C_s^2)\bar{x}$$

$$d=\frac{C_V\cdot C_s}{2}\bar{x}$$

以上各式说明，水文资料系列中只需要求得均值$\bar{x}$、C_v、C_s 三个参数，P-Ⅲ型曲线就可完全确定。

将图 5-3 改进，纵坐标轴移至资料系列数值为零处，如图 5-4 所示。设曲线始点与原点的距离为 a_0，一般水文资料不可能出现负值(如流量)，因此 a_0 必不为负值。

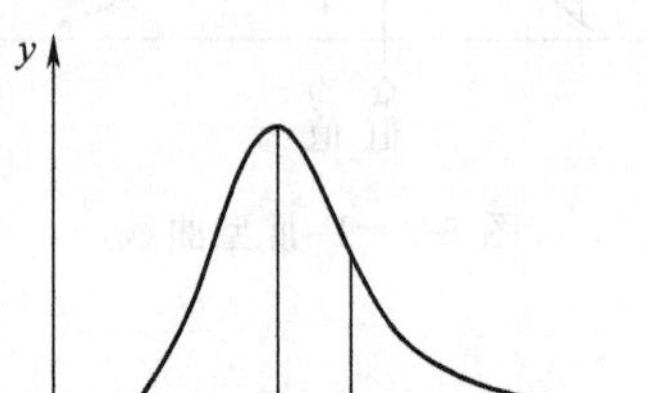

图 5-4　P-Ⅲ型曲线改进

$$a_0=\bar{x}-(a+d)=\bar{x}-\frac{C_V}{2C_s}\bar{x}\geqslant 0$$

故 $C_s \geqslant 2C_v$

如 $a_0=0$ 则 $C_s=2C_v$，称为 C_s 的下限；如 $C_s<2C_v$ 则 $a_0<0$，不符合一般水文现象规律；但当水位标高零点位置取得较高则会出现负水位，就

有 $a_0<0$ 时 $C_s<C_v$。

实测资料中的最小值一定大于长期资料中的最小值，即样本中的 a_0 一定大于总体中的 a_0。

设实测资料最小值为 a_{min}，则 $a_{min}\geqslant a_0$；

以 K_{min} 为样本中最小模比系数，即 $K_{min}=\frac{x_{min}}{\bar{x}}$ 代替 a_{min}，则 $K_{min}\geqslant 1-\frac{2C_V}{C_s}$；

由此得 C_s 的上限，即 $C_s\leqslant\frac{2C_V}{1-K_{min}}$；

所以在水文物理性质上，符合 P-Ⅲ型曲线的 C_s 必须满足 $2C_V\leqslant C_s\leqslant\frac{2C_V}{1-K_{min}}$。

如 $C_s\geqslant 2$ 则 $a\leqslant 0$，由图 5-4 可得此时曲线不呈铃形，呈乙字形，众值趋于无穷大，不符合水文现象一般规律。只有 $C_s<2$ 才能应用 P-Ⅲ型曲线。但实际工作中由于 C_s 很难确定，一般都借助于经验频率曲线位置来估定。

在水文统计法中需求的是，计算指定为某一频率 P 对应的变量 x_p，或某一变量 x 的频率 P，就需要借用 P-Ⅲ型曲线。P-Ⅲ型曲线公式经过一定演算后用统计参数表达，可用该式推求频率曲线纵坐标值 x_p。

$$x_p=(\phi C_V+1)\bar{x}=K_P\,\bar{x}$$

式中 x_p——频率为 P 的随机变量；

ϕ——离均系数，是频率 P 和偏差系数 C_s 的函数，$\phi=f(P,C_s)$；

K_P——模比系数，$K_P=\frac{x_p}{\bar{x}}=\phi C_V+1$。

其余符号意义同前。

(2)K-M 曲线

如前所述，当 $C_s<2C_v$ 则 P-Ⅲ型曲线下端出现负值，当 $C_s\geqslant 2C_v$ 则曲线不呈铃形而呈乙字形，不符合水文现象规律。为防止出现负值、适应 C_s 较大的情况，K-M 曲线两合作者提出用 $C_s=2C_v$ 的 P-Ⅲ型曲线为转换基础，P-Ⅲ型曲线可表示如下。

$$f(Z)=\frac{\alpha^{\alpha}}{\Gamma(\alpha)}Z^{\alpha-1}\mathrm{e}^{-\alpha Z}\quad\left(\alpha=\frac{1}{C_s^2 Z}\right)$$

令 $x=\alpha Z^{b}$　（α, b 为常数）

得到 K-M 频率曲线方程

$$f(x)=f(Z)\frac{\mathrm{d}Z}{\mathrm{d}x} \text{或} f(x)=\frac{a^{\alpha}}{a^{\alpha/b}b\Gamma(\alpha)}x^{\frac{\alpha}{b}-1}\mathrm{e}^{-\alpha\left(\frac{x}{\alpha}\right)^{1/b}}$$

用数理统计方法可得

$$a=\frac{\alpha^{b}\Gamma(\alpha)}{\Gamma(\alpha+b)}\bar{x}$$

$$C_{\mathrm{V}}=\sqrt{\frac{\Gamma(\alpha)\Gamma(\alpha+2b)}{\Gamma^{2}(\alpha+b)}-1}$$

$$C_{\mathrm{s}}=\frac{\dfrac{\Gamma^{2}(\alpha)\Gamma(\alpha+3b)}{\Gamma^{3}(\alpha+b)}-1-3C_{\mathrm{V}}^{2}}{C_{\mathrm{V}}^{2}}$$

从实测资料中求得 C_{s}，C_{v}、$\bar{x}$ 后可按上式求 α、b，随之确定 $a=\frac{\alpha^{b}\Gamma(\alpha)}{\Gamma(\alpha+b)}\bar{x}$，K-M 曲线可确定下来。用试算法求解 α、b 十分繁琐，为方便计算已制表可查。使用时根据 $C_{\mathrm{s}}/C_{\mathrm{v}}$ 和要求的 P 值查得模比系数 K_{P}，并求出 $x_{\mathrm{p}}=K_{\mathrm{P}}\bar{x}$。

苏联时期于 1957 年开始实行《河川水工建筑物设计中最大流量计算规范》(CH 2—57)，其中最大流量频率曲线主要推荐 K-M 曲线，但理论上缺点较多，各种数学探讨较繁复，某些情况下与数理统计概念不符，如 $C_{\mathrm{s}}/C_{\mathrm{v}}$ 较大则敏感性不强，误差增大。但适线上某种情况可能较 P-Ⅲ型曲线好些，尤其 C_{s} 较大时也能适用，是其他曲线所不及的。K-M 曲线的具体算法与 P-Ⅲ型曲线完全相同。

(3)耿贝尔曲线

耿贝尔曲线根据极值定理导出，有 n 年最大流量值就有 n 个最大项 x 组成一个分布。因最大项为极值，称为极值分布。极值分布有三种，耿贝尔用第Ⅰ型分析洪水频率，对于年最大流量而言，不低于某一给定变量 x 的频率如下。

$$P=1-\exp(-\mathrm{e}^{-y})$$

式中，$y=a(x-u)$，$a=\frac{\sigma_y}{\sigma_x}$，$u=\bar{x}-\frac{1}{a}\bar{y}$，$\sigma_x=\sqrt{\frac{\sum(x_i-\bar{x})^2}{n}}$，

$$\sigma_y=\sqrt{\frac{\sum(y_i-\bar{y})^2}{n}},\bar{x}=\frac{1}{n}x_i,\bar{y}=\frac{1}{n}y_i\ 。$$

可得 $y=-\ln[-\ln(1-P)]$

可见 y 仅与频率 P 有关，$\bar{y}$、σ_y 仅与 P 有关，即项数 n 的函数。确定 n 后由式 $P=\frac{m}{n+1}$ 列出 $\bar{y}$、σ_y 的关系，并制成表格。

可得 $x=u-\frac{1}{a}\ln[-\ln(1-P)]=\bar{x}+\frac{1}{\sigma_y}\{-\ln[-\ln(1-P)-\bar{y}]\}\sigma_x$

令 $\lambda_{pn}=\frac{1}{\sigma_y}\{-\ln[-\ln(1-P)-\bar{y}]\}$

则 $x=\bar{x}+\lambda_{pn}\sigma_x$

上式称为第Ⅰ型极值分布律，可查用已制成的表格。

耿贝尔曲线固定为 $C_s=1.14$，只有 $\bar{x}$、C_v 两个参数，计算简便但弹性不足，对样本适应性较差。我国现行海港水文规范要求，推算潮水位时应予使用。

5.2.3　用皮尔逊Ⅲ型曲线推算设计流量

[第 5.2.3 条引文]

用皮尔逊Ⅲ型曲线推算设计流量时，可先根据样本用矩法估算统计参数，并按适线法进行调整，再由调整后所确定的统计参数来推算设计流量。

1. 对于 n 年连序系列，统计参数可按下列各式估算：

流量均值
$$\bar{Q}=\frac{1}{n}\sum_{i=1}^{n}Q_i \tag{5.2.3—1}$$

标准差
$$\sigma=\sqrt{\frac{\sum_{i=1}^{n}Q_i^2-\frac{1}{n}\left(\sum_{i=1}^{n}Q_i\right)^2}{n-1}} \tag{5.2.3—2}$$

变异系数
$$C_V=\frac{\sigma}{\bar{Q}} \tag{5.2.3—3}$$

式中　Q_i——系列流量（m^3/s），$i=1,2,\cdots,n$。

其余符号意义同前。

2. 对于 N 年不连序系列，统计参数可按下列各式估算：

流量均值

$$\bar{Q}=\frac{1}{N}\left(\sum_{j=1}^{n}Q_j+\frac{N-a}{n_1-l}\sum_{i=l+1}^{n_1}Q'_i\right) \tag{5.2.3—4}$$

变异系数

$$C_V=\frac{1}{\bar{Q}}\sqrt{\frac{1}{N-1}\left[\sum_{j=1}^{a}(Q_j-\bar{Q})^2+\frac{N-a}{n_1-l}\sum_{i=l+1}^{n_1}(Q'_i-\bar{Q})^2\right]} \tag{5.2.3—5}$$

式中　Q_j——特大洪水流量(m^3/s)，$j=1,2,\cdots,a$；

Q'_i——一般洪水流量(m^3/s)，$i=l+1,l+2,\cdots,n_1$。

其余符号意义同前。

3. 统计参数适线调整时，流量均值 $\bar{Q}$ 可不调整；变异系数 C_V 值可在 $\pm\sigma_{C_V}$ 范围内调整，σ_{C_V} 的近似算式为

$$\sigma_{C_V}=\frac{C_V}{\sqrt{2n}}\sqrt{1+2C_V^2+\frac{3}{4}C_s^2-2C_VC_s} \tag{5.2.3—6}$$

式中，偏差系数 C_s 可直接参考相似流域统计经验资料，可为 C_v 的 2～5 倍。

根据统计参数估算值，查皮尔逊Ⅲ型曲线的离均系数 φ_p 值表或模比系数 K_p 值表，用下式计算各种频率流量 Q_p

$$Q_p=\bar{Q}(1+\varphi_p C_V) \tag{5.2.3—7}$$

或

$$Q_p=K_p\bar{Q} \tag{5.2.3—8}$$

根据各种频率流量值点绘频率曲线，检查此曲线与经验频率点据的适合情况。当适合情况较差，可调整 C_v、C_s 值，直至二者吻合较好为止。适线时应照顾全部点据，不能全部照顾时，应注意照顾上、中部点据，但不应机械地通过最大点据。

4. 设计流量计算可根据适线调整后的统计参数按式(5.2.3—7)或式(5.2.3—8)计算。

[第 5.2.3 条解读]

水文现象虽有共同的统计规律，但由于随机变量取值的不同，其频率的密度曲线和分布曲线具有各种不同的形态，有对称的、有不对称的、有分布较集中的、有分布较分散的，在水文统计法中，这种形态特征可用几个具体数值来反映，这些具体数值称之为统计参数。

1. 连序系列统计参数的估算

随机变量系列(如某水文站年最大流量观测值系列)的频率分布特征和频率分布曲线的形状,能够用该系列的几个数值特征值来确定。一般水文系列常用的统计参数有三个,即均值$\bar{x}$、变异系数C_v、偏差系数C_s。

(1)均值

系列中随机变量的算术平均值称为均值,以$\bar{x}$表示。说明系列的平均情况,表示系列总水平的高低,作为系列间数值大小的比较标准,数理统计法中称之为数学期望值。

设系列为 $x_1, x_2, \cdots, x_n$,其均值计算公式

$$\bar{x} = \frac{x_1 + x_2 + \cdots + x_n}{n} = \frac{1}{n}\sum_{1}^{n} x_i$$

各变量的出现次数不同,x_1 出现 p_1 次,x_2 出现 p_2 次,x_n 出现 p_n 次,$p_1 + p_2 + \cdots p_n = n$,则各变量对平均数的影响不同,均值应力系列中随机变量的加权平均值如下。

$$\bar{x} = \frac{x_1 p_1 + x_2 p_2 + \cdots + x_n p_n}{p_1 + p_2 + \cdots + p_n} = \frac{1}{n}\sum_{1}^{n} x_i p_i$$

水文统计法中对逐年资料选取年最大或最小的特征值进行统计,将随机变量视为等权,一般情况按 $\bar{x} = \frac{x_1 + x_2 + \cdots + x_n}{n} = \frac{1}{n}\sum_{1}^{n} x_i$ 计算。

天然河流中的丰水和枯水以不规则的周期交替出现,多年情况下系列足够长时,对一个固定的水文站均值趋于稳定,接近某一常数,可近似作为总体的均值。

系列随机变量系列的中值(中位数)和众值也可作为反映系列随机变量大小水平的特征值。中值是系列的中间项,随机变量的频率各占50%;众值是系列中频率最大的变量,即出现次数最多的随机变量。

中值仅与变量在系列中的大小次序位置有关,众值仅与本身频率有关,中值和众值与系列中其他随时变量无关。作为系列数值水平的特征,均值的代表性较好。

(2)变异系数

变异系数又称离差系数,以 C_v 表示。说明系列中各随机变量分布在均值两侧的离散程度。即以均值为中心来比较。系列中某 x_i 与均值 $\bar{x}$

之差称为离均差，简称离差。系列中各项离差之和正负抵消即 $\sum(x_i-\bar{x})=0$，采用离差平方的平均数即 $\frac{\sum_1^n(x_i-\bar{x})^2}{n}$ 来说明系列的离散程度。为保持原有单位，取开方根作为鉴定系列离散程度的参数，称为均方差 σ。

$$\sigma=\sqrt{\frac{\sum_1^n(x_i-\bar{x})^2}{n}}$$

上式仅能用于总体或用在 n 甚大时，系列项数短少时用下列修正公式计算。

$$\sigma=\sqrt{\frac{\sum_1^n(x_i-\bar{x})^2}{n-1}}$$

均方差能反映均值相同的各个系列的离散程度，但不能比较均值不同系列的离散程度，一般采用均方差与均值的比值作比较，该比值即为变异系数，为无因次的系数。

$$C_V=\frac{\sigma}{\bar{x}}=\frac{1}{\bar{x}}\sqrt{\frac{\sum_1^n(x_i-\bar{x})^2}{n-1}}=\sqrt{\frac{\sum_1^n\left(\frac{x_i}{\bar{x}}-1\right)^2}{n-1}}=\sqrt{\frac{\sum_1^n(K_i-1)^2}{n-1}}$$

（K_i 为模比系数）

根号内为平方值，故 $C_V\geqslant 0$

$\sum K_i=n$，故 $\sum(K_i-1)^2=\sum(K_i^2-2K_i+1)=\sum K_i^2-n$

因而

$$C_V=\sqrt{\frac{\sum_1^n K_i^2-n}{n-1}}$$

C_v 大则离散程度大。在水文现象中如对洪峰流量来说，该值大说明河流中洪水在年际间变化大。我国暴雨径流值分布大致为：山区河流大于平原河流；北方河流大于南方河流；流域面积小的河流大于流域面积大的河流；同一条河流上游大于下游。我国大多河流洪峰流量为 $C_v=0.2\sim1.5$。

(3)偏差系数

变异系数 C_v 只能反映系列的离散程度，但不能反映系列中大于均值的变量出现次数多还是小于均值的变量出现次数多。偏差系数正是可以表明这种对比情况的一个特征值，又称偏态系数 C_s，是衡量一个系列在均值两侧是否对称，或不对称（偏态）程度的一个参数。

测量偏度用 $\sum(x_i-\bar{x})^3$ 表示。离差三次方以后，大的更大，符号不变。对称分布（正态分布）时正负抵消，即 $\sum(x_i-\bar{x})^3=0$。不对称分布有两种情况，一种 $\sum(x_i-\bar{x})^3>0$，正值立方占优势，称为正偏分布，另一种 $\sum(x_i-\bar{x})^3<0$，负值立方占优势，称为负偏分布。偏差系数算式如下。

$$C_s=\frac{\sum_{1}^{n}(x_i-\bar{x})^3}{n\sigma^3}$$

由于 $\sigma=\bar{x}C_V$，引入模比系数 $K_i=\dfrac{x_i}{\bar{x}}$

$$\text{则 } C_s=\frac{\sum_{1}^{n}(K_i-\bar{x})^3}{nC_V^3}$$

由样本估算总体偏差系数 C_s 时，需将上式乘以修正系数 $\dfrac{n^2}{(n-1)(n-2)}\approx\dfrac{n}{(n-3)}$，则

$$C_s=\frac{\sum_{1}^{n}(K_i-1)^3}{(n-3)C_V^3}$$

利用上式由样本估算总体值 C_s 时，必须有100年以上的资料才能获得较满意的结果，实际上没有，并不用此式计算 C_s，而是采用 C_s 为 C_v 的某一倍数，通过配线加以确定。

水文现象中，一般出现大于均值的次数少但离差值大，出现小于均值的次数多离差值小。例如大洪水出现的机会比中小洪水出现少，故 $C_s>0$。

2. 不连序系列统计参数的估算

用P-Ⅲ型曲线推算设计流量时，先将系列资料（包括实测，插补延长

和调查资料)分别按年代顺序和流量递减顺序排列,计算各项流量资料的经验频率,绘成经验频率曲线以备适线,为求得理论频率曲线,需先定出三个统计参数$\bar{x}$、C_v、C_s的初试值,但适线时可能变动。矩法就是初试值统计参数估算的一种方法。

用矩法计算$\bar{x}$与C_v的初试值时,对于n年连序系列可由上述公式计算,对于不连序系列,如迄今的N年中调查考证到为首a项的特大洪水$x_j(j=1,2,\cdots,a)$,其中有l个发生在n年实测与插补系列中。

$$\bar{x}=\frac{1}{N}\left(\sum_{j=1}^{a}x_j+\frac{N-a}{n-l}\sum_{i=l+1}^{n}x_i\right)$$

$$C_V=\sqrt{\frac{1}{N-1}\left[\sum_{j=1}^{a}\left(\frac{x_j}{\bar{x}}-1\right)^2+\frac{N-a}{n-l}\sum_{i=l+1}^{n}\left(\frac{x_i}{\bar{x}}-1\right)^2\right]}$$

矩法计算中,通常参考地区统计经验选定一个C_s/C_v值,计算$\bar{x}$抽样误差小于其他方法,一般可不加修正。但若能判定样本偏丰或偏枯时也可适当改正。矩法计算的C_v可能略偏小,故可稍加大试算,调整范围可用矩法计算C_v时的抽样均方σ_{C_V}控制。

$$\sigma_{C_V}=\frac{C_V}{\sqrt{2n}}\sqrt{1+2C_V^2+\frac{3}{4}C_s^2-2C_VC_s}$$

$C_v\leqslant0.5$地区可试用$C_s/C_v=3\sim4$,$0.5<C_v\leqslant1.0$地区可试用$C_s/C_v=2.5\sim3.5$,$C_v>1.0$地区可试用$C_s/C_v=2\sim3$。

3. 统计参数抽样误差

(1)抽样误差的概念

水文现象是无限总体,能掌握的只是其中一个有限的样本,从总体中随机抽样取得,不能完全代表总体。水文计算就是通过样本计算得到的参数来估计总体,必然存在误差,称为抽样误差。

水文计算的误差主要来自两方面:一是水文资料观测、整编、计算过程中造成的误差;二是利用短期观测资料(样本)推算总体参数引起的抽样误差。前者将随着计算方法的改进以及对资料的反复审查,减少到最低程度;后者需通过分析计算予以修正。

水文计算中抽样误差计算是为检验水文计算的结果是否超出允许误差范围,或作为安全值以修正水文计算的结果。理论上,抽样误差只代表许多相同样本误差的平均情况且可正可负，实际计算中为增加安全，一般取正值。

(2)抽样误差的分布

若从总体中随机抽取 m 个样本，每个样本容量为 n，可分别算出每个样本的参数$\bar{x}$、σ、C_v、C_s 等，m 个样本就有 m 个相应的参数值。若以均值$\bar{x}$为例，有 m 个均值$\bar{x}_1\cdots\bar{x}_m$，各样本均值并不一定相等，为随机变量。样本均值$\bar{x}_i$ 与总体均值 x_0 之差 $\Delta\bar{x}_i$ 为抽样误差。

抽样误差 $\Delta\bar{x}_i$ 可以是任何值，每一数值都有一定概率，也是随机变量，称为抽样误差分布。其分布规律是在总体均值 x_0 附近出现的次数较多，距 x_0 越远，出现次数越少，一般近似认为是正态分布。

对样本均值$\bar{x}$的抽样误差分布，正态曲线$\bar{x}$为误差分布曲线时，统计参数$\bar{x}$、σ、C_v、C_s 的均方差分别表示为 $\sigma_{\bar{x}}$、σ_σ、σ_{C_v}、σ_{C_s}。

根据正态分布性质可得出各个统计参数的误差范围，以均值为例表示如下。

$$P(x_0-\sigma_{\bar{x}})<\bar{x}<(x_0+\sigma_{\bar{x}})=68.3\%$$

$$P(x_0-3\sigma_{\bar{x}})<\bar{x}<(x_0+3\sigma_{\bar{x}})=99.7\%$$

这意味着如果随机地抽取一个样本，以此样本的均值$\bar{x}$作为总体均值 x_0 的估计值，则$\bar{x}$落在总体均值左右一个均方误差 $\sigma_{\bar{x}}$ 范围内的概率为 68.3%，落在总体均值左右 3 倍均方误差 $3\sigma_{\bar{x}}$ 范围内的概率为 99.7%。通常称$\pm\sigma_{\bar{x}}$ 为一般误差范围，$\pm 3\sigma_{\bar{x}}$ 为最大误差范围。

(3)统计参数的误差公式

总体采用 P-Ⅲ型曲线分布时，可由误差理论得出统计参数$\bar{x}$、σ、C_v、C_s 的均方差计算公式。

$$\sigma_{\bar{x}}=\frac{\sigma}{\sqrt{n}}$$

$$\sigma_\sigma=\frac{\sigma}{\sqrt{2n}}\sqrt{1+\frac{3}{4}C_s^2}$$

$$\sigma_{C_v}=\frac{C_v}{\sqrt{2n}}\sqrt{1+2C_V^2+\frac{3}{4}C_s^2-2C_VC_s}$$

$$\sigma_{C_s}=\sqrt{\frac{6}{n}\left(1+\frac{3}{2}C_s^2+\frac{5}{16}C_s^4\right)}$$

实际工作中，统计参数的均方误常在选配频率曲线时作为修正统计参数的参考值。习惯上样本均值为$\bar{x}\pm\sigma_{\bar{x}}$，不是说某一具体样本的均值抽样误差就是$\pm\sigma_{\bar{x}}$，更不是说总体的均值可由此加减而得。不清楚总体情况时无法得知一个具体样本的抽样误差。

例如$n=15,C_v=0.6,C_s=1.2$，算出各统计参数均方误的相对值为$\frac{\sigma_{\bar{x}}}{\bar{x}}=15\%,\frac{\sigma_{C_V}}{C_V}=21\%,\frac{\sigma_{C_s}}{C_s}=103\%$。表明用短期实测水文资料推算的统计参数值很不稳定，其中$\bar{x}$及C_v的误差尚可，而C_s的误差特别大；要想求得比较稳定的参数值，各统计参数所需的最小观测年数不同。均方误与系列项数n的平方根呈反比，n愈小误差愈大，水文统计中常采用延长系列增加项数，以减小抽样误差。

推算桥涵的设计流量时，一般认为$\bar{Q}$(即均值$\bar{x}$)至少需要10～20年，C_v至少20～30年及以上，C_s至少100年以上。根据我国实际情况，$\bar{Q}$和C_v尚可利用公式计算，但资料必须具有较好的代表性，否则仍会产生很大误差。C_s则不能直接用公式计算，常采用适线法选定。

4. 适线法

用矩法公式计算的均值抽样误差较小，一般不加修正。矩法公式计算的C_v值一般常偏小，调整时可适当加大。通过适线可确定采用的统计参数$\bar{x}$、C_v和C_s/C_v，再按式(5.2.3—7)或式(5.2.3—8)求得指定频率的设计洪水流量。

适线法为根据P-Ⅲ型曲线计算设计流量时确定统计参数的一种方法，又称试错法。首先根据初步试选的统计参数绘出一条理论频率曲线，然后以该曲线与经验频率点群分布拟合最好为原则，反复调整统计参数，直到理论频率曲线与经验频率点群拟合满意为止，确定最终选用的统计参数，根据选定的三个统计参数计算给定频率的随机变量。

(1)采用矩法初步估计统计参数。由于含有系统计算误差，得到的频率曲线常与经验点据拟合较差，多数情况偏小，可将这些参数作为下一步适线调整的初始值。选择初始值是采用适线法估计参数的重要环节，矩法简单易行使用最广，但经验点据规律性较差，可采用其他方法以使适线迭代过程能迅速收敛。

(2)采用适线法来调整上述初步估计的参数，以期获得一条与经验点据拟合良好的频率曲线。目前我国实际采用的适线法有两种：一种是先选择适线准则（离差平方和或离差绝对值准则），然后求解相应的最优统计参数；另一种是经验适线法。

选择适线准则时应考虑洪水资料精度，并且便于分析求解。系列内各项洪水绝对误差较均匀时可考虑采用离差绝对值准则；不同量级的洪水（尤其历史洪水）误差较大时可考虑采用离差平方和准则。研究表明：洪水点据准确时，适线法能给出参数的准确解；点据不准确时，适线法能给出某种准则下统计参数的最优解。

经验适线法简易灵活，能反映设计人员的经验，但难以避免设计人员的主观任意性。而且为适线方便，按地区规律和经验拟定 C_s/C_v 适线时，应尽最照顾点群的趋势，使曲线通过点群中心。如点线配合不佳时可侧重考虑上部和中部的点据，并使曲线尽量靠近精度较高的点据。

(3)最后确定参数时为避免由个别系列引起的任意性，还应与本站长短历时洪量和邻近地区测站统计参数和设计值进行对比分析。分析中应注意各站洪水系列的可靠性、代表性及计算结果精度。通过上述初估、适线和综合对比分析，可得到比较合理、能满足工程设计要求的洪水频率曲线。

5. 各种频率流量 Q_P 计算公式

用统计参数表达 P-Ⅲ型曲线，推求频率曲线纵坐标 x_p。

$$x_p=(\phi C_v+1)\bar{x}=K_P\ \bar{x}$$

$$K_P=\frac{x_p}{\bar{x}}=\phi C_V+1$$

可得本规范公式 $Q_p=\bar{Q}(1+\phi C_V)$ 和 $Q_p=K_P\bar{Q}$，计算各种频率流量 Q_p。如 C_s 与 C_v 呈特定倍数比时，K_P 直接从本书附表 B-2 查用（即《铁路工程设计技术手册·桥渡水文》附表 1-11）。

采用矩法估算统计参数的优点是估算简便，计算公式与总体分布无关，缺点是 C_v、C_s 抽样误差较大。用适线法对估算的统计参数进行调整，将观测样本由大至小排列求出相应的经验频率并点绘，再按矩法估算的统计参数值为初始值，一定范围内调整 C_v、C_s 得到相应的理论频率曲线，选出与经验频率点据吻合较好的曲线，该曲线的 C_v、C_s 即为用来推算设计流量的统计参数。

调整统计参数进行适线时最好照顾点群趋势，考虑中上部分较大洪水点据。调查历史洪水应靠近精度较高的，不应机械地通过最大洪水点据。

5.2.4　调查历史洪水的河段选择

［第 **5.2.4** 条引文］

调查历史洪水的河段宜选在桥渡附近或居民集中的老居民点处。河道应选较顺直、规整、稳定，没有较大的支流汇入，河段内无壅水、回水和分流等现象，以及河床质组成与岸边植被情况比较一致处。受建筑物影响的地点宜避开。

［第 **5.2.4** 条解读］

调查的历史洪水位必须有代表性，应代表当时整个横断面的水位。

突入河道内的建筑物，其上游产生壅水或局部水位抬高，下游产生回流扩散。京原铁路拒马河 4 号桥右岸回流扩散区的水位比左岸顺直河岸高出 1.3～1.7 m，3 号桥右岸受水斜冲，水位比左岸高 3 m，只能假设横向水面由高至低直线变化。两岸都必须进行洪水位调查后取平均值，以河心水位代表当时整个横断面水位，计算过水断面的面积及流量比，用一岸水位代表整个水面更为合理。

如河段的两岸都很平顺而直，河岸水位将不产生壅水、回流扩散现象，河岸水位将会代表横向整个水面。洪水调查时，计算流量的河段要选择在顺直而有一定长度的河段，以减少洪峰流量计算误差。

当河岸为缓坡式斜坡，水流冲向斜坡时都要产生爬高，也是一种局部性水面抬高，不能代表过水断面。河床组成与岸边植被情况不一致时，岸壁及植被的影响主要表现为岸壁的平整程度，不规则的岸壁特性将减缓水流，使流线紊乱，加大水流阻力。不仅需要分析水位是否为最高，还应分析该水位是否代表过水断面的整个水面高程。

鉴于调查的历史洪水位必须具有代表性，以减小洪峰流量计算误差，本规范提出上述具体要求。

5.2.5　推算历史洪水流量的过水断面

［第 **5.2.5** 条引文］

推算历史洪水流量时采用的过水断面应垂直于水流方向，对断面内的死水、回流区面积应扣除，冲淤变化应更正。复式断面应按河槽和河滩分别计算。

[第 5.2.5 条解读]

当河道底坡均一、河段顺直、断面在较长河段内较规整时，常能近似形成恒定均匀流。即通过某一固定流量时，河底线、水面线、断面线三线基本平行，采用下式计算。

$$Q=\omega v$$

式中 Q——洪水流量；

ω——过水断面面积；

v——平均流速。

冲积扇上如取直水流，流向与两侧相差很大，必须沿地形等高线作折线断面，上式要求过水断面面积 ω 与流速 v 方向必须相互垂直。由于各向水深、水位、流速不一致，用洪水调查公式求流量很困难，只能在山口控制良好位置调查洪水位，或用其他间接办法求算流量。

冲淤严重的河道冲淤对计算洪水流量的影响应包括两方面，即历史洪水发生以来断面在年际冲淤的变化、一次洪水过程中的冲淤变化。断面年际冲淤变化的数量主要靠调查访问和文献资料考证等获得，年内一次洪峰过程中的冲淤变化数量主要通过实测资料分析计算来解决。当调查考证出河道断面的年际冲淤变化数量时，可将目前断面还原到历史洪水发生前的断面，然后再考虑历史洪水在一次洪水过程中的冲淤变化数量，并以之推求该历史洪水的洪峰流量。

推算历史洪水流量时，采用的过水断面应垂直于水流方向，对断面内的死水、回流区面积应扣除。

垂直于流向的断面称为河流的横断面。河床由河槽与河滩两部分组成，洪水期有底沙运动的部分称为河槽，无底沙运动的部分称为河滩。河滩上通常长有草类、树木或农作物，被洪水淹没的次数较少。河槽几乎每年都被洪水淹没，又有底沙运动，植物不易生长。河槽中较高的可移动的泥沙堆称为边滩，通常高于低水位而低于一般洪水位，其余的部分称为主槽。只有河槽而无河滩的断面称为单式断面，有河槽又有河滩的断面称为复式断面，具有明显的主槽与河滩。划分时如将河滩误为主槽会造成桥孔不恰当压缩。主槽与河滩的划分应结合底沙运动、河床地质、植被、水深等考察判别。

正确划分滩槽不仅是正确选择糙率，进行水文计算的基础，而且是正确设计桥梁长度和孔跨布置的基本依据。

上鹰铁路柳河 8 号桥原为 5—20 m，设计流量为 50 年一遇洪水，1958 年建成后洪水将桥冲毁。图 5-5 为该桥址的河床断面，为单式断面，可用统一的河床糙率。

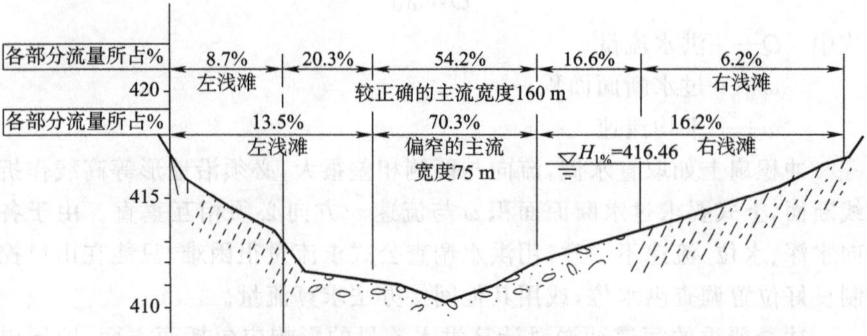

图 5-5　上鹰铁路柳河 8 号桥桥址河床断面

图 5-6 为白沙河大桥桥址断面，位于汇入岷江的河口三角洲上游。1960 年设计时 Q_p =1 452 m^3/s，选用 7-20 m 桥梁跨越左侧河槽。1961 年墩台建成尚未填筑路堤，发生 Q=922 m^3/s 洪水，断面有冲有淤。检算后设计流量增至 Q_p =1 690 m^3/s。若仍按上述河槽划分法，河槽流速将高达 5.65 m/s。后采用全为河槽，包括边滩在内的天然平均流速 3.28 m/s 为设计流速，向桥台后延长 4～20 m。

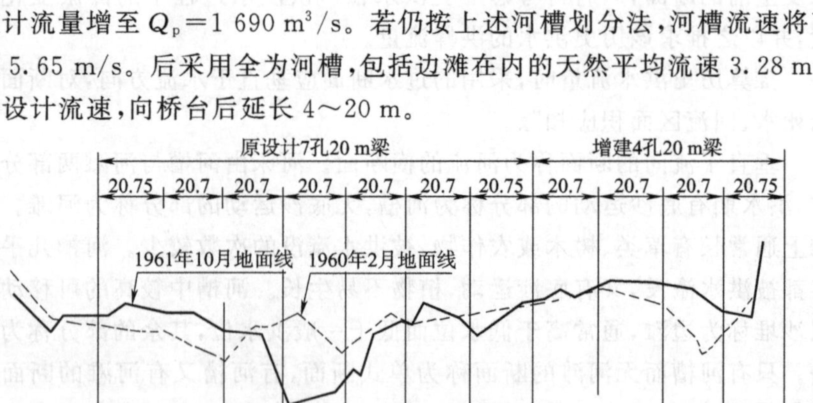

图 5-6　白沙河大桥的桥址断面(单位:m)

推算历史洪水流量时，复式断面按主槽、河滩分别计算。

5.2.6 推算流量所用的糙率

[第 5.2.6 条引文]

推算流量所用的糙率宜采用调查河段或其上、下游或其邻近地区水文站较大洪水实测资料分析求得的水位糙率关系曲线外延的数值。此时应注意外延部分断面特性有无变化和上、下游或邻近地区河段特征是否与调查河段相类似等因素；若无实测资料可按附录 D 选用。

[第 5.2.6 条解读]

1. 天然河流糙率的基本概念及影响因素

明渠渐变流基本方程式为

$$H_1+\frac{\alpha_1 v_1^2}{2g}=H_2+\frac{\alpha_2 v_2^2}{2g}+h_f$$

代入 $h_f=\frac{\lambda_l}{4R}\cdot\frac{v^2}{2g}$ 得

$$H_1-H_2+(\alpha_1 v_1^2-\alpha_2 v_2^2)/2g=\frac{\lambda_l}{4R}\cdot\frac{v^2}{2g}$$

设洪水时水流接近均匀流，则有 $\alpha_1=\alpha_2=100$，$v_1=v_2$，$H_1-H_2=\Delta h$，得

$$I=\frac{\Delta h}{l}=\frac{\lambda}{8g}\cdot\frac{v_2}{R}$$

即

$$v=\sqrt{\frac{8g}{\lambda}}\cdot\sqrt{RI}=C\sqrt{RI}$$

式中 C——谢才系数，为有因次量，

$$C=\frac{1}{n}R^{\frac{1}{6}}$$

其中 n——满宁系数，又称糙率、满宁粗糙系数，也为有因次量，$n=\sqrt{\frac{\lambda}{8g}}R^{\frac{1}{6}}$。

可见 n 不仅与河床湿周表面粗糙程度的阻力系数 λ 有关，且与水深有关；在非均匀流中还与动能变换的水头损失有关。反映了水流自上游断面至下游断面过程中所有能量损失的综合指标。可得 $n=f$(河床边界

阻力，水深，动能变换的水头损失，河道平面形态阻力损失等）。

公式 $C=\frac{1}{n}R^{\frac{1}{6}}$ 中含有糙率 n 的基本概念，影响因素分析如下。

(1)河床边界阻力（由河底阻力、河岸阻力构成）

①河底阻力（由河滩阻力、河槽阻力构成）

河滩阻力的影响因素为地形地貌、地物植被等。河槽阻力又由定床阻力、动床阻力构成：定床阻力为河底表面颗粒阻力；动床阻力又由表面阻力、沙波形态阻力构成。

②河岸阻力（水流浸没的）

考虑岸壁粗糙、山区峡谷河段最为明显，平原宽浅河段可不计此部分，河道的急弯、卡口、扩散、收缩等河道形态变化造成的能量损失可计入动能变换的水头损失内。

(2)动床阻力

$$v=A\left(\frac{R}{d}\right)^{y}\sqrt{RI}\quad（满宁-斯垂克公式）$$

将 $y=1/6$ 代入，得 $n=\frac{d^{\frac{1}{6}}}{A}$

式中　d——平均粒径；

　　A——与河床阻力有关的系数。

当河床出现泥沙运动，床面出现沙波后，除了沙波表面的沙粒阻力外，还有不同形状沙波、沙纹、沙垄、沙浪对水流造成的形态阻力，用 v/v_0 反映河床上泥沙运动强度。南京水利科研所整理了长江、黄河及赣江等资料，求得 $A-v/v_0$ 关系图。对于长江取 $y=1/6$，对于黄河及赣江取 $y=1/5$。由关系图可得：

$v/v_0<1.0$ 时，$A=d^y/n=20.0$，$n=d^y/20$（定床）；

$v/v_0=1.0\sim2.0$ 时，$n=d^{1/6}(v/v_0)^{3/2}/20$（动床）；

$v/v_0=2.0\sim20$ 时，$n=d^{1/6}/3.9(v/v_0)^{2/3}$（动床）。

使用时可取 $y=1/6$ 或 $y=1/5$，算出的糙率 n 可与规范参照选用。

(3)动能变换的水头损失 Δh

$$\Delta h=\frac{\alpha_1 v_1^2-\alpha_2 v_2^2}{2g}$$

由该式可见，只要河段出现使断面上流速分布变化，如河段有收缩、扩散、弯曲、陡降、底坎、孤石、漩涡、横流、回流等情况，都会有动能变化产生能量损失，使 n 增大。但有的显著，有的微弱，选用 n 时可适当考虑。

(4)水深的影响

由上面的分析可看出，糙率 n 与水深 h 呈正比，通常 $y=1/5\sim1/6$。河岸比较平顺整洁的河段，n 随水深的增大很不明显，可视为定值。但在河岸参差不齐，岩石突出等岸壁极粗糙的河段，n 会随水深有明显的增大。在有些细沙河流上，洪水时河床上的沙波被冲平，出现整平床面，且床面上有一层细沙推移质移动，这时的动床阻力可能很小，出现 n 随水深而减小的所谓逆反现象。

如单纯点绘一个站的 n-h 关系图，会出现上述三种可能，其中并不完全反映 n-h 关系，很大一部分反映了河流形态、边壁情况，以及河床表面形态变化对 n 的影响。

2. 由实测流量资料推算洪水糙率

调查河段有水文站时，可利用实测流量成果结合河段形态，确定设计洪水位时的综合阻力系数 $mI^{1/2}$，$m=\dfrac{1}{n}$。

(1)在实测流量成果表上选择几场涨落过程比较完整的大洪水资料，摘取洪水涨落时刻相应的水力要素 H、Q、ω、$\bar{v}$、$\bar{h}$、B 等资料。

(2)按下式计算综合阻力系数

$$mI^{\frac{1}{2}}=Q/\omega R^{\frac{2}{3}} \text{ 或 } mI^{\frac{1}{2}}=\bar{v}/R^{\frac{2}{3}}$$

式中　$\omega,\bar{v},R$——实测流量 Q 时相应的过水面积、断面平均流速、水力半径，$R=\dfrac{\omega}{P}$，P 为湿周。

测流断面近似为矩形时，$P=B+2\bar{h}$；$B/\bar{h}>20$ 时，$P=B$；一般情况按 $P=B+\bar{h}$ 计算，B 为水面宽，$\bar{h}=\omega/B$ 为平均水深，或利用水文站断面计算。

(3)根据各级水位下计算 $mI^{1/2}$，点绘 H-$mI^{1/2}$ 关系，如图 5-7 所示。

(4)根据 H-$mI^{1/2}$ 即 H-$\dfrac{1}{n}I^{1/2}$ 关系的点群分布趋势，确定高水位时的 $mI^{1/2}$。

当桥址位于水文站上，下游附近、区间无较大支流汇入，在桥址河段能调查到与水文站实测期内同年大洪水的水位痕迹时，可利用水文站实测洪峰流量及桥址河段断面要素，用 $mI^{\frac{1}{2}}=Q/\omega R^{\frac{2}{3}}$ 推求 $mI^{\frac{1}{2}}$，然后根据调查到的水面比降求得糙率系数。确定采用 m 之前，注意水文站河段与桥址河段特性是否类似。

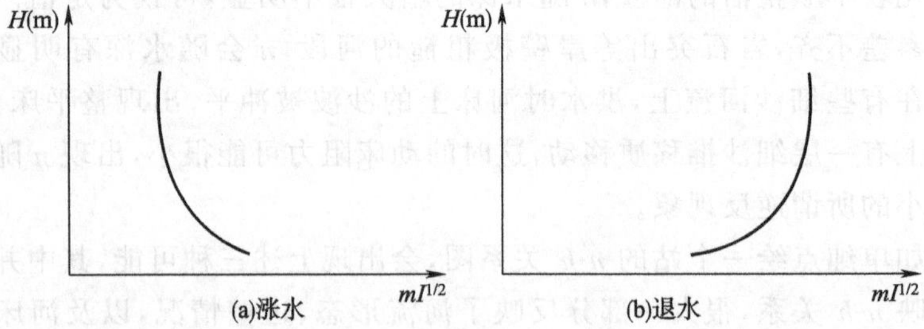

图 5-7　$H\text{-}mI^{1/2}$ 关系

3. 规范化糙率系数表

(1)演变过程

20 世纪 60 年代初，我国铁路和公路水文工作者组织大协作，分地区分批调查分析了大量各类河段上水文站的资料。编制各地区河流洪水糙率系数表。包括对河段特征的描述、洪水坡度变化范围、河床泥沙及平均粒径变化范围、宽深比($H=B/h$)变化范围、含沙量变化范围、各级水深时的糙率系数$\left(m=\frac{1}{n}\right)$值。包括西北、西南、华北、东北、中南、华东地区的河流洪水糙率系数表，以及中南、华东地区的河滩洪水糙率数表。于 1961—1964 年编制，纳入《公路桥位勘测设计规程(试行)》(JTJ 062—82)、《铁路工程设计技术手册·桥渡水文》和《铁路桥梁检定手册》。

上列糙率系数表覆盖了全国大部分地区，此表刊布后很快推广使用，但因篇幅过大且分区分级太多太细，有时导致难以选择。

1986 年编制规范时，由原主编者进行了归纳，取消了地区划分。按河流状态、河床特点、岸壁情况描述河段，给出河槽$\frac{1}{n}$值，即《规范》(TBJ 17—86)附表 4-1，给出河滩部分的糙率系数即附表 4-2，便于查用。本规范沿用上述河流洪水糙率系数，见本规范附录 D 系数表 D. 0. 1、D. 0. 2。

(2)河槽、河滩的糙率系数

当调查河段无水文站实测资料可利用时，可查本规范附录D。河槽糙率系数见表5-3，河滩糙率系数见表5-4。

表5-3　河槽糙率系数

河段平面及水流状态	河床质的组成及起伏情况	岸壁及植被情况	$\frac{1}{n}$
河段顺直或下游略有扩散，断面宽敞、规则、水流通畅的河段	砂质或土质河床，河底平顺	平顺的土岸或人工堤防	55(45～65)
		略有坍塌的土岸或长稀疏杂草的平顺土岸	50(40～60)
	卵石、圆砾河床，河底较平顺	砂、圆砾河岸或平整的岩岸	45(36～54)
		不够平整的岩岸或长中密灌丛的河岸	40(32～48)
	卵石、块石河床；长水生植物的河床	不平顺的砂砾河岸；风化剥蚀的岩岸	35(28～42)
		不平顺的岩岸或长中密灌丛的河岸	30(24～36)
河段上、下游接弯道或下游有卡口、支流汇入等来水影响；复式断面河段；水流不够通畅的河段	砂、圆砾河床，边滩交错	有坍塌的土岸或砂砾河岸；风化岩岸	45(36～54)
		不平顺的岩岸或长中密灌丛的河岸	40(32～48)
	卵石、圆砾河床，不够平顺；长中密水生植物的河床	岩岸或不平顺的卵石、圆砾河岸	35(28～42)
		不平顺的岩岸或长中密灌丛的河岸	30(24～36)
	卵石、块石，漂石河床，间有深坑、石梁或生长水生植物的河床	参差不齐的卵石、圆砾河岸或土岸略有凹凸的岩岸	25(20～30)
		参差不齐的岩岸或灌木丛生的河岸	20(16～24)

续上表

河段平面及水流状态	河床质的组成及起伏情况	岸壁及植被情况	$\frac{1}{n}$
山区峡谷河；急弯间的河段或弯曲河段；阻塞的复式断面河段水流曲折不畅、流向紊乱的河段	砂、圆砾河床，边滩，沙洲犬牙交错	人工堤防强制弯曲者	35(28～42)
		有矶石或丁坝挑流者	30(24～36)
	卵石、圆砾河床，起伏不平，或长水生植物河床	参差不齐的卵石、圆砾河岸或长中密灌丛的河岸	25(20～30)
		参差不齐的岩岸或灌木丛生的河岸	20(16～24)
	卵石、块石、大漂石河床，石梁、跌水、孤石交错，或水生植物稠密，阻水严重的河床	参差不齐的岩岸或灌木丛生的河岸	15(12～18)
		两岸时有岩嘴突出，很不平顺，形成强烈斜流、回水、死水的河岸	12(10～14)

注：1. 采用满宁糙率 n 的倒数 $1/n$ 作为统计分析值。因此，从本表查得的 $\frac{1}{n}$ 值，必须用满宁公式计算断面流速系数，即 $C=\frac{1}{n}R^{\frac{1}{6}}$；断面平均流速用 $\bar{v}=C\sqrt{RI}$ 式计算。

2. 表中描述的河段长度一般为 4～8 倍高水时的河宽，但不应小于 300 m。

3. 河床质组成分类(平均粒径变幅)：砂(0.05～2.00 mm)，圆砾(2～20 mm)，卵石(20～200 mm)，块石、漂石(200 mm 以上)。

4. 表中值当洪水坡度变化在千分之一以上者，可采用括号内较低的数值；洪水坡度变化在万分之一以下者，可采用括号内较大的数值。

5. 测流河段的形态是千变万化的，可以形成各种各样的组合。应用时首先弄清调查工点的河段平面和水流状态属于表列三类中的哪一类，其次才是河床质的组成和起伏情况，岸壁及植被情况是第三位的。调查工点的河段特性若与表列的组合方式不尽相同，可根据实际情况对表列数值适当调整。

表 5-4　河滩糙率系数

滩地植被情况	平面及水流状态	$\frac{1}{n}$
基本无植物或仅生稀疏草丛的河滩	平面顺直，纵向平坦，水流通畅，没有串流且滩宽不大者	25(20～30)
	下游有束水影响，水流不够通畅水流虽通畅但河滩甚宽者(滩宽在槽宽的 3 倍以上)	20(15～25)

续上表

滩地植被情况	平面及水流状态	$\frac{1}{n}$
长有中等密度植物或垦为耕地的河滩	下游无束水影响，河滩甚宽或有束水影响，滩宽较窄	15(12～18)
	平面不够顺直，下游有束水影响，河滩甚宽	10～13
长有稠密灌木丛或草林木丛生，阻水严重的河滩		7～10

注：1. 稀疏杂草或灌丛；人行其中无阻碍；中密灌丛或农作物；人行其中多受阻碍；稠密灌丛；人难入其中。
2. 其余同表 5-3 注。

(3)糙率系数的选用注意问题

①注意糙率系数适用条件

在洪峰流量的计算中常以满宁公式来计算，公式中的糙度值是确定流量精度关键的参数，代表水流周界的粗糙程度的一个经验系数，是河道对水流阻力程度的反映。由于满宁公式适用于稳定的均匀流条件下，一般天然河道不容易满足公式的边界条件，要求糙率系数满足一定条件才适用。它与河段顺直，弯曲或收缩扩张有关；与组成河床的颗粒大小和岸壁性质有关；也与河道内的植被、水深、比降、泥沙含量有关，是一个综合的流速系数。

根据这些条件为满足天然河道的边界条件，各水文站通过实测分析统计了大量的资料，列出了各地区不同河流特征的洪水糙率系数。本规范附录 D 的糙率值表即是综合若干单位从实测资料分析而成，供桥渡勘测查用。

但实际应用中常会不注意糙率系数的使用条件，选用的糙率值在某种程度上失去一定的含义，洪峰流量的计算成果也会不符合实际。

②注意调查河道的平面和水流状态

糙率系数根据河道的平面和水流状态、河床质的组成和起伏情况、岸壁和植被情况来选择，只笼统以桥址处的河道顺直与弯曲、河道的床质与植被情况确定糙率值是不恰当的。要正确辨别河道的平面状态，应遵照规范要求各类河段的长度应符合 4～8 倍洪水时的河宽，且不小于 300 m

的情况划分。河段的顺直或弯曲除对洪水位的高度有影响，对选用糙率值也有影响。由表5-3看，河床质和植被情况相当，不同河段平面和水流状况的河床，糙率相差10倍。当在同一水深和过水断面情况下，对计算的流速系数均产生影响，断面越大、水深越深，其洪峰流量值就影响越大。因此应注意洪水期的河段情况调查，掌握河段的平面和水流状态，辨别河段所属类型，根据河床质、植被、岸壁情况选用糙率值是符合实际的。勘测中常以糙率均值来选用，一定情况下会对流量的计算成果有影响，应注意洪水坡度对选用糙率的影响，才能满足用满宁公式计算断面的流速系数。

糙率表反映出同类河段平面及水流状态的糙率坡度变化影响范围最大20～12，最小14～4，坡度越大则影响数值越大，平原顺直或弯曲的河段比山区峡谷河段影响更突出，对洪水时洪峰流量影响更大，应结合洪水坡度确定糙率。

③注意复式河槽糙率的选用

选用复式河槽断面的糙率时要注意滩、槽的划分范围。由于其河床特征不同，糙率相差很大，影响流量计算效果。一般情况下人工开挖的河槽，滩槽划分比较明显，而一些天然河槽，尤其在平原地区宽浅的河槽就不容易划分了。桥渡勘测中，常以调查实测中低水位时的水流位置和水深来划分，认为主槽与滩地当水深变化较大时为分界的范围。大洪水时由于河槽的形态影响，水流状态发生变化，水深也随河床的形态在变化。如仍按中低水流时的水流位置和水深来划分是不准确的。滩槽的划分应以洪水时水流运动使河床发生的变化情况来确定。规范明确说明：发生底沙运动部分河床为河槽；洪水流过而不发生泥沙运动的部分河流泛滥，为河滩，一般种有作物或有茂密的植被。根据这个意义，确定复式河槽断面的滩槽糙率时，需详细调查了解洪水发生时的河床变化，掌握底沙运动情况，划分滩槽范围来选用糙率。还需调查河床质的组成和植被情况，注意河床质、植被的生态变化对糙率选用的影响，期待其满足满宁公式的边界条件。

5.2.7 推算流量所用的水面坡度

[第5.2.7条引文]

推算流量所用的水面坡度应以可靠或较可靠、代表性较好的洪痕点，参照测绘时的水面线、河底线及近期实测的大洪水或中、高水的水面线，从考虑河段地形影响而绘制的洪水水面线计算得到。

[第5.2.7条解读]

根据历史洪水调查资料推算洪峰流量时，应按洪痕点分布及河段的水力特性等选用适当的方法。当调查河段无实测水文资料，一般可采用比降法，比降法中应注意有效过水断面、水面线、河道糙率等基本数据的准确性。如断面及河段条件不适于用比降法计算时，可采用水面曲线法。当调查河段有实测水文资料，或有条件能参照上下游水文站实测资料建立调查河段水位流量关系时，则可采用水位流量关系曲线外延办法推求洪峰流量。调查河段具有良好的控制断面如急滩、卡口，堰坝等时，则可用水力学公式计算，可较少依赖糙率，成果精度较高。由洪痕推算洪峰流量，采用不同的算法会得出不同结果。

采用比降法计算洪峰流量的可靠程度可参照表5-5来评定，对于采用其他方法推求的洪峰，可参照此表原则予以评定其可靠程度。可看出水面坡度可靠程度对推算流量可靠程度评定的影响。

表5-5　洪峰流量可靠程度评定标准

评定因素	可靠	较可靠	供参考
推流断面水位	代表性好的可靠洪痕位在断面线上	代表性好的可靠洪痕距离较远，或水面线依据较可靠点绘制	洪水位是由水面线延长而得，或水面线是依据洪痕参考点绘制
推流断面和河段情况	断面较规整且稳定，河段顺直较长	断面尚规整，冲淤变化不大，河段尚顺直	断面不规整，冲淤变化较大，河段弯曲
糙率的选定	河床质和河道中植被情况清楚，由实测资料或参照选定糙率数据合理	河床质和河道中植被情况基本清楚，糙率选定基本合理	河床质和河道中植被情况不够清楚，糙率根据经验选定，精度较差
洪水水面线情况	根据数量多，精度高，上下游分布均匀，代表性好的洪痕确定，经分析比降合理	根据数量较多，精度较好，上下游分布尚均匀，代表性较好的洪痕确定，经分析比降合理	根据数量少，精度差，上下游分布不均匀，代表性不好的洪痕确定，经分析比降基本合理
成果经分析比较	无不合理现象	无大的矛盾，成果基本合理，存在问题较少	矛盾较大，成果不甚合理，存在问题较多

历史洪水的水面线，应根据那些可靠程度较高和代表性较好的洪痕点，适当参照河底线，中水、高水或近期大洪水的水面线绘制，并适当考虑河段地形等因素的影响。河段上下游地形与调查河段的水面比降有如下一般关系。

1. 上下游河段地形较陡，调查河段地形平缓，则比降随水位的上升而加大；反之，比降随水位的上升而变缓。

2. 调查河段位于压缩地段，上下游都比较开阔时，则水位愈高比降愈陡。

3. 如果下游有石梁或急滩，则低，中水位比降较小，高水位比降加大。

4. 调查河段下游有急弯时，水位上升比降变缓。

5. 愈到高水位时，各次洪水水面线之间逐渐趋于平行。

若两岸均有洪痕，均能绘出水面线时，则应分别绘制水面线，而以能代表主流一岸的水面线为准。所谓代表性，系指能否代表同断面的主流水位而言，许多实际资料表明，一般是涨水时主流水位高于两岸，落水时两岸水位高于中泓，屋外水位高于屋内。迎水面水位高于背水面，在确定水面线时对每一洪痕点的高度都应考虑其代表性。河湾两岸的水位，因受离心力的作用而产生横比降，凹岸水位高于凸岸水位，其超高值可用下述近似公式估算。

$$\Delta H=\frac{\bar{v}^2 B}{gR}$$

式中 $\bar{v}$——断面平均流速；

B——洪水水面宽度，如果滩地有密草、丛林或死水时，应当为扣除该部水面宽后的数值；

R——河道的曲率半径，$R\approx\frac{R_0+r_0}{2}$；

R_0——凹岸曲率半径；

r_0——凸岸曲率半径。

水位改正值取 $\Delta H/2$。

桥下设计水位应以桥址河床横断面计算，或上下游水文断面计算后，按照水面坡度推移至桥址，并需相互核对，如仅按一个水文断面反求水位，又以不大准确的河床纵坡推算桥下设计水位常导致较大误差。

5.2.8 调查河段实测资料

[第 5.2.8 条引文]

调查河段有条件参照上、下游水文站的实测资料，建立河段水位流量关系时，可根据调查水位采用水位流量关系曲线外延来推算流量。

[第 5.2.8 条解读]

当有实测资料的河段均匀顺直，断面较稳定，不受下游变动回水影响，其水位流量关系呈单一关系者，可以根据具体情况利用以下几种方法外延。

1. 外延水位-流速的关系

河床比较稳定，河槽形状没有特殊变化时，对位流速关系点常较集中，曲线趋势明显，一般高水位的水位流速关系曲线常趋近于直线，且与纵轴接近平行，据此可延长水位流速关系曲线，再利用水位断面面积关系曲线，求得需要延长部分的断面面积数值，将延长部分的流速和断面面积相乘就可延长水位流量关系曲线，如图 5-8 所示。

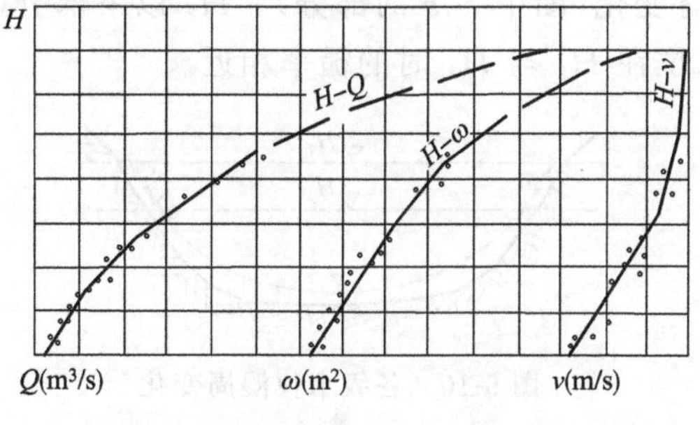

图 5-8　外延长水位-流量关系曲线

2. 用 $H\text{-}\frac{1}{n}I^{1/2}$ 法延长

在河道整齐顺直，断面变化均匀时，高水部分 $\frac{1}{n}I^{1/2}$ 值接近常数，这是由于高水时比降和糙率较为稳定。

(1)高水时比降较为稳定

在低水时，水面比降受河床的局部起伏影响较显著，河底坡度较缓的地方，水面比降也缓些，河底坡度较陡的地方，水面比降也陡些，而在高水时，河床情况的影响不显著，水面上下拉平，水面比降接近于河床平均比降，故较稳定，河床整齐时尤其如此，如延长水位流量关系曲线(图 5-9)。

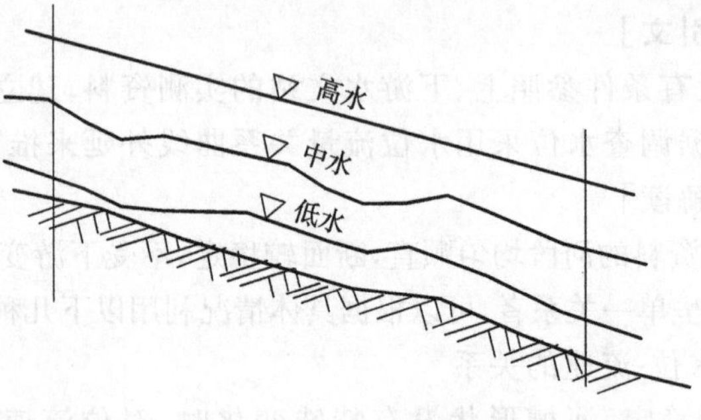

图 5-9　各级水位水面线受河底的影响示意

(2)高水时糙率较为稳定

糙率在某种程度上决定于湿周的粗糙情况，断面整齐时，高水时水位的变化所引起的湿周的变动不大，如图 5-10 所示，水位由 H_2 变为 H_1，湿周只有两岸有变化(图中 a、b 两部分)。H_2 以下部分(图中 c 部分)完全一致，可见水位在 H_2 与 H_1 时的糙率相近。

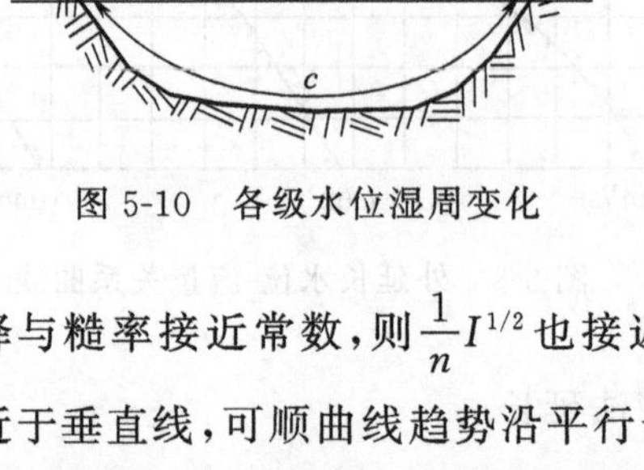

图 5-10　各级水位湿周变化

设高水时的比降与糙率接近常数，则$\frac{1}{n}I^{1/2}$也接近常数，H-$\frac{1}{n}I^{1/2}$关系线在高水部分接近于垂直线，可顺曲线趋势沿平行于纵轴的方向延长高水部分，再根据实测大断面资料计算各级高水位时断面面积与平均水深，由 H-$\frac{1}{n}I^{1/2}$关系曲线查得$\frac{1}{n}I^{1/2}$，用 $Q=\omega R^{2/3}$ 计算流量，可得高水位流量关系曲线，如图 5-11 所示。

在复式河槽高水有浸滩现象时，应用本法延长河槽，与漫滩流量分别计算。

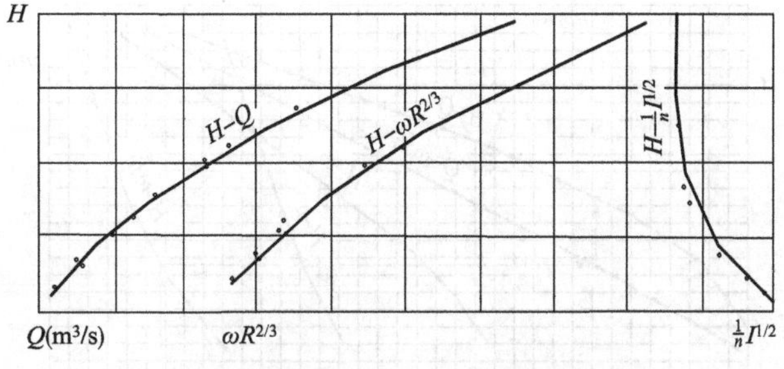

图 5-11　高水位 $H-\dfrac{1}{n}I^{1/2}$ 关系曲线

3. 用 Q-$\omega R^{1/2}$ 法延长

流量公式 $Q=C\omega\sqrt{RI}$ 即 $Q=C\sqrt{I}\cdot\omega\sqrt{R}$，式中 C 包含糙率与平均水深两个因素，设糙率为常数，可得 C-R 关系曲线如图 5-12 所示。R 愈大，曲线愈趋近垂直，如用满宁公式，为 3.3、4.3 m 时 C 值相差不到 5%，高水时 I 较稳定。而糙率由于两岸可能丛生植物或不甚平坦，其值略大接近常数。R 超过 3.3 m 时可认为 $C\sqrt{I}$ 值为一常数 K。

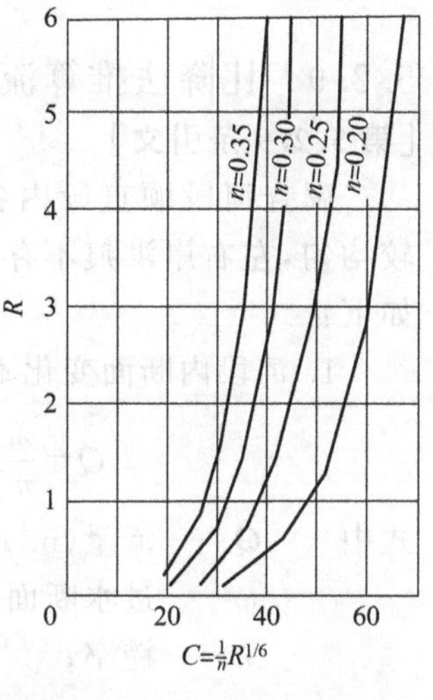

图 5-12　C-R 关系曲线

$$Q=K\omega\sqrt{R}$$

水面很宽时 $Q=K\omega\sqrt{h}$

由于 K 为常数，高水位部分 Q-$\omega\sqrt{h}$ 呈线性关系，实测部分的 Q-$\omega\sqrt{h}$ 关系曲线直接延长，然后以不同高水位 H 在 Q-$\omega\sqrt{h}$ 关系曲线上求出 $\omega\sqrt{h}$，再以所得 $\omega\sqrt{h}$ 在 Q-$\omega\sqrt{h}$ 关系曲线上求得相应流量 Q，以所求得的各水位流量值点绘在原水位流量关系图上，可将水位流量关系曲线延长，如图 5-13 所示。

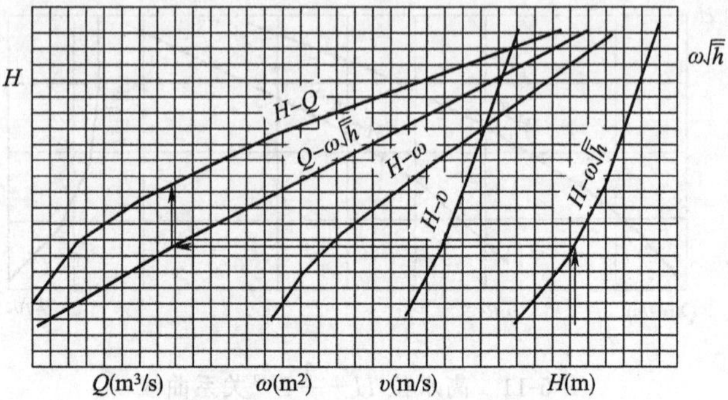

图 5-13　用 $Q\text{-}\omega R^{1/2}$ 法外延水位流量关系曲线

5.2.9　比降法推算流量

[第 5.2.9 条引文]

调查河段顺直段内各断面的组成基本一致，调查到的洪痕点分布较均匀，左右岸洪痕不存在横向坡度时，流量可采用比降法推算，方法如下：

1. 河段内断面变化不大可近似按下式计算(恒定均匀流)：

$$Q=\frac{\omega}{n}R^{2/3}\cdot I^{1/2}=KI^{1/2}=K\sqrt{\frac{\Delta H}{L}} \qquad (5.2.9—1)$$

式中　Q——流量(m^3/s)；

ω——过水断面面积(m^2)；

n——糙率；

R——水力半径(m)，$R=\frac{\omega}{p}$

其中　p——过水断面湿周(m)；

ΔH——水面落差(m)；

L——河段长度(m)；

I——水面坡度；

K——输水率(m^3/s)，当采用两个断面计算时，K 值应为上、下断面的算术平均或几何平均值，复式断面滩槽的 K 值应分别计算。

2. 河段为扩散河段或收缩河段可采用下式计算(恒定非均匀流)：

$$Q=\overline{K}\sqrt{\frac{\Delta H}{L_{\mathrm{d}}-\frac{1\pm\zeta}{2g}\left(\frac{\overline{K}^2}{\omega_1^2}-\frac{\overline{K}^2}{\omega_2^2}\right)}} \tag{5.2.9—2}$$

式中 $\overline{K}$——上、下断面输水率的平均值；

ω_1,ω_2——上、下断面的有效过水断面面积(m^2)；

ζ——局部水头损失系数，收缩河段 $\zeta=0\sim0.1$，逐渐扩散河段 $\zeta=0.3\sim0.5$，突然扩散河段 $\zeta=0.5\sim1.0$，式中收缩河段用 $1+\zeta$，扩散河段用 $1-\zeta$；

L_{d}——上、下断面间距(m)。

其余符号意义同前。

[第 5.2.9 条解读]

河段顺直整齐，断面变化甚小或均匀变化时，河段内有多处洪痕点并分布均匀，河段有适当长度。能确定呈直线河段流量时，可采用比降法推算。

1. 基本数据的确定

(1)有效过水断面

如果断面内有死水、回流，或河滩上长有杂草，作物等会使水流阻滞时，应在总的过水断面中扣除这一部分的面积，从而确定有效过水断面面积。

(2)水面线(见第 5.2.7 条解读)

2. 流量计算方法

(1)恒定均匀流洪峰流量计算

当河道底坡均一，河段顺直，断面在较长河段较规整时，常能近似形成恒定均匀流。即通过固定流量时，河底线、球面线、能面线三线基本平行，此时常用下式计算流量。

$$Q=\omega v$$

断面平均流速一般用谢才公式计算，即

$$v=C\sqrt{RI}$$

式中，C 为流速谢才系数，其余符号意义同前。

目前国内外计算流速系数广泛使用满宁公式，即

$$C=\frac{1}{n}R^{1/6}$$

代入后得到 $Q=\frac{\omega}{n}R^{2/3}I^{1/2}$

可得单式河槽洪峰流量 $Q=\frac{\omega}{n}R^{2/3}I^{1/2}=KI^{1/2}=K\sqrt{\frac{\Delta H}{L}}$

式中 K——输水率，$K=\frac{\omega}{n}R^{2/3}$；

ΔH——上下游两断面的落差(m)；

L——上下游两断面的距离(m)。

如根据上下游的断面和洪痕计算输水率时，K 值应为上下游断面 K_1、K_2 的均值，可用算术平均 $\overline{K}=\frac{K_1+K_2}{2}$ 或几何平均 $\overline{K}=\sqrt{K_1\cdot K_2}$。

恒定均匀流的前提条件是 K_1 与 K_2 相近，二者出入较大时，应改用恒定非均匀流计算。

(2)恒定非均匀流洪峰流量计算

河段内各断面的形状和面积相差较大时，各断面通过的流量虽然相同，但水流的流态和平均流速不同，河底线、水面线、能面线三线互不平行，如图 5-14 所示。这种水流称为恒定非均匀流，计算时需要考虑流速水头变化和局部损失，可采用伯努里能量方程。

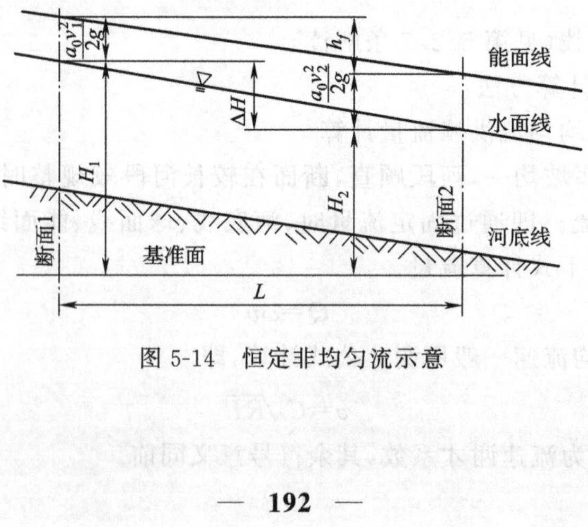

图 5-14　恒定非均匀流示意

$$H_1+\frac{\alpha_0 v_1^2}{2g}=H_2+\frac{\alpha_0 v_2^2}{2g}+h_f$$

式中　H_1,H_2——断面1、2的水位高度；

α_0——断面流速分布不均匀系数，当计算断面前后为等截面河槽时，$\alpha_0=1.0$，变截面河槽或流速不均匀分布的其他情况时，$\alpha_0=1.1$；

v_1,v_2——断面1、2的平均流速；

h_f——因河床摩擦作用而发生的能量水头摩阻损失。

为简化计，采用断面流速分布不均匀系数 $\alpha_0=1.0$，则上式转化为

$$h_f=H_1-H_2+\frac{\alpha_0 v_1^2}{2g}-\frac{\alpha_0 v_2^2}{2g}=\Delta H+\frac{v_1^2}{2g}-\frac{v_2^2}{2g}$$

得

$$I_f=\frac{h_f}{L}=\frac{\Delta H+\frac{v_1^2}{2g}-\frac{v_2^2}{2g}}{L}$$

位能与动能转换时的能量损耗 h_f 可用 $\left(\frac{v_1^2}{2g}-\frac{v_2^2}{2g}\right)$ 表示，在较大过水断面转为较小过水断面的收缩河段上，位能将转换为动能，其损耗一般不大可忽略不计。较小过水断面转为较大过水断面的扩散河段上，动能将转换成位能，其损耗远大于收缩情况，一般在突然扩散时 $\zeta=0.5\sim1.0$，在逐渐扩散时 $\zeta=0.3\sim0.5$。在弯曲河段上也有水头损失，尚无成熟的估算方法，选择洪水调查河段最好避开弯曲段。

如为扩散河段，$\zeta\not<0$ 且 $v_1>v_2$，则上式即为

$$I_f=\frac{\Delta H+(1-\zeta)\left(\frac{v_1^2}{2g}-\frac{v_2^2}{2g}\right)}{L}$$

由于 $Q=\overline{K}\sqrt{\frac{\Delta H+(1-\zeta)\left(\frac{v_1^2}{2g}-\frac{v_2^2}{2g}\right)}{L}}$

代入 $v=\frac{Q}{\omega}$ 得

$$Q=\overline{K}\sqrt{\frac{\Delta H+\frac{1-\zeta}{2g}\left(\frac{Q^2}{\omega_1^2}-\frac{Q^2}{\omega_2^2}\right)}{L}}$$

即

$$Q=\overline{K}\sqrt{\frac{\Delta H}{L-\frac{1-\zeta}{2g}\left(\frac{\overline{K}^2}{\omega_1^2}-\frac{\overline{K}^2}{\omega_2^2}\right)}}$$

3. 洪水比降值的合理确定

在计算洪峰流量时,洪水比降是一个重要的水力参数。对较大的河流,水文站均有实测历史洪水比降。通过建立水位—比降曲线可外延推求高水比降,在勘测中搜集利用。对于没有实测资料的河段,只能利用勘测期间实测中低水位水边线、洪水位点或河床纵断面图,结合专用地图绘制水面水位坡度线,估算洪水坡度。

该作法受河段形态、调查洪水位的准确度等客观条件限制,会引起较大误差。如简单根据实测一般中低水位的水边线或河底坡度作为洪峰流量的洪水比降值,为不恰当。确定高水比降应考虑以下问题。

(1)调查河道的形状和水流特性,分析洪水比降的变化趋势。在桥渡和沿河路基洪水坡度的实测和计算中常出现不规律的现象。究其影响水面比降的因素较多,如河道的地形、河床的土质变化、河内的障碍物、河流的交汇、洪水的涨落等,而影响最大的是河道的断面、平面形状。在平原区的一些河流或人工改造的河流,河槽断面不会产生急骤的变化,对水面坡度影响很小。山区河流由于河道的平面、断面变化很大,洪水随着河槽的变窄或变宽,水流产生收缩或扩散,水位高低涨落不同,较勘测中实测的中低水位时的断面变化会更大,必然给洪水比降的确定带来影响。必须注意在中低水位情况下实测的洪水比降,用来估算大洪水的影响因素。

(2)注意洪水位点调查的可靠程度。在调查中要特别注意洪水位点的可靠度,不仅关系到推算各历史周期洪峰流量的准确度,也是推算洪水比降的主要依据。影响准确度的因素很多,当河道顺直时,紧靠河岸水流畅通和历来河道稳定的河段,所调查的洪水位点代表性好。

汾河一号特大桥的洪水位调查中,由于桥址上下游实测的河段范围顺直,河槽变化不大。1971 年发生大洪水的 8 个水位点经绘制水面坡度图确定,洪水比降为 1.22‰,推算 $Q_{1/100}=3\ 522\ m^3/s$ 与水文站提供离桥址较近的下游断面洪峰流量基本一致。实际调查中常遇到水位点位于河道弯曲处由于水流受离心力的影响,凹凸岸产生较大的水位差,要考虑水位差的影响。调查河段较长(包括弯曲河段)时,丈量的水面线为折线,水位点位置所处河段平面形态,洪水位纵断面上反映不出来。需对照河道平面图作出分析判断,不能在纵断面图上简单通过洪水位点进行拉坡,应将调查洪水位点准确反映到纵断面上,使大洪水比降合理。其他影响洪水位可靠的因素很多,如水位点位于支流汇流处、回水区、死水区,以及受分流、漫流影响的河道等,调查时需要特别注意分析各种状况下对洪水位可靠度的影响情况,选择符合规律的点作为洪水比降的计算点。

5.2.10 推算流量水面曲线方法

[第 5.2.10 条引文]

采用水面曲线法推算流量应符合下列条件:

1. 调查河段较长、可靠洪痕点较少。

2. 调查洪痕点虽多,但按点群趋势水面线出现明显转折。

3. 河底坡度及横断面变化较大又无控制断面存在并不受变动回水影响。

[第 5.2.11 条引文]

采用水面曲线法推算流量时,先假定一个流量值,根据选定的各河段糙率,自下游一已知(或估定)洪水位开始,向上游逐段推算水面线。经试算使推算的水面线与调查的洪水痕迹多数符合为止,则假定的流量即为推算的流量,基本公式如下:

$$H_1+\frac{\alpha_1\bar{v}_1^2}{2g}=H_2+\frac{\alpha_2\bar{v}_2^2}{2g}+h_f+h_j \tag{5.2.11}$$

式中 H_1,H_2——上、下断面处的水位高度(m);

α_1,α_2——上、下断面处动能修正系数;

$\bar{v}_1$,$\bar{v}_2$——上、下断面处的平均流速(m/s);

h_f——摩阻损失,$h_f=\frac{Q^2}{\overline{K}^2}L$;

h_j——扩散损失,$h_j=\zeta\left(\frac{\alpha_1\bar{v}_1^2}{2g}-\frac{\alpha_2\bar{v}_2^2}{2g}\right)$。

其余符号意义同前。

[第 5.2.10、5.2.11 条解读]

洪水调查河段较长,而可靠的洪痕点较少。或者调查洪痕点虽多,但接点群趋势，水面线出现明显转折。或者河道底坡变化较大，洪水调查河段内又无控制断面存在，不受变动回水影响，此时可用水面曲线法推算洪峰流量。当流量为已知，只需在桥址处推求水位时，可用水面曲线法计算。

本规范式(5.2.11)中动能修正系数是用来修正以断面平均流速来表达实际动能所引起的误差，它的大小决定于断面上流速分布的均匀性。流速分布越不均匀，α 值越大，将为 $\alpha>1.0$。对流速很大的山区河流，如果采用 α 值不当，则对计算结果影响很大。山区河流 α 值较平原河流更大，特别是河流断面发生突变处，可达 $\alpha=2.1$，一般山区河流 $\alpha=1.5\sim2.0$，比较顺直的河段也可 $\alpha<1.5$。

1. 具体作法

先假定一个流量 Q 值，根据所估定的各段河道糙率 n 值，自下游一个已知的洪水水面点起向上游运段推算水面线，然后检查推算的水面线与各个洪水痕迹的符合程度。如大部分符合，则表明所假定的流量是正确的，如不符合则需另假定一个流量值，再行计算水面线，直至与大部分洪痕点符合为止。用本法推算流量时，仍然存在 n 值能否正确估定问题。

2. 计算公式

恒定非均匀流的基本公式为

$$H_1+\frac{v_1^2}{2g}=H_2+\frac{v_2^2}{2g}+h_f+h_j$$

摩阻损失

$$h_f=\bar{I}L=\frac{I_1+I_2}{2}L=\frac{1}{2}\left(\frac{Q^2}{K_1^2}+\frac{Q^2}{K_2^2}\right)L=\frac{Q^2}{K^2}L$$

摩阻扩散损失

$$h_j=\zeta\left(\frac{v_1^2}{2g}-\frac{v_2^2}{2g}\right)$$

可得

$$H_1=H_2+\frac{1}{2}\left(\frac{Q^2}{K_1^2}+\frac{Q^2}{K_2^2}\right)L-(1-\zeta)\left(\frac{v_1^2}{2g}-\frac{v_2^2}{2g}\right)$$

当各断面的面积出入很小时，$v_1\approx v_2$，上式即为

$$H_1=H_2+\frac{L}{2}\left(\frac{Q^2}{K_1^2}+\frac{Q^2}{K_2^2}\right)$$

3. 数解法分析

设有一长河段如图 5-15 所示，其中只调查到三个洪水痕迹。由于河段河底比降及断面变化较大，故按恒定非均匀流公式计算。在此河段上河底比降的转折点及水流断面形状变化的转折点均需测出断面，并选定各断面的糙率。在靠近洪痕的断面（图中 1、2、5），初步定出洪水位，按比降法估算各断面的洪峰流量，然后取各断面流量的平均值作为假定流量，这可避免过多试算工作。今假定流量为 $Q=9\ 000\ \mathrm{m^3/s}$，并确定断面 5 洪水位 $H_5=100.5$ m（系根据附近洪痕确定）。自断面 5 向上推求列表 5-6 计算。由于 v_1^2、K_1^2 在此段，即 v_4^2 及 K_4^2 均未知，故需用试算法先假定 H_4。

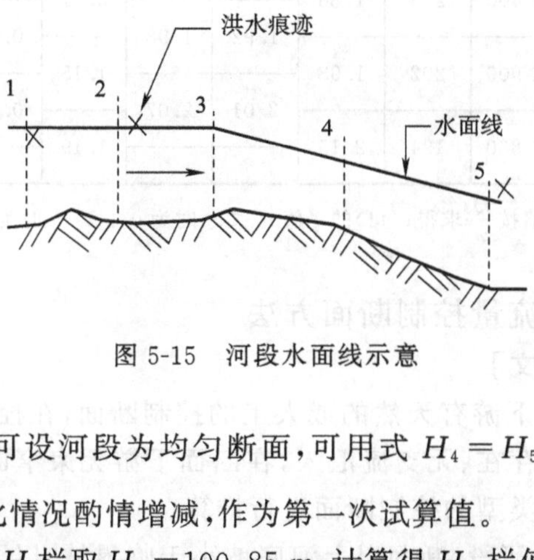

图 5-15 河段水面线示意

假定 H_4 时可设河段为均匀断面，可用式 $H_4=H_5+\left(\frac{Q}{K_5}\right)^2L_{4-5}$ 计算，根据断面变化情况酌情增减，作为第一次试算值。

第一次试算 H 栏取 $H_5=100.85$ m，计算得 H_1 栏值为 101.23，与假定不符，需重新假设直至计算值与假定值接近相符为止，如表中 101.10≈101.09 时 H_4 才确定。继续以 H_4 为准向上推求其他各断面的水位 H_3、H_2 等，并绘出水面线。算得的水面线与大多数洪水痕迹相符，选定的流量即为所求流量。

如某河段各断面形状一致、整齐、糙率不变时，可用恒定均匀流公式计算，其步骤与恒定非均匀流相同。

表 5-6　数解法计算

断面号	L (m)	H (m)	ω (m^3)	K (10^3)	$I=\left(\frac{Q}{K}\right)^2$ (10^{-3})	$\bar{I}=\frac{I_1+I_2}{2}$ (10^{-3})	$h_f=\bar{I}L$(m)	$\frac{v^2}{2g}$ (m)	$\frac{v_1^2-v_2^2}{2g}$ (m)	$(1-\zeta)\cdot$(10) (m)	$H_1=H_2+$(8)−(11)(m)
(1)	(2)	(3)	(4)	(5)	(6)	(7)	(8)	(9)	(10)	(11)	(12)
5		100.50	4 120	392	0.53			0.24			
						1.50	1.03		0.61	0.30	
	688	100.85	2 200	181	2.47			0.85			101.23
						1.30	0.59		0.51	0.26	
4		101.00	2 340	198	207			0.75			101.13
						1.19	0.82		0.47	0.23	
		101.10	2 400	208	1.86			0.71			101.09
						1.92	1.98		0.44	0.22	
	1 030	103.00	1 900	202	1.98			1.15			102 86
3						2.01	2.07		0.48	0.24	
		102.90	1 860	194	2.15			1.19			102.93

注：表中的(9)中 v 值按 $\frac{Q}{\omega}$ 求得；(11)的 ζ 值 $v_1<v_2$ 时为 0，$v_1>v_2$ 时为 0.5。

5.2.11　推算流量控制断面方法

[第 5.2.12 条引文]

当调查河段下游有天然的或人工的控制断面，在控制断面与洪痕间无其他控制断面存在、无支流汇入，在断面下游无束窄断面产生壅水时，流量可根据不同类型的控制断面进行推算。

1. 位于急滩河段，断面以上河底坡小于临界坡、以下大于临界坡时，变坡点处将形成临界流。若临界水深为 h_k，可按临界流公式推算流量，并由此向上推算水面线直至调查到的洪痕处，视二者是否相符。如不符则应重新假设 h_k，重新推算至相符为止，即为所求的流量。

临界流公式为

$$Q=\sqrt{\frac{g\omega_k^3}{B_k}} \tag{5.2.12—1}$$

临界坡公式为

$$I_k=\frac{n^2Q^2}{\omega_k^2R_k^{4/3}} \tag{5.2.12—2}$$

式中　ω_k——临界水深时的过水断面面积(m^2)；

B_k——临界水深时的过水断面水面宽(m)；

I_k——临界坡度；

R_k——临界流的水力半径(m)。

其余符号意义同前。

2. 位于卡口河段，当断面束窄形成卡口，可根据卡口上、下游水位按下式推算流量，式中符号意义同前。

$$Q=\omega_2\sqrt{\frac{2g(H_1-H_2)}{\left(1-\frac{\omega_2^2}{\omega_1^2}\right)+\frac{2gL\omega_2^2}{K_1K_2}}} \qquad (5.2.12—3)$$

3. 位于堰流河段，调查河段下游修有堰坝等水工建筑物时，洪水流量可利用堰流水力学公式推算，常用推算方法和经验系数可按附录E选用。

[第5.2.12条解读]

当调查河段内有天然或人工的控制断面，断面的上游侧有洪水痕迹，而洪水痕迹与控制断面之间没有其他控制断面，也没有其他支流汇入，这种情况下可用控制断面法推算洪峰流量。控制断面即水流在该断面受到控制，例如在河段内的瀑布、石梁、急滩、陡坡、卡口、堰坝等处都会形成控制断面，水流在断面处发生剧烈变化，但其上游在一定范围内却能保持稳定状态，故控制断面法就利用这一有利条件，先在控制断面处估算流量，求出相应水位，然后用水面曲线法逐步向上游推算，直至洪水痕迹处为止。如求得的洪水高程与调查痕迹相符，则估算流量即为所求，不然则需重新假定，重复计算直至相符。

1. 急滩计算

当洪水调查的河段较规则，无河滩，边滩也不大，在下游有瀑布、石梁、急滩、陡坡等控制断面，断面以上河道底坡小于临界底坡，以下河道大于临界底坡，底坡转折点处产生临界流，由缓流转为急流(图5-16)，可用临界流方法推算洪峰流量。

折点处发生临界水流，且已知水深，则流量可用规范式(5.2.12—1)计算。

判别水流是否为临界流可近似采用下列方法判别，在发生临界流处

以下河床底坡 I_2 大于临界底坡 I_K，以上河床底坡 I_1 小于 I_K 值，按下式计算。

$$I_K=\frac{Q^2}{\omega_K^2 C^2 h_K}=\frac{n^2 Q^2}{\omega_K^2 h_K^{4/3}}$$

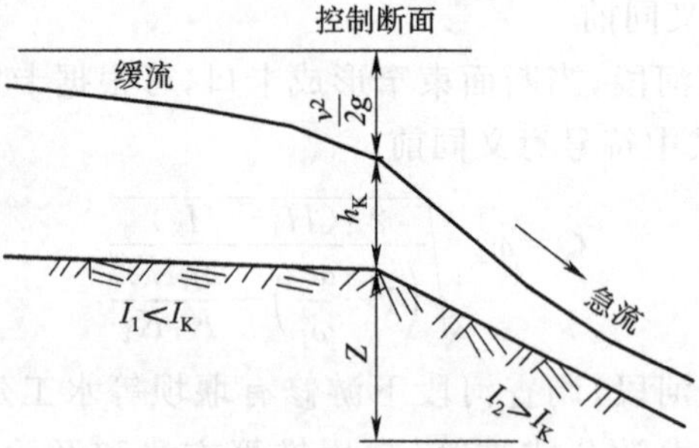

图 5-16 急滩水面示意

根据估算流量即可由上式反推 I_K，从而检验 I_1 与 I_2 是否小于或大于 I_K。该判别式为近似，因为底坡与水面线有时平行，有时不一定平行。另外在一般洪水时能形成临界流的河段，在特大洪水时不一定也会形成临界流。

用公式法计算流量时，尚应注意有否受下游束窄断面产生壅水的影响，回水是否淹没了急滩点。所以在下游有束窄断面时，应在急滩点附近调查一段洪水坡，检验洪水坡是否大于临界坡，如大于临界坡则证实急滩点未被淹没，计算才能成立。

2. 卡口计算

在河道断面束窄形成卡口处例如狭谷或压缩较大的既有桥梁，由于卡口前水位壅高，卡口内流速增大使水面下降，可根据束窄河段上下游水位差计算卡口流速从而求得流量，如图 5-17 所示。断面 1、2 之间可用伯努力能量方程

$$H_1+\frac{v_1^2}{2g}=H_2+\frac{v_2^2}{2g}+h_f$$

$$H_1-H_2=\frac{v_2^2}{2g}-\frac{v_1^2}{2g}+h_f=\frac{Q^2}{2g}\left(\frac{1}{\omega_2^2}-\frac{1}{\omega_1^2}\right)+\frac{Q^2}{\overline{K}}L$$

故

$$Q=\omega_2\sqrt{\frac{2g(H_1-H_2)}{\left(1-\frac{\omega_2^2}{\omega_1^2}\right)+\frac{2gL\omega_2^2}{K_1K_2}}}=\omega_2 v_2$$

此式适用河底为岩石(或铺砌)不发生冲刷的情况。

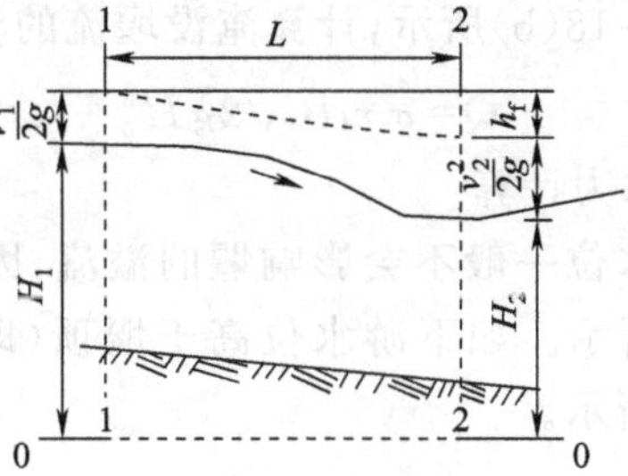

图 5-17　卡口水流示意

3. 堰流计算

在农灌地区和水利化的河流上常会修有堰坝等水工建筑物,如堰坝的上游为洪水调查河段,则洪水流量可用堰流水力学公式推算。

水工建筑物中常见的堰流有宽顶堰(图 5-18)、实用堰(图 5-19)等类型。宽顶堰的堰顶厚度一般为 $\delta=(2.5\sim10)H$;实用堰的堰顶厚度一般为 $\delta=(0.67\sim2.5)H$。

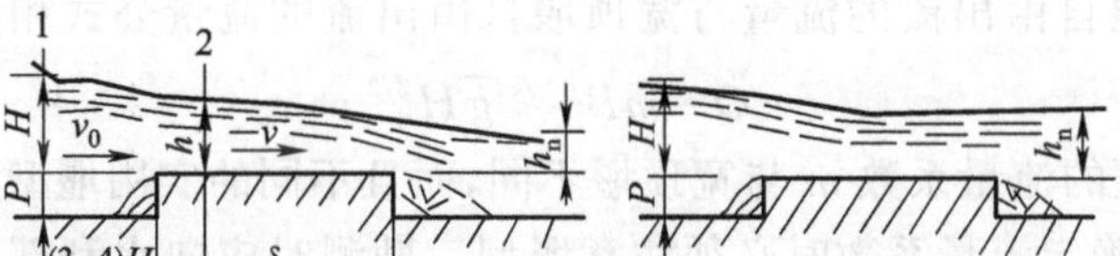

图 5-18　宽顶堰流

①宽顶堰流的水力计算

宽顶堰流的流态,根据从堰顶算起的下游水深 h_n 与上游水头 H 之比可区别为自由堰流和淹没堰流两类,$h_n/H<0.8$ 时为自由堰流,$h_n/H\geqslant0.8$ 时为淹没堰流。

自由堰流的流量公式为

$$Q=mB\sqrt{2g}H_0^{3/2}$$

式中 H_0——包括行近流速水头的堰前总水头(m),简称总水头;

m——流量系数;

B——宽顶堰的净宽(m)。

淹没堰流如图 5-18(b)所示,计算淹没堰流的流量公式为

$$Q=\sigma_s mB\sqrt{2g}H_0^{3/2}$$

②实用堰流的水力计算

实用堰流下游水位一般不会影响堰的溢流,因此多数情况都是自由出流,如图 5-19(a)所示。如下游水位高于堰顶(即 $h_n>0$)时,则为淹没出流,如图 5-19(b)所示。

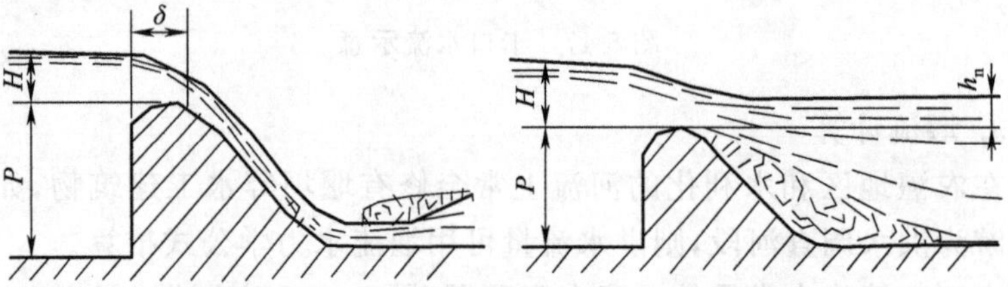

图 5-19 实用堰流

实用堰自由出流的流量与宽顶堰自由出流的流量公式相同。

$$Q=mB\sqrt{2g}H_0^{3/2}$$

实用堰的流量系数 m 与宽顶堰不同,而且不同的实用堰型其流量系数 m 也不同,确定流量系数时必须注意堰型。勘测时应向水利部门搜集原设计资料,如资料缺乏,曲线型断面的实用堰流量系数 m 可选用 0.45~0.49。非曲线型断面可选用 0.40~0.43。

实用堰淹没出流时,流量公式中应乘以淹没系数 σ_s。

本规范附录 E 给出各种堰流水力学公式,其经验系数可按《铁路工程设计技术手册·桥渡水文》选用。

5.2.12 推算流量历史洪水位方法

[第 5.2.13 条引文]

按历史洪水位推算的流量设计频率,应根据当地老居民的记述或历

史文献考证来确定历史洪水的时序，再按式(5.2.1—2)计算。

[第 5.2.14 条引文]

历史洪水流量资料可根据河段特性选取相应的 C_v、C_s 值，再根据相应于历史洪水流量设计频率的模比系数，按式(5.2.3—8)推算流量均值。然后再按与设计频率相应的模比系数及推算得到的流量均值再用式(5.2.3—8)推算设计流量。

[第 5.2.13、5.2.14 条解读]

1. 历史洪水资料能够增加罕见洪水的信息，弥补实测洪水系列较短的不足，有利于提高洪水系列的代表性和设计洪水计算成果的精度，设计洪水计算需重视和充分利用历史洪水资料。我国有些河流开展过历史洪水调查，取得较好成果，为确保历史洪水资料的可靠性，使用前需进行全面了解，对历史洪水调查成果进行认真检查，重点复核历史洪水算法是否适当、各项计算参数是否合理等。多数小流域内历史洪水资料较为稀缺，需根据工程设计要求和设计洪水计算需要，在小流域设计依据站河段和工程设计河段补充开展历史洪水调查，可用多种方法推求历史洪峰流量和洪水总量，分析考证历史洪水的重现期。

2. 按照本规范第 5.2.3 条，设计流量计算可根据适线调整后的统计参数按式(5.2.3—7)或式(5.2.3—8)计算，本条规定了历史洪水流量资料可根据河段特性选取相应 C_v、C_s 值推算设计流量的具体方法。

若调查到的历史洪水资料数量较少，则估算设计洪水值可采取下列步骤。

因
$$Q_p=\bar{Q}(1+C_v\phi_p)=\bar{Q}K_p$$

可得
$$Q_p=Q_N\frac{1+C_v\phi_p}{1+C_v\phi_N}=Q_N\frac{K_p}{K_N}$$

式中 Q_p——要求频率的设计洪流量；

$\bar{Q}$——多年平均的最大洪水流量；

Q_N——相当于某一频率的调查历史洪水流量；

K_p，K_N——相应于 Q_p、Q_N 的模量系数；

ϕ_p，ϕ_N——相应于 Q_p、Q_N 的离均系数。

如调查到两个不同重现期的流量 Q_{T1}、Q_{T2}，可分别代入 $Q_p=\bar{Q}(1+C_v\phi_p)=\bar{Q}K_p$，并相除，即可得两个不同重现期流量的比值。

$$X_{(T_1/T_2)}=\frac{Q_{T_1}}{Q_{T_2}}=\frac{\bar{Q}(1+C_v\phi_{T_1})}{\bar{Q}(1+C_v\phi_{T_2})}=\frac{(1+C_v\phi_{T_1})}{(1+C_v\phi_{T_2})}=\frac{K_{T_1}}{K_{T_2}}$$

我国各地水利部门搜集了大量的暴雨、径流、洪水等资料，各省区市大都编印了本地区的水文手册等文献，对自然地理水系、气象降雨、洪水进行分析，制定水文因素等值线图表、地区有关经验公式等资料。从中选取适当的 C_v、C_s 值，根据两次不同重现期 T_1、T_2 由本书附表 B-1（摘自《铁路工程设计技术手册・桥渡水文》附表 1.2）查得 Φ_{T1}、Φ_{T2} 代入上式，如计算结果等于流量比值 $X_{(T1/T2)}$ 则 C_s 即可确定，设计洪水流量即可算出。

$$Q_p=\frac{K_P}{K_{T_2}}Q_{T_2}=X_{(P/T_2)}\cdot Q_{T_2}\quad (m^3/s)$$

为减少试算工作，按照 C_s 为平均数时 P-Ⅲ型曲线的 K_P 值编制了各种不同重现期组合的 $X_{(T1/T2)}=K_{T1}/K_{T2}$，列入本书附表 B-3（摘自《铁路工程设计手册・桥渡水文》附录六）。即比值 $X_{(T1/T2)}$、重现期 T_1 及 T_2 为已知时，查该表即得 C_v 值。应注意由于流量稍有误差，对该值影响很大，需将查得值与地区经验资料进行比较选定。按选定的 C_v 值查出 Q_p/Q_{T2} 的换算系数 $X_{(P/T2)}$，即可按上式计算设计洪水流量。如果调查到两个以上历史洪水流量时，可将其中任意两个组合，按上述方法求算比较，并参考地区经验资料选定较合理的 C_v 值，按其中较为可靠的历史洪水流量推求设计洪水流量。

如只调查到一个可靠的历史洪水流量，则只能利用地区经验或参考邻近类似河流选定 C_v 值，由本书附表 B-3 查得换算系数 $X_{(P/T2)}$，按上式即可求得设计洪水流量。

5.3 设计水位

5.3.1 桥址处设计水位确定办法

[第 5.3.1 条引文]

桥址处设计水位可按下列办法确定：

1. 桥址附近有水文站且河段顺直时，可利用水文站测流断面计算设计水位，即用相关法或比降法采用可靠程度较高的大洪水年代的水面坡度，将水位推移至桥址处。桥址处河底坡度及横断面变化较大时，可用水面曲线法推算。

2. 在桥址处绘制水位流量关系曲线，利用已知桥址设计流量反推桥址处的设计水位。

3. 桥址附近河床断面规则并有多年历史洪水位资料时，可按本章有关频率计算要求直接推算设计水位。

4. 桥址上下游断面变化较大，有卡口、人工建筑等对水位有影响时，可用水面曲线、控制断面法等方法计算桥址处设计水位。

[第 5.3.1 条解读]

在桥梁孔径设计中，必须首先确定桥址处设计流量和水位。有关设计流量的各种推求方法在本章第 5.1、5.2 节的解读中已有详述。桥址处的设计水位，在已知设计流量的条件下可用下述方法确定。

1. 一般先在桥址处绘制 $Q=f(H)$ 关系曲线，然后按已知设计流量查得相应的设计水位。该水位应与上下游调查的历史洪水位坡度相互比较核对。

2. 如桥址附近有水文站的测流断面，设桥址也有水位观测资料时，则桥下设计水位可按如下办法确定。

首先绘出桥址与附近水文站的水位相关曲线 $H'=f(H)$；桥址处的设计流量即采用水文站的观测流量。根据水文站的流量水位关系曲线，确定相应于桥址处设计流量的水位，然后按上述水位相关曲线查得桥址处的设计水位，该水位应以河床水面比降加以校核。本法只适用于桥址与水文站的流域面积相差不超过 5% 的情况，否则桥址处的设计流量应按经验公式或其他办法予以调整。

3. 在确定桥下设计水位时，必须充分注意有些水位并非完全随流量大小而变化，有时设计水位与设计流量并不同时发生，如下列情况，此时流量与水位应分别确定。

①位于潮汐、大河倒灌、河床严重淤积或水库壅水等范围内的桥梁，设计水位应按可能发生的最不利情况考虑。

②位于卡口、逆风或冰塞等地点的桥梁，设计水位应根据调查分析确定。

③位于河湾处的桥梁，设计水位应加算河湾处凹岸水位超高 Δh_1，

$$\Delta h_1=\frac{\Delta H}{2}$$

式中　Δh_1——凹岸水位超出按直线计算水位的数值，整个河湾范围内均考虑全值，河湾上游用$\frac{1}{2}I$，下游用 $2I$，I 为天然情况下设计水面坡度，与天然设计水面线顺接。

4. 在既有桥附近建桥时，应视新桥位于既有桥的上游或下游，分别采用既有桥在相应地点形成的水位。

5.3.2　河湾处设计水位计算

[第 5.3.2 条引文]

桥址处设计水位应以正交断面计算。斜交时应按斜交角度分别求出桥两端的设计水位。桥址位于河湾处应分别计算桥两端的设计水位，河湾处水流受离心力的作用形成凹岸水位的增高值和凸岸水位的降低值可按式(5.3.2)计算，河滩生有阻滞水流的密草、丛林或存在回流、死水时，应扣除该部分水域计算 $\bar{v}$、B、$\bar{R}$值。

$$\Delta h_{\mathrm{w}}=\frac{\bar{v}^2}{2g}\frac{B}{\bar{R}} \tag{5.3.2}$$

式中　Δh_{w}——河岸凹岸水位增高或凸岸水位降低值(m)；

$\bar{v}$——断面平均流速(m/s)；

B——设计洪水时的水面宽(m)；

$\bar{R}$——河湾的平均曲率半径(m)。

其余符号意义同前。

[第 5.3.2 条解读]

曲线运动的弯道水流。在重力及离心力的共同作用下，将产生特有的运动特性，主要表现在水面横比降、横向环流、流速重分布和由于以上种种原因而引起的弯道进口的壅水现象。

当水流由直段进入弯段后，由于惯性离心力的作用而使弯道的径向自由水面从凸岸向凹岸逐渐升高，形成具有一定倾斜角度的横比降。由试验可知，最大横比降出现在紧靠顶部断面的附近，随着流程的增加，横比降逐渐减小，直至弯道出口断面，出口横断面比降仍有一定数值，但在出口处却很小，出弯段后迅速消失。一般常用的弯道水面横比降算式如下。

$$J_r = \alpha_0 \frac{v^2}{gR} + \frac{\tau_r}{\rho g h}$$

式中 α_0——流速分布系数；

τ_r——河底横向阻力；

ρ——水的密度；

v——垂线平均流速；

h——某点水深；

R——某点距曲率中心半径。

一般常用的弯道水面横比降计算多忽略上式后一项，得近似算式 $J_r = \alpha_0 \frac{v^2}{gR}$。

横向环流是河道及明渠转弯处形成特殊水流现象的决定因素，弯道水流是三维流动，水流在垂直方向存在径向压力梯度。但表层水流与底层水流的向心加速度不同，通常前者大于后者，因为表层水流速度大于弯道水流平均速度，而底层水流速度小于弯道水流平均速度。这样表层水流趋于向外运动，底层水流向内运动，靠近河岸处将形成平衡性垂向流速分量，其方向在凸岸为向上，在凹岸为向下，从而形成对弯道河床断面产生很大影响的螺旋流。

具有较大的坡降的弯道水流为弯道急流。其主要特点为水流不仅在弯道内产生弯道环流，而且自由水面上出现菱形交叉的冲击波，使水面变化非常复杂，边界的改变对水流的扰动是急流冲击波的发生外因，急流具有很大惯性，遇到边墙转向阻碍便对边墙起冲击作用，边墙也对水流施加反力，迫使水流沿边墙转向，产生动能变化，造成水面局部壅高。这种扰动以波的方式在弯道内传播，扰动到达时水流已前进一段距离，因此扰动的影响范围必然在扰动开始发生地点的下游，并且随着距离边墙愈远而愈靠下游，在平面上形成一条划分扰动区域的斜线 $A'B$，即扰动线，与原来水流方向的夹角 β 即为初始波角。

弯道急流由于边墙对水流的扰动而产生冲击波，造成弯道内外边墙上交替出现水面最高最低两点冲击波振荡，水面最高最低两点交替位置可由图 5-20 中 θ_0 确定。凹岸边墙上的最高点出现在圆弧中心角 θ_0、$3\theta_0$

等处；凸岸边墙上的最高点出现在圆弧中心角 $2\theta_0$、$4\theta_0$ 等处。

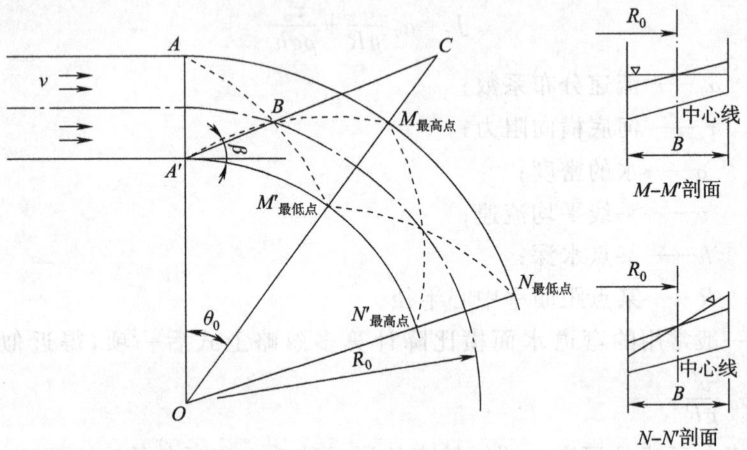

图 5-20 弯道冲击波示意

弯道水流在边墙上水面最高点高出弯道中心水面的值称为超高 Δh

$$\Delta h=\frac{2\alpha v^2 B}{gR_0}=\frac{kv^2 B}{gR_0},$$

式中 Δh——水面超高；

v——断面平均流速；

B——水面宽；

R_0——弯道轴线的曲率半径；

α——流速分布系数；

k——超高系数，见表 5-7。

表 5-7 急流弯道超高系数 k

断面形状	弯道曲线的几何形状	k 值
矩形	简单圆曲线	1.0
梯形	（同上）	1.0
矩形	带有缓和曲线过渡段的复曲线	0.5
梯形	（同上）	1.0
矩形	既有缓和曲线过渡段，渠底又横向倾斜的弯道	0.5

计算出的超高 Δh 为沿程中的最大值，因为横比降的沿程变化仅在环流充分发展的部位才达到最大值，设河湾处超高系数 $k=1$，可得

$$\Delta h=\frac{v^2 B}{gR_0}$$

试验和分析计算表明，弯道中冲击波最高点高出弯道中心水面值恰为超高的 2 倍，说明冲击波在平衡水面上下振荡值与超高相等，可得其振幅如下。

$$A=\frac{v_1^2 B}{2gR_0}$$

事实上引起冲击波现象，水面不仅纵向起伏变化，而且横断面上水深也发生局部涌高，平面上常形成菱形波浪，与缓流呈光滑变化的现象大不相同。

河湾处设计水位增高与降低，一般均非理想曲线，在急弯处受干扰很大，流向紊乱，计算值应与现场调查核对。

5.3.3 低洼地区内涝水位计算

［第 5.3.3 条引文］

有足够保证率的江河堤防两岸低洼地区修建铁路时，计算设计内涝水位可按下述简易办法进行：

1. 计算沿线历史最高内涝水位相应年份的降雨量与百年一遇降雨量的差值。

2. 建立各种水位下的蓄水面积关系曲线 $\Omega=f(H)$、各种水位下的蓄水体积关系曲线 $v=f(H)$，推算设计内涝水位。

［第 5.3.3 条解读］

1. 对于有足够保证率的江河堤防两岸低洼地区修建铁路，求算内涝设计积水位可按下述简易办法进行。

(1)向当地水利部门调查了解江河堤防设计标准、圩区农田概况和行政范围、小河沟和湖塘数量、地形地质情况、滞洪蓄洪条件、排灌能力、联系通道等。

(2)搜集足够比例尺的地形图，其等高线间距宜为 0.5～1 m。

(3)调查沿线历史最高内涝水位和相应年份的降雨并求出该年降雨量与 100 年一遇降雨量的差值。100 年一遇降雨量可查地区水文手册，

降雨天数标准视地区降雨特性和地形条件等因素确定。

(4)建立各种水位下的蓄水面积关系曲线$\Omega=f(H)$和各种水位下的蓄水体积关系曲线$V=f(H)$,并假定降雨增加的体积ΔV等于蓄水增加的体积$\Delta V'$,由$\Delta V=F\times\Delta h$算出100年一遇雨量较历史最高内涝水位相应雨量增加的降雨体积,由$V=f(H)$曲线查得增加的积水深度ΔH。

$$\Delta H=\frac{\Delta V'}{\Omega_{历}}=\frac{\Delta V}{\Omega_{历}}=\frac{F\times\Delta h}{\Omega_{历}}$$

(5)求得ΔH后,用下式求出各段的设计内涝水位。

$$H_{1\%}=H_{历}+\Delta H$$

2. 当圩内有泵站或水闸向外江外海抽排时,可按下述方法确定内涝设计积水位。

(1)考虑人工抽排计算内涝设计积水位与天然情况有区别,后者是以汛期关闸期间总净雨量为控制,与其间的净雨过程无关;前者并不取决于某一期间总净雨量的大小,而是取决于期间某一强度大雨量集中的暴雨。这是由于有泵闸抽排时,即使总雨量很大,但只要降雨分布均匀,雨强小于抽排能力时,则来水量完全可以逐时段被排除,不可能形成较高积水,反之若总雨量虽不很大,但雨强大而集中,大于排抽能力时,将形成较高积水位。计算时注意选择较短历时雨量大而集中的情况。以此为基本条件选择一年或数年实测降雨过程作为典型年资料,根据推算的各时段(1、3、5、7、15、30 d,以及整个关闸期间)设计降雨量,由典型年资料分段按设计降雨量放大,即可得出设计的降雨过程,再用产流常用方法求算净雨过程,然后根据流域面积换算为来水量过程。但无论用何种产流计算方法,由于内涝区损失量计算的误差常会影响计算成果的精度,故在有较完整的实测资料时,可根据某年闸站实测水位过程、抽排水量、库容曲线,由水量平衡原理反求净雨量,与按产流方法分析计算的净雨量相印证。

(2)设计内涝积水位可采用水量平衡原理计算。有泵站抽排时,按机台数和能力计算排水量。开机利用系数可根据调查确定,还可考虑连续开机。同时有排水闸和泵站时,如外江水位低于圩内水位,仅考虑闸排不计泵排;如外江水位高于圩内水位,可考虑泵站抽排,抽排计算应考虑停止抽排的可能因素和影响。

(3)选择近年圩堤内与较高积水年份相应的实际降雨和抽排能力,用拟定的方法和原则求算其计算积水位，并与实际调查的积水位相验证，在此基础上推算内涝积水位。

5.4 设计洪水过程线

5.4.1 设计洪水过程线洪峰资料推算方法

［第 **5.4.1** 条引文］

设计洪水过程线可采用放大典型洪水过程线的方法推算，应选资料可靠，洪水较大，对桥渡运营不利的洪水作为典型。将典型洪水过程线用设计洪峰控制，按同一倍比放大。倍比值应按下式计算：

$$K_{g}=\frac{Q_{P}}{Q_{n}} \tag{5.4.1}$$

式中 K_g——放大倍比值；

Q_n——典型洪水的洪峰流量（m^3/s）；

Q_P——设计流量（m^3/s）。

［第 **5.4.1** 条解读］

1. 设计洪水过程线的要求

设计洪水过程线即符合一定设计标准的洪水流量随时间变化的曲线，洪峰流量、时段洪水总量通常要求等于设计洪峰流量、设计时段洪水总量。拟定设计洪水过程线应满足的要求可概括为以下方面。

(1)设计洪水过程线应反映设计流域特点、设计流域洪水特性。流域的造洪条件千变万化，使各次的洪水过程有所差异。对这些变化复杂的过程加以分析可发现，反映设计流域洪水特性有以下内容。

①设计流域平均概化过程线：该线的形状综合反映了洪水的一般特性，也反映了设计流域常遇的造洪条件。

②设计断面以上各地区的洪水组成比例不同，使这一断面的洪水过程也随之不同，统计多年的洪水资料可找出洪水组成的常见情况。反映了长时间内，暴雨地区分布的常见情况和流域产流面积大小。

③洪水发生的时间在各年不尽相同，常相差甚远。从洪水的季节性看，洪水的发生与降雨年内分配有关。

在拟定设计洪水过程线时，必须考虑以上三项，才能使该线建立在具有再现可能的基础上，从中选择偏于恶劣的典型作为根据。

(2)一个洪水过程包括洪峰和不同时段的洪量，是一个有机组合。桥涵工程以洪峰控制，要求设计洪水过程中洪峰必须满足设计标准。

(3)设计洪水的时程分配在满足以上两方面后，必须考虑较为不利的分配过程，以保证工程安全。

2. 典型年洪水过程线的选择

设计洪水过程线依据的典型洪水过程线，应当用较完整的、具有代表一定流域内洪水形成规律的资料。可以是峰较高，可以是某一时段量较大，或者峰和量均较大。在洪水地区组成和季节性方面要具有一定代表性，并考虑早到与迟到洪水，从中挑选偏于恶劣的洪水，或者具有上下游遭遇较恶劣的洪水过程线，即采用最不利典型洪水。由此拟定的设计洪水过程线经过流量计算后，具有相对安全的成果。

由于造成洪水的暴雨时空分布的多变性，有可能这种大洪水还不是将来可能出现的最恶劣的典型洪水。因此有用虚拟典型方法来处理的，考虑洪水特性，将实际洪水加以概化得到典型洪水，但是否一定为最不利模型难以定论。故从实际资料中选取最不利典型洪水的办法，为目前一种可行途径。

3. 设计洪水过程线的推求

如何推求一定频率的洪水过程线目前尚无完善方法。一般将典型洪水过程线加以放大，使放大后过程线中某些要素达到设计要求，该线即设计洪水过程线。对典型洪水过程线的放大有同倍比放大、同频率放大两种方法。

(1)同倍比放大法

以设计洪峰或设计洪量作控制，按同倍比放大典型过程线的各纵坐标值，从而得到设计洪水过程线，称为同倍比放大法(图 5-21)。规划设计工程由洪量起决定性作用时，可将典型过程线按洪量的放大倍比 $K_{量}$ 放大，使放大的洪量等于设计洪量，如图 5-21(a)所示为按量放大。规划设计工程由洪峰起决定性作用时，将典型过程线按洪峰的放大倍比 $K_{峰}$ 放大，使放大的洪峰等于设计洪峰，如图 5-21(b)所示为按峰放大。

同倍比放大法较简单，计算工作量较小。但此法常使设计洪峰或设计洪量的放大结果偏大或偏小。对于同一个典型，按量放大、按峰放大所得过程线不同:按量放大的过程线,其洪峰不等于设计频率的洪峰;按峰放大的过程线,设计历时内的洪量不等于设计频率的洪量。

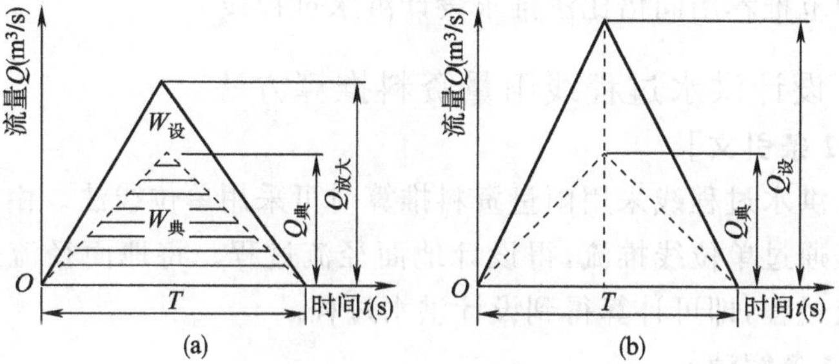

图 5-21　同倍比放大法示意

(2)同频率放大法

放大典型过程线时,按洪峰和不同历时的洪量分别采用不同倍比,使放大后过程线的洪峰及各种历时的洪量分别等于设计洪峰和设计洪量。即放大后的过程线,洪峰流量和各种历时的洪水总量符合同一设计频率,称为峰量同频率放大。

同频率方法通过对实测洪水过程中挑选的典型洪水过程进行放大,将设计频率的各特征量组合在一场洪水过程中。如果峰量关系很好,典型过程的峰量接近同频率,则同频率放大法具有较好的理论基础。此时,同倍比放大法无论采取按峰放大或按量放大,其结果都接近同频率放大方法。但峰量关系不好时,采用同频率法放大会因各时段放大倍比相差较大,两个时段衔接处洪水过程线出现突变,工作量较大且会改变典型洪水过程形状。同倍比法选择控制时段,按同倍比放大整个典型洪水过程不会改变典型洪水过程形状,但可能造成某些特征量的超频或达不到设计标准。采用峰量控制选取宽型洪水过程线会造成洪量超频;采用洪量控制选取窄型洪水过程线会造成洪峰超频。同频率和同倍比方法所得设计洪水过程线都为虚拟的洪水过程。

同频率和同倍比方法的合理性与峰量联系很大。峰量相关性越好,同频率和同倍比方法越合理。此时,设计洪水过程的频率可用峰量的频率近似代替。然而,国内外的设计洪水方法还没有很好解决不同峰量相关下整个设计洪水过程的频率问题。

对于过水建筑物，其典型洪水过程线由设计洪峰控制，常用同倍比放大；对于大中型综合利用水利工程，其防洪调节控制常用同频率放大法计算。本规范推荐用同倍比法推求设计洪水过程线。

5.4.2 设计洪水过程线雨量资料推算方法

[第 5.4.2 条引文]

设计洪水过程线采用雨量资料推算时可采用单位线法。由设计地面净雨过程通过单位线推流，得设计地面径流过程。将地面径流过程加上地下径流过程，即可计算得到设计洪水过程。

[第 5.4.2 条解读]

由雨量资料推求设计流量的途径包括确定设计暴雨、产流及汇流分析，转换成出口断面流量及流量过程。设计洪水过程线用雨量资料推算，该方法可以使设计洪水过程形状反映流域汇流特点，并减少因实测典型洪水选择造成的设计洪水过程形状的不确定性。

在给定的流域，单位时段内均匀降落单位深度的地面净雨，流域出口断面形成的地面径流过程线称为单位线。单位净雨一般取 10 mm，单位时段可取 1、3、6、12、24 h 等，依流域大小而定。

1. 两条假定

单位线是流域上分布均匀的单位净雨所形成的出流过程线。应用和分析单位线时，实际净雨不一定正好是一个单位和一个时段，分析使用时有如下两条假定。

①倍比假定：如果单位时段内的净雨不是一个单位而是 k 个单位，则形成的流量过程是单位线纵标的 k 倍。

②叠加假定：如果净雨不是一个时段而是 m 个时段，则形成一定量的过程中，各时段净雨形成部分流量过程应错开时段叠加。

单位线包括经验单位线、综合单位线、瞬时单位线三种。其中的瞬时单位线是一种特殊情况，是单位净雨深在瞬时内均匀降落在全流域，出口断面形成的地表径流过程线。瞬时单位线只与模型参数有关，有利于流域内降雨—径流关系的理论研究和地区应用，因此我国许多地区推荐使用该方法。

瞬时单位线为经过 n 个线性串联水库调蓄后的出流过程线，其数学模型如下。

$$u(0,t)=\frac{1}{k\Gamma(n)}\left(\frac{t}{k}\right)^{n-1}e^{-\frac{t}{k}},[\Gamma(n)=(n-1)!]$$

由上式可知，瞬时单位线 $u(0,t)$ 形状完全取决于 n、k 两参数，对同一流域而言，只要求得流域的 n、k 即可求得该流域的瞬时单位线，再根据已知净雨乘以瞬时单位线的纵坐标值即得径流过程，并叠加成出口断面的流量过程。

参数 n 为模型中梯级水库个数，k 为水库蓄泄系数。n、k 无法用水力学公式求定，只能通过实测资料分析推算。

对实测资料的分析表明 n、k 可作为单位线参数的综合取值指标。水利部门在各省区市均编制有瞬时单位线参数 m_1（$m_1=nk$）的综合关系式计算图表，为推算设计洪水提供了便利。铁路桥涵勘测中用单位线法推算设计洪水时，应对水利部门的参数定量原则和分析方法有所了解。选用 m_1 时需注意适用范围及修正方法，根据流域实测资料验证其合理性。结合流域实际情况分析雨洪特性、下垫面特征，采用符合本流域实际的计算模式。

2. 几个关键问题

(1)选取流域内与雨洪资料对应的较大单峰洪水资料。

(2)流域产流计算应扣损时段净雨。常用产流计算方法有降雨径流相关法、初损后损法、平均损失率法、下渗曲线法。

(3)分割地下径流：地下径流包括非本次雨洪径流的基流和壤中流。分割方法各地区不统一，多采用以下几种经验方法。

①确定流域相对稳定的峰拐历时 N_t，并与流域面积产生关系，如图 5-22 所示。

$$N_t=19.2F^{0.2}$$

②确定拐点与洪水特征值的关系。

③确定分割地下径流的稳定涨率。

$$\Delta g=hF^x$$

④确定单位线的非线性外延。

非线性指单位线的峰值及形状随净雨强度的不同而变化。

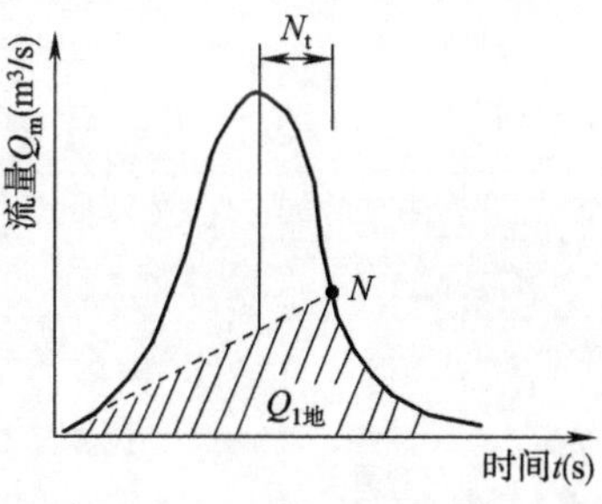

图 5-22　峰拐历时示意

通过实测资料和室内人工降雨试验的研究表明：

m_1-i 关系存在非线性变化。不同流域有不同的 m_1-i 关系，主要因为流域面积、坡度、形状、水系分布、河道断面形态等不同，同时与流域的地形地貌、土壤植被条件有关。前者用流域特征值与参数建立相互关系，后者则用水文分区来综合。

单位线滞时 m_1 与净雨强 i 的关系为 $m_1=ai^{-b}$。

3. 关系单位线非线性的成因分析

①由于流域的非线性蓄泄关系引起单位线的非线性变化。

②由于雨强不同造成一次洪水水源组成比例不同，引起单位线的非线性变化。

一般而言，地表水流速快，壤中水流速慢，两种水源组成比例因不同雨强有差异。雨强大时，地表水流比例大；反之雨强小时，壤中水流比例大。雨强通过水源组成比例对汇流起作用。

③部分汇流造成单位线的非线性变化。

模型资料表明，在净雨历时小于汇流时间的部分汇流条件下，单位线峰值随雨强增大而增大，洪峰滞时随雨强增大而减小。

第6章　桥位选择和桥涵孔径设计

6.1　一般规定

6.1.1　桥位选择基本要求

[第6.1.1条引文]

水文、地质和技术复杂的特殊大桥的桥位，应在已定线路大方向的前提下，根据河流形态、水文、地质、通航条件、地面设施、施工条件以及与地方经济发展的关系等，在较大范围内作全面的技术、经济比较后确定。方案比选结果相仿时，应优先采用水文及地质条件较好的桥位。

[第6.1.1条解读]

桥位选择指选择好能适应河流自然特点的桥位线路，即桥位选线，为整个选线的一部分。选出合理的跨河位置确定桥位，必须全面考虑影响桥位的各项因素。跨越大江大河的特大桥工程巨大，为铁路运输线的要害。选择水文地质条件较好、经济发展比较优越的桥位对于保证质量、节约投资、发展交通运输具有决定作用。

对技术复杂修复困难的特大桥、控制线路方向的重要大桥、水文复杂地区等桥梁，应在国家宏观研究确定铁路大方向前提下，根据河流形态、地形地质特点、通航条件、地面设施、施工布局，在较大范围作全面比选确定，必要时在定线研究阶段前先行到现场重点踏勘。京九铁路黄河大桥的桥位在近100 km内选择4处，确定采用孙口桥位。有些情况如武汉、南京长江大桥的桥位，均由线路走向、城市布局、地形条件而定，早成定局，只需小范围的水文地质比较。

6.1.2　一般特大桥和大中桥桥位选择要求

[第6.1.2条引文]

一般特大桥和大中桥的桥位应配合线路走向，在适当范围内根据河段的水文、地形、地质、地物等特征，经综合比选确定。

［第 6.1.2 条解读］

铁路线路走向根据国家拟定的某些控制点来进行定线。线路上的一般特大桥和大中桥原则上可按逢水修桥加以定位。每个桥位可根据地形图在勘测准备阶段拟定，初测时在外业配合线路选线，现场进行河流水文、地形、地质等调查，结合线路走向在适当范围内综合比选确定。

6.1.3　桥涵孔径设计基本要求

［第 6.1.3 条引文］

桥涵孔径设计应保证设计洪水、流冰、流木、泥石流及其他漂流物安全通过，保证桥头路堤不致漫决，并应考虑水陆交通和排灌的需要，以及建桥后引起的河势变化对上下游农田房舍的影响。

［第 6.1.3 条解读］

桥梁孔径应满足有适当跨度，使流木及泥石流通过，避免冰块、筏木、石块堵塞桥孔撞击桥墩。桥下净空通常考虑漂流物高出水面高度，壅水会扩大上游的淹没范围，不能造成桥孔堵塞。建桥后由于墩台和桥头路堤阻水影响会改变水流的天然状态，尤其斜交桥渡压缩河道时，更易造成流向变化，使不受冲的岸滩受冲。

厦深铁路韩江特大桥为双线布置，桥墩设计基本采用圆端形断面，两端为半圆形，中间以矩形段相接。原设计西溪河道布置 11 个桥墩、东溪河道 20 个桥墩、北溪河道 6 个桥墩。各级洪水频率下，西溪桥墩阻水投影面积比 7.63%～7.68%，东溪桥墩阻水比 12.14%～12.38%，北溪桥墩阻水比 8.85%～11.27%。

防洪评估认为原方案布置桥墩多，阻水面积大，工程建成后西溪、东溪、北溪桥址上游最大壅水分别为 3.0、7.8、19.9 cm。壅水较高对两岸堤防不利，建议减少优化桥墩布置，缩小阻水面积，减小壅水影响。改进方案与原方案的主要跨河指标对比见表 6-1。

表 6-1 改进方案与原方案的主要跨河指标对比

方案	北溪		东溪		西溪	
	河内桥墩（个）	最大阻水面积比（%）	河内桥墩（个）	最大阻水面积比（%）	河内桥墩（个）	最大阻水面积比（%）
改进方案	4	6.99	15	7.71	11	7.44
原方案	6	11.27	20	12.38	11	7.68
变化	−2	−4.28	−5	−4.67	0	−0.24

6.1.4 天然河道改移或开挖原则

［第 6.1.4 条引文］

天然河道不宜改移或开挖。有技术依据和能改善行洪条件、桥涵工作状况，并符合环保要求时方可考虑改移或开挖。

［第 6.1.4 条解读］

天然河道经多年水流与泥沙相互作用形成平衡，改移河道会破坏原河道的平衡，不宜随意改移。必须改移时需考虑河床坡度能否保持稳定，水流是否对河岸造成冲刷。

为使桥下河床开挖不因泥沙淤积失去作用，参考苏联时期桥渡设计要求如下。

1. 开挖滩地上的水位应高于多年平均水位 0.3～0.6 m；每年平均水位不稳定时，超高值要更大些。

2. 滩流量应不小于总流量的 50%，一般冲刷系数应不小于 1.25～1.30。

3. 在弯道设置桥梁，凸岸不采用河床开挖。多沙游荡性河段建桥时，不采用桥下河床开挖。河床平面与河槽面平缓连接，与上游滩面的连接坡度 1∶5～1∶10，与下游滩面的连接坡度 1∶10～1∶20，开挖滩面易冲时连接坡度可陡些，有导流堤时开挖面应延伸至导流堤头部。

4. 开挖土方可用于修筑引道路堤或导流堤。

6.1.5 增建第二线桥渡布置要求

［第 6.1.5 条引文］

增建第二线上的桥梁应与既有线桥平行，桥墩、台、孔跨顺水流方向相对应，上下游桥台间又筑有河堤连接时，则上游桥之壅水值与单线桥相同。壅水高可通过水工模型试验确定。

[第6.1.5条解读]

增建第二线桥梁时,桥渡布置在既有桥上下游及两线间的距离应视水文地质条件、既有桥基础结构状态、通航与防洪要求、施工对行车运营的影响等因素全面考虑确定。新旧两桥水中部分的桥墩相互对应。

选择确定新旧两桥的相对上下游位置时,需了解既有桥的排洪能力,考虑线间距离。新桥在上游会对下游旧桥加剧冲刷;新桥在下游会对上游旧桥增加壅水,一般遵循如下原则。

1. 既有线上游设有结构良好的导流建筑物,破冰凌、桥头河滩路堤防护工程等可资利用时,增建二线一般选在下游侧。

2. 水利工程、公路交通和其他既有建筑物与铁路有干扰时,或河道内有残存障碍物干扰施工时,增建二线一般选在无干扰或者干扰小的一侧。

3. 在城市附近,配合城市规划、地方交通和防洪等方面的特殊要求确定第二线线位。

4. 考虑既有线桥下抛有片石或有轨枕等线路设备沉落物,为避免施工困难,原则上第二线宜选在上游侧。

某线路K78~K84段增建二线,根据线路平面拟在既有线下游侧通过,外业调查时发现本段桥涵下游侧均有较大的冲坑和数量庞大的混凝土铺砌及石笼防护,还有线路沿线的横向贯通冲沟且长年积水,石笼下有平均深度4 m的抛填片石,水损桥涵及路基地段抛有混凝土枕和大量石笼,上游大部分地段平坦,仅有少量较浅冲沟。上游一侧方案施工简单、征地少、工期短、造价低,推荐采用。

同一河流连续修建几座桥梁且互有影响时,不能孤立进行壅水计算,应判明水流状态,由下游稳定断面向上游逐桥求算壅水高度。一些平行复线桥的墩台、孔跨与原桥对应,线间距不大,上下游有河堤连接。

6.1.6 增建第二线基础埋深与防护要求

[第6.1.6条引文]

增建第二线桥涵时既有桥涵的基础埋深与防护,应符合铁路现行规范的有关规定。

［第 6.1.6 条解读］

桥梁墩台基础埋置深度是保证桥梁结构稳定、维护行车安全的主要因素之一。桥梁墩台因洪水冲刷，将使墩台四周和基底的土流失，如果险情发生迅速，不及时抢救，可能出现墩台身倾倒。对既有桥墩台应进行冲刷检算，并结合历史洪水实际冲刷深度验证。在设计洪水冲刷线的条件下对基础承载力、稳定、沉降和位移等按规范有关要求检算，不能满足要求时应采取防护措施。

《铁路桥涵地基和基础设计规范》(TB 10093—2017)第 10 章，关于增建第二线桥涵时既有桥涵的基础埋深与防护有如下要求。

1. 既有桥墩台基础埋深不足时应采取板桩防护、注浆固结、河床铺砌、抛石防护、钻孔灌注桩加固等措施。

2. 增建第二线桥时，在满足既有桥行车安全的条件下，合理确定两线间距，新旧基础可按以下原则进行设计。

①分离式基础仍有部分重叠时，应以竖直的和水平的沉降缝分隔开。分离式基础的计算均按两单线桥考虑，并应计算沉降的相互影响。对部分重叠的基础，检算第二线桥基底压应力时，应考虑横桥方向偏心的影响。

②整体式基础应按双线桥计算，并应采取措施联结牢固，联结断面应检算一线有车时产生的弯矩和剪力。

3. 加固既有桥或增建第二线桥墩台基础时，应先查明既有桥基础构造、地质情况、地下水位等资料，制定防护既有桥的措施和第二线桥基的施工方案。

4. 既有桥墩台为明挖基础时，增建第二线桥墩台基底不宜低于既有桥墩台基底，否则应结合地下水处理措施和行车影响，进行既有桥墩台的防护设计。

5. 改建既有线和增建二线铁路桥涵基础设计应符合营业线施工安全的相关要求。

6.1.7 并行增建第二线线间距要求

［第 6.1.7 条引文］

并行增建第二线时宜拉开线间距或对桥梁基础进行防护。

[第 6.1.7 条解读]

并行增建第二线桥梁时,桥位宜选择在两桥水流干扰区以外,两桥适当拉开线间距。确实不能拉开时,对新建桥位于既有桥下游者,注意桥前壅水对既有桥桥下净空的影响;对新建桥位于既有桥上游者,注意由于流速增大,加剧新老桥桥下的冲刷。某铁路嘉陵江大桥(24 m 预应力梁＋3-56 m 下承式钢桁梁＋5-24 m 预应力简支梁)在公路桥下游 30 m,1981 年 8 月 22 日发洪水,水位距铁路桥梁底约 3 m,距公路桥梁底 2.3 m。铁路桥第 3 孔 56 m 钢桁梁上游一侧下弦杆被漂浮而下的油罐撞伤,局部变形 150 mm。广元公路嘉陵江大桥与铁路大桥的桥孔基本相适应,由于墩台阻水形成壅水,公路桥前比铁路桥前严重,公路桥前流速较缓,洪水过后流速急剧变化。

并行增建二线桥时,与既有桥的距离应考虑施工过程中既有线列车运营和建筑物的安全,结合地质条件、既有线桥头河滩路堤填土高度、新旧桥的墩台基础尺寸、基础埋深及其高差、水流干扰因素等确定。

6.1.8 泥石流地区桥渡净空要求

[第 6.1.8 条引文]

泥石流地区桥渡净空,应根据泥痕高度、残留层厚度、沟床淤积高度、设计年限内累计淤积厚度、输移大漂石所需高度、涌浪和堵江高度等综合确定。

[第 6.1.8 条解读]

泥石流地区桥渡净空确定首先要了解泥石流的冲淤特征,冲与淤是泥石流的主要活动,也是铁路工程的主要危害。大体上在泥石流的形成区以冲刷为主,流通区有冲有淤,沉积区以淤积为主,常受各种条件影响而互相转化。泥石流的冲淤作用远大于等量的洪水。成昆铁路沿线泥石流的观测调查资料反映了冲淤活动的以下特征。

1. 与水流的关系

同一次泥石流中,沉积区沟床先冲后淤,洪水后沟床上涨,改道时冲、漫流时淤。流量大则淤积大,漫滩淤积大,归槽淤积小,枯水季节则表现为冲。

2. 与地貌的关系

沟槽宽则淤积慢，沟槽窄则淤积快。沟弯时外侧冲，内侧淤，卡口处冲，宽浅处淤，扇顶淤积大，扇缘淤积小。坡陡处冲、淤大，以冲为主。坡缓处冲、淤小，以淤为主。上缓下陡时易冲，上陡下缓时易淤，有跌水陡坎时在一定范围内冲刷大。在桥涵处，河床开挖形成缓坡时易被堵塞。因此整治泥石流需充分利用坡度来调节，形成上缓下陡，以利排导。

3. 与侵蚀基准面的关系

峡谷段泥石流洪积扇常被主河水流切割，造成扇缘侵蚀，基准面时升时降。主河水位变幅的大小直接影响泥石流冲淤变化的大小。金沙江峡谷段水位变幅达 30 m，1954 年发生泥石流时受金沙江洪水的顶托作用，一次最大淤积高达 10 m；1966 年发生泥石流时，受金沙江低水位控制形成陡落的排泄条件，一次最大冲刷深 13 m。宽谷段泥石流洪积扇不受主河水位影响，扇体发育完全，泥石流冲淤变化幅度小，以多年累计淤积形成漫流为主，如西昌地区泥石流一次最大冲淤一般小于 1 m。

4. 与泥石流发育阶段的关系

发展期泥石流淤多冲少，沟床逐渐展宽，衰退期有冲有淤，由淤转冲逐步形成固定沟槽。停歇期以冲为主，其冲淤特征基本与一般洪水相似。

5. 堵江阻水现象

一般在泥石流沟纵坡陡，一次可冲出的松散固态物量大而集中，距主河近而又在主河的搬运能力较弱时，或泥石流沟与主河近于直交时，易于发生堵江阻水现象。如盐井沟泥石流 1971—1972 年曾三次堵断孙水河。

成昆铁路泥石流地区的桥梁净空高度，多数为桥下最大淤积值控制。实践表明，宽谷段泥石流是以淤为主，而淤积速度又随桥位在沉积区的部位不同而异，需综合考虑。如西昌黑沙河洪积扇的平均淤积速度扇顶大于 10 cm/年，扇腰为 5 cm/年，扇缘为 2～3 cm/年。

峡谷段泥石流冲淤变幅大，受侵蚀、排水基面影响而变化，桥下净空受一次最大淤积高度控制。桥下净空计算详见第 8.1.3 条解读。

6.2 一般河段上的桥位选择

6.2.1 桥位选择水文要求

［第 6.2.1 条引文］

桥位选择在水文方面应符合下列要求：

1. 桥位应选在河道顺直、槽深、主流稳定、河槽通过流量较集中的河段上，不宜选在不稳定的河汊、泥沙冲淤严重、水流汇合口、急弯卡口、旧河道和具有滞洪作用的河段或洼地上。

2. 水深流急的山区峡谷河段上，桥位宜选在可以一孔跨越处。否则，桥位宜选在河谷比较开阔、水深较浅和流速较缓处。

3. 桥位选择应注意河道的自然演变和修桥后对天然河道的影响。

4. 平原分汊河段上的桥位宜选在深泓线分汊点以上或深泓线汇合点以下处；平原蜿蜒河段上的桥位应注意可能的河湾下移。

5. 桥梁轴线宜与中、高水位时的流向正交。斜交时应考虑水流对孔径及墩台、基础设计的影响。

6. 城市和重要工业区有特殊防洪要求时，桥位宜选在其上游跨越。

7. 结冰河流上的桥位不宜选在容易发生冰塞、冰坝的河段上。

［第 6.2.1 条解读］

一般地区的桥位选择主要考虑水文、地形、地貌、地物、地质等方面，个别情况下也要考虑通航因素。

1. 桥位选择在水文方面的主要要求

洪水对铁路造成的损失是惨重的。1954 年，长江洪水倒灌，靠近洞庭湖的云溪—荣家湾区段 19 km 线路受淹。1958 年，黄河发生特大洪水，京广铁路郑州黄河老桥 11 号墩被毁，两孔钢梁落入河中。1963 年，太行山区连续降雨，300 多座水库溃坝，大量桥涵、线路被毁，津浦铁路受淹 40 km。1975 年 8 月，河南中部发生特大暴雨，包括板桥、石漫滩两大型水库在内的 68 座水库漫溢溃坝，京广铁路 102 km 线路遭严重破坏。1981 年，嘉陵江、汉江、渭河上游地区连降暴雨，宝成、宝天铁路发生水害 1 500 余处，大量桥涵、站场、线路被毁，其中宝成铁路最严重，32 个区间断道，固定资产损失 2 亿元，5 年投资 4 亿元。同年，成昆铁路利子依达沟大桥被泥石流冲毁，两台机车、两节客车被冲走。1981 年全路发生重大灾害事故 14 起，为水害事故最严重的一年。

水害主要发生于山区铁路沿线，如宝天、宝成、成昆、成渝、贵昆、襄渝、湘黔、焦柳、滨绥、图佳等线。1969—1977 年，平均每年断道 117 次。1977—1981 年，平均每年因水害造成重大行车事故 4.8 起。1981—1985 年，平均每年因水害造成损失 2 亿元以上。其中，路堑塌方、落石、淤埋占 35%，路堤下沉、溜坍占 42%，桥涵遭水害破坏占 6%，由于泥石流和农田水利设施管理不当引发的各占 10%。

(1)在一般河段上选择桥位，应在河道顺直、主流槽深稳定、滩槽明显、河滩河槽较窄、通过流量集中处，不宜选在河汊不稳定、泥沙冲淤严重、急弯卡口水流汇合的旧河道或洼地上，尽量避开滞洪区段。

桥孔布设在洪水总趋势的主流位置上，切不可按枯水河床的最大泄洪面积来布设桥孔位置。桥轴线一般应布设与洪水流向正交。洪水流向除按上述方法调查确定外也可按河床等高线确定。洪水流向的总趋势一般与等高线垂直，桥轴线可布置与等高线平行。当主河槽顺直稳定并能通过大部分设计流量，高水位时泛滥宽度最窄，河滩水深最浅。

(2)在山区峡谷河段上，由于水深流急，河槽中修建桥墩困难，基础易被冲，桥位宜选在河槽较窄可一孔跨越处。主槽水深流急时，为避免桥墩基础施工困难，宜选在河谷较开阔、主槽水深较浅、流速较缓、便于施工地段，对需用大跨度钢梁的桥渡应考虑拼架施工的场地要求。

1982 年 6 月 17 日，礼茶支线跨越的茶陵河发生洪水，主槽设墩的茶陵河大桥基础受冲，洪水后经探摸，槽中两桥墩基础被冲空，经压浆加固才恢复正常运营。太焦铁路丹河桥、丰沙铁路永定河七号桥采用一孔大跨拱桥，成功跨越峡谷(图 6-1)。

(3)选择桥位时必须研究河道天然演变过程，以及河槽平面、纵横断面的变化，如河床的天然冲刷、下切或旁蚀。分析其对桥渡可能产生的影响，以及建桥对河道天然演变的影响。分析桥位附近现有或规划的人工建筑物，如水库堤坝、桥址处的旧桥建筑残存物，以及上下游公路桥梁对河道天然状态及桥渡的影响。

京九铁路黄河大桥未采用鱼山桥位方案。黄委会认为，鱼山建桥会造成壅水，增加东平湖滞洪区的负担，影响生态平衡，为主因之一。

(a)太焦铁路丹河桥　　(b)丰沙铁路永定河七号桥

图 6-1　一孔大跨拱桥

(4)需注意平原分叉河段,了解沙洲消长范围。桥位宜选在深泓线分叉点以上或汇合点以下,即深泓线范围内。平原蜿蜒河段的河湾经常演变,桥位选择应注意河湾可能下移,桥位宜选在主槽流向与河流总趋向一致的较长河段,如河湾已发展到河谷岸边,则宜选在河湾顶部中间部分,不宜选在两河湾之间的直线过渡段上。

某线路黄河桥位的选择根据平原地区河流桥渡选线的特点,对几个桥渡方案进行综合比选,采用西堡城桥位方案。因其河势顺直、水流集中、滩地较高、便于施工、通过滞洪区较短、主跨及线路长度较短,能满足城镇发展规划及设站要求。

(5)应处理好桥梁轴线与中、高水位流向的关系。缺乏实测流向资料时,洪水的流向结合泛滥线趋势与河槽形态确定。如桥头引线布置困难或工程费用由此大增,铁路不能正交设桥时,应在孔径计算、墩台型式选择、基础设计中考虑斜向水流的影响。

高水位时河槽与水流方向接近一致,水文复杂的特大桥及大桥一般要求洪水流向与桥址中线正交。中小桥结合线路要求综合考虑,一般要求水流方向与桥址中线的法线夹角不宜大于 30°,旱桥、立交桥不受此限制,遇特殊情况时应现场比较确定。

斜交桥渡应考虑延长桥孔或增加上游导流堤的措施。水袋是一种桥头路堤中线与向河一侧洪水泛滥线的夹角小于 90°时产生的路堤截流滞洪现象,采取该措施可减轻水袋造成的三角回流影响。

天然状态下,主河槽通过设计流量的 70%,桥址中线应与主槽洪水流向正交;通过 70%以上时,桥址中线应与河滩洪水流向正交。

(6)有防洪要求的桥位宜选择在城镇和重要工业区的上游,避免壅水影响。松花江三桥原计划在哈尔滨市已成的滨洲、滨北两座江桥的下游修建，并做了水工模型试验，但市政府提出建桥后会抬高壅水，增加城市防洪压力，该桥位方案被否决。

略阳钢厂专用线嘉陵江大桥的桥位因厂址位置限制，选择八渡河、玉带河与嘉陵江汇合口下游 150 m 处，桥址上游形成汇合口三角形地带 300～500 m 的水袋，引起上游八渡河、玉带河淤积加剧和壅水，造成略阳城洪水时受淹范围增大。

20 世纪 50 年代，我国各大城市如哈、齐、兰、武、宁（南京）等城市防洪标准相当于 50 年一遇，有些地方只相当于 10 年一遇甚至未有完整的堤防，目前均已大幅得到提高。为免遭洪水灾害，选择桥位时需了解城市防洪规划和标准。

(7)我国北方严寒地区河流冬季封冻冰层较厚，开冻过程中上游冰块流下，河流狭窄处易受堵形成冰塞。下游河道尚未开冻，上游冰块流下后相互叠砌形成冰坝，桥墩的存在加剧了河道冰塞演变，对桥梁产生更大安全威胁。

①桥墩改变了河道的边界条件，初封期易形成冰桥，是形成冰塞的基础，从而形成冰塞与桥墩之间相互作用的复杂特性，造成河道中冰塞堆积与壅水，冰塞下的过流与开河期桥墩周围的过冰能力不同于无桥墩时的情况，变化的冰情会增大寒区河流的凌汛压力。

②冰塞使上游水位升高形成壅水，并使最大流速点向河床偏移，床面剪切力更大，形成区别于明流条件下的河床与桥墩冲刷。

③冰塞形成后会有大量冰块堆积在桥梁周围，改变了桥墩的约束边界力学条件，抗剪能力变弱，桥梁的破坏风险增大。

④开河期凌汛挟带大量流冰流向下游，快速撞击到桥墩，极易导致桥墩损伤甚至桥梁直接坍塌。

2. 桥位比选示例

(1)兰新铁路黑河、大沙河桥渡

铁路穿行河西走廊，连续穿越黑河、大沙河水系，最初定测线穿越水系中游冲积扇河段。黑水滩分支 10 余股，河床摆动长达 6.3 km，大沙河冲积扇宽达 3～5 km，经上、中、下游三个方案比选，将线路移至冲积扇下游较稳定河段跨越。黑河有 5 股稳定分支，分建 5 桥，大沙河收缩成为一股宽 160 m 的稳定河槽，以一桥跨越。

(2)兰新铁路清水—北大河区段

该段线路长达 100 km，连续穿越丰东河、洪水河、北大河等山麓水系。

原来定测通过中游冲积扇河段，河床摆动长达 2～6 km，建桥困难较多。复测时全盘分析近 100 km 线路方案，将清水以西各桥渡移至上游山口狭窄河段为最佳。一河一桥且无长大导流工程，较原来定测方案缩短线路约 4 km 并减少一站。

(3)兰新铁路马营河大桥、大河沿区段

马营河冲积扇宽达 5 km，设计时局限于清水以东 25 km 范围，桥位方案 4 个但未能摆脱冲积扇。选定桥位处水流分叉 10 余股，建桥时上游两侧各建 2 km 封闭式导流堤。1957 年普通洪水冲毁导流堤 1 km 以上，淘刷路基 3 km 以上，1958 年冲毁导流堤。桥下淤高使净空由 3 m 减小为 2 m，泄洪能力减小。1961 年复线初测时，大范围分析线路得出，自马营河东侧高台开始，按 6‰限坡定线至丰乐，可将线路上移至山口狭窄段通过。线路由 70 km 展长 1 km，彻底改善了桥渡条件。

大河沿区段线路长约 145 km，穿行天山南麓，跨越 6 条大型山前区河流。选线时只是孤立地对每个桥渡的几个局部方案进行比较，结果是三个桥渡在上游窄段，三个在中游冲积扇。桥下河床普遍上升，长大导流堤和路堤被毁。后加高墩台，重建新桥和导流堤仍未能根除水害。设计时如将跨越 6 条河流上游狭窄段桥渡方案的连线作为线路总的基本走向，就具有很多地形条件的优势。

(4)兰新铁路固尔图河大桥

桥位处线路经过三次初定测比较，最后选择最远处，在冲积扇上游颈口找到经济合理的桥渡位置，缩短线路 100 m。

(5)兰新铁路八音沟大桥

原定测跨越冲积扇，后改移线路 80 km 以上，在冲积扇上游颈口找到较好桥位，缩短 350 m 且降低海拔 5.5 m。

(6)宝成铁路神农河大桥

该段线路定测时，由成都端用两座中桥通过小溪河，沿河谷而上穿过神农河大片滩地，然后急转弯跨河。洪水时大桥成都端滩地漫水形成水囊，威胁线路安全。后经大范围改线绕过小溪河，较为垂直地穿过神农河滩地，避免了三角形水囊，增加一座长 80 m 隧道，省去两座中桥。

(7)宝成铁路安昌江大桥

该桥位于四川盆地北缘，河床宽浅，泛滥宽约 3 km，河槽摆动多变，70 年内两次改道。桥位两端分别处于有支流汇入和山嘴阻水的情况，洪水时阻水宽度可达桥孔全长的 40%。北岸桥头线路急转将近 90°弯向下游，近 7 km 线路浸水形成三角形水囊。遇稍大洪水则壅水很高，水流翻越路堤冲毁田舍，多年养护费用已超过全桥造价。

(8)津浦铁路复线黄河大桥

根据复线要求需增设大桥一座，1959 年开始施工。原桥建于 50 年前，桥渡跨越河湾河道处较稳定。复线桥位在其附近，勘测时发现上游 17 km 处河道窄，河槽微弯水流稳定，为理想桥位。桥长较原桥缩短 200 m 并免去导流堤，造价费用大幅降低。

(9)南福铁路闽江大桥

线路选线时为避免福州端桥头出现隧道，将桥梁设在半径 250、400 m 的两个反向弯道上，桥长 480 m，直线段 100 m。水流斜交 30°以上。福州端为 6-16 m 小跨度梁，与水流向下游斜交 60°形成三角形水囊。1962 年汛期，大量木材集中福州端造成堵塞，将 13 号墩剪断，修复时局部改线。福州端引线增加 451 m 隧道一座，16 m 小跨度梁改为 24 m 并增加 55 m 大跨度一孔，但未根除过分斜交和三角形水囊等隐患。

河谷线路沿河可选桥位较多，在较大范围内全面考虑线路、桥渡和通航等要求，可找到较好桥位。

(10)成昆铁路岷江大桥

岷江出灌县进入川西平原形成庞大水系，主流过新津南下分岔，桥位选择此处。

(11)成昆铁路大渡河桥

铁路在乌斯河口跨越大渡河，山势陡峻洪水湍急，勘测设计时提出 4 个桥位。经全面考虑线路、桥渡的施工条件，采用下游桥位。该处河面较窄，线路与河流斜交小，两岸均露基岩，可采用一孔大跨，免除了水下工程，为一成功的桥位。

黄河自宁夏至内蒙古一段的冰塞冰坝现象严重影响排水并危及桥

梁。如三道坎黄河铁路大桥，一般平均在11月底至12月初流凌，每年封河约50 d，流凌封河期最大冰块面积达0.2 km^2，最大冰厚0.3 m，冰塞长度近710 m。开河流凌时需提前爆破开河，防凌压力较大。黄河下游某些河段的地理位置、地形特殊且跨河桥梁较多，多次出现冰坝，带来巨大的防凌汛压力。桥位应避开容易发生冰塞冰坝的河段。

山东省东阿—东平之间的鱼山以下黄河段，河身进入山区，河道由宽浅变为狭窄，可能产生冰塞冰坝。附近水文站多年实测冰情资料表明，春汛期间鱼山以下河段曾经出现冰塞。据黄委会介绍，若在鱼山建桥，桥下很有可能形成冰坝。京九铁路黄河桥未选此桥位，采用了桥长增大近3倍、桥梁造价增大1倍多的孙口桥位。两桥位的主要数据方案比较见表6-2。

表6-2 京九线黄河桥位方案比较（1986年）

桥位方案	孙口	鱼山
桥梁长度	12.42 km	3.35 km
桥梁造价	4.0亿元	1.84亿元
线桥总造价	13.9亿元	12.9亿元

上列数值说明，即使鱼山桥位的桥长较短，基础也为稳固的基岩且节省造价，是一个天然的好桥位，但建桥会引起冰坝和壅水，可能造成危害，不得已而舍弃该桥位。

6.2.2 桥位选择的地形地貌、地物等要求

[第6.2.2条引文]

桥位选择应符合下列要求：

1. 应利用山嘴、高地等不易冲刷的稳定河岸作为桥头的依托。公铁两用桥的桥位宜选在两岸地形较高并便于与既有公路或规划公路网连接的地点。

2. 应避开上下游有山嘴、石梁等干扰水流畅通的地形。

3. 冲积扇上宜选在上游狭窄河段或下游收缩河段，不宜跨越中游扩散河段。

4. 应考虑施工场地、材料运输和施工架梁等方面的要求。

[第6.2.2条解读]

桥位选择时一般需考虑地形地貌、地物等方面要求。

1. 山前冲积扇

山前冲积扇上的上游狭窄河段、中游扩散河段、下游收缩河段如图 6-2 所示，各有独特的河床形态和水流特征，对铁路运营及其养护维修均有影响。

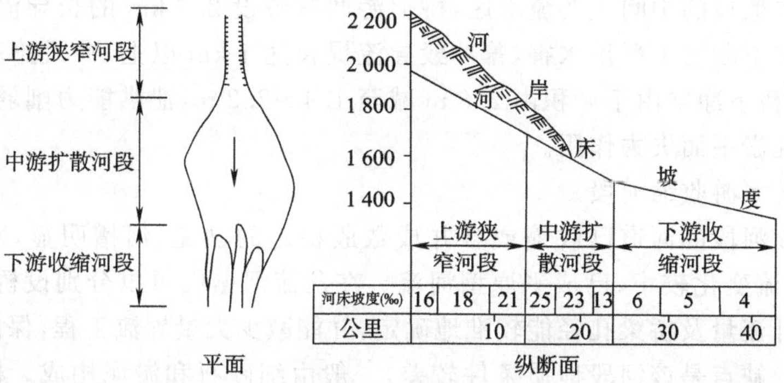

图 6-2 山前宽河示意

①上游狭窄河段

河床较窄且基本稳定，水流顺畅集中，河床多为卵石或圆砾层，为桥渡水文地质条件最优越的河段。线路跨越时，只需设置一河一桥，桥长最短，桥孔易于确定，线路高度受两岸地形控制，桥下净空高度较高，河滩路堤最短，基础工程简单，导流及防护工程很少，造价低，养护维修工作简便。

如兰新铁路洪水河大桥，在中游扩散河段跨河，岔流多达 15 股，摆动泛滥宽达 6.1 km。后改至上游狭窄河段的颈口处通过，河宽 300 m，两岸高约 10 m，水流较集中，基础地质为酒泉砾石层，修建 13-16 m 钢筋混凝土梁桥，运营以来经数次洪水考验，一直状态良好，没有发生水害。

②中游扩散河段

该河段水流分散，摆动不定，水流变浅，泥沙、石子沿途停积，河床逐渐淤高，河岸相对变低而至消失。这种河段上的桥位布设、桥孔长度、桥下净高和导流工程等都很难确定。不论设置一河一桥或一河多桥，桥渡安全、路基防护都有困难，本段是桥渡条件最差的河段，建在这种河段上的桥渡几乎都发生过水害。线路应尽可能避免通过，若必须通过应注意选在河床水流较稳定的地段，保持足够的净高，避免在扩散颈口以下、淤积严重地段通过。

兰新铁路马营河大桥设在中游扩散河段上，摆动泛滥宽度 5 km，岔流多达 10 股以上，河床宽浅淤积严重，以 11-16m 钢筋混凝土梁桥设在正对扩散口的中间主要流水区，桥上游两侧各设 2.2 km 的长导流堤，建桥以来不断发生严重水害，曾冲毁导流堤长达 1 km 以上，冲毁路基中断行车，桥下净空由于淤积由 2.8 m 减至 1.4～2.2 m，泄洪能力削弱，部分导流堤淤平而失去作用。

③下游收缩河段

该河段的河道已收缩或合并成数股稳定的岔流，河槽明显，水流平稳，河流变化较小，已成平原型河流。在岔流河槽内可以分别设桥，各桥的设计流量及桥梁孔径能较准地确定，并能减少大量导流工程，保证运营安全。缺点是该河段地质条件较差，一般由细砂石和淤泥构成。桥梁基础工程一般较复杂，路基有时需特殊处理。

兰新铁路某段的黑河、大沙河大桥在甘新公路的下游收缩河段。最初选在中游扩散河段，使黑河分支达 10 余股，河床摆动泛滥宽达 6.3 km；大沙河宽达 3.5 km。后将线路改移至下游收缩河段后，线路跨越黑河大小五股稳定的分支河槽，分别修建了大桥 1 座、中小桥各 2 座。大沙河则收缩成一股仅宽 160 m 的稳定河槽，设置 6-16 m 钢筋混凝土梁桥，基础工程大都采用桩基。运营以来经过多次洪水考验，排洪效果良好，桥下河床变形轻微，基本达到设计预期效果。

山前区宽河桥渡选线应做好大面积的综合研究，线路方案应结合桥渡方案进行比选。线路连续跨越宽浅河流时，不应孤立地考虑各桥渡方案，以免遗漏既安全又经济合理的桥渡和线路方案。兰新铁路高台—清水—嘉峪关 150 km 间，由马营河、丰乐川河、洪水河、北大河四个大型河流构成山前冲积扇群，在清水以西 86 km 范围内经综合研究发现，经济合理的方案是通过各宽河的上游河段。马营河大桥可与丰乐川河大桥、洪水河大桥的上游河段方案配合跨河，但限于当时条件选择了中游河段，造成严重水害。

2. 山前漫流地区

干燥寒冷地区的风化剧烈，暴雨时山间河流挟带大量泥沙，流出山口后失去约束，水流扩散坡度变缓，流速减小，大量泥沙堆积形成中间高、两侧低的冲积锥或连续冲积扇（图 6-3）。水流交错影响，水系错综复杂，沟槽多呈网状交织，形成长大宽展的山前漫流（图 6-4）。

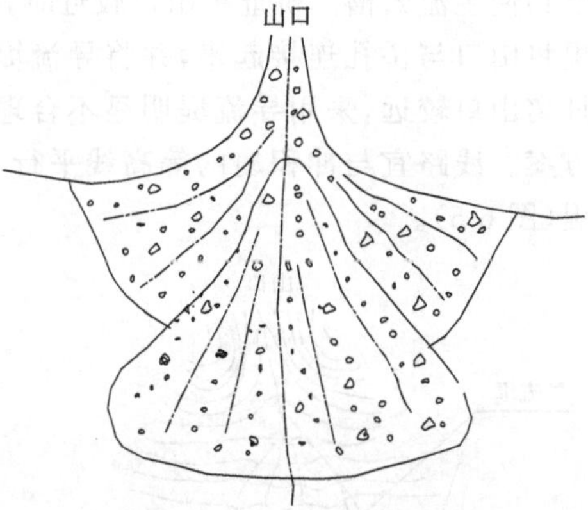

图 6-3　冲积锥或连续冲积扇示意

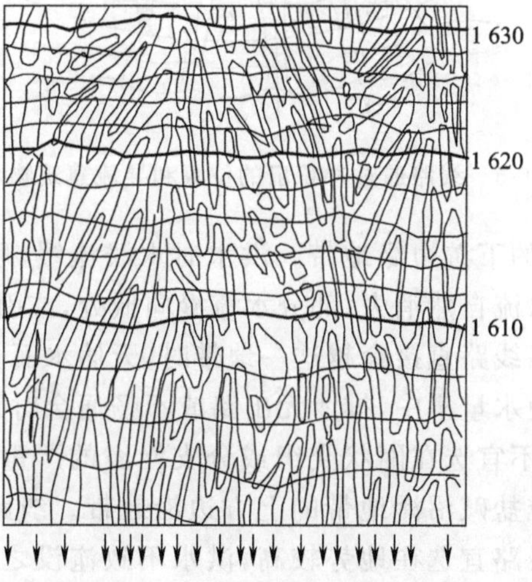

图 6-4　兰新铁路高台漫流示意

山前漫流的上游，地面纵坡仍较陡。其下游由于逐渐淤积，地面纵坡变缓，在漫流的末端，即为地形极其平坦的沙漠、碱地、沼泽或农田，洪水最后滞留于此种无明显沟槽或水流痕迹的地带。漫流地带的桥渡线路选择是个相当复杂的问题，处理不慎会造成巨大损失。

①桥位宜选在上游山口附近。如不得已将桥位设置于冲积扇上，则必须设有导流建筑物使主流归槽。桥址距山口较近时，桥位宜对准山口，采用封闭式导流堤将山口与桥孔连接起来，并将导流堤向桥址下游延伸一段距离。当桥址离山口较远，采用导流堤明显不合理时可采用分跨各主要支流的多桥方案。线路宜与冲积扇的等高线平行，各桥之间可设置人字形封闭导流堤(图 6-5)。

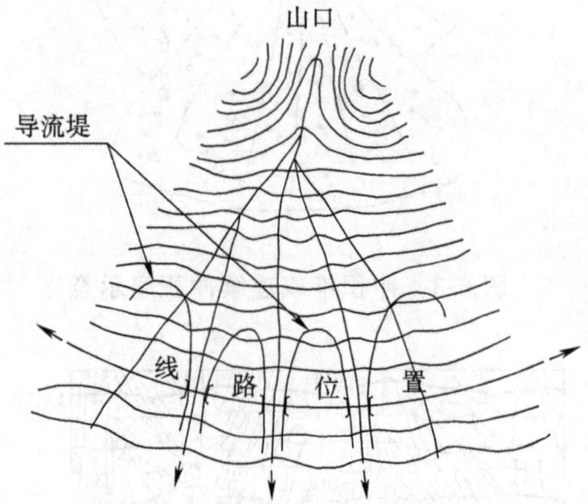

图 6-5　线路通过冲积扇的位置和导流建筑物示意

②注意漫流的下游边缘地带。洪水时水浅流缓，形成一片宽阔的洼地滞洪区，部分水流自然消失，部分水流漫向低处，或引为灌溉水源，无冲刷破坏能力，但当线路直接穿越这一地带时，天然水面宽度和停滞水流面积都受到挤压，使水量集中，排泄无出路或不畅通会对路基造成淹没等病害。该地带桥位不宜选在网状交织或分支漫溢的严重漫流地段，宜选在下游农田、草滩或盐碱沼泽地带的上方边沿地带。线路靠近漫流下游洼地滞洪地区时，线路宜选在地势较高，洪水不致淹没之处通过，并注意避开沼泽、沙漠地带。路堤应有足够的高度，以满足设置桥涵的要求。

3. 桥头的依托

充分利用山嘴、高地等不易冲刷的稳定河岸作为桥头的依托。武汉长江大桥两岸分别以蛇山、龟山作为依托即典型一例。考虑与城市规划配合，要遵循铁路近城不进城原则，有防洪要求的城镇，桥位宜选在其上游。

4. 引桥的走向

较长桥梁的引桥会与地面及地下的设施发生干扰，确定引桥走向时必须审慎，避免或减少拆迁。

大中桥宜设在直线上，因地形地貌困难必须设在曲线上时，应尽量采用较大半径。同一座桥上应尽量避免采用反向曲线，以免对行车产生不良影响。

5. 施工场地、材料运输等因素

桥位选择中要考虑施工场地、材料运输等因素。桥位方案如缺乏施工场地或材料运输存在困难方案就不成立。我国东北通让线嫩江大桥，原先选定 4 个桥位方案，均选在河槽泛滥宽达 10 km 中部，桥头两端都有 5 km 河滩，洪水季节没有施工场地不便施工。砂石材料也均需由 5 km 以外的岸上运至桥头很不合理，这些方案没被采纳。选用的桥位方案是一端桥头紧接一高坎，另一端也有高地一片。由于一岸为高坎，洪水时不淹没，施工场地比较开阔，不影响洪水季节施工，是一个较好的桥位。

6.2.3 通航河流上的桥位选择

[第 6.2.3 条引文]

通航河流上的桥位选择应符合下列要求：

1. 应选在航道比较稳定的河段上。

2. 应远离滩险、弯道和汇流口。

3. 应选在船队编组或排筏编组场的上游，远离既有水工设施、港口作业区和锚地一定距离。

4. 桥位处应有足够的通航净空。

5. 内河航道新建桥梁与既有上下游桥梁的距离，应满足《内河通航标准》(GB 50139)的要求。

[第 6.2.3 条解读]

我国江河湖泊纵横棋布，能通航的河流达 5 200 余条。修建铁路跨越这些河流的桥梁必须不影响船舶通航，桥位选择是一个重要问题。通航河流建桥后，水流会受到桥墩的阻水作用干扰，对航行产生一些不利影响甚至影响船舶的安全。所以桥位选择应注意该处的地形、水流的流态等条件,对通航的影响减至最小,应满足以下要求。

1. 通航河流上的桥位应选在河床稳定、航道水深充裕、水流条件良好的平顺河段,远离易变的洲滩。力求避开冲淤变化严重、水深不足、流态险恶地段。

从长江上已建成的几座大桥来看,建桥前后由于河道演变,航道发生变化。如武汉长江大桥上游的东门滩逐年增大,枯水期已影响船舶通航,大桥下游主航道原在左岸湛家矶,现已变到右岸青山峡。

对于变迁性河道,应考虑其对通航桥孔的影响,必要时尚需增加稳定航道设施。枢纽上下游河段水上过河建筑物选址尚应考虑建库后河床冲淤变化对通航的不利影响。

2. 通航河流上的桥位应避开滩险、通行控制河段、弯道、分流口、汇流口。

①滩险

滩险根据碍航情况可分为急流滩、险滩、浅滩三类。

急流滩:为急流与跌水,影响船舶上行,下行时难于控制航向,常会发生事故。

险滩:存在横流、大浪、暗礁等,流态紊乱,船舶上下行都有危险。

浅滩:枯水期水浅,阻碍航行,山区河流浅滩礁石密布或河底基岩突出,不仅水深不足且产生急流,流态险恶影响通航。

②控制河段

控制河段又称限制性河段,由于弯曲狭窄、断面系数小、流态复杂,对船舶安全航行有明显的限制。如长江的木洞—宜宾合江口,共有控制河段20处,其中泸州控制河段航道平面呈U形回头急弯,是长江著名的卵石浅险滩。船舶在控制河段只能单向通行,桥位应避开通行控制河段。

③弯道

在中、枯水位期间,由于航道弯曲、宽度变窄,阻碍航行。当河湾的曲率不断变大,阻力增加,在上游枯水期可能出现浅滩,对通航不利。弯道段的流态比直线段复杂,会影响船舶驾驶的视线,给航行驾驶带来转弯困难。一般桥梁选址时,应尽量避免设置在弯道上,一跨过河除外。

④分流口、汇流口

分流口、汇流口由于干、支流两股水流互相碰撞，流态混乱，特别是在洪水时期尤甚，如果支流洪水期先于干流，支流挟带的大量泥沙冲入干流，泥沙在干流内发生淤积，待干流发生洪水时，若不能将淤积泥沙冲走则枯水期干流出现浅滩。若干流洪水先于支流，因干流水位较高，流量较大，流速较急，而支流水位较低，流速较缓，此时受干流的顶托作用，流速更小，有时甚至在支流河口形成死水或倒流，支流挟沙能力迅速降低，大量泥沙淤积在支流内。如支流发生洪水，不能将淤积泥沙全部冲走，则枯水期在支流河口形成浅滩。干、支流汇合口除洪水期不一致引起泥沙淤积形成浅滩外，还有可能由于支流交汇角度不良，支流入汇位置不当、入汇段过宽、输沙能力弱等也会引起泥沙淤积成滩。故分流口、汇流口常会有浅滩形成，有碍通航。

《内河通航标准》(GB 50139—2014)要求，水上过河建筑物选址应避开滩险、通行控制河段、弯道、分流口、汇流口；其避开距离，水上过河建筑物在下游时不得小于顶推船队长度的4倍或拖带船队长度的3倍，在上游时不得小于顶推船队长度的2倍或拖带船队长度的1.5倍。

3. 山区流放木筏的河流上应尽量将桥位选在木排编排场的上游，以免大量木排冲下危及桥梁。

桥址上游远离的距离不得小于顶推船队长度的4倍、拖带船队或拖排队长度的3倍；桥址下游远离的距离不得小于顶推船队长度的2倍、拖带船队或拖排队长度的1.5倍。不能保证上述距离时，必须在通航的设计布置等方面采取安全措施。桥梁一孔跨河水中无墩时不受上述限制。

桥位选择时，其港口作业区(码头、船台滑道、取排水口等邻河建筑物)及锚地，桥位也应远离，以免影响港口作业。港口作业区和锚地是船舶作业频繁、抛锚编解船队作业的水域，自然不宜增设任何水上设施。由航道水流的方向决定了桥梁位于港口作业区和锚地下游时，与港口作业区和锚地的距离要大于桥位位于上游时的距离。对于一些特殊航道，如通江、通海及通湖区的航道中邻江、海、湖的某些航段，以及邻近大型水利设施的航段，要考虑经常存在双向水头的影响。

《标准》(GB 50139—2014)要求，水上过河建筑物与码头、船台滑道、取排水口等邻河建筑物和锚地的间距应按满足船舶航行、作业和建筑物运行的安全要求，经论证研究确定。水上过河建筑物在下游时与码头的间距不得小于码头设计船型长度的4倍，在上游时不得小于其2倍。

4. 桥位通航净空有如下要求

在所有邻、跨、过航道的建筑设施中，桥梁对航道的影响最大，而且桥梁的通航净空尺度和通航孔的布设直接影响通航能力和航行安全。对桥梁的通航净空尺度控制将对航道发展和船舶航行带来深远影响。

《标准》(GB 50139—2014)要求，通航净空由通航净高、净宽、侧高和上底宽组成。其中通航净宽、净高是两个最主要的控制指标。

①桥梁通航净宽

如果桥梁不能一跨过河，桥梁平面布置涉及通航净宽有以下两方面。

一方面，桥梁轴线的法线方向应尽可能与水流方向一致，偏角不得大于5°。否则净宽需相应加大，应满足垂直于水流方向上的净宽投影值，不小于等级航道标准要求的最小净宽值。

若受桥梁的桥型或施工难度等因素限制，可采用错孔布设，即桥梁墩柱按航道中心线或航槽线方向错开布设，并在净宽满足投影值的基础上，适当加大净宽值，以保证船舶航行的安全。

另一方面，桥梁通航孔的布设应与航道中心线一致，否则应调整通航孔中心线或航道中心线。对于有规划中心线的航道，在条件许可的情况下，通航孔布设尚应同时满足规划中心线的要求。

如果某些航道经过规划论证，有明确的规划中心线，桥梁的孔跨布设应同时满足现有的和规划的中心线要求，即桥梁的通航孔净宽值必须能涵盖现有航道和规划航道。此时可采取一跨方式，或桥位处规划的航段为航道改线段，如裁弯取直。现有航道与规划航道距离较远，可设置两个通航孔，以满足现有和规划航道需要。

②桥梁通航净高

航道设计最高通航水位是确定桥梁通航净高，以及桥梁承台顶高程的控制水位；最低通航水位是校核桥下水深值的控制水位，也是桥址选择的依据之一。架设桥梁处的航道最高、最低通航水位应由有关部门提供或论证。

总之，桥梁通航净空是指通航净空范围内的立体空间值。以桥梁与航道正交而言，其竖向范围是从位于梁底附近的上底宽线到规划的航道设计底高程，横向范围为左右桥墩、或承台间的最小净距离（桥墩间距应在通航标准要求的净宽基础上，增加河床以上桥墩最宽部位的宽度和墩旁紊流区的宽度），纵向范围为桥梁宽度，在此空间范围内不得有任何突出构件存在。

如果桥梁设有承台（墩台），且承台设置在最高通航水位以下，淹没在水中，这样极易造成海损事故。桥梁承台顶部应设置在航道设计最高通航水位以上或航道设计底高程以下，以保证桥梁和船舶航行安全的需要。

桥下通航净空应根据我国国家标准执行，但无论是否符合标准的通航净空，均应获得相应级别航务主管部门的正式文件确认。

水上过河建筑物轴线的法线方向与水流流向的交角不大于5°时，通航净空应符合标准要求，如图6-6所示。

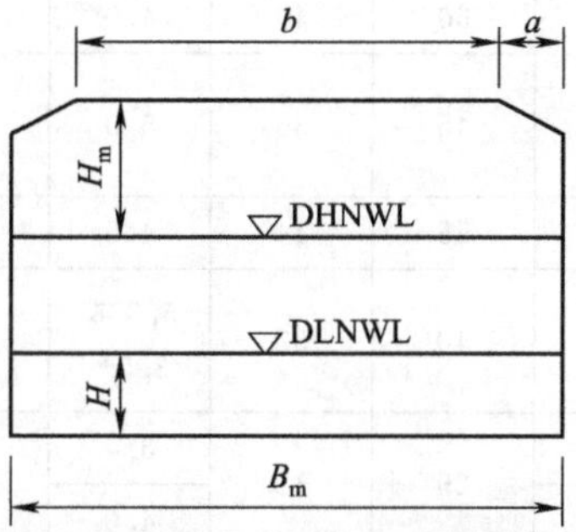

B_m—水上过河建筑物通航净宽；H_m—水上过河建筑物通航净高；H—航道水深；b—上底宽；a—斜边水平距离；h—侧高；DHNWL—设计最高通航水位；DLNWL—设计最低通航水位。

图6-6　通航净空示意

天然和渠化河流水上过河建筑物的通航净空尺度不应小于表6-3～表6-5的数值。

表 6-3　天然和渠化河流水上过河建筑物通航净空尺度(m)

<table>
<tr><th rowspan="2">航道等级</th><th rowspan="2">代表船舶、船队</th><th rowspan="2">净高</th><th colspan="3">单向通航孔</th><th colspan="3">双向通航孔</th></tr>
<tr><th>净宽</th><th>上底宽</th><th>侧高</th><th>净宽</th><th>上底宽</th><th>侧高</th></tr>
<tr><td rowspan="3">Ⅰ</td><td>4 排 4 列</td><td>24.0</td><td>200</td><td>150</td><td>7.0</td><td>400</td><td>350</td><td>7.0</td></tr>
<tr><td>3 排 3 列</td><td rowspan="2">18.0</td><td>160</td><td>120</td><td>7.0</td><td>320</td><td>280</td><td>7.0</td></tr>
<tr><td>2 排 2 列</td><td>110</td><td>82</td><td>8.0</td><td>220</td><td>192</td><td>8.0</td></tr>
<tr><td rowspan="3">Ⅱ</td><td>3 排 3 列</td><td rowspan="2">18.0</td><td>145</td><td>108</td><td>6.0</td><td>290</td><td>253</td><td>6.0</td></tr>
<tr><td>2 排 2 列</td><td>10S</td><td>78</td><td>8.0</td><td>210</td><td>183</td><td>8.0</td></tr>
<tr><td>2 排 1 列</td><td>10.0</td><td>75</td><td>56</td><td>6.0</td><td>150</td><td>131</td><td>6.0</td></tr>
<tr><td rowspan="4">Ⅲ</td><td rowspan="2">3 排 2 列</td><td>18.0☆</td><td rowspan="2">100</td><td rowspan="2">75</td><td rowspan="2">6.0</td><td rowspan="2">200</td><td rowspan="2">175</td><td rowspan="2">6.0</td></tr>
<tr><td rowspan="3">10.0</td></tr>
<tr><td>2 排 2 列</td><td>75</td><td>56</td><td>6.0</td><td>150</td><td>131</td><td>6.0</td></tr>
<tr><td>2 排 1 列</td><td>55</td><td>41</td><td>6.0</td><td>110</td><td>96</td><td>6.0</td></tr>
<tr><td rowspan="4">Ⅳ</td><td>3 排 2 列</td><td rowspan="4">8.0</td><td>75</td><td>61</td><td>4.0</td><td>150</td><td>136</td><td>4.0</td></tr>
<tr><td>2 排 2 列</td><td>60</td><td>49</td><td>4.0</td><td>120</td><td>109</td><td>4.0</td></tr>
<tr><td>2 排 1 列</td><td rowspan="2">45</td><td rowspan="2">36</td><td rowspan="2">5.0</td><td rowspan="2">90</td><td rowspan="2">81</td><td rowspan="2">5.0</td></tr>
<tr><td>货船</td></tr>
<tr><td rowspan="3">Ⅴ</td><td>2 排 2 列</td><td>8.0</td><td>55</td><td>44</td><td>4.5</td><td>110</td><td>99</td><td>4.5</td></tr>
<tr><td>2 排 1 列</td><td rowspan="2">8.0 或
5.0▲</td><td rowspan="2">40</td><td rowspan="2">32</td><td rowspan="2">5.5 或
3.5▲</td><td rowspan="2">80</td><td rowspan="2">72</td><td rowspan="2">5.5 或
3.5▲</td></tr>
<tr><td>货船</td></tr>
<tr><td rowspan="2">Ⅵ</td><td>1 拖 5</td><td>4.5</td><td rowspan="2">25</td><td rowspan="2">18</td><td>3.4</td><td rowspan="2">40</td><td rowspan="2">33</td><td>3.4</td></tr>
<tr><td>货船</td><td>6.0</td><td>4.0</td><td>4.0</td></tr>
<tr><td rowspan="2">Ⅶ</td><td>1 拖 5</td><td>3.5</td><td rowspan="2">20</td><td rowspan="2">15</td><td rowspan="2">2.8</td><td rowspan="2">32</td><td rowspan="2">27</td><td rowspan="2">2.8</td></tr>
<tr><td>货船</td><td>4.5</td></tr>
</table>

注:1. 脚注☆号的尺度仅适用于长江;

2. 脚注▲号的尺度仅适用于通航拖带船队的河流。

表 6-4　黑龙江水系水上过河建筑物通航净空尺度(m)

航道等级	代表船队	净高	单向通航孔			双向通航孔		
			净宽	上底宽	侧高	净宽	上底宽	侧高
Ⅱ	2 排 2 列	10.0	115	86	6.0	230	201	6.0
	2 排 1 列		75	56	6.0	150	131	6.0
Ⅲ	2 排 2 列	10.0	95	71	6.0	190	166	6.0
	2 排 1 列		65	48	6.0	130	113	6.0
Ⅳ	2 排 1 列	8.0	50	41	5.0	100	91	S.0
Ⅴ	2 排 1 列	8.0	50	41	5.5	100	91	5.5
Ⅵ	1 排 1 列	4.5	30	22	3.4	60	52	3.4

注:通航浅吃水船舶的类似航道,经论证可参照执行。

表 6-5　珠江三角洲至港澳线内河水上过河建筑物通航净空尺度(m)

航道等级	代表船舶、船队	净高	单向通航孔		
			净宽	上底宽	侧高
Ⅲ	货船	10	55	41	6.0
	货船				
	2 排 1 列				
Ⅳ	货船	8	45	36	5.0
	2 排 1 列				
Ⅴ	货船	8 或 5▲	40	32	4.5
	2 排 1 列				

注:脚注▲号的尺度仅适用于通航拖带船队的河流。

对于超过 3 000 t 级特大航道的参考通航标准见表 6-6。

表 6-6　参考通航标准

通航船舶吨位(t)	船舶尺寸(m)			通航要求(m)	
	船高	船长	船宽	净高	净宽
50 000	52	275	32	54	400
30 000	36	190	26	38	300
10 000	30	160	24	32	260
7 000	26	140	22	28	225
5 000	23	115	20	24	185

5. 新建桥梁与既有桥梁的距离要求

《标准》(GB 50139—2014)要求，两座相邻水上过河建筑物的轴线间距，Ⅰ～Ⅴ级航道应大于代表船队长度与代表船队下行 5 min 航程之和，Ⅵ、Ⅶ级航道应大于代表船队长度与代表船队下行 3 min 航程之和。这是新建桥梁距既有桥梁之间的最小距离，是为保证船舶航行和桥梁的安全，不降低桥址段航道的通过能力。所选桥址不能满足上述要求时，必须在通航孔设计布置等方面采取航行安全措施。桥梁一孔跨河水中无墩时，不受上述要求限制。

铁科院曾对二线桥的桥墩间距进行水力学试验研究，通过定床水工模拟试验，实测桥墩周围流速场、紊动强度场、水面线和墩头水流冲击高的变化，探讨二线桥与一线桥的桥墩间距对周围水流的影响。

试验水槽宽 1.8 m，模型桥墩宽 0.16 m，有圆形、圆端形、矩形。试验水深 0.20～0.35 m，试验流速 0.30～0.70 m/s，共进行 116 组试验。

(1)分析试验资料，得出如下结果：

①在墩宽相同的条件下，墩形不同，对水流干扰的范围也不同，矩形墩的扰动范围最大，圆形墩次之，圆端墩最小。

②设两墩间距为 S，桥墩宽度为 b，由实测流速分布可知，S 为 10～20b 及以上时，上游墩对下游墩周围流速分布的影响很小。

③由相对紊动强度的分布可知，$S>10b$ 时，下游墩周围的紊动强度值变化不大。

④由分析水面线资料可知，S 逐渐增大至 $5b$ 时，上游墩的壅水有明显增加，S 为 $10b$～$20b$ 及以上时，两墩上游的壅水可分开考虑。

⑤考察墩前冲击可知，$S=2.5b$ 时，下游墩墩头水流冲击高最小。随着 S 增大，下游墩墩头冲击高逐渐增大。$S=20b$ 时，下游墩的墩前冲击高恢复到单墩的 80%以上。

⑥考察流向偏角可知，$S=5b$～$10b$ 时，下游墩的墩身垂直水流断面距离墩中心 $2.5b$～$3b$ 处，垂线的流向偏角与单个墩对应断面垂线的流向偏角基本相同，水面起伏变化不大。

(2)综上得出水流角度参数：

①通航河流上两桥的间距不宜小于墩宽 b 的 20 倍。

②通航桥孔的最小跨度 L 可参照下式估算：$L \geqslant (2.5～3)b \times 2+$桥

下航道宽。

《标准》(GB 50139—2014)要求，当两座相邻水上过河建筑物的轴线间距不能满足要求，且其所处通航水域无碍航水流时，应靠近布置；两建筑物间相邻边缘距离应控制在 50 m 以内，且通航孔必须相互对应。

两座平行桥的墩台、孔跨对应，线间距不大，上下游两桥间有河堤连接的复线桥，例如京山铁路滦河桥、沈大铁路熊岳河桥、沈山铁路小凌河桥、津浦铁路南排河桥等，经原铁三院实测资料验证，其洪水水面线在下游桥出入口处不存在水位差。美国运输部联邦公路局所著《桥梁河道水力学》也认为两桥靠得很近时，水流图形类似单座桥梁。

《标准》(GB 50139—2014)要求，水流平缓的河网地区两相邻过河建筑物的边缘距离不能满足上述要求时，经论证可适当加大。靠近布置的水上过河建筑物的数量不宜超过两座。在其近侧建第三座水上过河建筑物时，通航孔应加大并对应布置，或采用一孔跨过通航水域。

6.3 特殊地区的桥位选择

6.3.1 泥石流地区的桥位选择

[第 6.3.1 条引文]

泥石流地区的桥位选择应符合下列规定：

1. 应选在沟床固定、主流较稳定、水流较顺直处，并宜与主流正交。
2. 不应选在沟床纵坡由陡变缓地段。
3. 严禁开挖设桥，不得改沟合并设桥。
4. 泥石流发育强烈的形成区不应设桥、路基。
5. 线路跨越泥石流流通区时，桥位应选在流通区的直线段，并避开弯道的转折处，泥石流强烈发育的流通区不应在河道中设置桥墩。
6. 线路通过泥石流堆积区时，桥位宜避开扇腰、扇顶部位，而宜选在扇缘或其扇尾部位。线路应沿等高线定线，桥梁宜分散设置。如堆积扇邻近大河受到水流切割时，桥位选定应考虑切割的发展，留有安全的距离。

[第 6.3.1 条解读]

铁路通过泥石流地区时，为确保运营安全，减少养护困难，线路的位置与高度必须慎重选择，应避免通过危害程度严重的泥石流地区，采用避绕方案，即跨越大河改走对岸方案，或另选河谷线路方案，或在山口附近采用隧道或明洞通过方案等。对于危害程度中等的泥石流，有条件时也应尽先考虑避绕方案，以减少隐患。

本条规定了泥石流地区桥位选择的几点重要原则，主要考虑以下方面。

1. 在泥石流活动范围内，应顺应其流势布置桥渡，一般情况下应逢沟设桥，并考虑其发展趋势进行布置。

桥渡具体位置应选在沟床较固定、主流较稳定、水流较顺直处。在平面位置上，桥位应与主槽、主流正交，不得已时斜交角度不超过10°～20°。桥位设在宽阔的洪积扇中下部时宜分散设桥，对各桥的水文、泥石流淤积值分清主次。

2. 中国地质调查局对大渡河流域内756条泥石流沟的统计分析发现，泥石流沟谷坡度基本呈正态分布，坡度25°～50°分布数量最多，两侧逐渐减少。

根据统计研究成果，流域内泥石流沟的沟床比降主要集中在100‰～700‰，占泥石流沟总数90%，其中以纵坡200‰～300‰的泥石流沟最多，占总数近20%。主沟纵坡小于100‰和大于700‰的泥石流沟数量很少。汇水面积为0.5～10 km^2 的小流域最易产生泥石流。大渡河流域大部分泥石流沟的流域面积在10 km^2 以内，约占总数75%，其中流域面积小于6 km^2 的泥石流沟约占泥石流沟总数66%，流域面积小于2 km^2 的泥石流沟数量约占总数42%，流域面积小于0.5 km^2 的泥石流数量占总数近20%。

桥位不应选在沟床纵坡由陡变缓地段，最好选在有利于泥石流排泄，并可以防止泥石流在桥下淤积的地段。如格达大桥的桥位正处于上缓下陡有利于排泄的位置，桥下很少淤积。

3. 泥石流地区严禁下挖设桥，或压低线路高程，强行改沟至冲积扇低洼一侧设桥。

线路高程应满足设桥要求及考虑泥石流龙头高度和可能的淤积厚度。若以明洞穿越冲积扇时，路堑应有足够的深度，不宜将沟床抬高，以免淤积漫溢危及路堑安全。

成昆铁路西昌—黑沙河段设桥7座、蒋家河设桥5座，以桥位正交主槽控制定线，按各桥不同水文特点以及综合整治规划要求，设有主桥和备险桥。在泥石流沟上改河并桥应十分慎重，要有足够依据，改后水力条件应比未改前更好。洪积扇被主河水流切割时，选定桥位应考虑其发展留有足够的安全距离。桥位上下游沟床纵坡应协调，放在由缓变陡的变坡点的下方，以防止泥石流在桥下淤积。如上格达大桥桥位正处于上缓下陡有利于排泄的位置，桥下很少淤积。在沉积区设桥，要考虑一定年限内的河床淤积上涨，西昌泥石流集中区桥位一般都预留3～5 m淤积高度，不采用开挖河床满足桥下净空的做法。桥位紧接隧道洞口时应结合考虑，防止泥石流淤塞桥孔漫入隧道。

4. 泥石流的发生与发展有一个演变过程。

从形成到高潮，至衰亡或反复，受各种作用力的影响不断变化。主要表现为泥石流沟谷的形态变化、松散固态物的积累两方面。泥石流的发育阶段可分为发展期、衰退期、停歇期，见表6-7。

表6-7　泥石流按发育阶段的分类

发展期	衰退期	停歇期
山坡多凸形，形成区有扩大迹象，沟床有堵塞现象，山坡植被继续破坏，洪积扇变化大，常有向上延伸或迭置现象，扇面新鲜，淤积显著，无明显沟槽，漫流现象严重，或在一定条件下形成不同定的深切沟槽，沟槽在展宽	山坡多凹形，形成区明显有萎缩迹象，流通区向上游延伸，沟床有下切趋势，山坡植被有明显好转，或已做有水土保持工程，洪积扇变化不大，扇面陈旧已长有植物，有较稳定的沟槽，漫流现象不严重	山坡较为整齐，植被恢复良好，沟床下切，有阶地出现，形成区已不明显，洪积扇趋于稳定，扇面无新沉积物，植被生长较多，全沟下切，沟槽稳定
不良地质现象仍有发展，山坡岩层风化破碎或大片松散堆积层普遍表现不稳，坍方面积和岩土侵蚀速度在增大，松散固态物在增多，或有潜在的大规模储备量，主要为崩塌滑坡等	不良地质现象渐趋稳定，没有新的发展，坡面岩层较为齐整或松散堆积明显减少，山坡普遍有稳定感，坍方面积和岩土侵蚀速度明显衰减，储备量有减无增，以沟槽搬运、河床侧蚀及零星供给为主	不良地质现象基本稳定，山坡无大的破坏现象，零星分布的松散堆积物质不足以形成泥石流
冲淤变幅大，以淤为主，淤积速度有增大的趋势	冲淤变幅小，淤积速度有减慢的趋势	冲大于淤，有下切现象

泥石流发育强烈的形成区主要指上表的发展期,铁路选线要重点考虑,工程设计要重视发展趋势,留有余地。由于泥石流尚处于发展阶段,对工程危害极大,故泥石流发育强烈的形成区不应设置桥梁及路基。

5. 线路通过泥石流流通区的直线段,为铁路横跨泥石流沟的最佳方案。

直线段方案具有与泥石流的遭遇范围最小、河道稳定、冲淤变化较小、桥渡工程量小等优点。但由于流通区地势较高,两端引线工程量较大。成昆铁路在越岭、沿河地段为线路通过泥石流最多处,需充分利用地势选好方案。以桥通过时,净空高度控制选线才能确保桥渡及其两侧隧道安全,均有成功之例。反之,桥孔被堵危及隧道安全,如柳树塘泥石流沟桥下净空仅 3 m,1974 年 5 月 1 日发生泥石流,堵塞桥孔,漫入两侧隧道淤埋轨道厚约 1 m,造成中断行车。以隧道通过泥石流沟时,应以深埋或浅埋隧道控制线路标高,均有成功实例。通过洪积层的做法对隧道的稳定、防护和施工都不利,故不可取。

桥位应避开 S 形转折处。成昆铁路利子依达沟桥紧接上游 S 形弯道,1981 年 7 月暴发泥石流,河湾超高 5.1 m,龙头爬高 12 m,桥下净高不够流势不顺,造成桥毁车覆的严重事故。

在中小型河谷集中发育的泥石流沟,常形成两岸交错排列,其洪积扇常迫使主流冲刷对岸,两岸扇形地与陡壁交替出现。选线时常可利用洪积扇的有利地势,采用斜穿主河道、一桥跨双扇的方案,既避开泥石流,又让过坍塌体陡壁。龙川江的龙沟大桥、大田箐大桥均属此例。中小型河道较窄,有被两岸泥石流堵塞断流、涌水威胁的不利因素。跨越大型河流、避绕泥石流的措施涉及问题较多,应作另论。

6. 铁路通过泥石流堆积区时,线路宜避开扇腰、扇顶部位。

由于扇腰、扇顶泥石流漫流范围广,各沟槽流势多变,淤积速度快,桥梁布局、净高、孔跨等都较难掌握,线路应改选在扇缘及其尾部。线路必须在扇腰通过时,则应逢沟设桥,在原沟处虽沟床淤积高于两侧,但也需一并设置桥梁,不应改沟筑堤,强行合并至低洼处集中设桥。扇顶部位如沟槽尚未分汊,或分汊慢流还不太明显,流路也基本集中时,则可设一桥跨越,以利于对泥石流的控制。当铁路通过扇缘部位,而扇缘濒邻大河受到水流切割时,桥位选定应考虑切割的发展,留有安全距离。

成昆铁路通过瓦洪沟泥石流堆积扇扇顶部，原认为是停歇期，但近年来受人为活动影响，坍塌滑坡严重，可能产生强大的黏性泥石流，对净空不够高的瓦洪沟桥是很大威胁。又如东川支线一号、二号隧道之间的泥石流扇腰部位，建造一孔小桥跨越，由于施工弃渣不当，以及在沟内滚溜石料，泥石流复活，灌入隧道两端，不得不废弃小桥改建明洞与隧道两端接通，隧道变为长 1 612 m、有 4 个半弯道，运营养护均很困难。成昆铁路漫水湾—西昌段选在扇缘或扇尾通过，采用沿等高线定线，以满足于桥位与主流正交的要求并分散设桥，净空也考虑淤积量，故未出问题。东川支线拖沓沟、法窝两大桥的桥位选择在泥石流堆积扇尾靠大河处，桥位处常被泥石流切蚀，造成泥石流堆积。故要求桥梁墩台基础既要埋深，又要抬高桥下净空。

停歇期的泥石流堆积区上常被选为山区铁路设站的位置，实践证明问题较多，应尽量避免。注意将站房、仓库、住房等设在车站下游一侧，站内不宜设涵，桥下应设陡坡，拦排结合。成昆铁路在堆积扇上设站 23 处，发生泥石流病害 7 处，站内病害较区间更难处理。

当各堆积扇高程相差悬殊，平面位置参差不齐，定线时通常考虑三种方案进行比选。一是沿扇缘外移，切最凸出的扇缘定线，该方案在山前小型泥石流群地段成立，对山区则受地形及大河制约；二是线路以地势最高堆积扇的扇顶控制定线，该方案桥梁工程量大；三是底部穿过。

成昆铁路金沙江峡谷段由于阶地狭窄，洪积扇发育不全，线路在扇面上可摆动的幅度较小，需着重考虑桥隧结合的方案，隧道群与长隧道、分散设桥与集中设桥相结合，并以重点泥石流沟为控制点。考虑隧道时以长隧为主，洞口位置应满足洞口的桥孔净空设计要求；考虑桥梁时以高桥大跨为主，并为泥石流沟下通过的隧道方案留有余地，如白沙沟泥石流线路方案。

铁路跨越小型泥石流群扇腰扇缘部位时，应在各扇轴的主槽处设桥，在各扇之间及扇与山坡间的洼地也应分别设桥，以排除区间积蓄及漫流。

6.3.2 岩溶地区的桥位选择

[第 6.3.2 条引文]

岩溶地区的桥位选择应符合下列规定：

1. 线路跨越岩溶丘陵区峰间谷地时，桥位不宜选在漏斗、落水溶洞、溶泉、地下通道及暗河露头处。如经综合选线必须在该处设桥时，应探明岩溶的位置和水文条件，采取相应的工程措施。

2. 岩溶坍陷区的桥位应选在工业或民用取水点形成的地下水位下降漏斗范围外，覆盖土层较厚、土层稳固、洞穴和地下水位稳定处。如坍陷范围小，可采用单跨桥跨越。

3. 暗河范围内不宜设桥，也不宜靠近或与暗河走向平行。不能避开设桥时，应使桥位垂直或以较大斜交角度通过。

[第6.3.2条解读]

本条规定了岩溶地区桥位选择的几点重要原则。

1. 根据地质地貌特征，桥位宜在岩溶发育轻微区域，必须在岩溶严重地段设桥时，应选在岩层完整、洞穴顶板较厚处。

线路跨越岩溶丘陵区峰间谷地时，桥位不宜设在漏斗、落水洞、溶泉、地下通道及暗河露头处。经综合选线必须在该处设桥时，应探明岩溶的位置和水文条件，采取相应的工程措施。

黔桂铁路曾发生8处共47次水害，对行车安全造成严重影响。沿线岩溶水主要接受大气降水补给，旱季多向深部地下水补给，雨季直接排泄于低凹河谷与溪沟。山区降暴雨后，沿线岩溶管道发育且与地面联系密切，易造成地下水位迅速抬升，排水洞会成为涌水洞促成洪水暴发，冲走道砟悬空轨道，或长时间淹没轨道形成铁路水害。对存在岩溶水害的路段，改建采用抬高线路高程，其中K179～K180段有两处规模较大的岩溶，设桥跨过。

线路跨越岩溶地区的构造破碎带时，桥位应避开破碎带、巨大洞穴和大竖井，无法避绕时，应使桥位垂直或以较小的斜交角度通过。

贵昆铁路艾家坪隧道穿越构造破碎带，溶洞为空洞，漏斗竖井极其发育，施工后遇到溶洞，隧道悬空处理困难，后局部改线避绕。

2. 靠近暗河范围或与暗河走向平行区段不宜设桥。不能避开时应使桥位垂直，或以较大斜交角度通过。需详细探测暗河出入口走向、大小、高程、形状，以及顶板岩石的厚度、完整与稳定等。

暗河出入口附近设桥，除考虑特殊水文条件影响，还应注意出入口侵蚀基准面是否稳定。暗河地质构造作用和岩溶水不断强烈侵蚀而形成的过程中，有的侵蚀基准面尚在溶蚀变化，有的虽稳定但基准面下有岩溶，对基准面有影响。宜万铁路长巴河大桥桥墩基础施工时，钻机在地下60 m就曾遇暗河。

6.3.3 感潮河段上的桥位选择

［第6.3.3条引文］

感潮河段上的桥位不宜选在涌潮区段或紧邻挡潮闸的地段，并应避开凹岸和滩岸消长多变的地段。

［第6.3.3条解读］

本条规定了感潮河段上桥位选择的重要原则，主要基于以下原因。

1. 由于涌潮压力和涌潮过后的高速水流对桥墩影响较大，常致桥渡的导治工程意外损毁，增加墩台水上施工困难，需慎重考虑。

涌潮通常指潮波前锋（潮头）因受地形等影响愈变愈陡而最终发生破碎。潮头不破碎时水面线有一定坡度，潮头破碎时前锋一直推进，仍具一定较陡坡度。前锋破碎部分的水体掺入大量空气且伴有较多泥沙，为不连续水体。涌潮潮头破碎后其高度随之削减，岸边的水深小于江中，岸边涌潮的破碎程度较江中为强，过程中伴随能量损失，破碎严重时能量损失大，潮高的减少较多，岸边的潮高、潮波、波速、涌潮的单宽压力合力均低于江中的相应值。有时在特殊地形条件下，如有与岸边呈较小交角的长丁坝，则涌潮由于受坝阻挡能量积聚导致异常壅高，丁坝及护岸建筑物损毁。有潮汐影响河段的桥渡水上施工较难，涌潮河段更难。水位、水深、流速、流向等随时改变，且变幅大、变化快，需严格定位桥墩施工。尤其涌潮时，由锚定位的船只位置变更，还会潮头碰岸引起回浪。钱塘江四堡河段每月出现约10天涌潮，其余时段可以施工。

2. 桥位不适合选在挡潮闸附近，因关闸引起动能或位能变化，导致壅高或落低。

涨潮挟带大量泥沙遇关闸，会在闸下河段沉积，泥沙遇高潮关闸也会淤积。加上开闸水流的集中和扰乱不均等，都能造成闸下河道极其复杂的冲淤，这些剧烈变化都会对桥梁产生不利影响。桥渡设施在挡潮闸附近，应考虑潮闸引起河道的冲淤变化。

3. 受潮汐影响的凹岸和滩岸消长多变地段不应布设桥渡。

泥沙运动在沙质海岸和淤泥质海岸比较显著，尤其是泥沙强的河口段和海湾凹岸和滩岸消长多变地段，如杭州湾等地区。该地区除受外海的波浪和海流作用外，河流的部分下泄泥沙也会进入这个宽阔地区，径流和潮流的相互作用常形成拦门沙。加上盐水淡水交汇造成淤泥颗粒絮凝现象，促进了泥沙淤积。桥址常选在基本垂直天然深槽并与涨潮落潮、波浪作用方向呈最小的斜交角度。如方向不一致，应与泥沙运移的主要方向一致。

6.3.4 水利化地区的桥位选择

[第 6.3.4 条引文]

水利化地区的桥位选择应符合下列规定：

1. 线路不宜在地势低洼的蓄洪、滞洪和分洪区通过。否则，应考虑桥渡受淹后的影响。

2. 桥位不宜选在水闸、引水或分洪口门等水利工程附近。不可避免时应考虑相互的影响。

3. 河网地区应与当地水利和航运规划相配合，线位宜选在地形较高处，不宜选在淤泥或土质特殊松软的地段。

4. 线路跨越灌溉渠网时，不宜破坏原有排灌系统，必要时可与当地水利部门相配合改造优化排灌系统。

[第 6.3.4 条解读]

本条规定了水利化地区桥位选择时的几点重要原则，主要基于以下原因。

1. 铁路通过地势低洼的蓄洪、滞洪和分洪区时常造成水害，淹没站舍设备，引起路堤下沉。

蓄洪区蓄水较长时会影响桥涵维修，易遭遇风浪侵袭，故定线时线路应考虑避绕。

2. 桥位不宜选在水闸、引水或分洪口门等水利工程附近，应充分考虑彼此的影响。

一般水闸高度较低、基础埋深较浅，如在其近侧修建桥梁，行车振动、过桥水流冲刷都对闸基不利。闸门开启产生过闸水流的集中冲刷、水闸下游河床的扩宽与下切对桥梁不利。河道分洪时,分洪口门及其上下游会造成显著的水位变化与河道冲淤变形。

3. 河网地区地势较低,桥位选择应与水利、航运部门配合。

为满足通航净空要求应抬高桥头路堤。选择桥位时应充分利用局部地形,选在两岸地势较高处。

4. 铁路跨经灌溉渠网时,不应轻易破坏现有灌溉系统和穿越大片良田。

铁路与干渠相邻而行会互相干扰甚至产生危害。包兰铁路枣园堡—迎水桥间,铁路与干渠交错或平行,路堤被积水浸泡下沉。故二者应保持一定距离;山坡地段线路宜选在上坡一侧。

铁路受地形条件限制必须压占干渠时,应在不恶化渠道的原则下改移渠道位置,并采取必要的防护加固措施。

6.3.5 水库地区的桥位选择

[第 6.3.5 条引文]

水库地区的桥位选择应符合下列规定:

1. 水坝上游库区内,桥位宜选在库面较窄、岸坡稳定、泥沙沉积较小的地段;封冻地区桥位不应选在回水末端、容易形成冰坝的地段。

2. 水坝下游桥位应离开坝址有相当距离,并注意坝下冲刷的影响。

3. 已建大坝已划定管理和保护范围的,桥位应避开大坝管理和保护范围。

[第 6.3.5 条解读]

1. 库区上游桥位

水库泥沙淤积是水库设计中要考虑的主要问题,也是铁路水库区上游桥梁设计中要考虑的技术问题。

丰沙一线永定河八号桥为 18-28 m 上承钢板梁,全长 525 m,1955 年建成。桥位在官厅水库回水末端,主流在沙城方向第 17、18 两孔。建桥时桥下净高约 18 m。官厅水库 1954 年开始蓄水,第一年桥下即发生严重淤积,最高处达 7 m。以后每年淤积速度减缓但仍有淤积,数年间桥下淤积平均达 8~9 m,桥下净高不足 10 m。

1961 年建成的刘家峡专用线黄河二号桥位于刘家峡水库下游

20 km、盐锅峡水坝上游 13 km，属该水库回水区域。该桥全长 253 m(2-24 m 预应力混凝土梁＋2-32 m 上承钢板梁＋64 m 钢桁梁＋2-32m 上承钢板梁＋24 m 预应力混凝土梁)。盐锅峡水库 1960 年开始蓄水，1961—1962 年因冰塞抬高水位 9.35 m，造成大量房屋农田被淹。1964 年出现 20 年一遇洪水，水面距梁底 90 cm。观测淤积达 15～20 m，桥下淤积 20 m 以上，净空减小水位抬高，这主要与上游刘家峡水库有关。

兰青铁路八盘峡黄河桥附近也是因水库淤积而改线。1958 年建成通车，1975 年将 K45～K126 段路基全部抬高 6 m，八盘峡黄河大桥抬高 11 m，预估淤积 10 m。

线路在库区上游时，桥位宜选在库水面较窄、岸坡稳定、沉积较少地段。若在水面封冻地区，桥位不宜选在回水末端，以免形成冰坝。如遇上游库区蓄水范围边缘、跨越水深较大、支沟较多，必要时线路应避绕。

2. 库区下游桥位

线路在库区下游时，桥位应与坝址保持一定距离，避开坝下冲刷范围较严重地段，否则应注意局部冲刷。

跨越水坝下游河段设桥首先应考虑与坝的合理间距；其次是因修建水库而改变原有水沙过程，造成清水冲刷和下游水位流量变化；对于宽浅断面形态变化大的某些河流，应防止主流摆动与河湾发展。

对于多沙河流水库特别是大型水库，明显改变水坝下游的来水来沙条件会使下游河道的冲淤发生变化，如河道纵剖面的稳定发展过程改变、水库的运用方式造成水沙的不同下泄，需考虑蓄清对下游河道冲淤演变的影响。

水库下泄清水时，坝下泄水建筑物会直接影响河床的变化，泄流宽度远较河道原来宽度窄，单宽流量显著增加，上游水位壅高造成较大落差，水流通过建筑物时具有巨大动能，虽有消能措施，但紧靠建筑物下游附近的流速仍然很大，建筑物尾部易产生巨大冲刷坑，称为坝下局部冲刷。

桥位应选在水利水电枢纽坝下局部冲刷区域外，需估算冲刷坑范围。水库运用过程中可能出现不均匀开启，造成闸孔被冰凌泥沙堵塞失效，单宽流量集中，冲刷坑扩大并向某岸偏斜。

坝区下游急流槽的流速一般 20 m/s 以上，破坏力很大。太岚线汾河二号桥原定线位置在溢洪道末端，因影响桥基安全，铁三院曾搜集水利部门的有关定测和水工模型资料。为避免坝下急流冲刷影响，不能采用大跨度时，一般要求桥址距坝址不小于坝高的20倍。

1980年建成的怀河大桥位于怀柔水库下游，距主坝1 km，为低高度钢筋混凝土梁，主河道跨度15-20 m，支汊河道跨度7-20 m，桥墩为扩大基础。水利部门对铁路桥梁净空及桥下水位极为关注，要求桥前壅水不能超过坝脚的高程；铁路部门考虑大坝两侧溢洪道泄洪时，经急流槽在主桥前汇合出现旋流，会对大桥造成影响。因此坝下溢洪道与铁路桥的相互作用情况十分复杂。

南京水利科研所的试验资料表明，一般上游冲刷坑的平均坡度为1∶3～1∶6，下游冲刷坑的平均坡度为1∶10或更小。

铁路桥位应选在局部冲刷坑范围以外，同时考虑近期的冲刷坑未必是最终极限冲刷等因素。

3. 大坝管理保护范围桥位

水利部《水库工程管理设计规范》(SL 106—2017)有如下要求：

①工程区管理范围应包括大坝、溢洪道、输水道等建筑物周围的管理范围和水库土地征用线以内库区，管理范围用地应按表6-8控制。

表6-8　水库工程区管理范围用地指标

工程区域	上游	下游	左右段	其他
大型水库大坝	从坝脚线向上游150～200 m	从坝脚线向下游200～300 m	从坝端外延100～300 m	
中型水库大坝	从坝脚线向上游100～150 m	从坝脚线向下游150～200 m	从坝端外延100～250 m	
与水库坝体分离的溢洪道				由工程两侧轮廓线或开挖边线向外50～200 m，消力池以下100～300 m
其他建筑物				从工程外轮廓线或开挖边线向外30～50 m

注：1. 上、下游和左右岸管理范围端线应与库区土地征用线相衔接；

2. 大坝坝端管理范围经论证确有必要扩大的，可适当扩大；

3. 平原水库管理范围可根据实际情况适当减小。

②工程保护范围在工程管理范围边界线外延：大型水库上下游300～500 m，两侧200～300 m；中型水库上下游200～300 m，两侧100～200 m。水库保护范围应为坝址以上、库区两岸（包括干、支流）土地征用线以上至第一道分水岭脊线之间的陆地。

2017年6月，《四川省水利工程管理条例》实施，有如下要求：大型水库主坝的下游坡脚和坝肩外200 m为管理范围，此范围以外300 m的区域为保护范围；中型水库大坝的下游坡脚和坝肩外100 m为管理范围，此范围以外200 m的区域为保护范围；小型水库大坝的下游坡脚和坝肩外50 m为管理范围，此范围以外100 m的区域为保护范围；各类水库副坝的管理范围和保护范围，按小型水库大坝的管理范围和保护范围划定。

2020年11月，《湖北省水库管理办法》实施，要求如下。

工程管理范围：库区设计洪水位以下的土地；库内水域和岛屿；主坝、副坝及其禁脚地和溢洪道（主坝为坝高的7～10倍，副坝为坝高的5～7倍，溢洪道两边为开口面的3～5倍）；渠道及其禁脚地（填方自外堤脚线，挖方自开口线算起，干渠为线外10 m，支渠为线外5 m）。

工程保护范围：主坝两端各200 m，禁脚地以外100 m；副坝两端各100 m，禁脚地以外50 m，溢洪道管理范围以外50 m；渠道从禁脚地外沿算起，干渠20 m，支渠10 m；涵闸、涵洞、隧道、电站从建筑物外沿算起，大型为周围500 m，中型为周围300 m，小型为周围100 m；渡槽的槽身投影面两侧大型为30 m，中型为20 m，小型为10 m，渡槽两端大型为200 m，中型为100 m，小型为50 m。

6.3.6 海湾地区的桥位选择

［第6.3.6条引文］

海湾地区的桥位选择应符合下列规定：

1. 宜选在有岛屿相连的地段。

2. 宜选在桥轴线与海流流向接近正交的地段。

3. 宜选在海岸基本稳定，泥沙来源少、沿岸泥沙流弱的地段，不宜选在两股或多股泥沙流相汇的地段。

［第6.3.6条解读］

本条参考了《规范》(JTG C30—2015)第4.3.5条，该条是根据杭州湾跨海大桥、东海大桥、厦漳大桥、厦门海沧大桥、汕头海湾大桥、湛江海湾大桥、青岛海湾大桥、虎门大桥、港珠澳大桥等的桥位比选说明和实地调研总结而来。

海湾地区桥位选在岛屿相连地段的典型案例如下。

1. 日本濑户大桥(图 6-7)

日本濑户大桥连接本州岛与四国岛，1988 年 4 月建成，总长 37.3 km。上层为四车道公路桥，下层为四线铁路桥，其中两线为普速铁路，另两线预留作新干线铁路。

鹫羽山隧道(公路 205 m，铁路 230 m)；

下津井濑户大桥(悬索桥，全长 1 447 m)；

高架桥(全长 1 316 m)；

柜石岛桥(斜拉桥，全长 792 m)；

高架桥(全长 93 m)；

岩黑岛桥(斜拉桥，全长 792 m)；

与岛桥(梁桥，全长 877 m)；

高架桥(全长 717 m)；

北备赞濑户大桥(悬索桥，全长 1 611 m)；

南备赞濑户大桥(悬索桥，全长 1 723 m)。

(a) 柜石岛桥/岩黑岛桥

(b) 北备/南备赞濑户大桥

图 6-7　日本濑户大桥

2. 平潭海峡公铁两用大桥(图 6-8)

2020 年建成的平潭海峡公铁两用大桥全长 16 344 m，起于福建省长乐市，经人屿岛、长屿岛、小练岛、大练岛，依次跨越元洪航道、鼓屿门水道、大小练岛水道、北东口水道 4 个航道桥。上层为设计时速 100 km 的六车道高速公路，下层为设计时速 200 km 的双线Ⅰ级铁路。

元洪航道桥采用(133.1＋196＋532＋196＋133.25)m 钢桁混合梁斜拉桥,满足 50 000 t 级航道单孔双向通航。鼓屿门水道桥采用(129.1＋154＋364＋154＋129.2)m 钢桁混合梁斜拉桥,满足 5 000 t 级航道单孔双向通航。大小练岛水道桥采用(81.1＋140＋336＋140＋81.15)m 钢桁混合梁斜拉桥,满足 50 000 t 级航道单孔单向通航。北东口水道桥采用主孔跨径 2-168 m 的双层预应力混凝土连续刚构桥,满足 500 t 级航道双孔通航。

图 6-8　平潭海峡公铁两用大桥

3. 甬舟铁路

甬舟铁路全长 77 km,设计时速 250 km,西起宁波东站,经宁波市鄞州区、北仑区,至舟山市金塘岛、册子岛、富翅岛及舟山本岛定海区,终于舟山。依次穿越金塘水道、西堠门水道、桃夭门水道和富翅门水道。主体工程采用桥隧组合方式。考虑到桥梁对宁波舟山港发展的影响,穿越金塘水道采用公铁分建海底隧道;跨海段西堠门大桥、桃夭门大桥、富翅门大桥为公铁两用桥梁。

金塘海底隧道西起宁波北仑区,东至舟山金塘岛水域,隧道全长 16 090 m,盾构段 11 040 m,涉海盾构段 8 382 m。

西堠门公铁两用跨海大桥桥长 3 105 m,涉海长度 2 754 m,主桥采用公铁合建平层布置,主桥采用斜拉悬索协作体系,主跨 1 488 m,主墩水深 60 m,为世界同类项目中跨度最大的公铁合建大桥。

桃夭门公铁两用跨海大桥桥长 1 533 m,涉海长度 648 m,主桥采用公铁合建平层布置,主跨 666 m 斜拉混合梁桥。

富翅门公铁两用跨海大桥长 1 585 m,涉海长度 758 m,采用公铁合建平层布置,主跨 388 m。

4. 渤海海峡通道

渤海海峡通道北起辽东半岛老铁山西南角，南至胶东半岛蓬莱登州角，为渤海与黄海的天然分界线，两端最短距离 105.56 km，平均水深 25 m。北段老铁山水道宽约 42 km，平均水深 40 m 以上，最深 86 m。南段庙岛群岛南北 56.4 km、东西 30.8 km，共有 32 个岛屿，16 个暗礁，2 处水深 1.6～4 m 长滩，岛礁之间距离 2～5 km。

考虑到老铁山水道航运的重要性及建桥可能带来的影响，跨越老铁山水道应采用隧道方案(简称北隧)。老铁山水道以南，庙岛群岛的诸多岛屿(如北隍城岛、大钦岛、砣矶岛、大黑山岛等)呈一字形散布。渤海海峡跨海通道工程可采用北隧南桥的桥隧组合方案和全隧道方案。

6.3.7 车站范围内的桥位选择

[第 6.3.7 条引文]

车站范围内的桥位选择应符合下列规定：

1. 桥涵应与站房、股道、排洪系统密切配合，不宜将天然水流改至站外。站内改沟合并应全面规划，使水流畅通。

2. 站内泥石流沟或流量较大的河沟上建桥时，桥上应尽量减少站房和股道的布置。

3. 应考虑当地交通的合理需要，适当设置农业机械、人畜车辆通行的立交桥。季节性的排洪桥涵有条件时可兼做立交桥使用。

[第 6.3.7 条解读]

本条沿用《规范》(TBJ 17—86)第 3.3.6 条。

区段站或编组站都在大面积长距离范围内布置股道和运营建筑，影响水流自然排泄，多数情况下天然河沟不可能一律改出站区以外，站内特别是股道密集和站区建筑附近设置桥涵就不可避免。不论站区内设桥涵还是将河沟合并或改出站区外设桥涵，都应与站场股道布置、水利及交通设施等密切配合。南京尧化门编组站常年水患，水沟穿越站坪造成水淹站坪停运。济南枢纽西站 1975 年勘测设计时对黄河泛洪低洼积水情况认识有限，站坪设计高度偏低。大同枢纽大同站内有一座既有涵孔径 1.25 m，长 50～60 m，扩建时需接长，造成涵长与孔径的矛盾。

站场范围内滨河路堤的平面布设根据站场航道与建筑物的布置确

定。由于站场分期修建，勘测期间应考虑今后站场股道及建筑物的发展，检查侵入河道程度与范围。

泥石流或流量较大的河沟改移合并会产生不良影响，需与变更站房和股道布置方案进行比选后确定。

由于车站修建影响城市交通，除考虑排洪桥涵的布设，还应考虑立交桥涵的设置。

6.3.8 既有线及增建第二线线间距的要求

[第 6.3.8 条引文]

既有线及增建第二线的线间距，应考虑通航和城市防洪要求、既有桥工作情况、桥梁基础结构状态、地质条件、施工和行车干扰等因素，必要时还应与有关部门协商后确定。

[第 6.3.8 条解读]

本条基本沿用《规范》(TBJ 17—86)第 3.4.2 条。

增建第二线铁路的桥位选择需从整体出发，考虑施工、运营、航运条件、线路选线和站场布置要求。

1. 尽量利用既有建筑物减少拆迁工程，以节约投资；高压线及高大建筑物不宜拆迁，否则需有切实可行的方案。

2. 尽量避开既有建筑物如导流结构、破冰设施等。

3. 尽量减小对既有桥的影响，保持正常运营。

通航河流上的桥梁，为避免水流在新旧桥墩间的干扰，根据航道等级按照要求的通航标准与有关部门协商确定。城市附近的大江大河上修桥，需考虑新桥修建后桥前壅水对城市防洪的影响。

增建二线桥与既有线桥并行时，其线间距大小需考虑新桥的地质条件、基础类型、梁部结构等因素来确定。

有关第二线的通航线间距要求详见第 6.2.3 条解读。

为加强黄河河道管理范围内建设项目管理，规范防洪评价项目技术审查工作，保障河道防洪安全与建设项目的安全运用，黄委会发布《黄河河道管理范围内建设项目技术审查标准》(黄建管〔2007〕48 号)，现将关于黄河不同河段容许桥梁间距和桥梁孔跨布置的要求摘录如下。

为减少桥梁建设对河势演变、河道防洪、工程管理等的影响，不同河段容许的桥梁间距一般应不小于桥梁壅水长度的1.5～2倍，同时考虑河段防洪重要程度，确定桥梁间距。对于城市河段，确需减小桥梁间距，需经充分论证并采取有效防护措施。

不同河段容许桥梁间距按表6-9控制。一些城市河段根据实际情况确需修建桥梁，可允许小于该河段容许桥梁间距，但需充分论证并采取措施，如加大桥梁跨径、加强河防工程防护等，保证河段不因修桥引起壅水。

表6-9　不同河段容许桥梁间距

河段	桥梁容许间距(km)	河段	桥梁容许间距(km)
黄河青甘河段	3	高村—陶城铺河段	5
黄河宁蒙河段	4	陶城铺以下河段	6
万家寨坝址—禹门口河段	2	渭河咸阳铁桥以下	4
禹门口—潼关河段	4	沁河五龙口以下	4
潼关—孟津河段	3	大清河戴村坝以下	4
孟津—桃花峪河段	3	其他有关河流及河段（泾河、湟水等）	4
桃花峪—高村河段	4		

桥梁孔跨布置应根据不同河段的河道特性、河势演变规律及防洪(凌)需要确定，同时考虑桥梁密度的影响。

桥梁孔跨布置按表6-10控制。

表6-10　不同河段主槽与滩地孔跨布置

河段	主河槽孔跨	滩地孔跨
黄河青甘河段	不小于80 m	不小于30 m
黄河宁蒙河段	三盛公以上不小于80 m，以下不小于100 m	不小于40 m
万家寨坝址—禹门口河段	不小于80 m	不小于40 m
禹门口—潼关河段	不小于100 m	不小于40 m
潼关—桃花峪河段	不小于80 m	不小于40 m
桃花峪—高村河段	不小于100 m	不小于40 m
高村—陶城铺河段	不小于120 m	不小于40 m
陶城铺以下河段	不小于180 m	不小于50 m

续上表

河段	主河槽孔跨	滩地孔跨
渭河咸阳铁桥以下	不小于 50 m	不小于 30 m
泌河五龙口以下	不小于 50 m	不小于 30 m
大清河戴村坡以下	不小于 50 m	不小于 30 m
其他有关河流及河段(泾河、湟水等)	不小于 50 m	不小于 30 m

6.3.9 既有桥改建的原则

[第 6.3.9 条引文]

改建既有线时,既有桥若与既有线的平纵断面配合合理,且无显著缺陷,又无足够依据时,不宜轻易改移、封闭或缩孔。

[第 6.3.9 条解读]

本条基本沿用《规范》(TBJ 17—86)第 3.4.3 条。

既有桥原来的位置在线路平面及纵断面的配合上均属合理,经多年洪水考验未发生水害,如上游被淹、下游被冲、路堤漫水等情况时,应充分利用既有路基、轨道及导流建筑物。经调查确属不能利用,如线路平面需变动、纵断面需变更、桥梁需抬高、河道变迁难以整治等情况时,则需另找桥位修建新桥。

既有线改建及增建桥涵工程需防止大拆大改,在保证运营安全的情况下,以充分利用或部分利用既有建筑物为原则,拆改下来的既有技术设备、材料和物资实行回收,尽量在本线利用,以减少投资。一般应遵循以下设计原则。

1. 既有线桥梁在线路的平剖面上均无改动,修建第二线又不与之发生干扰,既有桥梁又无影响行车安全的重大缺陷,一般均按原状利用。

既有线桥梁需进行改建时,其孔径和净高原则上应按新线标准办理,抬高、扩孔确有困难时,可根据具体情况降低标准,但应作出技术经济分析和比较,提出具体理由,在设计文件中作出推荐标准和有关图册。

2. 增建第二线桥梁时,增建桥与既有桥如处在水流干扰范围内时,应使两桥的墩台中心线相对应,大致与洪水流向平行。

3. 既有线改造和增建第二线工程,计算水位如高于既有线,而既有线的多年运营实践证明未遭水害影响或影响较小,则可按既有线高程设计。

4. 设计第二线或改建既有线旧桥时，计算最大冲刷深度不得小于既有桥实测的历史最大冲刷深度。

5. 改建既有线和增建第二线，遇有规划水库、规划通航河流、规划公路，一般维持既有高程，不考虑改线、改河、改变通航标准，修建立交桥等。

6. 改建的桥涵，如原来的中线、位置无明显缺陷，在线路平面及纵断面的配合上也均属合理时，应保持原来的中线及位置。

当第二线为并肩线，该线应比照既有线桥涵的孔跨、类型和位置设置，既有线桥涵孔跨式样不能满足要求时，应将既有线桥涵原则上按新建标准改建，修建相同的孔跨式样。抬高、扩孔确有困难时，根据具体情况和养护经验酌量降低标准。

7. 改建既有线桥涵或修建第二线桥涵时，除既有桥涵有显著缺点，必须改变者外，一般均应尽量利用既有桥涵，或采用与既有桥涵相同的类型和孔径。

8. 在既有线上正式修复毁坏的桥涵时应利用其尚存完好部分。

9. 既有线桥墩台的地基容许承载力通过荷载试验或触探试验等办法实测确定，如无条件实测，可根据地质条件按《铁路桥涵地基和基础设计规范》确定各种地基的容许承载力。

既有线墩台圬工材料容许应力按照检定规范办理，并根据荷载组合情况确定是否乘以提高系数。

10. 既有铁路电气化改造，仅对与电气化直接有关的工程进行改建，例如扩大跨线建筑物净空以满足电力机车的运营需要。

6.4 孔径设计

6.4.1 确定桥涵孔径的原则

［第 6.4.1 条引文］

桥涵孔径应根据过水条件、河道演变、地形和地质特征，桥台和桥头河滩路堤高度、填料来源、占用耕地以及便于养护等有关因素综合研究确定。

［第 6.4.1 条解读］

本条基本沿用《规范》(TBJ 17—86)第 5.2.1 条。

桥涵孔径根据过水条件、河道演变、地形地质特征、桥台和桥头路堤高度、填料来源、占用耕地等综合确定。

1. 过水条件

过水条件包括流量、水位、流速、流势、冰情、滩槽情况等主要因素。流量大小与桥孔长短有密切关系，一般是流量越大桥梁相应要长。但有时桥梁长度或高度不只由流量确定，还有其他因素如缺乏路堤填料或地形控制等，控制桥长或桥高。一般情况流量越大水位越高，水面随之加宽，桥梁就要长些；流量小水位低，水面变窄。当与流量相应的水位出槽以前，一般是流量增长率要大于水面宽度增长率，相应桥长增长率小，水位出槽后，进入河滩行洪时水面宽度增长率迅速大于流量增长率，桥长增长迅速大于流量出槽以前时，桥长急剧加长。无实测洪水资料时，应准确选用河滩、河糟的糙率及水面坡度，算出滩槽流量及其所需桥孔的孔径。

流势与河床演变、河岸形态变化有密切关系，桥孔设计时需考虑这些变化，必要时桥长及其布置均应留有余地。冰情表现为流冰、冰塞、冰坝等现象，对桥孔设计有密切关系。滩槽划分在冲刷系数计算中反映特别明显，而冲刷系数大小又是确定桥孔压缩程度的综合反映，正确划分滩、槽，选择合适的滩、槽糙率和水面坡度，算出较切合实际的滩、槽流量，是合理确定桥孔桥长的重要环节。

20 世纪 50 年代修建的宝成、鹰厦、京承等山区铁路，由于对河流的特性认识不足，水文资料有限，计算中采用参数不合理，桥孔压缩过甚等原因使三条铁路的个别地段水害断道事故时有发生，教训深刻。经过认真总结经验，以后修建铁路对河流水文特征的认识有所提高，水害逐渐减少。京原铁路线路连续跨越拒马河，勘测初期验收时，从上下游水文站观测资料和外单位在该地区的计算资料发现，勘测成果流量和水位偏小较多，路基侵入河床阻水严重，建议设立临时水文观测站进行简易水文观测。恰遇 1963 年太行山一带特大暴雨，测到了可贵资料，该次洪水相当于 2%的洪水频率，证实原勘测水位偏低 1 m 以上，流量偏小，修正后该线运营 20 多年未发生水害。

2. 河道演变

河道在天然情况下水流与河床相互作用，河道受桥梁和水工建筑物的影响发生变化。人类活动如植树造林、建库修坝等也在影响改变河道规律，勘测期间应注意设计桥孔时尽量减小对河道的影响。

3. 地形地质特征

山区深谷路基填土高度大，岩石陡峻水深流急，墩台基础施工困难，宜采用一孔大跨。或因墩台布置避开地质地基不良地段而增加桥长。

4. 桥台型式和桥头河滩路堤高度

填土高度较小的T形、U形和耳墙桥台，其护坡不会伸出桥台前缘，不致因此而产生侵占桥下流水断面面积，而埋式桥台和填土较高的T形、耳墙桥台，护坡必须伸出桥台前缘，侵占第一个甚至第二个桥孔或全部流水面积。埋式桥台填土高度超过18 m或T型台超过12 m时均不能设置。此时应加大桥长，直到填土高度适合某一桥台，属于填土高度控制桥长。有时因线路跨越高产农田或靠近城镇建筑群，为少占良田、减少拆迁工程、便利城镇交通，以桥梁代替路基，设置长大旱桥或增加引桥长度。

5. 填料来源

平原或山脊表面覆土很薄的地区，路堤填料需要远运价格昂贵。京通铁路经过河北省北部燕山的山脊区约200 km范围，山岭重叠，地表覆土浅，深沟高桥集中，路堤填料来源困难，配合施工过程中，该段大中桥多数都进行了扩孔设计，增加了桥长，降低了桥头填土高度。

6. 桥长的考虑

上鹰铁路由于压缩桥孔，洪水时多处桥头路堤被冲毁。需将桥梁主体、桥头河滩路堤、导治建筑物等整体考虑。

桥头有高路堤，占用农田较多，需大量填料时应适当延长桥孔。一般情况下避免高桥台、大锥体，其施工维修较困难。桥孔设计应考虑桥址附近道路、渠道及其他建筑物需要，必要时延长桥孔。

6.4.2 容许冲刷系数

［第6.4.2条引文］

河床容许冲刷时，桥梁的孔径计算不宜超过表6.4.2所列容许冲刷系数值。桥下河床不容许冲刷时，可采取铺砌防冲办法。大中桥不宜采取铺砌防冲办法。

表 6.4.2(本规范) 容许冲刷系数

<table>
<tr><th colspan="2">河流类型</th><th>冲刷系数</th><th>附注</th><th colspan="2">河流类型</th><th>冲刷系数</th><th>附注</th></tr>
<tr><td rowspan="2">山区</td><td>峡谷区</td><td>≤1.2</td><td>无滩</td><td rowspan="3">山前区</td><td rowspan="2">稳定河段</td><td rowspan="2">≤1.4</td><td rowspan="2"></td></tr>
<tr><td>开阔区</td><td>≤1.4</td><td>有滩</td></tr>
<tr><td colspan="2">平原区</td><td>≤1.4</td><td></td><td>变迁性河段</td><td colspan="2">按地区经验确定</td></tr>
</table>

注:平原宽滩河流的平均水深小于或等于 1.0 m 时,容许冲刷系数可大于表列数值。

[第 6.4.2 条解读]

冲刷系数表示桥下过水断面在冲刷后与冲刷前之比,是确定桥孔大小的重要指标,冲刷系数愈大则桥梁对河流压缩愈大。桥梁可用不同的压缩程度跨越河流,达到最大可压缩程度,得出容许冲刷系数。

1. 确定容许冲刷系数的思路

冲刷系数标准应以工程费用与运营费用总和最小为原则。但要直接计算各种冲刷系数对应的运营养护费用有一定困难。因此在制订冲刷系数标准时,用工程费用最小的原则代替工程费用与运营费用总和最小的原则。

(1)技术经济计算

根据每一桥渡在可能范围内的各种冲刷系数算出其造价 R,点绘 R-P 关系曲线,曲线最低点表示造价 R 最小,即为最有利的冲刷系数 $P_{有利}$,如图 6-9 所示。

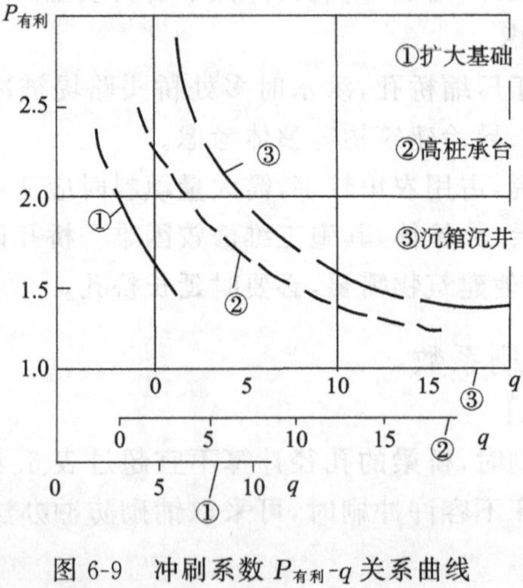

图 6-9 冲刷系数 $P_{有利}$-q 关系曲线

(2)不同桥渡的校核分析

苏联时期搜集了80多条河流的桥渡资料，算出这些实桥实际的冲刷系数P和单宽流量q，并定出这些桥渡的工作条件，点绘$P=f(q)$关系曲线，如图6-10所示。可见能安全渡洪的Ⅰ、Ⅱ级桥渡的点在左下方，不安全的Ⅲ、Ⅳ级桥渡的点在右上方。

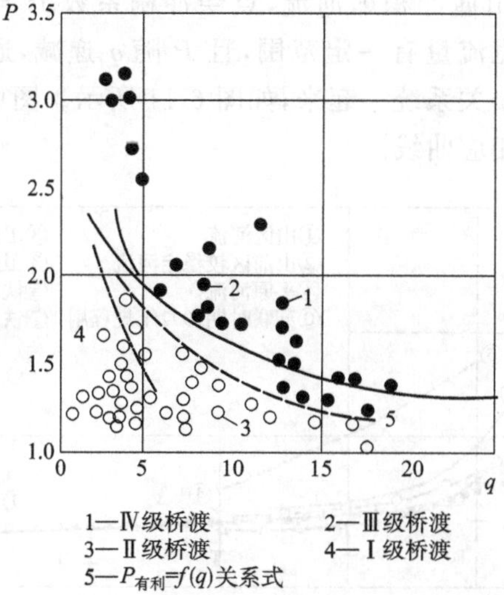

图6-10　冲刷系数P-q关系曲线

将图6-9中某一类型的$P_{有利}=f(q)$曲线移至该类型的图6-10上，即为该类型基础最有利的冲刷系数曲线，恰在Ⅰ、Ⅱ类桥和Ⅲ、Ⅳ类桥点群之间，表明图6-10的最有利冲刷系数曲线符合实际情况。苏联时期1972年规范标准即据此而制定。

2. 桥规冲刷系数的资料汇集分析

我国制定冲刷系数时按照上述思路，提出如下建议。

(1)上鹰铁路柳河、白河诸桥水害总结中详细分析了桥孔偏小的原因，点绘了P-q关系图，得到类似结果，铁三院据此提出冲刷系数标准。

(2)1972年修改设计规范时对冲刷系数进行了调研。调查过程中搜集到96座经过不同程度洪水考验的桥渡的有关冲刷系数的资料。其中很多工作良好，也有很多发生不同程度的水害。得出依据河流性质分类的允许冲刷系数标准，纳入《75 年桥规》。

(3)成昆铁路工程总结中，对川西平原成峨段 91 座大中桥渡的冲刷系数进行分析，给出平坝漫流河段桥渡的允许冲刷系数。

(4)铁四院 1981 年编写《桥渡设计》时，将 1972 年资料作了一些分析。取其中通过设计洪水考验的 64 座桥渡，按山区河流、山前区较稳定河流、平原河流、山麓冲积扇河流，点绘冲刷系数 P 与单宽流量 q 的关系。各类河流单宽流量有一定范围，且 P 随 q 递减，通过单宽流量将不同类型河流的 P-q 关系统一起来，如图 6-11 所示。图中①～④曲线即为上述四种河流的相应曲线。

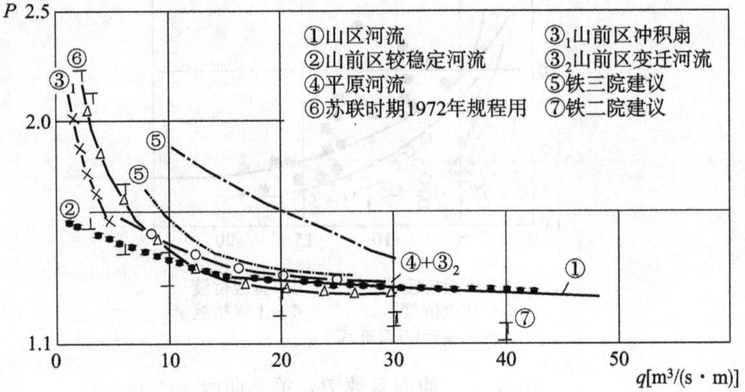

图 6-11　冲刷系数标准 P-q 关系汇总

3. 我国桥规冲刷系数的制定过程

(1)《59 年桥规》

我国过去没有一套完整的桥渡设计办法，冲刷系数为苏联时期的，最初用以计算墩台的冲刷深度。如 1953 年铁道部翻译刊印苏联时期《永久桥址之勘测及设计规程》。

该条除冲刷系数 P 的表达式外，还规定与桥墩基底有关的冲刷系数，见表 6-11。

表 6-11 冲刷系数最大值

桥墩基底特征	冲刷系数最大值
深基底	1.40
浅基底,有防护冲刷	1.1～1.2
浅基底,无防护冲刷	1.0(不容许有冲刷)

1957 年由铁三院翻译的苏联时期《桥渡勘测设计规程》(下册第 8 章)确定了孔径大小的可能范围,冲刷系数不大于表 6-12 的要求。

表 6-12 最大冲刷系数

序号	计算水位时桥下冲刷前的平均水深(m)	最大冲刷系数 P	
		深水基础	有防护冲刷的浅基
1	≤3.0	2.0	1.50
2	4	1.8	1.40
3	5	1.7	1.35
4	6	1.6	1.30
5	8	1.5	1.25
6	10	1.45	1.20
7	≥15	1.40	1.20

该表被《59 年桥规》纳入第 14 条冲刷系数表,有如下要求:设计大中桥孔径时,如土壤有被冲刷的可能,为增加桥下自然流水面积,允许考虑冲刷及可能的土壤开挖。此时最大冲刷系数(按计算水位的桥下流水面积在冲刷后与冲刷前之比)应根据桥墩台基底的类型及桥下平均水深求算。

条文说明中提示,最大冲刷系数参照苏联时期 TY-56 桥涵设计规程制定。

(2)《75 年桥规》

第 2.21 条要求:桥梁孔径设计应注意河床变形,不宜过多改变水流天然状态。如河床有被冲刷的可能,其容许冲刷系数(桥下需要过水面积与供给面积之比)不宜超过表 6-13 所列范围。为增大桥下的过水面积,在稳定的河段可适当开挖,但冲淤变化明显的河段不得开挖。

表 6-13 容许冲刷系数

<table>
<tr><th colspan="2">河流类型</th><th>冲刷系数</th><th>附注</th><th colspan="2">河流类型</th><th>冲刷系数</th><th>附注</th></tr>
<tr><td rowspan="2">山区</td><td>峡谷段</td><td>1.0～1.2</td><td>无滩</td><td rowspan="3">山前区</td><td rowspan="2">半山区稳定段（包括丘陵区）</td><td rowspan="2">1.2～1.4</td><td rowspan="2"></td></tr>
<tr><td>开阔段</td><td>1.1～1.4</td><td>有滩</td></tr>
<tr><td colspan="2">平原区</td><td>1.1～1.4</td><td></td><td>变迁性河段</td><td>1.2～1.8</td><td>在断面平均水深≤1.0 m时，方可用接近1.8的较大值</td></tr>
</table>

《75 年桥规》制定冲刷系数曾向各设计院、大桥局、铁路局等单位征求意见，搜集了通过较大洪水考验的部分桥梁检定资料。

①现场人员的主要意见

a. 冲刷系数对确定桥孔大小有一定指导作用，但不是唯一条件，应综合考虑其他因素，如对上下游居民、农业、水利的影响，河滩路堤的稳定等；

b. 冲刷系数不要按原来桥规的浅基、深基和水深分类，应按地区和河流性质划分，才符合各地区河流的具体情况，如山区河流水深流急，应尽量少压缩以避免桥台锥体被冲。山前区河流建桥虽可压缩，但不宜过甚。平原区河流建桥与地方利益相关密切，应考虑对上下游工农业的影响；

c. 制定的冲刷系数应以经过洪水考验的桥的资料为主要依据。

②三类地区的划分

对上述意见及搜集到的桥梁资料进行分析，将地区分为山区、山前区、平原区。

a. 山区：按河段特点分为峡谷段、开阔段。

(a)峡谷段：此类河流一般河谷深窄无滩，岸壁稳定，河岸多岩石，水位变幅大，设计流速 4～7 m/s，河床比降 2‰～6‰。

此次分析了鹰厦、上鹰、陇海铁路 15 座桥梁的资料，认为峡谷段水深流急，桥台锥体不宜伸入河槽，桥孔不宜压缩。某桥位处 1960 年洪水频率为 1/50，壅水接近钢梁，梁下设备全部坍塌，实际冲刷系数 1.25；某桥位处 1960 年超过频率 1/100 的水位，两端局部冲毁，实际冲刷系数 1.24。综合这些资料，需考虑峡谷段有一孔跨过的可能性，冲刷系数宜定为 1.0～1.2。

(b)开阔段：此类河流滩槽分明，岸线稳定，河岸为岩石或卵石，设计流速 3～6 m/s，河床比降 1‰～5‰。此次搜集了鹰厦、浙赣、京承、陇海铁路 19 座桥梁资料，如某桥 1962 年发生大洪水接近设计流量，冲刷系数 1.39，未发生水害。同一类型桥的冲刷系数均大于 1.4，多发生不同程度水害，路堤被冲毁，冲刷系数宜定为 1.1～1.4。

b. 山前区：分为半山区稳定河段(包括丘陵区)、变迁性河段。

(a)半山区稳定河段(包括丘陵区)：此类河段大体顺直或微弯，滩槽明显，出山口后河谷开阔，岸线及边滩较稳定，河槽形态较稳定。此次搜集了浙赣、京广、陇海铁路 32 座桥梁资料。其中某桥 1953 年洪水为历史第二位，孔径合适，冲刷系数 1.37，除桥墩质量不良受水流冲刷，尚无水害。某桥冲刷系数 1.31，经过洪水考验，除冲刷较深无太大水害。其他冲刷系数在 1.4 以下，一般情况较好。综合这些资料，冲刷系数宜定为 1.2～1.4。

(b)变迁性河段：此类河段滩槽不明显，甚至无河滩，河段微弯或呈扇形扩散，岸线不稳多变，主槽形态、位置不稳定，洪水时淤此冲彼，最大深泓变迁迅速，河槽有扩宽甚至改道的可能。此次搜集了西北地区兰新线和华北地区京广线共 17 座桥的资料。西北地区的桥经受了接近或小于设计流量的 1/3～1/2 的 1959 年洪水的考验，受水害破坏程度不同，导流堤局部或大部被冲毁，部分桥头河滩路堤被冲断等，原设计压缩桥孔过甚，冲刷系数大到 3.01、3.15，受水害较重。事后采用适当延长桥孔的方案，未出大问题。经过水害处理后，一般冲刷系数 1.4～1.8。华北地区经过历史特大洪水考验没出水害的桥梁，冲刷系数 1.1～1.3。综合这些资料，冲刷系数宜定为 1.2～1.8。其中水深小于 1 m 的宽浅河流，冲刷系数采用较大值。

c. 平原区：此类河流基本顺直或微弯，部分河段弯曲，一般上游有支流汇入或下游呈扩散状，河槽较宽，设计流速 2～5 m/s，河床比降 0.1‰～2‰。选用超过 20 座桥梁(包括东北、中南、华东地区)进行分析。这些桥都经历不同程度的洪水考验，其中 10 座经过频率为 1/100 的历史洪水，此时冲刷系数 1.2～1.4 都能安全排洪，冲刷系数超过 1.4 都有不同程度水害。如铁路路堤冲决、锥体护坡坍塌、壅水较高等。考虑平原地区建设人工渠道及两岸筑堤等河道设桥更应充分考虑地方水利的要求，一般不宜压缩河道，使用冲刷系数 1.1 仅考虑桥墩压缩水流的影响，将平原地区冲刷系数范围定为 1.1～1.4。

表 6-13 所列冲刷系数适合于一般桥梁情况，必要时可超越该范围。《85 年桥规》沿用《75 年桥规》要求的容许冲刷系数。

(3)《规范》(TBJ 17—86)

当河床容许冲刷时，桥梁的孔径计算不宜超过表 6-14 所列容许冲刷系数值；桥下河床不容许冲刷时可采用铺砌防冲办法(大中桥不宜采用)。

表 6-14　容许冲刷系数

河流类别	冲刷系数
山区峡谷段	≤1.2
山前变迁段	按地区经验确定
其他各类河段	≤1.4

注：平原宽滩河段的平均水深小于或等于 1.0 m 时，容许冲刷系数可大于表列数值。

冲刷系数表示桥梁对天然水流的压缩程度，即桥下设计需要过水面积与桥下供给面积之比，应大于 1.0，有时因过水面积设计不当，设计流速 v_p 大于天然河道设计水位相应的平均流速时，可能出现小于 1.0 的冲刷系数。

20 世纪 50 年代—70 年代，冲刷系数的上限值逐步由 2.0 过渡为 1.8。50 年代初期桥孔压缩过甚现象较为普遍，表 6-14 所列容许冲刷系数是总结 30 多年经验拟定的。其中，山前变迁段按地区经验确定，《75 年桥规》明确为 1.2～1.8，附注中说明断面平均水深不超过 1 m 时可用接近 1.8 的较大值。此处改为平原宽浅河流的平均水深不超过 1 m 时，容许冲刷系数可大于表列数值 1.4。虽不是指同类河流，但用意都在于不要轻易采用上限，水深不超过 1.0 m 时即使冲刷系数大到 2.0，但冲刷深度不超过 1 m 才允许采用。

山区峡谷河段两岸谷坡陡峻，岸壁稳定，河谷一般窄深无滩，河身随着峡谷弯曲，多急弯卡口，桥孔不宜压缩过甚，冲刷系数仅容许在 1.2 以内。山前区变迁性河段，由于河流出山口进入广阔的平原之后，水流渐缓泥沙沉积，河岸逐渐消失，河槽变为平浅，滩槽不明显。这类河流的特征是河道极不稳定，一经泥沙阻塞或人类活动影响，洪水即泛滥成灾，河道改移后，旧河道逐渐淤高。如京广线、京九线均跨越的滹沱河即属此类。这类河流的桥孔很难用一个数值来限制压缩程度，需按具体工点特征结合地区性经验确定。山区开阔段、山前区冲积扇段、山间宽谷段、平原顺直段、弯曲游荡段等各河段，冲刷系数不宜超过 1.4。

《规范》(TB 10017—99)第 3.4.7 条沿用《规范》(TBJ 17—86)第 5.2.2 条。

(4)《96 年桥规》

《96 年桥规》对《85 年桥规》修订了变迁性河段和补充宽滩河流容许冲刷系数的要求(表 6-15)。

表 6-15　容许冲刷系数

<table>
<tr><th colspan="2">河流类型</th><th>冲刷系数</th><th>附注</th><th colspan="2">河流类型</th><th>冲刷系数</th><th>附注</th></tr>
<tr><td rowspan="2">山区</td><td>峡谷段</td><td>1.0～1.2</td><td>无滩</td><td rowspan="3">山前区</td><td rowspan="2">半山区稳定段
(包括丘陵区)</td><td rowspan="2">1.2～1.4</td><td rowspan="2">—</td></tr>
<tr><td>开阔段</td><td>1.1～1.4</td><td>有滩</td></tr>
<tr><td colspan="2">平原区</td><td>1.1～1.4</td><td>—</td><td>变迁性河段</td><td>按地区
经验确定</td><td>—</td></tr>
</table>

注：宽滩河流的平均水深不超过 1.0 m 时，容许冲刷系数按地区经验确定。

《99 年桥规》《2005 年桥规》《2017 年桥规》均沿用《96 年桥规》的容许冲刷系数表。

(5)本规范

本规范基本沿用《96 年桥规》的容许冲刷系数表，参考《规范》(TBJ 17—86)有局部调整(表 6-16)。

表 6-16　容许冲刷系数对比

<table>
<tr><th colspan="2" rowspan="2">河流类型</th><th colspan="2">冲刷系数</th><th rowspan="2">附注</th><th colspan="2" rowspan="2">河流类型</th><th colspan="2">冲刷系数</th><th rowspan="2">附注</th></tr>
<tr><th>《96 年桥规》</th><th>本规范</th><th>《96 年桥规》</th><th>本规范</th></tr>
<tr><td rowspan="2">区段</td><td>峡谷段</td><td>1.0～1.2</td><td>≤1.2</td><td>无滩</td><td rowspan="3">山前区</td><td rowspan="2">半山区稳定段(包括丘陵区)</td><td rowspan="2">1.2～1.4</td><td rowspan="2">≤1.4</td><td rowspan="2">—</td></tr>
<tr><td>开阔段</td><td>1.1～1.4</td><td>≤1.4</td><td>有滩</td></tr>
<tr><td colspan="2">平原区</td><td>1.1～1.4</td><td>≤1.4</td><td>—</td><td>变迁性河段</td><td colspan="2">按地区经验确定</td><td>—</td></tr>
</table>

注：宽滩河流的平均水深不超过 1.0 m 时，容许冲刷系数按地区经验确定。

最早提出桥梁孔径计算方法是在苏联时期，我国 20 世纪 50 年代初沿用该法。设桥渡跨越的河床为可冲刷，建桥后桥下需要的过水面积 ω_x，桥下河床冲刷前所能供给的面积 ω_g，定义冲刷系数 $P=\omega_x/\omega_g$ 表示该河床的可冲刷性。

由水力学可得 $$\omega_x=Q_p/v_p$$

式中 Q_p, v_p——设计流量、流速。

视河床为宽浅矩形，则有 $$\omega_g=L\cdot h$$

式中 L, h——桥长、桥下平均水深。

可得 $$L=Q_p/(v_p\cdot h\cdot P)$$

该式即为计算桥长的基本公式，表明桥长 L 与河床的冲刷系数 P 呈反比。冲刷系数愈大则河床愈可冲刷，桥长 L 可愈小；反之则 L 应大一些。故合理确定冲刷系数 P 是确定桥梁长度的首要问题。

截至 20 世纪 60 年代，我国一直沿用该规定，河流平均水深愈大则允许的冲刷系数 P 值愈大，即河流可以多压缩。苏联于 70 年代后将该规定改为按河流洪水时单宽流量的大小规定允许使用的冲刷系数，我国并未照搬，开始了冲刷系数与河流及桥长关系的研究。

公式 $L=Q_p/(v_p\cdot h\cdot P)$ 根据水力学平均水流的基本概念建立，且全断面只有一个平均冲刷系数 P。显然对于不稳定的山前变迁性河流、平原游荡性河流、山麓冲积扇河流，过洪水时断面水流状态都不可用水力学的平均概念来描述，也不可能用平均冲刷系数来说明河床各部分（垂线）的冲刷情况。这些河段上，上述孔径计算方法就不适用。后将按水深确定冲刷系数改为按河流类型来确定，见表 6-13（即《75 年桥规》中的表 2.3）。

该表说明，我国已经脱离单纯按水力因素（h 或 q）控制桥长的设计概念，是按河流类型给出可允许的 P 值范围，使之更符合河流的实际情况。

因为天然河流是千变万化的。对于那些较为稳定的河流，如山区河流和部分比较稳定的平原区河流，过洪水时可用平均水流概念描述河道内水流运动状态，符合式 $L=Q_p/(v_p\cdot h\cdot P)$ 的概念就可用允许冲刷系数控制孔径。河道愈稳定则 P 值范围愈小，即平均水流概念愈合适，计算结果愈准确，如采用 1.0～1.2。反之不稳定的河段，行洪情况偏离平均水流概念愈远，P 值范围愈大，使用中反映出对某些山麓冲积扇等山前区变迁河段并不适应。20 世纪 80 年代制定《规范》（TBJ 17—86），对确定桥长的允许冲刷系数作出如表 6-14 的要求，该表继承了《75 年桥规》

的正确观点。

4. 对铺砌防冲的要求

本规范要求,桥下河床不容许冲刷时可采用铺砌防冲办法(大中桥不宜采用)。该条沿用《75 年桥规》的相关条款。

大中桥桥孔设计一般不采用桥下河床铺砌的办法,仅在既有线上桥梁墩台埋置深度不足,或桥下河床河滩不允许冲刷时,桥下河床可采用局部或全桥铺砌防护。

一般情况下大中桥桥孔计算采用设计水位时,将洪水河槽的天然平均流速作为设计流速,若桥下河床有被冲刷的可能,则考虑开挖增加桥下流水供给面积,不采用河床铺砌提高设计流速来压缩孔径。大中河流河槽较宽,桥下流速不均匀,局部流速较大处则冲毁铺砌,流速较小处则淤积。且铺砌提高流速后,与河床天然土不相适应,造成铺砌末端冲刷,危及墩台安全。铺砌后可缩短桥长但铺砌数量大,大中桥采用桥下河床铺砌不合理。既有线上桥梁墩台埋置深度不足且加固改建困难时,可在桥下铺砌防护或对个别埋置深度不足的墩台附近进行局部防护。河滩桥一般不允许桥下河床被冲刷,避免因桥下过水面积增大,主槽流量通过桥下而引起主槽流量分配的变化,加重河滩桥的负担,视具体情况采用铺砌防护。

小桥一般平时无水或水流很少,铺砌防护施工较易且工程量不大,可采用桥下铺砌。我国南方河网地区的桥孔一般按河道全宽布置,河床可不铺砌,可按大中桥的桥孔算法设计。

6.4.3 冲刷系数计算

[第 6.4.3 条引文]

冲刷系数可按下式计算

$$P=\frac{\omega_x}{\omega_g} \tag{6.4.3}$$

式中 P——冲刷系数;

ω_g——桥下供给过水断面面积(m^2),当桥址上、下游有阻水山包或其他挡水建筑物时,桥下供给过水断面面积应扣除其影响部分;

ω_x——桥下需要过水断面面积(m^2),按下式计算

$$\omega_x=\frac{Q_p}{v_p\cos\alpha}$$

其中　v_p——设计流速(m/s),对河滩较小、压缩不多的河段,可采用通过设计流量时河槽(包括边滩)的天然平均流速,当河滩很大时,可按经验确定,渠道或运河上的桥,可采用设计渠道或运河时的设计流速;

α——水流方向与桥梁轴线之法线间的夹角。

其余符号意义同前。

[第6.4.3条解读]

1. 桥下过水面积

河上建桥后,桥下水流会受到压缩,桥下过水断面减小,势必引起桥下流速加大和河床冲刷。

桥下流水断面因冲刷而逐渐扩大时,桥下流速亦必随之逐渐减小,待桥下流速恢复到河槽的天然流速时,冲刷即停止。桥下需要过水面积计算就是在上述假定的基础上进行的。

(1)桥孔与水流正交(图6-12)

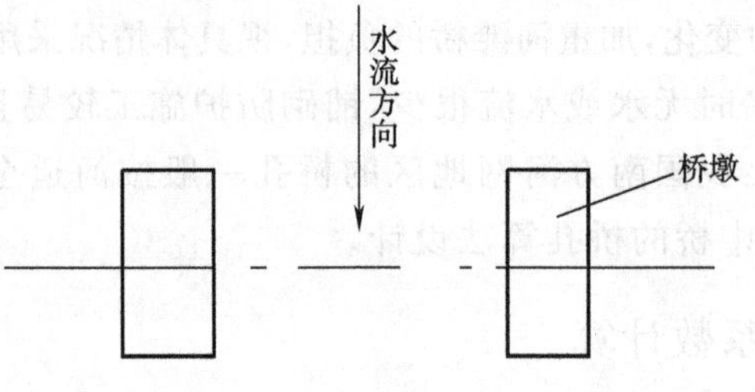

图6-12　桥孔与水流正交

桥下需要过水面积按下式计算

$$\omega_{需}=\frac{Q_p}{\mu v_p}$$

式中　Q_p——设计流量;

v_p——设计流速,对河滩较小、压缩不多的河段,可采用通过设计流量时河槽(包括边滩)的天然平均流速,当河滩很大时可按经验确定,一般变迁性河段和山前扩散河段,河槽摆动很宽，可采用最大有效河槽宽度范围内的平均流速（最大有效河槽宽度可参照上下游狭窄河段的宽度考虑摆动因素确定，设计桥长一般应等于此有效河槽宽度），渠道或运河上的桥可，采用设计渠道或运河的设计流速；

μ——水流压缩系数（表 6-17），一般大中桥采用孔跨较大，由于 μ 值在计算中影响极小，本规范有关算式中未列出。

表 6-17　水流压缩系数 μ 值

序号	设计流速 v_p(m/s)	桥梁孔跨													
		≤10	12	16	20	24	32	40	48	56	64	80	96	128	160
1	<1	1	1	1	1	1	1	1	1	1	1	1	1	1	1
2	1	0.96	0.97	0.98	0.99	0.99	0.99	1	1	1	1	1	1	1	1
3	1.5	0.94	0.96	0.97	0.97	0.98	0.99	0.99	0.99	0.99	0.99	0.99	1	1	1
4	2.0	0.93	0.94	0.95	0.97	0.97	0.98	0.99	0.99	0.99	0.99	0.99	0.99	0.99	1
5	2.5	0.90	0.93	0.94	0.96	0.96	0.97	0.98	0.98	0.98	0.99	0.99	0.99	0.99	1
6	3.0	0.89	0.91	0.93	0.95	0.96	0.96	0.97	0.98	0.98	0.98	0.99	0.99	0.99	0.99
7	3.5	0.87	0.90	0.92	0.94	0.95	0.96	0.97	0.97	0.98	0.98	0.98	0.99	0.99	0.99
8	≥4.0	0.85	0.88	0.91	0.93	0.94	0.95	0.96	0.97	0.97	0.98	0.98	0.98	0.99	0.99

注：水流压缩系数 μ 为墩台侧面因漩涡形成滞流区而减少过水断面的折合系数，$\mu=1-0.375\dfrac{v_p}{l_0}$，$l_0$ 为单孔净跨径；对于不等跨的桥孔可采用各孔跨 μ 值的加权平均值。

计算桥下供给过水面积 $\omega_{供}$ 时应先绘出包括孔跨、墩宽、设计水位、中线河床断面的孔跨布置图，求算桥孔范围内设计水位以下、河床以上，扣除墩台、锥体挡水部分的净过水面积，即为桥下供给过水面积。桥址上下游有阻水山包或其他挡水建筑物时应扣除其影响部分。

求出供给过水面积后，即可求算容许冲刷系数，见下式。

$$P=\frac{\omega_{需}}{\omega_{供}}$$

求出的容许冲刷系数 P 不宜超过本规范表 6.4.2 所列范围，否则应修改孔径重新求算供给过水面积，求算冲刷系数直至合适，桥孔即确定。

(2)桥孔与水流斜交或平行(图 6-13,图 6-14)

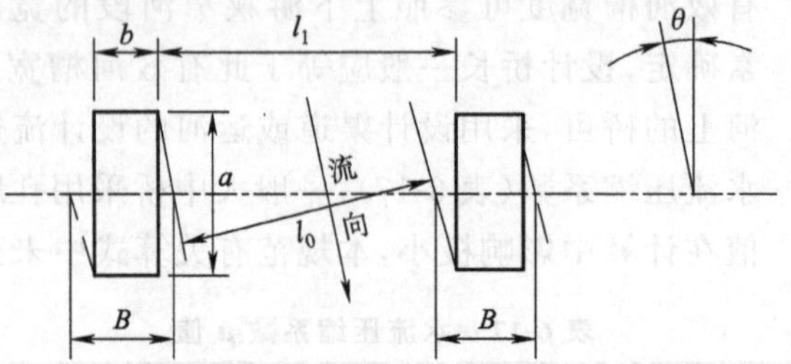

图 6-13　桥墩与水流斜交

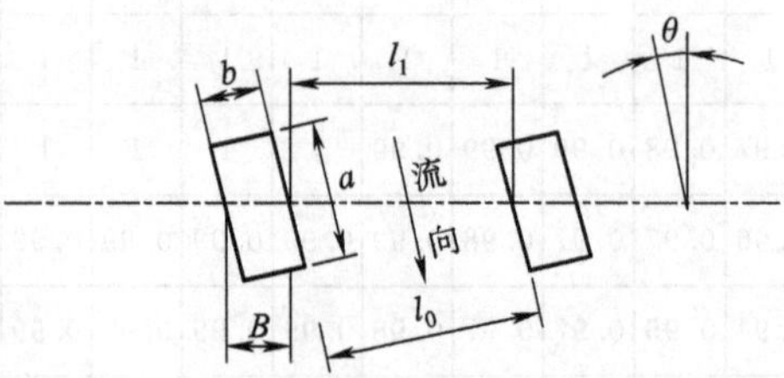

图 6-14　桥墩与水流平行

桥下需要过水面积按下式计算

$$\omega_{需}=\frac{Q_p}{\mu v_p \cos\theta}$$

式中　θ——桥梁轴线的法线与水流方向之间的夹角。

其余符号意义同前。

桥下实际供给过水面积 $\omega_{供}$ 的计算,也是直接在斜交的桥址断面图上绘出孔跨布置进行求算。孔跨布置图内需要绘出的项目与正交相同,桥墩阻水宽度 B 分别按图 6-13、图 6-14 两种情况采用表 6-18 所列公式计算。

表 6-18　斜交桥址断面图上桥墩阻水宽度 **B** 计算公式

桥墩形状	计算公式	计算公式
矩形、方形	$B=b+a\tan\theta$ 当桥墩为方形时 $a=b$	$B=\frac{b}{\cos\theta}$
圆形	$B=d/\cos\theta$	$B=d/\cos\theta$
圆端形	$B=\frac{b}{\cos\theta}+(a-b)\tan\theta$	$B=\frac{b}{\cos\theta}$

不论桥孔与水流正交或斜交，在试求桥梁孔径过程中应结合桥址上下游地形，看是否有突出山嘴或孤石形成的静水或回水区，局部涡流形成的冲刷坑，以及因河湾影响等不起过水作用的断面部分，如有这些情况应从桥址断面内扣除。

确定桥孔与水流斜交角度时，应结合桥址地形、水流趋势，主流流向、滩流流向，调查研究桥址上下游河湾在洪水时有无趋直现象，有无河湾与边滩的演变，有无导流建筑物的影响。

水浅流缓的宽滩河流上，桥前壅水对桥孔下泄流量起主要作用，确定水流斜交角度时可比实际数值适当减小。变迁性河流的流向不稳定，需根据壅水条件和对河流摆动的可能限制程度来确定流向。

桥孔与水流斜交小于5°时可按正交计算，6°～15°时按墩台投影扣除，大于15°时视河流条件扣除全部或部分投影。

桥孔与水流斜交角度$\theta>25°$时，按上述扣除墩身投影阻水面积的计算方法确定桥梁孔径不符合水流实际情况，桥孔偏大。桥梁斜交角度很大使桥下供给面积$\omega_{供}\rightarrow 0$时，桥下水流未停止流动，只是加大壅高改变流向。重要桥梁根据水工模型试验确定。斜交较大的桥梁最好使桥墩与水流方向平行。

2. 桥下设计流速

桥下设计流速是计算孔径的重要条件，应力求切合实际情况。流速是糙率、纵坡及水深的函数，在计算天然流速时必须根据糙率、坡度、水深的不同分块求算，不能一律仅按主槽浅滩分别计算，设计流速的选定应考虑以下情况。

一般河滩较小、压缩不多的河段可采用通过设计流量时河槽(包括边滩)的天然平均流速为设计流速。当河滩很大时，采用桥下天然平均流速为设计流速，此流速可按算术平均或加权平均法计算。

$$\bar{v}_p=\frac{(\omega_c m_c h_c^{2/3}+\sum\omega_t m_t h_t^{2/3})I^{1/2}}{\omega_c+\sum\omega_t}$$

或

$$\bar{v}_p=\frac{(\omega_c m_c^2 h_c^{4/3}+\sum\omega_t m_t^2 h_t^{4/3})I^{1/2}}{\omega_c m_c h_c^{2/3}+\sum\omega_t m_t h_t^{2/3}}$$

式中 $\bar{v}_p$——桥下天然平均流速(m/s);

Ω_c, m_c, h_c——桥下河槽部分的过水面积(m^2)、糙率、平均水深(m);

Ω_t, m_t, h_t——桥下河滩部分的过水面积(m^2)、糙率、平均水深(m);

I——水面比降。

按上列公式算出的 v_p 只适用于桥孔冲刷系数的计算;壅水和冲刷的计算流速则应另行选定。

(1)一般变迁性和山前扩散河段,采用最大有效河槽宽度范围内的平均流速为设计流速。

(2)对人工河道及渠道的设计流速应与水利部门联系,并考虑将来的变化。如土渠维修情况不良,糙率会变大,流速减小。

(3)平原宽滩河流按水位容许抬高值确定孔径时,应按桥前容许壅水高确定设计流速。

(4)桥下呈临界流状态时,可采用临界流速作为设计流速。

(5)河槽平均流速小于河床的容许流速时,采用的设计流速可大于河槽平均流速,但不得大于河床的容许流速。

3. 冲刷系数

冲刷系数的选用首先必须考虑河床能否冲刷。不仅与桥下河床地质情况有关,还与下游附近有无顶托现象及闸坝等水工建筑物的影响造成淤积,或河床有岩石台坎等阻碍冲刷有关。桥下河床地质不均匀,部分为岩石外露或岩石覆土很薄,另一部分为沙挟卵石,不能造成均匀冲刷,势必增加能冲部分的冲刷深度。当河床不能冲刷时,不应考虑冲刷增加过水面积。当部分河床不能冲刷时,如图 6-15 所示,冲刷系数 P 按下式计算,扣除不能冲刷部分的过水面积。

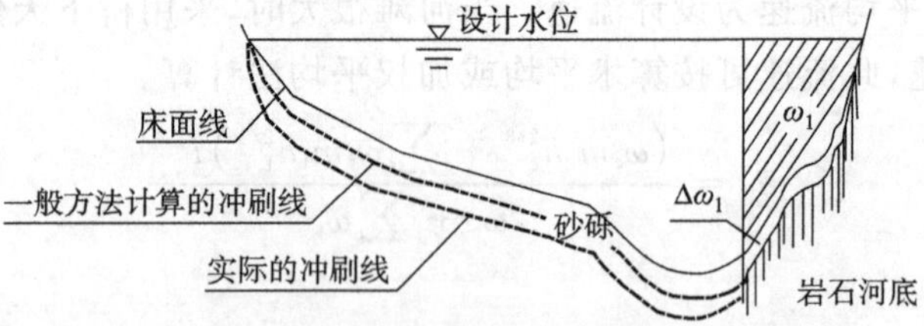

图 6-15 桥孔有部分不能完全冲刷河床断面示意

$$P=\frac{\omega_x-\omega_1}{\omega_g-(\omega_1+\Delta\omega_1)}$$

式中　ω_x,ω_g——桥下需要过水面积和供给面积(m^2)；

ω_1——桥下不能完全下冲的床面范围,冲刷发生前的过水面积(m^2)；

$\Delta\omega_1$——上述床面下可冲刷的面积(m^2)。

桥墩基础顶面高出一般冲刷线时,原则上参照上式调整冲刷系数。为降低桥前壅水高度,充分发挥桥孔过水功能,桥墩基顶宜置于一般冲刷线以下。

冲刷系数应在规范表 6.4.2 所列容许范围内结合具体情况选用适当数值,不能每一座桥渡均用到最大值。山前区宽浅河流平均水深不超过 1.0 m时,容许冲刷系数可大于 1.4。

6.4.4　容许壅水高度

[第 6.4.4 条引文]

设有堤防的河道和平原宽滩河流,桥前壅水影响堤防和农田房舍安全时,应与有关部门协商确定桥前容许壅水高度,据以计算桥梁孔径。

[第 6.4.4 条解读]

设有堤防的河道和平原宽浅河流,由于桥渡压缩水流,墩台和桥头路堤阻水,造成桥前壅水。这类河道的桥孔一般不宜用冲刷系数的办法确定桥孔,更不能用足本规范表 5.2.2 中冲刷系数的上限。壅水高度影响桥梁、路堤和导流建筑物高度,对上游可能增加淹没范围,确定桥前壅水时必须考虑以下情况。

1. 桥渡壅水是确定桥梁孔径、桥高、桥头路堤及导流堤高度的重要因素,对壅水范围内的村庄农田、道路厂矿、排灌设施等情况应充分调查,全面权衡。

2. 平原地区壅水影响范围较大,应先与有关单位协商确定壅水高度,按容许壅水高度 Δz 求算桥孔,见表 6-19。

表 6-19　容许壅水高度 Δz 参考值

河道比降	容许壅水高度(m)
1/10 000 以下	0.05～0.10
1/5 000～1/10 000	0.10～0.30
1/1 000～1/5 000	0.30～0.50

由此容许桥前壅水值 Δz 求算桥下平均流速 $\bar{v}_M$

$$\bar{v}_M=\sqrt{\frac{\Delta z}{\eta}+v_0^2}$$

式中　η——系数，见表 6-20；

v_0——通过设计流量时，桥前天然水流全河床断面平均流速(m/s)。

根据 $\bar{v}_M$ 按表 6-21 得桥下设计流速 v_p，即得所需桥下过水面积 ω，从而拟定桥梁孔径。

表 6-20　η 系数

河滩路堤阻挡的流量与设计流量的比值(%)	η
<10	0.05
11～30	0.07
31～50	0.10
>50	0.15

表 6-21　桥下平均流速

土质	土的名称	颗粒直径(mm)	$\bar{v}_M$
松软土	细粒砂、中粒砂、松软的淤泥、砂黏土等	1 及以下	$\bar{v}_M=v_p$
中等土	砂砾、小卵石、圆砾、中等密实的砂黏土和黏土等	1～25	$\bar{v}_M=v_p\times\frac{2P}{P+1}$
密实土	大卵石、漂石、密实的黏土等	25 以上	$\bar{v}_M=v_p\times P$

注：逐年淤积上涨的河流，或水流中含沙量大、洪峰涨落迅速、历时短促、桥下不易造成一般冲刷的河流，均应比照密实土办理。

3. 线路已用足限制坡度或在站场附近，壅水对抬高线路产生困难时，应加大桥孔减小壅水高度。

6.4.5 山前河流上的桥孔布设

[第 6.4.5 条引文]

山前河流上的桥孔布设应符合下列要求：

1. 冲积扇上游狭窄河段和下游收缩河段布设桥孔时，应分别按照山区峡谷河段和开阔河段办理。中游扩散河段应注意山口地形对流向的影响，并考虑河床摆动、分汊及其发展的趋势。

2. 变迁河段上布设桥孔时，应根据河道的现状和演变趋势布设桥孔。

[第 6.4.5 条解读]

本条基本沿用《规范》(TBJ 17—86)第 5.3.2 条。

1. 冲积扇河段上布设桥孔

峡谷河段一般位于上游山区，长期被水流的不断纵向磨损下切和横向侵蚀扩宽而形成。河床坡度很陡，水流湍急，洪水暴涨暴落，水位变幅很大。河槽两岸多为不易冲刷的岩石或卵砾石组成。河床有的岩石裸露，有的为粗大块石、漂石和卵石覆盖。这些粗大的块石、漂石和卵石多半是从流域上游冲洗下来的或从岸壁上淘刷坍塌下来的风化岩石。这类河段一般很稳定，变形缓慢，洪水时自然冲淤变化很小，河床断面多呈 V 或 U 形峡谷。这里的河槽宽度和深度除决定于水流冲击力，主要决定于河段的地质条件，常遭受湍急水流猛烈冲击，河床多呈下切加深趋势。

在峡谷类河段上布设桥孔不宜压缩河槽，应尽量采用大跨径单跨跨越全部过水宽度，避免在河槽中设置桥墩；不可避免时需加强桥墩防护，以免被高速水流挟带的石块碰撞破坏。墩台基础可置于不同高程的岩基上。当基岩为不坚固的岩石时还需防护岩石冲刷。通常不设置调治构造物，如两岸地质条件较差，两桥台处需适当防护加固。

开阔河段指河面较宽，有边滩，有时也有不大的河漫滩和明显阶地，会出现心滩和沙洲，比降较缓，河床泥沙较细的河段。有时有较厚的颗粒沉积物，开阔、顺直微弯河段岸线整齐，滩槽分明，河槽稳定，断面多呈 U 形，各级洪水流向基本一致。

开阔河段桥孔布设允许压缩河滩，但不能压缩河槽。桥头河滩路堤应尽量与水主流流向正交，否则应增大桥孔。

山前冲积扇上的上游狭窄河段、中游扩散河段、下游收缩河段，各有其独特的河床形态和水流特征，规范要求桥位宜选在上游狭窄河段或下游收缩河段，不宜跨越中游扩散河段。山前区河流在冲积扇上游狭窄、下游收缩河段过水特点和山区峡谷河段、开阔河段相似，桥孔布设要求应参照山区峡谷、开阔河段办理。在中游扩散河段，洪水为多股交织的漫流，形成很多沟槽，若水流具有显著分支可采用一河多桥，桥孔布设应注意山口地形对流向的影响，考虑分汊及其发展趋势。

2. 变迁河段上布设桥孔

变迁河段的河床坡度一般较上游平缓，洪水时被上游河床推移而下来的泥沙多为卵砾石，超过平缓河床的水流挟沙能力，河床上发生多余泥沙的沉积，使河床逐渐淤高呈扇形扩散。

该类河段洪水多形成股流，泥沙多呈岛状、边滩状冲积堆向下移动。洪水股流在流动中遇岛状或边滩状泥沙冲积堆阻碍后折向另一方向，冲出新的沟槽。洪水股流多呈折线流动，泥沙冲积堆不断迁移变化。上次洪水中沉积下来的泥沙冲积堆会在下次洪水中被冲刷，其他地方出现新的冲积堆。

变迁性河段的洪水股流折线流动，以很大速度直冲河岸。一般河岸多为卵砾石或砂黏土，抗冲能力低于河床泥沙，河岸不断遭受冲刷。变迁性河段的河槽宽浅，断面多呈锯齿起伏状，有的中间高两边低。呈折线流动的洪水股流在河槽内来回摆动旁蚀淘刷，扩宽了河槽宽度。

洪水后河床上各式泥沙冲积堆显露出来，枯水水流在各泥沙冲积堆间的汊道内流动。水流断面受到冲积堆挤压，水流速度很高，上游推运来的泥沙很少，枯水时产生各种冲积堆间的一些汊道河床的极深清水冲刷。有时水流直冲河岸，造成河岸处河床和岸壁的严重冲刷。

山前区变迁性河段的河岸抗冲能力弱，主流摆动大，洪水期间河槽推移质沉积，水流对河岸的旁蚀拓宽，河床宽度大于宣泄设计洪水和输沙所要求的最小宽度，该最小宽度与排水输沙要求相适应，即为有效河宽。桥长略大于有效河宽为合理，桥孔过长时河槽内股流摆动，会在桥下产生较大的偏斜冲刷，威胁桥台和调治构造物，桥孔长度略大于有效河宽时，桥梁可有效控制河段的平面和纵断面，使桥下冲刷均匀。变迁性河段桥孔允许对河床作较大压缩，一般需设置必要的调治工程，墩台基础埋深由于主流摆动应置于同一高程，桥下净空应预留河床的淤积高度，有效河宽多采用形态法或用经验公式计算确定。

3. 山前河流的特点

山前河流的特点是河道不断改道，布设桥孔时应适当控制以减缓其变化。山区河流湍急冲刷力强，常压缩桥孔。《规范》(TBJ 17—86)要求，桥台不得伸入河槽。

大部分山区桥梁位于河谷曲线且多斜交。如桥孔设计不当会发生水害。上鹰铁路有 11 座大桥，其中 9 座发生过水害，发生时的流量并未超过设计流量。由于桥孔压缩较多，有 7 座桥台后的路堤冲成缺口如柳河 8 号桥(图 6-16)，桥头水袋处虽作了封闭式导流堤，但桥头路堤还是被冲断。该桥为 6-20 m 上承式板梁，1956 年建成通车，1958 年洪水冲断右岸上游封闭式导流堤和桥头路堤，左岸上游锥体遭破坏，1962 年桥下游右岸回流淘刷上下游锥体，桥头路堤遭破坏，左岸上游锥体被淘刷，台后路堤遭破坏。桥位布设的斜交角度过大，右岸线路折向下游形成水袋。上游有河湾，洪水时水流趋直、顶冲右岸桥头路堤。下游为急转弯，桥孔压缩过大，桥头路堤伸入河槽，下游形成旋涡淘刷很强，洪水将锥体防护石笼冲至旋涡深坑，锥体和桥头路堤遭破坏，有 6 座桥的上游形成水袋。

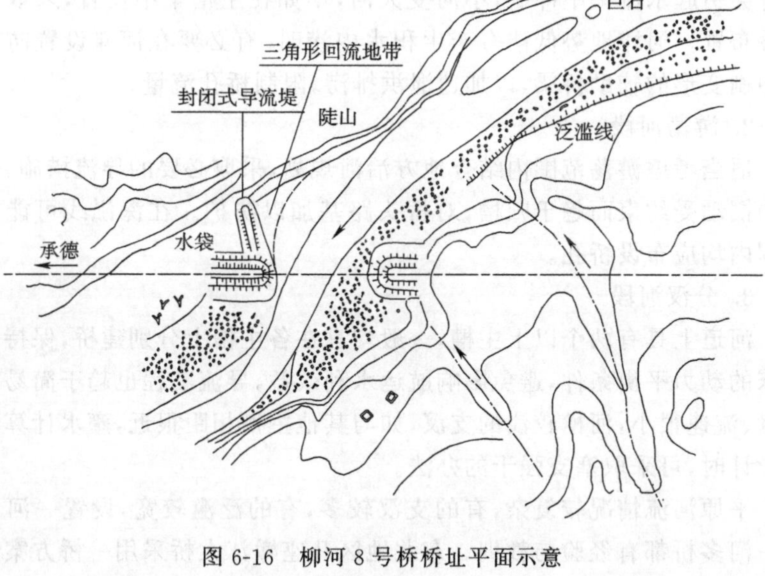

图 6-16　柳河 8 号桥桥址平面示意

京广铁路跨越华北地区山前变迁河段,20 世纪 50 年代后增建复线工程,修建导流工程以固定河道控制水流,取得较好效果。

6.4.6　平原河流的桥孔布设

[第 6.4.6 条引文]

平原河流应根据河道的稳定状态布设桥孔,不应封闭支汊而妨碍灌溉排涝。桥孔布设时应符合下列规定:

1. 顺直微弯、分汊河段和蜿蜒河段上,应预估河湾的发展和深泓的摆动,在摆动范围内布设桥孔。

2. 游荡河段上应在游荡范围内结合当地的治理规划,因地制宜地加以导治。在深泓线可能摆动的范围内均应布设桥孔。

[第 6.4.6 条解读]

本条基本沿用《规范》(TBJ 17—86)第 5.3.3 条,删除第 2 款。

平原区桥涵布设在顺直河段,问题较少易于布设。但在蜿蜒河段、游荡河段、分汊河段则较困难。

1. 蜿蜒河段

河流直冲高水位时裁弯取直的地方,路堤最易被冲成缺口,如修建河滩桥会引起水流集中冲刷,小河变大河,不如在主槽集中设置,采取一河一桥布置。河滩地势低洼有产生积水内涝时,有必要在河滩设置防止河床冲刷变形的辅助桥梁,以加速泄洪排涝,限制桥孔流量。

2. 游荡河段

适当考虑游荡范围内结合地方治河规划,采取必要的导流措施,使主槽的摆动受约束而趋于归槽,对桥头路基加以防护。在深泓线可能摆动范围内均应布设桥孔。

3. 分汊河段

河道上具有两个以上主槽,一般均宜在各主槽上分别建桥,保持天然河床的动力平衡条件,避免影响航运水利效益,导流工程也趋于简易。对流量、流速很小,河槽较浅的支汊,如与其他主槽相距很近,壅水计算不控制设计时,可采取塞支强干的办法。

平原河流情况较复杂,有的支汊较多,有的泛滥较宽,设置一河一桥或一河多桥都有经验与教训。东北地区几座嫩江大桥采用一桥方案情况较好，平齐铁路洮儿河在破堤处增设河滩桥也较合适，必要时可进行水工模型试验。

齐齐哈尔嫩江公路大桥位于河段中下游，纵坡 0.1‰，河身宽浅，属于平原蜿蜒河段，桥位选择有一定难度。铁科院通过桥渡模型试验对省市两级提出的明月岛、新江村、北大街、浏园桥位进行方案比选，定床模拟河段长 25.25 km，泛滥宽度 6～8 km，面积 220 km^2。

根据水工模型试验及现场踏勘进行桥位方案比选，确定明月岛桥位且一河两桥：东江桥位建于齐齐哈尔市西北郊渡口下游，桥头顺直，桥位江道稳定，上游顺直段 2 km，桥梁与主流近于正交；西江桥位建于汉口下游 350 m，桥头采用上挑式，为改善桥位水流斜交问题，并满足路基的线型标准而采用曲线桥型（图 6-17）。

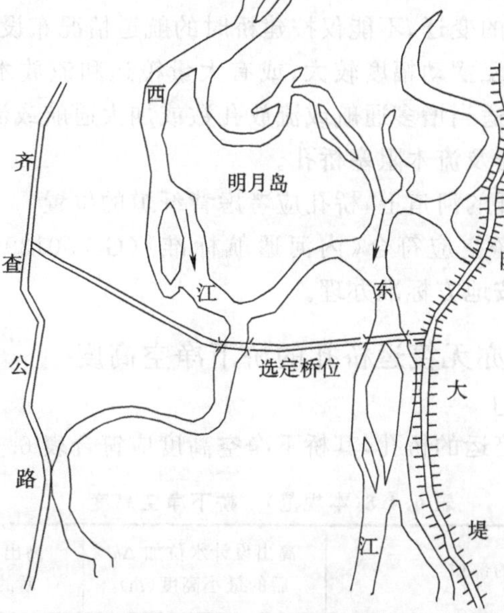

图 6-17　桥位平面布置

6.4.7 通航和筏运的桥孔布设

［第 **6.4.7** 条引文］

通航和筏运的桥孔应考虑河流的变迁和航道的变化，桥孔宜布设在稳定的航道上，必要时应适当预留通航孔。

［第 **6.4.7** 条解读］

本条基本沿用《规范》(TBJ 17—86)第 5.3.4 条。

通航河流上的桥梁应根据河流特性、航道位置及河道变迁对通航的影响，按本规范第 6.2.3 条的要求合理确定全桥及通航孔跨布置。

通航孔跨应以较大跨度单孔或多孔跨越航道，桥长不宜过于压缩，以免增大桥下流速，使船只通过困难。有潮汐的河流上布置孔跨，尚应考虑潮汐涨落的影响。

在缺乏可靠措施以固定航道的变迁性河流上，应根据河床形态及历史资料，预计航道的变迁，不能仅按建桥时的航道情况布设通航孔跨。

水流较急，深泓摆动幅度较大，或有大量筏运和流放木材的河流上，应根据具体情况，适当增多通航或流放孔数或加大通航或流放净跨，减少船筏对桥墩的撞击及流木阻塞桥孔。

船只需要背纤的河道上，桥孔应考虑背纤道的位置。

通航桥孔的净空应符合《内河通航标准》(GB 50139—2014)要求，Ⅶ级以下航道可按地方标准办理。

6.4.8 不通航亦无筏运桥孔的桥下净空高度

［第 **6.4.8** 条引文］

不通航亦无筏运的桥孔，其桥下净空高度应符合表 6.4.8 的规定。

表 6.4.8(本规范) **桥下净空高度**

序号	桥的部位		高出设计水位加 Δh 后的最小高度(m)	高出检算水位加 Δh 后的最小高度(m)
1	梁底	一般情况	0.50	0.25
		洪水期有大漂流物	1.50	1.00
		有泥石流	1.00	
2	支承垫石顶		0.25	

续上表

序号	桥的部位	高出设计水位加 Δh 后的最小高度(m)	高出检算水位加 Δh 后的最小高度(m)
3	拱肋和拱圈的拱脚	0.25	

注:1. 表列的“设计水位”“检算水位”系指相应于本规范第 1.0.5 条表 1.0.5-1 中的设计或检算洪水频率的水位;“Δh”系表示根据河流具体情况,分别考虑桥下壅水,浪高、局部股流涌高、河床淤积等影响的高度。

2. 洪水期无大漂流物通过的河流,实体无铰拱桥(拱圈或拱肋)的拱脚,允许被“设计水位加 Δh”后的水位淹没,但此水位不应超过矢高之半,且距拱顶的净高亦不应小于 1.0 m。

3. 有严重泥石流时或钢桥下在洪水期有大漂流物通过时,可根据具体情况,采用大丁表列的净空高度。

[第 6.4.8 条解读]

本条沿用《规范》(TBJ 17—86)第 5.4.1 条。

表 6.4.8 所列的桥下净空高度主要考虑以下因素,即推算周期流量由于抽样误差引起的水位误差、天然水流受外力及桥梁建筑物影响后的水面变化、水流挟带露出水面的漂流物高度。

设计(检算)频率水位指本规范表 1.0.5-1 中的设计洪水频率的水位,是进行桥梁孔径、冲刷计算的主要依据。河流的壅水、浪高、局部股流涌高、河床淤积等,与断面流量、水位有一定关系,一般可不计入设计频率水位之内。浪高计算不考虑下述情况:洪峰历时短促、涨落迅速的季节性河流;浪程小于 200 m;水深小于 1 m。

实腹无铰拱桥结构刚度较大,洪水期无大漂流物时,拱脚允许被设计频率水位与有关影响高度 Δh 之和的水位淹没,不应超过矢高的 1/2。拱桥较梁桥阻水影响较大,为维持拱桥与梁桥下大致具有相同的净空面积,这类拱桥净空高度不应小于 1 m。

1960 年我国东北某铁路有五座大桥被洪水冲毁,钢梁大多落入河中,钢筋混凝土梁未受影响,故钢梁可采用大于本规范表 6.4.8 所列净空高度。

关于最高流冰水位,从东北、内蒙古严寒地区的既有铁路桥梁实际资料看,均低于洪水时的设计频率水位,对净空高度不控制,故本条未列流冰水位对净空高度的要求。

本条对于不通航、无筏运的桥孔,桥下净空高度与《规范》(TBJ 17—

86)及《2017 年桥规》的要求一致。

6.4.9 波浪高度的计算

［第 6.4.9 条引文］

水库、湖泊或设计洪水持续时间很长的河流上应考虑波浪高度。波浪高度可根据调查取得，如调查有困难，也可采用式(6.4.9—1)计算，取计算值 $H_{b_{1\%}}$ 的 2/3。

$$\overline{H}_{b}=\frac{0.13\tanh\left[0.7\left(\frac{g\bar{h}_{D}}{\bar{v}_{\omega}^{2}}\right)^{0.7}\right]\tanh\left\{\frac{0.0018\left(\frac{gD}{\bar{v}_{\omega}^{2}}\right)^{0.45}}{0.13\tanh\left[0.7\left(\frac{g\bar{h}_{D}}{\bar{v}_{\omega}^{2}}\right)^{0.7}\right]}\right\}}{\frac{g}{\bar{v}_{\omega}^{2}}} \tag{6.4.9—1}$$

当浅水情况，即 $\frac{\overline{H}_{b}}{\bar{h}_{D}}\geqslant 0.1$ 时

$$H_{b_{1\%}}=2.3\overline{H}_{b} \tag{6.4.9—2}$$

当深水情况，即 $\frac{\overline{H}_{b}}{\bar{h}_{D}}\geqslant 0.1$ 时

$$H_{b_{1\%}}=2.42\overline{H}_{b} \tag{6.4.9—3}$$

式中 $\overline{H}_{b}$——波浪的平均高度(m)；

D——浪程(m)；

$H_{b_{1\%}}$——波列累积频率为 1%的波浪高度(m)；

$\bar{h}_{D}$——沿浪程的平均水深(m)；

$\bar{v}_{\omega}$——计算点设计水位以上 10 m 高度处，在洪水期间多年测得的自记 2 min 年平均最大风速的平均值(m/s)，也可由自记 10 min 风速按下式换算

$$\bar{v}_{\omega}=\frac{\bar{v}_{\omega 0}-0.8}{0.88}$$

其中 $\bar{v}_{\omega 0}$——计算点设计水位以上 10 m 高度处，在洪水期间多年

测得自记 10 min 年平均最大风速的平均值(m/s)。

式(6.4.9—1)中 tanh 为双曲正切函数,其余符号意义同前。

[第 6.4.9 条解读]

本条基本沿用《规范》(TBJ 17—86)第 5.4.2 条。

桥址位于水库蓄水区、湖泊或设计洪水持续时间较长的河流上应考虑波浪高度;洪水历时不长、涨落迅速、水面窄而弯曲或水深小于 1 m 的河道上,可不计入波浪高。式(6.4.9—1)由南京水利科研所与华东水利学院提出。

1. 风浪要素与形成风浪条件之间的关系

风浪形成影响的因素主要有风况(风速、风向、风区长度、风作用的持续时间)、水深及重力、水流及大气的稳定度、海底及岸线地形、水底土质特性等。

随着上述因素的变化,风浪的发展又分几种状态,即一般定常状态、过渡状态、极限状态。一定风速风向作用下,当水深、风时足够大,风浪发展受制于风区条件,即达定常状态;当水深、风时、风区条件都足够大,风浪发展到极限状态;风浪随时间发展则为过渡状态。这几种状态通过最小风时及其与风区水深的关系来判别。

许多风浪要素计算针对定常状态风浪提出,不随时间变化。对于简单成浪条件,不变风速沿垂直于背风岸方向作用于不变水深的水面时,可用无因次量表示。

$$\frac{g\overline{H}}{v^2}=f_1\left(\frac{gF}{v^2},\frac{gd}{v^2},\frac{gt}{v}\right)$$

$$\frac{g\overline{T}}{v}=f_2\left(\frac{gF}{v^2},\frac{gd}{v^2},\frac{gt}{v}\right)$$

$$\frac{gt_{\min}}{v}=f_3\left(\frac{gF}{v^2},\frac{gd}{v^2}\right)$$

式中 $\overline{H},\overline{T},F$——平均波高、平均波周期、风区长度;

v,d,t,g——风速、水深、风时、重力加速度;

$t_{\min}$——在一定风速、水深、风区条件下,风浪到达定常状态所需的最小风时。

参数可根据风浪成长不同状态的具体情况予以简化。

当风浪为定常状态稳定波，即$\frac{gt}{v}\geqslant\frac{gt_{\min}}{v}$时，波要素与$\frac{gt}{v}$无关，故

$$\frac{g\overline{H}}{v^2}=f_4\left(\frac{gF}{v^2},\frac{gd}{v^2}\right)$$

$$\frac{g\overline{T}}{v}=f_5\left(\frac{gF}{v^2},\frac{gd}{v^2}\right)$$

对于深水域$\left(一般\ d\geqslant\frac{L_{\max}}{2}\right)$，可不考虑水深因子，则

$$\frac{gt_{\min}}{v}=f_6\left(\frac{gF}{v^2}\right)$$

$$\frac{g\overline{H}}{v^2}=f_7\left(\frac{gF}{v^2}\right)$$

$$\frac{g\overline{T}}{v}=f_8\left(\frac{gF}{v^2},\frac{gd}{v^2}\right)$$

对于浅水域，当风区足够大时，则

$$\frac{gt_{\min}}{v}=f_9\left(\frac{gd}{v^2}\right)$$

$$\frac{g\overline{H}}{v^2}=f_{10}\left(\frac{gd}{v^2}\right)$$

$$\frac{g\overline{T}}{v}=f_{11}\left(\frac{gd}{v^2}\right)$$

虽水深不大但在风浪成长初期或靠近风区上沿，风浪仍属深水波范围。

$\frac{gt}{v}<\frac{gt_{\min}}{v}$时，风区末端风浪处于过渡状态。

$$\frac{g\overline{H}}{v^2}=f_{12}\left(\frac{gt}{v}\right)$$

$$\frac{g\overline{T}}{v}=f_{13}\left(\frac{gt}{v}\right)$$

风区、风时、水深都很大时，风浪充分发展，此时$\frac{g\overline{H}}{v^2}$、$\frac{g\overline{T}}{v}$为常数。

根据实测资料建立经验关系式很复杂，尽可能简化后得到下式。

$$\frac{g\overline{T}}{v}=f_{14}\left(\frac{g\overline{H}}{v^2}\right)$$

$$\frac{gt_{\min}}{v}=f_{15}\left(\frac{g\overline{T}}{v}\right)$$

假定上列两式对各种风浪状态都适用，有些研究结果说明其对各种风浪状态具有同样的波高和周期作用。

2. 现场观测资料分析

莆田海堤试验站已积累了近 10 年的波浪观测资料，但由于当地条件限制，多属水深较小(0.8～2.4 m)、风速较大(4.4～24.3 m/s)的浅水波资料，风区变化范围约 5～18 km，无因次风区和水深变化范围为$\frac{gF}{v^2}=(0.016\sim0.64)\times10^4$，$\frac{gd}{v^2}=0.025\sim0.575$。

根据上述风浪要素与成浪条件之间相互关系，将资料中风速较小而水深较大(即$\frac{gd}{v^2}\geqslant0.2$)的资料作为一类处理，将此时观测数据的平均趋向反映波要素与风区的关系、无因次波高与无因次风区的关系点绘于图，其表达式如下。

$$\frac{gH_{1/10}}{v^2}=0.0035\left(\frac{gF}{v^2}\right)^{0.45}$$

式中，$H_{1/10}$ 为 1/10 大波平均值，按由试验得出的各特征波高换算为平均波高(表 6-22)。

表 6-22　各特征波高之间的换算

$\frac{1}{n}$	$\frac{1}{100}$	$\frac{1}{20}$	$\frac{1}{10}$	$\frac{1}{3}$
$H_{\frac{1}{n}}/\overline{H}$	2.52	2.13	1.93	1.53

则

$$\frac{g\overline{H}}{v^2}=0.0018\left(\frac{gF}{v^2}\right)^{0.45}$$

将$\frac{gd}{v^2}<0.2$的水深较小而风速较大的资料作为另一类。此时风浪要素主要考虑与水深的关系，将无因次波高与无因次水深关系点绘于图，其表达式如下。

$$\frac{gH_{1/10}}{v^2}=0.025\text{th}\left[0.7\left(\frac{gd}{v^2}\right)^{0.7}\right]$$

另一曲线表达式为

$$\frac{gH_{1/10}}{v^2}=\frac{\frac{gd}{v^2}}{1.9+8.0\left(\frac{gd}{v^2}\right)}$$

该式在1973年第5期《海岸工程研究资料》的公式基础上修改了两个系数而得出，上两式相比较，后一式与资料的符合程度较差。故在前一式基础上推导，得出平均波高的无因次量。

$$\frac{g\overline{H}}{v^2}=0.13\tanh\left[0.7\left(\frac{gd}{v^2}\right)^{0.7}\right]=f_{10}\left(\frac{gd}{v^2}\right)\tanh\frac{f_7\left(\frac{gF}{v^2}\right)}{f_{10}\left(\frac{gd}{v^2}\right)}$$

可得既用于浅水也用于深水的波高计算综合式

$$\overline{H}=\frac{0.13\tanh\left[0.7\left(\frac{gd}{v^2}\right)^{0.7}\right]\tanh\left[\frac{0.0018\left(\frac{gF}{v^2}\right)^{0.45}}{0.13\tanh\left[0.7\left(\frac{gd}{v^2}\right)^{0.7}\right]}\right]}{\frac{g}{v^2}}$$

即本规范式(6.4.9—1)。

3.《公路桥位勘测设计规程》(JTJ 062—82)

浪高计算式最早纳入《规程》(JTJ 062—82)第9.2.1条。波浪高度及波浪侵袭高度的影响不是每座桥梁设计都要考虑。考虑波浪影响时，具体数据根据调查确定。限于人烟稀少等不利条件而难以确定时，可参照《规程》(JTJ 062—82)式(附7—4)、式(附7—6)，即本规范式(6.4.9—1)、式(9.3.4)计算。

常用的波浪高度计算式有十余种。大多在湖泊、水库、海湾甚至海洋等宽阔水域的观测资料基础上，加以统计分析而建立的经验公式。由于各式依据的资料仅反映当地的特点，在观测方法、精度、资料整合等方面各不相同，故计算结果彼此差别很大。用于狭长水域、水流流动河道的桥位时，只能是一种近似计算。

《规程》(JTJ 062—82)附录七所列波浪高度及波浪侵袭高度计算式时，主要考虑如下。

(1)铁三院编制《桥涵水文计算》手册时进行了大量分析对比工作，推荐采用华东水利学院、南京水利科研所的波浪高度计算式，以及海港水文简化法的波浪侵袭高度计算式。

(2)对九种波浪计算式进行比较后，考虑到桥位设计中常遇到小风区问题，华东水利学院、南京水利科研所的计算式虽只根据福建莆田地区海湾内观测资料所建立，但其风区比青海湖、鄱阳湖地区观测资料的风区要小，相较更接近桥位附近的情况。

(3)1978 年第 9 期《水运工程》中《风浪要素计算方法》一文介绍比较了国内外较常采用的几种波浪要素计算法，证明国内计算法相较 SMB 法、WI 法等方法更准确，苏联时期规范(CH 92—60)介绍的方法一般略小，故推荐采用华东水利学院、南京水利科研所的波浪高度计算式。

本规范式(6.4.9—2、3)取自《规范》(TBJ 17—86)第 5.4.2 条。

由于规范式(6.4.9—1)对应于计算点设计水位以上 10 m 处，洪水期间多年测得的自记 2 min 年平均最大风速的平均值，故采用自记 10 min 的平均值需换算。

$$v_{\omega}=\frac{v_{\omega 0}-0.8}{0.88}$$

由于波浪摆动中心线(波谷至波峰中心)高于静止水位线，《规范》(TBJ 17—86)第 5.4.2 条、《公路桥位勘测设计规范》(JTJ 062—91)第 8.4.2 条、《规范》(TB 10017—99)第 3.4.19 条均一致，均取浪高计算式值 $H_{b1\%}$ 的 2/3，本规范同此。1960 年铁三院的《桥涵水文计算》手册建议按 $H_{b1\%}$ 的 3/4 计算，偏大一些。

波浪高度计算详见本书附录 C，摘自《规程》(JTJ 062—82)附录七。

6.4.10 山前河流局部股流涌高

[第 6.4.10 条引文]

山前河流的洪水主流有成股奔放现象，产生局部股流涌高，股流涌高值应根据调查确定。

[第 6.4.10 条解读]

本条沿用《规范》(TBJ 17—86)第 5.4.3 条。

山前区河流在特殊情况下洪水流出峡谷山口后，主流形成多股，在集中处水面较两侧为高，称为局部股流涌高。这种现象不仅在西北山前区河流较多，广州局反映在南方山前区河流也有此现象，其成因复杂，需现场勘测调查。

6.4.11 河床淤积水位抬高

[第 6.4.11 条引文]

河床淤积引起的水位抬高应根据河流具体情况调查或实测，必要时通过分析论证确定。

[第 6.4.11 条解读]

本条沿用《规范》(TBJ 17—86)第 5.4.4 条。

河床淤积引起的水位抬高应进行实际调查。桥下净空尚需考虑继续淤积的可能性而适当加大。泥石流河流上，除应考虑设计年限内淤积厚度总和外，应另加 1.0 m 净高安全值；有严重泥石流时，最大淤积 3～5 m，若为黏性泥石流常悬浮直径 1～2 m 的孤石，考虑半沉半浮状态，桥下净高应再加孤石直径的 1/2。根据甘肃省交通科研所在白龙江流域多年实地观测资料，一次泥石流常由许多阵发性波组成，有的稀性泥石流波浪翻滚高度 1 m 以上，桥下净高应考虑阵性波浪高的因素。

6.4.12 通航与筏运桥孔的桥下净空和通航水位

[第 6.4.12 条引文]

通航与筏运桥孔的桥下净空和通航水位，应与航运及有关部门协商确定。

[第 6.4.12 条解读]

本条沿用《规范》(TBJ 17—86)第 5.4.5 条。

为正确选择桥梁跨径及墩台尺度，满足通航净宽要求，应取得最低通航水位。

1991 年 8 月实施的《内河通航标准》(GBJ 139—90)要求，天然河流设计最高通航水位洪水频率为：Ⅰ～Ⅲ级航道 5%，Ⅳ～Ⅴ级 10%，Ⅵ～Ⅶ级 20%。出现高于设计最高通航水位历时很长的山区河流，Ⅲ级航道的洪水频率可降低为 10%，Ⅳ～Ⅴ级可降低为 20%，Ⅵ～Ⅶ级可降低为 30%～50%。现行《内河通航标准》(GB 50139—2014)基本沿用上述要求。

通航河流的桥下净高应按设计最高通航水位时通过最大船舶高度和航行技术要求，一般可按航道标准净高或协议确定。具体计算应按设计最低通航水位时，船舶设计吃水的船底断面水平宽间墩与墩间的净距，再按墩身边坡及墩高推算所需梁跨。航线与桥梁轴线的法线间夹角超过 5°时，通航净宽应适当加大。天然河流设计最低通航水位洪水频率按各级航道设计最低通航水位保证率计算。Ⅰ～Ⅲ级航道保证率98%～99%，相应洪水频率20%～10%；Ⅳ～Ⅴ级航道保证率95%～98%，相应洪水频率25%～20%；Ⅵ～Ⅶ级航道保证率90%～95%，相应洪水频率50%～25%。

《港口与航道水文规范》(JTS 145—2015)第5.2节内河航道设计通航水位与《内河通航标准》(GB 50139—2014)一致。

6.4.13　流冰或流木河流的桥下净空

[第6.4.13条引文]

流冰或流木的河流上应按实际调查的流冰流木情况，在确定桥下净空时应考虑预留一定的富余量。有冰塞冰坝现象的河段上，桥下净空应适当加大。

[第6.4.13条解读]

本条沿用《规范》(TBJ 17—86)第5.4.6条，见表6-23。

表6-23　流冰、流木河流上桥梁最小净跨径

有流冰、流木河流，桥下净空可按实际调查的流冰或流木大小酌留一定富余量，作为确定净空依据		净跨径(m)		备注
		主槽桥孔	河滩桥孔	
流冰	微弱	16	10	冰块厚度小于0.7 m，面积小于50 m^2
	中等	20	12	冰块厚度大于0.7 m，面积大于50 m^2
	强烈	40	30	冰块厚度大于1.0 m，面积大于110 m^2
流木	中等	流木加长1 m		
	强烈	流木加长2 m		

注：1. 本表应根据桥址附近既有桥梁的调查资料加以校正；

2. 有冰塞的河流上桥梁净跨应根据具体情况适当加大；

3. 流木堵塞堆积的河流，一般不宜使用跨度20 m及以下的桥梁，必要时尚应适当加大；

4. 此表可作为桥下最小净跨径的选择参考。

关于最高流冰水位，从我国东北、内蒙古严寒地区已建铁路桥梁的实际资料来看，均低于洪水时的设计水位，因此规范条文未列入流冰水位对净空的要求。对冰塞或冰坝河段，桥下净空应按调查资料适当加大净空。根据21个调查资料，漂流物种类很多，如连根带枝的树木、屋架、家具、木船、杂草等，水面以上 1 m 占 90%，最高 2 m。

1960 年东北地区发生大洪水，太子河五座钢梁大桥被冲毁，计 48 个桥墩 57 孔钢梁落河中，钢筋混凝土梁未受影响。

6.4.14 桥前壅水高度计算

［第 6.4.14 条引文］

桥前壅水可按下式计算：

$$\Delta Z_M = \eta(\bar{v}_M^2 - \bar{v}^2) \quad (6.4.14)$$

式中 ΔZ_M——桥前最大壅水高度(m)；

η——系数，按表 6.4.14-1 的规定取值；

$\bar{v}$——断面平均流速(m/s)，为设计流量被全河过水断面(包括边滩和河滩)除得之商；

$\bar{v}_M$——桥下平均流速(m/s)，按表 6.4.14-2 规定计算。

表 6.4.14-1(本规范) η 系数

河段特征	河滩路堤阻挡的流量和设计流量的比值(%)	η
河滩很小的山区河流	≤10	0.05
河滩较小的半山区河流	11～30	0.07
有中等河滩的平原河流	31～50	0.10
河滩较大的低洼地区河流	＞50	0.15

表 6.4.14-2(本规范) 桥下平均流速

土质	土的名称	颗粒直径(mm)	$\bar{v}_M$
松软土	淤泥、细粒砂、中粒砂、松软的淤泥质砂土等	1 及以下	$\bar{v}_M = v_p$
中等土	砂砾、小卵石、圆砾、中等密实的砂黏土和黏土等	1～25	$\bar{v}_M = v_p \times \frac{2P}{P+1}$
密实土	大卵石、漂石、密实的黏土等	25 以上	$\bar{v}_M = P \times v_p$

注：逐年淤积上涨的河流，或水流中含沙量大、洪峰涨落迅速、历时短促、桥下不易造成一般冲刷的河流，均应比照密实土办理。

［第 6.4.14 条解读］

本条基本沿用《规范》(TBJ 17—86)第 5.5.1 条。

由于桥梁挤压了天然水流，桥位上游水面升高，形成桥前壅水。东北某铁路三岔河桥两岸河堤间距 5 km，桥长 1 200 m，壅水危及鞍山与辽阳工业区安全，要求铁路扩建桥孔。兰烟铁路五谷河桥长 400 m，桥前水位壅高严重，淹没上游大片农田房舍。

桥梁壅水计算主要有水面曲线法和简化公式法。前者以数学模型为基础，理论严密，所需资料多，使用要求较高；后者计算所需资料较少，计算简便，容易掌握使用，被推广接受使用，国内外桥梁设计规范长期使用该法。

桥梁壅水简化计算公式推导的理论基础是流体力学伯努利方程，为理想流体稳定流动的基本方程，指出流体在流管中各截面上的压强、高度、流速之间的关系，根据连续性能量原理得出。

1. 伯努利方程

伯努利方程即能量方程，是水力学三大方程之一，解决了工程中常涉及的作用力和能量问题。为解决水力计算问题奠定了理论基础。

恒定总流方程为

$$Z_1+\frac{p_1}{\rho g}+\frac{\alpha_1 v_1^2}{2g}=Z_2+\frac{p_2}{\rho g}+\frac{\alpha_2 v_2^2}{2g}+h_f$$

该方程反映了恒定总流通过任意两断面时单位重流体所具有的位能（Z_1 和 Z_2）、压能$\left(\frac{p_1}{\rho g}\text{和}\frac{p_2}{\rho g}\right)$、动能$\left(\frac{\alpha_1 v_1^2}{2g}\text{和}\frac{\alpha_2 v_2^2}{2g}\right)$及能量损失（$h_f$）之间的关系。能量转化与守恒是自然界的普遍规律，恒定总流方程有如下适用条件。

(1)流动必须是恒定流。

(2)作用在水体上的力只有重力。

(3)选取的过流断面必须是渐变流或均匀流断面，但两个过流断面之间可以是急变流。

(4)总流的流量沿程不变。

(5)两过流断面之间除水头损失，总流没有能量输出或输入。

按照能量转化原理建立起来的壅水公式属于这一类的较多。根据伯努利方程，如仅计位能、动能而不考虑压能及能量损失影响，可转化为以下公式。

$$Z_0+\frac{\alpha_0 v_0^2}{2g}=Z_2+\frac{\alpha_2 v_2^2}{2g}$$

$$Z_2-Z_0=\frac{\alpha}{2g}(v_0^2-v_2^2)$$

令 $\Delta H=Z_2-Z_1$，则 $\Delta H=\alpha\frac{(v_2^2-v_1^2)}{2g}$

该式即 D'Aubuisson 公式。

如图 6-18 所示，取 $H_2=H_3=H$，$B_2=B-t$，最小压缩断面 $\omega_c=\mu\omega_2$，则

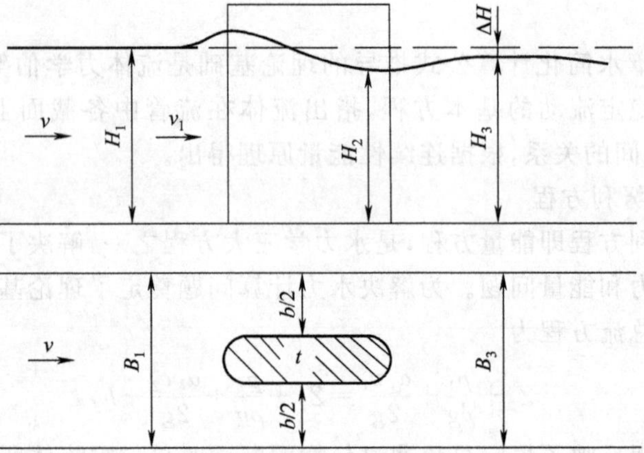

图 6-18 水流压缩示意

$$\Delta H=\left(\frac{B^2}{\mu^2 b^2}-\frac{H_3^2}{(H_3+\Delta H)^2}\right)\frac{v_1^2}{2g}$$

或

$$\Delta H=\left(\frac{1}{\mu^2 H_3^2 b^2}-\frac{1}{B^2(H_3+\Delta H)}\right)\frac{Q^2}{2g}$$

或

$$\Delta H=\left(\frac{B^2}{\mu^2 b^2}-1\right)\frac{v_1^2}{2g}$$

如取 $\eta=\alpha/(2g)$，则

$$\Delta H=\eta(v_2^2-v_1^2)$$

式中 $\Delta H, H$——壅水高度、水深；

v_1, v_2——前后的流速；

B, b, Q——水流总宽度、墩间水流宽度、流量；

α, μ——流速水头修正系数、水流压缩系数；

η——随河流类型和滩槽流量分配而变的参数。

D'Aubuisson 公式是恒定非均匀水流运动的伯努利方程在过桥水流中的应用，不同表达方式曾列入苏联时期 1948、1955、1961 年的相关桥渡勘测设计规程。

我国自 20 世纪 50 年代后期开始进行桥梁和路堤壅水试验研究工作。通过野外调查分析和室内模型试验，1979 年以来，公路和铁路系统先后提出 10 多个桥梁壅水计算公式。

《规范》(TBJ 17—86)使用的壅水计算式仍为苏联时期公式。本规范纳入公式 $\Delta Z_M=\frac{\alpha}{2g}(\bar{v}_M^2-\bar{v}^2)=\eta(\bar{v}_M^2-\bar{v}^2)$，为伯努利能量公式中令 $\alpha_1=\alpha_2=\alpha$ 时，将河滩路堤阻挡水流程度分为四级，即不超过 10%、10%～30%、30%～50%、超过 50%，相应以 $\eta=\frac{\alpha}{2g}=0.05$、0.07、0.10、0.15 四级取值。该式计算简单，资料易于取得，为多年来常用，系数包含河流类型、桥渡压缩条件，并考虑了冲刷影响，较为切合实际。但经验因素多，桥孔阻力系数 η、断面平均流速 $\bar{v}$ 对结果影响大。

2. 壅水计算式

计算壅水高度时需首先判明水流状态。规范壅水计算式 $\Delta Z_M=\eta(\bar{v}_M^2-\bar{v}^2)$ 仅适用于缓流状态，铁科院、铁四院、铁三院分别提出适用于平原宽浅河流、山丘区河流、山区河流的斜交桥壅水计算式。

(1)铁科院计算式

下式建立在平原宽滩河流桥渡的水工模型试验基础上。

$$\Delta z=K_0\frac{{v'}_M^2-\bar{v}_{OM}^2}{2g}$$

式中 $\bar{v}_{OM}$——天然情况下桥孔部分的水流平均速度，

$$\bar{v}_{OM}=\frac{Q_{OM}}{\omega_{OM}}$$

其中 Q_{OM}——建桥前桥孔部分通过的流量，

ω_{OM}——建桥前桥孔部分过水面积，

v'_M——建桥后发生冲刷时的桥下流速，

$$v'_M=K_p\frac{Q_p}{\omega_{供}}$$

其中　K_p——考虑桥下冲刷而引入的流速折减系数，不冲刷时取1，采用 $K_p=\frac{1}{1+A(P-1)}$，A 与河床质粒径有关，$A=0.5d_{50}^{-0.25}$，床沙粒径 d_{50} 对于黏土、淤泥河床，采用冲刷当量粒径(mm)，冲刷系数按本规范表6.4.2选用，对于旧桥或水毁桥的检算宜采用洪水冲刷的实测面积与建桥前原始断面面积的比值；

K_0——总壅水系数，$K_0=K_N\cdot K_v$。

其中　K_v——河床可冲刷时的壅水修正系数，可采用 $K_V=\frac{0.5}{\frac{v_M'}{\sqrt{gH_1}}-0.1}$，$H_1=1$ m，桥下整孔铺砌或岩石等不冲刷的河床时 $K_v=1$，

K_N——定床壅水系数，可采用 $K_N=\frac{2}{\sqrt{\frac{v_M'}{\bar{v}_{OM}}-1}}$，$\frac{v_M'}{\bar{v}_{OM}}>2.78$ 时取 $K_N=1.5$。

其余符号意义同前。

(2)铁四院计算式

下式适用于山丘河流的壅水计算。

$$\Delta Z_M=\frac{1}{2g}\{[(\alpha_1-0.95)M+1.05]K_p^2\cdot v_m^2-\alpha_1(0.4M+0.54)^2v_0^2\}$$

式中　α_1——桥前壅水断面动能修正系数，有实测 α_1 值的工点采用实测值的平均值，否则参考按河流分类统一取值，平原河流取 $\alpha_1=1.3$，山前区河流取 $\alpha_1=1.5$，山区河流取 $\alpha_1=1.8$，有计算谢才系数 C 的资料时采用 $\alpha_1=1+0.84\left(\frac{1.34C+6}{C}-1\right)$；

M——流量比，表示桥孔压缩程度，

$$M=Q_m/Q$$

其中　Q_m——天然状态桥孔范围通过的流量，

Q——过桥总流量；

K_P——考虑桥下冲刷的流速折减系数，可采用

$$K_p=\frac{1}{1+\alpha(P-1)}$$

其中　α——与河床质粒径有关的系数，可按本规范表 6.4.14-2 取值，即松软土时 $\alpha=1.0$，中等土时 $\alpha=0.5$，密实土时 $\alpha=0$；

v_m——桥下断面平均流速；

v_0——桥前断面平均流速。

(3)铁三院计算式

下式建立在山区斜交桥渡的水工模型试验基础上，天然平均流速不超过 3.0 m/s。

$$\Delta z=C\Delta Z_1$$

式中　C——修正系数，$C=\frac{8.9}{\bar{v}_M^{1.58}}$；

$\bar{v}_M$——桥下平均流速，$\bar{v}_M=\frac{Q_p}{\omega_{供}}$；

ΔZ_1——理论计算壅水值(mm)，

$$\Delta Z_1=\frac{1}{2g}\left[\left(\frac{v_m}{\phi}\right)^2-\bar{v}^2\right]$$

其中　$\bar{v}$——桥前壅水断面的平均流速，可先假设一个壅水值，得一相应壅水水位，按此求算河床过水断面面积 ω，求得 $\bar{v}=\frac{Q_p}{\omega}$，再代入 ΔZ_1，如与假设壅水位不符则重新假设，反复试算至两者相符即得 ΔZ_1，

ϕ——流速系数，见表 6-24。

其余符号意义同前。

表 6-24　ϕ 值

α(°)	0	10	20	30	40	50	60	≥70
ϕ	0.94	0.93	0.93	0.92	0.92	0.91	0.90	0.89

注：α 为水流方向与桥梁轴线之法线间的夹角。

6.4.15 桥下壅水高度

[第 6.4.15 条引文]

桥下壅水高度可采用桥前最大壅水高度的一半，并可按以下原则办理：

1. 对于山区和山前河流，洪水涨落急骤、历时短促、且河床质坚实不易冲刷时，桥下壅水高度可采用桥前最大壅水值。

2. 对于平原洪水涨落很缓慢的河流，且河床质松软，易于造成一般冲刷时，桥下壅水可不计。

[第 6.4.15 条解读]

本条基本沿用《规范》(TBJ 17—86)第 5.5.2 条。

设计桥高采用的桥前壅水高度，其数值大小可视河流和河床质具体情况，选用最大壅水高度的部分或全部值。对于山区和山前区河流，洪水涨落急骤、历时短促、河床坚实不易冲刷时，桥前壅水可采用最大壅水的全部值；对于洪水涨落缓慢的平原河流，河床质松软易于造成一般冲刷时，桥下壅水可忽略不计。平原地区村舍密集或有防洪要求地段，桥位处洪水涨落缓慢，应慎重考虑壅水范围内可能造成的影响。

1. 铁科院壅水高度计算方程式

对于桥位处于缩窄河段和有河滩路堤压缩河道的情况，并鉴于规范中计算桥前最大壅水高度的公式基于能量方程，铁科院采用基于动量方程的基本思路，通过建立桥前最大壅水高度断面和桥位断面的动量方程，推导出桥位断面壅水高度计算方程式如下。

$$h_1^3-\left(h_2^2+\frac{2Q^2}{gbBh_2}\right)h_1+\frac{2Q^2}{gbB}=0$$

式中，若已知桥前 h_1、桥下 h_2 中的任一个水深则可求解另一个水深。该式为三次方程，理论上有三个解，但只有一个是真实解，需根据实际情况判别。

2. 算例

(1)成昆铁路青衣江桥

该桥孔跨(9-32＋13-16)m，流量压缩比为 1，桥位与河道正交，流量 6 050 m^3/s，平均流速 3.36 m/s，河道泛滥宽度 458 m，平均水深 3.9 m，天然过水面积 1 796 m^2，桥孔净过水面积 1 615 m^2，河床坡降 1.7‰，河床粒径 106 mm，为山前区河流，桥前最大壅水 0.36 m。

计算结果为，桥下壅水约为桥前壅水的 2/3，若桥下壅水采用桥前壅水的 1/2，则不满足安全要求。

(2)包兰铁路黄河三道坎桥

该桥孔跨(3-55＋6-28)m，流量压缩比为 1，桥位与河道正交，流量 5 820 m^3/s，平均流速 3.5 m/s，泛滥宽度 308 m，水深 5.3 m，河床坡降 0.51‰，河床粒径 2.27 mm，调查壅水 0.3 m，桥孔净过水面积 1 506 m^2。

计算结果为，桥下壅水 0.13 m，接近桥前壅水的 1/2，满足安全要求。

(3)京山铁路滦河桥

该桥孔跨(20-32＋2-23)m，流量压缩比为 0.923，桥位与河道正交，流量 3 400 m^3/s，平均流速 8.9 m/s，泛滥宽度 886 m，平均水深 4.7 m，河床坡降 1.35‰，河床粒径 57 mm，水流急，河道为山前区河流，调查壅水 1.3 m。按存在河滩情况计算，桥下壅水－0.6 m(负值)，可见无需考虑壅水。

对于以上算例的三组资料而言，皆为山前和山区河流，且计算过程中隐含了定床假设，没有考虑河床冲刷。冲刷过程滞后于壅水过程，这样处理偏于安全。规范要求山前山区河流桥下壅水高度采用桥前壅水高度时，从安全角度考虑为合理。对于有些在设计过程中采用了桥前壅水 1/2 的桥渡，应根据规范式算出的桥前最大壅水高度检算桥下壅水，对安全性进行重新判别。

对于壅水影响关系重大、情况复杂的桥渡，尚应通过水工模型试验确定壅水高度。

6.4.16 壅水曲线计算

[第 6.4.16 条引文]

壅水曲线全长可按下列近似公式估算：

$$L_y=\frac{2\Delta Z_{\mathrm{M}}}{I_0}$$

式中 L_y——壅水曲线全长(m)；

I_0——桥址河段天然水面坡度。

其余符号意义同前。

[第 6.4.16 条解读]

本条沿用《规范》(TBJ 17—86)第 5.5.3 条。

建桥对桥址河段防洪和航运产生的影响是桥梁前期设计阶段必须论证的问题，其中对防洪的影响主要体现在桥前最大壅水高度和壅水影响范围。准确计算该值不仅是桥梁设计的要求，对城市、厂矿企业、农田等的防洪同样具有现实意义，可缩小桥渡壅水模型试验范围、减少投资、节约试验时间。

铁路、公路桥梁设计规范中计算壅水曲线长度一般采用经验公式法，重大工程或资料齐全条件下采用河工模型试验法或数学模型计算法。

1. 经验公式（规范式）

$$L_y=\frac{2\Delta Z_M}{I_0}$$

式中，L_y 为壅水曲线长度，指最大壅水峰断面至壅水为零的断面间的直线距离；ΔZ_M 为最大壅水值；I_0 为桥址河段天然水面坡度，也采用天然河床比降。一般情况下，计算壅水曲线长度均采用大洪水流量，此时的水面比降与河床比降基本一致，计算结果相差不大。

桥址以上壅水长度范围可近似取以下值。

两桥台后均无河滩路堤时，取$\frac{2\Delta Z_M}{I_0}$导流堤长度；

两桥台后只一侧有河滩路堤时，取$\frac{L}{2}+2(B-L)+\frac{2\Delta Z_M}{I_0}$；

两桥台后两侧均有等长的河滩路堤时，取$\frac{L}{2}+(B-L)+\frac{2\Delta Z_M}{I_0}$；

两桥台后两岸均有等长的导流堤时，取$\frac{L}{2}+\frac{2\Delta Z_M}{I_0}+$导流堤长度。

其中，B 为洪水泛滥宽度，L 为桥长，ΔZ_M 为桥前最大壅水高度，I_0 为水面比降或河床坡度。

最大壅水断面以上壅水区内任一断面Ⅰ-Ⅰ的壅水高度 $\Delta Z_{\text{I-I}}$可按下式计算（图 6-19）。

$$\Delta Z_{\text{I-I}}=\left(1-\frac{I_0 l}{2\Delta Z}\right)^2\Delta Z$$

式中　l——断面Ⅰ-Ⅰ至最大壅水断面间的距离（m）。

其余符号意义同前。

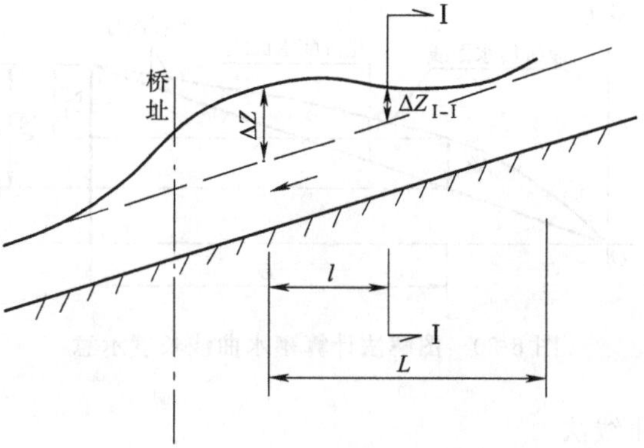

图 6-19　桥前壅水曲线(近似抛物线)

2. 河工模型试验法

重要的桥梁工程确定壅水长度一般均要求采用河工模型试验方法,但因壅水为零的断面实际很难界定和准确测量,尤其在宽滩河流的桥渡壅水模型试验中,试验河段长度受各种条件限制无法包含全部壅水影响的河段范围,需根据实测的建桥前后的水面线推算最大壅水高度和壅水曲线长度,这时可辅以图解法。

图解法根据河工模型试验实测的部分建桥前后水面线采用几何图形法计算壅水曲线长度。该方法假定建桥前后从最大壅水峰断面至壅水为零的断面之间的水面线为直线,根据最大壅水高度和建桥前后的平均水面比降即可推算出壅水曲线长度(图 6-20)。

可得　$$\Delta Z_1 = LI_0 ; \Delta Z_2 = LI_2$$

式中　ΔZ_1——建桥前水面线之间的变化量;

I_0——建桥前水面比降;

ΔZ_2——建桥后水面线之间的变化量;

I_2——建桥后 L 段的水面比降。

可得壅水曲线长度 $L = \dfrac{\Delta Z_M}{I_0 - I_2}, \Delta Z_1 - \Delta Z_2 = \Delta Z_m$

用图解法计算壅水曲线长度时,为了简便可直接在图纸上延长建桥前后的水面线至相交,读出交点至最大壅水峰断面的长度。但对曲线延长趋势的理解因人而异,可能造成结果差异。

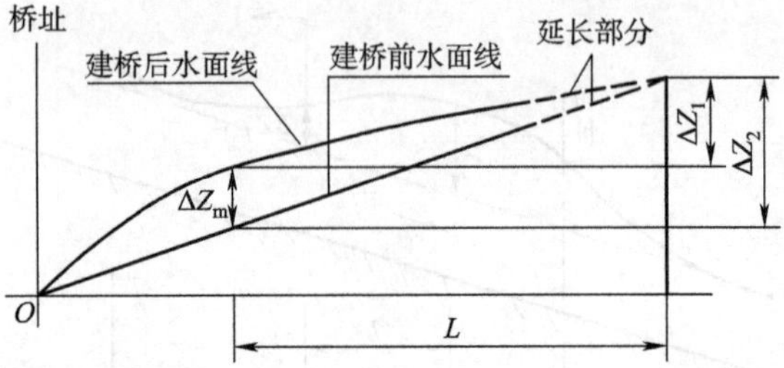

图 6-20　图解法计算壅水曲线长度示意

3. 水面曲线法

该方法根据桥梁河段纵剖面特征，将河段划分成若干特征区段，按照能量平衡原理，依次建立相邻断面的能量方程，从下游不受桥梁影响的天然水流断面逐断面向壅水曲线末端推算，从而可获得最大壅水高度和壅水曲线长度。随着计算原理的深入和计算工具性能的提高，水面曲线法对水文勘测调查资料较完善的大河桥梁，设计时计算壅水高度和其影响范围，可得到较为满意的计算精度。

以上三法中，经验公式法简单方便，需要资料少，对水面坡度大的顺直河流其计算结果与实际情况较为接近，但对坡度很小的平原宽浅河流，计算误差较大；河工模型试验方法直观准确，精度和可靠性均明显提高，但试验周期较长，且需要一定资金投入；水面曲线法虽然资金投入低于河工模型试验，但其需要较完善的天然实测资料才能获得理想的计算精度，且很多时候无法采用。

4. 抛物线法

前述几种算法中，有的虽简单但精度稍差，有的精度较高但工作量较大。实际的壅水曲线并非直线，而是渐变曲线，与抛物线较接近，铁科院根据抛物线原理建立桥梁壅水曲线长度计算式。

假定建桥后的水面曲线为一标准抛物线，以桥轴线为原点建立坐标系(图 6-21)。

该壅水曲线方程为 $y^2=2Px$，y 为曲线上任一点水位与建桥前桥下水位之差，x 为壅水曲线上任一点至桥轴线的水平距离，P 为焦点参数，为过焦点且垂直于轴的弦长的 1/2，l 为最大壅水值所处断面至桥址的距离。

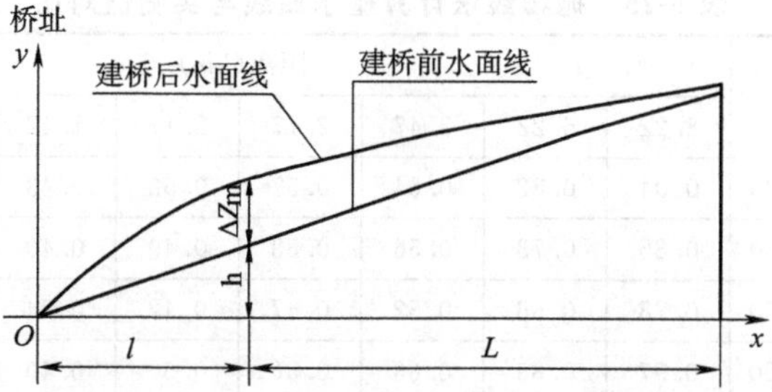

图 6-21　抛物线法计算桥梁壅水曲线长度示意

可知　当 $x=l$ 时，$y=\Delta Z_{\mathrm{m}}+h=\Delta Z_{\mathrm{m}}+lI_0$；

当 $x=l+L$ 时，$y=l_0(l+L)$

分别代入

$$y^2=2Px$$

得

$$(\Delta Z_{\mathrm{m}}+lI_0)^2=2Pl$$

$$[l_0(l+L)]^2=2P(l+L)$$

即

$$\frac{(\Delta Z_{\mathrm{m}}+lI_0)^2}{[I_0(l+L)]^2}=\frac{l}{l+L}$$

将其简化并推导，可得壅水曲线长度计算式

$$L=\frac{2\Delta Z_{\mathrm{m}}}{I_0}+\frac{\Delta Z_{\mathrm{m}}^2}{I_0^2 l}$$

对比该式与规范式 $L_y=\frac{2\Delta Z_{\mathrm{M}}}{I_0}$，抛物线法较经验公式法多出一正数项，计算结果大于经验公式法。另外抛物线法多出参数 l，一般可根据以往经验或河工模型试验确定。

表 6-25 为某一公路桥河工模型试验实测的壅水曲线与采用抛物线法计算的壅水曲线的对比。

表 6-25　抛物线法计算壅水曲线与实测值对比

流量(m^3/s)		距离(km)							
		8.22	6.22	3.47	2.77	2.17	1.42	0.82	0.312
实测 y 值(m)	23 620	0.94	0.82	0.64	0.57	0.52	0.43	0.34	0.21
	22 040	0.85	0.73	0.56	0.53	0.49	0.40	0.28	0.19
	19 200	0.78	0.66	0.52	0.47	0.42	0.34	0.24	0.17
计算 y 值(m)	23 620	0.97	0.85	0.63	0.56	0.50	0.40	0.31	0.19
	22 040	0.88	0.77	0.57	0.51	0.45	0.37	0.28	0.17
	19 200	0.79	0.69	0.52	0.46	0.41	0.33	0.25	0.15
误差(m)	23 620	0.03	0.03	−0.01	−0.01	−0.02	−0.03	−0.03	−0.02
	22 040	0.03	0.04	0.01	−0.02	−0.04	−0.03	0.00	−0.02
	19 200	0.01	0.03	0.00	−0.01	−0.01	−0.01	0.01	−0.02

按抛物线法计算的 y 值与实测值较为接近，且从邻近桥址附近直至靠近壅水曲线末端，误差变化幅度基本一致，说明实测的壅水曲线与抛物线的线型较为接近。

考虑到桥前壅水曲线长度只需一个粗略数值，本规范采用近似算式。如需精确计算壅水曲线，按能量平衡方程逐河段计算。

第 7 章　桥梁冲刷计算与防护

7.1　一般规定

7.1.1　计算桥梁冲刷基本要求

[第 7.1.1 条引文]

计算桥梁冲刷时应符合下列要求：

1. 桥梁位于天然冲淤或回水变化的河段时应考虑水位的影响。

2. 计算断面应为天然情况下桥址处计算冲刷不利的断面。

3. 粒径应能代表河床质的平均粒径。粒径分布很不均匀时应考虑河床质粗化的影响。

[第 7.1.1 条解读]

河流对桥渡最不利的影响有两方面，一是平面上的岸线迁移，二是竖向的河床冲刷。只有不稳定河流才有可能对桥渡产生猝不及防的岸线迁移，出现水毁。随着水文气象的变化，冲刷对桥渡的破坏多突发和偶然性，极易危及生命财产。因此，桥渡冲刷计算是桥渡设计中最重要但也最难完善解决的课题。

1. 桥渡冲刷的种类

桥渡冲刷因河因桥各异。根据掌握的资料，桥渡范围内的冲刷大致有 5 种。

(1)河流的洪水冲刷

沙质河床、黏性土河床甚至一些大颗粒河床，洪水时都会发生冲刷，而洪水过后，冲深的河床又会缓慢地回淤。桥渡所用的设计断面多为枯、中水时回淤后断面，因此设计桥渡时应将河流天然情况下的洪水冲刷计入。

(2)桥渡压缩河流的冲刷

桥渡跨越河流时，通常桥头路堤占据一部分河滩的过水面积，河中桥墩占去部分过水断面，形成对河流的压缩，使河床产生冲刷。在压缩较多的宽浅河流上，这种冲刷较明显。但在一些较大的河流上，建桥多是堤到堤，只有河中桥墩阻碍水流，通常不到过水断面5%～10%，因此而压缩的冲刷不大。

洪水发生时，桥下通常都会产生上述洪水和压缩两种冲刷，称为桥渡一般冲刷。

(3)桥墩周围局部冲刷

由于桥墩阻碍水流而产生紧贴桥墩的小范围冲刷。突出河岸的桥台也会产生局部冲刷。

(4)河道演变冲刷

如水流坐弯产生的弯道环流集中冲刷；下游河口改道，栏门坎冲刷或堤防缺口产生的溯源冲刷；边滩下移产生的最大深泓线在断面上的变化；分汊河流支汊的发展冲深；两股水流交汇下游的汇水冲刷等。这些冲刷并非因建桥而产生的，但当桥渡跨越这些河段，并设有桥墩台时，则必须预估这些冲刷。

(5)工农业活动引起的河床下切

最为所知的是水坝下游的清水冲刷。城乡建设挖河导致河床下切，是工业化过程日益严重威胁桥梁安全的重要因素。还有工农业的用地，在桥渡上下游筑堤束水，迫水归槽，会产生桥下河床冲深。阳安铁路堰河大桥1990年大水冲歪4号墩，墩顶向上游倾斜2.19 m，水毁抢修总结中指出，铁路通车后，上游工农业筑堤固岸束水，开挖河床，使河床明显下切。具体情况见表7-1。

表7-1　阳安铁路堰河大桥河床下切数量

时间	4号墩地面		安康台地面		资料依据
	高程	下降量(m)	高程	下降量(m)	
1970年初	552.53		553.43		桥梁设计、竣工图
1981—1982年	550.60	1.93	551.50	1.91	水害修复设计图
1985—1988年	549.00	1.60	549.00	2.50	河床横断面航测图
1990年	547.90	1.10	547.90	1.10	水害后实测值

表中所列下切量包括一部分洪水冲刷，河床总体下切并不全是洪水冲刷所至。河床演变冲刷和人为河床下切并非每个桥渡都有，这些冲刷

下切并无合适的预估方法，只能靠调查分析判断。

2. 桥梁冲刷计算的主要要求

桥下河槽的冲刷计算是确定桥梁孔径及墩台基础埋深的重要依据。

(1)冲淤或回水变化的河段水位的要求

桥渡一般冲刷和局部冲刷的计算和水位无直接关系，或者说水位变化对算出的冲刷深度数值影响不大。但在用水位减去总冲刷深度($h_m = h_p + h_b$)确定冲刷高程和基础埋置深度时，水位就大有影响。一般应以设计水位确定冲刷高程。

如果部分壅水进入桥下则桥下水位高于设计水位，计算冲刷高程时一般不考虑该水位的升高。

①壅水进入桥下多为急流情况，这时桥下冲刷迅速发展，有可能减小壅水的升高；

②与冲刷深度相比，壅水值不大；

③不计该升高水位，偏于设计安全。

河湾凹岸的弯道水位超高应计入设计水位，但这时要按弯道环流集中冲刷计算总冲刷深度。

对冲淤变化的河段，涨水时河槽全面冲深，落水时又回淤，水位流量关系曲线呈绳套形，即同样的流量，对应不同的水位。如果采用对应的高水位计算冲刷，则一般冲刷和局部冲刷都将有所减小，其冲刷线高程将偏高，导致不安全的后果。为此计算冲刷深度时，应采用与设计流量对应的下限水位，如图 7-1 所示。桥位受水库、湖泊、大河等回水变动影响时，也应搜集水位流量资料，采用下限水位作为计算冲刷的依据。

因河床淤积而永久性抬高水位，应按淤积条件确定桥基埋深。

如河床逐年缓慢淤高，水位逐年缓慢上升，像黄河下游那样，有时某个时段水位还有下降情况，则应按设计时的设计水位计算冲刷高程。检算时可按检算年限时河床条件相应的设计水位检算冲刷高程。另外在此河段同一洪水过程或同一年内，同一流量时水位可相差 1 m 以上；设计工点遇此现象时，确定冲刷高程应选择水位较低值。

如为坝下游清水冲刷或下游河床溯源冲刷引起桥位处一水位下降，除应按清水冲刷和溯源冲刷条件对应的设计水位确定冲刷高程。还应分析有无回复可能及对应的水位和冲刷高程。

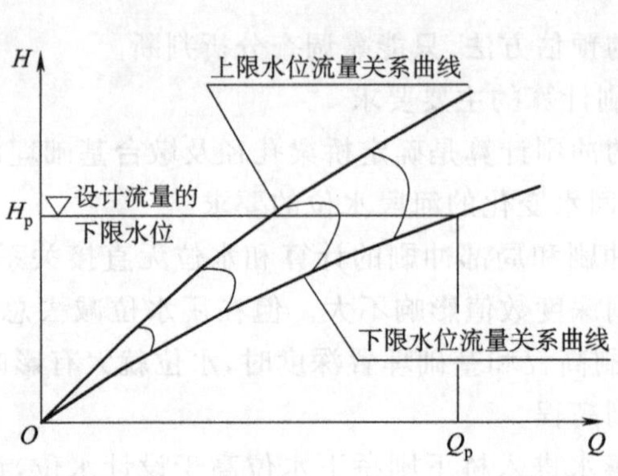

图 7-1 实测洪水的绳套形水位-流量关系曲线

(2)计算断面的要求

河槽的天然演变冲刷,从桥渡设计角度来看,可概括为下列几种。

①河流发育成长性的变形:河源段河床逐年下降,河口段的河床逐年淤高。通过调查河段的历史情况,结合下游侵蚀基面之高低,河床纵坡之变化,推算在桥梁使用期限内河床可能升高或降低的幅度,合理提高桥下净空或加深基础。

②由河段特征决定的较有规律的变形:边滩或沙洲下移、河湾移动发展、天然裁弯取直等引起河槽变形,可能使河槽横向形状出现有规律的循环变化。由此推断,存在于桥址附近被冲刷最严重的断面随着河槽的演变,经过若干时期,完全有可能转移到桥下来,因此可以在桥址附近寻找冲刷最严重的断面,据以计算桥下冲刷。

③最大深泓线迅速摆动,形成集中冲刷引起的变形:越不稳定的河段,这种变形越明显和严重。

④在一个水文周期内,河槽随水位、流量的变化而发生的周期性变形。

一般冲刷计算规范式(7.2.1—1)的原始断面的特征值为 $h_{mc}/\bar{h}_c$,系一无因次比值。该值愈大,算出的一般冲刷深度愈大。本规范第 7.1.1 条第 2 款指出,计算断面应为天然情况下桥址处计算冲刷不利的断面,是桥位附近上下游河段 $h_m/\bar{h}$最大的断面。由于一般冲刷深度与 $h_{mc}/\bar{h}_c$ 有关,与原始床面的绝对高低无关,故选择原始断面时,应注意准确判断

$h_{mc}/\bar{h}_c$ 的大小选择是否合理，不宜过分强调原始床面的高程。

计算断面原则上采用桥位附近实测的枯水或中等水位时的断面为原始断面，不稳定的河流寻找这种断面的河段范围可较长一些。如无原始资料，则在桥前选取与桥址断面相似的天然断面为桥下原始断面。并选取其中 h_m/h_{cp} 值较大者为计算冲刷的依据。但对平原顺直河流，由于边滩下移，上游最大水深可能演变至桥下，此时应选桥址上游附近最大深槽断面。而对变迁性河流，由于河槽摆动，应在桥位附近测出若干河床断面，取重叠后的外包线 h_m/h_{cp} 最大处作为桥下计算断面。

我国铁路桥渡规范根据冲止流速的概念建立的一般冲刷计算公式称为式(64—1)，该式的推导主要使用了单宽流量概念。

桥下断面一般冲刷计算公式的结果中也包含一部分天然冲刷，是由于式(64—1)根据桥梁现场的实测冲刷资料制定。实测资料包括较稳定和不稳定河段，该公式的计算结果既包括桥梁压缩河流引起的冲刷，也包括河槽天然演变中深泓线摆动形成的集中冲刷，以及因水位、流量周期性变化的天然冲刷。

(3)泥沙粒径和河床粗化的要求

河床颗粒的取样因取样位置不同，可能得出许多种不同的粒径，有时甚至相差悬殊。勘测设计应用的粒径应与制定公式时选用河床粒径的标准一致，即冲刷停止处的粒径为经过流速分选沉积的粒径，勘测时应尽量找大颗粒密集部位取样。该部位在平面上需找桥址上下游坡度较陡、断面较窄、流速和颗粒较大处，在横断面上，大颗粒多位于深槽与边滩交接处或深泓中。

河床土壤平均粒径可用下述方法确定：位于桥址附近的河槽选取河床断面有代表性的粒径位置，用挖验或钻探取一完整的冲积层土样。如采用挖验法可取 1 m^3。

①粒径 10 cm 以下可用筛分法，样品分若干组，量出各组百分比 P_i 和各组的平均粒径 $d_i=(d_上+d_下)/2$，得出土壤的平均粒径。

$$d_{cp}=\sum_1^n p_i d_i \frac{1}{100}=0.01\sum_1^n p_i d_i$$

②粒径 10 cm 以上采用量测颗粒 a、b、c 三向尺寸，算出颗粒的球体粒径。

算数平均粒径为 $d_1=\frac{1}{3}(a+b+c)$

几何平均粒径为 $d_2=(a \cdot b \cdot c)^{1/3}$

质量平均粒径为 $d_3=\sqrt{\frac{G}{0.524\gamma_s}}$

式中 γ_s——单位体积重，一般河道中 γ_s 变化不大，若取平均值 $\gamma_s=2.7\ t/m^3$，则 $d_3=0.981\sqrt{G}$；

G——颗粒干重。

以上三法，d_3 较精确，d_2 次之，d_1 简单。算出每颗粒径 d_i，量出粒径百分比 P_i，就可求出土壤的平均粒径 $d_{cp}=0.01\sum_{1}^{n}p_i d_i$。

泥沙粒径对冲刷的影响特性可分为静态、动态两种。前者包括颗粒大小、形状级配、重率等特性；后者包括起动、输移（推移、悬浮）等特性。一般冲刷计算只用泥沙粒径反映河床土质的抗冲性能，冲止流速选用部分反映了泥沙的输移特性。局部冲刷计算还考虑泥沙颗粒级配的影响。

同一墩形桥墩，不同河床泥沙局部冲刷深度变化为 1～20 m，变化幅度 20 倍，可见不同粒径的泥沙对局部冲刷深度的影响不同。某些粒径范围对冲刷的作用更为灵敏，计算冲刷时可用 d_{50} 代替 d。

河床质颗粒大小不均匀的河床都存在冲刷后形成的床面粗化现象。一般来说泥沙颗粒愈细，其级配愈均匀，愈粗愈不均匀。均匀的泥沙其粗化作用较小。对大颗粒泥沙的河床来说，虽粒配曲线可以很平缓，但大洪水时细小泥沙多半被冲。冲刷计算公式中，土壤平均粒径 d_{cp} 以河床粗化后的粒径为依据，选用 d_{cp} 时主要利用钻探或挖探取样得到颗粒分析资料。对于横向摆动较大的河床，粒径沿断面分布不均且有足够深度时，可采用较小值，主河槽摆动至小粒径土壤位置时冲刷深度增大，较安全。主河槽摆动不大且较稳定的河段采用粗化后的平均粒径，d_{cp} 对于山区及山前区河流应根据筛分资料计算。

7.1.2 一般冲刷值确定原则

［第 7.1.2 条引文］

水文复杂的特大桥，当有实测资料时，可根据洪水期可能产生的桥址上下游最不利断面，分析确定设计单宽流量；根据实测垂线流速资料，考虑桥孔压缩影响后确定河床土的冲止流速，并据此确定该桥的一般冲刷值。

［第 7.1.2 条解读］

河上建桥后，桥下流水断面因压缩而减小，为通过建桥前同样大小的流量，桥下流速势必增大，水流挟沙能力相应增大，就要在桥下产生新的冲刷。随着冲刷的发展，桥下河床加深，过水面积加大，流速逐渐下降，待达到新的平衡状态，或桥下流速降低到土的容许不冲刷流速时，冲刷即行停止。这种由于建桥压缩水流而在桥下河床全断面内发生的普遍冲刷，通称为一般冲刷。

桥下一般冲刷停止时的垂线平均流速称为冲止流速。桥下断面内任意垂线在一般冲刷过程中垂线平均流速降低到该垂线的冲止流速时，冲刷即停止。根据水流理论方程式得到冲刷停止时的垂线水深 h_p，即一般冲刷水深。

$$h_p=\frac{q_p}{v_s}$$

式中 q_p——冲刷停止时的垂线单宽流量；

v_s——冲刷停止时的垂线流速，即冲止流速。

设计断面垂线最大单宽流量为 $q_m=v_m h_m$

式中 v_m——垂线最大流速；

h_m——垂线最大水深。

设计断面垂线平均单宽流量为 $q_{cp}=v_{cp}h_{cp}$

式中 v_{cp}——垂线平均流速；

h_{cp}——垂线平均水深。

设计断面垂线平均单宽流量还可表示为 $q_{cp}=Q_p/L$

式中 Q_p——桥址断面设计流量；

L——桥孔净长度。

代入满宁公式，可得 $q_m=\left(\frac{Q_p}{L}\right)\cdot\left(\frac{h_m}{h_{cp}}\right)^{5/3}$

分析实测资料，得到经验公式 $q_p=Aq_m$，A 为单宽流量集中系数。

可得 $q_p=A\left(\frac{Q_p}{L}\right)\cdot\left(\frac{h_m}{h_{cp}}\right)^{5/3}$

一般冲刷和局部冲刷都有清水冲刷和动床冲刷两种情况。清水冲刷是因水流压缩或因墩台绕流，超过床面泥沙的起动流速，床面泥沙被冲向下游出现冲刷，冲刷处上游床面的泥沙尚未起动，不能得到上游来沙补给；动床冲刷是上游床面泥沙已经起动，冲刷处有泥沙补给。

冲止流速对于动床冲刷采用 $v_s = Ed^{1/6} h_p^{2/3}$；

对于清水冲刷采用 $v_s = v_{H1} h_p^{1/5}$。

v_{H1} 为水深 1 m 时的容许不冲刷流速，经验公式采用 $v_{H1} = \frac{3}{4}[0.008\,91/d + 0.43d^{3/4}]^{1/2}$ 得到相应情况桥址断面冲刷后的最大水深。

河槽：$h_p = \left[\frac{AQ_p}{L} \cdot \left(\frac{h_m}{h_{cp}}\right)^{5/3} / Ed^{1/6}\right]^{3/5}$；

河滩：$h_p = \left[\frac{AQ_p}{L} \cdot \left(\frac{h_m}{h_{cp}}\right)^{5/3} / v_{H1}\right]^{5/6}$。

式中，参数 E 与汛期含沙量有关；d 为泥沙平均粒径(mm)。

式(64—1)根据水流连续方程和满宁公式，利用单宽流量推导，过程概念清晰意义明确，理论模式合理。由于引用了两个由实测资料回归分析得到的经验关系，包括冲止流速的计算，因此根据不同的实测资料，得到的关系式具有不同的应用范围。

冲止流速的计算考虑了含沙量和泥沙粒径的影响，与汛期含沙量有关的参数 E 范围较大(0.46～0.86)，很难准确反映泥沙含量的影响，仅凭现有资料很难确定泥沙含量与冲止流速的具体函数关系。清水冲刷的冲止流速计算使用了经验公式，其量纲利用实测资料拟合而来，具有很大局限。

一般情况主河槽采用有底沙运动的算式，河滩采用无底沙运动的算式。

根据上述分析，式(64—1)引用了由大量天然河流实测资料回归分析得到的经验公式，推算设计单宽流量，对大多桥梁的冲刷计算是符合的。然而该经验公式对于水文复杂的桥梁，其符合程度应进一步验证。对于水文复杂的特大桥附近有水文站或有洪水时，分析实测断面流速分布和水深资料，可计算桥下河床最大单宽流量和冲止流速，计算桥下一般冲刷。如能利用桥位附近水文实测资料 q_{max} 分析得出河段的冲止流速 v_s，则可直接用 $h_p = \frac{q_{max}}{v_s}$ 计算桥下一般冲刷。

7.1.3 增建第二线桥冲刷计算要求

[第 7.1.3 条引文]

增建第二线桥的冲刷计算应考虑与既有桥水流相互干扰的不利影响。

[第 7.1.3 条解读]

第二线桥位于既有桥的上游或下游,距离的远近、墩台的对应、水流的斜交程度、既有桥的防护等使水流受到不同程度的干扰。增建第二线时,必须对既有桥的历史最大冲刷深度进行调查,通常根据计算结果与调查情况分析判断,确定基础埋置深度。

现以咸阳渭河公路改建工程水工模型试验来说明既有桥水流相互干扰对冲刷的影响。

该桥改建工程为旧桥加宽,改建后桥长、桥孔不变。新桥采用双柱式钢筋混凝土灌注桩墩,紧贴原桥的桥墩增建新墩,附近水流结构和局部冲刷深度发生较大变化。故以水工模型试验分析新建车道两种布设方案对原桥墩局部冲刷深度的影响,判定哪个方案对旧桥偏于安全。

水工模型试验采用断面模型法,选择流量分布集中的两孔桥下断面,在宽 1 m 的玻璃槽内的不同条件下,做桥墩局部冲刷对比试验。

1. 水流偏角 $\alpha=0°$时,在原桥墩上游增新墩对原桥墩有保护作用,可减少冲刷深度 20%,新建墩布设在原桥下游一侧,未发现对旧墩冲刷深度有何影响。

2. 水流偏角 $\alpha=10°$时,与 $\alpha=0°$相比,对于原桥与新桥各种不同位置,原桥冲刷深度明显增加,增加范围 30%~60%。且新桥置于下游时,试验中最深冲刷深度达 90 mm,回淤后仍达 70 mm,可见水流偏角对新桥墩置于下游时的冲刷深度影响十分显著。

3. 水流偏角 $\alpha\leqslant6°$时,对原桥墩冲刷深度无影响。

4. 水流偏角 $\alpha\geqslant10°$时,新桥建于上游,对原桥墩就失去了保护作用。

7.1.4 一河多槽的河滩桥冲刷计算要求

[第 7.1.4 条引文]

一河多槽的河滩桥孔在通过设计流量时,桥下流速不宜高于滩地面的不冲刷流速。若桥下流速超过滩地面不冲刷流速,且增加桥孔收效又不大时，应加大基础埋置深度，并采取措施防止桥下冲刷后引起主流的改道。

[第 7.1.4 条解读]

河滩床面一般无推移质泥沙运动，因此河滩桥孔的桥下冲刷应无泥沙补给，也不能形成汛后的泥沙回淤。河滩桥孔的冲刷在多次洪水期内一直增长，形成较大的冲刷坑。河滩桥孔的冲刷会引起流量重分配及河床剧烈变化而造成水害，对河滩桥孔桥下流速、冲刷防护一般都用全桥铺砌。

四平—齐齐哈尔铁路的洮儿河桥因桥径过小，被早年洪水全部冲毁，后改建为 5-20 m 大桥。1957 年又发大洪水将 2 号桥墩冲歪，见表 7-2。

表 7-2　洮儿河桥水害情况

年代	K326～K327 间的水害情况
1930 年	冲毁路堤 3 处
1932 年	冲毁路堤 2 处
1948 年	将增建桥 9-4 m 的钢筋混凝土桥涵全部冲毁
1957 年	将 1952 年改建 5-20 m 大桥 2 号墩冲歪，上游 90 m 至下游 120 m 冲成深坑，桥下水深 9～11 m

一河多槽的河滩桥孔在通过设计流量时，桥下流速不宜高于滩地面的不冲刷流速。乌裕尔河总流量为 2 700 m^3/s 时，最大流速仅 1 m/s，分布在宽 800 m 范围内，退水时水位下降，水深减小流速减缓，水流转入深槽，恢复洪水前状态。桥下流速低于滩地面的不冲刷流速，河滩未留下深槽。

确需在河滩上设置灌溉渠道或道路立交桥涵时，应注意冲刷防护。曾采取在涵洞入口或桥梁上游设置闸门措施，枯水期开闸灌溉、洪水期关闸止水。

7.2 桥下一般冲刷计算

7.2.1 非黏性土一般冲刷计算

[第 **7.2.1** 条引文]

非黏性土河床河槽部分的桥下一般冲刷可按下式计算

$$h_p=\left[\frac{A\frac{Q_c}{B_c}\left(\frac{h_{mc}}{\bar{h}_c}\right)^{\frac{5}{3}}}{E\bar{d}_c^{\frac{1}{6}}}\right]^{\frac{3}{5}} \quad (7.2.1\text{—}1)$$

式中 h_p——桥下一般冲刷后的最大水深(m)；

h_{mc}——桥下河槽部分最大水深(m)；

$\bar{h}_c$——桥下河槽部分平均水深(m)；

A——单宽流量集中系数，$A=\left(\frac{\sqrt{B_d}}{\bar{H}}\right)^{0.15}$，其中 B_d、$\bar{H}$ 为造床流量时的河宽和平均水深，可按平滩水位计算；对于河槽宽浅的游荡河段、变迁河段，当 B_d 值过大和平滩水位不易确定时，可采用$\frac{\sqrt{B_d}}{\bar{H}}\leqslant 50$，即 $A\leqslant 1.8$；

B_c——桥下河槽部分桥孔过水净宽(m)，桥下河槽扩宽至全桥时，为全桥桥孔过水净宽；

E——与汛期含沙量有关的系数，可按表 7.2.1 取值；

$\bar{d}_c$——河槽土平均粒径(mm)；

Q_c——桥下河槽通过的设计流量(m^3/s)，桥下河槽能扩宽至全桥时 $Q_c=Q_P$，桥下河槽不能扩宽至全桥时 Q_c按下式计算

$$Q_c=\frac{\omega_c C_c\sqrt{\bar{h}_c}}{\omega_c C_c\sqrt{\bar{h}_c}+\sum\omega_t C_t\sqrt{\bar{h}_t}}Q_p \quad (7.2.1\text{—}2)；$$

式中 ω_c——桥下河槽部分的过水断面面积(m^2)；

C_c——桥下河槽部分的谢才系数，$C_c=\frac{1}{nR^{1/6}}$，n 为粗糙系数，R 为水力半径；

h_t——桥下河滩部分的平均水深(m);

ω_t——桥下河滩部分的过水断面面积(m^2);

C_t——桥下河滩部分的谢才流速系数,计算办法同 C_c。

表 7.2.1(本规范) **系数 E**

含沙量(kg/m^3)	<1.0	1~10	>10
E	0.46	0.66	0.86

注:含沙量是从历年汛期 6~9 月中选出的年最大月平均值的算术平均值。

[**第 7.2.2 条引文**]

非黏性土河床河滩及人工渠道部分的桥下一般冲刷可按下列公式计算

$$h_p=\left[\frac{A_t\dfrac{Q_t}{B_t}\left(\dfrac{h_{mt}}{\bar{h}_t}\right)^{\frac{5}{3}}}{v_{H_1}}\right]^{\frac{5}{6}} \tag{7.2.2—1}$$

$$Q_t=\frac{\sum\omega_tC_t\sqrt{\bar{h}_t}}{\omega_cC_c\sqrt{\bar{h}_c}+\sum\omega_tC_t\sqrt{\bar{h}_t}}Q_p \tag{7.2.2—2}$$

式中 Q_t——桥下河滩部分通过的设计流量(m^3/s);

h_{mt}——桥下河滩最大水深(m);

v_{H_1}——河滩水深 1 m 时非黏性土不冲刷流速(m/s),可按附录 F 取值;

B_t——桥下河滩部分桥孔过水净宽(m);

A_t——河滩流量非均匀分配系数,取值范围 1.0~1.15。

其余符号意义同前。

[**第 7.2.1、7.2.2 条解读**]

该两条基本沿用《规范》(TBJ 17—86)第 5.6.2 条第 1、2 款。

1. 非黏性土河床河槽的桥下一般冲刷公式

《规范》(TBJ 17—86)的一般冲刷公式建立在式(64—1)基础上,该式根据我国各地桥梁实测资料而建立。实测资料包括较稳定和不稳定的河段资料,因此该公式计算结果既包括桥梁压缩河流引起的冲刷,也包括河槽天然演变中深泓线摆动形成的集中冲刷和随水位、流量周期变化产生的天然冲刷。

式(64—1)依据的实测资料及模型试验,其河床土质为非黏性土且河槽有底沙。对于无底沙的河滩不能直接利用,必须在原式基础上进行调整。

绝大多数天然河流的河槽会有底沙，式(64—1)的推导基于以下水流理论方程式。

$$h_{\mathrm{pm}}=\frac{q_{\mathrm{pm}}}{v_{\mathrm{s}}}$$

式中 q_{pm}——冲刷停止时断面上最大单宽流量[$\mathrm{m}^3/(\mathrm{s\cdot m})$]；

v_{s}——冲刷停止时垂线平均流速，简称冲止流速；

h_{pm}——断面冲刷后最大水深。

除极其稳定的河段外，通常桥下一般冲刷的发展是不均匀的，断面上的冲刷深度并非与水深呈比例性增加。随着断面上水深的变化，各垂线的单宽流量重新分配，并且有集中的趋势。愈不稳定的河段，集中的趋势愈为强烈。假定河床糙率和比降沿河宽不变，根据满宁公式，断面上任一垂线的单宽流量与断面平均单宽流量的比值，与相应水深比值的 5/3 次方呈正比，建桥后设计断面的最大单宽流量如下。

$$q_{\mathrm{m}}=\frac{Q_{\mathrm{p}}}{L}\left(\frac{h_{\mathrm{m}}}{\bar{h}}\right)^{5/3}$$

式中 Q_{p}——设计流量；

L——桥孔净长；

h_{m}——设计断面上桥孔部分的最大垂线水深；

$\bar{h}$——设计断面上桥孔部分的平均水深。

桥下单宽流量再分配如图 7-2 所示。

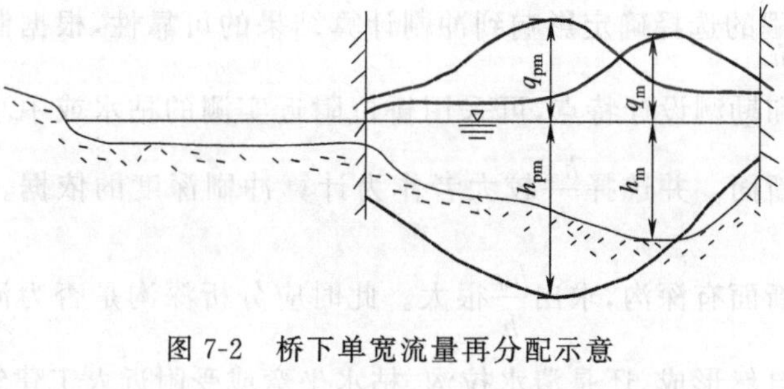

图 7-2　桥下单宽流量再分配示意

冲刷停止时的最大单宽流量为 q_{pm}，随着水位变化，$q_{\mathrm{pm}}=Aq_{\mathrm{m}}^{n}$，由图 7-3 可知 $n\approx1.0$，故

$$q_{pm}=A\frac{Q_p}{L}\left(\frac{h_m}{\bar{h}}\right)^{5/3}$$

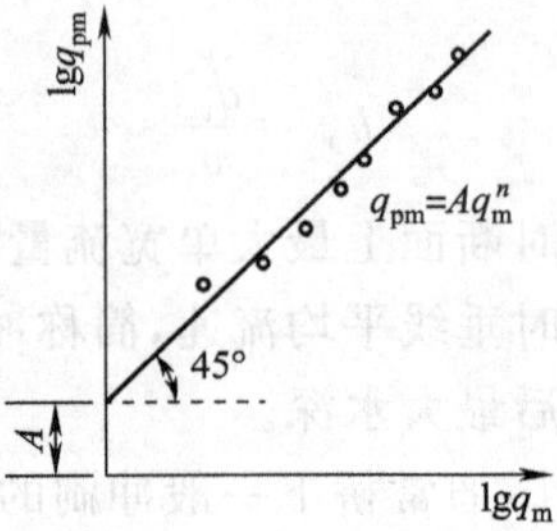

图 7-3　不同水位时最大单宽流量变化规律示意

根据实测资料，$A=\left(\frac{\sqrt{B}}{\bar{H}}\right)^{0.15}$，$\frac{\sqrt{B}}{\bar{H}}$为河段的稳定性指标，$B$ 为造床流量时的河宽，$\bar{H}$ 为造床流量时的平均水深。其数值愈大则河床愈不稳定，单宽流量集中系数 A 愈大。确定河槽宽度依据的是洪水时床面上有连续不断的泥沙移动，可由河段平面和上下游大断面的形态确定，最好通过现场调查。对于河槽宽阔的游荡河段、变迁河段、宽河漫流河段，当 B 值过大不易确定时，建议$\frac{\sqrt{B}}{\bar{H}}$不超过 50，即 $A\leqslant1.8$，或参考类似的桥渡设计参数。

式中$\frac{h_m}{\bar{h}}$的选择确定影响到冲刷计算结果的可靠性，根据制定公式所依据资料和勘测设计特点，可采用桥位附近实测的枯水或中小水时的断面为原始断面。并选择$\frac{h_m}{\bar{h}}$较大者作为计算冲刷深度的依据。有时会遇到枯水时断面有深沟，求出$\frac{h_m}{\bar{h}}$很大。此时应分析深沟是否为河流冲淤变化过程中自然形成，还是清水拉沟、枯水坐弯或受附近人工建筑物影响等原因形成。如系前者可为计算依据；如系后者不宜作为计算依据。设计二线桥时不宜采用既有线桥下实测断面为设计断面；宜采用既有线桥上游实测断面为设计断面。

冲止流速是确定冲刷深度的重要因素。冲止时床面泥沙运动情况不同,有两种性质不同的冲止流速。河滩上或大颗粒河槽中,冲止时上游无来沙补给,冲止流速即泥沙的不冲刷流速。有底沙运动的河槽中,冲刷停止时断面输沙达到平衡,此时床面仍有泥沙移动交换,但床面停止下降,冲止流速为泥沙移送交换达到平衡时的天然流速。

冲止流速用 $v_s = E\bar{d}^y h_{pm}^x$ 表示:E 为与汛期含沙量 S 有关的参数(表 7-3);$\bar{d}$为河床泥沙的平均粒径,根据筛分资料计算确定;指数 x 与泥沙粒径和床面形态有关,$\bar{d}>1.0$ mm 时 $x=2/3$($\bar{d}<1.0$ mm 时 $x=0.35\sim0.70$),多用 $x=2/3$。

故
$$v_s = E\bar{d}^{1/6} h_{pm}^{2/3}$$

可得桥下一般冲刷计算式

$$h_{pm} = \left[\frac{A\dfrac{Q_p}{L}\left(\dfrac{h_m}{\bar{h}}\right)^{5/3}}{E\bar{d}^{1/6}}\right]^{3/5}$$

表 7-3　与汛期含沙量有关的参数

含沙量 S(kg/m³)	<1	1～10	>10	含沙量 S 是反映洪水时泥沙运动强弱的参数,当附近有水文站时应查多年汛期三个月的最大含沙量的平均值 S,作为确定 E 值的根据,无上述资料时进行汛期实测,调查洪水是清水、浑水包括含泥量很大的浑水,选择 E 值
E	0.46	0.66	0.86	

该式适用于平原次稳定河段和山区稳定河段,平原游荡性河段和山区变迁性河段亦可参考该式。计算结果在浅水、粗颗粒河床组成条件下(如黄河游荡性河段)偏大;在深水、细颗粒河床组成条件下则偏小。

2. 非黏性土河床河滩及人工渠道一般冲刷计算

(1)河滩无底沙的一般冲刷计算公式

建在天然河滩或人工渠道上的桥梁的部分桥孔,如桥下河滩经调查研究确无改变为河槽的可能时,按河滩冲刷公式计算桥下冲刷。

河滩水浅流速小,一般认为来洪水时流速低于床面泥沙起动流速,桥下河滩的一般冲刷为清水冲刷。人工渠道设计时,要求正常使用条件下渠内流速要低于渠道土壤的不冲刷流速，渠道一般冲刷属于清水冲刷。河滩及人工渠道冲刷显示，桥下冲刷没有水流的挟沙补给，冲止流速等于土的容许不冲刷流速。河滩一般冲刷深度 h_{pm} 可按下式计算。

$$h_{pm}=\frac{q_{pmt}}{v_{st}}$$

式中 q_{pmt}——冲刷停止时河滩断面最大单宽流量[$m^3/(s \cdot m)$]；

v_{st}——冲刷停止时河滩非黏性土不冲刷流速(m/s)。

推论可得建桥后河滩设计断面的最大单宽流量

$$q_{mt}=\frac{Q_t}{L_t}\left(\frac{h_{mt}}{\bar{h}_t}\right)^{5/3}$$

式中 Q_t——河滩桥桥下计算部分通过流量(m^3/s)；

L_t——河滩桥桥下计算部分净孔长(m)；

h_{mt}——河滩设计断面上桥孔部分的最大垂线水深(m)；

$\bar{h}_t$——河滩设计断面上桥孔部分的平均水深(m)。

河滩非黏性土冲止流速 v_{st} 按下式计算

$$v_{st}=v_{H1}h_{pm}^{1/5}$$

式中 v_{H1}——水深 1 m 时非黏性土不冲刷流速(m/s)。

代入可得河滩桥的无底沙一般冲刷公式

$$h_{pm}=\left[\frac{\dfrac{Q_t}{L_t}\left(\dfrac{h_{mt}}{\bar{h}_t}\right)^{5/3}}{v_{H1}}\right]^{5/6}$$

式中 Q_t——河滩桥的桥下计算通过流量，

$$Q_t=Q_p\frac{\omega_t C_t\sqrt{\bar{H}_t}}{\sum_1^n \omega C\sqrt{\bar{H}}}$$

其中 ω_t——冲刷前河滩计算桥孔的水流断面面积，

C_t——流速系数，

$\bar{H}_t$——平均水深，

Q_p——桥下总设计流量。

其余符号意义同前。

(2)土的容许不冲刷流速 v_H

可用规范确定的不冲刷流速作为非黏性土河滩桥一般冲刷的不冲刷流速，按下式计算。

$$v_{H1}=\frac{3}{4}\left[\frac{0.008\ 91}{\bar{d}}+0.43\ \bar{d}^{\frac{3}{4}}\right]^{\frac{1}{2}}$$

式中 v_{H1}——水深 1 m 时非黏性土不冲刷流速(m/s)，见表 7-4。

表 7-4 水深 1 m 时非黏性土不冲刷流速 v_{H1}

类别	$\bar{d}$(mm)	v_{H1}(m/s)
细砂	0.05～0.25	0.35～0.32
中砂	0.25～0.50	0.32～0.40
粗砂	0.50～2.00	0.40～0.60
小圆砾	2.00～5.00	0.60～0.90
中圆涵	5.00～10.00	0.90～1.20
大圆砾	10～20	1.20～1.50
小卵石	20～40	1.50～2.00
中卵石	40～60	2.00～2.30
大卵石	60～200	2.30～3.60
小漂石	200～400	3.60～4.70
中漂石	400～800	4.70～6.00
大漂石	大于 800	大于 6.00

《铁路工程设计技术手册·桥渡水文》附录十四及《铁路桥梁检定规范》(铁运函〔2004〕120 号)附录 T 中，各类型容许不冲流速 v_H 可供设计时参考，包括如下 7 项。

①桥梁浅基各种防护类型容许最大流速；

②黏性土的容许不冲刷平均流速；

③非黏性土的容许不冲刷平均流速；

④石质土的容许不冲刷平均流速；

⑤渠道容许不冲流速；

⑥桥梁浅基各种防护类型容许最大流速；

⑦各种铺砌类型的容许流速。

7.2.2 黏性土河床一般冲刷计算

[第 7.2.3 条引文]

黏性土河床河槽部分桥下一般冲刷可按下式计算

$$h_p=\left[\frac{A\dfrac{Q_c}{B_c}\left(\dfrac{h_{mc}}{\bar{h}_c}\right)^{5/3}}{0.33\left(\dfrac{1}{I_L}\right)}\right]^{5/8} \qquad (7.2.3)$$

式中 A——单宽流量集中系数，$A=1.0\sim1.2$；

I_L——冲刷范围内黏性土样的液性指数，$I_L=0.16\sim1.19$。

其余符号意义同前。

[第 7.2.4 条引文]

黏性土河床河滩部分桥下一般冲刷可按下式计算

$$h_p=\left[\frac{\dfrac{Q_t}{B_t}\left(\dfrac{h_{mt}}{\bar{h}_t}\right)^{5/3}}{0.33\left(\dfrac{1}{I_L}\right)}\right]^{6/7} \qquad (7.2.4)$$

式中符号意义同前。

[第 7.2.3、7.2.4 条解读]

该两条基本沿用《规范》(TBJ 17—86)第 5.6.3 条第 1、2 款。

我国各地区土质复杂，铁路桥涵设计中常遇到黏性土河床的桥基冲刷与埋置深度问题。

20 世纪 50 年代初期，我国对黏性土桥渡冲刷的研究甚少。后来的铁一院～铁四院、大桥工程局、铁科院共同组成黏性土桥基冲刷与埋深研究专题组，经过几年调查提出《黏土桥渡冲刷调查报告》。对桥下一般冲刷和桥墩周围的局部冲刷进行分析，得出可供试用的算式。

1. 黏性土的分类

按土的颗粒分类，黏粒占 3%～6%以上为黏砂土，占 10%～15%以上为砂黏土，超过 30%为黏土，超过 60%为重黏土。一般按塑性指数 I_P(表 7-5)、潮湿程度液性指数 I_L(表 7-6)划分。

表 7-5　黏性土按塑性指数的划分

名称	塑性指数 I_p
黏砂土	1～7
砂黏土	1～17
黏土	＞17

表 7-6　黏性土按潮湿程度的划分

分级		液性指数 I_L
半干硬状态(坚硬土)		＜0
可塑状态	硬塑状态	0～0.5
	软塑状态	0.5～1.0
流塑状态		＞1.0

注：$I_L<0$ 表示天然含水率小于塑限($W<W_p$)的情况在桥渡冲刷中不会出现。

$$I_p=W_L-W_p$$

$$I_L=\frac{W-W_p}{I_p}$$

式中　W_L——液限(%)；

W_p——塑限(%)；

W——天然含水率(%)。

2. 黏性土的一般冲刷

(1)黏性大且均匀的土

该类土难以冲刷，抗冲流速相对较大，在长时间大流速作用下，其破坏一般都是从土的节理和裂隙面的不连续处开始，破坏时呈小片状或小块状被水流带走。

(2)黏性较小且均匀的土

如均匀的黏砂土、砂黏土和淤泥，该类土抗冲性能差，冲刷发展速度快，能在较短时间内冲得很深，冲出的土粒较细小且均匀。

(3)不均匀的黏性土

如黏性土中挟有卵砾石砂或其他杂质等。这类土的冲刷过程最为复杂：随着流速增大，原本光滑平整的土体表面少量侵蚀且不均匀分布；流速继续增大，逐渐连片加深，某些薄弱处渐成明显凹槽，形成拉沟现象，减缓薄弱处的冲蚀;流速再次增大,形成全面的破坏性变形,河床下降;冲刷深度增大,流速相应减小至开始拉沟时,土块不再被大量冲蚀,冲刷接近停止。

3. 黏性土桥渡一般冲刷计算公式

建立黏性土桥下一般冲刷公式的概念与非黏性土相同,桥渡一般冲刷所用式(64—1)的基本原理就是冲刷停止时垂线上水流连续性方程式。

根据前面对第 7.2.1、7.2.2 条的解读,可得冲刷停止时的最大单宽流量。

$$q_{pm} = A\frac{Q_p}{L}\left(\frac{h_m}{\bar{h}}\right)^{5/3}$$

$$h_{pm} = \frac{q_{pm}}{v_s}$$

则

$$h_{pm} = \frac{A\dfrac{Q_p}{L}\left(\dfrac{h_m}{\bar{h}}\right)^{5/3}}{v_s}$$

式中符号意义同前。

黏性土河床都较稳定,如图 7-4 所示。用河北省漳河水文站黏性土河床的实测资料验证,单宽流量集中系数 A 不大,可采用 1.0～1.2。

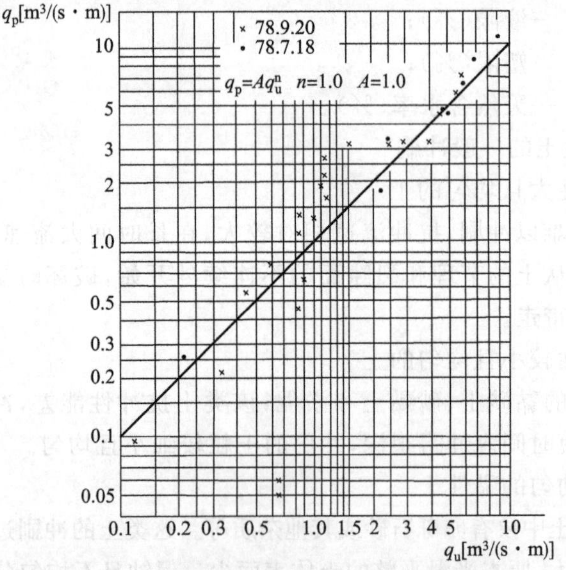

图 7-4 黏性土河床断面单宽流量变化规律

桥渡一般冲刷计算关键在于确定桥下冲止流速 v_s，在黏性土一般冲刷的分析工作中，主要是利用天然调查资料，建立黏性土桥渡冲止流速与土质及水力因素之间的关系。分析黏性土桥渡冲止流速的天然调查资料时，采用以下经验关系式。

$$v_s = h^y f(I)$$

根据常规土工试验，指标 I 可分两类。

(1)天然含水量 W，天然容重 γ，干容重 γ_d，比重 G，孔隙比 e，孔隙度 n，液限含水量 W_L，塑限含水量 W_p，塑性指数 I_p，液性指数(相对稠度)I_L。

(2)凝聚力 c，内摩擦角 ϕ，压缩系数 a 和允许承载力 σ。

因后一类指标的调查资料很少，分析中采用前一类指标。

$$\frac{v_s}{h_p^y} = f\left(\frac{1}{I_L}, \frac{1}{I_L e^{1/2}}, \frac{1}{I_L^n}, \frac{1}{I_L e}, \frac{I_p}{I_L}, \frac{\gamma_d}{I_L}\right)$$

分析时采用土性质指标的单因素与组合因素，水深指数 y 分别采用 1/6、1/3、1/2、5/9、3/5、2/3、1。

可看出含 I_L 因素的图形较为规律，可得一系列黏性土一般冲刷的冲止流速算式，利用 v_s 算出 h_p，如图 7-5 所示。

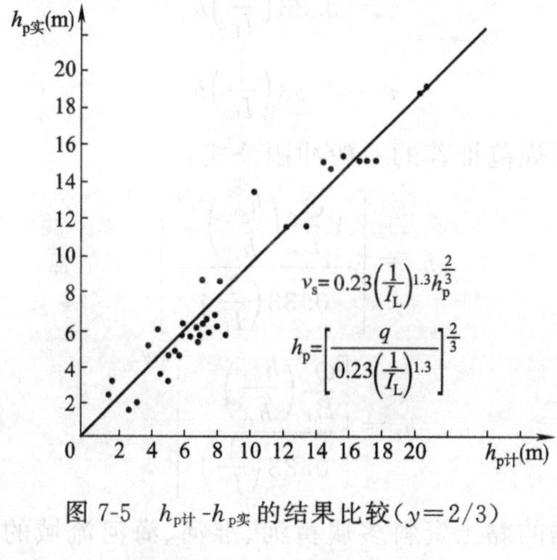

图 7-5 $h_{p计}$-$h_{p实}$ 的结果比较($y=2/3$)

通过检算得出，水深指数 $y=\frac{1}{2}\sim\frac{2}{3}$ 时，几个关系式都可以，误差不超过 1.5～2.0 m。

铁道部 1982 年修订的《黏土桥渡冲刷天然资料分析报告》推荐以下冲止流速及其相应的一般冲刷公式。

冲止流速 $$v_s = 0.23\left(\frac{1}{I_L}\right)^{1.3} h_p^{2/3}$$

一般冲刷 $$h_p = \left[\frac{\frac{Q_p}{\mu L}\left(\frac{h_m}{\bar{h}}\right)^{5/3}}{0.23\left(\frac{1}{I_L}\right)^{1.3}}\right]^{3/5}$$

或：

冲止流速 $$v_s = 0.22\left(\frac{1}{I_L e^{1/2}}\right)^{1.15} h_p^{2/3}$$

一般冲刷 $$h_p = \left[\frac{\frac{Q_p}{\mu L}\left(\frac{h_m}{\bar{h}}\right)^{5/3}}{0.22\left(\frac{1}{I_L e^{1/2}}\right)^{1.15}}\right]^{3/5}$$

《规范》(TBJ 17—86)采用下列黏性土河床的桥下一般冲刷冲止流速算式：

河槽 $$v_s = 0.33\left(\frac{1}{I_L}\right) h_p^{3/5}$$

河滩 $$v_s = 0.33\left(\frac{1}{I_L}\right) h_p^{1/6}$$

整理得出本规范推荐的一般冲刷公式：

河槽 $$h_p = \left[\frac{A\frac{Q_c}{B_c}\left(\frac{h_{mc}}{\bar{h}_c}\right)^{5/3}}{0.33\left(\frac{1}{I_L}\right)}\right]^{5/8}$$

河滩 $$h_p = \left[\frac{\frac{Q_t}{B_t}\left(\frac{h_{mt}}{\bar{h}_t}\right)^{5/3}}{0.33\left(\frac{1}{I_L}\right)}\right]^{6/7}$$

调查所依据的黏土资料多属黄河、淮河、海河流域的黄土质黏性土，以及少量的长江中游淤泥质黏性土。资料中的液性指数 I_L 为 0.16～1.19,式中符号的意义见本规范第 7.2.2 条。

当钻孔资料采用冲刷部位处土的液性指数 I_L 为负值时，则可选用附近或上层同类土中干容量和塑性指数相接近土层的 I_L 值。

7.2.3 稳定河段河床一般冲刷计算

[第 7.2.5 条引文]

稳定河段桥下河床的一般冲刷可按下式计算：

$$H_P = Ph_m \tag{7.2.5}$$

式中 h_m——桥下最大水深(m)。

其余符号意义同前。

[第 7.2.5 条解读]

桥下水流断面面积增大到使桥下流速等于河槽天然流速时，桥下冲刷后流速逐渐减小；达到天然河槽平均流速时，桥下冲刷即停止。同一垂线处，冲刷后水深与冲刷前呈正比。由此建立桥下一般冲刷经验公式，称为包尔达柯夫公式。

1. 河槽土质均匀时，$h_p = Ph_{max}$

式中 P——冲刷系数，$P=\frac{\omega_{qs}}{\omega_{qo}}$

其中 ω_{qs}——设计水位下一般冲刷完成后的净过水面积，

ω_{qo}——设计水位下天然床面以上的桥孔净过水面积，因冲刷前后桥孔长度不变，$P=\frac{h_p}{h}$

h_p——任一垂线冲刷后的水深，

h——该垂线冲刷前的天然水深。

桥孔方案确定后，实有的冲刷前桥下净过水面积为 $\mu\omega_j$，ω_j 为设计水位下两桥台之间，天然床面以上净过水面积，相应冲刷系数由 $P=\frac{Q_p}{\mu\omega_j v_c}$ 确定。

2. 冲刷遇到河床下埋岩石或不易冲刷的土壤时，易冲刷土壤部分的冲刷深度增大，$h_p'=\frac{P\omega_q-\omega_2}{\omega_1}h$

式中 h_p'——河床中易冲刷部分冲刷后的水深；

P——冲刷系数，$P=\frac{Q_p}{\mu\omega_j v_c}$；

ω_q——冲刷前桥下毛过水面积；

ω_1——冲刷前易冲刷部分的毛过水面积；

ω_2——冲刷后不可冲刷部分的毛过水面积，即冲刷前过水面积与河床表层可冲部分的冲刷面积之和。

包尔达可夫公式为20世纪30年代建立的经验公式。是在有底沙河段上，假定当桥下流速恢复到建桥以前的天然流速时冲刷即停止而建立的，未考虑水流集中冲刷因素及河槽土质情况。实际在一些发生集中冲刷的河流，冲深通常不与水深呈正比，冲刷集中在某一部分特别深，其他部分甚至有淤高现象，因此该式只适用于平原及山区稳定河段。1964年我国桥渡冲刷计算学术会议认为，该式适用于我国稳定性河流且计算简便，至今仍在我国公路和铁路桥梁冲刷计算中使用，故纳入本规范。

7.3 局部冲刷计算

7.3.1 墩前行近流速

［第7.3.1条引文］

一般冲刷后墩前行近流速可按下列公式计算：

1. 采用本规范式(7.2.1—1)计算一般冲刷时：

$$v=E\bar{d}^{1/6}h_p^{2/3} \tag{7.3.1—1}$$

2. 采用本规范式(7.2.2—1)计算一般冲刷时：

$$v=v_{H1}h_p^{1/5} \tag{7.3.1—2}$$

3. 采用本规范式(7.2.3)计算一般冲刷时：

$$v=\frac{0.33}{I_L}h_p^{3/5} \tag{7.3.1—3}$$

4. 采用本规范式(7.2.4)计算一般冲刷时：

$$v=\frac{0.33}{I_L}h_p^{1/6} \tag{7.3.1—4}$$

［第7.3.1条解读］

1. 墩前行近流速

桥梁墩台附近床面总的冲刷深度，是河床演变、一般冲刷和局部冲刷的总和。洪水冲刷过程中，上述三种冲刷是交织在一起同时进行的。但是，为了便于分析和计算，将三种冲刷深度分别确定，然后再叠加起来。

行近流速指桥墩上游不远处，未受绕流影响的墩前天然流速。《规范》(TBJ 17—86)第5.6.6条和《规范》(TB 10017—99)第3.6.6条均要求，桥墩局部冲刷计算时，墩前流速采用一般冲刷后墩前行近流速。

通常计算假定桥墩局部冲刷在一般冲刷完成后开始局部冲刷，取桥下河槽一般冲刷后最大水深 h_p 作为行近水流的水深，认为行近流速与一般冲刷终止后的墩前流速相同，一般冲刷后的最大水深 h_p 即为对应的墩前行近水深。

如使用粗颗粒观测资料尚未补充前的桥墩局部冲刷计算式(65—1)，采用 $v_s = E\bar{d}^{1/6}h_p^{2/3}$ 作为一般冲刷后墩前行近流速，粗颗粒观测资料补充后的桥墩局部冲刷计算中，改用下列两式。

$$v = \frac{E\bar{d}^{1/6}h_p^{2/3}}{A}$$

或

$$v = \frac{\dfrac{Q}{B}\left(\dfrac{h_m}{\bar{h}}\right)^{5/3}}{h_p}$$

此前在桥墩局部冲刷公式使用中，对一般冲刷后墩前行近流速没有统一要求。

本规范第7.3.1条借鉴了《规范》(JTG C30—2015)第8.3.3条，明确了一般冲刷后墩前行近流速计算公式。一般冲刷后墩前行近流速与一般冲刷中冲止流速计算公式相同，即为相应的垂线平均流速。

2. 一般冲刷冲止流速

冲止流速指冲刷停止时垂线上的平均流速。分两种情况：一种为清水冲刷，即没有来自上游的泥沙补给，压缩断面河床冲刷停止时相应的该段面流速，冲止流速应小于河流泥沙动力学意义的泥沙临界起动流速；一种为动床冲刷，即有来自上游的泥沙补给，补给量等于压缩冲起的泥沙量时，断面河床不再降低，认为冲刷停止时压缩断面与床面的输沙达到平衡状态，此时冲止流速应大于泥沙的起动流速。冲止流速 v_s 的确定有以下途径。

(1)采用桥下实测冲刷停止时的断面平均流速。需计算的桥梁最大壅水值在设计和检定条件下(即100年或300年洪水条件下)不太可能在天然条件下取得，只能在水工模型试验中获取。

(2)国内外学者认为，建桥后桥下冲刷停止时的流速应等于建桥前桥址断面的主槽平均流速 v_{cp}。

(3)有学者认为，桥下冲刷发展至流速近于河床泥沙起动流速 v_0 时，冲刷即停止，此时 $v_s=v_0$。

(4)我国桥渡规范所列有关一般冲刷冲止流速概念建立在河床动力平衡基础上(即上游来沙量与桥下冲走的沙量相等)，并依据大量天然实测资料建立下列算式。

非黏性土河床河槽部分的桥下一般冲刷时冲止流速

$$v_s=E\bar{d}^{\frac{1}{6}}h_p^{\frac{2}{3}}$$

非黏性土河床河滩部分的桥下一般冲刷时冲止流速

$$v_s=v_{H1}h_p^{\frac{1}{5}}$$

黏性土河床河槽部分桥下一般冲刷时冲止流速

$$v_s=0.33\left(\frac{1}{I_L}\right)h_p^{\frac{3}{5}}$$

黏性土河床河滩部分桥下一般冲刷时冲止流速

$$v_s=0.33\left(\frac{1}{I_L}\right)h_p^{\frac{1}{6}}$$

纵观上述冲止流速的取值方法，以实测资料为最佳，被规范采纳。若取 $v_s=v_0$，则缺乏冲刷动力平衡机理，桥下冲刷较小时可采用该法。非黏性土河床冲止流速取 $v_s=E\bar{d}^{1/6}h_p^{2/3}$，符合冲刷动力平衡机理，该算式的制定建立在大量桥梁天然实测资料基础上。

7.3.2　非黏性土河床的桥墩局部冲刷计算

[第 7.3.2 条引文]

非黏性土河床的桥墩局部冲刷可按下列公式计算：

$v\leqslant v_0$ 时：

$$h_b=K_\xi K_\eta B_1^{0.6}(v-v_0') \tag{7.3.2—1}$$

$v\geqslant v_0$ 时：

$$h_b=K_\xi K_\eta B_1^{0.6}(v-v_0')\left(\frac{v-v_0'}{v_0-v_0'}\right)^n \tag{7.3.2—2}$$

$$v_0 = 0.0246\left(\frac{h_p}{\bar{d}}\right)^{0.14}\sqrt{332\bar{d}+\frac{10+h_p}{\bar{d}^{0.72}}} \qquad (7.3.2—3)$$

$$K_\eta = 0.8\left(\frac{1}{\bar{d}^{0.45}}+\frac{1}{\bar{d}^{0.15}}\right) \qquad (7.3.2—4)$$

$$v_0' = 0.462\left(\frac{\bar{d}}{B_1}\right)^{0.06} v_0 \qquad (7.3.2—5)$$

$$n = \left(\frac{v_0}{v}\right)^{0.25\bar{d}^{0.19}} \qquad (7.3.2—6)$$

式中 v——一般冲刷后墩前行近流速(m/s),指相应于一般冲刷公式计算的垂线平均流速,可按本规范 7.3.1 条计算;

v_0——河床泥沙起动流速(m/s);

v_0'——墩前始冲流速(m/s);

h_b——桥墩局部冲刷坑深度(m);

K_ξ——墩形系数,可按附录 G 取值;

K_η——河床颗粒的影响系数;

B_1——桥墩计算宽度(m),可按附录 G 取值;

$\bar{d}$——河床土平均粒径(mm)。

[第 7.3.2 条解读]

1. 非黏性土河床的桥墩局部冲刷计算公式

(1)桥墩局部冲刷式[简称"式(65—1)"]

长期以来,桥墩附近水流的流态极其复杂,我国对有关桥墩作了大量研究。采用的桥墩局部冲刷公式多为经验公式和半经验半理论公式,其后者在桥墩局部冲刷计算公式占比很大。

半经验半理论公式以一定的理论为基础,通过某些假定,推导出桥墩局部冲刷公式,结合试验资料确定一些参数。我国铁路和公路部门在泥沙起动理论的基础上,根据桥墩局部冲刷试验的相关实测资料,制定式(65—1)。

确定桥墩局部冲刷深度 h_b 的因素主要有桥墩(墩宽 b_1、桥墩形状)、水流条件(墩前行近流速 v、一般冲刷后水深 h_p)、河床粒径组成、底沙等。其中行近流速 v 是冲刷形成的重要动力因素,式(65—1)的数学模型建立在 h_b-v 关系基础上。

一般冲刷和局部冲刷都有清水冲刷和动床冲刷两种情况。清水冲刷是指被冲刷处的流速因水流压缩或墩台绕流，超过床面泥沙的起动流速，床面泥沙被冲向下游出现冲刷，而冲刷处上游床面泥沙尚未起动，不能得到上游来沙补给。动床冲刷是指被冲刷处上游床面泥沙已经起动，使冲刷处有泥沙补给。动床冲刷决定于冲刷处输沙量与上游来沙量是否平衡。

通常情况下河槽水流急，一般流速大于起动流速，河槽内的一般冲刷和局部冲刷都认为是动床冲刷。河滩平时无水，汛期大多水浅且流速小，达不到起动流速，认为无底沙，河滩冲刷大多视为清水冲刷。

对于桥墩基础局部冲刷深度 h_b 与行近流速 v 的关系，实测及模型试验资料均呈现类似规律。宁河桥 6 号墩的冲刷深度-行近流速关系曲线如图 7-6 所示，可看出下端（清水冲刷）较陡，上端（动床冲刷）较缓下凹。v_0 为分界，$v<v_0$ 为清水冲刷，位于曲线趋势较陡的下端，$v>v_0$ 为动水冲刷，位于曲线趋势较缓的上端，清水冲刷和动床冲刷的分界点即 $v=v_0$ 处无明显变化。

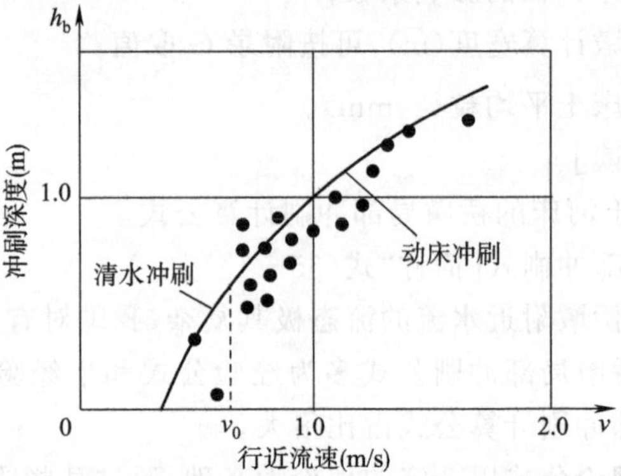

图 7-6　冲刷深度-行近流速关系曲线（宁河桥 6 号墩）

1964 年，桥渡冲刷学术会议制定了桥墩基础局部冲刷计算式。为真实接近冲刷情况并简化分析计算，假定随着行近流速 v 的变化，清水冲刷（$v_0'<v\leqslant v_0$）深度 h_b 呈直线增大，动床冲刷（$v<v_0$）深度 h_b 随行近流速呈下凹曲线增大，$v\sim v_0$ 处状态连续，如图 7-7 所示。

v_0' 是墩周河床冲刷的起始流速，是桥址河段床面泥沙尚未起动，墩周泥沙开始冲动刚产生冲刷时的流速，又称起冲流速。v_0 是床面泥沙由静止状态转入运动的临界流速，是判断床面有无泥沙运动的指标。

对桥墩局部冲刷计算有实际意义的是 $v_0' \leqslant v \leqslant v_0$ 及 $v \geqslant v_0$ 两个阶段。由于 v_0' 值甚小，一般计算用的墩前行近流速 v 多超过 v_0'，$v_0' \leqslant v \leqslant v_0$ 时墩周不产生冲刷，故 $v_0' \leqslant v \leqslant v_0$ 简写为 $v \leqslant v_0$，两阶段的表达式即式(65—1)。

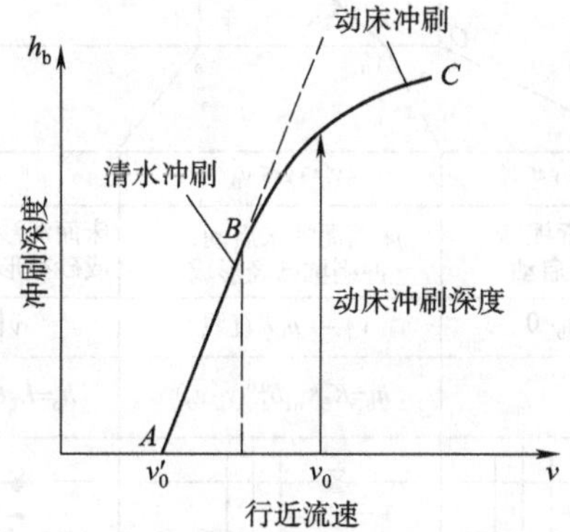

图 7-7　冲刷深度—行近流速关系曲线

$v \leqslant v_0$ 时　　　$$h_b = K_\xi K_{\eta 1} b_1^{0.6}(v - v_0')$$

$v \geqslant v_0$ 时　　　$$h_b = K_\xi K_{\eta 1} b_1^{0.6}(v - v_0')\left(\frac{v}{v_0}\right)^{n_1}$$

K_ξ、$b_1^{0.6}$ 分别表示桥墩形状、宽度对局部冲刷深度 h_b 的影响。$\frac{v}{v_0}$ 表示床面泥沙运动的强烈程度。$K_{\eta 1}$ 是反映冲刷坑抗冲能力的参数，对桥墩而言，$K_{\eta 1}$ 由 $v \leqslant v_0$ 时 h_b-v 关系线的斜率 $\tan\alpha = K_\xi K_{\eta 1} b_1^{0.6}$ 来确定。n_1 反映当 $v \geqslant v_0$ 时，起动后的床面泥沙补给到冲刷坑，对冲刷深度 h_b 起折减作用，使 $v \geqslant v_0$ 时的 h_b-v 关系由斜率 $K_\xi K_{\eta 1} b_1^{0.6}$ 的直线折减为曲线(图 7-8)，n_1 为 $\lg h_b$-$\lg v$ 关系相应割线的斜率 $\tan\alpha_1$(图 7-9)。

对于抵御墩周冲刷能力，$v \leqslant v_0$ 阶段取决于冲刷坑的抗冲能力，$v \geqslant v_0$ 阶段还取决于起动后的床面泥沙对冲刷坑的补给作用。

式(65—1)中 v_0、v_0'、$K_{\eta 1}$、n_1 的计算式分别为

$$v_0 = h_p^{0.14}\left(0.2d^{0.72} + 0.000\,605\,\frac{10 + h_p}{d}\right)^{1/2}$$

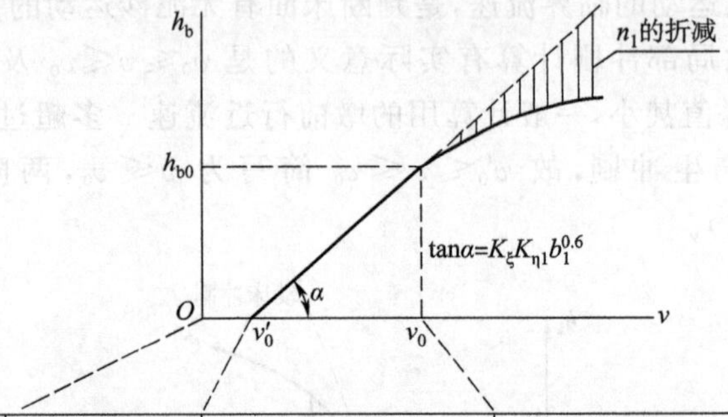

v的范围	$0\leqslant v\leqslant v_0'$	$v_0'\leqslant v\leqslant v_0$	$v\geqslant v_0$
床面泥沙运动状况	床面泥沙未启动	床面泥沙未启动，冲刷坑已经形成	床面泥沙已经启动，从砂纹或砂垄形式补给到冲刷坑内
h_b-v关系	$h_b=0$	$v\uparrow\rightarrow h_b\uparrow$直线	$v\uparrow\rightarrow h_b\uparrow$曲线
式(65—1)		$h_b=K_\xi K_{\eta1}b_1^{0.6}(v-v_0')$	$h_b=K_\xi K_{\eta1}b_1^{0.6}(v-v_0')(\frac{v}{v_0})^{n_1}$
冲刷示意图			

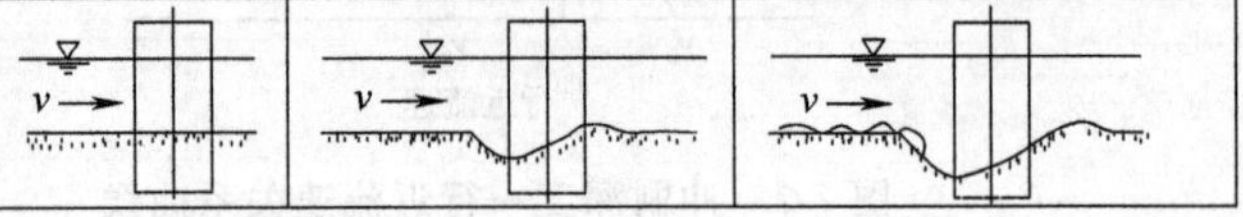

图 7-8　h_b-v 关系曲线

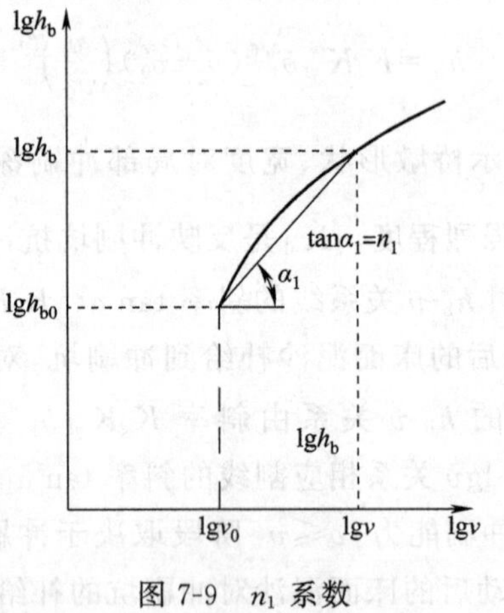

图 7-9　n_1 系数

$$v_0'=0.376\left(\frac{d}{h_p}\right)^{0.1}\frac{v_0}{\sqrt{K_\xi}}$$

$$K_{\eta 1}=\left(\frac{2.16}{d^{0.4}}+\frac{0.11}{1.9}\right)^{1/2}$$

$$n_1=\frac{1}{\left(\frac{v}{v_0}\right)^{0.2d^{0.15}}}$$

以上各式中粒径 d 以 mm 计。

式(65—1)以我国自行的大量室内试验资料和洪水期实桥观测资料为依据而建立,具有一定的理论基础,搜集的资料范围也较广,在解决我国很多河流桥墩冲刷问题时具有一定可靠性,经观测验证,该式的精度较高。由于制定公式时限于天然观测资料中最大粒径没超过 150 mm,故不适用于大颗粒河床。

(2)式(65—1)修正式

该式在对式(65—1)进行改进后提出。由于式(65—1)在卵石、大漂石河床的局部冲刷计算时,结果比实测资料和模型试验资料得到的数据偏大,因此铁四院、铁科院等单位提出了改进算法。

式(65—1)包括的河床粒径 $d_{cp}=0.1\sim78$ mm 属细颗粒范围,在散体颗粒河床上的桥墩局部冲刷,并不存在可用某一粒径值区分出截然不同的特性,颗粒由小到大对冲刷的影响应是连续的渐变关系。如何在式(65—1)基础上扩大应用到粗颗粒范围,铁科院根据试验资料进行定性分析,并借鉴铁二院、昆明局测得的天然资料,给出定量结果。

粗颗粒河床上墩周产生局部冲刷过程与细颗粒相比没有本质不同,只因颗粒不同,各种水流条件冲刷深度有些数量差别。归结为颗粒粗化(原冲刷坑的粒径粗化、推移质在坑内的粗化)影响。天然河流的河床颗粒越大,粒配越不均匀,最大和最小粒径相差越大。龙川河的中值粒径 300~400 mm 河段,$d\leqslant1.0$ mm 有 5%~10%,$0.1\ \text{mm}<d<0.2$ mm 有 2%。由于颗粒不均匀影响,不均匀程度大的始冲流速 v'_0 和冲刷率 $\left(\frac{\Delta h_b}{\Delta v}\right)$ 比颗粒比较均匀的要小。粗颗粒的河床上粒配幅度很大,一部分泥沙颗粒在运动,推移质的粒径大小对冲刷深度和坑内粗化无太大影响。流速达到河床最大粒径对应的起动流速时,河床的全部颗粒都具有运动条件。不但进入冲刷坑内的推移质随着流速增大影响冲刷深度,形成河床推移质的粒径也随着流速增大,输入坑内的粒径增大,墩周冲刷水流对

冲刷坑的推移质的粗化也影响冲刷深度。

式(65—1)涉及因素较多,考虑的问题较全面,在长期使用中的计算数据一般情况下比较稳妥,故此建立粗颗粒局部冲刷公式仍可借鉴。

为消除式(65—1)的缺点,引入所依据的较为合理的冲刷深度随流速变化的试验关系。其他因素固定不变时,由试验可得冲刷深度随流速变化的关系,如图 7-10 所示。天然观测的梅江宁河桥资料如图 7-11 所示。

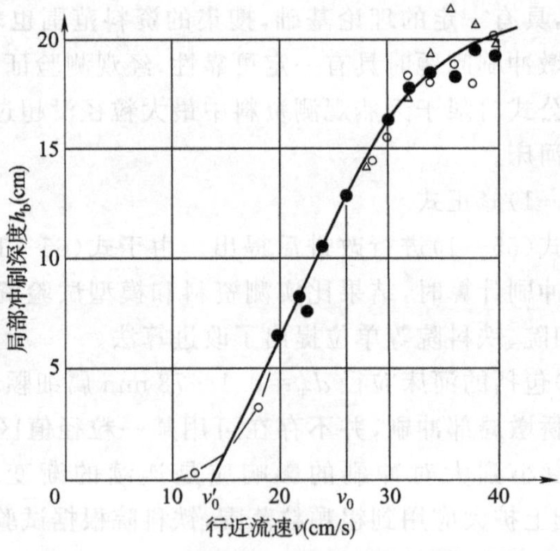

图 7-10　冲刷深度-行近流速关系曲线

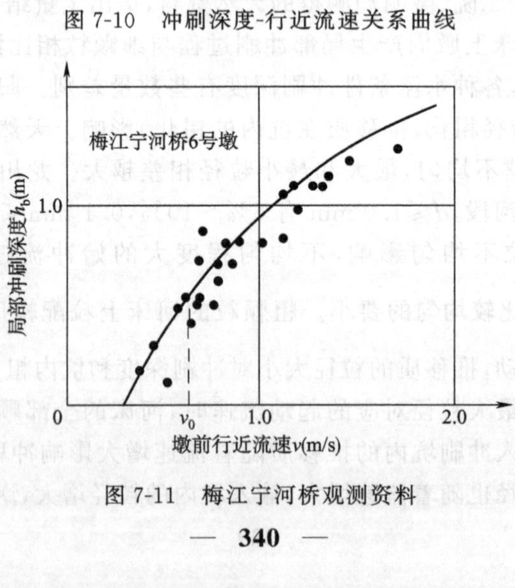

图 7-11　梅江宁河桥观测资料

可以看出对某种粒径来说，行近流速 $v<v_0'$ 时，墩周水流的冲刷能力小于颗粒的抗冲能力，行近流速大于 v_0' 才发生冲刷。行近流速达到 v_0 的数值是墩周产生的冲刷能力、达到颗粒抗冲能力的临界条件，该行近流速称为始冲流速，不同的粒径对应不同的始冲流速 v_0'。

式(65—1)中 $\left(\dfrac{v}{v_0}\right)^n$ 应改进。该式按前述 h_b-v 概念建立，但偏重于细颗粒资料，采用 $\left(\dfrac{v}{v_0}\right)^n$ 带来局限。为便于了解改进方法，将冲刷深度与流速这一变量关系式的建立过程简介如下。

$$h_b=K(v_0-v_0')\left(\frac{v}{v_0}\right)^n$$

将图 7-10 中由 v_0' 至 v_0 的关系粗略视为直线关系，即可得到 $v\leqslant v_0$ 的函数式

$h_b=K(v_0-v_0')$；$K=f(K_\xi,d,B)$

$v=v_0$ 时，$h_{b0}=K(v_0-v_0')$

将 $v(v\geqslant v_0)$ 与对应的冲刷深度 h_b 的资料点绘于对数坐标上，即得关系线(1)，横坐标 lg v，如图 7-12 所示。

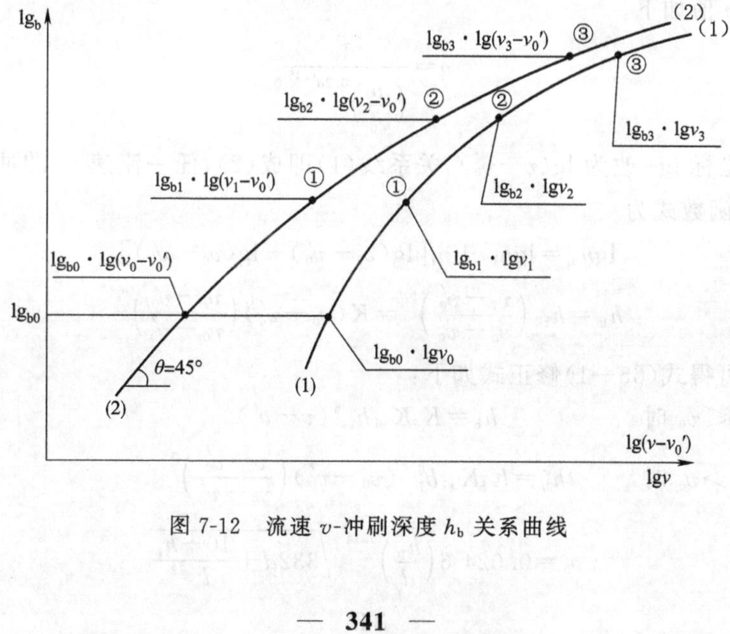

图 7-12 流速 v-冲刷深度 h_b 关系曲线

得到各流速相应的冲刷深度关系式

$$\lg h_{b1}=\lg h_{b0}+n_1(\lg v_1-\lg v_0)$$
$$\lg h_{b2}=\lg h_{b0}+n_2(\lg v_2-\lg v_0)$$
$$\lg h_{b3}=\lg h_{b0}+n_3(\lg v_3-\lg v_0)$$

即得

$$h_b=h_{b0}\left(\frac{v}{v_0}\right)^n=K(v_0-v_0')\left(\frac{v}{v_0}\right)^n$$

流速愈大则河床上推移质越多，进入冲刷坑的泥沙也越多，冲刷率越小。

则 $n_1=\dfrac{\lg h_{b1}-\lg h_{b0}}{\lg v_1-\lg v_0}>n_2=\dfrac{\lg h_{b2}-\lg h_{b0}}{\lg v_2-\lg v_0}>n_3=\dfrac{\lg h_{b3}-\lg h_{b0}}{\lg v_3-\lg v_0}$

对于任意河床粒径，$\dfrac{v}{v_0}$在一定程度上表示河床上推移质的多少，将$\dfrac{v}{v_0}$冲刷率视为随推移质增多而减小的变量。

则 $$n=f\left(\frac{v}{v_0}\right)$$

$v\leqslant v_0$ 时 h_b-v 关系为直线，v 趋近 v_0 时设 n 趋近 1，求得不同河床颗粒的 n 值如下。

$$n=\frac{1}{\left(\dfrac{v}{v_0}\right)^{0.2d^{0.15}}}$$

将横坐标 $\lg v$ 改为 $\lg(v-v_0')$，关系线(1)即成(2)，任一流速 v_i 的冲刷深度 h_{bi} 函数式为

$$\lg h_{bi}=\lg h_{b0}+n_i[\lg(v_i-v_0')-\lg(v_0-v_0')]$$
$$h_{bi}=h_{b0}\left(\frac{v_i-v_0'}{v_0-v_0'}\right)^{n_i}=K(v_0-v_0')\left(\frac{v_i-v_0'}{v_0-v_0'}\right)^{n_i}$$

可得式(65—1)修正式如下：

$v\leqslant v_0$ 时 $$h_b=K_\xi K_{\eta1}b_1^{0.6}(v-v_0')$$

$v>v_0$ 时 $$h_b=K_\xi K_{\eta1}b_1^{0.6}(v_0-v_0')\left(\frac{v-v_0'}{v_0-v_0'}\right)^n$$

$$v_0=0.024\,6\left(\frac{h_p}{d}\right)^{0.14}\sqrt{332d+\frac{10+h_p}{d^{0.72}}}$$

$$K_{\eta 1}=0.8\left(\frac{1}{d^{0.45}}+\frac{1}{d^{0.15}}\right)$$

$$v_0'=0.462\left(\frac{d}{B_1}\right)^{0.06}v_0$$

$$n=\left(\frac{v_0}{v}\right)^{0.25d^{0.19}}$$

由于引入大颗粒河床局部冲刷的试验和天然观测资料，作为式(65—1)的修正式纳入《规范》(TBJ 17—86)第5.6.6条。本规范无变化。

国内公式计算结果一般是最大冲刷的极限状况，其计算结果偏于安全。许多参数的确定由野外实测资料和试验室试验资料拟合确定。

2. 河床泥沙起动流速公式

泥沙由静止变为运动的临界水力条件常用起动流速 v_0 表达。当流速小于起动流速时，河底的泥沙保持静止不动；当流速不小于起动流速时，泥沙颗粒将随水流而运动。泥沙颗粒的起动是推动颗粒运动的水流作用力和阻碍颗粒运动的重力及分子黏结力之间失去平衡的结果。图7-13表示床面泥沙颗粒的受力状态。

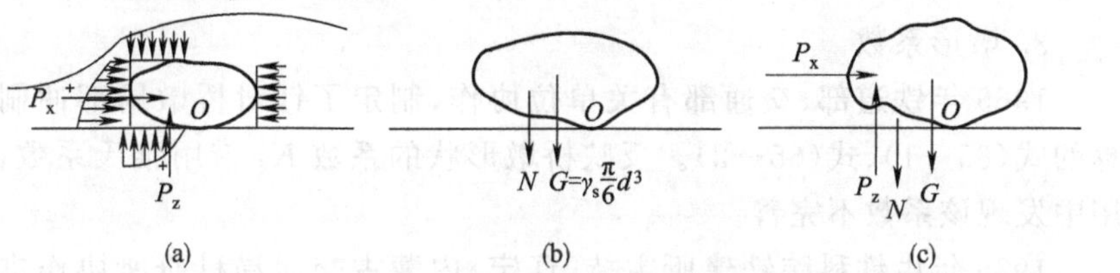

图7-13　泥沙颗粒的受力状态

图7-13(a)表示泥沙颗粒表面压力及其合成的水流推移力和上举力，图7-13(b)表示泥沙颗粒受到的重力和颗粒间分子黏着力，图7-13(c)表示泥沙颗粒起动时的受力状态。上述各力作用下开始运动，边界条件应为各力对支点的力矩之和为零，即推移力和上举力产生的力矩等于重力和黏着力产生的力矩，即可导出起动流速 v_0 的一般表达式。

$$v_0=\left(\frac{h}{d}\right)^n\left(C_1\frac{\gamma_s-\gamma}{\gamma}gd+C_2\frac{10+h}{d^s}g\right)^{1/2}$$

武汉水利电力学院以长江实测记录及轻质卵石试验资料为基础定出

系数 C_1、C_2、n、s，起动流速公式如下。

$$v_0=\left(\frac{H}{d}\right)^{0.14}\left(17.6\,\frac{\gamma_s-\gamma}{\gamma}d+0.000\,000\,605\,\frac{10+h}{d^{0.72}}\right)^{1/2}$$

式中，H 为水深，d 为粒径，泥沙容重 γ_s 可取 26.5 kN/m³，泥沙颗粒在水中的容重为 $\gamma_s-\gamma$，γ 为水的容重，$\gamma=10$ kN/m³，起动流速公式如下。

$$v_0=\left(\frac{h}{d}\right)^{0.14}\left(29d+0.000\,000\,605\,\frac{10+h}{d^{0.72}}\right)^{1/2}\ (d\text{ 以 m 计})$$

该式被式(65—1)采用。

$$v_0=0.024\,6\left(\frac{h_p}{d}\right)^{0.14}\sqrt{332d+\frac{10+h_p}{d^{0.72}}}\ (d\text{ 以 mm 计})$$

该式被式(65—1)修正式采用。

起动流速公式不仅适用于黏性细颗粒泥沙，也适用于无黏性粗颗粒泥沙，是一个通用公式。

本规范采用式(65—1)修正式，河床泥沙起动流速公式为

$$v_0=0.024\,6\left(\frac{h_p}{\bar{d}}\right)^{0.14}\sqrt{332\,\bar{d}+\frac{10+h_p}{\bar{d}^{0.72}}}$$

3. 墩形系数

1965 年铁道部、交通部有关单位协作，制定了针对桥墩局部冲刷计算的式(65—1)、式(65—2)。反映桥墩形状的系数 K_ξ 借用雅氏系数，使用中发现该系数不完善。

1975 年由铁科院铁建所主持，辽宁、内蒙古交通局科研所协作进行该项研究，试验在宽 1.5 m 的动床水槽进行了 500 余次试验，制定了我国自己的墩形系数表。《规范》(TBJ 17—86)第 5.6.6 条计算局部冲刷时采用该表。

(1)主要试验条件

①水流：水深 $h=0.3$ m，行近流速 $v=0.36$ m/s，稍大于试验用泥沙的起动流速。

②试验沙：用中值粒径 $d_{50}=0.8$ mm 的均匀沙。

通过对试验资料的整理分析，得出我国自己的桥墩局部冲刷墩形系数。即《规范》(TBJ 17—86)附录七。

(2)水流斜交墩形系数算法

桥墩局部冲刷深度算式为

$$h_b = K_\xi K_\eta B_1^x f(v)$$

式中 K_ξ——墩形系数，不但包括正交水流不同形状桥墩的阻水作用，还包括斜交水流中不同形状桥墩的阻水作用，对于正交水流，K_ξ 等于不同墩形的不同绕流作用产生的阻力，将圆柱形绕流作用产生的阻力定义为 $K_\xi=1.0$；

K_η——河床土对抗冲性能的影响，散粒土 $K_\eta = f\left(\frac{1}{d}\right)$，黏性土 $K_\eta = f(I_L)$；

B_1——桥墩阻水的迎水宽度；

$f(v)$——水流的冲刷能力。

斜交水流由墩形产生阻力，水流迎水宽度增大，增加对水流的阻力，绕流阻力按叠加原理，阻力系数为 $K'_\xi = K_{\xi b1} + K_{\xi v}$，$K'_\xi$、$K_{\xi b1}$、$K_{\xi v}$ 均为水流斜交角 θ 的函数。

对于不同墩形、不同斜交角度，宽度阻力系数 $K_{\xi b}$ 和绕流阻力系数 $K_{\xi v}$ 不相等，也不按同一规律或比率增大或减小。以方形墩为例，当水流斜交为 45°时，迎水宽度 $B_1=\sqrt{2}b$，绕流情况由平头变为尖端，阻力减小。如为尖端墩，水流斜交 45°时，迎水宽度增大，墩形系数增大。

斜交时墩宽增大，墩形系数 $K_\xi = K'_\xi - K_{\xi b1} = f(\theta)$，$K_{\xi b1}$-$K_{\xi V}$、$K'_\xi$-$\theta$ 都不呈直线变化。水流斜交时，除绕流阻力因 θ 变化而减小，宽度阻力 $K_{\xi b1}$ 增大，导致 K_ξ 减小。

(3)桩基桥墩局部冲刷墩形系数

桩基桥墩局部冲刷计算分两种情况，一种为承台底面高于一般冲刷线，另一种为承台底面低于一般冲刷线。前者可按桩群计算，墩形系数由单桩形状系数 K'_ξ、桩群系数 $K_{m\phi}$ 组成，比较清晰方便。后者分两项计算，一项为墩身及承台阻水作用，另一项为桩群阻水作用，由于承台厚度不同，底面与一般冲刷线的相对高差使得墩形系数、局部冲刷深度的计算变得较复杂，桩基桥墩局部冲刷深度算式如下。

①非黏性土

$$h_b = (K'_\xi K_{m\phi} K_{h\phi} \phi^{0.6} + 0.85 K_{\xi 1} K_{h2} B_1^{0.6}) K_\eta (v_0 - v'_0) \left(\frac{v - v'_0}{v_0 - v'_0}\right)^n$$

②黏性土

$$h_b=(K'_\xi K_{m\phi}K_{h\phi}\phi^{0.6}+0.85K_{\xi 1}K_{h2}B_1^{0.6})I_L^{1.25}v$$

$$v_0=0.0246\left(\frac{h_p}{d}\right)^{0.14}\sqrt{332d+\frac{10+h_p}{d^{0.72}}}$$

$$B'_1=(L_1-b_1)\sin\alpha+b_1$$

$$B'_2=L_2\sin\alpha+b_2\cos\alpha$$

$$B_1=\frac{B'_1h_1+B'_2h_2}{h}$$

$$v'_0=0.462\left(\frac{d}{B_1}\right)^{0.06}v_0$$

$$n=\left(\frac{v_0}{v}\right)^{0.25d^{0.19}}$$

$$K_\eta=0.8\left(\frac{1}{d^{0.45}}+\frac{1}{d^{0.15}}\right)$$

$$K_{h\phi}=1.0-\frac{0.001}{\left(\frac{h_\phi}{h}+0.1\right)^3}$$

$$K_{h2}=f(h_2,h_\phi,h)$$

$$K_{m\phi}=1.0+5\left[\frac{(m-1)\phi}{Bm}\right]^2$$

式中 h_b——局部冲刷深度；

v——行近流速；

v_0——河床上泥沙起动流速；

v'_0——墩周泥沙起冲流速；

B_1——桥墩计算宽度；

ϕ——桩径；

d——河床泥沙代表性粒径，取 d_{50}；

h_P——一般冲刷后水深；

α——水流斜交角度；

$K'_\xi, K_\xi, K_{m\phi}, K_{h\phi}, K_{h2}$——与墩形、承台尺寸、水深等有关的系数；

K_η——泥沙系数。

本规范附录 G 即《规范》(TBJ 17—86)附录七，桥墩局部冲刷墩形系数表无变化。

7.3.3 黏性土河床桥墩局部冲刷计算

[第 7.3.3 条引文]

黏性土河床桥墩局部冲刷可参照下式计算：

$\frac{h_p}{B_1} \geqslant 2.5$ 时：
$$h_b = 0.83K_\xi B_1^{0.6} I_L^{1.25} v \tag{7.3.3—1}$$

$\frac{h_p}{B_1} < 2.5$ 时：
$$h_b = 0.55K_\xi B_1^{0.6} h_p^{0.1} I_L^{1.0} v \tag{7.3.3—2}$$

式中 I_L——冲刷范围内黏性土样的液性指数，其值为 0.16～1.48。

其余符号意义同前。

[第 7.3.3 条解读]

黏性土的结构具有颗粒细，有黏性和不均匀性，以及化学不稳定性等特性。黏性土与非黏性土相比，其表面的物理化学作用比较突出，黏性土胶体带电，吸引异性离子和水分子，在颗粒表面形成双电层。黏性土之间的黏结力越大，抗冲能力越强。黏性土颗粒还有絮凝现象，弄清其机理更加困难，很难用简单的数学式表达。可通过实桥调查和模型试验资料，建立相应的关系式。

对于黏性土河床的桥墩基础局部冲刷而言，其冲刷深度可按下式计算。

$$h_b = K_\xi B_1^x h^y v^z f(I)$$

式中 I——黏性土抗冲能力的某个或几个物理力学参量，如干容重、孔隙比、塑性指数或液性指数等。

其余符号意义同前。

黏性土桥墩基础局部冲刷不同于非黏性土桥墩基础局部冲刷，受冲土质与上游补给泥沙不同，参照非黏性土桥墩基础局部冲刷成果，采用 $x=0.6$、$y=0$，简化得到下式。

$$\frac{h_b}{K_\xi B_1^{0.6}} = f(v, I)$$

黏性土局部冲刷公式一般通过实测资料分析得到，利用天然调查资料点绘上式，结果如黏性土一般冲刷，采用相关性较好的液性指数 I_L 取 $z=1.0$，简化得到下式。

$$\frac{h_b}{K_\xi B_1^{0.6} v} = f(I_L)$$

至于水深对冲刷深度的影响，铁四院 1981 年给出局部冲深 h_b/B_1 与一般冲深 h_p/B_1 的关系曲线（图 7-14）。

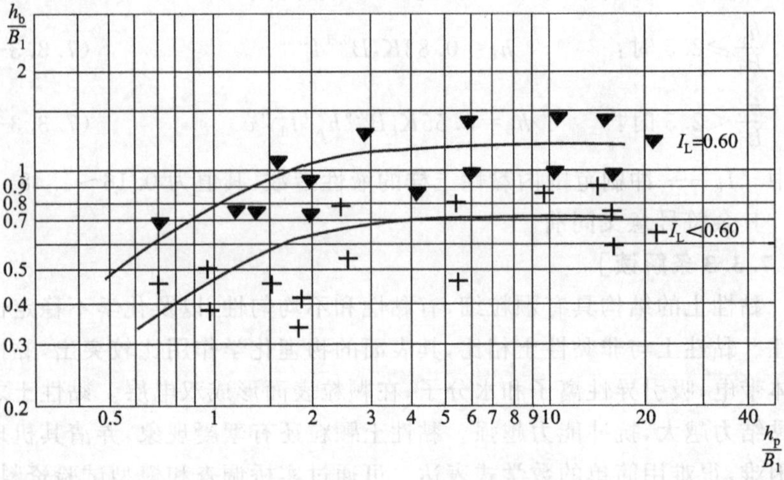

图 7-14　h_b/b-h_p/B_1 关系曲线

$h_p/B_1 \geqslant 2.5$ 时局部冲刷不受水深影响，$h_p/B_1 < 2.5$ 时局部冲刷受水深影响。

$\frac{h_p}{B_1} \geqslant 2.5$ 时，$h_b = 0.83 K_\xi B_1^{0.6} I_L^{1.25} v$。

$\frac{h_p}{B_1} < 2.5$ 时，$h_b = 0.55 K_\xi B_1^{0.6} h_p^{0.1} I_L^{1.0} v$。

式中　I_L——冲刷坑范围内黏性土液性指数，其值为 0.16～1.48；

h_b——桥墩基础局部冲刷深度；

h_p——一般冲刷后的最大水深；

B_1——桥墩计算宽度；

K_ξ——墩形系数，可按墩形系数表取值；

v——一般冲刷后墩前行近流速。

对上式采用黏土、黏砂土、砂黏土情况下的桥墩冲刷实测资料进行了验证，国内使用效果较好。本规范采纳该式，与《规范》（TBJ 17—86）

第 5.6.7 条一致。

7.4 基础埋置深度

7.4.1 相关规范要求

[第 7.4.1 条引文]

墩台基础埋置深度应符合现行《铁路桥涵地基和基础设计规范》TB 10093 的相关要求。

[第 7.4.1 条解读]

1. 墩台明挖、沉井基础的基底埋置深度应符合下列要求：

(1)冻胀、强冻胀和特强冻胀土，应在冻结线以下不小于 0.25 m，同时满足冻胀力计算的要求；弱冻胀土不应小于冻结深度；基底埋置深度不满足要求，无基础冻害出现时可暂缓处理。

(2)无冲刷处或设有铺砌时，不应小于地面以下 2.0 m。

(3)有冲刷处，在墩台附近最大冲刷线以下不应小于表 7-7 所列安全值。

表 7-7　基底埋置安全值(m)

冲刷总深度			0	5	10	15	20
安全值	一般桥梁		2.0	2.5	3.0	3.5	4.0
	技术复杂、修复困难或重要的特大桥	设计流量	3.0	3.5	4.0	4.5	5.0
		检算流量	1.5	1.8	2.0	2.3	2.5

注：冲刷总深度为自河床面算起的一般冲刷深度与局部冲刷深度之和，并考虑深泓线可能摆动的影响。

(4)对于不易冲刷磨损的岩石，墩台基础应嵌入基本岩层不小于 0.25～0.5 m(视岩层抗冲性能而定)。嵌入风化、破碎、易冲刷磨损岩层应按未嵌入岩层计。

(5)新建或改建位于河道非岩石地基上的桥跨不应采用明挖基础。

2. 涵洞基础设置在冻胀地基土上时应符合下列要求：

(1)涵洞出入口和自两端洞口向内各 2 m 范围内的涵身基底埋深，冻胀、强冻胀和特强冻胀土应在冻结线以下 0.25 m，弱冻胀土应不小于冻结深度。

(2)涵洞中间部分的基底埋深可根据地区经验确定。

(3)严寒地区,当涵洞中间部分的埋深与洞口埋深相差较大时,其连接处应设置过渡段。

(4)冻结较深的地区,可将基底至冻结线下 0.25 m 处的地基土换填为粗颗粒土。

3. 桩基础承台底面高程应根据受力情况以及地质、水流、施工等条件综合考虑后确定:

(1)冻胀土地区,当承台底设置在土中时,承台底面高程应位于冻结线以下不少于 0.25 m。当承台底设置在不冻胀土层中时,承台埋深可不受冻深的限制。

(2)有流冰的河流,承台底面高程应在最低冰层底面(冻结线)以下不少于 0.25 m。

(3)在通航和筏运河流中,承台底面高程应考虑防洪、通航、结构受力和施工条件综合确定。

4. 河床岩层有冲刷时,支于岩层上的管柱基础必须采用钻岩支承。管柱下端位置应考虑岩层最低冲刷高程。

7.4.2 非岩石河床基底埋置深度

[第 7.4.2 条引文]

根据计算冲刷深度确定墩台基底埋置深度时,应符合下列规定:

1. 在非岩石河床而无冲刷处或河床设有铺砌防冲处,基底埋在地面以下的深度不应小于 2.0 m。

2. 在有冲刷处,基底埋在墩台局部冲刷线下不应小于下列安全值:对于一般桥梁,安全值为 2.0 m 加冲刷总深度的 10%;对于技术复杂、修复困难或重要的特大桥、大桥,安全值为 3.0 m 加冲刷总深度的 10%,见表 7.4.2(即表 7-7)。

3. 在深泓线可能摆动的范围内墩台基底埋置深度均应按最大可能冲刷考虑。

[第 7.4.2 条解读]

桥渡设计是除选择桥位外,还有大量工作是桥梁的水力设计,又称为桥涵水文计算。其主要内容是通过对河流性质及其演变特点等水文资料的搜集与分析推算，确定桥长、桥高、基础埋深，以及导流防护等布置方案。

水文资料推算方法的可靠程度还不能保证精确合理确定桥长、桥高、基础埋深。对常规性概念，数学上可精确加减计算，结构分析计算可做到十分接近，但对于水文设计在很多方面很难做到十分准确，例如一般冲刷计算。因此，基础埋深必须考虑比桥高净空的安全值还要大的安全储备。桥墩台基底的埋置深度是桥梁建设中的关键问题。超过需要深度造成浪费，深度不足将会发生病害，修复加固也困难。因此，偏于安全的基底埋置深度是必要的。

1. 无冲刷处或河床设有铺砌防冲时基础埋深

无冲刷处或河床设有铺砌防冲时，土质地基中基础的最小埋深由于离地面较近的土随着气温和湿度的变化，体积产生较显著的膨胀和收缩，土的结构易受外界扰动。为防止基础承受横向力时地基土被挤出，要求基础具有一定埋置深度。为满足这些要求，一般情况下基础最小埋置深度为 2.0 m。

2. 有冲刷处基底埋深安全值

桥梁墩台必须在长期运营中经得起洪水冲刷的考验。墩台基础埋深必须全面考虑洪水冲刷的影响，基底应在最大冲刷线下留有一定富余量。

设置在可冲刷河床上的桥梁墩台基础在最大冲刷线以下的最小埋深数值，《59 年桥规》定为 2.5 m。对此听取了铁路、公路系统的 15 个设计、运营等单位对基础埋深的意见。大致如下：最小埋深值不应为一个定值而应根据河流类型、河床地质的抗冲能力、计算设计频率流量的可靠性、选用计算冲刷深度的方法、桥梁的重要性以及修复难易等因素来确定。依照上述意见，提出用净冲刷深值作为确定最小埋深的主要依据，用我国的式(64—1)、式(65—1)、式(65—2)作为计算净冲刷深度的方法，用 30 余座运营桥和 20 余座水毁桥的资料计算。根据结果并参照实践经验，制定出本规范表 1.0.9。

对于一般桥梁，安全值为 2 m 加冲刷总深度的 10%；对于特大桥或大桥，由于技术复杂、修复困难，安全值取 3 m 加冲刷总深度的 10%。

关于冲刷影响最小埋深值各因素的分析意见如下：

(1)河流类型及河床地质的抗冲能力

有些意见是针对《59 年桥规》的基础最小埋深值，主要是该规定抛开了应考虑的河流类型、土的抗冲能力大小、冲刷严重与否等因素。如河床稳定，冲刷不大(或河网化地区)，基础总的埋深只有 4～5 m；而河床冲刷特别严重(或特大桥)基础总的埋深可达 20 m 以上。但两者最小埋深值都是 2.5 m，显然不甚合理。故建议要按河流类型、河床地质抗冲能力等因素制定最小埋深值，这些因素都可用净冲刷深度作为综合指标集中概括反映。如土的抗冲能力强或河床稳定，净冲刷深度就小，冲刷深度可能的变化也小；土的抗冲能力弱或河床演变剧烈，净冲刷深度就大，冲刷深度可能的变化也大，故以河床的净冲刷深度作为本规范表 7.4.2 的主要依据。

按各种净冲刷深度，一般桥梁最小埋深值为 2～4 m。

(2)设计频率流量的可靠性

设计频率流量的可靠性与实测流量的年代、其连续性与代表性，以及调查所得历史洪水的可靠性等有关，一定程度上影响基础安全。如计算的设计频率流量相差 30%，则冲刷深度相差 20%，故由于设计频率偏小造成墩台冲毁的事实确有存在，应加强调研、提高设计频率流量计算的可靠性。在资料非常缺乏、计算流量确实无把握的个别情况下，可对本规范表 7.4.2 要求的最小埋置深度酌情加大。

(3)选用的计算方法

制定本规范表 7.4.2 时，选用式(64—1)、式(65—1)、式(65—2)对计算与实测资料进行比较。除极个别桥外，所有运营桥和水毁桥的资料经过验证都在本规范表 7.4.2 所列范围内。对国外的个别公式也作了比较，计算值与实测值偏差较大，有时计算的净冲刷深度 5 m，实际发生达 10 m。

(4)技术复杂、修复困难的特大桥及重要大桥

这类桥梁如因基础埋深不够，一旦遭受破坏则损失较大且修复困难。因此，在设计频率流量时基础的最小埋深应较一般桥梁增加 1 m。

采用洪水频率流量检算墩台基础埋深时，最小埋深值采用设计频率流量时的 1/2。即采用检算频率流量计算的最大冲刷线以下加设计频率流量时最小埋深值的 1/2 作为基础埋深，并与设计频率流量确定的基底

高程进行比较,取较低者为控制值。

3. 深泓线可能摆动范围内的墩台基底埋置深度

墩台位置不宜布设在主流深泓线处。平原地区河流有的支汊较多,有的泛滥较宽,本规范第 6.4.6 条规定三种河段上布设桥孔的要求,一是对微弯和蜿蜒河段上应预估河湾和深泓的摆动;二是分汊河段可考虑一河多桥,应预估各汊流的流量分配比例设孔;三是对游荡性河段应因地制宜加以导治,在深泓可能摆动范围内均应布设桥孔。

在游荡河段上布设桥梁时,应适当考虑在游荡范围内、在深泓线可能摆动范围内,墩台基底埋置深度均应按最大可能冲刷考虑。

墩台基底埋置深度设计是否合理,不仅涉及结构本身与水文地质的关系,还涉及其他很多问题,如桥址附近挖取工业用砂,使河底高程降低或上下游水库溃坝等,都将对基础造成威胁。

7.4.3 岩石河床基底埋置深度

[第 7.4.3 条引文]

岩石河床墩台基底最小埋置深度应考虑岩石的可能冲刷,根据岩石的坚硬度,胶结物类别,风化程度,以及节理、裂隙、层理发育等情况,按附录 H 分析确定。

[第 7.4.3 条解读]

基础置于岩石上的桥墩台确有冲刷,由于缺少系统的资料,不能用公式计算。1975 年,铁路和公路等单位共同组成调查组,对桥梁基础的岩石冲刷进行调研,共调查 64 座桥梁,其中岩石冲刷的 31 座,受冲刷的墩台 51 个。另有跨中岩石受冲刷的大中桥 3 座。通过对形成基岩冲刷主要因素的分析,对冲刷深度和范围有了认识,制成桥墩基础冲刷及埋置深度参考数据表。

1. 影响岩石河床墩台冲刷的主要因素

(1)岩石与冲刷的关系

岩石抗冲能力决定于其成分、强度、风化情况,以及软弱结构面与水流方向的交角等。

岩石以硅、钙为主要成分,强度高,均一性好,风化轻,抗冲力强。坚硬岩石被冲刷是由岩石节理、裂隙和层理等软弱结构面的发育形成的。

如果造岩矿物的硬度低、胶结不良、抗风化稳定性差，则抗冲能力就低。

除岩石强度外，岩石软弱结构面的走向与水流方向近于一致时，水流容易沿层面和软弱结构面冲刷，形成顺水方向的冲沟。岩石走向与水流方向近于垂直又倾向下游时，就容易被水流掀起冲走。

(2)水流的影响

水流冲刷能力(流速)对坚硬岩石的作用不明显，但对强度较弱或抗冲能力较差的岩质就明显表现出来。一般主流稳定河槽中主流直接冲刷的桥墩冲刷最严重。

(3)覆盖层的影响

岩石上覆盖层的厚度及其冲淤变化对下部岩石冲刷有直接影响。

①覆盖层较薄时易被全部冲走，岩石长期暴露于受冲刷状态。覆盖层推移质运动增加了岩石表面的撞击磨损。

②覆盖层较厚时不易被水流冲光，只在洪水期间局部冲刷坑较深时，墩周小范围内岩石才暴露出来，被冲时间短、范围小，覆盖层减轻了岩石冲刷。

(4)冲刷时间与冲刷深度的关系

某桥基础河床岩石强度很差，从该桥建成7年内的4次观测资料看，除其中一墩外，各墩历次所测冲刷深度逐年增加，无明显减缓趋势。虽可预测冲刷终会减缓并稳定下来，但非短期或几个洪水过程能形成，这与泥沙冲积河床达到平衡冲刷的时间有很大区别。

2. 岩质桥基冲刷及基底埋深参考数据

岩石按软硬程度可分为4类，描述了各类岩石特征，按桥梁长短和水深大小，给出各类岩石上桥墩基础冲刷及埋置深度参考数据。在多年使用后，原调查组人员又于1984年对该数据进行了局部修正，即《铁路工程设计技术手册·桥渡水文》表6-39岩质桥基冲刷及基底埋深参考数据，本规范纳入附录H，即本书表7-8。

该表建议埋置深度按施工枯水季平均水位至岩面的距离分为3级，其意义主要是水深大的墩台基础维修较困难，宜给予较多安全考虑。确定冲刷深度时，水深是一个主要水力因素。该表参照调查的实际冲刷深度拟定，一般偏向于选用可能的较大值。

表 7-8 岩石地基桥墩冲刷及基底埋深参考数据(本规范附录 H)

岩石类别		极限抗压强度 (MPa)		调查到有冲刷的桥渡岩石特征 岩石名称	调查到有冲刷的桥渡岩石特征 特征	调查资料 桥梁座数	调查资料 各桥的最大冲刷深度 (m)	埋入岩面深度(按施工枯水季平均水位至岩面的距离分级)(m) $h<2$	$h=2\sim10$	$h>10$
Ⅰ	极软岩		<5	胶结不良的长石砂岩、炭质页岩等	成分以长石为主,石英凝灰碎屑、云母次之;以黏土及铁质胶结,胶结不良,用手可捏散,淋滤现象明显,但岩质均匀,节理、裂隙不发育,其他岩石如风化严重,节理、裂隙发育,强度小于 5 MPa,用镐、锹易挖动者	2	0.65～3.0	3～4	4～5	5～7
Ⅱ	软质岩	$Ⅱ_1$ (软岩)	5～15	黏土岩、泥质页岩等	成分以黏土为主,方解石、绿泥石、云母次之;胶结成分以泥质为主,钙质铁质次之;干裂现象严重,易风化,处于水下岩石整体性好,不透水,暴露后易干裂成碎块,碎块较坚硬,但遇水后崩解成土状	10	0.4～2.0	2～3	3～4	4～5
		$Ⅱ_2$ (较软岩)	15～30	砂质页岩、砂页岩互层、砂岩砾岩等	砂页岩成分同上,挟砂颗粒,砂岩以石英为主,长石、云母次之,圆砾石砂砾黏土等组成,胶结物以泥质、钙质为主,砂质次之,层理、节理较明显,砂页岩在水陆交替处易干裂、崩解	9	0.4～1.25	1	2～3	3～4

续上表

岩石类别		表岩石特征			调查资料		埋入岩面深度(按施工枯水季平均水位至岩面的距离分级)(m)		
		极限抗压强度(MPa)	调查到有冲刷的桥渡岩石特征		桥梁座数	各桥的最大冲刷深度(m)	$h<2$	$h=2\sim10$	$h>10$
			岩石名称	特征					
Ⅲ	硬质岩(较硬岩、坚硬岩)	>30	板岩、钙质砂岩、砂质岩、石灰岩、花岗岩、流纹岩、石英岩等	岩石坚硬，强度虽大于30 MPa,但节理、裂隙层理非常发育,应考虑冲刷,如岩体完整,节理、裂隙、层理少,风化很微弱,可不考虑冲刷,但基底也宜埋入岩面0.2～0.5 m	9	0.4～0.7	0.2～1.0	0.2～2.0	0.5～3.0

注:1. 在条件较好的情况下,可选用埋深数值的下限;在条件较差的情况下,可选用埋深数值的上限。情况特殊的桥,例如在水坝下游或流速特大等,可不受表列数值限制。

2. 表列调查最大冲刷值系参考桥中冲刷最深的桥墩,建议埋深值亦按此值推广使用。处于非主流部分及流速较小的桥墩,可按具体情况适当减少埋深。

3. 岩石栏内系调查到的岩石具体名称,使用时应以岩石强度作为选用表中数值的依据。

4. 表列埋深数值系由岩面算起包括风化层部分,风化松散或土状的除外。

5. 要考虑岩性随深度变化的因素,应以基底的岩石为准,并适当考虑基底以上岩石的可冲性质。

6. 表中建议埋深指扩大基础或沉井的埋深,如用桩基可作为最大冲刷线的位置。

7. 岩石类别栏内带括号者为现行相关规范岩石坚硬程度类别之规定。

7.4.4 桥台锥体防护

［第 7.4.4 条引文］

桥台锥体填方的坡面应全高进行铺砌防护，在水流作用部分的防护类型还应按水流流速、流冰、流木等冲击情况确定。旱桥锥体防护的标准应根据边坡、填料和当地的具体情况决定。

［第 7.4.4 条解读］

桥台锥体填土的坡度均较路堤边坡为陡，一般考虑进行全高防护。在水流作用部分常受水流冲击，尤其当孔径有压缩时或水流斜交时更甚，由于水流的冲击淘刷会造成锥体的坍塌而中断行车。所以对锥体的防护通常根据流速及顶冲程度决定。为防止淘刷，必须设置适当的反滤层。

旱桥的桥头锥体是否需要防护及其类型，视边坡和填料等情况决定。

7.4.5 桥台锥坡基脚埋置深度

［第 7.4.5 条引文］

桥台锥坡基脚埋置深度应考虑冲刷的影响。护坡坡脚垂裙顶面应在桥台一般冲刷线以下不小于 0.25 m。

［第 7.4.5 条解读］

桥头锥体是路堤与桥梁的连接部位，邻桥孔一面的边坡一般较陡，要迎受水流冲刷，应以全高防护。如果冲刷十分严重则应扩孔，使锥体向后移，以免洪水冲毁锥体冲决路基，形成台后缺口，影响行车安全。

桥台标准图对锥体的防护均有要求，防护类型可按流速选定，锥体防护坡脚应伸入一般冲刷线以下至少 0.25 m，如图 7-15 所示。

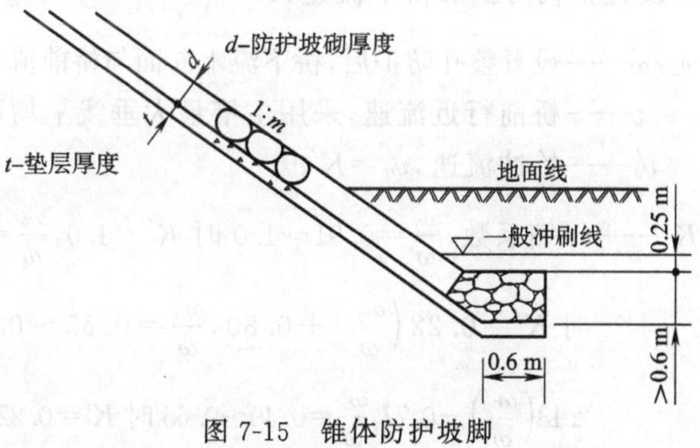

图 7-15　锥体防护坡脚

对于锥体坡脚处的冲刷深度计算，有导流堤时参照导流堤旁冲刷计算，无导流堤时参照下式计算。

$$h_{pm}=P\left[(h_m-h)\frac{h}{h_m}+h\right]$$

式中 h_{pm}——锥体附近一般冲刷后的水深；

h——桥台附近水深；

h_m——桥下最大水深；

P——冲刷系数。

基础埋置深度不符合《规范》(TB 10093—2017)第1.0.9、6.1.3条要求的属于浅基桥。桥台锥坡基脚防护尺寸根据《铁路桥梁检定规范》(铁运函〔2004〕120号)第9.6.2条要求，可按桥梁浅基防护计算。

1. 整孔防护

(1)下游尺寸

整孔防护下游垂裙深度与防护长度可按下式确定：

$$h_s=4K\left[\frac{v_b-v_0'}{\sqrt{2g}}\right]^{1.1}\left(\frac{b}{L_s}\right)^{1/3}h^{1/10}$$

式中 h_s——整孔防护下游垂裙深度，可根据工程施工条件及造价试算；

K——安全系数，一般可取 $K=1.3$；

b——桥墩下部宽度；

L_s——整孔防护下游尺度，顺水流方向自桥墩中心算起；

h——有效水深，为桥前最大水深的1/2；

v_b——设置整孔防护后桥下流速，$v_b=\left(\frac{\omega_0}{\omega}\right)_v^{-1.05}$

其中 ω_0/ω——设置整孔防护后，桥下流水断面与桥前流水断面之比，

v——桥前行近流速，采用主槽最大垂线平均流速；

v_0'——始冲流速，$v_0'=K'v_0$

其中 K'——压缩系数，$\frac{\omega_0}{\omega}=0.91\sim1.0$ 时 $K'=1.0$，$\frac{\omega_0}{\omega}=0.80\sim0.91$ 时 $K'=0.22\left(\frac{\omega_0}{\omega}\right)+0.80$，$\frac{\omega_0}{\omega}=0.65\sim0.80$ 时 $K'=2.18\left(\frac{\omega_0}{\omega}\right)-0.77$，$\frac{\omega_0}{\omega}=0.40\sim0.65$ 时 $K'=0.22\left(\frac{\omega_0}{\omega}\right)+0.51$，

v_0——泥沙起动流速，$v_0=0.0246\left(\frac{h_p}{\bar{d}}\right)^{0.14}\sqrt{332\bar{d}+\frac{10+h_p}{\bar{d}^{0.72}}}$，见本规范第 7.3.2 条。

(2)上游尺寸

墩前防护长度可参照局部防护墩前尺寸公式计算，因整孔防护高程可高于局部防护高程，故公式的水深与流速采用下列与整孔防护相应的数值。

$$L_r=2.3K\sqrt{bh_m/2}\left(\frac{v}{\sqrt{gh_m}}-0.135\right)^{0.5}$$

式中 L_r——整孔防护墩前防护长度，自墩边算起；

K——安全系数，可取 $K=1.3$；

h_m——桥前最大水深。

其余符号意义同前。

上游垂裙深度 $h_r\geqslant 1$ m，由上游床面最大沙浪的沙谷高程和锥坡边界条件引起的冲刷深度确定，按下式计算。

$\frac{\omega_0}{\omega}=0.45$ 时，$h_r=0.5h_s$

$\frac{\omega_0}{\omega}=0.55$ 时，$h_r=0.4h_s$

$\frac{\omega_0}{\omega}\geqslant 0.6$ 时，$h_r=0.3h_s$

2. 局部防护

(1)墩前防护长度

$$L=2.3K\sqrt{bh_p/2}\left(\frac{v_s}{\sqrt{gh_p}}-0.135\right)^{0.5}$$

式中 v_S——一般冲刷后墩前垂线平均流速；

h_p——一般冲刷后水深。

(2)墩侧防护长度

$$L_1=(1\sim1.2)L$$

(3)墩后防护长度

$$L_2=(1\sim1.5)L$$

第 8 章　特殊地区水文计算

8.1 泥石流地区

8.1.1　小流域泥石流流量计算

[第 8.1.1 条引文]

小流域泥石流流量可按雨洪修正法计算。能调查到泥痕的较大河沟也可用泥痕调查法计算。必要时兼用两法相互校核。

1. 雨洪修正法

$$Q_c = Q_p(l+\phi_c)D_c \tag{8.1.1—1}$$

$$\phi_c = \frac{\gamma_c - \gamma_s}{\gamma_H - \gamma_c}$$

式中　Q_c——泥石流流量(m^3/s)；

Q_p——按一般河流计算,符合本规范第 1.0.5 条规定的设计流量(m^3/s)；

D_c——泥石流堵塞系数,应按附录 J 的规定取值；

ϕ_c——泥石流修正系数；

γ_c——泥石流流体容重(kN/m^3)；

γ_H——泥石流流体中固态物容重的平均值,可取 26～27 kN/m^3；

γ_s——水的容重,取 10 kN/m^3。

2. 泥痕调查法

$$Q_c = \omega_c v_c \tag{8.1.1—2}$$

式中　Q_c——泥石流流量(m^3/s)；

ω_c——泥石流过流断面面积(m^2)；

v_c——泥石流流速(m/s)。

黏性泥石流按地区公式计算,稀性泥石流按式(8.1.1—3)计算。

$$v_c = \sqrt{\frac{\gamma_s}{\gamma_H \phi_c + \gamma_s}}\frac{1}{n}R^{\frac{2}{3}} I_c^{\frac{1}{2}} \tag{8.1.1—3}$$

式中　n——一般河流的河槽糙率，可按附录D取值；

　　I_c——泥石流水面(或沟底)坡度。

其余符号意义同前。

[第8.1.1条解读]

本条沿用《规范》(TBJ 17—86)第8.1.1条。

泥石流流量计算有雨洪修正法和泥痕调查法两种，在无人烟地区和没有条件进行形态勘测的小流域，常用雨洪修正法求得泥石流流量后，再用泥痕调查法计算公式反算设计需要的各项水力要素。

1. 雨洪修正法

一般泥石流河沟属小流域，泥石流流量计算可用雨洪修正法。该法计算式约20多个，但有些参数难以确定。泥石流实测资料较少，局限性较大。被公认的公式不多，成熟性较差。20世纪50年代广泛采用苏联时期公式如下。

$$Q_c = Q_p(1+\Phi_c)+q$$

式中　q——因泥石流堵塞而增加的附加流量。

该式是假定泥石流流量等于雨洪清水流量与固态泥沙流量之和而建立的。铁一院、铁二院结合实际情况进行了调研，铁二院、铁科院共同分析了东川泥石流观测资料，提出当泥石流堵塞后由于堵塞物的溃决而产生的泥石流洪峰流量，是设计的最危险情况。此时的流量与原来的流量并非简单相加，通常将堵塞后附加流量的相加改为乘以系数，即 $Q_c = Q_p(1+\Phi_c)D_c$，即本规范式(8.1.1—1)。

该式主要通过对东川支线以及成昆铁路沿线的观测调查，再根据原始计算式演进而得，主要考虑到较好反映泥石流堵塞阵流现象。泥石流阵流堵塞系数 D_c 成因复杂，从内部机理看，与泥石流流体的组成、黏度、容重、粒度等级、流态性质等参数有关，因此准确选取系数 D_c 是个重要问题，原始计算式用附加流量30%来解决，专家建议附加值不小于基本流量的30%，铁一院根据西北地区情况建议最多用到30%。本规范附录J表中的堵塞系数是根据东川观测资料以及铁一院在西北勘测中的经验汇总而成，西南山区泥石流阵流堵塞系数多在1～3之间。

式中，Φ_c 为泥石流修正系数，$\Phi_c=\dfrac{\gamma_c-\gamma_s}{\gamma_H-\gamma_c}$。泥石流流体容重 γ_c 不包括个别突出的大石块，可实测、现场调查或按经验公式求取，选用比较合理的流体容重 γ_c 值。

(1)现场试验法：在泥石流沟的不同区段取沉积物搅拌成泥石流流体的样品，请当地见过泥石流流动的居民多人分别鉴定，使之尽量能体现某次泥石流当时的实际情况，求出该次泥石流的容重。

$$\gamma_c=q/V$$

式中　γ_c——泥石流流体容重(kN/m^3)；

q——搅拌成泥石流流体样品的总质量(kN)；

V——搅拌成泥石流流体样品的总体积(m^3)。

(2)现场调查法：调查当地见过泥石流的居民，描述其形态特征，因描述很难定量选用 γ_c，常因人而异，该法可参考表 8-1 取值。

表 8-1　γ_c 值

特征	稀浆状	稠浆状	稀粥状	稠粥状
容重 γ_c(kN/m^3)	12～14	14～16	16～18	18～23

(3)经验公式法：

铁一院计算式

$$\gamma_c=0.69i+1.44$$

式中，i 为流域主河槽平均坡度。

《铁路工程设计技术手册 · 桥渡水文》计算式

$$\gamma_c=\frac{1}{1-0.33AI_c^{0.39}}$$

式中　I_c——坍方区平均坡度(‰)；

A——坍方程度系数，按表 8-2 选用。

当 $A=1.4$、$I_c>800$‰时，该式无意义。

表 8-2　坍方程度系数

坍塌程度	坍方程度系数(表示坍方区岩性及边坡)特征	坍塌面积率(%)	I_c(‰)	A
严重	坍方区经常处于不稳定状态,表层松散,多为近代坡积残积层,第三系半胶结粉～细砂岩、灰色泥灰岩、松散堆积层厚度大于10 m,坍方集中多滑坡,冲沟发育、其沟头多为葫芦状	20～40	≥500	1.1～1.4
较严重	山坡不稳定,坡积～残积层3～10 m,中等密实(表层松散)坍方区不集中,河岸冲淤严重,但对其山坡上稳定性影响较小	10～20	350～500	0.9～1.1
轻微	坍方区边坡一般较缓或上陡下缓,有趋于稳定的现象,沟岸开始稳定,少部分山坡有风化剥落,其他多属死坍方、死滑坡	3～5	270～400	0.7～0.7
一般	山坡为砂页岩互层,风比较严重,堆积层不厚,表土含砂量大,有小型坍塌和小型冲沟	3～5	250～50	0.5～0.7

2. 泥痕调查法

该法常用满宁公式计算河流流速,泥石流流速计算式有争议,泥石流与清水的流速相比谁大谁小,在苏联时期的学者看来有两种相反意见。一种意见认为泥石流的流速小,因泥石流含大量泥沙颗粒,一部分能量消耗于悬浮的泥沙或石子,此观点占多数;另一种意见认为清水流速小,由于河底凸出的粗糙被底沙覆盖,减少了河床糙率和漩涡内部阻力等。因此计算式较多,局限性较大,有的建立在动能平衡基础上,有的建立在河流动力学基础上,计算式分为稀性、黏性两种。

稀性泥石流又称紊流型泥石流。固态物含量10%～40%,容重13～15 kN/m^3,黏度低于0.3 Pa·s,流态为紊流或半紊流,石块移动呈滚动或跃移,对河床下切作用较明显。

黏性泥石流又称结构性泥石流。固态物含量大于40%,容重大于15 kN/m^3,黏度大于0.3 Pa·s,有明显阵流性。流体呈黏稠泥浆状,巨大岩块可浮托移动,流态为半紊流至似层流,具有巨大的侵蚀和搬运能力。

稀性公式采用32个实测资料产生:

$$v_c = \sqrt{\frac{\gamma_s}{\gamma_H \Phi_c + \gamma_s}} \cdot \frac{1}{n} R^{2/3} I_c^{1/2}$$

计算泥石流流速有经验的、理论的、试验的多种方法，但都不够成熟，有一定局限性和地域性。据东川支线实测流速与西昌地区勘测设计流速相比，计算式误差为$-8\%\sim3.3\%$，要好些。

黏性泥石流流速计算式不成熟，国内研究不多，东川蒋家沟有经验计算式，但实用性有一定局限。国外计算式众多但不符合我国实情，很大程度无法使用，西南、西北地区在勘测中曾制定计算式。

西北地区：$v_c = 45.5 h_c^{1/4} I_c^{1/5}$

西南地区：$v_c = K_c h_c^{2/3} I_c^{1/5}$

式中 v_c——泥石流流速；

h_c——泥石流流深，或与泥石流水力半径 R_c 相同；

I_c——泥石流水面或沟底的坡度；

K_c——黏性泥石流流速系数，见表 8-3。

表 8-3 K_c 值

泥深 H(m)	<2.5	3	4	5
流速系数 K_c	10	9	7	5

上两式为经验计算式，泥深 3 m 处为拐点，计算流速最大不合理。中国地理研究所关于九寨沟泥石流治理规划设计中的季节海子沟、牛紧沟、日则 1 号沟等则采用西南地区公式。该式有一定限制，其纵坡范围 0.029～0.105，容量 12～23.5 kN/m³，泥深 0.06～4.9 m，实测泥石流流速 0.46～15.0 m/s。

8.1.2 泥石流沟桥梁孔径确定原则

［第 8.1.2 条引文］

泥石流沟宜采用桥梁通过。桥梁孔径不能单凭流量确定，应按其所在区段，结合地形条件、沟槽宽度、泥石流性质、流势及其发展变化的规律，综合考虑确定，并应符合下列规定：

1. 流通区桥孔不得压缩沟床，不宜在沟中设墩。

2. 山区泥石流堆积区桥孔宜跨越泥石流的主要活动范围。

3. 山前泥石流堆积区，对稀性泥石流，在溢槽漫流的流量及流速不大的边缘地带，桥孔可适当压缩，压缩量不宜超过10%～20%，并应作一定的排导工程；黏性泥石流不宜压缩桥孔。

[第 8.1.2 条解读]

本条基本沿用《规范》(TBJ 17—86)第 8.1.2 条。

泥石流是一种挟带大量固态物的山洪急流，一般呈骤然、短暂、阵流状。严重的可在短暂的几分钟至几小时内流出几十万至几百万 m^3 固态物，对建筑物有巨大破坏作用。流动中当能量发生变化时立即停止运动，时常堵塞河谷改移河道，淹没农田房舍，摧毁或淹埋铁路、公路、厂矿、水利设施及城市建筑物等，给国民经济带来损失。线路跨越泥石流河流时宜采用桥梁通过，尽量以单孔或多孔较大跨度的梁桥跨越，减小受泥石流破坏的影响。

为使泥石流顺畅地通过桥下，应采取因势利导的方法，使泥石流不致中途停顿而造成淤积，其关键在于有足够大的流速。根据以往经验，如果桥孔过于压缩，在桥前突然收缩，流体的动能必然受到损失而桥前造成淤积。如桥孔过大，则在桥址附近的急流槽断面必然扩大，水深减少，流速减缓，容易淤积。故桥孔的大小必须适当，一般可参照河谷内通过地段基本河沟宽度进行设计，不宜压缩也不宜过分扩大，不得在桥下开挖，尽量以急流槽型式通过桥下。每座桥的桥孔不能单凭流量计算确定，应根据所在区段的地形条件、沟槽宽度、泥石流的流势及其发展变化规律等因素，综合考虑确定。

在有明显沟槽的流通区和峡谷段泥石流的沟上设桥，由于沟岸较固定、主流较稳定，应按地形条件与河槽宽度设桥不应压缩；为保持流态，防止壅堵和冲蚀，沟中不宜设墩。根据成昆铁路的实践经验，桥梁孔径，最好以较大跨度跨越泥石流沟，如上格达一号桥为避免在黏性泥石流中设桥墩，主跨孔采用 64 m 钢梁；又如金沙江白沙沟大桥考虑到该沟内储备有大量坍塌体物质，历史上该沟泥石流曾堵断金沙江，跨越主槽时采用 80 m 下承式栓焊桁梁。

山区泥石流堆积区虽沟槽明显，但为防止漫流，桥孔宜跨越泥石流的主要活动区范围，即常年泥石流洪水宽度确定桥跨不应压缩。在无明显沟槽的黏性泥石流堆积扇上更应强调这一点。

当稀性泥石流在流速不大的边缘地带通过时,桥孔可适当压缩10%～20%,但需增加一定的排导工程,以稳定流路。

泥石流排导工程有导流堤、排洪道、急流槽、束流堤几种型式。

导流堤一般建在堆积扇,主要作用为改善流向、流速,使泥石流顺利通过桥孔。导流设计应顺导不得硬挑,不宜布设丁坝。1958年后东川支线修建585个丁坝,至1964年全部失效,其中多被冲毁、撞坏或切去坝头,有的被河床淤埋。成昆铁路伊巴里沟大桥在山口顺流势修建导流堤,将泥石流导致左翼天然洼地经桥下排走,防止泥石流径直冲入路堑,收到一定效果。

泥石流在转弯处有较大冲高能力,裁弯取直性能很强,也易受阻停积,造成漫流或决堤。为使泥石流顺利通过,排洪道设计宜尽可能直线布置。因地形限制必须转弯时应采用较大半径,稀性泥石流排洪道的弯道半径要大于排洪道底宽的8～10倍,黏性泥石流要大于排洪道底宽的20倍。排洪道出口如排入大河,交角宜为45°以下,与大河衔接处的高程应高于同频率的大河水位,至少高出20年一遇的大河洪水位。排洪道与桥涵相接时,断面应一致或顺接,如采取渐变段,每侧收缩不宜大于5°～10°,力避断面突然变化。设计纵坡应与堆积扇的天然坡度大致相符,排洪道中间不宜变坡以免造成局部冲淤。必须变坡时宜从上游往下游由缓变陡,设计纵坡较大时注意防止沟槽冲刷。

急流槽是增大纵坡和压缩断面的人工沟槽,使泥石流形成急流下泄可防止桥孔淤积和堵塞。为了防止急流冲刷,一般将急流槽全部砌成光滑槽。急流槽首尾连接处容易因冲刷而遭破坏,常作嵌入地下的石裙边墙。急流槽设计应以不淤不冲为原则。槽头应与上游沟床稳定、冲淤基本平衡的流通区或山口相接,逐渐收缩形状引水入槽,平面应顺直,避免急转弯及宽窄相间的方式,为避免大河顶托,槽尾设计高程应有利于泥石流的顺畅排泄。一般槽宽不应小于泥石流最大粒径的2.5～3倍,设计泥深必须大于最大粒径的1～2倍,宽深比宜采用1∶1～1∶1.5。

束流堤的主要作用是改善流向、防止漫流。泥石流在隧道、明洞顶排泄条件较差,可能漫流掩埋两端路堑。成昆铁路大塘河明洞即建有此种束流堤。

8.1.3　泥石流沟桥下净空

［第 8.1.3 条引文］

桥下净空应在合理的沟床基准面以及符合设计频率泥位的基础上，分别考虑在设计年限内沟床基准面以上的总淤积高度、巨大石块超出设计泥位的高度、高大树木随山体块体运动拥出的超高值、泥石流遇阻冲高等因素，按本规范第 6.4.8 条的规定留足安全值。

［第 8.1.3 条解读］

本条基本沿用《规范》(TBJ 17—86)第 8.1.3 条。

桥下净空是泥石流地区桥梁设计的主要控制条件，需注意其逐年淤积。青藏地区西海段 20 条沟大多因桥涵净空不足遭受泥石流灾害，其中 K254＋409 一处 6.7 m 小桥，由于净空太低，1979 年 8 月 5 日泥石流堵塞桥孔撞坏桥梁，桥面上堆积高 2 m，下游淤埋量近 2 万 m^3；东川支线更为严重，桥下淤埋量惊人，几十座桥涵被淤埋。如 K581、K584 处两座 7-12 m 大桥高出河床 7 m，1982 年基本淤埋。施沟大桥原高超过 7 m，泥石流淤埋桥孔，1964 年改线加高桥下净空 2.8 m，后又被淤埋。每年汛期靠清淤来使用。大桥加高 7 m，老桥台已与地面齐平。宝天铁路 1978 年 7 月在伯阳地区的一场暴雨使附近多处发生严重泥石流，如 K1391＋635 处 10 m 钢筋混凝土梁桥发生泥石流，达 180×10^4 m^3，随暴雨流下约 120×10^4 m^3，切断桥台、冲走桥梁、淤埋线路 150 m，最高处淤高 8 m，中断行车 300 h。1982 年调查统计历年造成铁路设备遭受破坏，车站股道和桥梁被淤埋、行车中断等灾害较大的泥石流达 173 起。

泥石流沟上桥梁净空高度应在合理的沟床基准面及符合设计频率的泥位的基础上，分别考虑设计年限内沟床基准面以上的总淤积高度、巨大石块超出设计泥位的高度、高大树木随山体块体运动壅出的超高值，泥石流遇阻冲高等因素，再留足安全值，梁底最低高程可按下式计算。

$$H = H_B + H_p + H_n + H_D + \Delta h_w + H_z + C$$

式中　H——设计要求的梁底最低高程；

H_B——基准面高程，通过分析沟槽冲淤变化幅度合理确定；

H_p——未计及淤积的设计频率的泥石流深度；

H_n——设计年限 n 年内沟床基准面以上的总淤积高度；

H_D——巨大石块超出 H_p 泥位的值，按可能冲下来的最大石块直径（三个方向平均）取值，泥石流容重大的取直径的 1/2，容重中等的取 1/3，容重小的如石块直径大于 H_p，则用该直径代替，否则不予考虑；

Δh_w——弯道超高值；

H_z——泥石流遇阻冲高常在直冲桥头后急转过桥时发生，可按式

$$H_z=\alpha\frac{v_0^2}{2g}\text{计算}$$

其中 α——摩阻损失系数，

v_0——泥石流流速，

C——桥下净空高度安全值，一般情况下应符合本规范表 6.4.8 的要求，泥石流挟带高大漂流物时可取 2.0 m。

铁二院根据经验，泥石流地区铁路桥梁梁底最低标高 $H_{\min}$ 按下式确定。

$$H_{\min}=H_n+H_c+H_q+\Delta h+D+J$$

式中 H_n——泥石流河床平均标高；

H_c——设计泥石流流深，$H_c\geqslant 1.2\,d_{\max}$，$d_{\max}$ 为最大石块直径；

H_q——设计年限内淤积总高度；

Δh——弯道超高值；

D——漂浮的大块固态物高度；

J——安全高度，$J\geqslant 1.0$ m。

8.1.4 泥石流沟桥下的一般冲刷和桥墩局部冲刷

［第 8.1.4 条引文］

泥石流沟桥下的一般冲刷和桥墩局部冲刷，除按一般河流的冲刷公式计算外，还应结合现场调查分析确定。桥下河床面高程在一般堆积区可采用勘测断面的最低点。位于大河切割范围内的堆积区，还应考虑桥下河床面下切的影响。在流通区应采用桥址附近调查到的最低点。

［第 8.1.4 条解读］

本条沿用《规范》（TBJ 17—86）第 8.1.4 条。

泥石流地区由于泥石流沉积物松散，抗冲能力差，即使在持续淤涨的

堆积扇上也可能发生严重的冲刷，有时一次泥石流就可以将沟床冲刷1～3 m或更深，例如某支线基础埋深2 m的工程，由于一次泥石流分别将沟下切3～6 m，上述工程都因泥石流的冲刷而毁坏。因此，对泥石流沟的桥基必须考虑泥石流的冲刷作用，特别是凹岸部位的冲刷。对于泥石流沟的冲刷机理暂不清楚，是一个待研究的问题，一般冲刷和局部冲刷计算仍采用清水河流的冲刷公式计算。

1. 冲刷下切深度

冲刷计算基准面需考虑下切深度影响，有以下几种情况。

(1)揭底式沟床下切

揭底式沟床下切无论在流通区或堆积区都有可能发生，下切深度需通过调查，考虑冲淤交替情况，结合泥石流发展趋势分析确定。

(2)溯源侵蚀性沟床下切

山区发育不全的堆积扇扇缘，当下游侵蚀基准面下降时，会发生溯源侵蚀性的沟床下切。下切深度可按下述办法确定：找出下游相对的最低侵蚀基准面和桥渡处沟槽的平均淤积坡度，比照此坡度略放缓一些作为可能下切坡度，从基准面往上拉坡，即为溯源下切后最低河床面。

(3)落差性沟床下切

泥石流沟槽内跌水或拦挡坝下游局部范围内，应考虑落差性的沟床下切影响。

(4)大河洪水侧蚀

山区大河主槽摆动对扇缘产生侧蚀，桥基应考虑其影响。

成昆铁路马厂沟和三滩泥石流沟修筑排导工程。下游的排导沟底宽15 m，顶宽21 m，两岸为浆砌护坡。上游修筑浆砌拦渣坝与下游排导沟并用，形成拦排结合的防治体系。

1981年7月，成昆铁路利子依达沟大桥被泥石流冲毁。原桥106.8(31.4＋44.0＋31.4)m，沟长10 km，过水面积35～40 km^2，沟陡坡10％～15％，特大暴雨后沟水猛涨，水头高10～15 m。冲切沟底深6～7 m，宽15 m。挟带大量泥沙、卵石、大漂石(直径0.5～1.5 m，最大高5 m、长13 m，体积250 m^3)迅猛而下。泥石流龙头高20 m，冲毁成都端桥台，中间桥墩被拦腰截为三段。同年8月该桥附近，新基古沟铁路桥也被泥石流冲毁。固态物的50％源于桥址上游200 m～3 km的沟槽，沟槽一次被刷深 3～5 m，宽 20～30 m。山区发育不全的堆积扇缘下游发生侵蚀基准面下降。又如 1976 年三滩泥石流的一次最大冲深 3～4 m。故考虑桥基冲刷时，应先调查基准面的高度。

2. 冲刷安全值

由于没有泥石流冲刷公式，采用清水冲刷公式计算，但安全值应根据泥石流不同部分考虑埋深。当桥墩直接受主河水流切割影响时，还应检查主河水流的冲刷深度，以最大冲刷深度作为控制。

宽谷段以淤为主的泥石流地区，桥墩埋置深度一般按泥石流沟的沟床现状计算冲刷值，并考虑一定年限内可能淤高的作用，减小冲刷线以下的安全值，基底埋置在冲刷深度以下的安全值为 $C+\Delta C$，C 为本规范表 7.4.2 中的基底埋置安全值，ΔC 为考虑以淤为主特点的安全适当减小值。

流通区按揭底式沟床下切确定冲刷基准面，因基准面和 h_m 值均属最不利情况，安全值可采用 $C-\Delta C=1.0$ m。山前区堆积扇和山区堆积扇扇腰的桥基，可以勘测期间沟床断面的最低点作为冲刷基准面。采用安全值 $C-\Delta C=C-0.4h_m$，但不小于 1.0 m；山堆积扇扇缘桥基，按溯源侵蚀性的沟床下切确定冲刷基准面，采用安全值 $C-\Delta C=C$，即 $\Delta=0$。受大河洪水流侧蚀的桥基应以河床最低部位作为冲刷基准面，按大河洪水流计算冲刷总深度。成昆铁路西昌段泥石流采用下式计算安全值。

$$C=3-0.4h_m$$

式中，h_m 为计算冲刷深度(m)。

有综合整治的泥石流沟上桥墩的埋置深度应考虑整治规划实现后，泥石流变为清水时的最大冲刷情况，如黑沙河 4 号主桥基础埋置深度大于 5 m。

成昆铁路西昌段泥石流沟达 30 多个工点，基本采用本规范第 7.2.1、7.2.5、7.3.2 等条计算冲刷深度，结合现场调查确定埋置深度。经过多年运营，埋置深度尚未偏小。

8.2 岩溶地区

8.2.1 岩溶地区的流量计算

[第 8.2.1 条引文]

岩溶地区的流量计算应按本规范第 5 章无岩溶存在的天然情况下有关规定进行，并按以下情况考虑增减：

1. 流域内有消水溶洞，且洪水时消水溶洞截流面积的水量可全部引入地下时，计算流量所用的汇水面积应扣除截流面积。

2. 流域内有出水溶洞、泉水、暗河出口等来自其他汇水区的水量时，可在出水口作矩形堰或三角堰测定。来自出水溶洞等的水量应与流域流量直接相加。

[第 8.2.1 条解读]

本条沿用《规范》(TBJ 17—86)第 8.2.1 条。

岩溶区域的主要特征是地下有岩洞，水流有暗流亦有明流，常间断交替从上游向下游流出。暴雨形成洪水后常受河道的岩洞控制，岩洞上游形成天然水库，洪水被调节后从岩洞流出，因此设计洪水的计算应研究具体岩溶情况，采用哪种计算方法应先重点找出岩溶区域范围。一个流域常由岩溶和非岩溶两种地区构成，先分别计算两种地区的情况。

1. 流量计算的注意要点

规范要求，岩溶地区的流量计算应按无岩溶存在的天然情况下的有关要求进行，并按流域内有消水溶洞，以及出水溶洞、泉水、暗河出口等情况酌情增减。岩溶地区的设计流量应先按无岩溶存在计算，流域面积较大时可采用洪水调查法，流域面积较小时可采用小径流计算法，再按以下情况增减。

(1)流域内有消水溶洞，且达到设计洪水时消水溶洞截流面积水量可全部引入地下，此时的计算流量所用面积应扣除截流面积。

(2)流域内有出水溶洞、泉水、暗河出口等来自其他汇水区的水量时，可在出水口作矩形堰或三角堰测定，通常来自出水溶洞等的水量应与流域流量直接相加。

(3)流域内地表无明显溶洞，而有溶沟、溶槽、裂隙能起到消减洪峰作用，计算时可视其在流域内所占权重，适当加长坡面汇流距离或增大坡面阻力等予以折减。

岩溶地区的流量计算因有地下水及地上水而较复杂，对于大部分岩溶只有通过观测调查才能采用水量平衡来计算流量，外业勘测时可采用小径流计算折减的办法，如柳州—来宾的溶洞折减系数，见表 8-4。

表 8-4　柳州—来宾的溶洞折减系数

地段	地质条件	折减系数	工点
柳村—凤凰	1. 明显的暗河，铁路通车 40 年，该汇水区山洪暴发从未形成地面径流	0.0～0.2	K555
	2. 正逆断层交错，岩层挤压破碎洼地溶洞，人走到任一位置都能见到靠近暗河附近的汇水区	0.2～0.3	K557
	3. 正逆断层交错、岩层挤压破碎洼地溶洞，在任一位置都能见到	0.3～0.5	
	4. 岩层裸露、洼地较多，裂隙发育	0.5～0.7	
凤凰—来宾	地表为黏土和砂黏土，覆盖厚度 15 m 以下为石灰岩，旱季时黏土和砂黏土开裂，裂缝 0.1～0.3 m，降雨 10～15 mm，形成径流	0.85	K582～K604

2. 矩形堰或三角堰的作用

在渠道、水槽中常用溢流堰来量测水流流量，其中最常用的是矩形堰(图 8-1)或三角堰(图 8-2)。矩形堰或三角堰是一种使用最早而且精度较高的测流设施。矩形堰或三角堰具有制作简单、设置容易、造价较低等特点，广泛用于水力或水工试验室，以及灌排渠道上。根据其用途，矩形堰或三角堰可为永久结构及临时结构。

本规范要求，流域内有出水溶洞、泉水、暗河出口等来自其他汇水区的水量时，可在出水口作矩形堰或三角堰测定。野外测流应选择流速较稳定、水面较窄、无明显侧漏的过水段安堰。反复测量堰口两侧堰顶至堰内水面的高度，确认堰顶保持水平、过堰水流呈悬空状态，检查并确认堰侧无渗漏，待堰内水位稳定后，即可测过堰水深。观测时用钢板尺测量堰顶至堰内水面的高度(水面堰高)，读数精确至 0.1 cm，用堰口总高(堰高)减去水面堰高即为过堰水深,用过堰水深计算流量。

图 8-1　矩形堰

图 8-2　三角堰

本书收录《明渠堰槽流量计量检定规程》(JJG 004—2015)第 4 章有关矩形堰和三角堰的流量计算式,见附录 D。

8.2.2　坡立谷等洼地的设桥考虑

[第 8.2.2 条引文]

坡立谷、大型溶蚀洼地以及封闭洼地宜设桥。

[第 8.2.2 条解读]

本条沿用《规范》(TBJ 17—86)第 8.2.2 条。

峰林间较大空地和串珠状的洼地称为坡立谷。与大型溶蚀洼地及封闭性洼地都是地下暗河发育,地表排水极为不畅,漏斗落水洞容易堵塞,雨季积水成塘,又有间歇性上升泉常改变水位和流量,水文条件极其复杂,宜建桥不宜设涵洞。如川黔铁路的桐梓、息峰车站等,由于洼内的漏斗落水洞被堵塞,溶洞溶泉潜在的暗流急剧上涌使水位猛增,涵洞不能排水,车站路基、农田被水淹浸泡。

8.2.3　溶洞地区的桥孔设计

[第 8.2.3 条引文]

桥孔设计应根据溶洞、溶槽、漏斗和暗河的分布、发育情况确定。

[第 8.2.3 条解读]

本条基本沿用《规范》(TBJ 17—86)第 8.2.3 条。

桥孔设计应根据溶洞、溶槽、漏斗、暗河的分布发育情况来选择孔跨和桥长,墩台位置一般应避开这些岩溶点。严重岩溶地区视其密布情况,可采用改移桥位或大跨度,尽量少修建中墩。

岩溶地带建桥,其梁部、墩台宜采用轻型结构以减少基础工程,还可用浅基础置于较好的覆盖土层上,避免与地下的岩溶接触而引起复杂的基础工程。松散覆盖层或多层溶洞上建桥,应少用浅基础,一般以深基或桩基础穿过覆盖层和洞穴,到达稳固岩石上。

对于矮桥可采用小跨梁、钢筋混凝土小截面桥墩和板式基础,或采用钢筋混凝土箱形桥整体式基础,浅置于覆盖层上。当覆盖土层厚 15 m 以上时,可采用排架桩墩(基桩栈桥)摩擦支承于覆盖土层上,或穿过土层建于基岩上。

坍陷区桥涵可采用钢筋混凝土整体式格构地基梁,陷穴不大时也可采用。坍陷区覆盖土松散变形,稳定性差,可采用重锤强夯法增加土的密实度和承载力,配合轻型结构浅置基础建桥。

岩溶地区应根据各种岩溶的形态特征、结构、稳定性等地质情况采取相应措施。对工程复杂处理困难等情况,经技术经济比较可改变桥梁孔跨,移动墩台位置或改线。

8.3 感潮河流地区

8.3.1 感潮河段上桥渡洪水设计频率

[第 8.3.1 条引文]

位于感潮河段上桥渡的洪水设计频率与一般无潮汐影响的河段相同,但设计流量、设计水位和设计流速应视河段的具体情况,考虑潮汐及洪水对桥渡所有区段的不同影响分别计算确定。

[第 8.3.1 条解读]

本条沿用《规范》(TBJ 17—86)第 8.3.1 条。

受潮汐影响的河流是变速、变量、变向的水流,情况异常复杂,其水位流量和水位流速都没有一定的关系。高水位时因受海潮倒灌,其流速、流量可能很小;低水位时其流速、流量则可能较大。因此受潮汐影响的河流,就不能用谢才—满宁公式计算流量,此时实测流量也特别困难。一般受潮汐影响河流上的水文站都只有水位资料,很少有流量资料。另外,该种河流涨潮、退潮频繁,桥下的工作情况时常处于紧张状态。处于壅水条件下的潮水河流，最大流量未必是设计孔径中需要的最危险流量，且同一流量可能在各种不同水位下出现。由于上述原因，铁路桥跨越受潮汐影响的河流，其设计流量、水位都有独特的复杂性，不应统一采用一般算法。

受潮汐影响河段的设计频率的水位、流量、流速一般不发生在同一时间，故要求分别计算。

感潮河段是受径流和潮流互相影响，互相消长的两向流河段，由于两者在不同区段具有不同的作用，故将感潮河段分为上、中、下三段。上段主要受陆地的径流作用影响，潮流对本区段的作用极微弱，从上游来的径流大小为影响本区段的主要因素。中段为径流和潮流两种力量强弱交替变化的区段。随着年内不同的洪、中、枯水季节大小潮汛变化，这两种力量相互消长，某些时间以潮水作用为主，另一些时间则以径流作用为主。下段主要受制于海滨的条件，潮流的强弱为决定本区段水力条件的主要因素。因此在感潮河段建桥时，首先要弄清其所处区段的性质，根据河段的具体情况设计并考虑潮汐的影响。

长江下游（鄱阳湖湖口以外）多年的平均最大流量为最小流量的10～20倍，该河段受感潮的影响，洪水期常波及芜湖（距河口500 km），枯水期可延伸至大通（距河口624 km）。安徽省内的大通至河口为长江下游的感潮河段。

8.3.2 感潮河段上、中、下区段组合设计频率

［第8.3.2条引文］

设计中应对感潮河段上的潮汐现象及桥渡所在区段的特点进行调查，并考虑不同感潮河段的特点按以下原则办理：

1. 上游段的设计流量、设计流速可按一般无潮汐影响河段的办法计算确定，但设计水位应考虑潮汐的顶托影响。

2. 下游段应选择典型潮型以确定设计潮位过程线，并在潮区界以上选择可能发生的不利频率组合的流量过程线，计算出桥址处的各设计值。

3. 上下游之间的河段，可按洪水与潮流可能相遇的不利组合，组合成设计频率的计算条件，计算出桥址处的各设计值。

［第8.3.2条解读］

本条基本沿用《规范》(TBJ 17—86)第8.3.3条。

感潮河段上的桥渡由于桥位在其上、中、下各区段的不同，两向来水中以何者为主也将不同，可能是洪水，也可能是潮水，其组合属于既非物理成因相同的关系，又非纯粹的随机，但其间还是存在一定的相关性。当桥址处水流发生频率 $P=1\%$ 时，桥址上游或下游的主要来水侧可能为 $P=1\%$，另一侧既不会 $P=1\%$ 也不会 $P=100\%$，而是 $1\%<P<100\%$。另一种条件也可使桥址产生频率 $P=1\%$ 的水流，即主要来水侧 $P=y\%\neq1\%$，y 为略大于 1 的某数值。另一侧 $P=z\%$，且 $1\%<z\%<i\%$。为简化计，计算时可按桥渡河段主要来水（潮水或洪水）一侧采用设计频率，另一侧采用可能与其遭遇的水流频率，两者组合后形成桥址处相当于一般无潮汐影响河段要求的设计频率。

桥渡位于感潮河的上游段主要受陆地径流作用，潮汐影响极微，从上游来的径流大小为主要因素，其水文分析与计算与一般河流相同，完全可以按照对一般河流的方法进行桥渡勘测设计，不必考虑潮汐的影响。潮区界与潮流界之间的河段，水位受潮汐的影响而经常变动。涨潮过程中水位壅高，水面比降减小而流速减缓；落潮过程中水位迅速下降，水面比降加大而流速增加。但水流的流向在任何时间都是指向海洋，仍属单向水流，水流情势与一般河流性质相同，洪水期桥址处不产生负流速，仅水位受潮汐的顶托影响而有所变化。显然在这种河段中，流量主要为内河洪水径流，潮汐的影响可忽略不计。因此，桥渡设计流量可由上游测站或用径流计算方法求出，其水位有一个洪水与潮水遭遇的问题，类似受大河倒灌的支流设计水位的确定一样，可由下游潮水站推求出遭遇的潮水位以后，在桥址与潮水站之间选取并施测河道横断面，反求或选择糙率，即可应用本规范第 5 章所述的水面曲线法，推求桥址设计水位，断面上各水深处的垂线平均流速可按下式计算。

$$v_i=\bar{v}\left(\frac{h_i}{\bar{h}}\right)^n$$

式中 v_i——设计流量时最大或某一水深相应的垂线平均流速；

$\bar{v}$——设计流量时断面平均流速；

h_i——设计流量相应水位时的最大或某一垂线水深；

$\bar{h}$——设计流量相应水位时的断面平均水深；

n——指数，可根据实测资料统计分析求得，无资料时，视具体情况在 1/6～2/3 之间选取；对于有涌潮和潮差大的河段，可参照浙江省河口海岸研究所对钱塘江河口进行实测的资料，采用 $n \approx 1.0$。

计算水深时，最好采用设计流量时可能发生的最低水位，此处按一般无潮汐影响河段的办法来计算设计流量的相应水位。

1. 感潮河段的下游段是河口潮流段，分为下列情况。

(1)位于由潮流所控制的靠近河口的下游段，其水位、流量主要为潮流控制，故典型潮型的选择至关重要。根据统计求得的设计值放大，求出设计潮位过程线，再与上游可能与设计潮位遭遇的流量过程线相组合，求出桥址处各设计值。

(2)位于由潮流或径流所控制的靠近河口的下游段，除上述计算尚需用上游来的设计流量过程线与河口可能与之遭遇的潮位过程线相组合，求出各设计值，与(1)比较后采用不利者。

(3)介于两者之间的中游段，桥址处发生设计频率水流时，潮水或洪水谁占主导地位较难确定，故两种组合都需计算。

2. 主要来水侧和另一侧的频率选择合理，组成桥址处的设计频率，按上下游的来水频率组合仍有相互关系原则。

(1)若桥址处调查到相当于 100 年一遇的历史水位，还调查到该历史水位时桥址上游的洪水频率 P_y，下游的潮水频率 P_z，计算时可采用两组频率组合条件，两组结果中的控制值为设计值。一组频率的组合是以原来调查到的上、下游来水频率（上游为 P_y，下游为 P_z）的水流过程线，采用非恒定流方法计算桥址处各水力因素设计值。另一组在主要来水侧采用 $P=1\%$ 的水流过程线，另一侧采用频率 P_x 的水流过程线，进行两向来水组合计算，P_x 可按下式计算。

$$P_x = P_y \cdot P_z / P_{1\%}$$

式中，P_y、P_z 分别为实测或调查到的桥址上游洪水及其相应下游潮水的频率。

(2)若桥址处调查到的历史最高水位不是 100 年一遇而是 70 年一遇，则按上述方法求出的桥址各水力因素只相当于 $P_{1/70}$，需换算到桥址处 $P_{1\%}$ 的设计值。将上述方法求得的各水力因素值乘以大于 1.0 的系数，提出两种放大到 $P_{1\%}$ 的方法供比较选用。首先要求调查到本河段或与桥址区段类似河段的 C_v 及 C_s/C_v，再根据 C_s/C_v 按皮尔逊Ⅲ型曲线中 $P_{1\%}$ 与 $P_{1/70}$ 的模比系数 K_p 值，求出 $K_{P1\%}/K_{P1/70}$，该值即放大系数。

3. 有关放大系数的组合又可以细分，参照以下方法。

(1)第一种方法有两种组合方式。一种以桥址处调查到的历史最高水位为 70 年一遇，将其上、下游发生相应频率的 K_p 乘以放大系数，得出各自的新值，反求出桥址上、下游组成桥址处新的频率 $P_{1\%}$，以桥址上、下游计算放大后的新的频率水流过程线推算桥址处 $P_{1\%}$ 的各水力因素设计值；另一种则以前一种放大后采用桥址上、下游新的频率，在主要来水侧采用水流频率 $P_{1\%}$，同理计算另一侧频率，再以两种频率组合计算桥址处 $P_{1\%}$ 的各设计值。

(2)第二种方法也有两种组合方式。与第一种方法的不同在于放大系数不是放大频率级别，而是放大调查频率组合条件下的各水力因素值。一种将桥址处调查到的历史最高水位 70 年一遇相应的桥址上、下游边界站的频率，直接组合计算桥址处的各水力因素值，再将这些数值乘以放大系数，求得桥址处 $P_{1\%}$ 的各设计值；另一种仍在主要来水侧采用 $P_{1\%}$ 的水流过程线，另一侧依照调查到的桥址处 70 年一遇相应的桥址上、下游实际发生的频率，同理计算采用的频率 P_x 并制定其过程线，再求出桥址处各水力因素值。在此基础上乘以放大系数，即得出桥址处各水力因素新的设计值。

上述方式反映了洪水与潮水的遭遇条件，既非两者频率相乘后为 1%，也非两者皆为 1%，而是两者频率相乘后为 0.01%～1%的某一数值，该值即桥址处的 $P_{1\%}$。

4. 以上方法有算例佐证，如下所述。

桥址河段调查到历史最高水位为 100 年一遇，同期相应上游洪峰流量频率为 $P_{2\%}$，下游与之遭遇的潮水位频率为 $P_{3.33\%}$。第一种方法直接采用上游 $P_{2\%}$ 及下游 $P_{3.33\%}$ 的水流过程线，组合推算桥址处各水力因素设计值；第二种方法的上游来水侧采用 $P_{1\%}$ 流量过程线，下游潮水位过程通常采用的频率按下式计算。

$$P_x=(2\%\times3.33\%)/1\%=6.66\%$$

再按上述频率的水流过程线进行组合计算，求得桥址处各设计值。由于上述两种方法组合计算皆属桥址处的同等级频率，故将两种计算结果相比较，以控制值为设计值。

若桥址河段调查的历史最高水位不是100年一遇而是70年，相应的上、下游来水频率仍同前所述，调查到桥址河段或相似河段的 $C_v=0.10$、$C_s=2C_v$，经查表得到 K_p：$P_{1\%}$ 时 $K_p=1.25$，$P_{1/70}$ 时 $K_p=1.223$（放大系数 $K=1.25/1.223=1.014$）；$P_{2\%}$ 时 $K_p=1.21$，$P_{3.33\%}$ 时 $K_P=1.192$。

按照第一种方法的第一种放大方式，将桥址上、下游频率 $P_{2\%}$ 及 $P_{3.33\%}$ 级别放大。$P_{2\%}$ 放大为 $K_p=1.216\times1.014=1.233$，求得新的频率 $P_{1.548\%}$；$P_{3.33\%}$ 放大为 $K_p=1.192\times1.014=1.208$，相应新的频率 $P_{2.443\%}$。以此新求得的上、下游的 P 值过程线，组合计算桥址处的各水力因素设计值。按照第一种方法的第二种放大方式，即上游来水侧采用 $P_{1\%}$ 的水流过程线，另一侧采用频率 $P_x=(1.548\%\times2.443\%)/1\%=3.781\%$ 的水流过程线，组合求得桥址处 $P_{1\%}$ 的各设计值。

按照第二种方法的第一种放大方式，直接采用上、下游调查的 $P_{1\%}$ 水流过程线，先推算70年一遇的水力因素值，乘以放大系数 $K=1.014$，得到桥址处各设计值。假定70年一遇求出的桥址水位为：高潮位 $H_p=3.50\text{ m}$，低潮位 $H_p=1.50\text{ m}$，换算桥址处 $P_{1\%}$ 时，$H_{p1\%}=3.50\times1.014=3.55\text{ m}$，$H'_{p\%}=-1.50\times1.014=-1.52\text{ m}$，该值即桥址处设计频率水位，流量换算同样处理。按照第二种方法的第二种放大方式，上游来水侧仍采用 $P_{1\%}$ 水流过程线，另一侧采用频率 $P_x=(2\%\times3.33\%)/1\%=6.66\%$ 的水流过程线，组合求得相当于70年一遇的各水力因素值，在此数值上乘以放大系数 K（本例 $K=1.014$），即得出桥址处的各设计值。

上述累计四种方式，都属于同一频率等级，需将结果加以比较，选用其控制值作为桥址处的设计值。

调查确定历史洪水频率有困难时，可一侧采用 $P_{1\%}$，另一侧采用 $P_{5\%}$ 进行组合，选其不利值作为设计值。除了确定桥址上、下游两侧选用频率的水流设计过程线外，尚需分析潮区边界至河口入海处边界之间的河势变化，以及长河段各断面的冲淤，以确定采用的流路和各断面形态。否则，推算的设计流量和设计水位可能与将来的实际发生值存在较大差距。糙率的选用需慎重，最好采用实测资料。

8.3.3 感潮河段各设计值的设计过程线

[**第 8.3.3 条引文**]

感潮河段桥址处具有不少于 20 年实测资料时，设计流量、设计水位的频率计算可按本规范第 5 章有关规定办理。根据计算得出的符合设计频率的高低潮位值、涨落潮流量值和典型年过程线，推算出各设计值的设计过程线，从而利用桥址断面推算流速过程线和流速设计值。

[**第 8.3.3 条解读**]

本条沿用《规范》(TBJ 17—86)第 8.3.3 条。

根据对沿海 20 多个港口部分潮位资料的统计和比较，在海岸港和潮汐作用明显的河口港，不同年份之间高潮 10%、低潮 90%的数值变化很小，其差值一般在 10 cm 之内，个别河口港如温州港等，可能受河流不同年份枯水情况的影响而变化较大。在汛期潮汐作用不明显的河口港采用历时累积频率曲线来确定设计水位时，由于河流洪峰期间的水位年与年之间的差别较大，故统计年数不能与海岸港一样只用一年资料，而采用较多年份的潮位资料。

确定高低潮位频率分析时最少的资料年数时，通过对沿海地区有 50 年以上验潮资料的大连、秦皇岛、吴淞、上海、马尾、厦门等港口分别采用 15、20、30 年的资料进行分组计算，并与按全部资料年数的计算结果对比，经梳理分析后表明：用 30 年资料计算与用全部年数的计算结果对比，结果很接近；用 20 年资料计算，相差一般在 20 cm 以内；用 15 年资料计算，相差一般在 30 cm 以上。故要求在频率分析时年数一般不少于连续 20 年。《海港水文规范》(JTS 145-2—2013)、《港口与航道水文规范》(JTS 145—2015)采用频率分析时年数一般不少于连续 20 年的要求。

设计流量、设计水位的频率计算按本规范第 5 章有关要求计算出各水力因素的设计值后，采用峰值倍比放大可推算各水力因素的设计过程线。流速设计值包括设计条件下断面和各水深垂线的平均流速，垂线平均流速计算参照本规范第 8.3.2 条的条文说明。

8.3.4 感潮河段设计潮位推算方法(有实测资料)

[**第 8.3.4 条引文**]

感潮河段桥址处具有不足 20 年，但具有不少于连续 5 年以上的实测资料时，其水位、流量值可与附近具有不少于连续 20 年实测资料的测站建立关系，按极值同步差比法推算。桥址与该测站应位置邻近，还应具有潮汐性质、受河流径流（包括汛期）的影响、增减水的影响皆相似等条件。极值同步差比法采用下式计算。

$$X_{SY}=A_{NY}+\frac{R_Y}{R_X}(X_{SX}-A_{NX}) \tag{8.3.4}$$

式中 X_{SY}——桥址处设计高（低）潮位值（m）或设计潮洪流量（潮流量）值（m^3/s）；

X_{SX}——测站处设计高（低）潮位值（m）或设计潮洪流量（潮流量）值（m^3/s）；

A_{NY}，A_{NX}——桥址及测站的同期平均潮水位或同期平均潮洪流量（平均潮流量）（m^3/s）；

R_Y，R_X——桥址及测站同步潮差（m）或同步潮流量差（m^3/s），其比值 R_Y/R_X 可取两处每日潮差或流量差比值的平均值。

若桥址处无流量资料，仅有水位资料时，除按式（8.3.4）推算水位设计值外，尚需选择以典型潮型确定的设计潮位过程线，利用本规范第 5 章有关要求推算出的桥址上游潮区界以上某处的设计或相应频率的流量过程线，按本规范第 8.3.6 条推算桥址处的设计流量和设计流速。

8.3.5　感潮河段设计潮位推算方法（无实测资料及其他条件）

［第 8.3.5 条引文］

感潮河段桥址处无实测资料，桥址下游河口潮位站又不具备用极值同步差比法计算出设计高（低）潮位时，应在河口潮位站（或设临时站）按本规范第 4.5.6 条规定进行观测，按式（8.3.5—1）计算设计高（低）潮位值，并按设计值及观测资料选定设计潮位过程线。若潮区界上游亦无水文资料可按本规范第 5 章有关规定确定设计流量过程线，再按 8.3.6 条所列方法得出两设计过程线再推算设计流量、设计水位和设计流速过程线。

设计高（低）潮位可按下式计算：

$$H_s=H'_s\pm k \tag{8.3.5—1}$$

$$H'_s=A_N\pm(0.6r+k') \tag{8.3.5—2}$$

式中 H_s——设计高(低)潮位值(m);

H_s'——按短期观测资料推求的设计高(低)潮位值(m);

k——常数,可采用表 8.3.5 中与潮汐性质、潮差大小、河流影响以及增减水影响都较相似的附近港口相应的数值;

A_N——年平均海平面,$A_N = A + \Delta A$,其中 A 为短期观测资料的月平均海平面,ΔA 为桥址下游河口所在地区(或附近港口)海平面的月份订正值;

r——短期(一个月以上)观测资料中的平均潮差(北方港口不用冬季潮差);

k'——常数,可取 0.4 m。

表 8.3.5(本规范) ***k*** **值(m)**

所在地区		水位		所在地区		水位	
海域	站位	极端高水位	极端低水位	海域	站位	极端高水位	极端低水位
黄海、渤海	海洋岛	0.8	1.4	东海	西泽	1.2	1.1
	大连	1.0	1.6		海门(浙江)	1.4	0.8
	踱鱼圈 *	1.0	1.3		大陈 *	0.9	1.0
	营口	1.1	1.5		坎门	1.6	0.9
	葫芦岛	1.0	1.5		龙湾(福建)	1.4	0.9
	秦皇岛	1.0	1.6		沙埕 *	1.1	1.3
	塘沽	1.6	1.8		三沙 *	1.1	1.3
	龙口	1.6	1.5		梅花 *	1.0	1.1
	烟台	1.1	1.2		马尾	1.4	1.0
	乳山口	0.9	1.3		平潭 *	1.3	1.0
	威海	1.1	1.1		崇武	1.3	1.0
	青岛	1.2	1.3		厦门	1.5	1.0
	石臼所	1.2	1.2		东山	1.0	0.9
	连云港	1.5	1.2		汕头	2.3	0.7
	燕尾	1.1	1.2		汕尾	1.3	0.7

续上表

所在地区		水位		所在地区		水位	
海域	站位	极端高水位	极端低水位	海域	站位	极端高水位	极端低水位
	吴淞	1.6	1.0		赤湾	1.1	1.0
	高桥事	1.4	1.0		酒盛圈*	1.1	0.7
	中泼	1.3	1.0		黄埔	1.0	0.7
	大戴山	1.0	1.1		横门*	1.3	0.6
	绿华山	1.0	0.9		灯笼山	1.2	0.6
	金山嘴*	1.2	1.4		大万山*	0.9	0.7
	滩浒*	1.5	1.4		黄冲*	1.3	1.0
东海	镇海	1.5	0.9	南海	黄金*	1.2	0.8
	长涂*	1.1	1.0		三灶*	1.1	0.8
	沈家门*	0.8	1.0		闸坡*	1.2	0.8
	湛江	2.4	0.9		八所	0.9	0.8
	有自洲*	1.3	0.9		湘洲*	1.0	1.1
	秀英	1.8	0.7		石头埠*	1.1	1.4
	清洪*	1.2	0.6		北海	1.1	0.9
	榆林*	0.9	0.6		白龙尾*	1.3	1.1

注：1 * 表示该站采用条件分布联合概率的计算结果。

2. k 值重现期为 50 年。

［第 8.3.4、8.3.5 条解读］

本规范第 8.3.4、8.3.5 条基本沿用《规范》(TBJ 17—86)第 8.3.4、8.3.5 条，对 k 值有调整。

感潮河段的水流属不稳定流，流量不断随时间变化，流向也有顺逆变化。水位与流量之间没有稳定的关系，一个潮流期的水位流量关系一般是不规则的环行曲线，每个潮波的环行曲线也不同。一个潮流期中的流量与流速变化过程一致，都具有周期性变化规律，感潮河段的流量测验必须测一个潮流期的全潮流量过程，然后分别计算涨潮流输入的水量和落潮流输出的水量。河道上游有水量下泄，故落潮总水量大于涨潮总水量，其差值即河流净泄入海的水量。

1. 设计潮位计算方法

在港工规范中,设计潮位包括设计水位和极端水位。设计水位是指港口或建筑物在正常使用条件下的高、低水位。极端水位是指港口或建筑物在极端条件下的校核高、低水位,相当于重现期为 50 年的年极值高潮位和年极值低潮位,规范对设计潮位计算分析采用如下方法。

(1)频率计算法

验潮站具有不少于连续 20 年的年最高潮位实测资料时可采用频率计算方法,一般选用极值Ⅰ型分布律(耿贝尔曲线)。

当有 n 个年最高潮位 h_i,不同重现期的高潮位采用极值Ⅰ型分布律,按下列公式计算。

$$h_p = h + \lambda_{pn} S$$

$$\bar{h} = \frac{1}{n}\sum_{i=1}^{n} h_i$$

$$S = \sqrt{\frac{1}{n}\sum_{i=1}^{n} h_i^2 - \bar{h}^2}$$

式中 h_p——与年频率 P 对应的高潮位;

$\bar{h}$——n 年 h_i 的平均值;

λ_{pn}——与年频率 P 及资料年数 n 有关的系数,可按《海港水文规范》(JTS 145-2—2013)附录 B 查取;

S——n 年 h_i 的均方差;

h_i——第 i 年的年最高潮位。

(2)极值同步差比法

对于有不少于连续 5 年的年最高潮位的验潮站,极端高水位可用极值同步差比法与附近不少于连续 20 年资料的验潮站进行同步相关分析,以计算该地区的极端高水位。

进行极值同步差比法的两个验潮站之间应满足以下条件:

①潮汐性质相似;

②地理位置邻近;

③受河流径流包括汛期径流的影响相似;

④增减水影响相似。

潮汐性质的相似性可按潮位过程线比较法和高潮或低潮相关比较进

行方法判断。潮位过程线比较法是将两个港口半个月以上短期的同步每小时潮位分别点绘两过程线，使其平均海平面重叠在一起，且使其高潮和低潮时间尽量一致，比较两过程线的潮形、潮差等情况；高潮或低潮相关比较是以纵、横两坐标分别代表两港口的高、低潮位，点绘一个月以上短期同步的逐次高潮位或低潮位，连绘成相关线，比较两港口高潮位或低潮位的相关情况。

极值同步差比法的计算式为

$$h_{JY}=A_{NY}+\frac{R_Y}{R_X}(h_{JX}-A_{NX})$$

式中 h_{JX}，h_{JY}——具有长期资料验潮站、待计算验潮站的极端高潮位；

A_{NX}，A_{NY}——具有长期资料验潮站、待计算验潮站的平均海平面潮位；

R_X，R_Y——具有长期资料验潮站、待计算验潮站的同期各年最高潮位的平均值与平均海平面潮位的差值。

(3)近似估算法

不具备用极值同步差比法的地区，其极端高水位可采用以下近似估算法的计算式进行分析。

$$h_J=h_s+K$$

式中 h_J，h_s——极端高水位、设计高水位；

K——常数，见《海港水文规范》(JTS 145-2—2013)表 C.0.4，采用与潮汐性质、潮差大小、河流影响、增减水影响较相似的附近港门的相应值。

本规范对缺少资料感潮河段设计潮位计算分析采用极值同步差比法，无资料地区感潮河段设计潮位计算分析采用近似估算法。桥址或河口站的水力因素设计值的计算参照港工规范的计算式，结合感潮河段桥渡的要求综合后编制而成。

本规范对缺少资料和无资料地区计算桥址或河口站的水力因素设计值的计算，与《海港水文规范》(JTS 145-2—2013)附录 C 极端水位的近似计算方法、《港口与航道水文规范》(JTS 145—2015)附录 H 海港极端水位近似算法一致。

2. 对常数 k 的讨论

常数 k 是与潮汐性质、潮差大小、河流影响及增减水影响都较相似的附近港口的相应值。《规范》(TBJ 17—86)第 8.3.5 条要求的 k 值见表 8-5，《规范》(TB 10017—99)第 3.10.3 条无变化。

表 8-5　k 值

水位	k(m)	所在地区		
		黄海、渤海	东海	南海
高潮位	2.2	—	—	湛江
	2.1	—	—	汕头
	1.8	—	温州	—
	1.7	—	镇海、宁波	—
	1.6	—	吴淞	秀英
	1.5	塘沽新港	连云港、厦门	—
	1.4	—	海门(浙江)、马尾	—
	1.3	—	上海	—
	1.2	青岛	—	黄埔
	1.1	大连、营口	—	—
	1.0	秦皇岛	—	—
	0.8	烟台	—	—
低潮位	1.9	塘沽新港	—	—
	1.6	大连、秦皇岛	—	—
	1.3	烟台、青岛	—	—
	1.2	—	连云港	—
	1.1	—	马尾	—
	1.0	—	宁波、厦门	—
	0.9	—	吴淞	湛江
	0.8	—	温州	—
	0.7	—	上海、海门(浙江)	汕头、黄埔、八所
	0.6	—	—	秀英

本规范对 k 值进行了修订，原取自《海港水文规范》(JTS 145-2—2013)附表 C.0.4。鉴于桥址或河口站缺少或无实测资料，不得不采用相似河段或附近位置的资料推算到桥址处，故算得的设计值精度较低，确定设计值需慎用。

8.3.6 利用间接资料推算设计频率

[第 8.3.6 条引文]

感潮河段桥址处无实测资料，而桥址下游河口验潮站和桥址上游潮区界以上的水文站皆有不少于 20 年的大潮和与其相应的洪水观测资料，以及年最大洪水期与同期的潮位观测资料，可分别按非恒定流方法推算至桥址，然后按本规范第 8.3.3 条规定推算桥址各设计值，并选其不利者。桥址处无实测资料，但桥址上下游有可能获得设计频率的量值，而无法获得设计过程线时，可按恒定流方法推算桥址处设计值。

[第 8.3.6 条解读]

本条沿用《规范》(TBJ 17—86)第 8.3.6 条。

本条是利用间接资料，将各年的水力因素推算到桥址后，再进行统计计算求得桥址处各设计值的一种计算法。该法是在上、下游应采用什么频率才能组成桥址处的设计频率问题还未完全解决前的一种较为适用的方法，分两步计算。

先运用非恒定流计算，将上、下游各年主要时段的水力因素推算到桥址，再将推算到桥址的各时段的水力因素进行统计计算，推算出设计频率的水位和流量。非恒定流计算可采用数值解法的特征线法、直接差分法或有限元法，有软件程序可用。此外，也可用简化计算、水工模型试验、数值模型及经验法等非恒定流的方法求解。

8.3.7 挡潮闸附近或受围垦影响区段内的桥渡

[第 8.3.7 条引文]

感潮河段桥梁位于挡潮闸附近或围垦影响区段内时，应搜集建闸或围垦前后历年河道变化资料及水文资料，特别是对关闸时水位局部突然壅高和落低的数值或围垦后对水位变化过程的影响，桥孔设计时应计入并从中找出变化规律。

[**第 8.3.7 条解读**]

本条沿用《规范》(TBJ 17—86)第 8.3.7 条。

挡潮闸附近或受围垦影响区段内的桥渡，由于建闸或围垦前后河道的水流和泥沙运动都有较大变化，分属于有人工建筑物与天然条件两个不同状况，因此建闸或围垦前后的资料要分别对待，找出各自规律。

挡潮闸附近的桥渡要考虑潮波受阻后的壅高和落低影响。挡潮闸关闭时，当地的潮位与开闸时不同。关闸使涨潮阻于闸前，潮流的动能变为位能，产生潮位壅高现象；落潮时，闸上无水流动能下传，闸下潮水的部分位能转为动能使水流出，产生潮位落低现象。故在建闸河段，关闸时期观测的最高、最低潮位已包括壅高及落低部分，为了资料前后一致及便于插补，必须扣除壅高或加回落低值，使所有资料均代表不受壅高及落低的影响。壅高及落低的数值根据某些站的模型试验、实际观测及理论分析，关闸壅高值约等于原潮差的 0.3 倍，落低值约等于原潮差的 0.5 倍。一般大多数情况，当桥渡建在挡潮闸附近，挡潮闸已建好或将建，可向建闸或其管理单位索取设计运营资料，作为桥渡设计的重要依据。若无该项资料，或者闸的标准较桥渡设计标准为低时，要调查关闭和提升挡潮闸时有关水力、泥沙因素的变化，并考虑建闸前较长年代中的不利情况是否可能重演，及其在建闸后的变化情况。

受围垦影响区段内的桥渡，围垦前后河道的水流泥沙运动都有较大变化，对围垦前后的资料要分别对待，历年河道变化资料及水文资料应予搜集，特别是围垦后的水位变化在桥孔设计时应予关注，找出变化规律。若桥址下游河口有上级批准的大片围垦缩窄河口的规划，并着手实施时，则围垦缩窄后河床的变化对桥渡的影响应予考虑。

8.3.8　不受洪水控制感潮河段上的桥长

[**第 8.3.8 条引文**]

不受洪水控制感潮河段上的桥长，可依据渔业和航运的要求、工程基础施工的条件、经济和环境要求等因素综合考虑确定。

[**第 8.3.8 条解读**]

本条沿用《规范》(TBJ 17—86)第 8.3.8 条。

不受洪水控制的感潮河段或无径流的海湾建桥，桥长除考虑通航条件外，还要了解流速变化对该河段鱼群往返的生态影响，以及修建路堤、两侧水位差等因素，经综合比较后确定。

8.3.9 有封冻及流冰的感潮河段

[第8.3.9条引文]

有封冻及流冰的感潮河段上应注意水流往复冲击的作用。桥渡布设不应阻碍冰块的排泄。有大型冰块浮动时桥墩应具有防冰或破冰设施。

[第8.3.9条解读]

本条沿用《规范》(TBJ 17—86)第8.3.9条。

感潮河段上有封冻及流冰时，需注意水流往复双向流动作用。有大型冰块流动时，需考虑桥墩是否需设双向防冰或破冰设施，桥孔布设通常以不阻碍冰块的宣泄为原则。

如京山线永定新河大桥距河口8 km，平时流速约2 m/s。水文特征受潮汐影响较大，桥位处潮型为不规则半日潮，涨潮快，落潮慢，昼夜涨落潮2次，最大潮差约4.5 m，每次延续时间约11 h，平潮时间约40 min。根据北塘港有关潮汐资料，最高潮位5.72 m(1992年)，最低潮位−1.08 m(1957年)，平均高潮位3.77 m，平均低潮位1.32 m，平均海面潮位2.55 m。该河段桥梁孔跨主要受流冰控制，流冰持续时间较长，每年始于入冬到来年开春，中间除有间断的封冻期外，其余时间冰层受潮水涨落影响往复流动。封冻期间的冰层随潮水升降，桥墩与冰体相脱离，形成天然缝隙，遇到气温及水温持续升高，冰层渐薄，继而造成入海口及河道冰层解体产生流冰。该桥位附近原有1971年建成的两座间距400 m、各20孔23.8 m预应力混凝土梁单线铁路桥，桥跨小。历史上流冰最大冰排约达200 m×300 m×0.5 m，为防止流冰碰撞特设墩周钢轨栅，但不堪流冰撞击，1973—1974年间两桥各被折断196、79根，此后每年冰冻时驶入破冰船并设破冰队护桥，两桥后成危桥被废弃。又建的京山铁路双线永定新河大桥采用大跨度，主跨3-144 m钢梁，1983年建成通车。

8.3.10 通航感潮河段的最高通航水位

[第8.3.10条引文]

通航感潮河段的最高通航水位可按下列方法推算：

1. 具有不少于20年大潮期的逐时潮位资料时，宜选取10年一遇的实测全年潮位记录，以小时为单位作时潮位频率统计，采用通航保证率为98%的相应潮位作为最高通航水位。

2. 资料不足10年时，宜采用实测最高潮位年的全年潮位记录，并进行时潮位频率统计，保证率采用98%的相应潮位作为最高通航水位。

3. 仅有年最高潮位资料而无逐时潮位记录时，通航水位的最高值可采用历年高潮位的平均值。

［第8.3.10条解读］

本条沿用《规范》(TBJ 17—86)第8.3.10条。

航道设计通航水位是确定航道水深和通航历时的基准要素，无论在航道整治工程规划、设计和研究阶段，或在航道运营阶段都十分重要。关于内河航道或海港航道的设计通航水位确定方法及标准，我国现行的相关标准规范中均有要求。但由于感潮河段存在河流与海洋二者之间的相互作用影响，其水位变化不仅与河道径流下泄有关，还与河口外海滨潮汐有关，因而对航道设计通航水位的确定影响很大。目前我国的《内河航道与港口水文规范》(JTJ 214—2018)、《内河通航标准》(GB 50139—2014)等标准规范中，对感潮河段航道设计通航水位的确定有涉及，但未彻底解决问题，例如采用何种确定方法和标准、感潮河段区段划分、样本资料取用年限等。

本规范考虑感潮河段水位的变化是周期性的，每日高潮位的滞留时间比较短暂，因此不能如一般河流那样，应以年极值水位统计频率的作法来确定通航水位。

潮汐受月球引力变化影响，有半日周期、日周期的变化，且农历每月初一、十五前后潮差最大称为大潮，每月初八、廿三前后潮差最小称为小潮，大潮和小潮以半个月为周期交替变化。此外，由于黄道与白道的交点移动周期为18.61年，月球近地点与远地点的移动周期为8.85年，因此潮汐还具有8.85年和18.61年的长周期变化。

为减小基建投资，又能满足通航要求，最好采用以全年98%小时通航保证率的相应水位作为通航水位。潮位资料较多时可用长周期变化的8.85～18.61年间约10年一遇，全年逐时潮位资料进行小时通航保证率的水位计算。天然情况10年一遇的潮水位已包含风暴潮的增水值，比正常天文潮位高。由于风暴期间不适合通航，该值已接近18.61年长周期变化的天文大潮潮位值。故每天仅平均 29 min 不能通行最大船只，其他船只可照常通行。

潮位资料较少时可采用实测最高潮位年的全年逐时潮位资料，统计出小时通航保证率的相应水位。

若仅有年极值的潮位资料，无法作小时通航保证率的水位计算，最高只能采用历年高潮的潮位平均值作为通航水位。

8.3.11 感潮河段上不通航桥孔的桥下净空

[第 8.3.11 条引文]

感潮河段上不通航桥孔的桥下净空应根据桥梁设计频率的最高潮位，按本规范第 6.4.8 条计算确定。浪高和壅水高应按本规范第 6.4 节有关规定估算。

[第 8.3.11 条解读]

本条沿用《规范》(TBJ 17—86)第 8.3.11 条，对感潮河段不通航桥孔没有特别要求。

8.3.12 感潮河段海水浪溅腐蚀作用

[第 8.3.12 条引文]

感潮河段应考虑海水浪溅对钢结构或支座的腐蚀作用。浪溅高度可调查确定，必要时应对腐蚀部分采取防护措施。

[第 8.3.12 条解读]

本条沿用《规范》(TBJ 17—86)第 8.3.12 条。

1. 海水浪溅等因素的腐蚀作用

波浪传入近岸浅水区后将发生波长变短、波高增大现象，导致波陡（波高 H 与水深 h 之比）迅速增加，当波高接近水深（如 $H/h=0.78$）时波浪开始破碎，这种破浪现象如发生在离岸较远处（如暗礁或沙岛）称碎浪。潮汐波行进时冲击桥墩后变成碎波（或称浪溅），其高度要比波浪高得多，目前对浪溅冲击桥墩的高度尚无计算办法，一般根据调查资料确定。

有学者早在 20 世纪 50 年代将海洋浪溅区定义为海水平均高潮位以上，海水浪花和海水微粒飞溅波及的区带。其后有日本学者试验发现，浪溅区在海水平均高潮位以上不超过 1.0 m 处，最大腐蚀处在海水平均高潮位以上 0.5 m 处。我国防腐蚀专家在不同海域对浪溅区范围进行试验测量，发现浪溅区约在海水平均高潮位以上不超过 2.4 m 处。

浪溅区划分可参考我国《海港工程钢结构防腐蚀技术规范》(JTS 153-3—2007)对海港工程钢结构的部位划分，见表 8-6。

表 8-6　海港工程钢结构的部位划分

<table>
<tr><th>掩护条件</th><th>划分类型</th><th>大气区</th><th>浪溅区</th><th>水位变动区</th><th>水下区</th><th>泥下区</th></tr>
<tr><td>有</td><td rowspan="2">按港工设计水位</td><td>设计高水位 +1.5 m 以上</td><td>大气区下界～设计高水位 −1.0 m 之间</td><td rowspan="2">浪溅区下界～设计低水位 −1.0 m 之间</td><td rowspan="3">水位变动区下界～海泥面</td><td rowspan="3">海泥面以下</td></tr>
<tr><td rowspan="2">无</td><td>设计高水位 + η_0 + 1.0 m 以上</td><td>大气区下界至设计高水位 − η_0 之间</td></tr>
<tr><td>按天文潮位</td><td>最高天文潮位 +0.7 倍 100 年一遇有效波高 $H_{1/3}$ 以上</td><td>大气区下界～最高天文潮位 − 100 年一遇有效波高 $H_{1/3}$ 之间</td><td>浪溅区下界～最低天文潮位 − 0.2 倍 100 年一遇有效波高 $H_{1/3}$ 之间</td></tr>
</table>

注：1. η_0 为设计高水位时的重现期 50 年，$H_{1\%}$ 为波列累积频率为 1% 的波高的波峰高度。

2. 无掩护条件的海港工程钢结构无法按港工有关规范计算设计水位时，可按天文潮位确定钢结构的部位划分。

海洋环境从上到下可分为海洋大气区（大气区）、浪花飞溅区（浪溅区）、海水潮差区（水位变动区）、海水全浸区（水下区）、海底泥土区（泥下区）5 个腐蚀区带。国内外长期的海洋腐蚀研究结果表明，钢结构设施在海洋环境不同腐蚀区带，其腐蚀速度有明显的差别。其中，浪花飞溅区是钢结构设施腐蚀最严重的区域，也是最严峻的海洋腐蚀环境，主要受日光辐照和干湿交替为主的大气因素、温度变化和氯离子作用为主的海水因素、海浪和波浪冲击为主的浪流因素三方面影响。浪溅区处于海洋环境表层，日照充足，昼夜温差大，干湿交替频繁。干燥和润湿时间比例对氯离子扩散速度影响很大，干燥时间越长则毛细作用越明显。加上浪溅区含氧量丰富，盐分充足，加速形成水膜，其蒸发和凝聚会导致表面盐分浓缩形成点蚀。浪溅区设施除受到物理化学因素影响外，还受海流和波浪冲击产生的冲刷和附加荷载作用影响，易发生腐蚀疲劳和应力腐蚀而加快腐蚀。

一般情况下，钢在海洋大气中的年平均腐蚀速度约 0.03～0.08 mm，在浪花飞溅区约 0.3～0.5 mm，同一种钢在浪花飞溅区的腐蚀速度比在海水全浸区高出 3～10 倍。调查结果表明，长期在外海暴露的试件，浪花飞溅区的年腐蚀速度最高可达 1 mm 以上，在低潮位以下全浸区的年腐蚀速度仅为 0.1～0.3 mm。碳钢和低合金钢在海洋腐蚀环境的 5 个区带中，浪花飞溅区是最严重区域。

针对海洋钢结构浪花飞溅区的主要腐蚀防护措施，有增加腐蚀富余量和采用耐蚀合金钢，但增加腐蚀富余量会造成钢材浪费，局部孔蚀仍无法避免，仍存在安全隐患，应加入其他防腐措施，如重防腐蚀涂料防护、阴极防护、金属热喷涂防护、包覆层防护等，否则不宜采用。

2. 其他防腐措施

(1)耐海水腐蚀钢

含铜、磷、铬、镍、钼等合金组分的耐大气腐蚀低合金钢(耐候钢)在大气中的耐蚀性与碳钢相比有很大改进，但耐候钢在海洋大气中的耐蚀性不如在普通大气和工业大气中突出，需采用涂料或其他防腐蚀措施。

20 世纪 70—80 年代，国内外防腐界对耐海水腐蚀钢展开深入广泛研究。冶金部钢铁研究院青岛海水腐蚀研究所等单位依据国内的试验结果，选出 10 种性能较好的钢进行定点试验。结果表明，耐海水低合金钢对平均中潮位以上部位的耐腐蚀性能改进较大，对水下部位的改进不大。

(2)重防腐蚀涂料防护

相对常规防腐涂料而言，重防腐涂料适用范围更广，保护期更长。常用的重防腐涂料包括无机富锌、玻璃鳞片等涂料。无机、有机涂层防护是经济有效的方法，但涂层防护对表面处理要求高，且通常使用的涂层难以满足长期抗冲击要求，涂层在海水冲击下容易发生臌泡剥落，引发严重的局部腐蚀，对在役钢结构表面的涂装很难达到要求。

(3)阴极防护

钢结构在浪溅区的海水浸泡率不能达到形成有效的电流回路要求，因此普通的阴极防护对浪溅区钢结构具有一定局限性。

工程中对处于浪溅区的钢结构，通常是将阴极保护和涂层保护结合使用，取得较好效果。

(4)金属热喷涂防护

该项技术是将加热到熔融或半熔融状态的金属材料高速喷射到基体

表面，形成保护涂层。热浸镀层是浪溅区腐蚀防护常用的另一种方法，先将钢材表面进行清洗处理，然后浸入到熔融金属中获得金属镀层，具有较好效果。但现场施工较困难，特别对结构复杂的部位施工尤其困难，需与其他防护措施结合使用。

(5)包覆层防护

该防护措施是指通过在基底材料表面包覆耐蚀性能良好的金属或非金属材料，使基底材料与腐蚀介质隔开，达到控制腐蚀、延长钢结构使用寿命的一种方法。浪溅区常用的有矿脂包覆技术、包覆金属或合金护套、包覆混凝土护套等。

矿脂包覆技术是指在钢结构表面首先涂覆具有良好黏着性、非水溶性、防水性、不挥发性、电绝缘性的矿脂材料，外部包覆防护外罩的防腐蚀技术。该技术源于1925年英国的Denso矿脂防腐蚀系统；20世纪70年代后期，日本研制出一种适用于码头、栈桥及其他外海钢结构浪溅区长期耐久的防腐方法，即复层矿脂PTC包覆防腐技术；此后，中科院海洋所成功开发了该项技术，将其用于我国胜利油田单平台浪溅区的防腐，取得满意的效果。

包覆蒙乃尔合金、钛合金、耐海水不锈钢护套的方法，耐腐蚀效果好，但材料价格昂贵，全面推广受到一定限制。

海水浪溅区的铁路钢结构部件可综合考虑以上措施，详见《海洋钢结构浪花飞溅区复层矿脂包覆防腐技术规程》(DB/T 23—2013)。

8.3.13 感潮河段桥梁一般冲刷和局部冲刷计算

[第8.3.13条引文]

感潮河段桥梁的一般冲刷和局部冲刷可按本规范第7章有关公式计算，但还应考虑设计条件下最不利的水文、水力、泥沙等因素，以及潮汐水流和泥沙运动对冲刷的影响。水文条件复杂时可通过水工模型试验确定。

[第8.3.13条解读]

本条沿用《规范》(TBJ 17—86)第8.3.13条。

加拿大《桥梁水力学指南》及苏联时期1972年桥渡规程指出，感潮河段桥梁的冲刷，通常按非感潮一般河段桥梁冲刷公式计算。但由于潮汐水流的影响，计算值应该考虑加大。我国对感潮河段桥梁的冲刷计算待进一步展开，尚无资料积累可参考。

本规范要求，感潮河段桥梁的一般冲刷和局部冲刷可按一般非感潮河段的桥梁冲刷公式计算，此外要调查桥渡河段历年的冲淤变化，分析既有建筑物的冲淤情况。例如钱塘江闻家堰河段弯道凹岸的主槽刷深曾达30 m，丁坝等导流建筑物的局部冲刷坑深度也曾达20 m。同时需考虑往复流不同于一般单向河流，其洪水和泥沙运动对河道的冲淤影响，以及海水入侵后盐分对泥沙的絮凝作用影响，再确定潮汐河段桥梁的冲刷值。

1. 非感潮河段的桥梁冲刷计算注意事项

(1)计算水位应采用L_{max}的相应水位$H_{计}$(图 8-3)，L_{max}为$L_{毛}$的最大值，设计选用的桥长应不小于L_{max}。

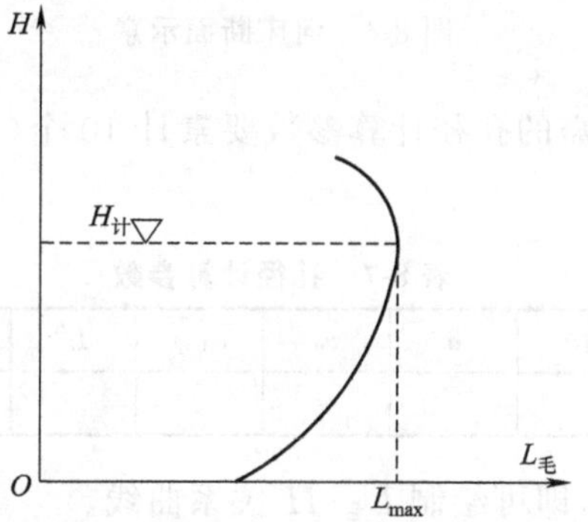

图 8-3 $L_{毛}$-H 关系曲线

具有辽阔河滩的潮汐河流的孔径计算式如下

$$L_{毛}=\frac{\omega_m-\omega_0}{\bar{h}}$$

$$\omega_m=\frac{Q_{计}}{P(1-\lambda)v_p}=\frac{Q_{计}}{\delta v_p}$$

故 $$L_{毛}=\frac{Q_{计}}{\delta v_p \bar{h}}-\frac{\omega_0}{\bar{h}}=L'-\Delta L$$

式中 $L_{毛}$——计算需要桥孔长度，包括墩宽；

ω_m——需要桥下毛过水面积；

ω_0——平滩水位下的河槽断面面积(图 8-4)；

$\bar{h}$——河滩平均水深(图 8-4),列表计算可任意假设变化范围自 0.5 m 至 $Q_{1\%}$ 相应的水位,每隔 0.5 m 计算一次;

$Q_{计}$——计算流量,根据计算水位由图 8-5 确定;

v_p——计算流速,一般情况采用河槽平均流速,河槽平均流速小于土的容许不冲刷平均流速($v_{不冲}=v_{H1}h^{1/5}$)时,应采用 $v_{不冲}$ 为计算流速,v_{H1} 可从本规范附录 E 查取。

其余符号意义同前。

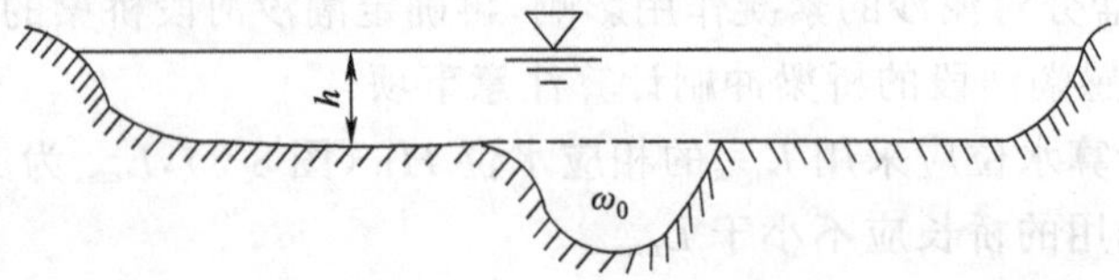

图 8-4　河床断面示意

各种水位下所需的孔径计算参数要素计 10 个(表 8-7),可将具体数值填入表中。

表 8-7　孔径计算参数

H	$\bar{h}$	$Q_{计}$	δ	v_p	$v_{不冲}$	L'	ω_0	ΔL	$L_{毛}$

求出 H、$L_{毛}$ 后,即可绘制 $L_{毛}$-H 关系曲线。

(2)河流与海水混合后形成絮凝现象,泥沙落淤形成边滩、心滩、水下沙洲等河床形态。河口段汛季上游冲下游淤,枯季则下冲上淤,具有海口区河床断面的周年稳定性。因洪水潮汛影响,水下河床地形有变化,冲刷计算应采用历次实测断面中出现最低高程的断面。该断面在洪枯期、涨落潮都可能出现,因此需要观测各时期不同情况下的河床断面,加以比较选定。

(3)潮汐水流与天然状态河流不同,高水位时最大流量不一定是最危险情况。其他较小流量虽水位很低,而可能成为控制设计的流量,同一流量可能出现于各种不同水位,该流量出现于水位变幅的下限时,相应流速最大,桥孔冲刷为最不利状态。将各种流量相应的下限水位连成 Q-H 下包曲线,即为计算孔径的水位流量关系曲线。

绘制计算流量曲线是将所有水位流量关系的点绘在图 8-5 上，绘出点群右侧外包线，即得计算流量 $Q_{计}=f(H)$，冲刷计算流量应采用 $H_{计}$ 的相应流量。

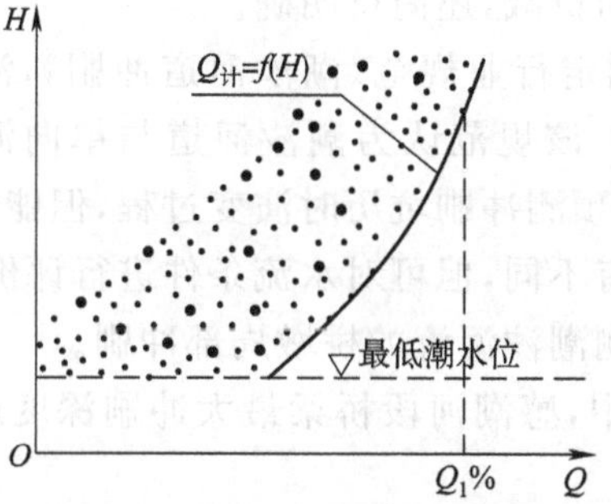

图 8-5 Q-H 关系曲线

(4)河槽流速小于土的容许不冲刷平均流速时，一般冲刷深度应按无底沙移动的冲刷公式计算。在计算局部冲刷中应注意公式的计算水位、流量、流速，应与上述一般冲刷计算中相同。

水文条件复杂时可通过水工模型试验确定。1987 年，铁科院进行钱塘江二桥桥墩局部冲刷上下游往复水流的水工模型试验。结果表明，潮汐水流往复冲淤形成的局部冲刷约为恒定流条件下局部冲刷的 75%～80%。最大冲刷深度 h_{bmax} 的位置，恒定流时多在墩前 0°或上游两侧 45°附近，潮汐水流往复作用下不固定，多在 90°或 270°附近(墩两侧)。

2. 国内研究者对潮流冲刷深度的两种结论

(1)潮流作用下反向流供给泥沙，使潮流的最大冲刷深度小于单向流作用时。铁科院在汕头跨海大桥、钱塘江二桥进行试验，河海大学的海岸海洋工程研究所在福建下白石特大桥进行桥墩局部冲刷试验，南京水利科研所对苏通大桥进行研究，均发现由于潮流作用下反向流供给泥沙，潮流最大冲深比单向流冲深小，折减系数 0.75～0.90。

(2)与单向流作用下的桥墩局部冲刷过程相比，潮汐往复流作用下在一个潮周期内有相当长时间的小流速和息流时间，冲刷坑形成较慢，冲刷达到平衡需更长时间。以涨落潮最大流速与单向流平均流速相一致为对比条件，二者的最大冲刷深度基本一致。即在潮汐往复流条件下，最大冲刷深度取决于涨落急的最强动力条件。

两种结论都认为潮流作用的机理与单向流相同。根据多个工程的试验值与计算值对比,结论(1)更趋于合理,但潮流作用下的局部冲刷深度在单向流基础上如何折减,还尚待明确。

2000 年,美国制定行业规范《潮汐河道冲刷》,涉及潮汐水流条件下桥墩局部冲刷问题。该规范认为潮汐河道与单向河流有同样的冲刷机理,现行公式虽不能预测冲刷坑历时演变过程,但能预测冲刷深度。潮汐河道的水流条件虽有不同,但可对水流条件进行评价,认为非潮汐河流的相应公式可用来预测潮汐河流的桥墩局部冲刷。

在现阶段设计中,感潮河段桥梁最大冲刷深度还采用单向流的计算方法。

8.4 水利化地区

8.4.1 水利化地区桥渡设计基本要求

[第 8.4.1 条引文]

水利化地区桥渡设计洪水可采用雨量资料推算,并以流域治理后实测较大洪水和相应雨量资料进行校核。采用上下游水文站实测成果推算桥渡设计洪水时,应考虑站桥间分洪、蓄洪、滞洪、溃堤、破圩等的影响。必要时应先将资料还原到同一基础上,然后进行频率分析。

[第 8.4.1 条解读]

本条沿用《规范》(TBJ 17—86)第 8.4.1 条。

水利化地区是指流域内因水利等人工设施影响改变了流域水文特征的地区。其中水库地区引入《规范》(TBJ 17—86)第 8.5 节。如河道开挖、改道、治理,以及平原河网化、修筑堤防、堤圩束水防洪;修建分洪道、蓄洪区、滞洪区,以改变天然洪水的传播途径和方式;修建泵站、闸门以及大型灌区,内排河水,外御江水。该地区的水文分析计算和桥孔设计方法不同于一般地区。

水利化地区通常不能直接采用水文站实测洪水资料推算设计洪水流量。由于水利化以后,每年最大流量发生的条件可能不一致。

1. 水利化地区的主要影响因素

(1)水利设施

如流域内有蓄洪作用较大的水库,当拦蓄影响较大时,下游河道流量则与水库下泄流量大小密切相关,水库下泄流量已非天然情况,不是一个随机系列,而是由人工控制的流量系列。不仅建库后的流量与建库前的产生条件不一致,不能一并统计计算,且建库后的流量系列也不能排队进行。

(2)河道开挖

平原河道开挖治埋前通常淤浅曲折,稍大的洪水到处漫溢,大量注入洼地,使洪峰流量大为削减;当河道开挖治理后,由于河道加深拓宽,裁弯取直,使水流排泄通畅,减少漫溢情况,汇流速度加快,洪峰流量增大。河道开挖治理前后流量可能产生显著变化。由开挖前后组成的历年最大流量系列产生条件不一致,故不能直接用数理统计法计算。

(3)漫滩

平原河流主槽窄浅,滩地辽阔时,洪水出槽或漫滩前后的流量变化较大。洪水在出槽或漫滩之前,流量随净雨量增大而增大,洪水漫滩后,地面径流有很大一部分漫坡流动不归槽,调蓄于河滩及洼地,净雨量即使增大,流量增值反而显著减小。在坡水区流量公式 $Q=KRF^n$ 中,随着净雨深度 R 的增大,系数 K 逐渐减小且出现一个明显转折点。该点以上部分随着 R 的增大,K 迅速减小。该点相当于平槽水位,在该水位以上当径流深度增加时,流量减小较快。

因此平原地区漫滩前后的流量,其条件有较明显差异,也不宜用数理统计法对漫滩前后洪水直接进行分析计算。尤其是用未漫滩洪水流量推算罕见的漫滩后洪水流量,其结果可能偏大很多。

(4)溃堤分洪

平原地区为两岸防洪的需要,地方筑堤束水,使一般中小洪水时在堤内行洪。但较大洪水时将产生溃堤或分洪,部分洪水分流至其他流域或调蓄于河滩洼地,使溃堤、分洪口门上下游水文站实测洪水流量历年发生条件不一致,即有些年最大流量没有溃堤分洪影响,有些年则产生溃堤分洪,且情况各不相同。

由于上述各种因素使平原低洼(河网)地区应用流量资料推算设计洪

水会有较大的困难。推算的成果可靠性也较差,要求采用雨量资料推算。考虑设计流量和各种参数选择的误差可能会使推算的设计流量和水位与实际出入较大,要求以流域治理后的实测较大洪水资料和相应降雨量资料进行验证校对。选择流域和河道治理后与现状相近的较大洪水,由该次洪水相应的流域降雨资料,按采用的暴雨洪水计算方法推算相应洪峰流量和过程,并与实测的洪峰流量和过程进行校对,若二者相差稍大但经分析尚属合理,可适当调整有关参数使计算值与实测值相近,然后再按调整后的参数推算设计水位。

水利化地区由于溃堤、分洪后滩地巨大调蓄的影响,使得桥址和上下游水文站的最大洪峰流量常常相差很悬殊。甚至流域面积大很多的桥址洪峰流量,要比上游水文站洪峰流量小很多。如京广铁路漯河大桥,跨越淮河上游最大支流之一的沙河。上游平顶山水文站实测1956年最大洪峰流量为9 470 m^3/s。但经沿途溃堤天然滞洪及泥河洼蓄洪区蓄洪,到漯河水文站测得该年最大洪峰流量仅3 170 m^3/s。沙河上游叶县水文站1957年测得最大洪峰流量为10 500 m^3/s,同样经沿途溃堤天然滞洪及泥河洼蓄洪,在漯河水文站处测得的最大洪峰流量仅3 300 m^3/s。因此在应用桥址上下游水文站实测成果时,应考虑分洪、蓄洪、滞洪、溃堤、破圩等的巨大影响。

2. 对水利化地区相关计算的理解

根据上述差异的主要影响因素分析,水利化地区一般无法或不宜用形态方法推求设计流量。这是因为流域水文特征发生了变化,有的无法再用形态法。有的即使有水文站实测资料,但其各次洪水相应的条件可能不同,也不能直接进行频率分析推算。

(1)一般情况可采用雨量推算流量的方法。这是由水利化地区的特点决定的,在无法或不宜采用直接方法推求设计洪水时,只能采用雨量推算流量的间接方法。而且这种方法可以适应于流域或河道的各种变化状态,因此适应性较强。调查水利化后一次洪水流量,用该年雨量推算流量进行核校,认为可信后再设计雨量推算设计流量。通过实测资料进行验证和校正,具有较好精度。

(2)桥址附近即使有水文站的实测流量系列,也不能直接进行频率计算。应分析各年洪水发生时相应的流域与河道情况是否一致,如有关年份发生了异常情况，如溃堤、分洪等影响。将观测资料换算为同一条件或统一基础上的随机变量，如将溃堤分洪影响的流量还原为归槽流量，水库下泄流量还原为坝址天然流量等，再进行统计分析。

(3)治理后水利部门一般都作了水文分析计算可搜集利用。但由于其洪水标准一般较低，而且水利工程一般多以洪量控制，而铁路桥渡设计多以洪峰控制，在典型洪水的选择上可能有所不同，因此要结合铁路桥渡的特点加以分析利用。

总之，水利化地区都存在历史状况与现实状况的差异，既要调查历史特大洪水，了解流域与河道水文要素状况的变化情况，又要分析历史洪水再现的可能性，以确定设计洪水及其水文要素的推求方法。水利化地区多采用间接法推求设计流量或水位，要求尽可能选用与现状相近的历史较大洪水进行计算验证或校正，在此基础上确定设计洪水。

8.4.2　经过治理或人工控制河段桥渡设计要求

［第 8.4.2 条引文］

流域经过治理或有人工控制设施的水利化地区河段，应利用有关水利部门的设计计算资料，并了解其推算方法及其考虑的因素是否与铁路桥渡设计要求相符，再结合铁路桥渡特点进行水文分析。

［第 8.4.2 条解读］

本条沿用《规范》(TBJ 17—86)第 8.4.2 条。

流域经过治理或有人工控制的河段，当地水利部门一般均有详细的水利规划和水文计算资料。为了使铁路桥涵水文计算成果与水利部门相一致，可参考利用水利部门的勘测分析资料，但该资料一般为流域和河道防洪需要考虑，其设计洪水标准与铁路不同，当需采用当地水利部门分析的成果时，尤其对直接控制桥涵设计的数据应了解其推算方法是否合理，考虑因素是否与铁路桥涵设计要求相符，否则很可能造成后患或浪费。

8.4.3　采用当地排涝公式推算桥渡设计要求

［第 8.4.3 条引文］

水利化地区采用当地排涝公式推算桥渡设计流量时，应考虑桥渡设计洪水与防洪排涝设计洪水在汇流及槽蓄方面的差异。当此项差异较大时，应考虑流域或行洪滩地蓄洪、滞洪以及分洪的影响。

[第 8.4.3 条解读]

本条沿用《规范》(TBJ 17—86)第 8.4.3 条。

1. 治涝地区的水文特点

(1)平原易涝区通过的流量根据当地河道治理情况不同而异。治理标准高的河道一般通过的流量多，未治理的河沟由于长期落淤，河道阻塞，通过的流量就少。

(2)各地防洪排涝标准不尽一致，设计时应区别对待。如河北省内各主要骨干河道采用洪涝分开的办法，河南、安徽等省的有些地区采用排、灌、蓄、滞并用的办法。

(3)我国的治涝重现期标准一般为，部分地区高标准农田可达 10 年一遇，大部分农田 3～5 年一遇。淮河流域多为 3 年一遇及以下，占易涝区面积约 3/4；长江流域多为 5～10 年一遇，占易涝区面积约 3/4；太湖流域的治涝标准较高，10 年一遇及以上的治涝面积占易涝区约 4/5；东北地区一般 3 年一遇及以下的治涝面积占易涝区约 40%，5 年一遇的治涝面积占易涝区约 37%。

(4)遇较大洪水年时，排涝沟不能下泄的流量用其他措施外排，如临时扒口、蓄水、机排等。桥渡设计的流量应配合当地水利部门的规划合理选配。

基于上述情况，除排涝沟布设桥涵外，还应根据地方需要和地形特点酌情布设以利泄流。

2. 排涝流量常用计算方法

我国大部分省区的平原涝区设计排涝流量计算一般采用平均排水法，也有部分地区采用排涝模数经验公式法。涝区面积较大且蓄涝容积较大时，一般采用单位线法推求设计涝水过程线，通过蓄排涝水利计算确定设计流量。在水网地区较多采用水力学模型法和水量平衡法。

平均排水法和排涝模数经验公式法是最常用的排涝流量计算方法。涝区单位面积的排涝流量称为排涝模数，是排涝流量计算的重要设计参数。

(1)平均排水法

控制小面积的排水沟道，在不超过作物容许耐淹历时条件下，可容许地面径流短时间漫出沟槽。因此，计算其设计排水流量不必采用设计暴雨情况下产生的最大流量或最大排涝模数，通常取排水面积上净雨在要求排水时间（地面容许积水或作物耐淹时间）内排除的平均排涝模数，见下式。

$$Q_{排}=M\cdot F$$

式中 M——设计排涝模数[$m^3/(s\cdot km^2)$]；

F——控制断面以上集水面积(km^2)。

①旱地为主涝区的排涝模数

$$M_h=\frac{R_h}{86.4T}$$

式中 M_h——旱地设计排涝模数[$m^3/(s\cdot km^2)$]；

R_h——设计暴雨的净雨深(mm)；

T——涝水排除时间(d)。

②水田涝区的排涝模数

$$M_s=\frac{R_s}{86.4T}$$

$$R_s=P_T-h_s-(f+E)T$$

式中 M_s——水田设计排涝模数[$m^3/(s\cdot km^2)$]；

R_s——水田需要排除的涝水深(mm)；

P_T——历时 T 的设计暴雨量(mm)；

h_s——水田滞蓄水深(mm)；

f——水田日渗漏量(mm/d)；

E——水田日蒸发量(mm/d)。

③旱地和水田涝区综合排涝模数

$$M=\frac{M_hF_h+M_sF_s}{F_h+F_s}$$

式中 M——综合排涝模数[$m^3/(s\cdot km^2)$]；

F_h——旱地面积(km^2)；

F_s——水田面积(km^2)。

④考虑沟塘蓄水的综合排涝模数

$$M=\frac{a_hR_h+a_sR_s+a_t(P_T-ET-h_t)}{3.6T_t}$$

式中 a_h,a_s,a_t——排水区旱地率（含荒地等非耕地）、水田率、沟塘蓄涝水面率，$a_h+a_s+a_t=1$；

h_t——河网、沟塘蓄涝水深(mm)；

T——每天排水的时间，自排取 24 h，抽排取 22～23 h。

平均排水法是按一定时间内的设计暴雨产生的净雨在一定时间内排除，是大部分省区采用的计算方法，自排和抽排均有使用。各省区在长期实践中根据当地暴雨特性、作物耐淹特性、排水方式等因素，分不同类型作物制定了设计暴雨历时和涝水排除时间(表 8-8、表 8-9)。在自排条件下，河道排水模数呈现随流域面积增大而衰减的规律，但平均排水法并未考虑流域面积的影响。根据调查结果，该法较适用于面积较小的涝区计算排水河道或排涝涵闸流量。如淮北平原地区主要用于排水面积不到 50 km^2 的排水区，水田的涝水排除时间较长，适用范围可适当扩大。对较大面积的排水区，用该法计算流量时，可采用一定的折减系数，反映较大面积区域降雨不均匀和沿程的流减。

平均排水法受设计暴雨历时和涝水排除时间等参数影响较大，确定计算参数时要考虑不同排水方式和排水区主要作物类型等因素。

水田渗漏量可采用 $f=\varepsilon T$ 估算，ε 为渗漏强度(mm/d)。田间水层深度 10～40 mm 时，黏土、壤土、沙壤土的 ε 值可分别参考取 1.0～1.5、2.5～3.0、4.0～4.5。

表 8-8　不同地区平均排水法(自排)参数

地区	省区	设计暴雨历时	涝水排除时间	适用条件
东北平原	黑龙江	1 d	2 d	旱地
		3 d	4～5 d	水田
	吉林	1 d	2 d	旱地
		1 d	3 d	水田
华北平原	河北	1 d	1.5 d	旱地
淮河流域	安徽	24 h	24 h	面积小于 50 km^2
	河南	24 h	24 h	
	山东	24 h	24 h	

续上表

地区	省区	设计暴雨历时	涝水排除时间	适用条件
长江中下游	湖南	3 d	3 d	湖区水田
		24 h	24 h	菜田
	湖北	3 d	5 d	湖区水田
		24 h	24 h	菜田
	江西	3 d	3 d	骨干排水沟水渠
	江苏(苏南)	1 d	1 d	—
珠江三角洲	广东(部分地区)	24 h	24 h	—

表 8-9　不同地区平均排水法(抽排)参数

地区	省区	设计暴雨历时			水田、旱地/菜地涝水排除时间	每天开机时间(h)	水田滞留水深(mm)
		水田	旱地	菜田			
长江下游	安徽	3 d		24 h	3 d/24 h	23	60
	浙江	1 d			1～2 d/24 h	24	60
	江苏(苏南)	1 d			1 d	22	30～40
长江中游	江西	3 d			3 d	22～24	50
	湖南	3 d		1 d/24 h	3 d/1 d	20～22	50
	湖北	1 d、3 d			2 d、3 d、5 d/1 d	20～22	50
华北平原	河北	1 d			1.5 d	24	
淮河流域	河南	2 d			2 d	24	50
	安徽	2 d			2 d	24	200
	山东	3 d	1 d	24 h	3 d/24 h	22	50
珠江三角洲	广东(部分地区)	24 h			1 d	22	

(2)排涝模数经验公式法

影响地面排涝模数的因素主要有设计暴雨、地形坡度、地面覆盖、作物组成、土的性质、排水面积等。根据实测暴雨径流资料分析得出的平原地区排涝模数的经验公式。

$$M=KR^mF^n$$

式中 M——设计排涝模数[$m^3/(s \cdot km^2)$]；

R——设计暴雨产生的径流深(mm)；

F——控制断面以上集水面积(km^2)；

K——与流域形状、河道坡降、河网密度、暴雨历时等有关的综合系数；

m——洪峰洪量关系指数；

n——排涝模数与流域面积关系的递减指数。

K、m、n 可查阅各省除涝水文计算方法等资料获得。

由上式求得排涝模数后，可推求排水沟各断面的排涝设计流量如下。

$$Q=M \cdot F$$

排涝模数经验公式法广泛应用于淮河以北的平原坡水地区排水河道及涵闸自排流量计算。排涝模数经验公式的有关参数是根据各地区水文实测资料、地形特征等分析确定的，有其特定的适用范围，不能直接套用到他地区。此方法在小面积排涝涵闸自排流量计算中不常用。如安徽省要求，淮北平原地区面积小于 50 km² 的涵闸自排流量采用平均排除水计算，面积大于 50 km² 可采用排涝模数经验公式进行计算。

表 8-10 列出部分地区排涝模数经验参数和适用范围的调查统计值。

表 8-10　部分地区排涝模数经验参数和适用范围

地区	省区		适用范围(km²)	K	m	n
东北平原	辽宁(中部平原)		＞50	0.012 7	0.93	−0.176
华北平原	河北	一般平原	30～1 000	0.022	0.92	−0.20
		黑龙港地区	200～1 500	0.032	0.92	−0.25
			＞1 500	0.058	0.92	−0.33
	河南(豫北平原)		—	0.024	1.0	−0.25
	山东(鲁北)		—	0.017 2	1.0	−0.25
淮河流域	河南、安徽(淮北平原)		50～5 000	0.026	1.0	−0.25
	山东	湖西平原	500～7 000	0.031	1.0	−0.25
		湖东平原		0.055	1.0	−0.25
	江苏、山东(邳苍郯新区)		100～500	0.033	1.0	−0.25

续上表

地区	省区	适用范围(km²)	K	m	n
长江中下游	湖北	≤500	0.013 5	1.0	−0.201
		>500	0.017	1.0	−0.238
	山西(太原平原)		0.031	0.82	−0.25

水利化地区采用当地排涝公式推算桥渡设计流量时,由于排涝设计洪水标准较低,一般仅为3~5年一遇,故其统计的实测资料基本是针对不出槽的洪水,超过此标准的大洪水,由于平原地区漫滩槽蓄的巨大影响,将使流量增值显著减小。

由于平原漫滩槽蓄的巨大影响未在排涝公式中反映出来,因此直接用当地水利部门排涝公式推算罕见洪水常会偏大很大。如当时淮河治理委员会和安徽省在制定淮北坡水区排涝流量公式时,依据的实测洪水资料是平槽以下的中小洪水。当上游来较大洪水时,两岸涵闸将关闭,堤外坡水积蓄于滩地或顺坡而下,控制断面附近的水流不能进入河道,减少了洪峰流量。故用淮北坡水区的排涝流量公式计算10年一遇流量时取90%,20年一遇流量时取80%~85%。对于更罕见洪水,由于折减系数更小,且无较多资料印证,故未予规定。据分析,100年一遇流量时折减为60%~70%或更小。

8.4.4 水利化地区水文分析要求

[第8.4.4条引文]

水利化地区水文分析应考虑因溃堤、破圩造成相邻流域和各汇水区的串通,并应注意下坡端或低洼处水流集中对铁路工程的影响,必要时将洪水发生过程中各串通流域进行统一水文分析计算。

[第8.4.4条解读]

本条沿用《规范》(TBJ 17—86)第8.4.4条。

平原地区由于地势平坦,洪水时因溃堤、破圩的相互影响,常使各汇水区相互串通。

如津浦铁路符离集—宿县区域的淮北大平原,濉河、唐河、沱河已筑堤防,特大洪水时溃决。1910、1930年洪水时除濉河桥址未破堤外,其余各河洪水串通泛滥。此时会加重下坡端桥涵的泄洪负担。布设桥涵时通常根据地形地势、各桥沟底高程、上游分水线的明显程度，判断有无串集于沟底最低或地面下坡端桥涵的可能。

津浦铁路宿县—固镇复线勘测设计时，上游以沱河堤为界，中间每条主要河沟为一个天然汇水区，铁路沿线有近似平行的运河将各汇水区串通。每个汇水面积的入流均由桥孔及运河出流，而运河水面坡度影响出流。桥前蓄水且下游倒灌，考虑水量平衡，桥前蓄水体积按等高线圈出。

如某铁路 K351＋428 附近有三座小桥，中间一座沟底最低，大水时两侧的水流大都串集于该桥，其左右两桥的通过流量甚少，只起分洪作用。1956 年洪水无法通过中间桥孔，积水很高，上下游水头差近 1 m，出口流速很大。下游 20 m 处有急弯，外侧形成漩涡回流，强烈淘刷沟岸，使西岸桥台基础被淘空而下沉，抛大量片石进行抢险。对地势或沟底最低的桥涵，应按串集水流的几个流域统一汇流分析计算，对下坡端或地势最低的桥涵应适当增大孔径。

8.4.5 内涝积水位计算

[第 8.4.5 条引文]

内涝积水位可按下列方法进行计算：

1. 圩内无设备和能力向外江外海抽排时，可根据外江水位的封圩期计算设计总净雨量，并根据圩内起始水位由内涝区库容曲线查算出设计内涝积水位。

2. 圩内有泵站或水闸向外江外海抽排时，内涝积水位可采用水量平衡原理，选择近年圩堤内与较高积水年份相应的实际降雨和抽排能力，并与实际调查的积水位相验证，在此基础上确定内涝积水位。考虑人工抽排计算内涝积水位时，降雨过程应选择历时长、总量大或强度大且集中的降雨。

[第 8.4.5 条解读]

本条基本沿用《规范》(TBJ 17—86)第 8.4.5 条。

影响内涝积水高度的因素除流域的降雨和损失外，还直接与流域内水利设施和泵闸抽排能力、遭遇外江外海水位过程等有关。内涝区一般都有主要蓄水区，多为在低洼湖塘蓄水区边沿筑圩堤，防护圩堤以内围垦之土地在常年洪水时不被淹没。围垦区内还有乡村修筑的封闭圩堤，这些蓄水区和圩堤工程将直接影响内涝积水的高度。近年来大量小型泵站群和大型泵站、排水闸相继修建，对控制和降低内涝积水位，以及防护圩内村镇农田起了很大作用。外江外海的水位不仅影响排水闸的启闭和排洪量，且外江水位达到一定高程后，由于泵闸设备和站址稳定性要求将停排或关闸。了解泵闸的启闭条件和运用情况主要为确定内涝积水计算原则，何时考虑泵站或排水闸的排水能力。由于有些地区还在继续围垦，可能致使蓄水区减小，设计时就不能完全考虑现状，应加入蓄水区减小后内涝积水位可能增高的因素。

1. 在有安全保证的江河堤防两岸低洼地区修建铁路，求算内涝设计积水位可采用下述简易办法。

(1)向当地水利部门调查了解江河堤防设计标准、圩区农田概况和行政范围、小河沟和湖塘数量、地形地质情况、滞洪蓄洪条件、排灌能力和通道等。

(2)搜集足够比例尺的地形图，其等高线间距最好为 0.5～1 m。

(3)调查沿线历史最高内涝水位和相应年份的降雨量，并求出该年降雨量与 100 年一遇降雨量的差值，确定降雨天数的标准应取决于当地降雨特性和地形条件等因素。

(4)建立各种水位下的蓄水面积关系曲线 $\Omega=f(H)$、各种水位下的蓄水体积关系曲线 $V=f(H)$，并假定降雨增加的体积 ΔV 与蓄水增加的体积 $\Delta V'$ 相等，由 $\Delta V=F\cdot\Delta h$ 算出 100 年一遇雨量较历史最高内涝水位相应雨量增加的降雨体积，即可从 $V=f(H)$ 曲线上查得增加的积水深 ΔH，也可采用下式。

$$\Delta H=\frac{\Delta V'}{\Omega_{历史}}=\frac{\Delta V}{\Omega_{历史}}=\frac{F\times\Delta h}{\Omega_{历史}}$$

(5)用下式求出各段的设计内涝水位。

$$H_{1\%}=H_{历史}+\Delta H$$

2. 当圩内有泵站或水闸向外江外海抽排时，可按下述方法确定内涝设计积水位。

(1)人工抽排计算内涝设计积水位与天然情况有差别。前者不取决于某一期间总净雨量的大小，取决于期间某一强度大雨量集中的暴雨；后者以汛期关闸期的总净雨量为控制，与净雨过程无关。这是由于有泵闸抽排时，即使总雨量很大，但只要降雨分布均匀，雨强小于抽排能力时，来水量完全可以逐时段被排除，不可能形成较高积水。反之，虽总雨量不很大，但雨量强大而集中，大于排抽能力将形成较高积水位。计算时要注意选择较短历时（数天）雨量大而集中的情况，选择一年或数年的实测降雨过程为典型年资料，根据推算的各时段（1、3、5、7、15、30 d，以及整个关闸期）设计降雨量，由典型年资料分段按设计降雨量放大，得出设计降雨过程，再由产流常用方法计算净雨过程，即可根据流域面积换算为来水量过程。但无论用何种产流计算方法，由于内涝区损失量的误差常会影响计算结果的精度，在有较完整的实测资料时，可根据某年闸站实测水位过程、抽排水量、库容曲线等，由水量平衡原理反求净雨量，与按产流方法计算的净雨量相佐证。

(2)设计内涝积水位可采用水量平衡原理。有泵站抽排时，按机台数量和能力计算排水量。开机利用系数可根据调查确定，也可考虑连续开机。同时具备排水闸和泵站时，若外江水位低于圩内水位，仅闸排，不考虑泵站抽排；若外江水位高于圩内水位，可考虑泵站抽排。

某铁路 1980 年在长江高水位和流域内大暴雨情况下，大冶湖泵站连续开机最长 23 d，阳新湖泵站连续开机 30 d 以上，泵机均全部投入使用，每日开机 20～22 h，利用率约达 85％～90％。

(3)计算设计内涝积水位时，应考虑停止抽排的可能因素和影响。

如内涝区内的主要蓄水区周边圩堤标准一般远低于内涝区江河堤防标准，主要蓄水区的库容也常有限，因此当内涝积水位达到或超过蓄水区圩堤的堤顶高程时，由于溃堤破圩的影响，淹没损失迅速扩大，甚至波及整个内涝区。地方设置泵闸主要是为了使积水限于蓄水区内，保护田地村镇，若遇特大洪水使蓄水区外的圩区遭淹没，抽排能力不足以满足短期内抢排圩内积水时，继续抽排的效益已不显著，此时可停止抽排。通常考虑其后来水全部积蓄于圩内。再如大型倒虹吸排水管泵，当外江水位超过倒虹吸管驼峰高程后将停止抽排。大冶湖泵站在 1980 年洪水时，8 月 30 日长江水位达 23.46 m，即关机堵塞排水口。当外江水位超过泵站的设计水位时，考虑闸室的稳定安全要求，可暂停使用。

(4)为校核修正内涝积水计算，对产流分析中的误差，选择近年圩堤内与较高积水年份相应的实际降雨和抽排能力，与实际调查的积水位相佐证，在此基础上推算内涝设计积水位。

8.4.6 河网地区水位和流量计算

［第 8.4.6 条引文］

河网地区若无完整的水文、气象和流域、河道资料时，可调查历史洪水成因和最高水位，用以计算桥渡设计水位和流量；有较完整的流域降雨及河道断面资料时，可由雨量资料推算入流过程，应用河道洪水演进的办法计算河网圩区调蓄后的出流过程。

［第 8.4.6 条解读］

本条沿用《规范》（TBJ 17—86）第 8.4.6 条。

河网地区河道纵横，几何形态和水流状态异常复杂，河流上建有各种建筑物，如排涝闸、挡潮闸、桥涵等。加上边界条件（如江河潮汐）的影响，各条河流的水流总是互相沟通形成整体，一条河流改变原来的水流状态将影响其他相关河流，在各种条件综合作用下难以准确计算相关参数。以往根据现场调查，与当地有关部门协商拟定桥涵孔径，未进行水文分析计算。20 世纪 50 年代初，某铁路旧线修复时大都穿过河网地区，桥涵孔径类型及布置一般按调查既有建筑物使用情况，并与当地政府按通航、灌溉等水利规划要求协商确定。随着水文分析计算方法的发展，目前已初步解决复杂的河网计算问题并逐步完善，但需要较齐全完整的流域降雨和河道断面资料。因此在某些流域尚不具备这些条件时，仍拟着重深入调查历史洪水成因和最高水位，桥涵孔径及其设置可按河道宽度或堤距，结合调查并与地方协商确定。由于河网地区地势平缓，若压缩河道宽度或堤距，会形成过高的桥前壅水，造成严重内涝。

当流域内有较完整的降雨及河道断面资料时，可采用河网水文分析计算方法。

河网圩区采用水文分析计算方法，其要点就是用暴雨推算设计洪水的方法来处理河网圩区的入流过程，用河道洪水演进的方法来处理河网圩区调蓄后的过程。

1. 入流的过程

采用暴雨推算设计洪水的方法，即由流域的设计暴雨、产流和汇流分析确定，有条件时可利用流域实测资料进行分析，否则可采用当地水利部门的手册和查算图表计算。

根据河网圩区的水文特点，当洪水期上游来水或当地大面积降雨不能及时排出，河网中的水流漫过田埂，约束其流动的不再是河槽而是较高的道路。堤防等障碍物组成网格单元，水流在其平面内流动，单元间通过河流、涵闸或电排站沟通，与流域内的山丘、蓄洪分洪区、平原排涝区的产流、汇流情况有较大差异，因此采用单元汇流计算法较合适，即将流域根据不同的产流、汇流特点分为若干单元面积分别计算，确定各单元的入流过程。

2. 河网圩区的调蓄演算

河网的水流状态既受河网的几何形态影响，也受上下游潮汐等边界条件影响，水力因素随时随地变化，属典型的非恒定流运动。围圩内部的河道水流一般变化较小，可近似视为恒定流。因此河网圩区的调蓄演算以边界条件控制，一般上边界为山丘区的入流过程，下边界为江河湖泊潮汐的水位，进行河段调蓄演算。河网中的骨干河道一般采用瞬态法、特征线法、差分法等非恒定流的数值法分析；较小的圩内河网和次要河道可采用简化方程计算。

8.4.7　跨越大型灌渠的桥梁设计流量计算

[第 8.4.7 条引文]

跨越大型灌渠的桥梁设计流量，可采用主管部门提供的最大灌溉流量或最大排洪流量。一般中小型渠道可根据其水源和灌溉方式的不同，选择相应的流量计算办法。

[第 8.4.7 条解读]

本条沿用《规范》(TBJ 17—86)第 8.4.7 条。

灌溉流量主要依据所在地区的土壤、种植类别，降雨量及灌溉面积大小等因素而定。跨越大型渠道或当地进行过灌溉计算的灌溉系统应搜集利用。需自行分析计算时，可参阅原长江流域规划办公室水文处《水利工程实用水文计算》第四章等资料。

8.4.8　跨经蓄洪、滞洪和分洪区的桥渡检算要求

[第 8.4.8 条引文]

跨经蓄洪、滞洪和分洪区的桥渡，应了解淹没情况及主流的位置，桥

孔不应压缩主流区，并应检算对蓄洪、滞洪和分洪区通过能力和对堤防的影响。长期蓄洪区除因灌溉需要外，流水面高程不宜设置过低，桥下净空还应考虑桥下壅水和波浪高度的影响。

[第 8.4.8 条解读]

本条沿用《规范》(TBJ 17—86)第 8.4.9 条。

铁路通过地势低洼的行洪或蓄洪区会遇到水害，淹没站舍设备，引起路堤下沉。合肥铁路车站附近一段线路跨经地势低洼地带，1980 年洪水时车站附近一片汪洋，30 多家工厂被淹，7 500 多户路内外家庭受损。为确保市区安全，沿车站的板桥河、南淝河加高堤防，若南淝河水位超过 14.5 m，车站附近成为行洪区。津浦铁路蚌埠—临淮关 30 km 区段，位于淮河的方丘湖行洪区内，1982 年在临淮关形成行洪区，路堤浸水 30 余日造成长期下沉。跨经蓄洪区时由于蓄水宽度较大，流速普遍极低，桥孔不必沿整个宽度设置，应了解主流域位置并布设桥孔。主流域一般为原河道和排洪道，如京广铁路跨越的老王坡蓄洪区，涉及 15 km。

蓄洪区的污泥河为主要排洪河道，需设置中型桥涵，周边还需分散设置小型桥涵，1962 年按上下游水位差不大于 0.2 m 检查和扩大桥孔，以减小上游的淹没范围。

蓄洪区蓄水时间较长，洪水期间的高水位持续时间也较长，桥涵流水面高程设置过低会影响正常维修。

跨越两岸建有防洪堤的河道，跨越蓄洪、滞洪、分洪区，跨越河网化地区、灌区、受下游建筑物影响地区，对河道的疏浚治理应与该处的桥渡设计结合进行考虑。

该区段桥渡设计的原则要点如下所述。

1. 设计水位应与相应的流量相匹配。

考虑到水利设施的设置，设计水位应考虑一定的安全系数。堤防内桥梁应考虑归槽流量、相应水位，以及上游壅水对堤防附近的影响；受下游建筑物影响，应考虑泥沙淤积抬高水位等。

2. 桥孔大小的确定在原则上不得压缩行洪道的宽度。

3. 冲刷和基础埋深应考虑水利设施影响。

考虑到自然和人为因素可使床面降低的因素，冲刷和基础埋深需考虑足够的安全系数。

平原地区地势平坦，河道纵坡较小，桥梁壅水过高易造成上游和堤防的被淹受损，并引起上下游失调。桥孔的大小常取决于桥前壅水高度，因此壅水值的确定对于平原地区和堤防内的桥梁设计有重要意义。天然情况下，桥址上游可能已造成一些被淹受损，修建铁路后，路堤和桥墩的设置会改变其程度，成为铁路部门与地方都关注的问题。桥前壅水使堤防加高，会产生一定费用。

桥梁建于两岸河堤范围内，河堤设计高程此前未考虑建桥造成上游产生局部壅水，建桥后若上游壅水过大，使堤防局部安全高度受到威胁，且过大的水头差会造成河道的严重冲淤。

桥孔的布设不应更改现有堤防。其中有两层考虑：一是平面上不得局部改动堤防位置，若将墩台置于堤坡上，会造成堤防局部平面变化，使水流条件恶化；二是当桥头路基或梁部结构穿越堤防时，路肩或梁底不宜低于堤顶。

8.4.9　回水顶托桥渡检算要求

[第 8.4.9 条引文]

水利化地区桥渡受下游人工建筑物或江河湖泊的回水顶托时，应按回水顶托情况检算桥梁净空，并应充分考虑泥沙淤积的影响。

[第 8.4.9 条解读]

本条沿用《规范》(TBJ 17—86)第 8.4.10 条。

当桥渡受下游人工建筑物或江河湖泊的回水顶托时，由于壅水区的水流减缓，上游挟带的大量泥沙将部分沉积于附近，造成床面和水位的抬升。如成渝铁路油溪大桥，位于油溪与长江汇合口上游约 300 m 处，受长江倒灌达数公里，桥址淤积多于冲刷。溪水与江水洪峰重叠时，汇合口水平如镜，河身淤浅甚多，江水退后，本河溪流在淤积的河床上冲出小沟。再如渭河口因黄河洪水倒灌顶托，使下游河段严重淤积。黄河水大、渭河水小时，汇合口潼关的水位迅速抬升，汇流区发生壅水，对渭河引起顶托倒灌。河口段则成为黄河及渭河滞洪滞沙的消能地带，以及泥沙堆积的沉积地带。黄河倒灌时，水面多形成倒比降。如 1971 年 7 月 25 日的倒比降达 1.4‰，黄河及渭河的来水顶托形成拦门沙，该河段形成壅水，对渭河来水来沙形成顶托，引起沿程河床水位抬升，河床淤积。1967 年汛后，河口段河床抬升 1.36～3.51m，上游 80 km 以上的华县河床抬升 0.59 m。壅水对洛河顶托倒灌，使洛河口西移，南山支流河口淤塞，影响其排泄能力。

上述事例说明，桥渡受下游建筑物或江河湖泊的回水顶托时，需充分考虑泥沙淤积使床面和水位抬升的因素。由于回水顶托和泥沙淤积的影响，桥址的水流和输沙条件将改变，因此桥孔应按顶托出流计算。

8.4.10 河网化地区桥涵类型

[第 8.4.10 条引文]

河网化地区桥涵类型宜按下述原则确定：

1. 河网化地区宜采用桥梁跨越。

2. 跨越灌溉区的桥涵不宜压缩渠底宽，并应减少水中桥墩。

3. 灌溉桥涵的流水面高程除应考虑上下游山塘、水库、渠道的连接和清淤要求外，还应与铁路排水系统及上下游取土坑高程综合考虑，协调一致。

4. 灌溉渠道上采用圆涵时宜将流水面适当降低。

[第 8.4.10 条解读]

本条基本沿用《规范》(TBJ 17—86)第 8.4.12 条。

河网地区由于通航要求，采用桥梁为主，涵洞少。据当时对沪宁铁路的调查，沿线设桥多设涵少，基本能满足需要。而杭甬铁路某段的孔径类型选择不当，桥少涵多需扩孔。另一段的多处涵洞原与当地协商设置，后要求改涵为桥。可见河网地区采用梁式桥为宜，对通航、排灌及其维修均有利。

灌溉渠道的纵坡一般小于涵洞标准设计的临界坡度，如某铁路沿线大多数渠道纵坡只有 1/3 000，一般按原渠道实际纵坡计算。渠道为新设计断面时，可按不冲不淤纵坡确定通过能力。

渠道的有效高度一般较小，要求水深不变时通过所需流量，不容许涵前积水过高和水流能量过多消耗，使水流漫溢渠顶或下游水位降低过多，影响灌溉能力，要求桥涵一般不能压缩渠道宽度。

渠道在放水中由于上游来沙及自身的泥沙常使渠底淤高，人工渠道几乎每年需清淤一次。在桥涵设计中根据现有渠道高程确定流水面高程时，应考虑清淤要求。否则，按放水后尚未清淤前的实际渠底高程为桥涵流水面高程时，会产生偏高。如某铁路 K217＋934 圆涵，渠道已放水且淤高 0.4 m，致使按实测渠底高程确定的流水面在渠道清淤后抬高，影响过水造成被动，需降低流水面高程。

灌溉涵渠的流水面高程常以协商方式拟定。某铁路 K202＋924 圆涵未经协商，按原地面高程设置，致使流水面高程高出 0.43 m。

流水面高程的确定若与排水系统及上下游取土坑不能配合一致，也常造成无法灌溉。如杭甬铁路某段 K15＋840、K16＋617、K16＋920 等处均为 1 孔 1.0 m 圆涵，设计时仅考虑最低排洪要求，流水面高程 6.1 m，1953 年该处最低水位 5.46 m，不能引水灌溉只能通风，另设一孔 0.6 m 圆涵满足灌溉。

灌溉过水不同于洪水下泄，其水位较低，要求桥涵孔径类型不能导致形成过高的涵前积水，低水位时仍有足够的过水能力，而采用圆涵常达不到该要求。如某铁路 K179＋805 圆涵，受干渠截面和水位限制，通过圆涵的水位较低，稍有积水则使上游水漫渠顶。该圆涵孔径偏小，低水位时过水能力很小，不能满足灌溉要求。故采用圆涵时常将流水面稍放低并适当加大孔径，渠道截面多为梯形，小型渠道甚至近于矩形，且水深一般较小。

8.5 水库地区

8.5.1 水库地区桥渡设计基本要求

[第 8.5.1 条引文]

水库地区的桥梁设计，应考虑水库修建时河道水文要素、岸坡稳定和河道泥沙改变的影响。

[第 8.5.1 条解读]

本条沿用《规范》(TBJ 17—86)第 8.5.1 条。

1. 水库各种特征水位及库容

(1)兴利水位及其库容

兴利水位是为了满足发电、工农业用水所必须蓄到的最高水位；兴利水位至原始水位间的库容为兴利库容。

(2)汛期限制水位

水库在汛期来临前和汛期中，维持不使其超过的水位称汛期限制水位。该水位以上的库容留作滞蓄洪水，洪水发生后，水库应尽快泄洪，迅速降回防洪限制水位腾出库容，滞蓄下一次可能出现的洪水。如汛内水位不超过防洪限制，汛后又无余水可蓄，其兴利水位一般即与防洪限制水位相重合。某些河流的汛后来水较丰富，为了多蓄水，其兴利水位即可定在防洪限制水位之上。此时防洪库容与兴利库容相结合，防洪限制水位和兴利水位之间的库容为共用库容(重迭库容)。

(3)校核洪水位、设计洪水位和防洪库容

水库洪水一般采用设计和校核两种标准。调节设计洪水水库达到的最高水位为设计洪水位；调节校核洪水水库达到的最高水位为校核洪水位。校核洪水位是水库调洪允许达到的最高水位，其与防洪限制水位之间的库容为防洪库容，其下的全部库容为水库总库容，其上再加风浪高和安全超高，为坝顶高程。

水库各种特征水位及库容如图 8-6 所示。

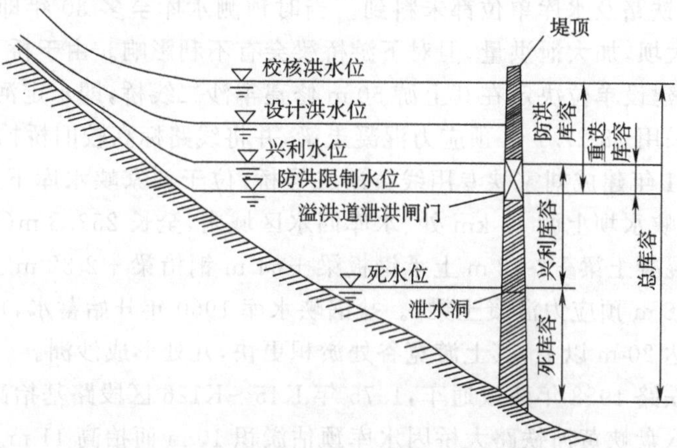

图 8-6　水库各种特征水位及库容

铁路沿库区通过，以及跨越库区、坝址下游河道时，受水库调节影响，河道水流及泥沙运动都有很大变化，对铁路桥位选择、水文及桥孔计算有一定影响。水库地区的桥梁设计应考虑水库修建时的河道水文要素，如岸坡稳定、河道泥沙改变等影响。

2. 水文要素对水库地区桥梁设计考虑因素的影响

(1)水库大坝抬高水位的影响

修建水库使坝址水位抬高很多，库区铁路及其桥梁被淹时需改建。20 世纪 50 年代修建官厅水库，丰沙铁路改线并抬高 6 m。修建鹤地水库大坝，某段铁路的路堤桥涵被淹，曾改线 21.3 km。铁四院勘测设计范围内，闽江及其支流修建水口和沙溪口水电站，需鹰厦铁路部分改建。珠江支流北江修建飞来峡水库，需京广铁路韶广段改线。

(2)水库淤积抬高水位的影响

水库泥沙淤积是水库设计要考虑的问题，也是库区铁路桥梁设计要考虑的主要问题。20 世纪 50 年代对水库泥沙淤积了解不多，造成一些后果。如丰沙一线永定河 8 号桥，为 18-28 m 上承钢板梁，1955 年建成。位于官厅水库回水末端，沙城方向为第 17、18 孔。

桥下净高约 18 m，设计单位认为该值已足够大。官厅水库 1954 年开始蓄水，桥下发生严重淤积，最高达 7 m。以后数年都有淤积，平均达 8～9 m，铁路及水库单位都未料到。当时预测水库至多 30 年即淤平，计划加高大坝，加大泄洪量，但对下游桥梁会有不利影响。由于桥下淤积越来越高，建设单位决定在其上游 50 m 修建丰沙二线桥，即永定河 12 号双线桥。采用 18-27.7 m 预应力混凝土梁，并将线路标高较旧桥抬高 6 m。

1961 年建成刘家峡专用线黄河二号桥，位于刘家峡水库下游 20 km 外、盐锅峡水坝上游 13 km 处、水库回水区域内，全长 253.8 m(2-23.8 m 预应力混凝土梁＋2-32 m 上承钢板梁＋64 m 钢桁梁＋2-32 m 上承钢板梁＋23.8 m 预应力混凝土梁)。盐锅峡水库 1960 年开始蓄水，1966 年桥下淤积达 20 m 以上，其上游宽谷处淤积更快，几处形成沙洲。

某铁路 1958 年建成通车，1975 年 K45～K126 区段路基抬高约 6 m，该线的八盘峡黄河铁路大桥因水库预估淤积 10 m 而抬高 11 m。

(3)水库蓄水对桥孔的影响

当设计洪水的洪峰到来时，可能遇到水库的各种蓄水位。若遇到高蓄水位，水库调蓄可削减洪峰。因库区河槽预先充水，洪水传播速度加快，流量过程线增陡，但水库调蓄起主导作用。水库上游的桥梁当洪水到来并遇到水库高蓄水位时，桥下的通过流量和流速会相对减小；当洪峰遇到水库低蓄水位时，桥下的通过流量和流速较高蓄水位相对增大。

(4)冰塞壅高水位和冰压力的影响

建库后由于库区流速显著减小，在严寒地区水库回水末端易形成冰塞。在其下游修建铁路桥梁，有时由于孔径压缩易形成这种冰塞，相应水位高涨远比天然河道严重，冰塞一旦破碎冲向墩台造成损害。如盐锅峡水库1961—1962年因冰塞关系，壅水末端高约9.35 m，超过汛期1 000年一遇水位。

北方地区的水库入冬水面封冰，位于库区的墩台受大面积冰面挤压，冰面溶化流动又对墩台造成撞击，远超一般荷载，入冬结冰和开春融冰对墩台造成极大伤害。京包铁路妫水河桥位于官厅水库蓄水区，20世纪50年代最先发生冰压破坏事件。

该桥全长663.36 m，20-32 m上承钢桁梁，圆形桥墩，自支承垫石面至承台顶面19.5～21.5 m，八角形承台，两层各2 m钢筋混凝土方桩及管桩基础，墩身由M14混凝土浇筑。设计时未考虑冰压力，1955年4月建成后曾两次受冰压破坏。如1956年1月受六级大风作用，该桥上游冰层破裂，下游一侧冰排产生推力，4～6、8号墩在墩身与承台接触面断裂，19号墩在承台顶面7.8 m墩身工作缝处断裂，7号墩最为严重，在承台顶面约2 m处断裂，错口达10 mm，墩顶中心偏移达46 mm，线路横向移位达200～239 mm。

(5)通航条件变化的影响

建库后由于水位高涨，使不通航的河流有了通航条件或可提高航道等级。成昆铁路跨越的泉水河原为徒步可涉的小河，但建库后水深增至10 m以上，可通船于泉水河大桥之下。

1959年开始设计的陇海铁路郑洛段伊洛河复线桥于1961年建成，当时根据规划，在其下游的黄河干流桃花峪修建大型水库，配合三门峡水库要求，两水库均于1960年建成。由于该复线桥跨越回水区，桥下通航，较旧桥抬高7.0 m并将旧桥报废。

(6)水库溃坝的影响

水库溃坝事例较多，不仅是低标准水库，大中型水库也时有发生。由于水库坝高蓄水量大，失事产生的溃坝流量对下游的危害远较天然洪水要大。此外，建库后由于库水长期浸泡，地基承载强度降低，墩台不均匀沉陷增大，并加剧冲刷下游河道的导治建筑物。

3. 岸坡稳定和河道泥沙改变对水库地区桥梁设计考虑因素的影响

(1)水库坍岸和库岸再造的影响

水库蓄水后，岸坡土层和半岩质岩层产生坍岸，直至平衡稳定条件下形成新的岸坡为止，常为某些水库的重要环境地质问题。发展库水改变了库岸土质的含水量，土体的抗剪强度降低，引起土体软化、崩解、坍滑。水面展宽后风浪增大，库岸在波浪侵蚀淘刷作用下，基础被淘空，上部土体塌落，岸线随之移位，坍滑物形成浅滩。坍岸的影响因素如下。

①库岸的形态：指岸高及其坡度、水下岸形、岸线曲率、库岸切割程度。对于岸高坡陡、水下岸形陡直、凸岸、被冲沟切割成半岛形的库岸，其坍塌较严重。

②库岸的地质结构：指构成库岸的土层产状、层序、土层性质、层厚及浸湿后的变化、有无滑塌体等。黄土的孔隙率高，常有垂直节理，浸水后土的胶体连接被破坏，以致崩解快，易发生强烈快速的坍塌。粉沙、细沙的抗冲刷性弱，易形成大量坍塌和宽而缓的浅滩。砂砾石的抗剪强度大，抗冲刷性强，只有少量坍塌，形成窄而陡的浅滩。

③水体的作用：原来的水上岸坡一部分成为水下岸坡，改变了土体的物理力学性质和岸坡原来的自然平衡状态；在库水位反复变化，地下水位随之升降，骤降产生的水压降低了岸坡土体的稳定性。

④波浪的作用：即波高、波速、波向的作用。波高与风速、吹程、水深有关。波高越大、作用时间越长，波浪的侵蚀淘刷作用就越强。被搬运的塌落物粒径越大、速度越快、距离越远，形成的浅滩就越宽缓。

⑤其他作用：如冰体冻胀、浮冰撞击岸坡、大气湿热变化、泥沙淤积等。

岸坡的土层和半岩质岩层产生坍岸，将影响建于岸坡的桥梁墩台及涵洞的稳定。岸坡较陡的桥隧相连处，可能造成桥位失效而改线。

(2)河型变化和冲淤变化的影响

建库后水沙条件的改变，使库区和坝址下游可能形成河型转化和剧烈的冲淤变化。水坝上游库区由于淤积影响，河型向宽、浅变迁发展；坝址下游由于冲刷作用，河型向窄、深发展。采取底流泄洪或排沙措施时，水库上游也会发生冲刷，如溯源、沿程冲刷，下游也会淤积使河床回升抬高。建库后由于泥沙拦蓄下泄清水，其初期的坝下清水冲刷会造成局部河床显著降低，下游河道长距离普遍下切，有时达数百公里，影响桥梁墩台和基础的稳定。

库区泥沙的冲淤变化会改变跨越水库下游河道桥梁墩台的稳定条件，破坏原河床的平衡，引起河床再造过程，建立与新的水沙条件相适应的新的平衡河道。河床颗粒的粗化使冲刷渐停并回淤，水库下游有较大支流相汇合时，由于干流洪峰消减使来水量减少，不足以大量带走支流的泥沙，汇合口以下的河道会形成淤积。水库的滞洪作用常使大水带小沙、小水带大沙，形成水沙不相适应的情况。

东北某铁路沿线柳河桥上游约 45 km 处有一水库，自采用滞洪排沙方式以来，使用寿命显著延长。桥下河床却逐年淤高，虽采取措施抬高桥墩垫石，桥下净空仍不足。此种河床淤高影响到下游的柳河桥，河槽太浅使水流经常跑滩，河道不稳定，养护作业困难。三门峡水库在洪水不大时选择滞洪排沙，出库的水沙有不协调情况，有些河段发生淤槽不淤滩现象，使黄河历史上的河床淤高问题增加了新的影响因素。郑州黄河大桥根据要求于 1976 年改造，南岸 16 孔 2.5‰的下坡改为平坡，南端最大抬高约 1.6 m。修建济南黄河大桥时略将桥墩抬高，以适应上游水库排沙使河床年淤高逐渐增大的影响。

水库下泄清水造成河床冲刷颗粒粗化的影响范围也很广泛。根据官厅、丹江口等水库资料，1～4 年下游河道冲刷范围分别达 160、467 km。

目前对于水库下游河道的桥渡设计，除利用水利部门资料进行冲淤计算外，主要根据现场调查，酌情考虑冲深或淤高的安全量。

8.5.2 水坝上游库区桥梁设计流量确定原则

[第 8.5.2 条引文]

位于水坝上游库区桥梁的设计流量可按下述原则确定：

1. 水库设计洪水频率小于桥梁设计洪水频率时，可采用桥梁设计洪水频率进行计算。

2. 水库设计洪水频率大于桥梁设计洪水频率时，桥梁设计尚应以溃坝时通过桥下最大流量进行检算。

[第 8.5.2 条解读]

本条沿用《规范》(TBJ 17—86)第 8.5.2 条。

1. 两种水库计算流量的差异

水库建成蓄水后形成一个水面宽广、比降平缓的人工湖泊，水库末端至坝址水深急剧增加，产流、汇流条件有变化，相应洪水在建库前后有显著差异。水库的计算流量分为坝址洪水流量、入库洪水流量，其主要差异如下。

(1)河槽调蓄

坝址洪水包括了入库断面至坝址间天然河道的槽蓄影响。建库后由于预先充水，入库洪水消失了这一影响，加大了入库洪水与洪峰流量。若原有天然河道调蓄作用大，则入库洪水与坝址洪水的差别也大。

(2)洪水传播速度

洪水进入水库，库区形成人工湖泊，水深流缓，边界辽阔，原河道中的洪水波不可能再维持原来的稳定前进波，入库洪水波的波形迅速变化。原河道中属于运动波性质的洪水波入库后边界条件变为动力波性质，因而传播速度较天然河道中加快。

(3)水量平衡

在水库建成后的淹没范围内，原陆地成为水面，产流条件变化。陆面蒸发变为水面蒸发，陆地降雨径流变为水库直接承受降雨。陆面蒸发与水面蒸发相差不大，可忽略，降雨径流关系的改变较大，入库洪水的一次总量增加。

(4)汇流条件

建库前，坝址以上流域汇流时间为河槽与坡地的汇流时间之和。建库后，一部分河段被淹没成水库，汇流时间缩短。水库周边以上流域的河槽汇流时间即为建库前坝址以上河槽汇流时间减去水库淹没河段汇流时间。水库周边至原河槽周边间的坡地成为水面，直接承受降雨，这部分坡地汇流时间已消失，使建库后流域总汇流时间缩短。

由于上述差异，入库洪水相较天然洪水，其洪峰增高，涨水段水量集中，洪水历时缩短，洪峰出现时间提前。这些改变与库区水深、水库回水长度与坝址以上河道长度之比、库区水面面积与坝址以上流域面积之比有关。湖泊型水库的入库洪水与天然洪水差异较大，与河谷型水库差异较小。桥梁跨越河谷型水库时可按天然流量设计，跨越湖泊型水库时可按入库洪水设计。

2. 根据流量资料推算入库洪水的方法

入库洪水计算方法可分为根据暴雨资料推算和根据流量资料推算两大类。前者需考虑建库后产流、汇流条件的改变;后者常用的方法要点如下。

(1)合成流量法:考虑建库后的洪水传播时间,将入库断面洪水叠加得到入库洪水。

(2)反演法:将流量演算法进行反时序演算,由时段末的出流情况推算时段初的入流情况。

(3)水量平衡法:利用建库后实测坝址水位和相应的出库流量,采用水量平衡方程反推入库洪水。

水库调洪作用较大时,洪水入库后因预先充水引起产流条件变化使洪峰流量增大,入库后水库的调蓄又使洪峰流量减小,过程线塌平。此时还需根据蓄水位和桥址以上库容进行调蓄计算,求出桥址设计洪水流量。

综上,当桥梁位于水坝上游,水库设计洪水频率小于桥梁设计洪水频率时,可采用后者为控制频率。

3. 设计洪水频率的确定要点

(1)一般按天然流量设计,但如果入库流量比天然流量大出较多,则应考虑按入库流量设计。即按建库以后由于产流、汇流条件的变化使相应的洪水流量增大,过程线缩短、增陡的流量来设计。

(2)在人工控制调度的水库上游,最大洪峰流量与最高水位不完全相应:水库调度是以洪量控制,不以瞬时洪峰值控制;汛期高洪峰时,水库按预报调度腾空库容较大,相应水位不一定最高。桥渡设计时需选择最不利条件。

勘测时应调查清楚上述各种情况,充分利用水利部门提供的资料。水库设计洪水频率高于桥梁设计洪水频率时,可采用相应于桥梁标准的水库计算流量。

对于库坝上游的桥梁,坝体溃决水体迅速下泄,水位迅速下降,水流的加快使桥梁基础受冲刷加剧。规范要求水库设计洪水频率大于桥梁设计洪水频率时,桥梁设计尚应以溃坝时桥下最大流量进行检算。

4. 库坝上游桥梁的桥下最大流量检算

库坝上游桥梁可按下式检算溃坝时桥下最大流量(图 8-7)。

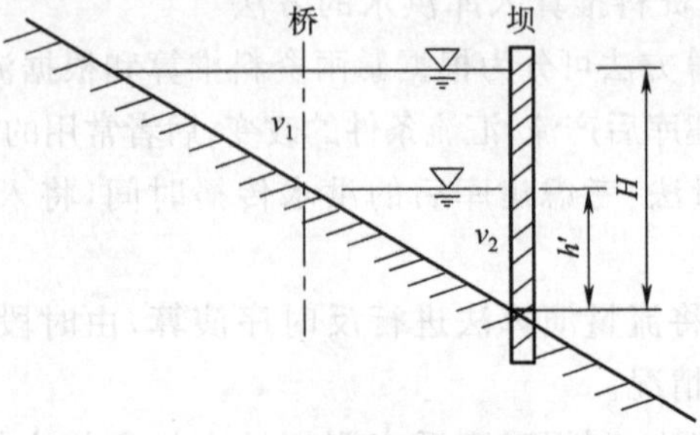

图 8-7　溃坝上桥位示意

$$Q'_M=(Q_M-q_M)\frac{V_1}{V-V_2}$$

式中　Q'_M——桥下通过最大流量；

Q_M——坝址处水深等于 H 时的溃坝流量；

q_M——水深等于 h' 时的溃坝流量；

V_1——桥址上游库容；

V_2——坝址处水深为 h' 时的库容；

V——溃坝前的实际总库容。

q_M、V_2 很小时，上式可简化为

$$Q'=Q_M\frac{V_1}{V}$$

该类桥孔的冲刷计算仍按天然情况考虑。溃坝使水位降落很大，产生强大的溯源冲刷和沿程冲刷，有可能冲刷桥下原河床，溃坝后不长时间内，河床经几次洪水会恢复原貌。

桥下设计水位除需考虑桥下最大流量的相应水位外，还需考虑水库淤积抬高的水位。

8.5.3　水坝下游的桥梁设计流量确定原则（水库校核洪水频率小于桥梁设计洪水频率）

［**第 8.5.3 条引文**］

水库校核洪水频率小于桥梁设计洪水频率时，水坝下游的桥梁设计流量可按下述原则确定：

1. 坝桥间径流量较小时，可直接采用与桥梁设计频率相应的水库下

泄流量。

2. 有较大支流汇入、区间流量较大、桥址距水坝较远时，除应计入区间流量外，还应考虑河槽调蓄对下泄流量的影响。计算桥址处的设计流量，可按附录 K 进行计算。

3. 受水库下泄流量控制设计时，还应考虑水库有效库容逐年减少或下泄流量逐年增大因素对桥梁的影响。

[第 8.5.3 条解读]

本条基本沿用《规范》(TBJ 17—86)第 8.5.3 条第 1 款。

水库洪水采用设计和校核两种标准。调节设计洪水达到的最高水位为设计洪水位；调节校核洪水达到的最高水位为校核洪水位，是水库调洪允许达到的最高水位。

对于水坝下游的桥梁在计算区间流量前，首先需确定水库下泄流量。水库下泄流量通常采用水利部门设计的 100 年一遇洪水下泄流量，淤积计算年限一般 10～50 年。水库使用时间较长且河流多沙时，库容逐渐小于设计调洪值，洪水下泄流量渐增，至达成水库输沙平衡。这种调洪库容逐年减小，达到终极库容后，其下泄流量增大至终极平衡下泄流量，会比设计洪水下泄流量大出很多，但小于天然洪水流量。多沙河流水库淤满年限较短，其下游桥梁应根据坝桥间距的不同情况，按水库终极输沙平衡的设计洪水下泄流量，计算桥梁设计流量与孔径。

1. 水坝下游桥梁设计流量的几种情况

(1)当桥址距水坝很近，中间无较大支流汇入且流域面积增加不大于 10%时，可不考虑终极平衡状况。当区间流量较小，坝桥间河道槽蓄量不大时，为简化计算，桥址设计流量可直接采用水库下泄设计流量。有些水库下游附近有水文站观测资料，即使流量观测系列较长也不能直接用数理统计推算设计流量。水库下泄流量完全受制于水库条件，在相同入库洪水条件下，水库调蓄情况不一定相同，出库流量非随机变量，此时仍应采用水库设计下泄量值。

大中型水库的泄洪流量可从水利部门取得。小型水库的设计洪水标准若与铁路桥涵相同，可采用下式。

$$Q'_{设}=Q_{设}\left(1-\frac{V_{调}}{W_{总}}\right)$$

式中　$Q_{设}$——与桥孔设计洪水频率相同的进库流量；

$W_{总}$——与桥孔设计洪水频率相同的进库设计洪水总量；

$V_{调}$——调洪库容，即水库校核洪水位与防洪限制水位之间的库容。

某些水库的淤积计算年限比桥梁使用年限要低。对于大中型水库，可采用终极库容下泄最大流量为桥下设计流量；对于小型水库，其桥下设计流量不予折减。

(2)若桥址距坝址较远且中间有较多支流，由于各年间洪水与水库下泄流量的相遇过程不同，水库下游桥址处的设计流量可采用下述原则计算。

①一般可采用洪水组合计算方法，分为坝址以上、坝桥区间两部分，且二者采用同一设计洪水频率，叠加后得到其设计流量。

②以桥址处的建库前设计洪水为基数，两部分流量叠加时，桥下设计流量不宜超出该值。

③当区间支流有水文站实测流量资料，且能控制主要流域面积时，将实测某一典型年的洪水过程线放大，求得两部分设计洪水过程线，按调洪及洪水演进办法算至桥址再叠加。

④当区间控制支流无实测洪水资料，但有条件进行洪水调查计算时，可根据洪水调查推算设计洪水。无条件时可用暴雨推算设计洪水的间接方法推算，再将调节后的下泄流量与区间流量相叠加。

⑤为保证主坝安全，某些水库除了主坝正常下泄洪水外，较大洪水时还通过非常溢洪道来排泄部分洪水。此时下游桥梁按洪水正常下泄的流量标准设计，并考虑坝桥间的洪水、非常溢洪道的下泄洪水的影响。

(3)水库下泄流量随着有效库容被泥沙逐年淤积而加大。如官厅水库设计下泄流量由 600 m^3/s 增至 1 630 m^3/s，主要是因库容逐年淤积而减小，也受设计流量增大的影响。因此为安全考虑，应采用水库泥沙淤积的终极库容相应的下泄设计流量。

对于平原水库下游的桥渡，通常考虑非汛期人造洪峰和调水调沙影响。如黄河某段规划利用滩地修建平原水库，保留南部主槽，形成南槽北库，非汛期蓄积清水，年末搞人造洪峰，下泄流量约 5 000 m^3/s。汛期洪水仍过主槽，向黄河补给清水，加大洪峰流量稀释黄河，冲刷下游河道。

又如东平湖水库每年 11 月蓄水，来年 6 月搞人造洪峰一两次，洪峰流量约 2 500 m^3/s，冲刷下游河道。

2. 水库下泄流量与区间洪水的组合

水库下泄流量传播与区间洪水组合，常采用以下计算法。

(1)流域面积比例法

当水库控制面积较大，区间面积相对较小，或主要来水区位于骨干水库上游时可用本法，本法的出发点是将河道控制断面处的设计洪峰流量，按面积比例在区间和水库控制部分进行分配，水库削峰用乘以削减系数 $\frac{Q_{出}}{Q_{入}}$ 来考虑。

控制断面上游有一个骨干水库时

$$Q'_p = Q_p\left(1-\frac{F_1}{F}\right)+Q_p\frac{F_1}{F}\cdot\frac{Q_{1出}}{Q_{1入}}$$

式中，$Q_p\left(1-\frac{F_1}{F}\right)$为区间来水形成部分，$Q_p\frac{F_1}{F}\cdot\frac{Q_{1出}}{Q_{1入}}$为水库上游来水经水库调蓄，河槽汇流到达控制断面部分。

上式即 $Q'_p = Q_p\left[1-\left(1-\frac{Q_{1出}}{Q_{1入}}\right)\frac{F_1}{F}\right]$

流域内有两个骨干水库时

$$Q'_p = Q_p\left[1-\left(1-\frac{Q_{1出}}{Q_{1入}}\right)\frac{F_1}{F}-\left(1-\frac{Q_{2出}}{Q_{2入}}\right)\frac{F_2}{F}\right]$$

式中　Q'_p——考虑水库调蓄作用，控制断面设计流量；

Q_p——不考虑水库调蓄作用，控制断面设计流量；

$Q_{1出}$——遭遇设计洪水时，各骨干水库最大下泄流量；

$Q_{1入}$——各骨干水库入库设计流量；

F_1——各骨干水库控制流域面积；

F——桥址以上的流域面积。

(2)区间来水同频率控制法

该法较为适用于区间面积较大或洪水为主要来源的情况。洪水主要来自区间，河道控制断面遭遇设计频率洪水时，区间发生与该断面频率相同的洪水，而上游骨干水库发生相应洪水可近似认为两部分洪水之差。水库削峰作用与上述(1)方法相同，见下式。

$$Q'_p = Q_{p区} + (Q_p - Q_{p区})\frac{Q_{1出}}{Q_{1入}}$$

上游有几个骨干水库控制时

$$Q'_p = Q_{p区} + (Q_p - Q_{p区})\frac{F_1}{\sum F_i}\frac{Q_{1出}}{Q_{1入}} + (Q_p - Q_{p区})\frac{F_2}{\sum F_i}\frac{Q_{2出}}{Q_{2入}} + \cdots$$

即 $$Q'_p = Q_{p区} + \frac{Q_p - Q_{p区}}{\sum F_i}\left(F_1\frac{Q_{1出}}{Q_{1入}} + F_2\frac{Q_{2出}}{Q_{2入}} + \cdots\right)$$

若区间另有小水库群，如考虑调蓄作用

则 $$Q'_p = Q_{p区}\left(1 - \frac{\sum V_{区滞}}{W_{p区}}\right) + \frac{Q_p - Q_{p区}}{\sum F_i}\left(F_1\frac{Q_{1出}}{Q_{1入}} + F_2\frac{Q_{2出}}{Q_{2入}} + \cdots\right)$$

式中　$Q_{p区}$，$W_{p区}$——区间设计频率的流量和洪水总量(m^3)；

$\sum F_i$——骨干水库控制流域面积之和(km^2)；

$\sum V_{区滞}$——区间面积上小水库滞洪库容之和(m^3)。

其余符号意义同前。

水库下泄流量传播与区间洪水组合，流域面积比例法、区间来水同频率控制法纳入本规范附录K。此外尚有简化计算法和洪水演进法供参考。

粗略考虑上游水库与区间洪水的组合计算时，可采用下式简化计算，求出设计流量偏大，对安全有利。

$$Q'_p = Q_{出} + Q_p\left(\frac{F_{区}}{F}\right)^n$$

式中　$F_{区}$——区间流域面积；

n——面积指数，一般取 $n \approx 0.5$。

其余符号意义同前。

洪水演进法是利用河段的水量平衡关系，由坝址泄流过程逐一推算至下游桥址处相应流量过程线的方法。该法从不定量流的基本原理出发，如坝址离桥址较远，演算时可将全程分若干区间逐一推演，且区间两端最好都有水位观测资料(包括水库下泄流量过程线)，还需有一定数量的沿河实测地形断面资料。

8.5.4　水坝下游的桥梁设计流量确定原则(水库校核洪水频率大于桥梁设计洪水频率)

[第 8.5.4 条引文]

水库校核洪水频率大于桥梁设计洪水频率时,水坝下游的桥梁设计流量应按本规范第 1.0.5 条的规定采取措施,并应考虑溃坝可能对桥涵造成的不利影响。

[第 8.5.4 条解读]

本条基本沿用《规范》(TBJ 17—86)第 8.5.3 条第 2 款。

1. 坝体失事原因分类

根据国际大坝委员会 1974 年《坝的失事教训》统计结果,以及 1982 年第十四届国际大坝会议第 52 题"运行中大坝的安全"总报告所述,坝体失事的原因主要在泄洪能力和基础设施不足等方面。

(1)水力学方面,如暴雨洪水的漫顶、渗漏、管涌、坍岸、冰压力等,占 45%。

(2)结构方面,如坝型选择,各种建筑的型式、材料性能等,占 30%。

(3)地质方面,如坝基的物理力学和化学性能质等,占 7%。

(4)运营使用和维修不良方面,占 6%。

(5)环境和人为因素方面,如地震、冰凌等,占 6%。

(6)其他方面,如老化需报废等,占 6%。

截至 1972 年底,国际大坝委员会根据 110 余个国家及地区的资料统计,共建大坝 13 000 余座,失事近 700 次,其中溃坝近 300 次。由于坝型和库容不同,失事比例不同。按坝型分:土坝约占$\frac{1}{2}$,为最多;重力坝约占$\frac{1}{4}$;拱坝、混合结构坝约占$\frac{1}{4}$。按库容分:中小型坝约占 80%,为最多;大型水库约占 20%。

我国溃坝情况与国外相类似,溃坝绝大多数是中小型水库,约占溃坝总数 96%,这与小型水库的标准低、质量低、管理薄弱有关。溃坝总数在运营期占 74%,施工期占 26%。按坝型分,土坝占 98.3%,为最多;按主体工程分,大坝占 86.9%;按失事原因分,漫坝占 51.5%,质量不佳占 38.5%,管理不当占 4.2%,其他占 5.8%。

2. 坝体失事实例及原因分析

位于水库下游的桥梁，一旦遭遇溃坝将受到严重损失。如1959年7月沈山铁路、1963年8月京广铁路北段、1975年8月京广铁路郑汉段，沿线均因洪水造成水库溃坝损失，一些水库溃坝由于设计洪水标准偏低造成。湘桂铁路竹鹅溪桥，1957年7月因上游的老虎冲水库溃坝，桥墩被冲倒；锦承铁路黄花滩桥，1962年7月因德力吉水库溃坝，桥毁重建；南同蒲铁路1977年遇夏季暴雨，造成洪水溃坝多处，沿线桥涵受损。

《规范》(TB 10017—99)第3.10.5条要求，当桥梁位于水坝下游，水库校核洪水频率低于桥梁的标准时，应考虑溃坝可能造成的不利影响，该条沿用《规范》(TBJ 17—86)第8.5.3条。条文说明为，位于水坝下游的桥梁可分别按水库下泄流量、溃坝流量来设计，均应考虑坝址至桥址的洪水传播、槽蓄及区间流量影响。溃坝流量一般均很大，按此设计使铁路造价提高很多，仅按规范要求适当考虑其影响。

我国的中小型水库绝大部分为土坝，流域面积小，受局部高强度暴雨影响，短时间形成很大洪峰，按洪水频率分析常达1 000年一遇或以上。而其库容有限，设计洪水标准仅100年一遇或以上，一般不能承受超强洪水，容易造成洪水漫顶或基础管涌。

溃坝类型根据其时间过程可分为瞬时溃坝、逐渐溃坝；根据其缺口大小可分为全部溃坝、局部溃坝。全部溃坝为全坝长都溃到坝基；局部溃坝的一种为沿坝长的部分区域发生溃坝，但在垂向残留一定高度坝体的横向溃坝，另一种为大坝局部发生溃决缺口，深度达到坝基的纵向溃坝。两种局部溃坝(即纵横双向溃坝)有时会一并发生。对于刚性坝(如重力坝、拱坝、浆砌石坝、支墩坝等)一般为瞬时溃坝且多出现局部溃坝；对于散粒体坝(如土坝、堆石坝等)因受冲刷使坝体受到破坏，达到溃决过程很短，但不像刚性坝那样瞬时溃决，仍属于逐渐溃坝类型，且多属于溃决到坝基的纵向溃坝。

本规范修改为，水库校核洪水频率大于桥梁设计洪水频率时，水坝下游的桥梁设计流量应按本规范第1.0.5条采取措施，并考虑溃坝可能造成的不利影响。即将“低于”改为“大于”，并强调水库校核洪水频率大于桥梁设计洪水频率时，也应考虑溃坝可能造成的影响。

本规范附录A提供了坝址断面溃坝最大流量和下游桥址处考虑溃

坝的流量计算办法。

8.5.5 坝址断面溃坝最大流量

[第 A.1.1 条(附录)引文]

根据水库溃决条件可采用下列公式之一进行计算;或分别按下列两公式计算,经分析比较后,确定采用值。

1. 理论公式

适用于坝体全溃或横向局部溃决($b_g < B_g$),计算公式如下:

$$Q_g = K_0 \sqrt{g} b_g \cdot H_s^{3/2} \qquad (A.1.1)$$

式中 Q_g——坝址断面溃坝最大流量(m^3/s);

H_s——溃坝时坝体上游水深(m),对未溃水库检算时,可采用坝高值;

K_0——系数,按表 A.1.1 查取;

b_g——坝体溃决口门平均宽度(m),对一般土坝和堆石坝,当水库库容大于 10^6 m^3 时,$b_g = K_1 K_2 (W^{\frac{1}{4}} B_g^{\frac{1}{7}} H_g^{\frac{1}{2}})$,当水库库容小于 10^6 m^3 时,$b_g = K_1 K_3 (W H_g)^{\frac{1}{4}}$,如计算得的 b_g 值大于坝长 B_g 时,则按 $b_g = B_g$ 计算,混凝土重力坝溃坝口门宽等于坝长;

K_1——安全系数,$K_1 = 1.1 \sim 1.3$,按线路等级及坝体质量选定;

K_2——坝体建材系数,对黏土类、黏土心墙或斜墙土石、混凝土,$K_2 = 1.2$,对均质壤土,$K_2 = 2.0$;

K_3——材质系数,质量好的用 6.6,质量差的用 9.1;

W——水库库容(10^4 m^3);

H_g——坝高(m)。

其余符号意义同前。

表 A.1.1(本规范) K_0 值

B_g/b_g	b_g/B_g	K_0	B_g/b_g	b_g/B_g	K_0	B_g/b_g	b_g/B_g	K_0
1	1.000	0.296 3	4	0.250	0.438 2	7	0.143	0.489 5
2	0.500	0.368 7	5	0.200	0.460 3	8	0.125	0.500 8
3	0.333	0.410 1	6	0.167	0.475 9	9	0.111	0.510 5

续上表

B_g/b_g	b_g/B_g	K_0	B_g/b_g	b_g/B_g	K_0	B_g/b_g	b_g/B_g	K_0
10	0.100	0.520 6	16	0.063	0.554 1	22	0.045	0.575 0
11	0.091	0.526 6	17	0.059	0.558 4	24	0.042	0.581 0
12	0.083	0.533 1	18	0.056	0.562 5	26	0.038	0.587 4
13	0.077	0.541 0	19	0.053	0.566 0	28	0.036	0.592 4
14	0.071	0.544 5	20	0.050	0.569 2	30	0.033	0.596 0
15	0.067	0.549 8	21	0.048	0.572 6			

注：表中 B_g 系指坝长或坝址断面附近库区宽度(m)。

2. 经验公式

适用于坝体全溃($b_g=B_g, h'_b=0$)、横向局部溃决($b_g<B_g, h'_b=0$)、竖向局部溃决($b_g=B_g, h'_b>0$)、横竖双向都局部溃决($b_g<B_g, h'_b>0$)等各种情况，计算公式如下：

$$Q_g=0.27\sqrt{g}\left(\frac{L_k}{B_g}\right)^{\frac{1}{10}}\left(\frac{B_g}{b_g}\right)^{\frac{1}{3}}b_g(H_g-K'_0h'_b)^{\frac{3}{2}} \qquad (A.1.2)$$

式中 L_k——水库库区长(m)，可采用坝址断面至库区上游端部淹没宽度突然缩小处的距离，或近似按 $L_k=\frac{W}{H_gB_g}$ 计算，当 $\frac{L_k}{B_k}>5$ 时，则按 $\frac{L_k}{B_k}=5$ 计算；

h'_b——溃坝后坝体残留高度(m)，由于坝体系分层建筑，当某一高程以下坝体质量良好，该高程以上质量较差并有可能沿该高程溃决时，则取质量良好部分高度，当无法确切估算时，可假定 $h'_b=0$；

K'_0——修正系数，可按 $K'_0=1.4\left(\frac{b_gh'_b}{B_gH_g}\right)^{\frac{1}{3}}$ 式计算，当 $\frac{b_gh'_b}{B_gH_g}>0.3$ 时则按 $K'_0=0.92$ 计算。

其余符号意义同前。

[第 A.1.1 条(附录)解读]

本条沿用《规范》(TBJ 17—86)附录二第一节。

附录 A.1.1 列有计算坝址断面溃坝最大流量的理论公式和经验公

式。两式的特点是都可计算坝体全溃或横向部分溃决产生的最大流量。当桥址离坝很近时，可直接采用坝址断面的溃坝最大流量；否则应计算区间汇流与河槽调蓄。现将铁科院溃坝模型试验及最大流量研究成果介绍如下。

1975 年 8 月，有几座水库遭遇台风引起的特大暴雨而相继溃坝。其后，铁科院对某水库溃坝洪水进行了调查和水工模型试验，1978 年起开展溃坝流量计算研究。在不同尺寸的试验水槽和溃坝模型上，针对不同溃坝要素共进行了约 600 次试验，提出了适用于计算坝体各种溃决情况的溃坝最大流量经验计算式，并在理论基础上提出了适用于全溃及横向局部溃决的计算式。

1. 理论公式

鉴于我国绝大部分水库皆为土坝，坝体全溃情况甚少，多数属于横向(沿坝长方向)局部溃决，全溃及横向局溃都能适用的溃坝最大流量理论解推导如下。

设水库平面及断面均为矩形，库底水平，水深均匀，并略去阻力影响，坝体为瞬溃。图 8-8 中 H 为溃坝前水深，B 为坝长，b 为溃决口门的宽度。假定挡水墙以速度 v 向下游移动，则在原有水面形成一个高度为 z 的间断波，以速度 ω 向上游移动。

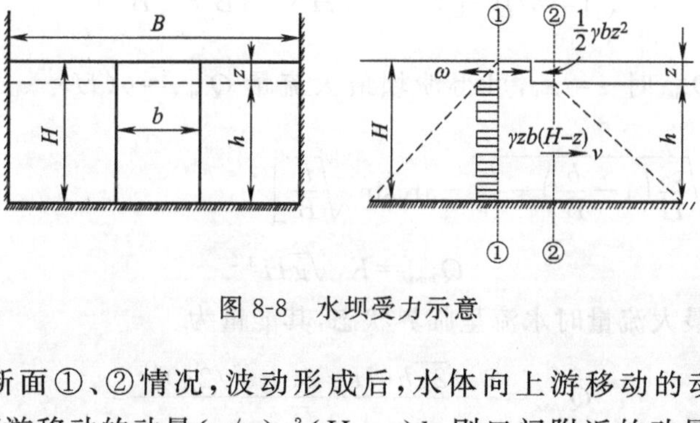

图 8-8　水坝受力示意

分析断面①、②情况，波动形成后，水体向上游移动的动量$(\gamma/g)\omega^2 zB$，向下游移动的动量$(\gamma/g)v^2(H-z)b$，则口门附近的动量变化即为下式。

$$\varepsilon=(\gamma/g)\omega^2 zB+(\gamma/g)v^2(H-z)b$$

因

$$v(H-z)b=\omega zB$$

代入后，得 $\varepsilon=(\gamma/g)\omega^2 zB+(\gamma/g)\omega^2 z^2 B^2/(H-z)b$

根据动量定理，单位时间内动量变化应等于外力之和。水库溃坝（特别是局部溃决）时，负波的传播相当复杂。将其动量变化与外力的关系可简化分析如下。设坝体瞬时溃决，此时口门宽度为 b，水位下降 z，两侧非过流断面水位近似维持原状，故溃坝前后的压差如下式所列。

$$\Delta p=\gamma bz(H-z/2)$$

由于 $\dfrac{\gamma}{g}\cdot\dfrac{\omega^2 zB(H-z)b+\omega^2 z^2 B^2}{(H-z)b}=\gamma z\left(H-\dfrac{z}{2}\right)b$

可得 $\omega=\sqrt{\dfrac{gH\left(1-\dfrac{z}{H}\right)\left(1-\dfrac{z}{2H}\right)b^2}{Bb-\dfrac{z}{H}Bb+\dfrac{z}{H}B^2}}$

取式中 $\sqrt{1-\dfrac{z}{2H}}$ 为 1，得 $\omega=\sqrt{\dfrac{gH\left(1-\dfrac{z}{H}\right)b^2}{Bb-\dfrac{z}{H}Bb+\dfrac{z}{H}B^2}}$

求解 v 值时，因 $\Delta v(H-z)b=\omega\Delta zB$

则 $\mathrm{d}v=[\omega B/(H-z)b]\mathrm{d}z$

积分后可得 $v=\dfrac{\sqrt{gH}}{\sqrt{1-b/B}}2\left[\arcsin\sqrt{\dfrac{z}{H}\left(1-\dfrac{b}{B}\right)+\dfrac{b}{B}}-\arcsin\sqrt{\dfrac{b}{B}}\right]$

假设 $Q=Q_{\max}$ 时 $z=z_0$，可得溃坝最大流量 $Q_{\max}=b(H-z_0)\dfrac{\sqrt{gH}}{\sqrt{1-b/B}}$

$2\left[\arcsin\sqrt{\dfrac{z_0}{H}\left(1-\dfrac{b}{B}\right)+\dfrac{b}{B}}-\arcsin\sqrt{\dfrac{b}{B}}\right]$

$$Q_{\max}=K_1\sqrt{g}H^{3/2}$$

坝址出现最大流量时水流呈临界状态，其能量为

$$Q_{\max}=\frac{2\sqrt{2g}b(H-z_0+v^2/2g)^{3/2}}{3\sqrt{3}}=$$

$$\frac{2\sqrt{2}}{3\sqrt{3}}\left\{1-\frac{z_0}{H}+\frac{2}{1-b/B}\left[\arcsin\sqrt{\frac{z_0}{H}\left(1-\frac{b}{B}\right)+\frac{b}{B}}-\arcsin\sqrt{\frac{b}{B}}\right]^2\right\}^{3/2}\sqrt{g}bH^{3/2}$$

联解可得

$$\frac{\frac{1-z_0/H}{\sqrt{1-b/B}}2\left[\arcsin\sqrt{\frac{z_0}{H}\left(1-\frac{b}{B}\right)+\frac{b}{B}}-\arcsin\sqrt{\frac{b}{B}}\right]}{\frac{2\sqrt{2}}{3\sqrt{3}}\left\{1-\frac{z_0}{H}+\frac{2}{1-b/B}\left[\arcsin\sqrt{\frac{z_0}{H}\left(1-\frac{b}{B}\right)+\frac{b}{B}}-\arcsin\sqrt{\frac{b}{B}}\right]^2\right\}^{3/2}}=1$$

解出相应于各 b/B 的 z_0/H，即可求出溃坝最大流量。为便于计算，已将上式中相应于各 b/B 的 z_0/H 由电算求出，并求得相应的 K_1（表 8-11），代入即可方便求出 Q_{max}。

表 8-11　K_1 值

B/b	b/B	z_0/H	K_1	B/b	b/B	z_0/H	K_1
1	1.000	0.555 6	0.296 3	14	0.071	0.330 2	0.544 5
2	0.500	0.484 0	0.368 7	15	0.067	0.326 8	0.549 3
3	0.333	0.446 0	0.410 1	16	0.063	0.322 8	0.554 1
4	0.250	0.421 0	0.438 2	17	0.059	0.319 6	0.558 4
5	0.200	0.406 0	0.460 3	18	0.056	0.316 7	0.562 5
6	0.167	0.388 4	0.475 9	19	0.053	0.313 7	0.566 0
7	0.143	0.376 7	0.489 5	20	0.050	0.310 6	0.569 2
8	0.125	0.367 0	0.500 8	21	0.048	0.308 5	0.572 6
9	0.111	0.358 7	0.510 5	22	0.045	0.305 2	0.575 0
10	0.100	0.355 2	0.520 6	24	0.042	0.301 7	0.581 0
11	0.091	0.345 6	0.526 6	26	0.038	0.300 4	0.587 4
12	0.083	0.339 7	0.533 1	28	0.036	0.297 8	0.592 4
13	0.077	0.338 6	0.541 0	30	0.033	0.294 0	0.596 0

设 $b/B\to 1$，略去高阶项，得

$$v=2\sqrt{gH}\left\{\frac{1+\frac{1-\frac{b}{B}}{8}}{}-\sqrt{1-\frac{z}{H}}\left[1+\frac{\left(1-\frac{b}{B}\right)\left(1-\frac{z}{H}\right)}{8}\right]\right\}$$

按圣维南方程，全溃时 $z_0/H=5/9$，可得

$$Q_{max}=(8/27)\sqrt{g}BH^{3/2}=0.296\sqrt{g}BH^{3/2}$$

可用于全溃情况。

2. 经验公式

为使试验中各项因素的变化范围能与天然条件大体符合，结合天然水库溃决口门宽度计算方法，经调查多座已溃水库，并搜集未溃水库资料，类似矩形的未溃水库约占55%，其中库长L大于库宽B为多数，$L<B$为少数。根据调查资料确定试验条件，见表8-12。

表8-12 试验条件

条件	B/b	h/H	B/H	b/H	L/B
天然	1～20	1～2	3～30	0.55～17.7	0.5～10
模型	1～16.9	0～0.45	3～54.4	0.53～16.0	0.5～10

各项因素具体数值如下（长度单位：cm）。

库长L：68，136，204，272，529，544，1 360；

坝长（库宽）B：68，136，272，408，544；

坝高H：7，10，15，20，25，30，35，40；

残留坝高h：3.5，4.0，7.0，8.0，10.5，12.0，14.0，16.0；

口门平均宽b：18.5，28.5，38.5，48.5，68.5，78.5，88.5，98.5，101，110，136，149，189，239，272；

口门形状：梯形，矩形；

库区底坡i：1‰；

溃决时间t(s)：0.3，1.0，1.2，1.5，1.7，3.0，3.5，4.7，5.0；

库区底部及侧墙均为水泥砂浆抹面，坝体下游为干涸无水河槽。在上述各因素的组合变换条件下，共进行约600次试验。

试验在两个矩形水槽中进行，通过变更各有关因素，代表多种水库情况。第一个为长25 m、宽1.36 m、高0.5 m的玻璃水槽，库区最大长度5.29 m；第二个为长55 m、宽5.44 m、高0.8 m的砖砌水槽，库区最大长度13.6 m，下游段约40 m。

试验对比分析了全溃情况（$b=B$）、横向局溃情况（$b<B$）、竖向局部溃决（$h\neq0$）三种情况，方法严谨有效，保证了资料结果的稳定可靠。

(1)经验公式的三种情况

①全溃情况（$b=B$）

在圣维南不恒定流方程基础上，假定库区为平底、无阻力，当河槽为棱柱体、坝体瞬时全溃条件下，推导溃坝最大流量计算式。结果表明，坝前水深 H 对 Q_{max} 的影响最大，故针对 H 进行了大量试验，分析结果为，Q_{max} 与 $H^{3/2}$ 呈函数关系。表明全溃条件下，理论计算与试验资料较为接近。

②横向局溃情况($b<B$)

天然情况下，局溃(尤其横向局溃)较为普遍，因此本项试验以横向局溃为重点。

资料表明横向局溃时，Q_{max} 与 b 不是线性关系，与 $b^{2/3}$ 呈函数关系。同时由于横向局溃时呈三向供水状态，溃决口门过流断面处最大的水深、流量均比坝长为 b 时的全溃情况更大，且随 B/b 的增大而增大。Q_{max} 还与库区长宽比有关，$L/B \geqslant 5$ 时，Q_{max} 有不继续增长趋势，可按 $L/B=5$ 计算。此外 L/B 对 Q_{max} 的影响还表现为 H 与 B 一定时，不同的 L 一定程度反映了库容 V 的不同，以及库区的水体重心与坝轴间距 L 的不同。

③竖向局部溃决($h \neq 0$)

竖向局部溃决指大坝非一溃到底，存在一残留高度 h，此时形成的负波能量不能再以 H 反映，应计入 h 的影响。试验表明 h 对 Q_{max} 的影响不能简单以 $H\text{-}h$ 表示，即坝高 H 仅溃决 $H\text{-}h$ 部分坝高时，Q_{max} 与原坝高一溃到底的值不同，其运动水体必然带动其下部水体参与，动能的增加导致 Q_{max} 增大，应采用调整系数 h 表示为 $Q_{max}=f(H-Kh)$。同时存在竖向与横向局溃时，K 与相对拦截面积 $\frac{bh}{BH}$ 呈函数关系，根据试验资料求得 $K\text{-}\frac{bh}{BH}$ 关系曲线，如图 8-9 所示。

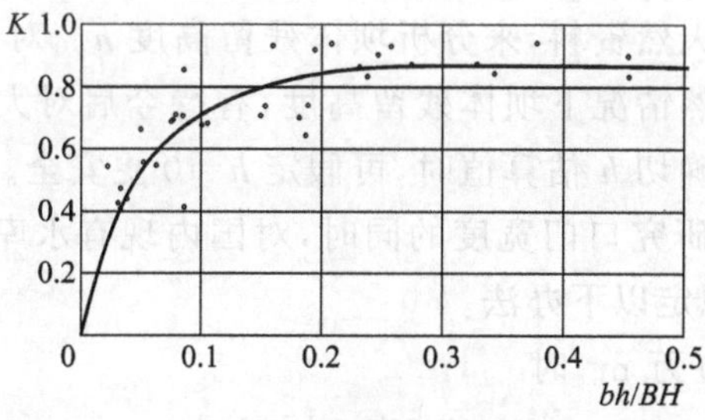

图 8-9 $K\text{-}\frac{bh}{BH}$ 关系曲线

也可近似采用下式

$$K=1.4\left(\frac{bh}{BH}\right)^{1/3}$$

$\frac{bh}{BH}>0.3$ 时，$K=0.92$，表明$\frac{bh}{BH}$对 $Q_{\max}$ 的影响已达极限，此时接近于按 $H\text{-}h$ 计算的数值。

根据上述试验资料，针对各有关因素对溃规最大流量的影响，采用单因素分析，根据因次平衡合理条件，综合得出溃坝最大流量计算式，即规范式(A.1.2)如下。

$$Q_{\max}=0.27\sqrt{g}\,(L/B)^{1/10}(B/b)^{1/3}b(H-Kh)^{3/2}$$

式中，修正系数 K 可查图 8-9 计算，上式适用于全溃($b=B,h=0$)、横向局溃($b<B,h=0$)、横向与竖向局溃同时存在($b<B,h>0$)的溃决情况。

(2)对经验公式的几点说明

①库长 L 一般可采用坝址断面至库区上游端部淹没宽度突然缩小处的距离，或近似按 $L=V/HB$ 计算。其中，以坝前水深代替库区平均水深会使计算值偏小，以坝长 B 代替库区平均宽度会使计算偏大，两者可相互抵消或部分抵消。因 L/B 的指数 $n=0.1$，故 $L/B>5$ 时可近似按 $L/B=5$ 计算。

②坝址断面处库宽 B 大于坝长时，计算采用库水面宽度。如果库水面虽宽却不在坝址断面，则采用坝长计算。因 B/b 对 $Q_{\max}$ 影响较大，选用 B 时应慎重，本项试验 B/b 的值为 1.0～16.87。

③推算已溃水库最大流量，坝前水深 H 应采用坝前实际水深，检算未溃水库的溃坝最大流量可采用坝高值。

④目前尚缺天然资料，来分析坝体残留高度 h。对于已溃水库，h 不难确定。预估天然情况下坝体残留高度，有待今后对大量天然溃坝资料的积累分析。无确切 h 估算值时，可假定 $h=0$ 更安全。

⑤在试验室研究口门宽度的同时，对国内现有水库溃坝口门尺寸进行了调查，初步拟定以下办法。

库容 $V\geqslant100$ 万 m^3 时

$$b=k(V^{1/4}B^{1/7}H^{1/2})$$

式中，k 为坝体材质系数。对于黏土类、黏土心墙或斜墙、混凝土等，

$k=1.19$；对于均质壤土，$k=1.98$。

库容 $V<100$ 万 m^3 时

$$b=k(VH)^{1/4}$$

坝体材料质量高时取 $k=6.6$，质量低时取 $k=9.1$。

3. 公式检算

将铁科院试验资料、某水库天然溃坝资料及南山水库自溃坝试验资料，与公式计算值对照绘图，公式计算值与上列资料甚为接近。

另外，将铁科院试验资料与国内外较有代表性的计算式，如黄委会公式、圣维南—里特尔公式等进行比较，结果见表 8-13。

表 8-13 检算结果对照

序号	公式	资料组数	结果		备注
			$\Delta>20\%$	$\Delta<-20\%$	
1	圣维南-里特尔	14	0	0	仅检算全溃情况
2	肖克里契	211	5	31	分别按全溃与局溃公式计算最后一并统计
3	弗兰克	251	14	31	
4	黄委会	251	89	1	

注：1. $\Delta=\dfrac{Q'_{\max}-Q_{\max}}{Q_{\max}}$，$Q'_{\max}$ 为公式计算值，$Q_{\max}$ 为试验值。

2. 肖克里契公式不能同时计算横向、纵向局溃情况，故只能计算 211 组资料。

8.5.6 桥址断面溃坝最大流量

［第 A.2.1 条(附录)引文］

当桥址在坝址下游，泛区的洪水调蓄作用影响不大时，桥址处的溃坝最大流量可直接采用坝址的溃坝最大流量；泛区的洪水调蓄作用影响较大时，则桥址处的溃坝最大流量可按下式计算：

$$Q'_g=\frac{W_c}{\dfrac{W_c}{Q_g}+\dfrac{L_{OM}}{\bar{v}K''_0}} \tag{A.2.1}$$

式中 Q'_g——桥址断面溃坝最大流量(m^3/s)；

L_{OM}——坝址至桥址间距离(m)；

$\bar{v}$——断面平均流速(m/s)，有资料地区可采用实测最大值，无资料地区，山区用 3～5 m/s，山前用 2～3 m/s，平原用 1～2 m/s；

W_c——水库溃坝后下泄的水量体积(m^3),如无资料时可按式

$$W_c=\frac{B_g(H_g-h_b')L_k}{4}\text{估算;}$$

K_0''——调整系数,山区用1.1～1.5,山前用1.0,平原用0.8～0.9。

其余符号意义同前。

[**第A.2.1条(附录)解读**]

本条沿用《规范》(TBJ 17—86)附录二第二节。

下游桥址断面溃坝最大流量的计算主要有概化典型流量过程线法和经验公式法。

1. 概化典型流量过程线法

坝址流量过程线的计算一般有两类算法。一类是从较完善的方程出发,根据坝址处溃坝流动状况,依据偏微分和常微分方程理论,求得坝址流量过程的理论解或半理论解,再通过直接计算或数值计算得到坝址流量过程线。该法较全面地考虑各种因素,求解过程较复杂,也称详算法。

另一类是鉴于详算法求流量过程线比较复杂,可采用概化典型流量过程线法。通过详算法成果及模型试验数据分析,发现瞬时溃坝流量过程线与最大流量Q_M、溃坝前下泄流量Q_0、溃坝前可泄库容V(简称溃坝库容)有关,可概化为4次或2.5次抛物线。即溃坝初期流量突增到Q_M,然后迅速下降形成下凹曲线(图8-10),最后趋近原下泄流量Q_0(图8-11)。

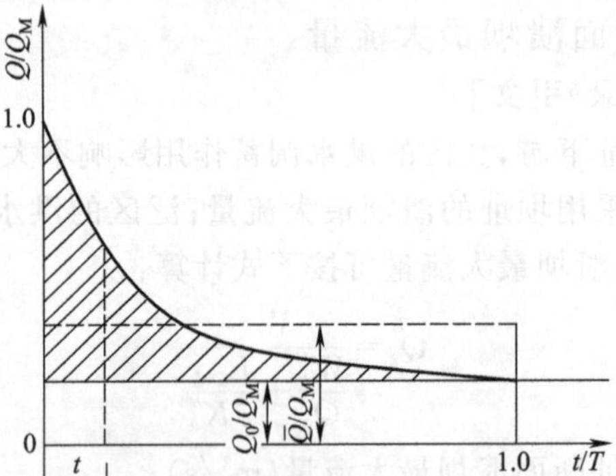

图8-10 概化典型流量过程线

$\bar{Q}/Q_M$—流量过程线纵坐标的平均值

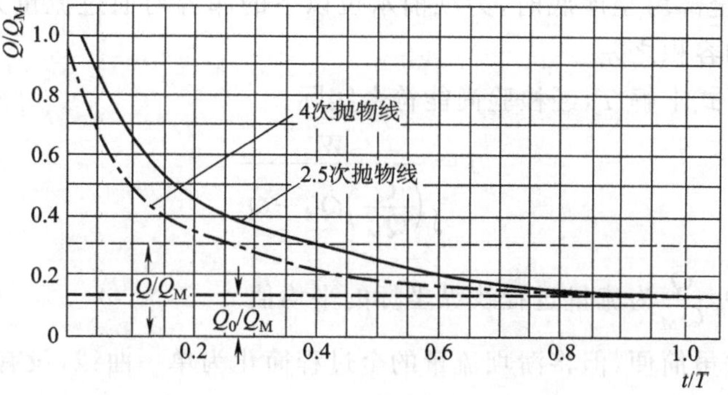

图 8-11　概化典型流量过程线

分析上述资料可得由 4 次、2.5 次抛物线表示的典型概化流量过程线。表 8-14、表 8-15 分别表示两种概化线，T 为溃坝库容泄空时间，t 为任一时刻，工程上多采用 4 次抛物线。

表 8-14　典型流量过程线（4 次抛物线）

t/T	0	0.05	0.1	0.2	0.3	0.4
Q/Q_M	1.0	0.62	0.48	0.34	0.26	0.207
t/T	0.5	0.6	0.7	0.8	0.9	1.0
Q/Q_M	0.168	0.130	0.094	0.061	0.030	Q_0/Q_M

表 8-15　典型流量过程线（2.5 次抛物线）

t/T	0	0.01	0.1	0.2	0.3	0.4	0.65	1.0
Q/Q_M	Q_0/Q_M	1.0	0.62	0.45	0.36	0.29	0.15	Q_0/Q_M

已知 Q_M、Q_0 及溃坝时库容 V 时，可用试算法确定流量过程线。

①根据 Q_M 及溃坝库容 V，初步确定泄空时间 T。

$$T=K\frac{V}{Q_M}$$

系数 K 对于 4 次抛物线一般取 4～5，对于 2.5 次抛物线一般取 3.5。

②根据 T、Q_M，Q_0 由表格计算，初步确定流量过程线。

③检算过程线与 $Q=Q_0$ 直线之间的水量是否等于溃坝库容，如不相等需调整初定的 T 至相等。局部溃决至库底时，溃坝库容为溃坝高程以

上部分；全部垮至库底时，为坝前水位以下的库容与通过流量为 Q_0 时天然河槽的容积之差。

用下式求解 T，经检验尚能符合实际。

$$T=\frac{W}{\left(\frac{\bar{Q}}{Q_M}\right)Q_M-Q_0}$$

式中，$\frac{\bar{Q}}{Q_M}$ 为流量过程线纵坐标的平均值。

该法虽简便，但将溃坝流量的全过程简化为单一曲线，没有考虑各水库的库容特性、坝址泄流过水能力等因素，不是较为准确的方法。

2. 经验公式法

将上述求得的坝址流量过程线视为第一边界条件，可用任何非恒定流解法向下游桥址推演，得流量和水位过程线。但因溃坝波为单坡，峰形尖瘦，向下游演进时水流受河槽的槽蓄作用，流量过程线尖峰部分很快平坦，有条件采用水量平衡法等较简化的方法，这些方法仍繁琐使工作量较大，且常缺乏资料。故确定溃坝下游桥址处流量可用以下经验计算式。

$$Q_{LM}=\frac{W}{\frac{W}{Q_M}+\frac{L_0}{K\bar{v}}}$$

式中 Q_{LM}——坝桥间距为 L_0 时出现的最大溃坝流量；

L_0——坝址与桥址的间距；

$\bar{v}$——河道洪水期断面最大平均流速，有资料的地区可用历史上最大值，无资料时，一般山区可用 3～5 m/s，山前可用 2～3 m/s，平原可用 1～2 m/s；

K——调整系数，山区用 1.1～1.5，山前用 1.0，平原用 0.8～0.9；

W——水库溃坝后下泄水体容积，无资料时可按 $W=\frac{B(H_0-h')L}{4}$ 估算。

其余符号意义同前。

黄委会水利科研所分析实际资料后认为式中的 $K\bar{v}$ 应取下列数值(m/s)，山区河道为 7.15、半山区河道为 4.76、平原河道为 3.13，$K\bar{v}$ 近似于洪水在河道中的传播速度。由上式可知，L_0 趋于 0 时，$Q_{LM}=Q_M$；

L_0 越大则 $L_0/K\bar{v}$ 越大，河槽调蓄作用越显著，Q_{LM} 会逐渐减小，可将 $\frac{L_0}{K\bar{v}}$ 视为河槽调蓄作用的指标。

故将该经验公式纳入本规范附录式(A.2.1)。

8.5.7　水库淤积对水位抬高的影响

[第 8.5.5 条引文]

库区内或沿水库修建的桥梁的设计水位，应考虑水库淤积对水位抬高的影响。水库淤积后的回水曲线可向有关部门搜集，也可应用能量平衡原理或简易法确定桥下设计水位。

[第 8.5.5 条解读]

本条基本沿用《规范》(TBJ 17—86)第 8.5.4 条。

1. 水库淤积对水位的影响

水库泥沙淤积问题是水库设计运用中要考虑的主要问题，也是铁路水库区桥梁设计中要考虑的主要技术问题。20 世纪 50 年代初期，对水库泥沙淤积的了解不够，未能引起应有的考虑重视，造成一些后果，丰沙一线永定河 8 号桥的实例最为明显。

该桥为 18-28 m 上承钢板梁，长约 525 m，于 1955 年建成。桥位在官厅水库回水末端，主流在沙城方向第 17、18 两孔。

建桥时桥下净高约 18 m，设计者当时认为该值已足够，不会产生问题。官厅水库于 1954 年开始蓄水，桥下严重淤积，最高达 7 m，以后每年淤积有减缓，但数年间桥下淤积平均已达 8～9 m，桥下净高不足 10 m，使铁路、水库单位均未料到。当时预测水库至多 30 年将会淤平，计划加高大坝并加大泄洪量，但对下游桥梁造成了影响，该桥的桥下淤积越来越高，有可能一定时间后废弃。故决定在其上游约 50 m 处修建丰沙二线桥，并将其建成双线桥，即永定河 12 号桥，采用 18-27.7 m 预应力混凝土梁，全长 525.7 m，并将线路抬高 6 m。

1961 年建成刘家峡铁路专用线黄河 2 号桥，位于刘家峡水库下游 20 km、盐锅峡水坝上游 13 km 处，并处于回水区域内，长 253.8 m (2-23.8 m 预应力混凝土梁＋2-32 m 上承钢板梁＋64 m 钢桁梁＋2-32 m 上承钢板梁＋23.8 m 预应力混凝土梁)。盐锅峡水库 1960 年开始蓄水，

1966 年桥下淤积 15～20 m，桥址上游淤积更快，并形成部分沙洲。

兰青铁路八盘峡黄河桥也是因水库附近淤积而改线。1958 年该线建成通车，1975 年将 K45～K126 路基抬高约 6 m，八盘峡黄河桥抬高 11 m。

2. 水库淤积后的回水曲线

水库的水位在不断变化，进出水库的流量也不断变化。要求在此不同情况下，计算得出各处可能达到的最高水位。各处的最高水位不在同一条件下产生，即不在某一条水面线上形成，由各种不同条件在不同时刻而形成，需计算各种可能情况下水面线的外包线。发生最高滞洪水位时相应入库流量小于最大入库流量，发生最大入库流量时相应的滞洪水位低于最高滞洪水位，故只有采用外包回水的水面线才能控制库区各断面的最高水位。

水库回水曲线计算需要一定的河槽边界条件，该条件取决于淤积发展程度，将其作为计算条件，称为淤积水平，即水库设计考虑的淤积年限，该标准根据防护对象的重要性及淤积可能产生的危害性在水库设计时确定。

尤其对于含沙量大的河流，河底短时间即可能升高至死库容水位，使水库壅水位大为增高。如盐锅峡水库 1966 年壅水位据水利部门推算，比原计算壅水位增高 3～5 m，使上游的刘家峡铁路专用线黄河 2 号桥一带约 11 km 以内的建筑物被淹，需改线 20～30 km。

位于水库变动回水区或库尾附近处，尚应考虑因水流条件突变使回水曲线、淤积面升高，并向上游延伸的情况。如青铜峡水库，1967 年蓄水初期回水末端距坝址约 25 km，最初按壅水 5 年后泥沙淤积考虑计算。结果显示坝址附近 12 km 以内没有泥沙淤积，回水基本没有增高。但建库后实测资料表明，该处泥沙淤积十分严重。由于沿程过水面积显著减小，回水升高愈发明显。1972 年，相同洪水情况下水位普遍提高约 2.5 m，回水末端上延 10 km，已达距坝址 35 km 处。

为了确定水库区桥梁和路堤的高度，必须求算淤积后发生设计洪水时回水的水面线。库区水流是一种非恒定流现象，沿程各时刻的水力要素都在变化，回水曲线一般按能量平衡原理计算。粗估桥址处回水水面时，也可用简易法计算。

(1)能量平衡原理法

如图 8-12 所示，截取水库中某河段 AB，其上游入口断面Ⅱ-Ⅱ、下游出口断面Ⅰ-Ⅰ，河段长度 L，底面坡度 I，平均摩阻坡度 $\bar{J}$，通过设计流量 Q_p。相应于断面Ⅰ-Ⅰ、Ⅱ-Ⅱ的过水面积 A_1、A_2，其相应水深 h_1、h_2，相应流速 v_1、v_2，相应糙率 n_1、n_2，相应水面标高 H_1、H_2，根据能量平衡原理可得下式。

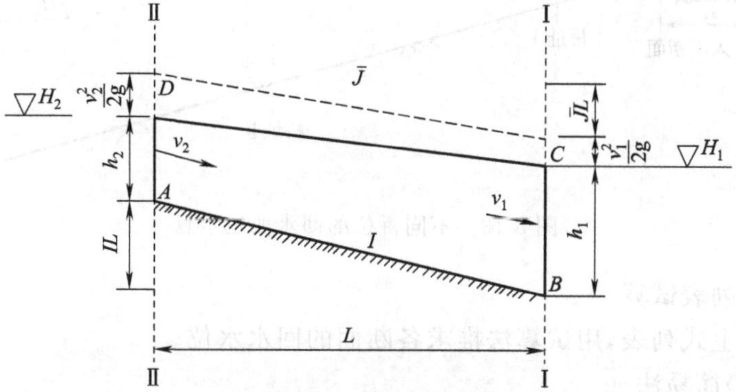

图 8-12 AB 河段示意

$$H_2+\frac{v_2^2}{2g}=H_1+\frac{v_1^2}{2g}+\bar{J}L$$

式中，$\bar{J}=\frac{1}{2}(J_1+J_2)=\frac{1}{2}\left(\frac{v_1^2}{C_1^2R_1}+\frac{v_2^2}{C_2^2R_2}\right)$，以 $v_1=\frac{Q}{A_1}$、$v_2=\frac{Q}{A_2}$ 及 $C_1=\frac{1}{n_1}R_1^{1/6}$、$C_2=\frac{1}{n_2}R_2^{1/6}$ 代入，则

$$\bar{J}=\frac{Q^2}{2}\left(\frac{n_1^2}{A_1^2R_1^{4/3}}+\frac{n_2^2}{A_2^2R_2^{4/3}}\right)$$

故能量平衡式可转化为

$$H_2=H_1+\frac{Q^2}{2}\left(\frac{n_1^2}{A_1^2R_1^{4/3}}+\frac{n_2^2}{A_2^2R_2^{4/3}}\right)L+\frac{v_1^2-v_2^2}{2g}=H_1+\Delta h_1+\Delta h_2$$

即可根据下游断面水位 H_1 推算上游断面的回水水位 H_2。

①确定计算流量

如图 8-13 所示，水库内桥下的最高水位计算必须选用 2～3 种入库流量，选用桥下发生最高回水时的相应流量为计算流量。

②确定淤积断面和糙率

确定淤积纵坡和断面形状，确定各断面的槽底标高、滩面标高，确定各断面的形状尺寸，并分别确定滩、槽的糙率。

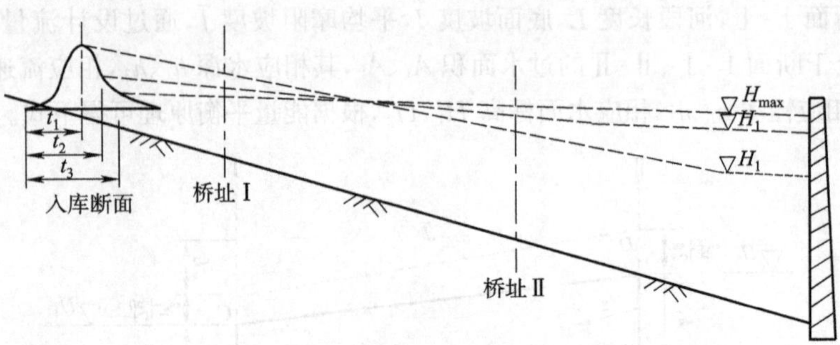

图 8-13　不同桥位的回水曲线示意

③列表试算

按上式列表，用试算法推求各断面的回水水位。

(2)简易法

无断面的水库回水用简易法估算，这是依据苏联时期一些河渠资料得出的经验方法，该法估算值的误差很大。对于规划阶段，缺乏库区断面资料，又需对回水大致范围作出判断时，不考虑泥沙淤积时可使用该法。宜在本河流或本地区河流，用该法同已计算的水库水面线作对比修正。

该法将水库回水的水面线概化为水平面，河道的天然水面线概化为斜面。不同的坝前水位与相应入库流量有一个相交断面 C-C，如图 8-14 所示。

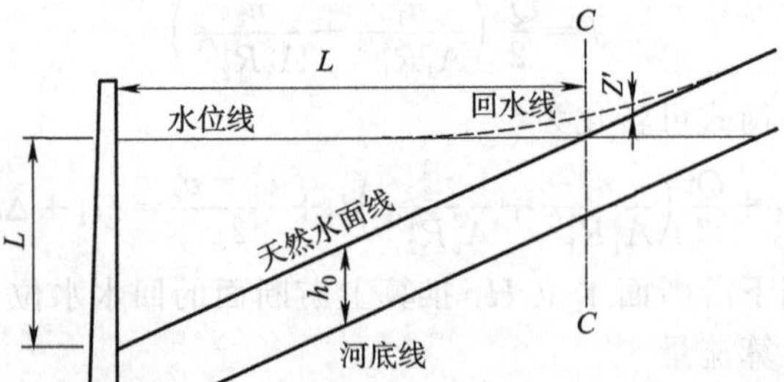

图 8-14　水库回水示意

对于同一坝前水位，上游入库流量不同时，断面 C-C 随流量变化；对于不同坝前水位，流量不变，断面 C-C 也不同；对于某一入库流量，坝前水位确定时，断面 C-C 只有一个。

该法将断面 C-C 至坝址间的长度设为 L。坝前划分为 $0.5L$、$0.75L$、$0.9L$，其后为 $1.1L$、$1.25L$、$1.5L$。断面 C-C 下游，回水面与水平面间的超高 Z' 越近，则断面 C-C 越大；断面 C-C 上游，回水面与水平面间的超高 Z' 越远，则断面 C-C 越小。设 L 至坝前的计算流量在天然状态下，其平均水深为 h_0，坝前水深减去 h_0 即为坝前壅高 Z。

将河道特性分为三类，其标准参数见表 8-16。

表 8-16 河道特性及其参数

河道特性	参数 x
无滩地，两岸陡峭	3～3.5
有显著河滩	5
介于上述两者之间	4

依据河道特性参数，对 4 种河道绘制 $0.5L$、$0.75L$、$0.9L$、$1.0L$、$1.1L$、$1.25L$、$1.5L$ 计 7 条曲线，Z'/h_0 与 Z/h_0 曲线参数见表 8-17，具体步骤如下。

①确定河道特性参数；

②由坝址断面资料或库区水位与流量的关系，计算入库流量的平均水深 h_0；

③由图 8-14 可知，坝前壅高 Z 为坝前水位与 h_0 之差，坝前水位与 h_0 相交于断面 C-C，再确定该处与坝址的间距长度 L，以及 $0.5L$、$0.75L$、$0.9L$、$1.1L$、$1.25L$、$1.5L$ 的断面位置；

④确定 Z/h_0 值；

⑤依据河道特性参数 x，由 Z'/h_0 与 Z/h_0 曲线，确定相对于不同 L 值的超高 Z'，将其值加入到坝前水位（小于 L）或天然平均水深（大于 L），即得到相应于 $0.5L$、$0.75L$、$0.9L$、$1.0L$、$1.1L$、$1.25L$、$1.5L$ 各处回水的水位高程（可线性内插）。

表 8-17　Z'/h_0 与 Z/h_0 曲线值

Z'/h_0	$Z/h_0(x=5)$							$Z/h_0(x=4)$						
	0.5L	0.75L	0.9L	1.0L	1.1L	1.25L	1.5L	0.5L	0.75L	0.9L	1.0L	1.1L	1.25L	1.5L
0	0	0	0	0	0	0	0	0	0	0	0	0	0	0
0.1	0.04	0.045	0.05	0.060	0.075	0.070	0.064	0.04	0.045	0.08	0.060	0.075	0.075	0.080
0.2	0.047	0.08	0.102	0.099	0.108	0.085	0.070	0.056	0.082	0.115	0.110	0.124	0.100	0.086
0.4	0.051	0.087	0.118	0.133	0.119	0.094	0.062	0.065	0.108	0.143	0.153	0.148	0.117	0.086
0.6	0.046	0.087	0.123	0.147	0.122	0.089	0.043	0.064	0.114	0.156	0.177	0.156	0.119	0.069
0.8	0.039	0.083	0.124	0.156	0.119	0.078	0.029	0.059	0.115	0.162	0.194	0.158	0.112	0.054
1	0.033	0.077	0.121	0.162	0.113	0.068	0.019	0.053	0.109	0.163	0.204	0.155	0.102	0.041
2	0.012	0.045	0.097	0.170	0.073	0.024	0.002	0.029	0.079	0.148	0.222	0.127	0.050	0.008
4	0.003	0.016	0.061	0.172	0.036	0.002		0.009	0.037	0.104	0.227	0.068	0.007	0.002
6	0.001 5	0.005	0.036	0.173	0.014			0.004	0.02	0.074	0.228	0.034		
8		0.003	0.02	0.174	0.003			0.003	0.012	0.047	0.229	0.011		
Z'/h_0	$Z/h_0(x=3.5)$							$Z/h_0(x=3)$						
	0.5L	0.75L	0.9L	1.0L	1.1L	1.25L	1.5L	0.5L	0.75L	0.9L	1.0L	1.1L	1.25L	1.5L
0	0	0	0	0	0	0	0	0	0	0	0	0	0	0
0.1	0.04	0.045	0.08	0.060	0.075	0.075	0.087	0.04	0.045	0.08	0.060	0.075	0.075	0.093
0.2	0.065	0.082	0.13	0.120	0.144	0.100	0.095	0.065	0.082	0.138	0.120	0.144	0.100	0.107
0.4	0.074	0.122	0.158	0.163	0.165	0.132	0.100	0.085	0.149	0.182	0.175	0.180	0.149	0.119

续上表

Z'/h_0	$Z/h_0(x=3.5)$							$Z/h_0(x=3)$						
	0.5L	0.75L	0.9L	1.0L	1.1L	1.25L	1.5L	0.5L	0.75L	0.9L	1.0L	1.1L	1.25L	1.5L
0.6	0.077	0.131	0.178	0.198	0.176	0.139	0.091	0.092	0.161	0.203	0.221	0.203	0.162	0.114
0.8	0.075	0.134	0.186	0.219	0.182	0.138	0.077	0.094	0.165	0.217	0.250	0.219	0.166	0.103
1	0.069	0.131	0.19	0.231	0.183	0.128	0.061	0.09	0.165	0.226	0.268	0.225	0.162	0.086
2	0.043	0.108	0.182	0.258	0.153	0.073	0.016	0.067	0.144	0.239	0.308	0.201	0.106	0.028
4	0.018	0.061	0.143	0.270	0.101	0.016	0.005	0.035	0.099	0.198	0.329	0.146	0.031	0.008
6	0.01	0.038	0.109	0.272	0.056	0.003		0.02	0.066	0.162	0.334	0.093	0.009	
8	0.007	0.023	0.076	0.273	0.022			0.013	0.048	0.125	0.336	0.043		

8.5.8 位于水坝上游库区的桥梁孔径设计

[**第 8.5.6 条引文**]

位于水坝上游库区的桥梁孔径设计可按下述原则确定：

1. 桥梁跨越水库时，桥梁长度不应小于建库前天然河道的宽度。

2. 位于结冰河流水库变动回水区的桥梁，应考虑冰坝和冰塞的影响。

3. 桥下冲刷采用与天然河流相同的计算方法，并考虑汛期水库最低蓄水位和设计洪水相遭遇、水库溯源冲刷、建库后水沙条件变化所引起河道改变、梯级水库上游水库泄洪冲刷等影响。

[**第 8.5.6 条解读**]

本条基本沿用《规范》(TBJ 17—86)第 8.5.5 条。

1. 桥梁孔径的考虑因素

位于水坝上游库区的桥梁，一般从以下方面考虑。

(1)库区内桥孔一般按天然河槽宽度设置，不得压缩行洪道宽度。水库蓄水深度一般远比天然水深更大，库内行洪道宽度一般比天然河道更窄，但为减小库内修筑路堤的困难，以及因路堤阻隔使桥头路堤冲刷、桥址附近河道冲淤变形的加剧，通常按天然河宽设置桥孔。如丰沙铁路永定河 8 号桥，跨越官厅水库主流库区，孔跨 18-28 m；京包铁路妫河桥为上承板梁桥，孔跨 20-32 m，跨越支流库区，按天然河宽布孔。平原湖泊水库的水流条件与河谷型水库显著不同，建库后河槽宽度通常很大，水深较小，设计孔径以不压缩行洪道宽度为宜。

(2)严寒地区在水库回水末端附近容易形成冰塞，使其上游水位相应抬高远比天然河道严重。这是由于建库后水面比降变缓流速减小，尤其在回水末端，库内稳定封冻冰层下面由于其上游有一定流速，冰花碎冰潜入冰盖以下形成冰塞，堵塞部分河道，上游水位抬高。1961—1962 年，盐锅峡水库末端形成冰塞，最高壅水 9.35 m，对上游造成严重危害。

严寒地区气温降至一定程度后，常在水流排泄不畅的河段，如水库回水末端、过水建筑物附近、狭窄陡弯及浅滩等处冰凌壅塞封冻。冰盖下凹凸不平，对水流产生较大阻力，流速急剧减小，使河槽蓄水量增加，水位上涨。冰凌解冻时大量流冰涌下，下游尚未开冻，有冰坝出现。此时河水陡涨，上下游压差较大，若冲开冰坝常毁坏下游桥梁及过水建筑物，以动力作用解冻，为武开，危害较大。若上下游解冻时间差别不大，沿河没有卡冰结坝，以热力作用解冻，为文开，危害较小。冰坝的作用由河槽蓄水量及冰盖遇热分解特性等方面确定，其水位变化与雨洪春汛不同，呈齿形上涨，涨率大，峰型尖瘦，落势急陡。

(3)当桥址位于平坦开阔河段或平原水库内，桥孔长度较河宽小，此时还应通过计算拟定桥梁孔径。由于库内水流属非恒定流状态，需分别按两种情况检算：设计流量与相应回水位、设计回水位与相应流量，择其一为控制值。但上述情况流速均较低，桥渡冲刷还应按可能出现的低蓄水位、高流速情况检算。

水库造成继水淤积后，当水位下降，库区某一断面的水深减小，水面比降变陡，流速加大时，水位进一步下降会使这种冲刷逆流向上发展，称为溯源冲刷。开始的位置大多在三角洲顶点附近，又与地形特点、淤积物形态及其抗冲能力等因素有关。三门峡水库 1964 年汛后打开底孔，水位骤然下降，库区发生溯源冲刷。坝址上游附近，床面冲刷下降约 8 m，向上游逐渐递减至坝址上游约 80 km，溯源冲刷平均 2.8 m，水流趋于集中，故冲刷限于主槽内，与淤积不同。

沿程冲刷与溯源冲刷不同，不因水位升降引起，是由来水来沙与现有河床不相适应引起。其程度低于水位升降引起的变化，其强度较溯源冲刷要低，但冲刷时间较长，其冲刷总量大于溯源冲刷值。水库中沿程冲刷与溯源冲刷的作用不同，但又互相影响。溯源冲刷起主要作用的部位偏于靠近坝前库段，沿程冲刷起主要作用的部位偏于上游库段，即回水末端附近的库尾。1970 年 8 月初，潼关发生的洪峰流量达 8 420 m^3/s，该河段发生范围较大且强烈的沿程冲刷，使流量为 1 000 m^3/s 的水位下降 1.9 m。

溯源冲刷的危害如南同蒲铁路 K449＋927 路段，1977 年 8 月 17 日下游拦河坝溃决，河床产生溯源冲刷，桥基下沉中断行车。

建库后水沙条件的变化会造成河型改变，如成昆铁路鸭子池河湾的冲淤演变。下游 25 km 的龚嘴水库 1971 年开始蓄水，1975 年河湾显示出巨大变化，主流由蓄水前靠凹岸逐渐转向凸岸，产生一股强大的螺旋状环流。靠左岸产生一股微弱横向环流，以反方向螺旋状沿河湾向上游而来。两股横向环流之间为不流动的死水区，水库蓄水 4 年期间，死水区淤积形成沙洲，其高程及长宽不断发展，使上下游形成较圆顺的边岸。

梯级水库的设置一般在下一级水坝的回水尾部附近连接上一级水坝,处于梯级水库内的桥梁除应考虑下一级水库的回水淤积影响,还应该考虑上一级水坝的泄洪冲刷影响。上一级水坝位于下一级水坝回水范围内,尾水受下一梯级回水顶托作用,属于非自由冲刷。

2. 实例数据分析

下面以黄河流域的刘家峡、盐锅峡两水库大坝为例,说明梯级水库的非自由冲刷特点。

由于盐锅峡水库迅速淤积,水位抬高,正常高水位时,回水末端到达刘家峡水库坝下约3 km,水位抬高3 m以上。刘家峡水库蓄水对盐锅峡水库的来水来沙影响较大,汛期平均含沙量蓄水前3.13 kg/m³,蓄水后仅0.41 kg/m³,形成对下游盐锅峡水库的清水冲刷。

(1)冲刷深度:随着盐锅峡水库淤积的发展,其水位逐渐抬高。1968年刘家峡水库蓄水前,小川站水位抬高3.8 m。1969年后,该水库下泄清水冲刷盐库,小川站水位显著下降,水面比降变缓,河床粗化,河床向冲刷平衡方向发展。1973年冲刷到最低值,但仍比建库前高出1.4 m,包括堆渣影响。

(2)冲刷距离:水坝下游的自由冲刷距离可以很长。非自由冲刷情况下,受下游侵蚀基面控制,冲刷能力不能自由发展,冲刷距离受到限制。经冲刷后,河床粗化显著,刘家峡水库大坝下游约6.5 km处,1967年河床质为盐锅峡水库的淤积物,1976年河床质变为平均粒径34 mm的小圆砾。经分析,刘家峡水库的下泄清水对盐锅峡水库的冲刷作用发生在刘家峡坝下约20 km库段。

8.5.9 位于水坝下游的桥梁孔径设计

[第8.5.7条引文]

位于水坝下游的桥渡设计可按本规范第8.5.3条所确定的设计流量进行孔径设计。墩台基础埋深除按本规范第7章规定的有关公式计算外,还应考虑水库下泄清水冲刷的影响。

[第8.5.7条解读]

本条基本沿用《规范》(TBJ 17—86)第8.5.6条。

水坝下游的桥梁孔径确定与一般方法相同,位于水坝下游的桥渡设计可按本规范第 8.5.3 条所确定的设计流量进行孔径设计。

修建水库后的下游河床演变主要表现为，河段在清水冲刷过程中如何重新建立平衡，因此水库在初期运用时，主要表现为河床经过冲刷，水位相应降低。其下游河床会发生两种类型的冲刷，分别表现为水坝下游附近较短河段的局部冲刷、枢纽下游较长河段普遍发生的一般冲刷。

坝下的局部冲刷是由于高速水流经泄水闸、溢洪道等设施消能，剩余能量仍引起局部河段剧烈冲刷。大型水利枢纽资料显示，大坝下游从泄水闸、溢洪道、排沙闸、泄水洞等处，以不同方向和流速下泄并交汇，其流态复杂，虽经过消能，其冲刷能量仍很大，位于局部冲刷范围内的桥梁会受到严重影响。设计时应避绕，或采用大跨度。

1. 实例一及分析

刘家峡黄河桥在水库的坝下，以一跨连接溢洪道两侧。该桥位于甘肃省刘家峡水库大坝，溢洪道底宽 66 m，桥址地段的流水纵坡85%，水深 7 m，平均流速 24.7 m/s，最大流速 30 m/s，不宜在水中建墩。桥址处路肩至渠底 31 m，桥基设在基岩上，采用 64 m 空腹式钢筋混凝土拱桥，长 106 m。

坝区下游急流槽一般流速 20 m/s 以上，破坏力很大。如不能采用一跨，避绕时一般距主坝不小于 20 倍坝高。有些桥址距主坝虽大于该值，仍存在坝下局部冲刷及坝桥相互作用的影响，又如京承铁路怀河桥也存在该情况。

2. 实例二及分析

1980 年建成的怀河大桥位于怀柔水库下游，距主坝约 1 km(既有桥在主坝下游约 400 m，同年报废)。怀柔水库建成后，河道有较大变迁，河槽天然改道，东移约 750 m。该桥结构采用低高度钢筋混凝土梁，主河道上为 15-20 m，支汊河道上为 7-20 m，桥墩为扩大基础。由于桥址距水坝较近，水利部门对该桥的净空及桥下水位极为关注，要求桥前壅水回水的水位不能超过坝脚的高程。

3. 实例三及分析

襄渝铁路殷家大桥采用(4-31.7＋23.8)m 预应力混凝土梁，距溢洪道出口约 40 m，进出口高差 20.3 m，流速 17.2 m/s，破坏力极大。原桥设计时未考虑溢洪道的急流冲刷，1974 年被洪水冲毁，后增设消能池，采用钢筋混凝土墙密封护基，将矩形墩浸水部分增设护筒变为圆墩，以改善水流条件。

通过对许多大坝的消能资料、下游冲刷试验模型资料的分析可得，同一坝高时，坝下冲刷和水流恢复到天然状态主要取决于大坝的泄流布置和消能防冲措施。泄流布置主要指泄流建筑物的型式及尺寸，直接确定过闸单宽流量，即冲刷能量的大小；消能防冲措施将确定过闸水流的消能程度。泄流布置和消能防冲措施一定时，不同的闸孔调度调节方式也会对消能防冲效果产生影响。如集中开启若干孔、关闭其余各孔，因水流不匀，消力池内会形成回流，使流态产生紊乱；如分区集中泄流也会增大闸下局部冲刷。因此要求坝下桥梁无法避开局部冲刷时，应掌握水库设计和运营部门的大坝泄流方式、防冲措施，以及水库的调度运营方式，必要时可进行水工模型试验。

对水坝下游桥渡冲刷的研究，还包括对水坝调蓄初期拦截泥沙、下泄清水、改变天然的来水来沙条件，以及下游河道发生变形、重建水流与泥沙平衡等项的研究。建坝后，河流上游无推移质补给，水流为满足其不饱和的挟沙能力而必然冲刷，也称清水下切，是在水坝下游河道上建桥与在天然河道上建桥的不同之处。在水坝下游，水流挟沙能力饱和前的河段均可称为清水冲刷河段；水流挟沙能力饱和后，恢复到河床天然的输沙状态。

坝下较长河段上普遍发生的一般冲刷又称沿程冲刷。其值一般不大，距坝越远冲刷越小，主要由建库后水流和泥沙条件变化引起，尤其在水库运营初期的下泄清水产生的冲刷较明显。

4. 实例四及分析

京广铁路蒲圻大桥位于陆水水库下游约 2 km，1964 年复线勘测时发现，此时原桥的桥址河床断面与 1957 年的实测断面相比，大部分河床下切，局部下切深度 2 m，上行桥局部最大下切 3 m。1954—1964 年，汛后实测老桥及上下游 25 m 断面处最大局部下切 3 m。为弄清该桥受坝下清水冲刷的影响，1968—1971 年，从坝下 386 m 处至下游的蒲圻布置 8 个断面，每年汛期后普测河床断面，三年内每年河床平均下切 0.2 m，原桥下游深槽降低约 3 m。因此对桥渡冲刷的分析计算，尚应考虑水库下泄清水冲刷的影响。

8.6 海湾地区

8.6.1 海湾地区桥渡设计基本要求

[第 8.6.1 条引文]

海湾地区桥渡的设计水位频率为 1/100 的高潮位。推算潮位时应搜集附近测站历年的最高潮位值与各基准面间的相对高差值，不同设计频率的高潮位值可采用耿贝尔方法推算。

[第 8.6.1 条解读]

《规范》(TBJ 17—86)对海湾地区桥渡的设计水位及设计波浪的重现期标准没有具体要求；《规范》(TB 10017—99)第 3.10.7 条增加了海湾地区桥渡水文计算的相关内容，本条沿用其第 1 款。

设计采用的标准涉及建筑物的造价和运营安全，铁路桥渡设计可参考海湾码头的设计标准，首先分析海湾码头与铁路桥渡的特点，对照后确定合理的铁路桥渡设计标准。

1. 海湾地区桥渡与海湾码头的各自特点

海湾码头是以经常靠泊最大船舶进行装卸作业为主，制定了设计水位；发生罕见潮位及风浪时，要求码头在各种荷载作用下，其结构具有足够的安全度，制定了校核高、低水位；为抗御波浪，另在外海建防波堤。

海湾地区桥渡类似于防波堤，暴露于外海，要求在一定罕见频率的高潮位及波浪发生时能保持稳定，保证运营。海港码头防波堤的堤顶一般稍可允许越浪，而铁路桥面不允许越浪，局部受损则断道停运，影响全局。

2. 我国 1987 年《港口工程技术规范》的部分要求

第三篇《海港水文》(JTJ 213—87)第 2.1.1 条要求，设计高水位应采用高潮(即潮峰)累积频率 10%的潮位。第 2.1.3 条要求，校核高水位应采用重现期为 50 年一遇的潮位。涉及波浪的第 3.1.2、3.1.3 条内容见表 8-18。

表 8-18 波高累积频率

建筑物型式	建筑物等级	重现期	部位	计算内容	波高累积频率(%)
直墙式、墩柱式	Ⅰ、Ⅱ、Ⅲ	50年一遇	上部结构、墙身、桩基	强度和稳定性	1
			基床、护底块石	稳定性	5
斜坡式	Ⅰ、Ⅱ	50年一遇	胸墙、堤顶方块	强度和稳定性	1
			护面块石、护面块体	稳定性	13
	Ⅲ	25年一遇	护底块石	稳定性	13

第五篇第四册《防波堤》(JTJ 218—87)第 2.1.2、3.2.1 条有关防波堤设计标准及设计组合见表 8-19。

表 8-19 防波堤设计标准及设计组合

堤形	堤顶高程	设计波高		设计组合	要求堤顶不越过波浪时
		重现期	累积频率		
斜坡堤	主要根据要求确定，一般定在设计高水位以上 0.6～0.7 倍设计波高值	Ⅰ、Ⅱ级，50年一遇	13%，但不超过浅水极限值	计算组合：设计高水位＋设计波高	按波浪爬高计算
		Ⅲ级，25年一遇	13%，但不超过浅水极限值	校核组合：校核高水位＋设计波高	
直立堤	主要根据要求确定，一般定在设计高水位以上 0.6～0.7 倍设计波高值	50年一遇	1%，但不超过浅水极限值	计算组合：设计高水位＋设计波高	
				校核组合：校核高水位＋设计波高	

3. 海湾地区桥渡设计标准的分析确定

对比海港工程的设计标准，对海湾地区桥渡分析如下。

(1)潮位标准

海港工程设计潮位包括设计水位和极端水位。设计水位为港口或建筑物在正常使用条件下的高、低水位；极端水位为港口或建筑物在极端条件下的校核高、低水位。

如前所述，我国海港工程设计高潮位以一年或多年的每日高潮位统计，采用累积频率10%的潮位为设计标准。资料显示，每年不低于该潮位70余次，为根据船舶经常靠岸作业而定的标准，各国采用的设计水位也有同样用意。海湾地区桥渡与此不同，而考虑某种罕见潮位，波浪时不没顶，以保证桥梁及路基安全。

检算防波堤建筑物安全时，采用校核高水位加上设计波高，校核高水位为极端水位，要求水位不没过码头。校核水位采用每年的最高水位进行统计，求出50年或25年一遇的高水位，与计算陆地河流某一重现期的洪水位方法相同。桥渡设计标准为，路肩不受潮水侵袭，建筑物稳定，故采用港规的校核水位作为设计水位较为合适。

日本采用大潮的平均潮位加上风暴潮引起的增水位为设计水位。从历年最高潮位中统计求出某重现期潮位，已包括该组合的偶然因素，故采用重现期的值比单纯采用某一增值更合理。

根据实测资料确定重现期潮位时，对比50、100年一遇，二者相差不大，例如对于某港湾的设计，二者仅差0.14 m。根据研究资料统计，我国20余个实测海洋水文站中，二者仅平均相差0.2 m。为了与陆地河流桥渡设计标准100年一遇的重现期相关联，研究结果为，潮位宜采用100年一遇为设计标准。

许多海湾桥渡均跨浅海区，其极限波高为破碎波高，受水深控制。设破碎波高H_b，相应水深d_b，则$H_b = \Delta d_b$，Δd_b可根据水深、波长及海底地形确定。

设计水位标准越高、水深d_b越大，则H_b越大；反之亦然。故当位于浅海区，设计水位标准低时，波高标准即使达1 000年一遇，也不能得到大的波高。波浪在一定的水深区破碎，波高$H_b = \Delta d_b$，故潮位标准100年一遇与50、25年一遇相比，水位高、波高值也大，对桥渡安全有利。

(2)波浪标准

波浪高度的计算是海港工程中的重要问题。如前所述，各国建筑物采用的标准相差很大。对海湾地区桥渡采用的计算波浪标准应进行一些分析。

各种建筑物根据其重要性可分为Ⅰ、Ⅱ等若干等级，采用不同标准。

港规要求重要港口的主要建筑物，破坏后造成重大损失者属Ⅰ级建筑物。海湾桥渡宜为此类建筑物。

根据国内外标准分析，计算波高时宜采用50年一遇的重现期。

①根据对海港工程的研究分析，用50年一遇的重现期推算波浪，并对建造较早的几座防渡堤进行核算，结果与实际稳定状态相符，建筑物未受破坏。

②设计时用100年一遇水位叠加50年一遇波高组合。即平均100年发生一次的水位遇上平均50年发生一次的波浪，该机遇较小，故具有足够的安全度。

我国沿海多风暴潮，每年有多次台风。到来时发生大风浪并引起潮水。如1981年岚山港，台风潮位6.5 m，波高5.0 m，为50年一遇波浪。设计高水位5.12 m，校核高水位6.32 m；$H_{1\%}=6.9$ m，$H_{\frac{1}{3}}=4.9$ m。波浪击岸溅起的浪花高达15 m等数据说明，100年一遇水位遇上50年一遇波高是可能发生的。

③桥渡跨海湾地区如水深不大，波浪在一定水深即破碎，极限波高受水深限制，故在浅水区提高设计水位标准，也相应提高计算波浪标准。如100年一遇水位，较累积频率10%潮位为设计水位时，水深大出1.1 m，相应计算破碎极限波高约大出0.80 m。

浅水区中的波浪标准高，水位标准低，总的设计标准仍低。国外曾提出设计波高1 000年一遇标准，设计水位采用大潮平均潮位。波浪标准虽高，但计算极限波高仅受设计水位下的水深控制，设计水位低，极限波高值小，故总和仍偏低。

根据以上分析，用100年一遇重现期水位及50年一遇波浪的组合标准，进行海湾桥渡工程设计有足够的安全度。

对于不同建筑物，仍按港规标准采用波高累积频率(表8-19、表8-20)。

(3)情况归纳

《规范》(TB 10017—99)要求，海湾地区桥渡的设计水位，Ⅰ、Ⅱ级铁路采用重现期为100年一遇的高潮位，Ⅲ级铁路采用重现期为50年一遇的高潮位。设计波浪的重现期标准，Ⅰ、Ⅱ级铁路采用50年一遇，Ⅲ级铁路采用25年一遇。

本规范对于海湾地区桥渡的设计水位沿用《规范》(TB 10017—99)

对 1/100 高潮位的要求。

《规范》(JTG C30—2015)考虑到海湾桥梁的重要性,以及海湾地区设计潮水频率对设计水位影响很小的特点,海潮的潮位频率标准与径流河流桥梁的 300 年一遇设计洪水频率标准一致,即采用海潮的潮位频率为 300 年一遇,对有特殊要求者可经过经济技术论证后确定。由于跨海湾大桥一般为特殊重要的建筑物,设计水位应由海潮的潮位确定。海湾桥梁中的泉州湾跨海大桥、厦门海沧大桥等采用 100 年一遇高潮水位;金塘大桥、崇启大桥、嘉绍大桥、杭州湾大桥、青岛海湾大桥等采用 300 年一遇高潮水位。总体看,国内跨海大桥中采用 300 年一遇设计高潮水位标准较多。

4. 海湾地区桥渡设计频率的高潮位推算

与港规中的校核高水位一样,推算该高潮位采用的基础资料是每年中最高潮位,并从历年资料中选出最高潮位。确定高潮位频率分析一般采用Ⅰ型极值分布(耿贝尔频率曲线)进行计算,也可根据实测资料拟合最佳原则,选皮尔逊Ⅲ型曲线适线法计算。例如南京水利科研所对象山港海港大桥设计最高、最低水位的确定就是采用Ⅰ型极值分布计算完成;珠江水利委员会对珠海伶仃洋大桥各级频率设计潮位的分析采用 P-Ⅲ型曲线适线法。

本规范要求,设计频率的高潮位需用耿贝尔方法推算统计历年最高潮位,需了解桥渡附近测站历年的最高潮位,潮位计算主要有三种起算基准面。

1956 年开始采用的“理论深度基准面”为理论上潮汐可能达到的最低潮面,海图上标明的深度由该值起算,也称海图深度基准面。

1957 年开始采用“黄海平均海平面”作为全国统一的陆地高程起算基准面,选取青岛验潮站多年的平均海平面。平均海平面是指某验潮站多年(一般取 19 年)的每小时潮位观测记录平均值。我国各海区多年平均海平面与青岛黄海平均海平面有些差异,渤海沿岸相差较小,旅顺、大连地区与之一致,东海、南海略高。

另有一种低于平均海平面、不要求与海图深度基准面一致的“潮高基准面”,某时某海域的潮汐预报资料即以该值为起算面。历年发布对次年各主要港口的潮汐预报,包括每日最高、最低潮标准时间,以及潮高基准面、经纬度坐标等数据。

因此需要了解其间的关系，以便在潮位计算时换算成统一的基准面。

推算设计频率的高潮位时，起算面不同则该值不同。用皮尔逊Ⅲ型曲线法会造成误差，用耿贝尔方法可避免该误差。如图 8-15 所示，黄海平均海平面与潮高基准面之间的差值为常数 a，如以潮高基准面为起算面，每年的最高潮位 h_i+a，n 年的平均值 $\bar{h}_i+a$。用皮尔逊Ⅲ型曲线推算设计频率高潮位可得，$h_p+a=K_p(\bar{h}_i+a)=K_p\bar{h}_i+K_p a$，换算为黄海平均海平面，减去 a 可得 $h_p=K_p\bar{h}_i+a(K_p-1)$，该式的 $a(K_p-1)$ 为多余，对计算造成误差。用耿贝尔方法推算可减免该误差，计算公式如下。

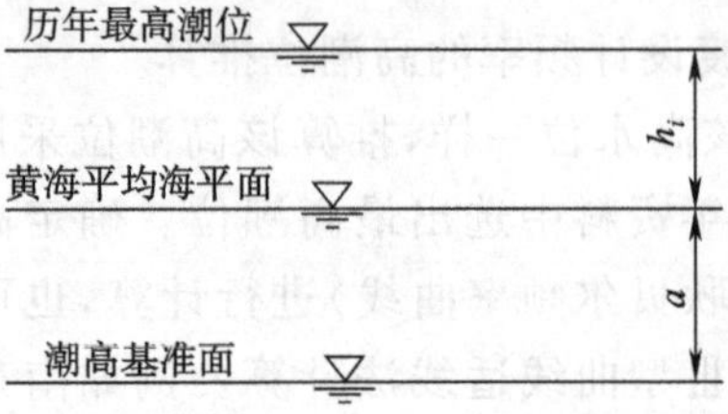

图 8-15　黄海平均海平面与潮高基准面示意

$$h_p=\bar{h}\pm\lambda_{pn}S$$

式中　h_p——与频率 P 对应的高低潮位值(m)；

λ_{pn}——与频率 P 及资料年数 n 有关的参数，可由表 8-20 查取；

$\bar{h}$——n 年中每年最高、最低潮位 h_i 的均值(m)；

S——n 年 h_i 的均方差，$S=\sqrt{\frac{1}{n}\sum_{1}^{n}h_i^2-\bar{h}^2}$，$\bar{h}=\frac{1}{n}\sum_{1}^{n}h_i$。

其余符号意义同前。分析年最高潮位系列时，$\lambda_{pn}S$ 为正(＋)；分析年最低潮位系列时，$\lambda_{pn}S$ 为负(－)。

计算最高期位系列的经验频率时，h_i 按递减次序排列；计算最低潮位经验频率时，h_i 按递增次序排列。

如某验潮站搜集有 20 年的年最高潮位观测资料(表 8-21)，计算该处设计重现期为 50、100 年一遇的高潮位。

表 8-20　耿贝尔方法线（Ⅰ型极值分布律）λ_{pn} 参数

n	频率 P(%)																n
	0.1	0.2	0.5	1	2	4	5	10	25	50	75	90	95	97	99	99.9	
8	7.103	6.336	5.321	4.551	3.779	3.001	2.749	1.953	0.842	−0.130	−0.897	−1.458	−1.749	−1.923	−2.224	−2.673	8
9	6.909	6.162	5.174	4.425	3.673	2.916	2.670	1.895	0.814	−0.133	−0.879	−1.426	−1.709	−1.879	−2.172	−2.609	9
10	6.752	6.021	5.055	4.322	3.597	2.847	2.606	1.848	0.790	−0.136	−0.865	−1.400	−1.677	−1.843	−2.129	−2.556	10
11	6.622	5.905	4.957	4.238	3.516	2.789	2.553	1.809	0.771	−0.138	−0.854	−1.378	−1.650	−1.813	−2.095	−2.511	11
12	6.513	5.807	4.874	4.160	3.456	2.741	2.509	1.777	0.755	−0.139	−0.844	−1.360	−1.628	−1.788	−2.065	−2.478	12
13	6.418	5.723	4.802	4.105	3.405	2.699	2.470	1.748	0.741	−0.141	−0.836	−1.345	−1.609	−1.769	−2.040	−2.447	13
14	6.337	5.650	4.741	4.052	3.360	2.663	2.437	1.724	0.729	−0.142	−0.829	−1.331	−1.592	−1.748	−2.018	−2.420	14
15	6.265	5.586	4.687	4.005	3.321	2.632	2.408	1.703	0.718	−0.143	−0.823	−1.320	−1.578	−1.732	−1.999	−2.396	15
16	6.196	5.523	4.634	3.959	3.283	2.601	2.379	1.682	0.708	−0.145	−0.817	−1.308	−1.564	−1.716	−1.980	−2.373	16
17	6.137	5.471	4.589	3.921	3.250	2.575	2.355	1.664	0.699	−0.146	−0.811	−1.299	−1.552	−1.703	−1.965	−2.354	17
18	6.087	5.426	4.551	3.888	3.223	2.552	2.335	1.649	0.692	−0.146	−0.807	−1.291	−1.541	−1.691	−1.951	−2.338	18
19	6.043	5.387	4.518	3.860	3.199	2.533	2.317	1.636	0.685	−0.147	−0.803	−1.283	−1.532	−1.681	−1.939	−2.323	19
20	6.006	5.354	4.490	3.836	3.179	2.517	2.302	1.625	0.680	−0.148	−0.800	−1.277	−1.525	−1.673	−1.930	−2.311	20
22	5.933	5.288	4.435	3.788	3.139	2.484	2.272	1.603	0.669	−0.149	−0.794	−1.265	−1.510	−1.657	−1.910	−2.287	22
24	5.870	5.232	4.387	3.747	3.104	2.457	2.246	1.584	0.659	−0.150	−0.788	−1.255	−1.497	−1.642	−1.893	−2.266	24
26	5.816	5.183	4.346	3.711	3.074	2.433	2.224	1.568	0.651	−0.151	−0.783	−1.246	−1.486	−1.630	−1.879	−2.249	26
28	5.769	5.141	4.310	3.680	3.048	2.412	2.205	1.553	0.644	−0.152	−0.779	−1.239	−1.477	−1.619	−1.866	−2.233	28

续上表

n	频率 P(%)																n
	0.1	0.2	0.5	1	2	4	5	10	25	50	75	90	95	97	99	99.9	
30	5.727	5.104	4.279	3.653	3.026	2.393	2.188	1.541	0.638	−0.153	−0.776	−1.232	−1.468	−1.610	−1.855	−2.219	30
35	5.642	5.027	4.214	3.598	2.979	2.356	2.153	1.515	0.625	−0.154	−0.768	−1.218	−1.451	−1.591	−1.832	−2.191	35
40	5.576	4.968	4.164	3.554	2.942	2.326	2.126	1.495	0.615	−0.155	−0.762	−1.208	−1.438	−1.576	−1.814	−2.170	40
45	5.522	4.920	4.123	3.519	2.913	2.303	2.101	1.479	0.607	−0.156	−0.758	−1.198	−1.427	−1.564	−1.800	−2.152	45
50	5.479	4.881	4.090	3.491	2.889	2.283	2.087	1.466	0.601	−0.157	−0.754	−1.191	−1.418	−1.553	−1.788	−2.138	50
60	5.410	4.820	4.038	3.446	2.852	2.253	2.059	1.446	0.591	−0.158	−0.748	−1.180	−1.404	−1.538	−1.770	−1.115	60
70	5.359	4.774	4.000	3.413	2.824	2.230	2.038	1.430	0.583	−0.159	−0.744	−1.172	−1.394	−1.526	−1.756	−2.098	70
80	5.319	4.738	3.970	3.387	2.802	2.213	2.022	1.419	0.577	−0.159	−0.740	−1.165	−1.386	−1.517	−1.746	−2.085	80
90	5.287	4.710	3.945	3.366	2.784	2.199	2.005	1.409	0.572	−0.160	−0.737	−1.160	−1.397	−1.510	−1.737	−2.075	90
100	5.261	4.686	3.925	3.349	2.770	2.187	1.998	1.401	0.568	−0.160	−0.735	−1.155	−1.374	−1.504	−1.720	−2.066	100
200	5.130	4.568	3.826	3.263	2.698	2.12.9	1.944	1.362	0.549	−0.162	−0.723	−1.134	−1.347	−1.474	−1.694	−2.023	200
500	5.032	4.481	3.752	3.200	2.645	2.086	1.905	1.333	0.535	−0.164	−0.714	−1.117	−1.326	−1.451	−1.668	−1.990	500
1 000	4.992	4.445	3.722	3.174	2.623	2.069	1.889	1.321	0.529	−0.164	−0.710	−1.110	−1.318	−1.442	−1.657	−1.976	1 000
∞	4.936	4.395	3.679	3.137	2.592	2.044	1.886	1.305	0.520	−0.164	−0.705	−1.110	−1.306	−1.428	−1.641	−1.957	∞

表 8-21 最高潮位观测资料

m	h_i(年最高潮位,m)	$P=\frac{m}{n+1}\times 100\%$(经验频率)	h_i^2
1	6.09	4.76	37.09
2	5.91	9.52	34.93
3	5.86	14.29	34.34
4	5.77	19.05	33.29
5	5.62	23.81	31.58
6	5.60	28.57	31.36
7	5.57	33.33	31.03
8	5.53	38.10	30.58
9	5.50	42.86	30.25
10	4.96	47.62	24.60
11	4.94	52.38	24.40
12	4.91	57.14	24.11
13	4.91	61.90	24.11
14	4.90	66.67	24.01
15	4.88	71.43	23.81
16	4.85	76.19	23.52
17	4.82	80.95	23.23
18	4.77	85.71	22.75
19	4.75	90.48	22.56
20	4.72	95.24	22.28
$\sum$	104.86		553.83

(1)计算年最高潮位均值

$$\bar{h}=\frac{1}{n}\sum_{i=1}^{n}h_i=5.24(\mathrm{m})$$

(2)计算年最高潮位均方差

$$S=\sqrt{\frac{1}{n}\sum_{i=1}^{n}h_i^2-\bar{h}^2}=0.48$$

(3)由样本容量 $N=20$ 年，以及 50 年一遇（$P=2\%$）、100 年一遇重现期（$P=1\%$），查表 8-21 可得 $P=2\%$ 时，$\lambda_{pn}=3.179$；$P=1\%$ 时，$\lambda_{pn}=3.836$。

(4)计算设计重现期为 50、100 年一遇的高潮位

$$h_{2\%}=\bar{h}+\lambda_{pn}S=5.24+3.179\times 0.48=6.766(\mathrm{m})$$

$$h_{1\%}=\bar{h}+\lambda_{pn}S=5.24+3.836\times 0.48=7.081(\mathrm{m})$$

另外，根据海湾桥梁设计水位的重要性，需考虑当地海平面上升时，工程使用期内的上升值可参照国家海洋局发布的《中国海平面公报》。

8.6.2 设计波浪的标准

[第 8.6.2 条引文]

海湾地区波浪的设计频率采用 1/100。设计波浪的波列累积频率按计算内容选定。

[第 8.6.2 条解读]

本条修订了《规范》（TB 10017—99）第 3.10.7 条第 2 款。

设计波浪的标准包括设计波浪的设计频率和设计波浪的波列累积频率。

1. 波浪的设计频率

《规范》（TB 10017—99）第 3.10.7 条关于设计波浪的重现期标准，Ⅰ、Ⅱ级铁路采用 50 年一遇，Ⅲ级铁路采用 25 年一遇。随着海湾地区铁路工程的重要性不断提高，本规范对海湾地区桥渡提高了波浪设计标准，设计频率采用 1/100。《规范》（JTG C30—2015）第 11.7.3 条要求，设计波浪的重现期宜采用 100 年一遇。铁路工程的设计标准基本与之一致。

2. 设计波浪的波列累积频率

(1)实测波高

以 $H_{\frac{1}{10}}$ 表示显著波高或 1/10 波高。我国观测波浪的仪器为岸用测波仪，每天测 4 次，每次测 100 个波。取 15～20 个大波，再选取 10 个较大值，其均值即 $H_{\frac{1}{10}}$，其中最大者为 $H_{\frac{1}{100}}$。$H_{\frac{1}{10}}$ 偶然误差小，能代表一个波列的水平。$H_{\frac{1}{100}}$ 偶然误差大，计算各重现期的波高时采用 $H_{\frac{1}{10}}$。

(2)波列

波浪在传播过程中，波高时大时小，波的周期时长时短，由此形成的

波浪系列称为波列。

(3)各种重现期(如 50 年或 100 年一遇)的波高

推算所用的基础资料是从每年所有实测 $H_{\frac{1}{10}}$ 中选出最大值,求得设计所需重现期的 $H_{\frac{1}{10}}$,以之显示波列的水平。重现期大则 $H_{\frac{1}{10}}$ 大,相应的波列高;重现期小则 $H_{\frac{1}{10}}$ 小,相应的波列低。

求得设计重现期的 $H_{\frac{1}{10}}$,表示求得设计重现期的波列值,重现期即累积频率。对于波浪的计算,以重现期表示波列的水平标准,以累积频率表示各种波高的出现几率。

(4)各种累积频率的波高

将某一频率波高变量按大小顺序排列,划分若干区间,分别求出各区间的频率,逐个区间加以累积,得到一系列的频率累积值,称为累积频率。

每一波列中各波高千变万化,经过对大量实测资料的统计分析,各波高的频率分布特性很相近,且有一定规律,可推导出波高的理论几率密度函数,求得波列中各种累积频率波高间的关系。波列中各累积频率波高如 $H_{1\%}$、$H_{4\%}$、$H_{13\%}$ 等,右下角以百分比表示,也称累积频率,不称重现期。表 8-22 为设计要求的几种累积频率波高之间的关系。

表 8-22 累积频率波高之间的关系

$\frac{\overline{H}}{d}$	$\frac{H_{4\%}}{\overline{H}}$	$\frac{H_{1\%}}{H_{4\%}}$	$\frac{H_{5\%}}{H_{4\%}}$	$\frac{H_{13\%}}{H_{4\%}}$
0	2.02	1.20	0.965	0.796
0.1	1.92	1.18	0.968	0.814
0.2	1.81	1.16	0.972	0.833
0.3	1.70	1.14	0.976	0.853
0.4	1.59	1.12	0.981	0.874
0.5	1.48	1.10	0.986	0.895

$\overline{H}$ 为波列的平均波高,d 为水深。$\frac{\overline{H}}{d}=0$,相当于深水波,即传播在水深大于半波长的水域中的波。

累积频率波高与实测波高的关系为 $H_{\frac{1}{100}}\approx H_{0.4\%}$,$H_{\frac{1}{10}}\approx H_{4\%}$,$H_{\frac{1}{3}}\approx H_{13\%}$。对于深水波,设计标准要求的波高计算值为 $H_{1\%}=2.42\overline{H}$,

$H_{5\%}=1.95\overline{H}$，$H_{13\%}=1.61\overline{H}$；常见大波的平均波高计算值为 $H_{\frac{1}{100}}=2.66\overline{H}$，$H_{\frac{1}{10}}=2.03\overline{H}$，$H_{\frac{1}{3}}=1.60\overline{H}$。

计算墩柱结构的强度和稳定性时，通常用累积频率 1%的波高；计算斜坡式护面块体稳定性时，通常用累积频率 13%的波高。设计波高的波列累积频率标准可参考《港口与航道水文规范》(JTS 145—2015)表 6.2.3(即本书表 8-23)选用。

表 8-23　设计波高的累积频率标准

建筑物型式	部位	计算内容	波高累积频率 P(%)
直墙式、墩柱式	上部结构、墙身、桩基	强度和稳定性	1
	基床、护底块石	稳定性	5
斜坡式	胸墙、堤顶方块	强度和稳定性	1
	护面块石、护面块体	稳定性	13 或 5
	护底块石	稳定性	13

注：斜坡建筑物护面块石、护面块体稳定性计算，平均波高与水深之比 $\overline{H}/d\geqslant 0.3$ 时，P 取 13%；$\overline{H}/d<0.3$ 时，P 取 5%。

3. 根据实测资料对波浪的计算示例

海湾桥渡附近有海洋水文观测站时，应搜集有关波浪实测资料。如有 15～20 年连续实测波浪资料，推求的设计重现期的波高要比由风况资料转换的值可靠。

(1)注意铁路跨海湾的方位与海洋水文观测站的位置，如图 8-16 所示。

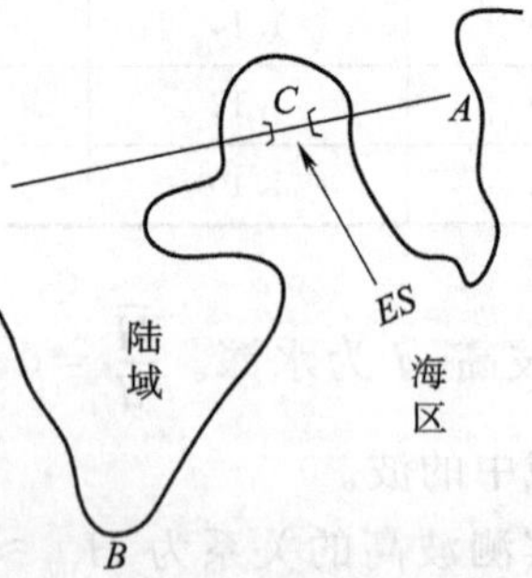

图 8-16　铁路跨海湾位置示意

铁路穿越海湾，与码头 A 相连，受东南向的波浪侵袭最大，其他方向受陆域保护，形成波浪的风程短，产生的波浪不大，故搜集东南向的波浪资料即可。

另外，与线路方向大体平行的波浪作用力小，对桥渡设计不起控制作用。一般桥渡方位根据线路方向确定，不需参照波浪大小，不必制成风玫瑰图、波浪玫瑰图，只需搜集线路侧向的实测波高即可。

波浪按 16 个方位记录，各波向观测存在误差，统计时可将所需方位左右 30°内的波浪并入，统计出最大值。

海洋水文观测站在海区 B 处，该站北面为陆域，该方向波浪受陆域掩护且风距小，相应波浪小，不具备代表性。如海湾桥渡受波浪侵袭最大的方向为北，就不能直接引用实测资料，可考虑以下情况。

①波高的形成取决于风距、风速、风时，以及波向内水深等因素，故可近似采用与之相近的海洋水文观测站的实测波高。

②从附近气象台站搜集所需方位的风况资料，换算为波高进行复核。

(2)每日观测波浪于 8:00、10:00、14:00、17:00 共 4 次，如根据风浪的增长衰减情况判断，17:00 至次日 8:00 可能出现较大波高时，需根据气象资料分析调整最大波高。

(3)计算波高时涉及水深，需搜集观测站的水深及海图资料。

4. 累计频率波高分析

波高、周期的频率曲线可采用皮尔逊Ⅲ型曲线，有条件时可根据与实测资料最佳拟合原则，选配极值Ⅰ型分布(耿贝尔分布)、对数正态分布、威布尔分布等其他的理论频率曲线，确定不同重现期的设计波浪。

如图 8-16 中的桥位 C，其侧向为东南且风距最大，此方向的波高将控制桥位设计，应搜集附近海洋水文观测站的东南方向历年波浪实测值，即每年最大的 $H_{\frac{1}{10}}$，见表 8-23。

推求 50 年一遇 $H_{\frac{1}{10}}$，采用皮尔逊Ⅲ型曲线法，与陆地水文推求各种重现期设计值一样。求得 50 年一遇 $H_{\frac{1}{10}}=6.1\ \text{m}$，$\overline{T}=8.8\ \text{s}$。

求得 50 年一遇 $H_{\frac{1}{10}}=6.1\ \text{m}$ 代表的波列后，再推求波列中设计所需的各累积频率波高。由表 8-24 可知，求出各种累积频率波高的换算系数，需求出 $\dfrac{\overline{H}}{d}$。

对于黄海平均海面，100 年一遇水位 2.80 m，以理论基准面为标准则为 4.45 m，观测波浪浮筒处水深 30 m，100 年一遇水位下水深 34.45 m，尚未求得波列中的平均波高。由表 8-25 求得 $\overline{H}=2.606$ m，为历年最大 $H_{\frac{1}{10}}$ 的均值，不是波列的平均波高。

假设 $\frac{\overline{H}}{d}=0.1$，查表 8-23，$\frac{H_{4\%}}{\overline{H}}=1.92$，

$$\overline{H}=\frac{H_{4\%}}{1.92}=\frac{H_{\frac{1}{10}}}{1.92}=\frac{6.1}{1.92}=3.2(\text{m})$$

$\frac{\overline{H}}{d}=\frac{3.2}{34.45}\approx 0.1$，与假设相近，查其他换算系数得

$$H_{1\%}=1.18\times H_{4\%}=1.18\times 6.1=7.2(\text{m})$$

$$H_{13\%}=0.814\times H_{4\%}=0.814\times 6.1=4.96(\text{m})$$

即为 50 年一遇波列中的累积频率。

表 8-24　××站东南方向年极值波浪

年-月-日(时)	$H_{\frac{1}{10}}$(m) 实测值	$H_{\frac{1}{10}}$(m) 调整值	周期 $\overline{T}$ (s)	按大小排列序号	$H_{\frac{1}{10}}$ 按大小排排列 H_i	$K_i=\frac{H_i}{\overline{H}}$	$P=\frac{m}{n+1}\times 100\%$
1963-7-20(17:00)	1.7	2.1	5.9	特大	6.8	2.609	0.99
1964-1-11(17:00)	2.9	3.6	6.2	1	5.0	1.919	5.0
1965-3-14(11:00)	1.8	1.8	5.3	2	3.7	1.420	10.0
1966-10-6(14:00)	2.3	2.3	4.8	3	3.6	1.381	15.0
1967-7-29(8:00)	4.1	5.0	7.0	4	3.0	1.151	20.0
1968-2-27(17:00)	2.3	2.5	5.4	5	3.0	1.151	25.0
1969-8-21(14:00)	2.8	2.8	4.4	6	2.8	1.074	30.0
1970-6-16(8:00)	2.6	3.0	5.0	7	2.8	1.074	35.0
1971-6-26(11:00)	3.0	3.0	5.7	8	2.6	0.998	40.0
1972-7-26(夜)		6.8	9.3	9	2.5	0.959	45.0
1973-10-27(8:00)	2.0	2.0	4.7	10	2.4	0.921	50.0
1974-8-14(17:00)	3.7	3.7	5.8	11	2.3	0.883	55.0
1975-7-18(17:00)	1.6	1.6	4.0	12	2.1	0.806	60.0

续上表

年-月-日(时)	$H_{\frac{1}{10}}$(m)		周期 $\overline{T}$ (s)	按大小排列序号	$H_{\frac{1}{10}}$按大小排排列 H_i	$K_i=\frac{H_i}{\overline{H}}$	$P=\frac{m}{n+1}\times$ 100%
	实测值	调整值					
1976-10-3(8:00)	2.1	2.6	4.6	13	2.1	0.806	65.0
1977-3-5(17:00)	2.1	2.1	5.1	14	2.1	0.806	70.0
1978-6-9(11:00)	2.4	2.4	6.3	15	2.0	0.767	75.0
1979-7-16(8:00)	1.3	1.3	4.0	16	2.0	0.767	80.0
1980-5-12(11:00)	2.0	2.0	4.7	17	1.8	0.691	85.0
1981-3-24(14:00)	2.1	2.1	6.0	18	1.6	0.614	90.0
1982-8-14(8:00)	2.8	2.8	8.3	19	1.3	0.499	95.0

注:1. 1972 年波浪是该地区罕见的,调查近 100 年一遇,$P=\frac{1}{N+1}=0.99\%$,$N=100$,$\overline{H}_{\mathrm{N}}=\frac{1}{N}\left(H_{\mathrm{N}}+\frac{N-1}{n}\sum H_i\right)=2.606\ \mathrm{m}$,$C_{\mathrm{VN}}=\sqrt{\frac{N-1}{n}(K_{\mathrm{N}}-1)^2+\frac{1}{n}(K_i-1)^2}=0.36$,适线后取 $C_{\mathrm{v}}=0.46$,$C_{\mathrm{s}}=4C_{\mathrm{v}}$,50 年一遇,$H_{\frac{1}{10}}=6.1\ \mathrm{m}$,$\overline{T}=8.8\ \mathrm{s}$。

2. 本站水深 30 m(海图),高潮累积频率 10%潮位时,水深 $d=33.34\ \mathrm{m}$。

进行设计波高或周期频率分析时,要求实测波浪资料要包含台风或寒潮大风等引起的大浪资料,得出的结果才较准确。

8.6.3 设计波浪的波向和波高

[第 8.6.3 条引文]

海湾地区设计波浪的波向应采用垂直于桥渡方向左右各 30°以内风区最长的来波方向。桥渡处的计算波高大于浅水极限波高时,采用极限波高。

[第 8.6.3 条解读]

本条沿用《规范》(TB 10017—99)第 3.10.7 条第 3 款。

1. 设计波浪的波向

波高是由风速、风区长度、风吹时间、水深等因素的作用决定的。垂直于桥渡方向左右各一个特定角度以内来自外海方向的风区最长,当风吹时间越长,产生的波高也越大。因此以该范围内风区最长的来波方向作为设计波浪的波向。

《海港水文规范》(JTS 145-2—2013)第 5.1.1 条要求,计算风浪要素时，可将风速和风向比较一致的水域划分为风区。风区内的风速差不宜大于 2～4 m/s，高风速时取大值，风向差不宜大于±30°。

该条主要根据我国海浪预报的实践，并参考了国外的有关手册而确定。

《港口与航道水文规范》(JTS 145—2015)第 6.4.4 条要求，进行波高或周期的频率分析时，应取近期连续的资料，年数不宜少于 20 年。需确定某一主波向不同重现期的设计波浪时，年最大波高及其对应周期的数据，可在该方向及其左右各 22.5°的范围内选取；需每隔 45°的方位角都进行统计时，对每一波向应只归并相邻一个 22.5°内的数据。

该条可解释为，选择年最大波高时，也可将主波方向左右各 22.5°的资料包括在内，因为波向观测并不很准确。另外，通常认为主波方向 22.5°的波高为主波方向波高的 0.9 倍以上。为确定用于频率分析的波浪实测资料的最少年数，对青岛小麦岛站连续 18 年的观测资料分组计算对比：第一组用全部资料，第二、三组分别用首 10 年和尾 10 年的资料。结果表明，后两者的波高约为与前者的 40%。可见 10 年的资料不能反映实际波浪的多年分布情况。该条要求不宜少于 20 年的资料，考虑了沿海台站的实情。

设计波浪的波向选取左右各 30°或 22.5°范围，无本质差别，本规范取前者。

2. 浅水区的极限波高

实测波高大于规定重现期同一波列累积频率的波高时，可按实测波高计算。波浪传播至一定深度的浅水区时会破碎。桥渡的设计波高大于浅水极限波高(溅高)时，设计波高采用极限波高。

规则波列在浅水中破碎时，破碎波高 H_b 与破碎水深 d_b 之比可按图 8-17 确定，求得不同水深的 H_b 即极限波高。

对于不规则波列中不低于有效波的波浪，其破碎波高与破碎水深之比可按图 8-17 的 0.88 倍确定。根据研究，在不规则波列条件下仅为大波破碎，其波高 H_b、相应深水波长 L_0、水深 d 之间仍具有规则波列的关系，其破碎波高约为规则波列时的 0.88 倍。该结果是在 1/50 底坡条件下求得的。

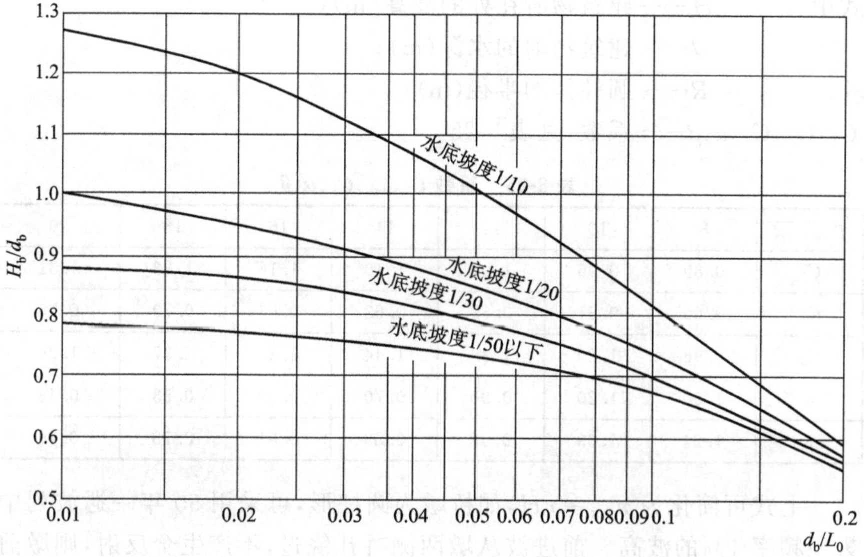

图 8-17 破碎波高与破碎水深之比

8.6.4 不通航的桥梁梁底高程

[第 8.6.4 条引文]

海湾地区不通航的桥梁梁底高程，不应低于设计频率高潮位加设计频率波列累积频率为 1% 的波高值，再加 0.5 m 安全值。

[第 8.6.4 条解读]

本条沿用《规范》(TB 10017—99)第 3.10.7 条第 4 款。

1. 海湾地区不通航桥梁梁底最低高程

波浪正常传播时，波高 H 约 1/2 在水面上，约 1/2 在水面下，遇直立式墙等障碍物时，波高全部反射，水面以上达全部波高。波浪遇桥墩局部反射，其余沿墩两侧传播。按《海港水文规范》(JTS 145-2—2013)第 8.3.7 条，可求得墩柱式前面最大波峰值 η_{max}。

当 $H/d \geqslant 0.1$、$D/d \geqslant 0.4$、相对周期 $T\sqrt{g/d} \geqslant 8$ 时，波面在圆柱体上的最大壅高 η_{max} 位于柱体迎浪面的顶点。

$$\frac{\eta_{max}}{H}=(C_1-C_2^{-\alpha R/d})\left[1+C_3\left(\frac{H}{d}-0.1\right)^{\beta}\right]$$

式中　　　H——建筑物所在处的波高(m)；

d——建筑物前的水深(m)；

R——圆柱体的半径(m)；

$C_1, C_2, C_3, \alpha, \beta$——系数，见表 8-25。

表 8-25　系数 $C_1, C_2, C_3, \alpha, \beta$

$T\sqrt{g/d}$	8	10	12	14	16	18	20
C_1	0.89	0.96	1.03	1.10	1.16	1.23	1.31
C_2	0.60	0.61	0.62	0.63	0.66	0.70	0.75
C_3	0.96	1.20	1.38	1.44	1.40	1.37	1.29
α	1.60	1.20	0.90	0.70	0.60	0.53	0.48
β	1.24	1.09	0.98	0.89	0.81	0.78	0.76

上式可简化为 $\eta_{max}=xH$，如桥墩为圆柱形，可采用 50 年一遇波列中累积频率 1%的波高。前进波从墩两侧桥孔绕过，不产生全反射，则墩前最大波峰为 $\eta_{max}=xH_{1\%}$，且 $x<1$。

为安全计，该式取 $x=1$，可得不通航的桥梁梁底最低高程为：设计频率 100 年一遇高潮位＋波列累积频率为 1%的波高＋安全值 0.5 m。

2. 海湾地区通航桥梁梁底最低高程

桥下通航时，需按航运情况分析。例如重现期 100 年一遇的高潮位，大多伴随风暴潮引起增水而产生，且不是短时而引起，增水很高；50 年一遇的大波浪高度，不仅有大风，风时也较长，且台风或寒潮掀起大浪引起增水。而小型航运情况的通航水位可采用港口工程的设计水位，即累积频率 10%高潮位，波高采用 1.5 m，再考虑船只高度，以及航运要求的安全高度，确定桥梁底的高度。

一般陆域河道上设桥，确定梁底高度需计算壅水高度，海湾桥渡则不需考虑。从潮位与潮流量过程线可知，高潮位出现时，海流为憩流状态，流速与流量趋于零，不流动的静水不产生壅水。退潮时的中水位产生最大流速与流量，该水位对高水位的降低比该水位产生的壅水大得多。

海湾地区通航海轮桥梁梁底最低高程的确定参照《海轮航道通航标准》(JTS 180-3—2018)。

(1)最高通航水位

在潮汐作用为主的水域，跨越航道建筑物、构筑物的设计最高通航水位应采用当地历史最高潮位，必要时采用年最高潮位频率 $H_{5\%}$ 的水位。该水位采用耿贝尔Ⅰ型极值分布曲线计算。

跨越航道建筑物、构筑物的使用年限一般较长，以及对远期规划的船舶密度、船型的发展都需有所考虑，尤其沿海地区的经济发展较快，这些都对通航的要求越来越高。由于沿海的实测潮位资料较少，不能排除会出现高于已有实测最高潮位的情况，采用已有实测最高潮位并不为高。

国标《内河通航标准》(GB 50139—2014)中，Ⅰ～Ⅲ级航道的设计最高通航水位标准为年最高洪水位频率5%的水位，相应的河口段与沿海应不低于该标准，有利于船舶贯通直达通航。

该条文主要考虑到某些跨越航道建筑物、构筑物所在地区为平原，两岸不具备可利用的较高地势，其净空要求对跨越航道建筑物、构筑物的长度及其投资的影响较大。有些地区潮差较大，每年最高水位变化较大；有些地区的经济发展以及船舶密度增长不是很快，对船舶通航条件的要求不太高。不同情况可经综合论证后，采用该标准。

耿贝尔Ⅰ型极值分布曲线与行业标准《港口与航道水文规范》(JTS 145—2015)的相关要求一致。

(2)通航净空高度

穿过航道建筑物、构筑物的通航净空高度为船舶水线以上船舶高度与富余高度之和，起算面为设计最高通航水位；即指设计最高通航水位以上至跨越航道建筑物、构筑物结构梁底之间的距离。该高度应保证在允许航行的气候条件下，船舶或船队都能安全通过。《海轮航道通航标准》(JTS 180-3—2018)附录A(即本书附录F)给出了船舶压载情况下的水线以上高度。

(3)富余高度

为保障跨越航道建筑物、构筑物下船舶行驶安全，应预留富余高度：通航海轮的内河水域或有掩护的海域取2 m；波浪较大的开阔海域，且重要航道上建有跨航道建筑物、构筑物时取4 m。该值基于以下各项因素考虑确定。

①船舶通航过桥的安全高度取决于综合性的因素：船舶越大，波浪越

高，穿过航道建筑物、构筑物时的航行条件越差，则要求的安全高度越大。②水流及波浪会引起船舶左右、上下摇荡，使船舶水线的位置发生较大变化。

③船舶水线至最高点的距离会有计量误差，由以下因素造成：载重量的变化、船舶大修后的高度变化，以及船舶在淡水、咸水中存在吃水差等情况。

④水位观测、气象增水等预报水平及条件存在一定局限，但误差不大。

富余高度的取值，国际上一般为 2～4 m，视船舶大小和水域环境而定。该值的确定考虑了船舶的大型化发展。

波浪较大的开阔海域，航道的重要程度一般较高，对国民经济发展的作用大，过往船舶密度大，吨位大。应有较高的标准，该地区建桥的富余高度宜取 4 m。

8.7 戈壁及干旱地区

8.7.1 戈壁及干旱地区水文计算基本要求

［第 8.7.1 条引文］

戈壁及干旱地区水文计算时，应充分利用当地水文、水利水资源、气象等部门的观测资料及参考文献整理分析。充分考虑地形、地貌和洪水形成历时短、水势强的特点。

［第 8.7.1 条解读］

1. 新增条款补析

本条为新增条款。戈壁指地面几乎被粗沙砾石覆盖、植被稀少的荒漠地带。我国戈壁广泛分布于荒漠与半荒漠的西北地区，主要位于新疆、内蒙古、甘肃、宁夏等省区，总面积约 45.5 万 km^2；沙漠（沙丘、风蚀土地）总面积 71.29 万 km^2；戈壁总面积 56.95 万 km^2。其中，新疆的沙漠总面积约 42 万 km^2，戈壁面积 29.3 万 km^2，在全国的占比最大。

目前，国内对于划分干旱地区尚无统一标准。通常将年降水量 200 mm 以下的地区称为干旱地区，年降水量 200～500 mm 的地区为半干旱地区；也有说法将 250 mm 降水等值线作为农业气象中干旱与半干旱区的分界线。《中国气候区划名称与代码气候带和气候大区》(GB/T 17297—1998)以多年平均年干燥度来定义气候大区,不小于16的地区为极干旱地区,介于3.5与16之间的地区为干旱地区,介于1.6与3.5之间的地区为亚干旱地区。1977年,联合国相关组织机构提出以荒漠化图的干旱指数P/E_{tp}来确定干旱区,这里P为降水量,E_{tp}为蒸散量,反映了气温、风力、辐射的综合作用。$P/E_{tp}<0.03$的地区为极端干旱区,$0.03\leqslant P/E_{tp}<0.20$为干旱区,$0.20\leqslant P/E_{tp}<0.50$为半干旱区。

干旱区常以风沙荒漠的戈壁地貌为主要特征,年降水量稀少(一般不超过200 mm)且蒸发量大,土壤干旱,地下水位较低。当降雨强度不大,地面一般不会产生径流,即使流域面积很大的河流也常缺水、断流,水资源利用率不高。

干旱区洪水的成因是降雨,洪水量总是与暴雨量相关。应尽可能搜集当地与邻近水文站的大中河流观测资料,以及国家气象站对该区域的自记、定时观测雨量资料,可在出版的水利部门水文年鉴中查阅,或在降雨自记曲线资料中得到。还应搜集暴雨档案等调查实测资料,充分了解该地区暴雨的特性、成因、路径等水文气象特征,对其作出定性与定量的分析。

干旱区大暴雨发生频次少,暴雨的位置具有不确定性,且水文站、雨量站少,观测时间短,设计流域一般缺少大暴雨、大洪水资料,尤其在集水面积较小流域需搜集邻近流域资料。用暴雨资料推算设计洪水应合理选定计算时段,分析实测大暴雨的特征、产流期雨强与下渗的关系。流域面上产流与汇流条件差异较大时,可采用局部产流、汇流的方法计算设计洪水。用流量资料计算设计洪水时应根据自然地理因素差异,分析大洪水的成因与特征,采用地区综合方法分析确定设计流域的洪水统计参数与设计值。

干旱区的蒸发量、坡面水量、河道沿程水量损失大,随着产流期暴雨强度的增大,入渗率增大,多为局部产流、汇流。大洪水出现频次少,较多在量级上无差异,C_s较大。P-Ⅲ曲线难以拟合时可考虑采用其他频率线型。其暴雨可分为局地对流雨、锋面雨,两种的洪水特性不同。用设计暴雨计算设计洪水时可根据洪水特性,选用不同类型。该地区以超渗产流为主,产流区域较大时,入渗率的变化也较大。设计条件下的计算时段,产流分区计算面积可根据雨强时程分配,合理确定产流期内平均入渗率的变化特征。

采用上下游的洪水资料插补洪峰的洪量,或采用邻近地区产流、汇流参数时,应根据坡面与河道沿程水量损失变化,分析其合理性与适用性。用清水及浑水分别计算的产流、汇流参数(如径流深)其差异较大,用设计暴雨来计算设计洪水时应考虑该因素。

2. 实例分析

乌鲁木齐铁路局辖区线路大多经过戈壁及干旱地区,降雨量稀少,长年干旱。但每年6～8月会短暂集中降下暴雨,其短时暴雨形成径流,有时仅一次暴雨就超过当地平均年总雨量,戈壁地面暴雨径流洪水强度很大,但土壤渗水性很差,对沿线铁路及建筑物危害严重。

兰新铁路景峡—尾垭区段长10 km,桥涵稀少,1993年7月暴雨汇积,洪水深达7 m,9处路基被冲毁,最长达70 m。1996年7月20日因暴雨洪水,局管内水害严重,冲毁线路2.59 km,冲毁桥梁一座。上行方向K1 780+906处的4-16 m白洋河桥,其两端桥台及两片简支梁被冲走,数百米路基被毁;下行方向K1 780+873处的2-32 m桥梁两端路基被毁,150 m天山隧道被淹。1996年7月18日,南疆铁路因遭遇特大洪水而中断运输。据当地水利部门提供的数据,其后3日发生3次洪峰,乌拉斯台洪水流量达650 m^3/s,相当于300年一遇的洪水频率。此次受灾对全长476 km南疆铁路影响程度重、范围广、损失大,为全路历年所罕见。受灾区间达310 km,地段达113处,断道94处,需重建铺轨的区间达11.4 km,铁路直接经济损失达当时的3.37亿元。

由于南疆铁路乃至兰新铁路全域所经区域的中小河沟当时几乎均无水文资料,设计时主要参考该地区少数几条大河的水文站资料,来确定中小河设计暴雨洪水标准。从大量中小桥涵被毁的情况看,原设计标准已不适应实际情况。该区域的大河与前山小洪水沟的洪水特性差异较大,以大河实测的洪水资料来分析计算众多中小桥涵的暴雨洪水就显得欠妥。

又如包兰铁路经过沙漠干旱地区。1954—1962年的年平均降水量202 mm,1958年7月25日集中降水45 mm,一处路基被毁。

因此在降雨总量不多但强度很大的戈壁及干旱地区,水文计算需充分考虑地形地貌,以及洪水形成历时短、水势强的特点,根据暴雨资料计算设计洪水。产流、汇流的计算方法及其参数应采用实测的暴雨洪水资料进行检验，对暴雨洪水的统计参数结果进行合理分析。

8.7.2 戈壁及干旱地区汇水面积计算

[第8.7.2条引文]

戈壁、荒漠等干旱地区一般流域面积广阔，地形平坦，在圈绘汇水面积时，宜将滞洪的封闭洼地、盆地面积扣除，只计有效面积。

[第8.7.2条解读]

1. 新增条款补析

本条为新增条款。戈壁、荒漠等干旱地区暴雨持续时间短、笼罩面积小、具有部分产流和汇流特征。圈绘汇水面积时，宜将滞洪的封闭洼地、盆地面积扣除，只计有效面积。

包西铁路神榆段经过毛乌素沙漠，其自然形态与地形地貌不同于一般地区。最大特征是汇水区内多分布梁窝状沙丘，所占比例不等，有的甚至高达70%～80%。梁窝状沙丘有弯曲的沙梁与凹下沙窝，沙梁与沙窝的高差可达10～15 m，沙窝中间低，出现暴雨时会储存一定水量，并不产生参与洪峰的径流。汇水区实际产生洪峰径流的面积小于地图上圈绘的分水岭—出口的理论汇水面积（即圈绘面积），或者说，由圈绘面积查手册得出的流量大于实际洪峰流量。

2. 合理确定汇水面积

(1)从圈绘面积中扣除梁窝状沙丘面积，得实际汇水面积，查手册得到的流量为设计流量（清水流量，无校正系数）。该方法认为梁窝状沙丘在暴雨过程中，表面产生的径流汇入沙窝，不参与产生洪峰径流。

(2)用圈绘的汇水面积查手册得到一个流量，再根据汇水区梁窝状沙丘的占比，乘以相应折减系数，得到设计流量（清水流量，无校正系数）。

综上，由暴雨洪峰径流形成过程可知，产生洪峰流量的原因是汇水区暴雨过程扣除损失量（植被截留、填洼、下渗、少量蒸发等）后，地面与地下径流汇入河沟，由上游至下游，由支流至干流，在出口断面形成最大流量（洪峰流量）。沙漠中暴雨径流同样遵循这一规律，只是梁窝状沙丘的雨水产生的地面与地下径流（以地面径流为主）汇入沙窝而非河沟，相当于向洼地蓄水，梁窝状沙丘较洼地分布广，蓄水量大。应扣除该部分面积，而由地面与地下径流汇入河沟那部分汇水面积查算洪峰流量较为合理。上述(2)由圈绘面积查算流量,再乘以折减系数求得设计流量,不如(1)直观,也缺乏一定的依据,且折减系数、梁窝状沙丘的占比需经大量模型试验和理论推导才能求得。

故最终采用的方法为,在地形图量得汇水面积,扣除梁窝状沙丘所占面积(该部分可在地形图上量得,再根据外业调查进行调整),以实际汇水面积查手册,可得洪峰流量。再根据外业调查资料,乘以相应校正系数或泥石流系数(沙漠中洪水多挟带大量泥沙,为高含沙水流)即得设计流量。需注意,求算梁窝状沙丘面积时,仅计入那些沙窝面积较大、周围基础条件较好、确能起到蓄水作用的窝状沙地,不符合该条件的沙窝应被列入实际汇水面积。

8.7.3　水文计算流量

[第 8.7.3 条引文]

水文计算流量应考虑流域内土壤损失等级的影响。

[第 8.7.3 条解读]

1. 新增条款补析

本条为新增条款。影响土壤损失的因素很多,除降雨还包括土壤的颗粒成分、级配、密实度、虫穴度、前期含水量、地下水位及其吸水性等,一般不能仅从表层土类来确定土壤损失等级。

干旱区风化过程强烈,风蚀现象严重,造成很多地区土壤被砾石覆盖。砾石覆盖层具有减小蒸发及地表径流、增多渗透、防止风蚀、截留水分等方面的作用。对水分的截留成为水平衡的重要组成部分,在黄土高原地区达降雨量的11%~17%,且截留量随着砾石盖度的增大而增大,随着砾石粒度的增大而减小。砾石层截留雨水过程复杂,受砾石特性(大小、盖度、厚度、粗糙度等)、降水特性(雨量、持续时间等)以及风况等影响。

另外,干旱区广泛分布的结皮对降水截留的影响主要表现为渗透。土壤结皮在干旱区广泛发育,减小了土壤的下渗量,对表面径流的影响增大。土壤结皮一般分为微生物结皮和物理结皮:微生物结皮是由土壤表面及以下的细菌、苔藓等微小生物成分,与土壤相互作用而形成的复合层。研究认为,该结皮不仅降低了水分下渗速度与深度,还引起土壤水分渗透的不稳定性。物理结皮层是土壤表面普遍存在的致密层,厚约几毫米至几厘米,其孔隙较细且导水性较差,会直接减小入渗量,增大地表径流。

2. 实例资料

甘肃的河西走廊及宁夏、青海、新疆等内陆荒漠戈壁地带,表层为薄层砾石,其下为沙壤土(戈壁滩或表层长有耐盐碱植被),称为灰钙土或漠钙土,在其下约 10~30 cm 处含不同程度的盐类积淀层,雨后表层出现一层白色盐碱霜,干燥时形成硬壳,其下渗损失很小,需与表层同类土相区别,降低损失等级,有时直接从地表有无板结来区别。

8.7.4 桥涵的总体布置及位置选定

[第 8.7.4 条引文]

根据野外调查情况合理确定桥涵位置和孔径大小,并考虑此地区水流的不确定性及铁路修建后地形变化的影响。考虑汇流集中,冲刷加大的影响,宜适当延长桥长、加深基础埋深。

[第 8.7.4 条解读]

1. 新增条款补析

本条为新增条款。在平坦戈壁、沙化草原、窝状沙漠地区,有时流域分水岭不明显,一个工点汇水面积的设计流量很难用圈绘的办法来计算。这时应采用分片方式大范围圈定,算出一定范围的总流量,在该范围内设置一定数量的桥涵工点,其位置、孔径通过实地调查来确定。

桥涵的位置一般选在有明显流水痕迹、地表低洼、长有野生植物的处所,其间距视情况而定,其孔径根据设计流量等各工点的具体情况综合考虑。

2. 桥涵总体布置

山区和丘陵区铁路,一般要求应逢沟设置桥涵,尽量保持天然水系和水流天然状态,该原则同样适用于干燥沙漠区段铁路。但该区段的地形地貌有别于山区丘陵,具有显著沙漠特征,地形呈波状起伏,波状、窝状沙丘连绵不断,部分沙丘也有零星滩地,汇水区不明显,多数无明显沟槽。对沙丘这种特殊地形地貌,工点布置应根据其特殊性,区别不同情况分别加以解决。

进行外业调查确定工点布置前,应先从 1∶2 000 或 1∶50 000 地形图上,结合线路平纵断面,对较大范围内的排水系统进行规划,最好利用航空相片进行水文判析，对调查范围内的地形条件、天然水系形成整体概念，设计者就能有的放矢。在外业调查中综合考虑多方因素，在确能形成径流、沟槽较明显处设置排洪点。

分布较广的情况是沙丘风蚀洼地，以及波状、窝状沙丘，水文情况复杂，水流多呈漫流，多伴有串流，应根据天然水系、地形条件，预测水流的主流位置及其可能摆动的趋势，采取分散与小集中相结合的原则布置桥涵工点。线路通过风蚀洼地时，虽下游水流无出路，但为沟通水流、平衡积水水位，也有必要设置桥涵。对于连绵起伏的波状、窝状沙丘，经调查确认不易形成径流和无排水条件的地段，不设置工点。

3. 桥涵位置选定

沙漠地区小桥涵的位置应综合以下条件加以考虑：

(1)有沟槽或沟槽较明显处，工点位置应使其入口接原沟，并注意不使出口水流冲击下游村镇房舍等建筑物。

(2)路基填土较高或沟槽较弯曲时，应在大比例尺地形图上点绘路基坡脚线，以合理确定桥涵位置。

(3)波状、窝状沙丘地区，水流呈漫流的地方，桥涵应设在主要水流处。

(4)沙漠地区工点的定位还应尽量避免下挖设涵，以免风沙淤积，影响工点排洪功能。

总之，干燥、沙漠地区的桥涵布置定位及其水文计算是一项较为复杂的工作，需根据野外调查情况合理确定其位置和孔径，并考虑该地区水流的不确定性及铁路对地形的影响。考虑到汇流集中、冲刷加大，宜适当加大桥长、加强基础埋深。

8.8 山前漫流地区

8.8.1 漫流地区水文计算基本要求

[第 8.8.1 条引文]

漫流地区水流紊乱，串流现象严重，水文情况复杂，应采用理论计算和野外调查相结合的方法，综合分析确定设计流量。桥孔布置在满足设计流量的前提下宜适当增加桥长。

[第 8.8.1 条解读]

1. 新增条款补析

本条为新增条款。我国西北地区的大部分铁路在不同程度存在山前戈壁漫流的水害问题,如兰新、包兰、南疆、干武、青藏、青新(格尔木—库尔勒等区段)线路。其中,兰新铁路干线受漫流危害最严重,以高台漫流为典型。

山前连续冲积锥漫流也称山前戈壁漫流,是我国西北地区特有的一种山前区河流。此类漫流的特征是山麓地带存在毗连的许多小山口,各山口堆积连续成群的冲积锥,冲积锥未切割出固定沟槽,形成摆动不定的漫溢分支。

河床为粒径较粗的卵石或碎石,纵坡较陡。连续冲积锥以下由于沟槽相互呈网状交织,水系错综复杂,水流紊乱,下游沟槽逐渐消失,形成长大宽展的漫流地带。

地质结构多为砾石及细粒卵石的区域,水流挟带大量泥沙和细颗粒石块,下游地面纵坡变缓,泥沙逐渐沉积,形成荒漠或草原。该地带通常没有明显的沟槽和水流痕迹,易被误认为不受山洪影响,如较大暴雨或山洪骤至则遍地漫流。其末端地形平坦,漫流洪水被阻滞于沙漠边缘地带,形成洼地滞洪区。或尾流渐入地下,于低洼盆地处流出,地面形成盐碱或沼泽。

距山口较远的漫流地区水流分散,股流摆动幅度较大,对冲沟位置及其相应流量分布的把握难度较大,成为桥涵布置的难点。应通过合理考虑扩大系数和流量分配系数,采取桥涵搭配的方式进行排洪,确保洪水顺利通过。

2. 具体设计步骤

(1)在小比例地图上勾绘出汇水面积,确定相应地形等级、土壤类别、暴雨及径流参数等,并考虑校正系数得出该汇水面积的总流量。

(2)根据地形地势,实地勘查冲沟洪水痕迹,确定该汇水面积中的几处股流位置,设桥梁工点。每桥过水能力均应满足相邻冲沟总流量的需要。

(3)其他流水痕迹处应设涵洞,其孔径根据总流量,采用适当的流量分配系数来确定,该系数在现场勘测值的基础上适当放大。

漫流地区只有深入现场进行水文勘察,利用航空照片调查实测漫流地区的地形地貌、河槽摆动变迁、历史洪水位等情况。再通过理论计算,合理确定桥涵的位置、孔径,并布设导流建筑物。

漫流地区水流不稳定，每年汛期主河槽摆动不定，故设计桥长需考虑泄洪输沙的通畅。过分压缩河槽的泄洪输沙宽度可能造成上游壅水，使上游河床产生泥沙沉积，河床升高，加大桥位上游河段的不稳定性，影响桥梁安全。反之，增大桥长会增加投资，如桥长过大则对河道的稳定不利。泥沙的淤积促使洪水主流更加曲折摆动，河道更容易迁徙不定。因此，漫流地区的桥孔布置宜适当增大桥长。

为保证路基安全，一般将漫流地区的桥涵用封闭导流堤相连，注意控制桥涵工点的间距，尽量避免长大导流设施。

由于漫流地区的特殊地形和水流特性，水文计算的关键是确定洪峰塌缓系数、流量分配系数、流量增大系数。

8.8.2　流量增大系数

［第 8.8.2 条引文］

漫流地区桥涵设计流量应考虑流量增大，增大系数可根据现场勘测和野外调查综合确定，一般可取 1.5～2.5。

［第 8.8.2 条解读］

1. 新增条款补析

本条为新增条款。流量增大系数是漫流区流量计算的重要参数。由于河槽的摆动游荡与变迁，每次洪水通过各河槽的流量都不相同，即使不同年代发生相同频率的洪水流量，通过某沟槽的洪水流量也不同。因此，可将总流量增大来满足发生大洪水时某沟槽可能出现的最大流量，是主要方法。

2. 流量加强系数

《铁路工程设计技术手册·桥渡水文》给出了缺乏天然河道实测资料时，流量加强系数参考值(表 8-26)。

表 8-26　流量加强系数参考值

河道性质	流量加强系数
稳定河流	1.2～1.5
宽河及不稳定河流，对于一河二桥	1.5～1.75
宽河及不稳定河流，对于一河三桥	≥2

3. 流量增大系数

南疆铁路途经包尔图漫流区，沟口距铁路线路约 15 km，水流出包尔图沟口后分东西两条支沟向下，距线路上游 6 km 处分成多条支沟，流至线路处已分为大小 5 条沟槽，宽约 11.5～40 m、深约 0.5～1.2 m 不等。沟槽呈矩形断面，平均宽 7.0 m，平均深 0.65 m。1996 年 7 月的线路调查数据为，每沟历史洪水 $Q_{历1}=34.6\ m^3/s$、$Q_{历2}=36.2\ m^3/s$、$Q_{历3}=14.0\ m^3/s$、$Q_{历4}=6.1\ m^3/s$、$Q_{历5}=3.4\ m^3/s$，该年历史洪水总流量 $\sum Q_{历总}=94.2\ m^3/s$。

包尔图漫流区的流量增大系数选在各断面满槽水深时，对该年发生的历史洪水流量加大计算后，作为 100 年一遇流量的流量增大系数 γ。

$$\gamma=\sum Q_{满槽}/\sum Q_{历总}$$

式中，$\sum Q_{满槽}$ 为各断面满槽水深时流量总和，$\sum Q_{历总}$ 为铁路沿线各断面该年历史洪水流量总和。

$\sum Q_{满槽}=169.2\ m^3/s$，$\sum Q_{历总}=94.2\ m^3/s$

故 $\gamma=169.2/94.2=1.796$

根据南疆、兰新铁路存在漫流的实际情况，缺乏河道实测资料时，本规范条文说明推荐采用流量增大系数(表 8-27)。

表 8-27 流量增大系数推荐值

河道性质	流量增大系数
一河二桥(涵)	1.5
一河三桥(涵)	1.5～2.0
一河多于三桥(涵)	2.0～2.5

8.8.3 洪峰塌缓系数

[第 8.8.3 条引文]

山前漫流地区桥涵设计流量可根据洪峰出山口至桥址处的距离，考虑洪峰塌缓的影响。洪峰塌缓系数可根据计算确定。

[第 8.8.3 条解读]

1. 新增条款简析

本条为新增条款。洪水流出山口后，由于下游河段的调蓄和阻力作用，以及洪水沿程渗漏损失，洪水波逐渐展平致洪峰塌缓，塌缓后洪峰流经下游断面的流量将削减。洪峰塌缓系数 $\alpha_{洪}$ 与洪峰流量、桥址与山口之距、河段糙率系数、河段比降，以及河段扩散等情况有关。根据桥渡水文手册，$\alpha_{洪}$ 由下游河段某一断面的历史洪水流量与山口处同期历史洪水流量之比确定。

$$\alpha_{洪}=\frac{\sum Q_{历}}{Q_{历/山口}}$$

式中 $\sum Q_{历}$——线路各断面历史洪水流量总和；

$Q_{历/山口}$——同期对应山口处历史洪水流量。

上述流量根据典型流域形态调查确定。形态调查难以实现时可根据地形、河床的床质等因素，用洪水传播理论来估算。

首先求出上游山口处至下游断面处洪水推进时间 τ

$$\tau=\tau_{L}L_{1}$$

式中 L_1——山口至下游断面之距(km)；

τ_L——洪水出山口后每推进 1 km 所需时间(min)。

下游断面处洪水的开始要比山口处晚一个 τ 的时间。τ_L 按洪水平均流量计算，平均流量可计为山口处设计流量 $Q_{山口1\%}$ 的 0.6 倍。

洪峰塌缓系数也可表示为 $\alpha_{洪}=\dfrac{t}{t+\tau}$

式中，t 为径流开始到山口形成洪峰的涨水历时或集流时间(min)，结合经验一般可取 $\alpha_{洪}=0.5\sim1.0$。

2. 实例分析

仍以南疆铁路包尔图漫流区的调查数据来说明：1996 年 7 月，包尔图沟口历史洪水流量 $Q_{历/沟口}=114.3\ m^3/s$，100 年一遇洪水流量 $Q_{山口1\%}=170.2\ m^3$。每沟历史洪水分别为 $Q_{历1}=34.6\ m^3/s$、$Q_{历2}=36.2\ m^3/s$、$Q_{历3}=14.0\ m^3/s$、$Q_{历4}=6.1\ m^3/s$、$Q_{历5}=3.4\ m^3/s$，该年历史洪水总流量 $\sum Q_{历总}=94.2\ m^3/s$。

包尔图沟口的洪峰塌缓系数 $\alpha_{洪}$ 也是根据该年历史洪水流量确定的。

$$\alpha_{洪} = \sum Q_{历总} / Q_{历/沟口} = 94.2/114.3 = 0.824$$

式中，$\sum Q_{历总}$ 为该年各断面历史洪水流量总和，$Q_{历/沟口}$ 为包尔图沟口该年历史洪水流量。

除流量增大系数和洪峰塌缓系数外，流量分配系数 β 也是漫流区水文计算的重要参数，成为计算设计流量分配、确定桥涵孔径的重要依据，随着河道的变迁、流量的变化而变化。因此，各沟槽的该系数应根据断面上游各沟槽的变迁情况，结合该河段的历史最大流量来确定。

$$\beta = Q_{历n} / \sum Q_{历总}$$

式中，$\sum Q_{历总}$ 为线路各断面历史洪水流量总和，$Q_{历n}$ 为线路各断面历史洪水流量。

包尔图各沟槽的流量分配系数 β 根据 1996 年洪水调查流量确定，见表 8-28。

表 8-28　包尔图铁路桥涵各沟槽流量分配系数

断面	勘测里程	$Q_{历n}$ (m³/s)	$\sum Q_{历总}$ (m³/s)	流量分配系数 β
1	DK171＋738	34.6	94.2	0.37
2	DK172＋126	36.2		0.38
3	DK172＋159	14.0		0.15
4	DK172＋186	6.1		0.06
5	DK172＋212	3.4		0.04

根据以下数据：山口 100 年一遇设计流量 $Q_{山口1\%}$ ＝170.2 m³/s、流量增大系数 γ＝1.78、流量塌缓系数 α＝0.846，以及各沟槽流量分配系数 β，可按下式求出线路各沟槽的设计流量。

$$Q_{n/1\%} = Q_{山口1\%} \times \alpha \times \beta \times \gamma$$

经计算，包尔图下游铁路各沟槽设计流量见表 8-29。

表 8-29　包尔图下游铁路各沟槽设计流量

断面	勘测里程	$Q_{山口1\%}$ (m^3/s)	洪峰塌缓系数 α	流量分配系数 β	流量增大系数 γ	设计流量 $Q_{n/1\%}$ (m^3/s)
1	DK171＋738			0.37		93.4
2	DK172＋126			0.38		95.9
3	DK172＋159	170.2	0.824	0.15	1.78	37.9
4	DK172＋186			0.06		15.1
5	DK172＋212			0.04		10.1

8.8.4　磨蚀环境的影响

[第 8.8.4 条引文]

漫流区河道洪水期夹杂大量泥沙石块，桥墩底部一定范围内应考虑磨蚀环境的影响。

[第 8.8.4 条解读]

本条为新增条款。线路在山麓连续冲积锥及其下游边缘部分，漫流区河道洪水流速很大，且挟带大量泥沙石块，破坏力强。容易冲击桥墩底部、堵塞桥孔、冲毁路基、中断行车，其危害甚大。

8.8.5　桥下净空安全值

[第 8.8.5 条引文]

漫流区严禁下挖设置桥涵。桥下净空应考虑淤积的影响，预留足够的安全值。缺乏资料时，桥下净空安全值可根据经验按表 8.8.5 取值。

表 8.8.5(本规范)　漫流区桥下净空安全值

淤积情况	梁底高出包括壅水值的水位(m)	备　注
建桥前河床一般无明显淤积现象时	1～2	壅水值包括桥前壅水和局部股流涌高
建桥前有淤积现象时	2～4	

[第 8.8.5 条解读]

1. 新增条款补析

本条为新增条款。冲积漫流性河段地貌大致具有冲积扇特征，河床面逐年淤高较游荡性河段明显。洪水的股流总趋势在较高沟槽中通过。

马营河为西北地区的内陆河流，出山口后经古洪积扇流向沙漠，兰新铁路穿越该洪积扇的腹地(马营河中游的扩散河段)。桥址处河流呈喇叭状敞开，河床宽浅，主流曲折游荡，水头较低，这是由于出山口的水流(尤其雨季洪流)随着河道的散开，河床纵坡变缓，洪水的挟带搬运能力减弱，极易淤积，导致主流经常改道。

马营河大桥位于兰新铁路 K665+711 处，桥长 189.9 m，为 11-16 m 钢筋混凝土简支梁桥，1956 年建成。桥下净空 2.72 m，桥位处河床宽达 5 km，河床纵坡 22‰。为控制该摆动不定的河流，桥梁上游两侧设置长达 2 km 的束水导流堤，使水流集中桥下通过。30 年后的 1986 年，桥下净空仅剩 0.56 m。

2. 桥下净空安全值

在冲积漫流河段、扩散河段处建桥，桥孔、桥下净空以及导流建筑物的设置等不易简单确定。洪水来时桥下通过大量泥沙，河床逐年淤高，是一个复杂而危害性很大的问题。目前只有根据经验预留一定的桥下净空值。本规范表 8.8.5 采用《铁路工程设计技术手册　桥渡水文》中的桥下净空安全值。

取用该安全值时，需加强调查访问，多走访当地水利水资源部门，了解河流具体情况，经详细分析再确定。

冲积漫流段的基础埋深先按一般情况考虑桥下河床冲刷，此外需考虑分散水流归槽引起的集中冲刷。

8.8.6　桥涵之间的导流堤

[第 8.8.6 条引文]

漫流区相邻的桥涵之间应设置封闭式导流堤，导流堤迎水面应进行铺砌。

[第 8.8.6 条解读]

本条为新增条款。洪积漫流河段处建桥或修建排洪涵洞，为稳定河段约束水流，避免路堤直接受水流冲刷危害，相邻桥涵之间的上游需设置人字形封闭式导流堤，下游也需设置相应的导流设施。根据兰新、南疆铁路等漫流区的导流堤水害整治经验，桥涵上游单侧封闭导流堤的总长不宜超过 500 m。这是由于较长的封闭导流堤安全性能较差，一旦被冲毁将严重影响铁路运营安全。

设置导流堤应尽量减小堤身与集中股流的交角,一般不大于30°,堤身避免进入主槽以减轻水流的集中冲刷,堤身的平面曲线力求平顺。当堤前冲刷深度大于3.0 m且导流堤较长时,工程量较大,应适当增大桥长,减小导流堤的长度和高度。一般情况下的坝前冲刷深度尽量控制在3.0 m内,尽可能提高防护的安全性。

8.8.7 漫流区铁路建筑物

[第8.8.7条引文]

漫流区铁路路基、车站、房屋、变电所、通信基站等应考虑漫流的影响。

[第8.8.7条解读]

本条为新增条款。一般情况下,漫流区铁路的路基以外均设置导流堤,但堤内与路基之间封闭区的汇水无法排出,通常在桥涵之间的路基迎水侧设置脚墙。

车站、工区房屋、变电所、通信基站等建筑物的选位应尽可能避开漫流主槽,在满足相应洪水频率要求的同时,需加设导流设施,尽可能与桥涵导流堤统一考虑。

8.9 一河多桥

8.9.1 一河多桥布设的基本要求

[第8.9.1条引文]

山前区变迁河段、平原顺直微弯河段、分汊河段及蜿蜒河段不宜采用一河多桥。确有困难采用时,一河多桥的布设应结合河段的特点,地形、地质因素,排洪、排涝和交通的要求,综合比选确定。分汊河段平原顺直微弯河段和蜿蜒河段采用一河多桥时,应布设必要的导治建筑物。

[第8.9.1条解读]

本条修订了《规范》(TBJ 17—86)第8.6.1条。

一河多桥是指同一河流由于稳定沙洲的需要,在分割成数支的河槽分别建桥,在稳定的沙洲上修建路基。同一河流除在主槽建桥外,在其一岸或两岸的河滩上分建一座或数座河滩桥，各桥间修建路基。此外，在洪水期间各河连片的泛滥区设置多桥。

一河多桥布设与河流性质、河道形态密切相关。桥渡位于山区开阔及山前变迁河段时，河段支汊众多，需考虑一河一桥与一河多桥的方案比选；当位于山前冲积扇扩散及平原分汊河段，支汊较稳定时，宜采用一河多桥；位于平原顺直微弯及蜿蜒河段，如泛滥宽广、河滩辽阔、滩流占比较大时，需考虑增设河滩桥，即一河多桥。该方案较为顺应自然趋势。当技术条件允许且经济合理时，应首先考虑一河多桥的设计方案。

1. 一河多桥的布设原则

(1)沙洲或滩地必须稳定。平原分汊、顺直微弯、蜿蜒等河段具有稳定的河汊或河滩，可在分汊河道或河滩上设桥，如南浔铁路赣江大桥、长沙湘江公路桥等；山前冲积扇扩散河段一般也具有较稳定的支汊，也可设桥。但在山前区变迁、平原顺直微弯、分汊、蜿蜒等河段不宜采用一河多桥。

(2)对于次稳定或变迁性河段，如桥渡布置得当，也可采用一河多桥，如山区开阔、山前区变迁等河段。但在控制流量分配、防止主流改道、保障河滩路基等方面均应慎重，应与一河一桥方案进行经济技术比较。

(3)平原游荡性河段不宜采用一河多桥。

2. 一河多桥的设计注意事项

(1)应尽量使各桥与洪水流向正交。如斜交角度过大则会产生沿路堤方向的横向水流及其水位差，使桥孔过水状况恶化。由于水流集中加剧冲刷，横向水流对一河多桥的流量分配、桥孔确定会产生影响，目前尚无妥善的计算方法，重要的一河多桥应借助水工模型试验解决布设问题。

(2)桥位应布设在主槽，各桥尽可能均匀分布，且彼此的间距不宜过小。

(3)从一些既有桥的资料及水工模型试验结果看，一河多桥也会存在若干病害。各桥之间应布设足够的导流堤，调直桥下水流，使其流速的分布趋于均匀。

(4)河滩桥孔及路堤的导流设施常由于流速较小而被忽视。但遇到洪水时，河滩承受由于上下游水位差产生的波浪冲刷，破坏力较大，洪水持续时间较长时应采取加强防护措施降低水位差。对于一般单线铁路，该值不宜超过0.9 m。

3. 河滩桥与导治建筑物的布设

(1)河滩桥

线路跨越平原河流时，通常在河滩设桥形成一河多桥。河滩无稳定河汊时则不宜设置，此时应集中在主河槽设桥，避免河滩发生集中冲刷。

当河滩地势低洼，常发生积水内涝危害田舍时，则有必要在河滩设桥，阻止河床受冲刷而变形，加快泄洪排涝。河滩有稳定的河汊时，宜在主干与河汊分别建桥，形成一河多桥，以保持天然水系的水利功效，维持河床的稳定。

河滩有灌溉渠道等通道时，为避免灌溉与交通互扰，应在河滩布设必要的桥涵，与河滩泄洪同样考虑流量分布及冲刷。

河滩设桥在确定桥孔通过流量时，桥下设计流速不宜超过滩面不冲刷流速。反之，则需考虑对桥下冲刷的防护。

河滩床面一般无推移质泥沙运动，故河滩设桥的桥下冲刷通常无泥沙补给，不产生汛后泥沙回淤现象。桥下的冲刷在多次洪水时期一直增长，形成较大的冲刷坑。

东北地区平齐铁路洮儿河桥，河滩原有的9-4 m板涵被冲毁后，1952年修建5-20 m板梁大桥，1957年受洪水冲刷，2号墩倾斜移动约3.2 m，桥下产生巨大冲刷坑，其上游约90 m，下游约120 m，深达9～11 m。河滩桥的桥下冲刷常引起流量的重分配，河床剧烈变形造成水害。故河滩桥一般应采用全铺砌加固来抵御冲刷。

宽浅变迁河段布设桥孔一般宜采用一河一桥。当河段植被良好、支流多年稳定且与干流相距较远、不宜截支流强干流时，可采用一河多桥。此时干流桥孔的设置需考虑干流及支流不稳定使流量加大的因素，以及支流一旦受堵，该桥孔应具备足够的过水能力。一些地区建桥后支流受堵，使干流桥孔的泄洪能力不足。在引道路堤设置带有闸门的小桥涵，洪水来时可及时关闭闸门。

(2)导治建筑物

修建焦枝铁路时，对湍河进行了水工模型试验。发现湍河、草场、石河等大桥下，水流偏角甚大。尤其湍河大桥泄洪量占总流量近1/2，受桥址附近滩地影响，其上游滩地水流沿路堤汇入湍河主槽，使大桥北端的若干桥孔通过水流斜交约达45°且流速甚大，桥头路堤及若干桥墩有被冲毁的危险。在模型的湍河北端设置长200 m的导流堤，使桥下水流状况显著改善，各桥孔过水流速大为减小。

该现象可解释为水漏斗现象。即滩流逐渐收拢通过桥孔时，上游一侧出现过水状态，沿路堤横向产生局部水位差，水流以较大斜交通过桥孔引起挤压，流速分布不均。

从宽滩河流资料也可发现类似现象。如东北某上承式11-20 m板梁桥，其漫滩很宽，1961年洪水来时，北端第7～9桥孔河底产生冲刷坑，深达4.8 m，距沉井底部仅约1.5 m，后在北端设置139 m非封闭式导流堤，冲刷状况得到改善。南端修有路堤，滩流通过桥下仍形成深槽，与上述湍河水工模型试验结论相同。

因此，一河多桥应根据具体情况考虑布设必要的导治建筑物。各桥孔流量分布是否均匀成为一河多桥方案是否成功的关键。

8.9.2 增建第二线的一河多桥

[第8.9.2条引文]

增建第二线的一河多桥，应利用既有线一河多桥历史洪水调查资料。

[第8.9.2条解读]

本条沿用《规范》(TBJ 17—86)第8.6.4条。

当既有线桥历经多次洪水考验，流量分配比例已基本固定又无严重水害时，增建第二线各桥流量即可按既有桥历次洪水时相应的最大流量分配率确定。

如既有线一河多桥历经洪水考验，河段基本稳定，未发生重大水害，增建第二线时，仍可借鉴既有线一河多桥时的桥渡设计经验。

《铁路工程水文勘测设计规范》
解读与思考(下册)

周四思　主编

中国铁道出版社有限公司

2024年·北京

目　　录

第 9 章　调治和桥头路堤工程

9.1 一般规定

9.1.1　导治建筑物布设基本要求

［第 9.1.1 条引文］

桥位附近河段上根据需要可布设导治建筑物。不应在河堤范围内设置路堤。

［第 9.1.1 条解读］

河道内导治建筑物与护岸建筑物的作用方式有所区别。

护岸建筑物是紧靠路基或河岸的建筑物，用来直接保护河岸或路基，抵御河水的冲刷。

导治建筑物的主要作用是改变水流方向，引导水流均匀顺畅地通过桥孔，减轻或消除桥下河床的不利变形，保护桥头路堤与河岸，并保障桥渡附近的正常生产生活。还包括改变河道的性质，对河床的局部起治理作用。该建筑物如果布置得当有效，可减轻或消除河水对桥头河滩路堤的侵蚀。其主要型式包括导流堤、丁坝、顺坝、挡水坝等，是桥渡工程的重要组成部分。

1. 导流堤

桥孔压缩滩流较大时，被阻断流量沿着引道路堤流入桥孔，因流量集中产生严重冲刷，可能损坏路堤与桥台。设置导流堤可使水流冲刷均匀分布，减小对墩台及引道路堤的冲刷，防止河段产生不利变形。导流堤可分为封闭式和非封闭式两种。

封闭式导流堤常用于变迁性和冲积漫流性河段。是从桥头至上游岸边某点全部封闭，逐步收窄河槽，引导水流畅顺通过。其高度应满足拦截设计洪水，不致翻越漫溢。在山区河流开阔河段，当桥头路堤伸入河滩并向下游弯曲，与洪水流向斜交形成“水袋”时，可自桥台至岸坎设置与主流平行的封闭式导流堤。当桥址位于山前冲积扇的宽河中游扩散或变迁河段，水流分支摆动，满溢范围较广时，为固定河道减小泛滥，均可设置喇叭形封闭式导流堤。平原河流游荡河段也可设置封闭式导流堤，以稳定河床约束水流。

非封闭式导流堤常用于次稳定宽滩及游荡性河段。桥头设置不与河岸或其他堤坝相连的短坝，坝头设在较高处，坝高应超过设计洪水位，防止洪水翻越坝身，以保护伸入河床的路基安全。一般为曲线或两端为曲线的直线，直线形导流堤有将水流挑离桥头的能力。桥台位于凹岸且对岸滩流较大时，常在凹岸修筑直线形导流堤，纠正水流偏向一侧桥孔。

导流堤一般设计成非淹没式的曲线形、梨形、直线形。其长度应满足洪水时被阻滩流顺畅流入桥孔，减小桥下冲刷使其趋于均匀，需注意基础埋深并加强防护。

导流堤的设置应根据压缩后被阻断流量与总流量的占比而定。通常被阻断流量不超过总流量的5％时，加固桥头锥坡即可。被阻断流量占总流量的15％（单侧河滩）或25％（双侧河滩）以上时可采用曲线形导流堤，在其下且超过总流量的5％时可采用梨形导流堤。河滩水深小于1 m或桥下冲刷前的平均流速小于1.0 m/s时，一般不需修筑导流堤。

2. 丁坝

丁坝设置于桥头路堤的一侧或两侧，河岸边上及长大导流堤的迎水面。其作用是将水流挑离桥头路堤、河岸及导流堤，使泥沙在丁坝后部沉积，形成新的水边线，改变其流向，以保护桥头路堤、河岸及导流堤。

丁坝的挑流能力与其长度有关。短坝能力略小，常以若干连续使用。长坝能力较强，甚至可将水流调至对岸。丁坝的设置设计需结合上下游及两岸情况综合考虑，注意建坝后的水流方向，其设置不加剧对农田与村庄的冲刷。

对丁坝长度没有把握时宁短勿长，使用过程中观察其作用逐步加长。

3. 顺坝

顺坝常与水流平行修筑，直接布置在导治线上，起到控制河势、束窄河道、约束水流的作用，是防护河岸的导治建筑物。一般以淹没式居多，坝顶与中水位大致相平，上游端嵌入河岸，下游端与河岸间留有缺口，也可在顺坝的其他位置留缺口以宣泄坝后水流。洪水期水流漫过坝顶，加速河岸与顺坝之间的河床淤积。顺坝较长且与河岸间距较大时，常在顺坝与河岸间设置几道格坝，防止水流冲走沉积的泥沙或产生洪水“抄后路”的危害。

4. 挡水坝

挡水坝常用于堵塞旧河道、河汊、串沟等，一般采用淹没式且与两边滩地同高，允许洪水漫过以利淤积，坝身两端应嵌入河岸或河滩。泥沙较少时多布置在入口附近，泥沙较多时可布置在河沟中部或靠下游出口附近，均离开沟汊交汇处一段距离。

导流堤坝的修建及维修养护需要大量的费用和人力，造价有时会超过桥梁主体工程，原则上不能作为压缩桥孔的理由和手段。宝略铁路1981年遭遇洪水，清江1号桥以及嘉陵江7号、9号桥的导流堤和桥头均受严重破坏，过水的流速分别约达6.0、4.6、5.7 m/s。对经验教训进行总结后得出结论，河槽范围内不适合设导流堤束水过桥，造价昂贵且易遭水害，防护维修费用远超扩孔的费用。

有些桥渡由于水流、地形、地质等关系，尽管孔径已足够大，仍需设置导流堤坝。其设置应结合具体情况辩证考虑，根据需要布设导治建筑物。很多桥梁修筑了导流堤坝，经过多年洪水考验发挥了良好作用。但也有些被视为附属工程，主观上重视不够，对河流特性认识不足，型式布置、各部尺寸不够恰切，不能起到导治水流的作用，或设计标准、防护加固要求偏低，经受不住洪水冲击，没能起到预期效果。

为了避免河滩路堤与河岸间形成水袋，使路堤前形成回流或长期积水影响路堤稳定，应尽量避免在河滩范围内设计折向下游的路堤。必须设计时，可根据技术经济条件增长桥孔或增设导流工程以消除水袋。山区河流湍急，常采用增长桥孔的措施。河堤范围内一般经常遭遇较大洪水，设计路堤容易产生病害，危及行车安全，因此尽量设桥。

9.1.2 导治建筑物布设基本要求

[第9.1.2条引文]

河流上导治建筑物的布设应结合河段特性，水文、地形和地质等自然条件，通航要求，水利设施等因素，根据导治的目的，兼顾左右岸、上下游、洪水位、枯水位，确定其总体布设。必要时可做水工模型试验确定。

[第9.1.2条解读]

本条基本沿用《规范》(TBJ 17—86)第7.1.2条。

桥头河滩路堤是指位于河滩被洪水侵袭的路堤，滨河路堤是指河道一侧受洪水侵袭浸泡的路堤。上述路堤主要受河流水文条件控制，勘测设计时应详尽调查河流形态及河段水文特征。各种导治建筑物的型式及尺寸应结合河流水文地质特征、桥头引线、水利设施等因素综合考虑确定。某些复杂的桥渡设计，导治建筑物应适当进行方案比较。

1. 导治建筑物的设置

导治建筑物能够引导洪水均匀顺畅通过桥下，防止或减轻桥下集中股流对河床造成冲刷变形，稳固上下游附近的河道，保护路基和桥梁的安全。

当河段的地形地貌等地质特性呈现水流紊乱、主流摆动、河岸不稳定等情况，扩孔难以保证桥梁和路基的安全时，应慎重考虑设置必要的导治建筑物。当滩地流量很大且不易归槽，以及桥址主流偏斜，产生集中冲刷危及安全时，采用导流防护设备将水流均匀导入桥孔，阻止桥址上下游河道的演变。

2. 导治线的布设

桥渡上下游设置导治建筑物涉及一定范围，为了使其合理，需先设计导治线。即设计治理后新河槽的平面轮廓，由一系列顺坝、丁坝等导治建筑物构成，整治措施有裁弯堵汊等。导治线的规划能决定工程数量和实际使用效益，乃至其成败。

导治线的布设原则应因势利导顺应水势，即研究水流运动的内在规律，掌握河床与水流之间的矛盾与辩证关系，使水流按导治方向流动。充分利用长期稳定的河槽、山口石崖、抗冲能力强的河岸，形成导治线的控制点或控制段，促使不利因素转化为有利，注意上下游河势的平顺衔接。其走向最好与河床变形影响较大的洪水流向一致或接近。

导治线的具体布设应根据水流的弯曲情况，设置不同半径的导流堤、丁坝、顺坝(格坝)等。平原蜿蜒河段的中水位期较长，按该水位设计导治线可控制河床的演变，有利于防洪护岸和通航。山区沙石河床段宜按中水位导治，有利于较大流量过孔。山区卵石河床段宜按洪水位导治，有利于防止洪水期卵石淤落在桥渡附近。

导治线两岸需统筹兼顾。一岸的防护不得影响对岸的水流条件，尤其采用挑流设备时需充分注意。

导治线上下游需相互呼应。上游导治线的起点应选在水流平顺过渡地段和修建导治建筑物有良好的坝址处，下游应选在河势平顺衔接或水流恢复到天然状态处。上下游导治范围不宜过长，有利于维修。

导治线的布设与水流情况、河床演变等自然条件密切相关。需结合河段水文、地形地质等特性，设计一条兼顾两岸、上下游与枯水位的导治线。当水情复杂、导治工程规模较大时，若设置不当会加剧水流对桥渡的危害，故应进行水工模型试验，并分期投资逐步验证完善。

3. 导治建筑物的作用类型

如前所述，导治建筑物布置前需先设计导治线。该线是整个导治建筑物系统的关键环节，需考虑到水位变化时水流动力的变化等因素。根据水流基本规律，顺直的天然河道不是河流的稳定形状。导治线的河轴中心线理论上最好是一系列连续曲线。曲线间也可以短直线过渡段相连，其长度宜为稳定河宽的 2.5～4 倍。如图 9-1 所示，导治线的边缘曲线（计划河岸线）最好为平行导治线中线的连续曲线，l 为过渡段长度。

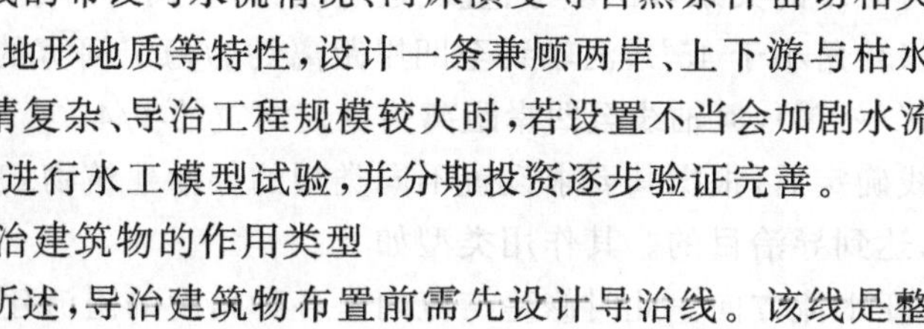

图 9-1　导治线曲线

导治线起点宜选在阻拦水流较易转向的地段，例如在弯曲段开始过渡到直线段或直线段开始过渡到弯曲段处。这样可因势利导，不花费过多人力物力就可使水流朝计划的导治方向流动。还宜选在河岸地层较坚实且不易被冲刷处，以利于设置受水流冲击最强烈的第一个导治建筑物。导治线的终点应与下游的天然河轴线平顺衔接，尽量不扰乱下游水流的性质。

天然河道的轴线形状与正弦曲线较为接近。根据实践经验，导治线按一系列的圆曲线设计，较为简单且对水流影响不大。稳定弯曲河段的曲率半径一般约为其河宽的 3.5～7 倍。半径过大则水流摆动，易形成分汊；半径过小则水流扭曲绞拧，易形成浅滩，迫使凹岸移动。过大过小都会使河道不稳定，经验表明，设计弯曲段的曲率半径以稳定河宽的 5～8 倍为宜。

导治线的边缘线应与其中心线大致平行，并参照河段两岸地形，按稳定河宽设计圆顺，该线即布置导治建筑物的前缘轮廓线。下述天然河道的河轴线与河岸的关系可供参考：直线过渡段，河轴线与两岸的距离约相等；缓弯段（转角小于 45°），河轴线至凹岸距离约为稳定河宽的 1/3；急弯段（转角 45°～90°），河轴线至凹岸距离为稳定河宽的 1/4。

导治线确定后，根据其要求设置不同类型的导治建筑物，改变水流和泥沙运动，达到导治目的。其作用类型如下。

(1)改变水流方向。此时修建与流向呈各种角度的阻流建筑物，引导水流或迫使水流改变流向。导流堤可设置成封闭式或非封闭式，可为直线形、曲线形、梨形、桃形，也可设挡水（分水）坝、顺坝、丁坝等。

(2)降低岸边流速。增大建筑物底部的阻力以降低防护地段底部的流速，在河岸或路堤外修建一系列使水流紊乱的消能建筑物，如短丁坝、格坝等。

(3)改变河底冲淤。重分配淤淘沉积物，间接防止冲刷。如沿岸设防护林、淤积栅等。

4. 整治实例

平齐铁路嫩江大桥全长 848 m，至 1954 年已运营 20 年，桥址附近河段演变很大，江心洲日益淤长，北岸不断崩退，影响齐齐哈尔一侧桥台与路堤的安全。为保证运输安全，对河道进行了整治。1955—1957 年修建挑流丁坝五座、导流堤一座及配套结构；1958—1977 年铁三院等单位进行几次勘测调查；1969 年经受了 100 年一遇的洪水考验；1973 年由大桥局科研所协助进行河工模型试验。

该桥地处嫩江中下游冲积平原，南岸沙丘隆起，北岸河谷宽广，洪水期漫滩 8 km。河床纵坡平缓，坡度不足 1/10 000，平均流速不大，流态较平稳。悬移质以细沙、粉沙、黏土颗粒为主，推移质多为中细沙，平均粒径 0.36 mm。河床演变主要表现为平面变迁和泥沙堆积体的运动变化。随着江心洲的扩展，河岸发生相应崩退，淤积冲刷使河流产生横向摆动，河岸线不断弯曲。

整治重点在于改变河岸附近的水力结构，曾考虑两个方案。

(1)采用丁坝群将水流动力中心线挑离受冲的北岸，使江心洲受到冲刷，在相邻坝间造成淤积。

(2)采用转流建筑物，产生人工环流将天然环流加以消除或改变，将水流的造床作用转为有利，达到整治目的。但由于封冻时间长，又有强大的冰凌冲击，使该方案难以采用。

最后采纳丁坝群挑流、导流堤导流的方案。

导治线采用拟定的新河岸线，即丁坝头部的连接线。坝间淤积较慢，坝头冲刷稍小。丁坝采取下挑式，与水流的交角 100°，施工中因投资所限将二号坝缓建。方案见表 9-1。

表 9-1　丁坝的坝长与间距

<table>
<tr><th>坝号</th><th colspan="2">一号</th><th colspan="2">二号</th><th colspan="2">三号</th><th colspan="2">四号</th></tr>
<tr><td>坝长(m)</td><td colspan="2">377</td><td colspan="2">207.5</td><td colspan="2">151</td><td colspan="2">74.5</td></tr>
<tr><td>间距(m)</td><td>—</td><td colspan="2">287</td><td colspan="2">294</td><td colspan="2">267</td><td>—</td></tr>
</table>

导流堤半径采用包尔达柯夫法计算，导流堤由原护岸接建而成，实际半径与计算值不完全符合。填土使用江心洲的中细沙，符合技术要求，且对减小阻水作用有利。由于平均粒径 0.36 mm，为防止流失，迎水坡铺设反滤层，背水坡铺设草皮。

模型试验对整治工程进行了验证。范围包括桥址上游 4.5 km，下游 0.6 km，宽 2 km 的河段，采用定床模型。水位分别为 139、138 m，相应流量分别为 38.7、20.3 L/s，相当于天然流量 45、24 m^3/s。

试验结论表明，整治规划设计合理。二号坝应补建，不仅能将对面江心洲的突出部分冲去，且能减弱一至三号坝间的回流，加速淤积，降低三号坝头流速约 0.4 m/s，从而使坝头冲刷减轻。为节约投资，可建半截坝。

9.1.3　泥石流地区导治建筑物布设

[第 9.1.3 条引文]

泥石流地区导治建筑物的布设应从防护、排导或拦挡等措施中选取一种或数种，并与铁路主体工程配套，组成一个整体。

[第 9.1.3 条解读]

本条沿用《规范》(TBJ 17—86)第 7.1.3 条。

泥石流洪积扇的沟槽常漫流，淤塞桥孔或冲毁路基。要使桥孔能发挥最大的正常排泄能力，就必须在桥前因势利导，采用适应泥石流活动特点的调治工程。实践表明，一般清水流的排洪沟、挑坝、潜坝、丁坝等调治设施用在泥石流沟都不适合，有过教训。从排泄泥石流的需要看，桥下沟床坡度最好为上缓下陡，或在上游设低坝提高位能，增强桥下动能，起到上拦下排的作用，有利于桥孔宣泄，事实证明这种拦排结合的方式有效果。在宽谷段无明显沟形分散设桥的泥石流沟，应充分利用散流、停淤、沉沙、落石、引水输沙等方法，稀释泥石流的浓度，使泥沙淤在桥前。在漫流落淤地段的路基迎水坡面，可分期加高防护，并与桥头锥体护坡相接，如西昌地区的实践证明该措施的效果良好。在峡谷段沟形明显的泥石流沟设桥，则应利用主河水流切割排水基准面，有利于排泄的特点，加强河槽堤岸，在上游设低坝。

泥石流排洪槽的断面应能满足高、中、低水位都有最佳的水力条件。实践表明，全槽铺砌时宜为直墙，槽底为钝角或圆弧，且设计流量不宜大于 50 m^3/s，槽宽不宜大于 5 m，这样较为经济合理，且满足维修养护工作需求。泥石流设计流量 50～200 m^3/s、槽宽 5～10 m 时，排洪槽不宜全部铺底，建议采用直墙式断面，门坎台阶式沟底，这样槽底磨蚀面小且防止深切，可节省工时。泥石流设计流量大于 200 m^3/s、槽宽大于 10 m 时，宜采用导流堤或护岸，较为经济合理，有利于淤积后上部加高，以及冲刷下切后的下部防护。

泥石流调治建筑物的结构整体性以及材料耐磨性的要求高，通常为浆砌圬工或混凝土结构，而干砌体或铁丝笼等只能作防洪抢险临时应急之用。由于泥石流磨蚀力强，一般槽底铺砌及护坡厚度不应小于 0.5 m，沟心处宜为 0.5～1.0 m 或以上。

泥石流导流堤的长度、高度、基础深度应结合地形条件、泥石流性质、规划要求，通过必要的调查计算确定。有明显沟槽的洪积扇上设桥，其上下游排导长度常为桥长的 2～4 倍。无明显沟槽、漫流严重的洪积扇上设桥，为使泥石流归槽，上游导流堤应接至山口。主要部位的基础深度取冲刷线以下 1.0 m，次要部位取 0.5 m。

泥石流的渡槽设计应满足使槽身有足够的排泄坡度，并与上游沟床平顺相接，可选用框架等结构，其设计流量不宜大于 20 m^3/s，槽宽不宜大于 10 m,长度不宜大于 50 m,固态粒径不宜大于 0.5 m,否则应考虑比较其他方案。明洞顶上的排导工程需加强对冲刷与磨蚀的防护。

泥石流地区选线及桥渡存在设计困难时,需合理选用防护、排导、拦挡等导治措施,与铁路主体工程配套形成整体。如成昆铁路的利子依达沟大桥,规模大,工程防治难度大,铁路平面改线应避绕泥石流沟,广泛采用排导沟、拦挡坝、明洞渡槽。很多工点以拦挡、排导结合并用,为拦排结合方式。

9.1.4 泥石流沟上严禁设置挑水丁坝

[第 9.1.4 条引文]

泥石流沟上严禁设置挑水丁坝。

[第 9.1.4 条解读]

本条基本沿用《规范》(TBJ 17—86)第 7.1.5 条。

丁坝是一种与河岸(路堤)形成一定角度,从河岸伸入水流中的构筑物,将水流挑离河岸,使下游河岸避受冲刷,形成有利的水流结构与河床。

泥石流沟的设计流量不仅要保证泥石流能顺畅通过,还要考虑泥石流在沟道中、流出后的淤积问题。如在泥石流沟上设置挑水丁坝,泥石流会在挑水丁坝前淤积堵塞,故要求严禁设置。且长大导治建筑物养护维修耗费工料,易毁坏,造价高。

9.1.5 桥址上游有支汊汇入的山区开阔河段的导流堤布设

[第 9.1.5 条引文]

山区开阔河段,桥址上游有支汊汇入而引起水流紊乱时,应根据流向和地形、地质等条件设置导流堤。

[第 9.1.5 条解读]

本条基本沿用《规范》(TBJ 17—86)第 7.2.1 条。

山区河流峡谷段一般无河滩,桥孔原则上满布全河,无需设置导流堤。当山区河流开阔段一侧或两侧有较开阔的台地,桥头路堤伸入河滩或桥址上游有支汊汇入,水流紊乱或急剧扩散时,视其流向及地形地质条件设置导流堤。

上游的导流堤引导河滩水流逐渐改变方向,平顺通过桥孔,使桥下的流速、水深及输沙分布较为均匀,并避免桥头出现过大冲刷。

当河滩路堤向下游弯曲，与洪水流向斜交，形成三角回流的水袋时，水流紊乱湍急易冲毁路堤，需布设封闭式导流堤来截流。河滩路堤向上游弯曲时，桥头宜布设梨形导流堤。

9.1.6 山前冲积扇下游收缩河段导流堤布设

［第 9.1.6 条引文］

山前冲积扇下游收缩河段上布设导流堤时，参照山区开阔河段确定。中游扩散河段不宜布设长大的封闭式导流堤。导流堤布设应与当地防护堤坝、灌溉设施及其他水利工程相配合。对支汊的演变，应布设导治建筑物加以控制。不应利用长大导流堤强行约束水流而集中设桥。

［第 9.1.6 条解读］

本条沿用《规范》(TBJ 17—86)第 7.2.2 条。

1. 布设要求

山前冲积扇下游收缩河段布设导流堤可参照山区开阔河段。中游扩散河段宜采用一河多桥，不宜布设长大封闭式导流堤。两桥可共同采用桃形导流堤、分水堤等加固措施来保护桥头路堤，且应与当地防护堤坝、灌溉设施等相配合。对支汊演变应布设导流堤坝加以控制，不宜利用长大导流堤强行约束水流。

2. 实例分析

史上教训证明，布设导治建筑物而压缩桥孔不可取。宝略铁路某段沿江布设导治建筑物，占该段全长的 84%，原设计河岸防护 60 处，改河工程 15 处，主要集中在 K64～K85、K115～K142 两段。随后又增加了一些防护工程，总计防护工程长约 40 km。

改河与导流工程在嘉陵江上有 21 处，其中 K121～K123 为减少跨江而用裁弯取直改河，其余均由于铁路占原河凹岸设置导治建筑物，将水流引向凸岸河滩，这类改河与导流工程多集中在嘉陵江上游段计 12 处。按其平面布置分为两种情况：一是在路堤坡脚处修建高水位丁坝群和顺坝，将河流主轴线外移至新开挖河槽；二是在河流凸岸漫滩按造床流量开挖新河槽，将其与路堤坡脚间的河床填平形成复式河槽，路堤边坡按浅滩流速进行防护。K66＋500～900 为干砌片石护坡堆石基础，其余为浆砌片石护坡，个别处在基脚外挂钢筋混凝土板沉排。

1981 年 8 月宝略铁路遇特大洪水，沿江既有河岸防护工程被冲毁 34 处，新增长大水害地段 10 处。冲毁最严重地段原 7 处改河导流及 1 处防护工程遭毁，水流仍归故道，路堤被冲轨排悬空。

(1)嘉陵江上游几处改河，如凸岸采用复式河槽，中低水位时水流尚能沿河槽通过。高水位时水流直冲凹岸，产生横向环流，底层流向凸岸，凹岸受冲河床加深，凸岸河床淤积堆高，河槽受淤使改河失败，故河湾处不能强行改河。

(2)沿嘉陵江河道蜿蜒，为避免高桥和长隧道，大部分以路基通过，有些地段路基占压河床过多，挤压河槽断面，导致水位升高，流速加大。K120＋280～700 段增设专用线，既有线外移，路基占凹岸主流河床达 40～50 m，占原主流河床宽度的 25％，压缩水流断面，洪水全部冲毁路基 K68＋700～K69＋230、K73＋290～920 两段。

(3)山区河流的河道窄，纵坡陡，防护工程应尽量顺应自然环境。采用挑水坝等导流建筑物改变流向的办法失败多，收效少。此次洪水冲毁了几处宝略铁路的丁坝，如 K17、K74、K75、K157，路基随之冲毁，最长达 200 m，轨排落河。

9.1.7　山前变迁河段导流堤布设

[第 9.1.7 条引文]

山前变迁河段可布设封闭式导流堤。摆动河段与稳定河段之间的过渡段上，若河槽集中较明显、岸坎较高、洪水不致漫溢两岸且桥头有足够高度时，宜采用梨形导流堤。

[第 9.1.7 条解读]

本条沿用《规范》(TBJ 17—86)第 7.2.3 条。

对于天然情况下摆动不定的河道，为减小泛滥范围，应采取措施约束水流漫溢，将其均匀顺畅导入桥孔，保护两岸桥头路堤。摆动与稳定河段之间如河槽较集中，岸坎较高使洪水不致漫溢且桥头高度足够时，宜采用梨形导流堤。其河槽部分的形状与不封闭式曲线形导流堤相同；其河滩部分末端与路堤相切连接，中间嵌入两个反向圆弧。上游与路堤之间全部填土，下游与不封闭式曲线形导流堤相同，如图 9-2 所示。

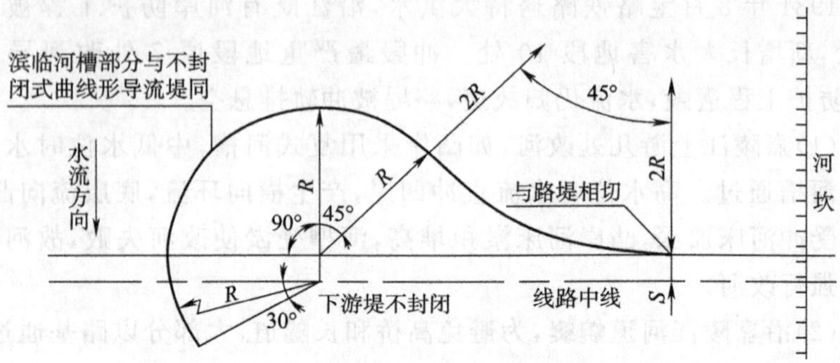

图 9-2　梨形导流堤平面示意

梨形导流堤适用于斜交水流河道，可阻止桥头路基根部受强大水流淘刷，受冲面小易于防护。一般能使漫滩水流归入主槽，河流相对稳定流顺畅，桥墩受冲减缓，且便于施工及养护。被铁路桥渡普遍采用，大多较为成功。

9.1.8　平原河流游荡河段导流堤布设

［第 9.1.8 条引文］

平原河流游荡河段上宜布设封闭式导流堤。

［第 9.1.8 条解读］

本条基本沿用《规范》(TBJ 17—86)第 7.2.4 条。

各类河段应按通过河滩压缩部分的流量与总设计流量的比例，结合地形地质、水文水利设施等因素确定导流堤的设置。一般情况下，河滩一侧被压缩部分的流量介于总设计流量的 15％附近、两侧大于 25％时，则应考虑布设非封闭式或梨形导流堤。当河滩压缩部分的流量较小且水流较稳定，流速小于 1.0 m/s 时，可利用桥头锥体导流，不再布设导流堤。

9.1.9　宽浅河流的河滩导流堤布设

［第 9.1.9 条引文］

宽浅河流的河滩宜采用桥梁型式通过，不应设置长大导流工程。

［第 9.1.9 条解读］

本条基本沿用《规范》(TBJ 17—86)第 7.1.4 条，增加了宽浅河流的河滩宜采用桥梁型式通过的要求。

宽浅河流属于游荡性河流，游荡性河流的基本特征是河槽宽浅、河心部位多沙洲、水流状况紊乱。沙洲常导致水流的支流丛生，主槽发生变迁，河道水流多变。如设置长大导流工程，河流受到压缩，桥位河段的洪水位抬高，水流冲刷增强，两岸防护的难度增大。如附近为居民区则隐患更大，且宽浅河流的河滩多有良田，宜采用以桥代路。

9.2 导治建筑物

9.2.1 丁坝的布设

[第 9.2.1 条引文]

丁坝的布设应符合下列规定：

1. 山区河流流速较大时不宜布设丁坝。

2. 桥址上游附近不得布设丁坝。

3. 靠近封闭式导流堤的边缘处如有强大集中股流顶冲时，可在堤身适当部位布设丁坝，坝头应向下游倾斜，坝根嵌入堤身。

[第 9.2.1 条解读]

本条沿用《规范》(TBJ 17—86)第 7.2.5 条。

丁坝是一种与河岸或路堤呈一定角度，伸入水中的构造物。可将水流挑离河岸或路堤，使下游河岸或路堤免受冲刷。

丁坝应结合桥址地形水流情况和设计目的来布设，并根据情况变化调整。山区河流的流速较大，不宜布设丁坝，以免使上下游水流甚至对岸受到影响。丁坝宜布设在较宽的河段，山前河流可按导治线布设短丁坝群以约束水流，第一个丁坝宜布设在水流开始转向处。单一的长丁坝挑流能力强，水流不易控制且养护困难，故不宜布设。

桥址上游附近宜导不宜挑，河岸两侧不得布设丁坝，以免水流紊乱，冲刷墩台基础，一般考虑布设在上游桥梁轴线 200 m 或桥长的 2 倍以外。

丁坝常布设于桥头河滩路堤的一侧或两侧，岸边及长大导流堤的迎水面，作用在于将水流挑离桥头路堤、河岸和导流堤；并使泥沙在丁坝后部沉积，形成新的水边线，达到改变水流流向，保护桥头路堤，河岸和导流堤的目的。靠近封闭式导流堤的边缘处如有强大集中股流顶冲时，可在堤身适当部位布设丁坝，坝头应向下游倾斜，坝根嵌入堤身。

封闭式导流堤的丁坝平面如图 9-3 所示。倾角取导流堤中线的垂线与丁坝中心线的夹角，近桥端一般取 15°，远桥端一般取 40°。

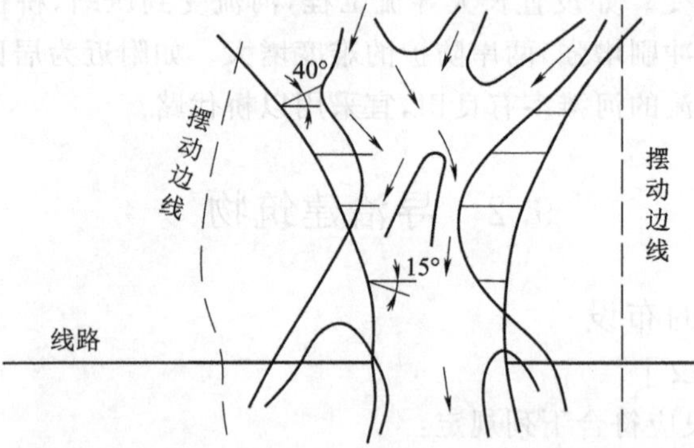

图 9-3　封闭式导流堤的丁坝平面示意

9.2.2　顺坝和格坝的布设

［第 9.2.2 条引文］

顺坝和格坝的布设应符合下列规定：

1. 顺坝应与水流平行，沿导治线布设。
2. 弯曲河段上布设的顺坝应随流势设成弯曲状。
3. 顺坝较长且距河岸较远时可在坝岸间设置格坝。

［第 9.2.2 条解读］

本条基本沿用《规范》(TBJ 17—86)第 7.2.6 条。

以下情况可布设顺坝：河床断面窄小，不允许过多占用；修造丁坝后，河岸或边坡的防护加固工程量较大；地质条件不宜于修建丁坝；修建丁坝后对通航不利。

顺坝常与水流平行修筑，直接布置在导治线上，起到控制河势束窄河道、约束水流的作用，是防护河岸的导治建筑物。上游端嵌入河岸，下游端与河岸间留缺口，也可留在顺坝其他位置以宣泄坝后水流。弯道段布设顺坝时应有足够长度，一般顶部下段长度大于上段，坝线应随水流的流势呈现弯曲以利导流。洪水期水流漫过坝顶，加速河岸与顺坝之间的河床淤积，顺坝较长且与河岸的间距较大时，常在顺坝与河岸之间设置几道格坝，防止沉积泥沙被冲，促进坝田淤积，保护边坡或河岸免受冲刷。格坝与顺坝正交或略倾斜，两端分别接入顺坝与河岸。坝身很长或河岸不平顺时需建几个格坝，其间距以两坝间不产生纵向水流为原则，一般为坝长的1～3倍，以20～100 m为宜。顺坝和格坝均可在前期修筑低矮的坝体且高于低水位，并视坝后淤积的变化逐渐加高。

顺坝修筑后位置不能调整，此处不如丁坝可接长或缩短。

9.2.3 挡水坝的布设

[第9.2.3条引文]

挡水坝的布设应符合以下规定：

1. 合并、改移天然沟渠或截断支流等需要时，可布设挡水坝。坝址应避开汊口，选在汊沟内最窄、河岸稳定和地质良好处。

2. 阻挡水流在线路下坡侧漫溢路堤，可在地形较高或受水流冲击轻微处，利用地形布设挡水坝。

[第9.2.3条解读]

本条沿用《规范》(TBJ 17—86)第7.2.7条。

挡水坝是为合并、改移天然沟渠或截断支流，堵塞旧河道，串沟等需要时布设。泥沙较少的河沟多布设在入口附近，较多则可布设在河沟中部或靠下游出口附近，应选在河岸稳定地质良好处，并与沟汊交会处保持一段距离，坝身两端应嵌入河岸或河滩。

为阻挡水流在线路下坡漫溢路堤，可在地形较高或受水流冲击轻微处布设挡水坝。

改河改沟的挡水坝改变了天然水流状态，不允许洪水再流进原河沟，因此必须在原河沟的进口处筑较强的挡水坝。原河沟出口处不允许洪水倒灌时也应修建挡水坝。在较大河沟布设挡水坝或坝身较高时，应考虑坝两侧水位差的渗透影响。易透水渗流的河床地段应尽量免设挡水坝。

9.2.4 导治建筑物顶面高度

[第9.2.4条引文]

不没水的导治建筑物顶面，应高出桥梁设计水位至少0.25 m，尚应考虑桥前壅水、局部股流、波浪侵袭、斜水流局部冲击、河床淤积等的影响。部分导治建筑物的高度还应考虑水面坡度的影响。波浪侵袭高度与斜水流局部冲高不叠加，取两者之较大者。没水的导治建筑物顶面应略高出常水位。

[第 **9.2.4** 条解读]

本条基本沿用《规范》(TBJ 17—86)第 7.2.8 条。

不没(muò，下同)水的导流堤坝顶面应高出桥梁设计水位至少 0.25 m，尚应考虑桥前壅水、局部股流、波浪侵袭、斜水流局部冲击、河床淤积等影响，部分导治建筑物的高度还应考虑水面坡度的影响。波浪侵袭高度与斜水流局部冲高不叠加，取两者之较大者。没水的导流堤坝顶面应略高出常水位，即常年有水河流每年大部分时间的水位。

9.2.5 导治建筑物平面形状

[第 **9.2.5** 条引文]

导治建筑物的平面形状应根据当地地形、地貌、地质、水流流向、流速、股流位置等情况确定。导治建筑物的断面一般为梯形。断面尺寸应根据其用途、堤坝部位、填筑材料等因素确定。土质堤坝的顶宽与边坡坡度可按照表 9.2.5 确定。

表 9.2.5(本规范)　**土质堤坝顶宽与边坡坡度**

<table>
<tr><th rowspan="3">堤坝类别</th><th colspan="2">顶宽(m)</th><th colspan="4">边坡坡度</th></tr>
<tr><th rowspan="2">堤坝头</th><th rowspan="2">堤坝身</th><th rowspan="2">堤坝头</th><th colspan="3">堤坝身</th></tr>
<tr><th colspan="2">迎水面</th><th>背水面</th></tr>
<tr><td rowspan="2">堤丁坝</td><td rowspan="2">3～6</td><td rowspan="2">2～4</td><td rowspan="2">1∶2～1∶3</td><td>不经常浸水</td><td>1∶1.5</td><td rowspan="2">1∶1.5
～
1∶2.0</td></tr>
<tr><td>经常浸水</td><td>1∶2.0</td></tr>
<tr><td>挡水坝</td><td colspan="2">2～4</td><td colspan="4">1∶1.5～1∶3.0</td></tr>
</table>

[第 **9.2.5** 条解读]

本条基本沿用《规范》(TBJ 17—86)第 7.2.9 条。

导流堤坝的建筑材料应因地制宜就地取材，一般不宜用黏土、粉砂、淤泥、盐碛土或有机质土壤。其断面一般为梯形，根据其用途、堤坝部位、填筑材料等确定尺寸。

土质堤坝的顶宽与边坡坡度可参照本规范表 9.2.5 拟定。如河滩经常遇到流速高的深水、强烈的流冰、严重的泥石流，边坡受到巨浪的冲击，可采用表中的较大数值。导流堤坝的头部到坝身、坝身到桥台，其顶宽及边坡坡度各不相同，应预留过渡变化段，长度约为其高度的 5～10 倍。土质堤坝的高度超过 6 m 时应特别设计；不超过 1 m 且流速不大时可酌情降低标准。

在盛产石料的地区，导流堤和丁坝可用石料填筑，其断面尺寸可根据填筑方法确定，一般可比土质稍小些。受水流冲击较剧烈的丁坝可用铁丝石笼、竹木石笼构筑，或用土石与石笼等混合构筑。

石丁坝的坝心可用乱石抛堆或块石砌筑，表面用干砌或浆砌修平，常用于山区河流。土心丁坝用砂土或黏性土做坝体，用块石保护坡脚，坝头全部用抛石或砌石。该坝只在宽浅的冲积性平原河道上采用，并与其他工程措施相结合，以发挥良好作用。

在河道较窄、比降较大的山区河道上修筑顺坝，一般多用干砌或浆砌块石，采用挡土墙结构，坝顶宽约 1 m，边坡系数 0.3～0.5。坝后填砂卵石时顶宽可为 3 m，其中砌石部分约 0.5 m。在沙质河滩上修筑格坝可用河沙堆筑，梯形断面顶宽 1.5～2 m，边坡坡度 1∶1.5～1∶2。在卵石性河滩上修筑格坝可用河滩上较大的卵石垒砌，坝高较大时应采用块石干砌，下挖 0.3～0.4 m，较大块石放置最下为基础，底宽 1～2 m，顶宽 0.6～0.8 m，坡度 1∶0.2～1∶0.5 且两侧边坡一致。

9.2.6 封闭式导流堤堤顶高程

[第 9.2.6 条引文]

封闭式导流堤应根据水流和地形条件布设对称或不对称方式。导流堤与桥头的衔接部分可作成曲线形，上游可用直线与岸边衔接，堤端应嵌入稳定河岸。下游可作成曲线形短堤。

1. 封闭式导流堤应设计为不没水的，其上游侧堤顶高程可按下式计算：

$$H_d = H_p + \Delta Z_M + \Delta h_p + L'_x I_0 + 0.25 \tag{9.2.6—1}$$

2. 封闭式导流堤下游侧堤顶应设计为水平的，堤顶高程可按下式计算：

$$H_d = H_p + \Delta h_p + 0.25 \tag{9.2.6—2}$$

式中 H_d——距桥头 L'_x 距离处的上、下游侧导流堤堤顶高程(m)；

L'_x——导流堤计算点到桥头的距离在水流轴线上的投影(m);

Δh_p——除桥前壅水高以外的水位附加高度(m),包括波浪侵袭高度和河床淤积等。

其余符号意义同前。

[第 9.2.6 条解读]

本条基本沿用《规范》(TBJ 17—86)第 7.2.10 条。

封闭式导流堤的平面布置应结合桥址地形及集中股流分布情况,将全部洪水顺畅导入桥孔。山区桥址三角回流处,可自桥台前墙至岸坎布设流向平顺的封闭式导流堤,山前区桥址处可布设呈喇叭形。设置时尽量减小堤身与集中股流的交角,尽量为 20°～30°或更小。不允许堤身压入主槽,以减轻水流的冲击;同时力求堤身曲线平顺,避免折角过大,水流转向进入桥孔并渐呈正交。桥址附近上游段采用曲线,半径为桥孔总长的 3～4 倍,圆心角 15°～30°;下游段曲线半径为桥孔总长的 1.5～2 倍,圆心角 15°～20°。上游直线段应与其连接的曲线段相切,末端伸入稳定河岸;下游为使水流迅速扩散适合作成曲线短堤。

如封闭式导流堤受股流顶冲或穿过旧河汊,需加强防护,必要时可布设丁坝调流。

封闭式导流堤应不没水。其上游侧堤顶高程可按规范式 9.2.6—1 计算;下游侧堤顶应设计呈水平(同高程),可按规范式 9.2.6—2 计算。

9.2.7 非封闭式导流堤种类

[第 9.2.7 条引文]

非封闭式导流堤可设计为曲线形,需要挑导水流时可采用直线形。

[第 9.2.7 条解读]

本条沿用《规范》(TBJ 17—86)第 7.2.11 条第一段。

非封闭式导流堤平面一般为曲线形,有时为直线形,两端带曲线。直线形导流堤有将水流挑离桥头的能力,当桥台位于河湾凹岸,且对岸的河滩流量较大时,常在凹岸一侧修筑直线形导流堤,纠正河湾水流偏向一侧桥孔。

铁科院提出由 3 个不同曲线半径的圆曲线组成非封闭式导流堤。施工方便土方较少,可在平原宽滩河流上参考使用。曲线半径 R_0 算式如下。

$$R_0=\frac{B_d}{K}\left(1+\frac{1-E'}{10}\right)\left(\frac{Q_c}{Q_d}\right)^{7/8}$$

式中，B_d、Q_c、Q_d分别为修建导流堤一侧河滩宽度(m)、路堤拦阻流量(m^3/s)、河滩流量(m^3/s)，K 为天然情况下与桥址断面宽深比有关的系数(表 9-2)，E'为桥孔偏置系数，$E'=1-\frac{q_x}{q_d}$，q_x、q_d 分别为小、大河滩上路堤的拦阻流量，导流堤位于小河滩时 $Q_c=q_x$，位于大河滩时 $Q_c=q_d$。

表 9-2　K 值

$\frac{B}{\bar{h}}$	>1 000	500～1 000	200～500	<200
K	30	25	20	15

注：表中 B 为设计洪水时水面宽度，$\bar{h}$为设计洪水时断面平均水深。

导流堤的平面形状如图 9-4 所示，$R_1=\frac{1}{2}R_0$，$R_2=\frac{1}{4}R_0$。

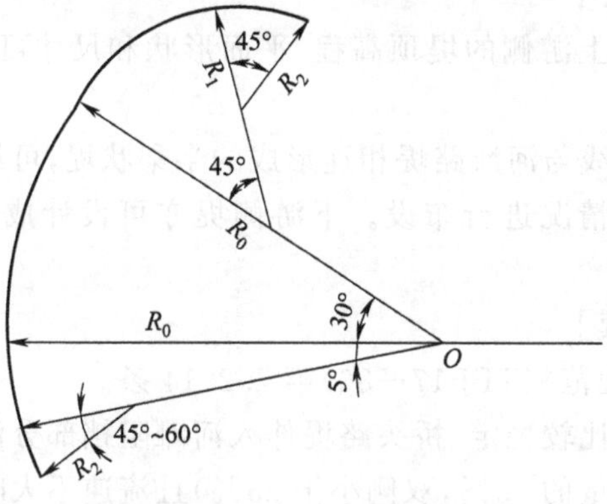

图 9-4　曲线形导流堤平面

9.2.8　非封闭式导流堤堤顶高程

[**第 9.2.8 条引文**]

非封闭式导流堤应设计为不没水，上下游侧堤顶纵断面均应设计为水平，上游侧堤顶高程可按下列公式计算：

1. 桥头台尾处至沿路堤上游侧形成最大壅水处的距离小于同一端台尾至岸边的距离时($L'<L_a$)：

$$H_d=H_p+\Delta H_{sh}+\Delta h_p+0.25 \qquad (9.2.8—1)$$

2. 桥头台尾处至沿路堤上游侧形成最大壅水处的距离大于同一端台尾至岸边的距离时($L'<L_a$):

$$H_d = H_p + \Delta H'_{sh} + \Delta h_p + 0.25 \qquad (9.2.8—2)$$

式中符号意义同前。

[**第 9.2.8 条解读**]

本条沿用《规范》(TBJ 17—86)第 7.2.11 条第二段。

非封闭式导流堤应为不没水,上、下游侧堤顶纵断面均应为水平(同一高程)。下游侧堤顶高程按规范式 9.2.6—2 计算;上游侧堤顶高程,按桥头台尾处至沿路堤上游侧形成最大壅水处的距离小于、大于同一端台尾至岸边的距离时两种情况,分别按规范式 9.2.8—1、9.2.8—2 计算。

9.2.9 梨形导流堤堤顶高程

[**第 9.2.9 条引文**]

梨形导流堤上游侧的堤顶高程、平面形状和尺寸可与非封闭式曲线形导流堤相同。

以反向圆曲线与河滩路堤相连形成的半梨状堤,可结合地形、地貌和桥台锥体大小等情况进行布设。下游侧堤亦可设计成半梨状或曲线形短堤。

[**第 9.2.9 条解读**]

本条沿用《规范》(TBJ 17—86)第 7.2.14 条。

当桥址河段比较稳定,桥头路堤伸入河滩阻挡部分河滩流量(单侧河滩流量小于总流量的 15%,双侧小于 25%)且流速不大时,可布设梨形导流堤。其曲线力求缓和平顺,不产生涡流。

桥头河滩路堤向上游弯曲时,为调整流向,防止水流对锥体护坡和桥头河滩路堤边坡的淘刷,改善边孔条件,加大过水能力,导流堤设置成为图 9-5 的形状。

梨形导流堤邻河槽部分,其堤顶高程、平面形状尺寸与非封闭式导流堤相同。应结合地形地貌、锥体填方等情况布设,其河滩部分末端与路堤相切,中间嵌入两个反向圆弧,如图 9-6 所示。

上游梨形导流堤为一封闭式曲线,一般堤与路堤间全部填土,下游梨形导流堤也可设计成半梨形或曲线形短堤。

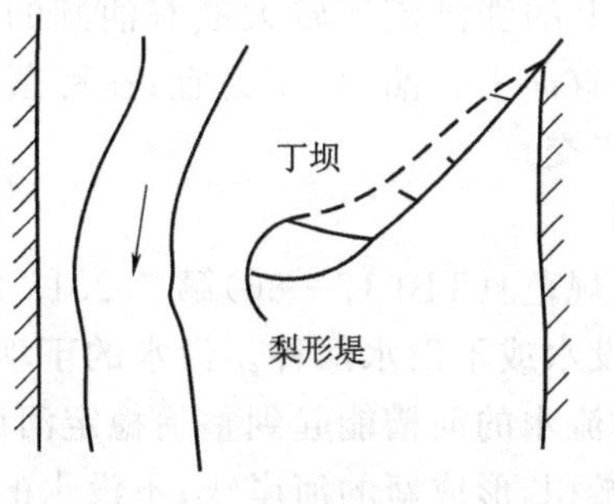

图 9-5　梨形导流堤

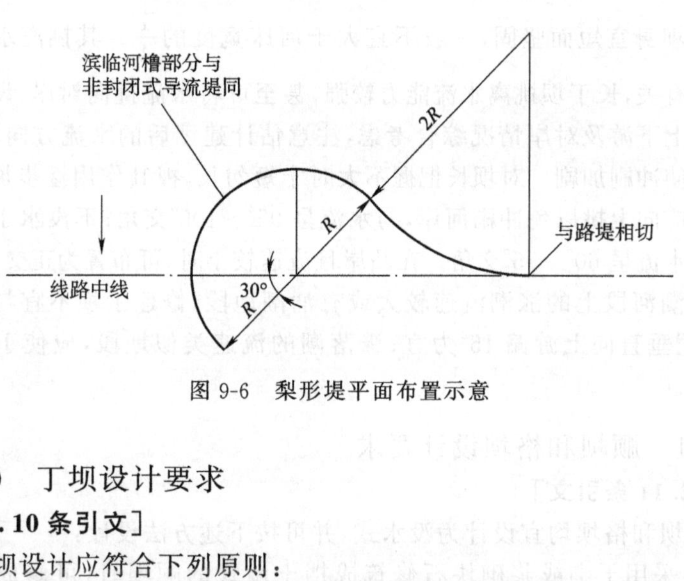

图 9-6　梨形堤平面布置示意

9.2.10　丁坝设计要求

［第 9.2.10 条引文］

丁坝设计应符合下列原则：

1. 加速丁坝群间的淤积使形成新的水边线时，应设计为没水式。

2. 挑离水流避免水流直接冲击建筑物时，应设计为不没水式。

3. 丁坝坝身宜短而坚固，在平面上可与水流斜交。

4. 没水丁坝应向上挑与水流呈 95°～105°交角；不没水丁坝应向下挑与水流呈 60°～75°交角，凹岸丁坝间距约为上一个丁坝长的 1.5～3.0 倍；直河段间距可适当加大。

5. 不没水丁坝的坝顶可修成向河心下倾的坡度，使坝根在水面以上有较大的安全值。

6. 在感潮河段上的涨潮流速较大或有涌潮的地段修建丁坝不宜与水流正交，以采用垂直向上游偏约 15°为宜；在涨落潮流速约略相等的地段应使丁坝与水流正交。

[**第 9.2.10 条解读**]

本条基本沿用《规范》(TBJ 17—86)第 7.2.15 条。

丁坝可设计为没水或不没水两种。没水的丁坝在洪水期的挑离水流能力不大，但对常年流水的河槽能起到整治稳定河床河岸作用，设置后加速各丁坝间河床的淤积，形成新的河岸线；不没水的丁坝在洪水期有较大的挑离水流能力，防护桥头河滩路堤、河岸或其他堤坝，减轻受到的洪水冲击。坝身宜短而坚固，一般不宜大于河床宽度的$\frac{1}{4}$。其挑离水流能力与坝长有关，长丁坝挑离水流能力较强，甚至可将水流挑向对岸，设计时必须结合上下游及对岸情况综合考虑，注意估计建坝后的水流方向，以及设置后不使冲刷加剧。对坝长把握不大时宁短勿长，视其作用逐步加长。没水丁坝应向上挑以免冲刷河岸，与水流呈 95°～105°交角；不没水丁坝应向下挑与水流呈 60°～75°交角。在凸岸且流速较小时，可布置为正交丁坝。

感潮河段上的涨潮流速较大或有涌潮地段，修建丁坝不宜与水流正交，采用垂直向上游偏 15°为宜；涨落潮的流速类似地段，应使丁坝与水流正交。

9.2.11 顺坝和格坝设计要求

[**第 9.2.11 条引文**]

顺坝和格坝均宜设计为没水式，并可按下述方法设计：

1. 采用干砌或浆砌块石修筑成挡土墙式的顺坝时，可修成顶宽约 1.0 m，边坡为 1∶0.3～1∶0.5，顶面的轴向坡度大致与所在河段的水流坡度相同，上游端嵌入河岸，下游端开口以泄坝后水流。

2. 感潮河段上顺坝应间隔适当距离开口以泄水流。格坝用卵石垒砌时顶宽应为 0.6～0.8 m，边坡 1∶0.2～1∶0.5，两侧边坡的坡度宜采用一致，坝顶应与顺坝同高。顺坝和格坝均可在前期修筑低矮坝体，以后随坝后淤积情况逐渐加高。

[**第 9.2.11 条解读**]

本条基本沿用《规范》(TBJ 17—86)第 7.2.16 条。

导流顺坝沿导治线方向布置，可布置在凸岸或凹岸，分流顺坝布置在两河交汇处，顺坝的长度以满足其能引顺水流为目的。起点应选择在水流匀顺地段以避免强烈冲刷，坝根应牢固嵌入河岸，一般不小于 3～5 m；终点可与河岸相连，一般设计成开口。顺坝较长且地质情况良好时中间可有开口，促进坝后的淤积。

本条要求顺坝和格坝均宜设计为没水，可对常年流水的河槽起到整治稳定河床与河岸的作用，加速坝间河床的淤积。坝面轴线坡度大致与河段水流坡度相同，上端嵌入河岸，下端开口以宣泄坝后水流。感潮河段顺坝的开口应间隔适当距离以利泄流。格坝的坝顶应与顺坝同高，顺坝和格坝均可先期修筑低矮坝体，视坝后淤积情况逐渐加高。

某大桥所在河湾段移动频繁，影响桥头河滩路堤安全，1965 年修建顺坝和格坝，渐成淤积趋于稳定(图 9-7)。

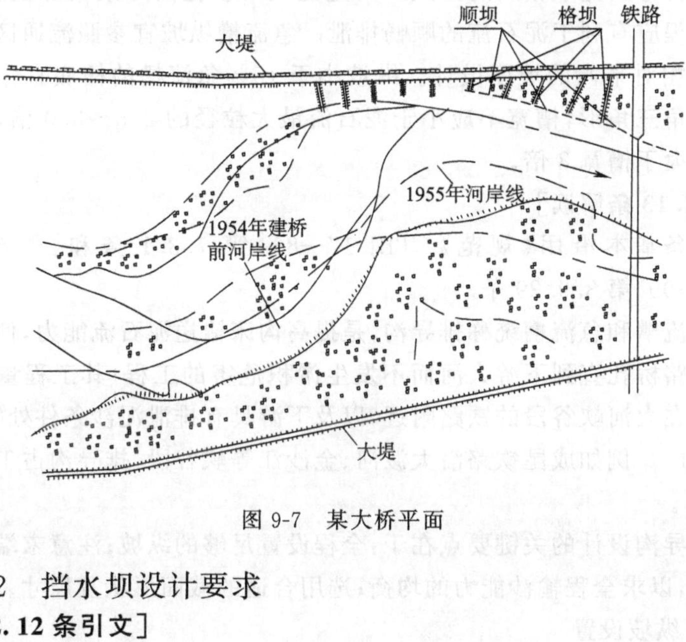

图 9-7 某大桥平面

9.2.12 挡水坝设计要求

[第 9.2.12 条引文]

挡水坝宜修成直线形，如为适应天然地形和水流流向也可修成曲线形。

[**第 9.2.12 条解读**]

本条沿用《规范》(TBJ 17—86)第 7.2.17 条。

挡水坝用于堵塞旧河道、河汊、串沟时，一般应设计为没水，允许洪水漫过以利淤积，坝身两端均应嵌入河岸或河滩，坝高应与两侧滩地同高；挡水坝用于堵截水流时，应设计为不没水，坝高应高出设计水位 0.25 m。

9.2.13　泥石流地区导流和急流槽设计要求

[**第 9.2.13 条引文**]

泥石流地区导流和急流槽设计应符合下列要求：

1. 导流设计应顺导，不得硬挑，宜沿岸防护。

2. 急流槽设计应以不淤不冲为原则。槽头应与上游沟床稳定、冲淤基本平衡的流通区或山口相接，以逐渐收缩形状引入水槽。平面应顺直，避免急转弯及宽窄相间的方式。为避免大河顶托而导致溯源淤积，槽尾设计高程应有利于泥石流的顺畅排泄。急流槽纵坡宜参照流通区沟槽多年冲淤相对平衡的坡度设计。纵坡小于 15%急流槽的槽底宜作成仰拱形或钝角三角形，槽宽不应小于泥石流最大粒径的 2.5～3.0 倍，其转弯半径宜大于槽宽 8 倍。

[**第 9.2.13 条解读**]

本条基本沿用《规范》(TBJ 17—86)第 7.3.1 条和《规范》(TB 10017—99)第 3.9.29 条。

导流槽和急流槽统称排导沟，是提高沟床输送泥石流能力，使其顺利通过铁路桥孔直到下游大河而不发生淤积危害的工程，其工程量与投资不大。在大河峡谷段的铁路附近，以及下游具有排泄泥沙条件处宜采用，应用最广。例如成昆铁路沿大渡河、金沙江等峡谷段，排导沟占工程总量的 55%。

排导沟设计的关键要点在于：全程设置足够的纵坡；注意末端与大河的衔接，以求全程输沙能力的均衡；选用合适的截面形状及尺寸。

1. 纵坡设置

根据泥沙运动力学原理，沟床输沙能力首先决定于沟床纵坡，所以纵坡设计是关键。例如铁科院西南分院通过试验确定了排导沟纵坡下限值，成昆铁路为 12%～15%或以上，宝天铁路为 11%～14%或以上。理论依据为，冲积沟床纵横断面形态是流域水沙条件塑造的结果，由于排导沟人工加固平整床面相对于天然沙石颗粒堆积床面的减阻作用，可允许纵坡减小到天然沟床纵坡的80%，不降低沟床输沙能力。可参照该沟输沙近似均衡段的坡度来确定排导沟的最小纵坡界限。

2. 下游冲淤平衡衔接

排导沟纵断面设计要求全程设置足够的纵坡，并注意与下游河流的输沙衔接。设计者不仅要关注铁路沿线附近的局部沟段，更需要保证整个沟道尤其下游段的输移能力均衡。防止下游局部沟段的淤积会向上游回淤顶托，影响铁路桥孔及附近沟段的泄洪能力。因大河输沙要靠长时间推移搬运，泥石流沟则短时间集中排沙，排导沟末端与大河床面衔接处应留有必要的高程余量。

宝天铁路冯家川泥石流沟有一座48 m钢桁梁桥，桥下常年淤积。主因是下游受渭河顶托，桥下至渭河一段坡度急骤变缓，且由于下挖设桥，坡度无法改善。受渭河的河床高程限制，急流槽未起作用。说明急流槽关键在于不冲不淤的坡度应按流通区不冲不淤的坡度设计，并上下游顺畅衔接。

3. 截面设置

排导沟的横断面不宜过宽，将水流适当压束集中，以取得较好的水动力条件。底部可筑成向中心稍倾斜的横坡或对称弧形，以利中小洪水相对集中，减少淤积。

成昆铁路某处有一座32 m的中桥跨越泥石流沟。其上游汇水面积约2 km^2，清水流量$Q_{1/100}=37.8\ m^3/s$。泥石流50万～60万m^3，流量$Q_c=64.3\ m^3/s$，是泥石流多发点之一。每年5 000～8 000 m^{3}稀性泥石流，经纵坡30°～40°、长400～800 m的泥石流沟排入金沙江。1973年雨季泥石流，桥下淤高达5 m以上，泥石流距梁底仅0.4 m。两次梯形截面急流槽工程均未成功。1989年将梯形排导槽改成V形，极大提高了排泄能力。实践证明V形槽相比其他截面，其排洪能力提高了1.5～3倍。但原V形急流槽纵坡陡，长度大，底部混凝土强度偏低，1993年雨季泥石流将底部冲毁。1994年初翻修，底部采用C20等级混凝土，厚度由40 cm增至50 cm，部分区段埋设5～7根废钢轨。

V形泥石流急流槽在成昆铁路南段110余处普遍采用，取得良好排泄效果，截面如图 9-8 所示。

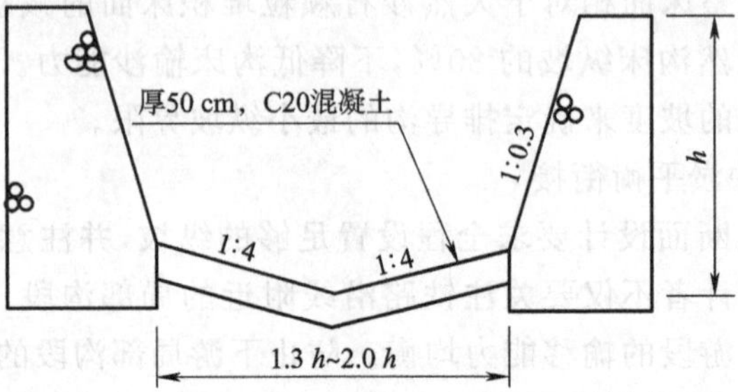

图 9-8　V 形急流槽截面

某些受下游地形条件所限，沟床纵坡平缓或大河输沙能力不足处，不能单靠修建排导沟以防治灾害。用类比法确定纵坡下限值可作为判别条件，确定能否单独采用排导沟。当地形条件无法满足纵坡要求时，必须采用拦挡坝或拦排结合方式。

9.2.14　泥石流地区拦挡坝设计要求

[第 9.2.14 条引文]

泥石流地区拦挡坝设计应符合下列要求：

1. 拦挡坝位置的选择应由地形条件决定，宜修建在形成区及流通区，或储淤条件及地质条件较好处，或用于需要固定沟床、稳定山坡处。

2. 拦挡坝型式有实体坝、格栅坝、铁丝石笼坝。实体坝适用于各型泥石流沟。格栅坝适用于稀性泥石流沟或水石流沟。铁丝石笼坝为临时性措施适用于颗粒小的稀性泥石流沟。

3. 拦挡坝宜成群建筑，坝间距离应按下游坝体回淤的泥沙能对上一道坝起到防冲护基作用为准。

4. 桥址上游沟形明显沟槽较深时，可在沟内设拦挡坝，下游紧接急流槽。

[第 9.2.14 条解读]

本条基本沿用《规范》(TBJ 17—86)第 7.3.2 条第 1 款。

为阻拦泥石流中挟带的大量冲积物，常在其通过地带修建一系列拦挡坝。每坝均筑于河槽全宽范围，作为阻拦沉积物之用，使下游水流较澄清以减少泥石流对铁路桥孔和路基的危害,并将河槽由陡坡变为台阶状的缓坡。

1. 拦挡坝的功能

拦挡坝是建在泥石流形成区或流通区的一种横断沟床建筑物,其主要功能是控制泥石流发育,减小其规模和发生频率。

(1)拦沙节流,减小泥石流的流速、重度规模;

(2)抬高局部沟段的侵蚀基准,护床固坡;

(3)减缓回淤段沟床纵坡以减小泥石流的冲刷冲击、减轻沟床侵蚀,抑制其发育;

(4)增大下游的冲刷力,有利于输沙,调节泥沙淤积与沟床演变。

综上,拦挡坝的作用是护岸固坡,拦截固态物,降低河床坡度,削弱泥石流,并不是阻塞水流。坝身留有水流自由通过的孔口,布置在水流较深地段。泄水孔过大时,可在进水端加装拦栅以免淤塞。坝高一般不超过10 m,以使坝身稳定。

2. 拦挡坝的位置

拦挡坝具有拦截泥沙、稳定坡谷、抑制产沙的功能。首先布设在距铁路沿线不远的上游沟谷内,需要续建时再逐步向上游发展。其位置由地形条件选择确定,邻近铁路沿线的沟谷大多在泥石流沟的流通段或沉积区,形成区常远在流域深处,或地质储淤条件较好处。受冲沟槽可采用块石护底或阶梯式跌水。悬坎处修建拦挡坝应移向跌水上游沟底平缓处,或选在跌水下游沟床平缓处,并采用阶梯式跌水。

3. 拦挡坝的类型

拦挡坝可根据泥石流的强度与当地出产的建筑材料,选用实体坝、格栅坝、铁丝石笼坝等类型。拦截建筑物还有冲积物拦蓄池,冲积物拦蓄坝等,均系有效措施。

成昆铁路沿线40条沟的17条建有拦挡坝,共46座,其中实体坝24座,石笼坝1座,格栅坝21座。

(1)实体坝:多为浆砌片石砌筑,粗细兼拦,坝高以5～10 m居多,最高达30 m。

(2)石笼坝:采用钢轨骨架结构,中间填充块石,有利于排泄间隙水,减小水压力。如1985年建的马厂沟3号坝。

(3)格栅坝：具有横向或纵向格栅、平面或立体网格的整体格架结构等拦挡坝，主要适用于防治稀性泥石流，不适用于防治黏性泥石流。可用钢轨、钢筋、钢索等材料修筑，格栅的间隔应根据泥石流的情况确定。

几十年修建的大量拦挡坝虽少数出现坝身损伤、坝基防护损坏等问题，但没发生过因坝体失稳而加重灾情现象，表明对坝体安全稳定性方面的设计储备量已满足。坝体的冲刷防护及结构耐久性方面有待改进。

4. 拦挡坝的间距和拦截段全长

拦挡坝在一般情况下大多成群建筑，一般2～5座为一群，但在条件合适时也可单建。群建的拦挡坝常用下游坝体的淤积来保护上游拦挡坝的基础，根据沟的地形地质特点确定坝的间距，再考虑坝高。使淤积后下一个坝淤积面恰好达到上一个坝的填坝，避免过密或过稀，造成水势忽缓忽急。也可考虑初期坝的间距大一些，后期在中间加设一坝，其间距由下式确定。

$$L=\frac{H}{i_c-i_0}$$

式中 L——拦挡坝的间距；

H——拦挡坝有效高度；

i_c——沟口附近冲积扇顶部的沟床坡度；

i_0——拦挡坝修建后的回淤坡度。

预期淤积坡度与原沟底坡度的关系为

$$i_0=C\cdot i_c$$

式中，系数 C 见表9-3。泥石流衰退期及坝高较大时采用较小数值；泥石流处于旺盛期及坝高较小时采用较大数值。

表9-3 C值

泥石流危害程度	严重	中等	轻微
C	0.9～0.7	0.7～0.6	0.6～0.5

拦挡坝与被防护线路的间距应视河谷特征及线路离开山坡脚的总距离而定，该距离可大致定为坝长的3倍。

群坝常用来防护沟底和侧壁，拓宽沟底，拦挡坝为大石块时，需在一定长度内连续修建，可参考下式。

$$L_1 = fL_0$$

式中 L_1——拦截段全长；

f——系数，严重的泥石流沟 2.5，一般的泥石流沟 2.0，轻微的泥石流沟 1.5；

L_0——粒径为 d 的石块降到要求速度时的平均间隔长度，见表 9-4。

表 9-4 L_0 值

d(cm)	10	20	30	40	50	60
L_0(m)	350	300	250	200	150	100

拦挡坝不论单设或群设，均应考虑有较大的库容和较好的基础。

5. 坝下接急流槽的设置

桥前设坝下接急流槽是拦排结合较好的措施。如成昆铁路沿线某桥，原设 10 m 斜交桥跨泥石流沟槽，上游灌溉渠弃渣及山坡坍塌使泥石流常淤塞桥孔。处理时在桥址上游 22 m 修一座浆砌片石拦挡坝，坝高 4.7 m，坝基嵌入岩层。坝顶主流部位设梯形溢流口，底宽 4 m、深 0.7 m，坝前以 1∶0.5 跌水坡紧接坝下泄洪槽。坝下设急流槽，底宽 4.0 m，高 2.2 m，边坡 1∶0.25，桥下净空 3.1 m，急流槽下游以 15％底坡开挖至江边，断面宽度逐渐收缩至 3 m，使用正常。

泥石流地区拦挡坝设计亦可参考《城市防洪工程设计规范》(GB/T 50805—2012)的相关要求。

9.2.15 泥石流地区停淤场设计要求

[第 9.2.15 条引文]

泥石流地区停淤场可设在堆积区中下部的扇面宽阔处或两扇间的低洼处。

[第 9.2.15 条解读]

本条基本沿用《规范》(TBJ 17—86)第 7.3.2 条第 2 款。

停淤场宜布置在小坡度堆积区中下部的扇面宽阔处，或两扇间低洼处，并利用拦挡坝和导流堤引导泥石流在不同部位淤落。停淤场应有较大场地，一次泥石流的淤积量不小于总量的 50％，设计年限内的总淤积高度不超过 5～10 m。停淤场拦挡坝和导流坝的布置应根据泥石流规模、地形条件等确定。

泥石流停淤场利用平地停淤泥石流。稀性泥石流到此后流动范围扩大，流深及流速减小，大部分石块沉积。对黏性泥石流可利用其残留层特征，黏附在流过面。如停淤场坡度较大则不易散布在较大面上。

停淤场拦挡坝高度宜为1～3 m，坝体材料可直接利用泥石流冲积物。如冲刷严重或受泥石流直接冲击，宜采用混凝土、浆砌石、铅丝石笼护面，坝体设溢流口排泄泥水。为一种临时建筑，可能经常改变，宜就地取材以节省费用。

1972年在云南东川蒋家沟排导沟进口段上部，以0.36 km^2 平地为停淤场，3年停淤 19.8×10^4 m^3 泥石流，排导沟淤积大为减轻，清淤工作逐年减少。

9.2.16 导治建筑物填筑

[第9.2.16条引文]

修筑导治建筑物应就地取材，并可按以下方式处理：

1. 两侧邻水可用土或砂石填筑；一侧邻水时宜以土填筑，必要时应采取防渗措施。

2. 导治建筑物边坡应根据水深、流速的大小和流冰、流木、波浪的冲击程度，当地材料供应情况，施工条件以及气候、地形和地质等因素适当加固。

[第9.2.16条解读]

本条基本沿用《规范》(TBJ 17—86)第7.2.18条。

导流堤坝断面一般为梯形，其尺寸应根据堤坝用途、位置、填筑材料等确定。选用材料的一般原则是就地取材。

对于导流建筑物，常用的有土坝、堆石坝和砌石坝。填筑土坝最适宜用含沙量50%～70%的黏性土，因其受水后不膨胀，干燥后不开裂，不易发生冻裂，且渗水性较小，因而坝体稳定。砂砾土、卵石土、碎石土等也是很适宜的材料，不过渗水性较强。黏土、粉砂、冻土、淤泥，以及含有大量易溶盐或有机质的土在浸水后很不稳定，不宜用以筑坝。

大卵石、漂石、块石、片石都是填筑堆石坝、砌石坝的好材料，多用于水下施工，宜选用较坚硬、浸水不崩解、耐冻、未风化、容重较大的石块。

顺坝、格坝一般用含沙较多的黏性土填筑。对于伸向河心的挑水坝，一般用渗水土、石料或黏性土填筑。

9.2.17 导治建筑物防护加固类型

[第 9.2.17 条引文]

防护加固类型可按表 9.2.17 选用。

表 9.2.17(本规范) 防护加固类型

防护类型	结构型式	适用条件	
		容许流速(m/s)	水流方向、河道地貌等
植物防护	铺草皮	1.2～1.8	水流方向与线路近乎平行；不受各种洪水主流冲刷的浅滩地段路堤边坡防护
	种植防护林、挂柳		有浅滩地段的河岸冲刷防护
干砌片石护坡	单层厚 0.25、0.35 m；双层厚：上层 0.25～0.35 m，下层 0.25 m	2～3	水流方向较平顺的河岸滩地边缘；不受主流冲刷的路堤边坡；无漂浮物和滚石的河段
浆砌片石护坡	厚 0.3～0.6 m	4～8	主流冲刷及波浪作用强烈处的路堤边坡
混凝土护坡	厚 0.08～0.2 m		
抛石	石块尺寸根据流速、波浪大小计算，不宜小于 0.3 m	3	水流方向较平顺，无严重局部冲刷的河段；浸水的路堤边坡与河岸
石笼	镀锌铁丝制成箱形或圆形，笼内装石块	4～5	受洪水冲刷但无滚石河段和大石料缺少地区
大型砌块	2 m×2 m×2 m；3 m×3 m×2 m	5～8	受主流冲刷严重的河段
浸水挡土墙		5～8	峡谷急流和水流冲刷严重的河段

[第 9.2.17 条解读]

本规范表 9.2.17 对《规范》(TBJ 17—86)表 7.2.19 进行了修订。

防护加固的类型选择应根据防护加固工程的部位的重要性以及河流水文性质、地质地形条件、当地材料取用、施工养护便捷等综合因素来确定。

凡线路路基、车站、桥涵等安全要害部位，以及农田村镇、变迁性河流长大封闭式导流堤等，应防护加固。

河流水文性质是选择防护加固类型的重要因素之一，包括水深、流速、流向及其变化，以及挟带的石块、流冰、流木及其作用等。

常用的防护包括铺草皮、抛石或堆石，以及设置干砌片石或浆砌片石、混凝土板护坡、石笼、梢捆、柴排等。

1. 铺草皮

当淹没时间不长，波浪高不超过 0.4 m，容许流速不大于 1.5 m/s，堤坝当地有草皮来源时，可采用草皮护坡，不没水堤坝的背水面也可采用。一般采用叠砌，可用台阶式或竖立式。通常割成 25 cm×40 cm 的块状草皮砖，厚度 6～10 cm。草皮与堤坝填土结合牢固，可用柳枝竹木尖桩钉住草皮砖，桩长 0.3～0.4 m，宜于春夏季节实施。

护坡基础部分一般铺砌草皮砖 1～3 层，伸出坡脚宽度不小于 1.0 m，铺砌层表面与地面齐平。

2. 抛石或堆石

在盛产石料地区且有适当运输工具，或防洪抢险时，可采用抛石加固。用于对河滩导流堤坝、河岸路堤、墩台基础的防护。

为使抛石堆有一定密实度，宜用不同大小的石块掺杂抛投，最小石块可按流速或波浪大小来确定。

抛石防护应有一定稳定性。抛石堆的水下边坡一般不陡于 1∶1.5；水深流急、波浪强烈时可减缓边坡至 1∶3 或 1∶3.5 但不宜再缓，以免石料用量过大。抛石堆的顶宽不小于最小石块粒径的 2 倍。

3. 设置干砌片石

设置干砌片石是一种简单普通的防护手段。容许流速 1.5～2.5 m/s，为一种临时性防护。片石厚度不宜小于 20 cm，为防止石块下部被水流淘刷而悬空脱落，干砌片石下需设置碎石反滤层，其厚度一般可取 15 cm，坡脚下设置干砌片石或浆砌片石基础。冲刷深度 1.0 m 以内时可用倒梯形断面铺砌基础，其表面宽度不小于冲刷深度的 1.5～2.5 倍，底宽不小于 0.5 m，厚度不小于护坡厚度的 1.5 倍，铺砌表层石块宜较护坡石块稍大。冲刷深度大于 1.0 m 时宜采用浆砌片石的脚墙基础，并埋置在冲刷深度线下至少 0.25 m 处。施工后经一段时间沉陷，以水泥砂浆勾缝，增加牢固程度。

4. 设置浆砌片石

设置浆砌片石是一种抗冲性能较好的防护手段。石料抗压强度不小于 20 MPa，容许流速 3～6 m/s，容许波浪高 1.5 m。用抗压强度 60 MPa 的石料浆砌时，其容许流速可达 6～8 m/s，容许波浪高 2.0 m。护坡厚度可通过计算确定，一般不小于 35 cm，非严寒地区可用 M50 水泥砂浆，严寒地区用 M100 水泥砂浆。

为使浆砌片石紧贴边坡，均匀受力并增强护坡的弹性，宜设置适当厚度的垫层。一般采用级配良好的砂砾卵石或碎石垫层，厚度 10～15 cm。护坡厚度较大时，厚度可用 15～25 cm。边坡土质与垫层材料类似时，可不设垫层。

用于冲刷防护的浆砌片石护坡基础以脚墙为好。冲刷深度 3.5 m 以内时，可将基础直接埋置在冲刷线以下不小于 0.25 m 处；冲刷更深时，可将基础埋置在冲刷线以上较稳定且有足够承载力的地层内，基脚前采用适当的平面防淘措施。铺设一定宽度的平面护面，随着河床冲刷加深，该护面自动沉入冲刷坑内覆盖坑壁，形成稳固边坡。

浆砌片石护坡较长时每隔 10～15 m 设伸缩缝，基础对应处设沉降缝，缝宽 2 cm，以沥青、绳麻或木板填塞，伸缩缝可与沉降缝一并设置。

为排泄护面层后的积水，可在护坡的中下部设置交错排列的泄水孔，可用直径 10 cm 的圆孔或 10 cm×15 cm 的矩形孔。间距 2～3 m。泄水孔后局部范围内设反滤层，以防淤塞失效。

5. 设置钢筋混凝土块排

钢筋混凝土块排容许流速 3.5～5.0 m/s，常用来防护浅埋基础，防止基础淘刷，保护基础稳定。块排之间及其与基础之间用环套连接，可自由转动，块排与基础的轮廓线按垂直方向每组铺设在已整平铺垫的河床上，靠近基础一端，可锚定于基础脚墙内。其铺设长度可根据基础前的最大冲刷深度经计算确定，使其自动沉入基础前的冲刷坑后，能覆盖全部坑壁，不使淘刷发展。靠近固定脚墙一端宜增加 2 m 安全长度，块排以 6～8 列为一组，并视流速大小加大加厚，靠近固定端的块排宜加大加厚以减小固定端所受拉力。一般选用 C15 混凝土，平面尺寸宜小不宜大，使连接的接头多而易于弯曲。如尺寸过大则柔性较差，不易弯曲而起不到作用，一般采用0.5 m×0.5 m、0.75 m×0.75 m、1.0 m×1.0 m，厚度可根据水流作用力确定。

块排内设置环状钢筋，相邻块间用环套连接，接缝尽量减小，能自由转动，一般以5～10 cm为宜，最好能以热沥青绳麻塞缝。连接环套的钢筋直径，对于块排小的可用14～18 mm、大的可用18～22 mm，对于固定端的锚定钩环可用28～32 mm。铺设前将基底河床整平，或铺设一层卵石或圆砾垫层，向河心做成缓坡，并清除基底内个别大孤石。块排宜铺设在略低于枯水位处。

6. 设置混凝土板护坡

混凝土板护坡的冲刷防护作用大致与浆砌片石护坡相同，但能抵抗较大流速的水流、强烈一些的波浪或冰压力，在缺乏片石的地区可以采用，但造价较高。容许流速4～8 m/s，容许波浪高2 m以上。

由于混凝土板护坡对其下卧层的不均匀沉降很敏感，需在边坡夯实整平后铺设，并设置适当厚度的沙砾卵石或碎石垫层，大致按反滤层要求构成。其厚度一般对于干燥的边坡可用10～15 cm，对于较湿的边坡可用20～30 cm，对于很湿的边坡可用30～40 cm。

混凝土具有收缩开裂性，故不宜整片连续铺设，通常预制成适当大小的方块并配置构造钢筋来铺砌，其厚度可参照浆砌片石护坡的厚度。为抵抗强烈的水流、波浪或流冰，块板边长不宜小于1.0 m，相邻块板间可不联结，靠紧铺设即可，砌缝宽1～2 cm。为减小水流或波浪上举，将预制块板留出整齐排列的孔眼，且不大于靠近块板的垫层颗粒的粒径。

7. 设置石笼

石笼常作为受较高流速冲刷的边坡与河岸的加固材料，或由数个铁丝石笼直接组成导治建筑物，如丁坝等，用于无滚石地段和大石料缺少地区。其优点是具有较好的强度和柔性，而不需要用较大的石料。水流含有大量泥沙及河床土质含砂砾卵石等情形下，石笼的空隙很快被淤满而形成坚固的整体防护层。其缺点是石笼网日久锈蚀损坏解体，用镀锌铁丝制成可用8～12年，用普通铁丝制成可用3～5年，可按石笼防护淤积情况选用。铁丝石笼防护容许流速为2.5～3.5 m/s，用钢筋桩锚固加强时的容许流速可达5.0 m/s，容许波浪高1.5～1.8 m。水流中有滚石河段不宜使用石笼网。

8. 设置挡土墙

在峡谷急流河段，因地形所限不宜设置其他类型冲刷防护，或在需要设置坚强防护的地段，防护面积很大，土石方工程艰巨时，经比选设置挡土墙以收回坡脚，可节省大量投资，技术上较合理又能节省用地。

用于冲刷防护的挡土墙，应按浸水条件、所受土压力、水流或波浪作用力等最不利荷载组合情形来设计。其基础最好埋置在不被冲的较完整的基本岩层上，对于可冲刷的河床地层则应埋置在冲刷深度线以下不小于1.0 m处。若冲刷深度很深，可根据情况采用桩基或沉井，或在有条件时采用平面防淘措施。为减小墙后的渗透压力，排除墙后积水，应根据当地自然条件和墙后可能积水情况设置适当的集水和排水设备。

挡土墙容许流速 5～8 m/s、波浪高 2 m 以上，适用于有强烈流冰的河道。

9. 设置梢捆

梢捆防护为一种临时防护办法，常用于防护坡脚淘刷。一般用柳树枝内包卵石片石，捆扎成圆柱体。常在堤顶或岸上制成，并以绳索拉至控制位置，滚至坡脚上压片石。

10. 设置柴排

柴排可用于加固河床、河岸、堤坝和墩台基础，制造简便，设置在常水位以下，有较好的柔韧性和耐久性，但不适用于漂石河床。

柴排是先捆扎成直径 10～15 cm 的梢料束，再纵横铺设成 1.0 m×1.0 m 的方格，其上再铺一层梢料或梢料束；然后再按此作一层方格，使两层对应。每一梢料束交叉点用小木桩钉牢，并留一定高度，其上用梢料编成篱笆，各方格内填片石。

9.2.18 导治建筑物防护

[第 9.2.18 条引文]

各种不没水的堤坝除了非封闭式导流堤头部防护需延伸至背水面并适当增加富余量外，其余只需对迎水面及坝头进行全高防护。没水堤坝两侧及顶面均应防护，河岸的防护高度按具体情况确定。河岸较低且允许漫水时应铺砌至河岸顶。

[第 9.2.18 条解读]

本条沿用《规范》(TBJ 17—86)第 7.2.20 条。

导治建筑物的防护标准视其可能遭受水流、波浪、流冰、流木及其他漂流物的冲击而定,防护类型按流速选择,容许流速见本书附录E。导流堤迎水面及堤头均应防护,不没水的丁坝与导流堤同等对待,没水的其迎水面、背水面、顶面均应防护。丁坝根部如受冲刷,其上游岸边亦应防护,坝群的第一道丁坝更应注意防护坝根。各种堤坝应特别加强受股流顶冲处的防护。

丁坝的坝头受水流冲击力最大,基础遭受淘刷程度最剧烈,常需加固重点防护。坝头边坡需放缓,以缓和水流的冲击淘刷。设计防淘结构时应考虑基础地质条件及水流情况,注意局部冲刷及一般冲刷。坝根主要考虑旋流作用,应牢固埋入老岸内。坝坡迎水面的加固主要考虑波浪冲击力,有流冰、流木时也应考虑。没水坝的背面和坝顶均需加固,不没水坝的背面应根据坝长、坝后水流情况来考虑加固,可分段采取不同标准。防护高度要求参见表 9-5。

表 9-5　各种建筑物防护高度要求

项　　目		建筑物高度要求	防护高度要求	备　　注
各式堤坝	不没水	顶面高出桥梁设计水位至少 0.25 m	迎水面全高防护	
	没水	顶面高出常水位	两侧及顶面均应防护	
桥涵附近路基	特大桥、大中桥	见本规范第 1 章及其他有关章节	高出路基设计水位至少 0.25 m(包括小桥)	
	小桥涵	见本规范第 10 章及其他有关章节	涵洞按路基设计水位(分别上下游)另加 0.25 m,均不应低于锥体高度	
锥体填方			全高防护	桥梁设计水位加 0.25 m 以上部分可用单层干砌片石或漂石防护

续上表

<table>
<tr><th colspan="2">项 目</th><th>建筑物高度要求</th><th>防护高度要求</th><th>备 注</th></tr>
<tr><td colspan="2">河岸和取直河道</td><td></td><td>高出桥梁设计水位至少 0.25 m</td><td>条件许可并确保安全时，取直河道可用造床流量设计，此时允许河道冲刷</td></tr>
<tr><td rowspan="2">较小河沟
人工渠
（包括路堤）</td><td>一般</td><td>小桥涵设计水位加 0.25 m</td><td>小桥涵设计水位加 0.25 m</td><td rowspan="2">沟渠纵坡大于20‰时，考虑未计算急流掺气作用，安全值改用 0.5 m</td></tr>
<tr><td>重要</td><td>路基设计水位加 0.25 m</td><td>路基设计水位加 0.25 m</td></tr>
</table>

9.2.19　导治建筑物嵌入部位

［第 9.2.19 条引文］

封闭式导流堤上游堤端部、丁坝和挡水坝根部与土质河岸接触部分，应根据河岸稳定程度嵌入岸坎 3～5 m，并对嵌入部位上下游河岸进行适当防护加固。

［第 9.2.19 条解读］

本条沿用《规范》(TBJ 17—86)第 7.2.21 条。

对于封闭式导流堤上游端部、丁坝根部、挡水坝根部，其与土质河岸接触部分的防护加固十分重要。坝头、坝身、坝根各处边坡与基础的防护加固应能适应各处的水流和基脚下的冲刷深度，应特别注意防护坝头基础，不没水的坝顶可不加防护，没水的坝顶必须防护。其类型可按坝体的材料特性及河床地质情况计算确定。

挑水坝全长不超过其有效长度 L_q 的 1.5 倍时，坝根应嵌入稳定河岸 3～5 m 或以上，坝体护面嵌入河岸 2 m 或以上。河岸地层易受冲时，沿河岸接一段防护，其长度宜为坝间距的 20%～30%。下挑、垂直布置的坝应着重防护背水面的坝根；上挑布置的坝应着重防护迎水面的坝根。为防止水流冲刷坝后，挑水坝群的第一坝嵌入河岸长度宜较大。较软弱河岸地层 10 m 或以上；较坚实河岸地层可较小。第一坝迎水面的防护长度为，沿河岸向上游 10～15 m 或以上。

挑水坝全长超过其有效长度的 1.5 倍时，靠近坝根一段长度

(L_q～1.5 L_q)可认为是无效长度。此情形可不必将坝根嵌入河岸很深，但坝群第一坝的坝根仍应嵌入河岸，其他各坝无效长度范围内可不加防护。

为引导水流均匀流过挑水坝群，有时可将第一坝做成短顺坝。

如顺坝的坝根需牢固嵌入稳定河岸内不小于 3～5 m，该处的防护应较坚固，并沿上游河岸接至不受水流斜冲处，河岸为不易受冲的坚固地层时，可将坝体防护嵌入河岸不小于 2 m，坝身及坝头部分可适当防护。

各部分防护均应适应水流冲刷和基脚下的淘刷，结合坝体填筑材料与河床地质情况选择适当措施，漫水的格坝也应适当加以防护。

9.2.20 导治建筑物护脚防护

[第 9.2.20 条引文]

导治建筑物边坡防护的护脚顶面宜置于一般冲刷线以下。在下切严重的河流上，还应考虑河床降低的影响。当边坡防护护脚顶面埋入一般冲刷线以下施工有困难时，可采用铁丝石笼、钢筋混凝土块排等柔性结构，进行平面防护。

[第 9.2.20 条解读]

本条沿用《规范》(TBJ 17—86)第 7.2.22 条。

防护建筑物视不同情形，通常冲刷深度按如下考虑。

1. 当防护建筑物较多压缩水流断面，但水流不冲击建筑物时，可按一般冲刷考虑。

2. 当防护建筑物没有压缩或很少压缩水流断面，但水流冲击建筑物时，可按局部冲刷考虑。

3. 当防护建筑物较多压缩水流断面，且水流冲击建筑物时，确定冲刷深度应考虑将局部冲刷加上一般冲刷。

导治建筑物边坡防护的护脚顶面防护深度应在一般冲刷线以下。下切严重的河流还应考虑河床降低的影响，施工困难时可采用铁丝石笼、钢筋混凝土块排等柔性结构进行平面防护，以增大平面防护范围。随着基脚冲刷加深，该护面自动沉入冲刷坑并覆盖坑壁，不使淘刷发展，冲刷时自然下沉形成斜坡，保护基础稳定。不必将基础埋置在冲刷深度线以下，以避免较困难昂贵的深基础水下施工。

9.2.21　季节性河滩导治工程防护

［第 9.2.21 条引文］

季节性河滩上可单独或配合其他导治工程种植防护林带。

［第 9.2.21 条解读］

本条沿用《规范》(TBJ 17—86)第 7.2.23 条。

防护林不但可防冲刷且能拦淤，起到消能作用，为使河岸或桥头河滩路堤免受冲刷，巩固已成的导流堤坝都可种植防护林。

防护林以种植灌木为宜，或灌木与乔木相间种植。可按一定的株距、行距布满整个防护区。为起到滞流作用，初期应尽量缩小，可采用 0.6～1.0 m，待成长一二年枝叶茂盛再移去 1/2 使树木更易成长。可布设成条带状或方格形，条带状的可布设与水流呈一定交角的柳坝，长成后其作用可与丁坝相似，也可布设呈导流堤的轮廓，根据缓速要求估算宽度。植树成林后根据其实际作用修改局部林区的布置，使导流渐趋完善。在丁坝间及坝头种植防护林可加快淤积，迅速形成新河岸，减轻坝头及坝间的局部冲刷；在河滩种植防护林可使河滩淤高形成岸坎，以导流固滩、稳定河段，抵御洪水淘刷路堤，保证河滩及桥头路堤安全。

选择树种应考虑当地水土、气候等条件，通常应选用根系发达、枝叶茂密、生长迅速的树种，如柳树、杨树等。为使乔木与灌木相互配合起作用，柳树可采用顺插与倒插相间种植，倒栽可成为良好阻水的灌木丛，以减缓流速、淤积泥沙、引导水流集中于无林区、改变流向，依靠树的根系加固土壤，减缓波浪冲击，提高抗冲能力。种植防护林时不应过于压缩河道，发生洪水时有足够的排洪断面。

防护林带在中小水时可起到缓流回淤作用，高水时可起到减缓水势、防护路堤免遭冲刷的作用，具有一定效果。1954—1956 年，郑州局曾在丁坝内外种植防护林带，促成坝间淤积，保护了堤岸。在陇海铁路沿线植树约 51 000 棵，形成淤积平均厚达 30～40 cm，最厚 100 cm，增强了丁坝稳定。哈尔滨局某线 K17～K19、K10～K15 段栽植了柳林，1959 年遇洪水时起到缓流作用。

9.3　桥头河滩路堤

9.3.1　桥头河滩路堤的路肩高程

[第 9.3.1 条引文]

桥头河滩路堤的路肩高程应根据河流与桥渡的具体情况，考虑壅水、波浪侵袭、河床淤积等影响的高度。

[第 9.3.1 条解读]

本条沿用《规范》(TB 10017—99)第 3.7.3 条。

桥头河滩路堤指位于河滩被洪水侵袭的路堤，滨河路堤指侵入河道一侧受洪水侵袭或浸泡的路堤。上述路堤主要受河流水文条件控制，应详尽调查河段水文形态特征，分析计算沿河水位、流速，确定路堤高度。

桥头河滩路堤的路肩高程应符合《铁路路基设计规范》(TB 10001—2016)、《铁路桥涵设计规范》(TB 10002—2017)有关桥头路堤的要求，还需根据桥位河段的水流条件分别考虑桥前壅水及风浪对边坡的侵袭、斜水流沿边坡的冲击升高、河床淤积升高等可能出现的水面升高因素，使该段路堤具有抵御洪水的能力。

桥头河滩路堤的路肩高程应大于设计洪水位、壅水高(含河道卡口或建筑物造成的河湾水面超高)、波浪高或斜水流局部冲高(取二者中之大值)、河床淤积影响高度、安全高度 5 项之和。

9.3.2　桥头河滩沿路堤水位

[第 9.3.2 条引文]

桥头河滩路堤上下游沿路堤水位计算办法按以下原则办理。上下游沿路堤水位示意如图 9.3.2 所示。

1. 上游侧因桥前壅水引起的水面变化，可按下列办法计算：

1)桥头无导流堤或有梨形导流堤

(1)在桥头台尾河滩路堤起点处，比天然河道设计水位升高的桥前最大壅水值 ΔZ_M，其值可按本规范第 6.4 节有关公式计算。

距桥头路堤起点的距离 L' 处，河滩路堤上游侧形成最大壅水高度

ΔH_{sh}。L'及ΔH_{sh}可按下列公式计算：

$$L'=AS-0.5L'_d \quad (9.3.2—1)$$

$$\Delta H_{sh}=\Delta Z_M+SI_0 \quad (9.3.2—2)$$

$$S=K_s(1-M)B \quad (9.3.2—3)$$

式中 L'——由桥头路堤起点至路堤上游侧形成最大壅水处的距离(m)；

A——系数，可按表 9.3.2-1 的规定取值；

S——由桥轴线至形成桥前最大壅水高度处的距离(m)；

L'_d——桥梁两端桥台台尾间的距离(m)；

ΔH_{sh}——桥前壅水影响在河滩路堤上游侧形成的最大壅水高度(m)；

K_s——系数，$M=0.8$ 时 $K_s=0.45$，$M=0.7$ 时 $K_s=0.48$，$M=0.6$ 时 $K_s=0.53$，$M=0.5$ 时 $K_s=0.59$；

M——天然情况下桥孔范围内通过的流量与设计流量之比。

其余符号意义同前。

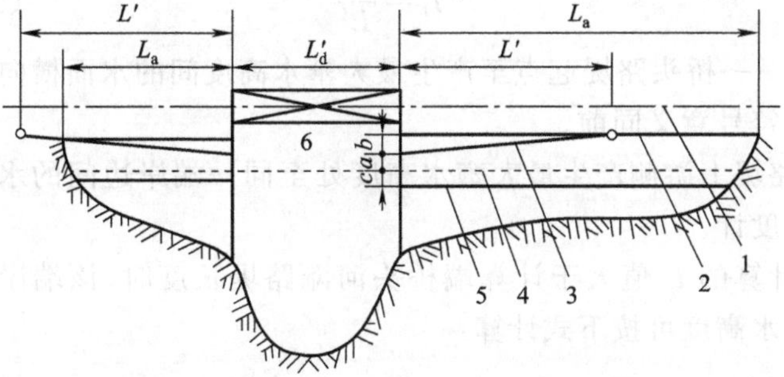

图 9.3.2(本规范) 桥头河滩路堤上下游沿堤水位示意

注：图中 L_a，L'，L'_d，S 等符号所代表的意义可见式(9.3.2—1)和式(9.3.2—5)，其余符号意义同前。

1—路肩线；2—上游设有非封闭式导流堤时的水位线；3—上游无导流堤或有梨形导流堤时的水位线；4—桥前天然设计水位线；5—下游水位线；6—桥梁。

a—桥前最大壅水高 ΔZ_M；b—水面坡度增高值，$L_a>L$ 时 $b=SI_0$，$L_a<L$ 时 $b=\frac{SI_0}{L'}\times L_a$；

c—路堤下游水位降低高度 ΔH_X。

表 9.3.2-1(本规范)　系数 A

E'	M				E'	M			
	0.5	0.6	0.7	0.8		0.5	0.6	0.7	0.8
0	1.43	1.93	2.80	4.60	0.5	1.73	2.20	3.03	4.87
0.1	1.44	1.94	2.81	4.64	0.6	1.85	2.35	3.23	5.16
0.2	1.48	1.95	2.82	4.68	0.7	1.98	2.52	3.47	5.57
0.3	1.55	2.00	2.83	4.72	0.8	2.14	2.73	3.79	6.16
0.4	1.63	2.09	2.90	4.77	0.9	2.31	2.97	4.16	6.92

注:表中 E'为桥孔偏置系数 $E'=1-\frac{q_x}{q_d}$,q_x 及 q_d 分别为桥两端河滩路堤阻挡的流量,其中阻挡流量较大者为 q_d,阻挡流量较小者为 q_x,当桥头只有一端有河滩路堤时,$q_x=0$。

(2)路堤上游侧,自桥头路堤起点至产生最大壅水高度间的水面横向坡度,可按下式计算:

$$I_h=\frac{SI_0}{L'} \tag{9.3.2—4}$$

式中　I_h——桥头路堤起点至产生最大壅水高度间的水面横向坡度。

其余符号意义同前。

(3)路堤上游侧产生最大壅水高度处至同一端岸边间的水面可按同一水平高度计。

(4)计算的 L'值大于计算端桥头河滩路堤长度时,该端岸边处路堤产生的壅水高度可按下式计算:

$$\Delta H'_{sh}=\Delta Z_M+L_a\frac{SI_0}{L'} \tag{9.3.2—5}$$

式中　$\Delta H'_{sh}$——当 $L'>L_a$ 时,路堤上游侧岸边处产生的壅水高度(m);

L_a——由桥头路堤起点至同一端岸边的距离(m)。

其余符号意义同前。

2)桥头有非封闭式导流堤

桥头路堤上游侧水面按同一水平高度计。$L'<L_a$ 时,水面比天然水位高出 ΔH_{sh};$L'>L_a$ 时高出 $\Delta H'_{sh}$。

2. 下游侧沿堤水位按同一水平高度计。该水位较天然河道设计水位为低,其降低值可按下式估算。

$$\Delta H_x=K_j\bar{h}_{od} \tag{9.3.2—6}$$

式中 ΔH_x——河滩路堤计算端下游侧的沿堤水位较天然河道设计水位降低值(m)；

$\bar{h}_{od}$——天然河道设计水位时，所计算端河滩路堤范围内的平均水深(m)；

K_j——水位降低系数可按表 9.3.2-2 及表 9.3.2-3 取值。

表 9.3.2-2(本规范) 河滩路堤阻挡流量较大一端 K_j 值

Q'_t/Q_p	E'					
	0	0.2	0.4	0.6	0.8	1.0
0	0.00	0.00	0.00	0.00	0.00	0.00
0.1	0.07	0.08	0.10	0.12	0.13	0.14
0.2	0.13	0.17	0.20	0.23	0.25	0.26
0.3	0.19	0.25	0.29	0.33	0.35	0.36
0.4	0.25	0.33	0.38	0.41	0.43	0.44
0.5	0.30	0.40	0.44	0.46	0.48	0.48
0.6	0.33	0.42	0.47	0.49	0.51	0.51
0.7	0.36	0.44	0.49	0.51	0.52	0.52

注：1. 中间值可内插计算；

2. 表中 Q'_t 为全桥河滩路堤所阻挡的流量(m^3/s)，其余符号意义同前。

表 9.3.2-3(本规范) 河滩路堤阻挡流量较小一端 K_j 值

Q'_t/Q_p	E'					
	0	0.2	0.4	0.6	0.8	1.0
0	0.00	0.00	0.00	0.00	0.00	0.00
0.1	0.07	0.07	0.07	0.06	0.06	0.06
0.2	0.13	0.13	0.12	0.12	0.11	0.11
0.3	0.19	0.19	0.18	0.18	0.18	0.17
0.4	0.25	0.24	0.24	0.23	0.23	0.22
0.5	0.30	0.29	0.28	0.27	0.26	0.24
0.6	0.33	0.32	0.30	0.29	0.28	0.26
0.7	0.36	0.34	0.32	0.30	0.28	0.27

注：1. 中间值可内插计算；

2. 表中 Q'_t 为全桥河滩路堤所阻挡的流量(m^3/s)，其余符号意义同前。

[第 9.3.2 条解读]

本条沿用《规范》(TBJ 17—86)第 6.2.2 条。

桥孔压缩水流,形成桥孔和路堤上游壅水,水流接近桥孔上游河槽和两侧河滩路堤上游,集中流入桥孔,形成河槽桥前壅水。河滩上游自桥台向两岸形成路堤壅水,河滩下游水流自桥孔向两岸河滩扩散。

上游最大壅水高度位于邻近泛滥边界处,出现路堤上下游坡面的最大水位差,路堤承受较大向下游的静水压力,使土体内存在来自上游较大的渗透压力。压缩水流较大、河滩很宽的桥头引道如上游壅水过高、堤身结构薄弱,常造成最大壅水高度附近路堤决口,产生滩地自然分洪。

截至 20 世纪 80 年代,我国的河滩路堤水力计算一直延用苏联时期 1955 年《桥渡规程》推荐的算法,1972 年后修改了该规程的算式,此前国内该方面的研究甚少。为找出适合国情的一套较完整的路堤水力计算方法,铁科院 1979 年以来在野外搜集整理了实桥资料,室内进行了概化系列模型试验。1982 年提出了桥头河滩路堤水力计算公式。1983 年在此基础上搜集更多野外实桥资料,对提出的公式进行验证和修改补充,将成果纳入《规范》(TBJ 17—86)第 6.2.2~6.2.4 条。

1. 水流计算图式

河滩路堤上下游沿堤水位的增减值与桥梁对河道的压缩程度、河滩流量分布情况、有无导流堤及其布置型式有关。《规范》(TBJ 17—86)为便于计算,将桥头河滩路堤上下游水位情况简化,如本规范条文说明图 9.3.2(左),即本书图 9-9(a)所示。修建桥梁压缩了天然水面,桥前水位壅高并在桥孔排泄洪水时形成半椭圆形水漏斗。其水面等高线交至河滩路堤,上游沿堤水位发生变化。如本规范条文说明图 9.3.2(右),即本书图 9-9(b)所示。

该水流计算图式根据铁科院铁建所水工水文室 1979—1983 年在野外实桥资料和室内概化系列模型试验成果的基础上制定而成,成为《规范》(TBJ 17—86)计算河滩路堤高程的设计依据。

为说明本规范图 9.3.2、式(9.3.2—1)~式(9.3.2—3)中的符号意义,参见图 9-10、图 9-11。上游最大壅水线可取椭圆线,上游方向短半轴 S,线路方向长半轴 A_S($A>1$),即桥梁总长。

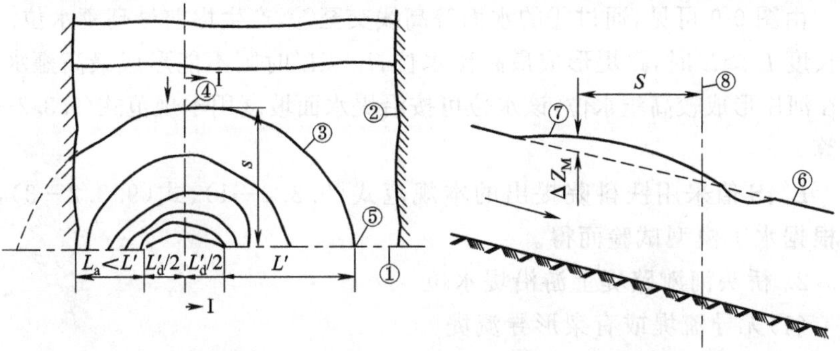

(a)水面示意　　　　(b)I-I断面

①河滩路堤中心线；②河岸线；③水面等高线；④桥前最大壅水点；
⑤路堤最大壅水点；⑥天然水面线；⑦建桥压缩水流后水面线；⑧桥梁轴线。

图 9-9　桥前壅水

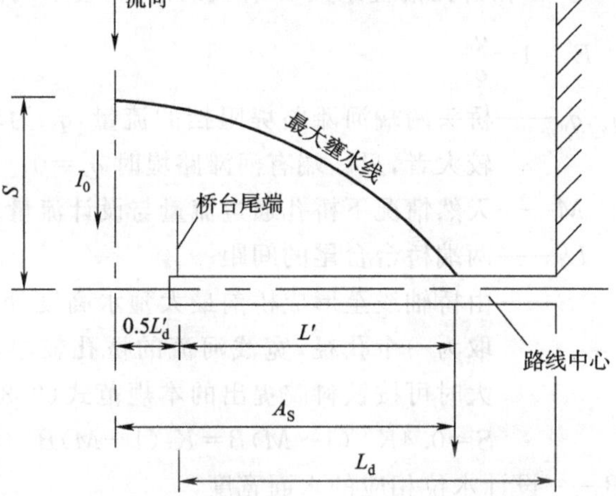

图 9-10　平面

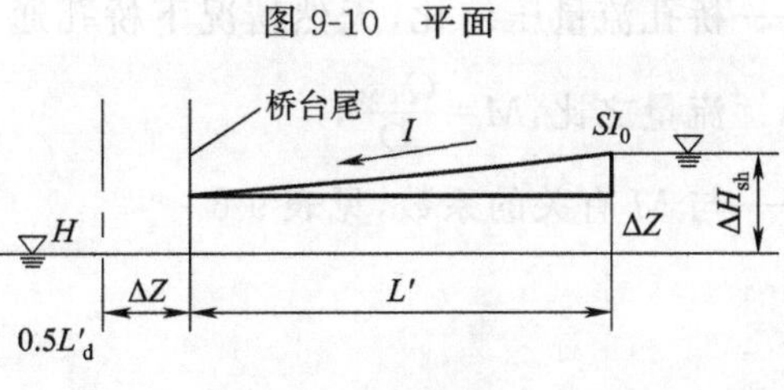

图 9-11　横断面

由图 9-9 可见，通过④的水面等高线交至⑤，产生堤前最高壅水位。路堤长度 $L_a > L'$ 时，路堤形成最高壅水位；$L_a < L'$ 时则不能形成最高壅水位，只在河岸形成较高壅水位，该水位可按沿堤水面坡度用本规范式(9.3.2—4)推算。

L'、S 值采用铁科院提出的本规范式(9.3.2—1)、式(9.3.2—3)，两式根据水工模型试验而得。

2. 桥头河滩路堤上游沿堤水位

(1)无导流堤或有梨形导流堤

①桥前最大壅水水面等高线交于台尾至岸边路堤，$L' < L_a$ 时，采用铁科院提出的本规范式(9.3.2—1)。

$$L' = A_S - 0.5L_d'$$

式中 L'——自桥头台尾路堤至上游路堤形成最大壅水处的距离；

A——与 M 和桥孔偏置系数 E' 有关的系数，查本规范表 9.3.2-1，

$$E' = 1 - \frac{q_x}{q_d}$$

其中 q_x，q_d——桥头两端河滩路堤阻挡的流量，q_x 为较小者，q_d 为较大者，只一端有河滩路堤时 $q_x = 0$；

M——天然情况下桥孔通过流量与设计流量之比；

L_d'——两端桥台台尾的间距；

S——由桥轴线至形成桥前最大壅水高度处的距离，大致取为一个孔径，宽浅河流的桥孔较小，水流压缩较大时可按铁科院提出的本规范式(9.3.2—3)计算，

$S = 0.4K^*(1-M)B = K_s(1-M)B$

其中 B——设计水位相应的水面宽度，

M——桥孔流量压缩比，天然情况下桥孔通过的流量与设计流量之比，$M = \frac{Q_{OM}}{Q}$，

K^*，K_s——与 M 有关的系数，见表 9-6。

表 9-6 系数 K^*、K_s

M^{-1}	K^*	M^{-1}	K^*	M^{-1}	K^*	M^{-1}	K^*
1.0	1.00	1.6	1.31	2.2	1.53	2.8	1.63
1.1	1.05	1.7	1.35	2.3	1.55	2.9	1.65
1.2	1.10	1.8	1.39	2.4	1.57	3.0	1.66
1.3	1.15	1.9	1.44	2.5	1.59	3.1	1.67
1.4	1.21	2.0	1.48	2.6	1.61	3.2	1.68
1.5	1.26	2.1	1.51	2.7	1.62	3.3	1.68
M^{-1}	$K_s(0.4K^*)$	M^{-1}	$K_s(0.4K^*)$	M^{-1}	$K_s(0.4K^*)$	M^{-1}	$K_s(0.4K^*)$
1.0	0.4	1.6	0.52	2.2	0.61	2.8	0.65
1.1	0.45	1.7	0.54	2.3	0.62	2.9	0.66
1.2	0.44	1.8	0.56	2.4	0.63	3.0	0.66
1.3	0.46	1.9	0.58	2.5	0.64	3.1	0.67
1.4	0.48	2.0	0.59	2.6	0.64	3.2	0.67
1.5	0.50	2.1	0.60	2.7	0.65	3.3	0.67

为简化计算，系数 K_s 按以下取值：

$M=0.8$ 时，$K_s=0.45$；

$M=0.7$ 时，$K_s=0.48$；

$M=0.6$ 时，$K_s=0.53$；

$M=0.5$ 时，$K_s=0.59$。

河滩路堤上游形成的最大壅水高度如下。

$$\Delta H_{sh}=\Delta Z_M+SI_0$$

②$L'>L_a$（桥头河滩路堤长度）时，该端岸边处路堤产生的壅水高度如下。

$$\Delta H'_{sh}=\Delta Z_M+L_a\frac{SI_0}{L}$$

③为偏于安全地确定桥头路堤高度，在桥台台尾路堤起点处，其堤前水位较设计水位增加 ΔZ_M。

(2)桥头有非封闭式导流堤

路堤上游一侧水面按同一水平高度计：$L'<L_a$ 时堤前最高壅水高度

为 ΔH_{sh}；$L' > L_a$ 时为 $\Delta H'_{sh}$。

桥头修建有非封闭式导流堤时，由于堤后积水，水位趋平，沿堤水位可认为呈水平，按堤前最大壅水（H_{sh}或 H'_{sh}）的水平面确定。

3. 桥头河滩路堤下游沿堤水位

河滩路堤下游沿堤水位较天然水位低，降低值可采用铁科院试验确定的下式计算。

$$\Delta H_x = K_j \bar{h}_{od}$$

路堤下游水深变化不大，且沿路堤下游流速较小。故除了接近桥台的很短距离，该处水位变化可近似按单一的横比降落处理，其算式如下。

$$I_{TX} = K_{TX} \times I_0$$

式中，系数 K_{TX}见表 9-7。

表 9-7　系数 K_{TX}

E'	M				
	0.20	0.30	0.40	0.50	0.60
0	0.07	0.16	0.25	0.38	0.45
0.10	0.11	0.21	0.30	0.40	0.46
0.20	0.15	0.25	0.33	0.42	0.47
0.30	0.18	0.29	0.37	0.44	0.48
0.40	0.20	0.32	0.40	0.45	0.49
0.50	0.23	0.35	0.42	0.46	0.50
0.60	0.25	0.37	0.44	0.47	0.51
0.70	0.27	0.39	0.46	0.48	0.52
0.80	0.28	0.41	0.47	0.49	0.53
0.95	0.30	0.43	0.48	0.50	0.55

下游沿堤水位涨水时自桥头向泛滥边缘降低，退水时相反。洪峰持续时间内，沿堤水位基本呈水平。故本规范要求，下游沿堤水位可按同一水平高度设计。

9.3.3　桥头河滩路堤上下游两侧最大水位差

[第 9.3.3 条引文]

桥头河滩路堤上下游两侧水位差不宜过大，其最大水位差 ΔH_m 可按下列公式计算：

$$\Delta H_{m}=\Delta H_{sh}+\Delta H_{x} \qquad (9.3.3—1)$$

或

$$\Delta H_{m}=\Delta H'_{sh}+\Delta H_{x} \qquad (9.3.3—2)$$

式中符号意义同前。

［第 9.3.3 条解读］

本条沿用《规范》(TBJ 17—86)第 6.2.3 条。

根据路堤上游侧最大壅水值规范式(9.3.2—1)和沿堤水面坡度规范式(9.3.2—5)算出路堤上下游水位落差，如图 9-12 所示。

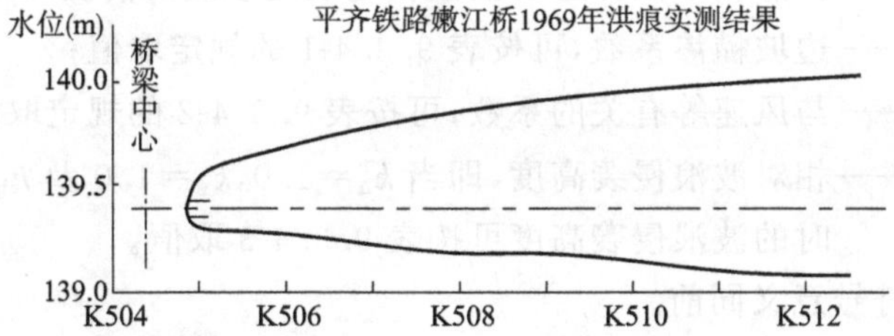

图 9-12　路堤上下游横向水位变化

一般情况下，河滩路堤上下游两侧水位应接近平衡，相差较大时应设置过水建筑物以消除其水头差。否则，不平衡的水头压力会使路堤土体及其基底土壤内发生渗透现象。渗透水流使其中土粒移动，一部分被带出，该现象逐渐扩大就产生管涌现象，会导致路堤坍塌破坏。

1. 防止路堤土体发生管涌的措施

(1)放缓下游一侧边坡以延长渗透水流通路，使水流不从边坡渗出以保持边坡土粒的稳定，或在下游边坡水下设置滤水趾及反滤层，将水引出不使其冲移土粒。

(2)在下游一侧边坡加设反滤层，其材料应使颗粒逐层由小到大，以防止路堤土体中的细小颗粒穿过反滤层的孔隙。若路堤土体的渗透性小、基底土层的渗透性大，则渗透水流就会通过基底土层渗出，也可能发生管涌。

2. 防止基底土层发生管涌的措施

(1)在路堤下游边坡脚外的基底土层上铺设滤水的护坦。

(2)在上游铺设黏土隔渗层，坡脚或基底下设置隔渗墙、止水幕等以延长渗透水流通路，降低渗透水头的压力。

总之，桥头河滩路堤上下游两侧水位差不宜过大。

9.3.4 波浪在路堤边坡上的侵袭高度

[第 9.3.4 条引文]

波浪在路堤边坡上的侵袭高度可根据本地区或相似地区的观测资料确定。缺乏观测资料时可按地区经验确定，或按式(9.3.4)计算确定。

$$h_p' = K_\Delta \cdot K_v \cdot R_\Delta \cdot h_{b1\%} \tag{9.3.4}$$

式中 h_p'——自静止水面算起的波浪在边坡上侵袭的高度(m)；

K_Δ——边坡糙渗系数，可按表 9.3.4-1 的规定取值；

K_v——与风速等有关的系数，可按表 9.3.4-2 的规定取值；

R_Δ——相对波浪侵袭高度，即当 $k_\Delta=1.0$，$k_v=1.0$ 及 $h_{b1\%}=1.0$ m 时的波浪侵袭高度可按表 9.3.4-3 取值。

其余符号意义同前。

表 9.3.4-1(本规范) 糙渗系数 K_Δ 值

边坡护面类型	整片光滑不透水护面(沥青混凝土)	混凝土护面、浆砌片石护面、光滑土质边坡	干砌片石护面、植草皮	一、二层抛石加固	抛石组成的建筑物
K_Δ	1.0	0.9	0.75～0.80	0.60	0.50～0.55

表 9.3.4-2(本规范) K_v 值

风速(m/s)	5～10	10～20	20～30	>30
K_v	1.0	1.2	1.4	1.6

表 9.3.4-3(本规范) R_Δ 值

m(边坡横竖尺寸比)	1.0	1.25	1.5	1.75	2.0	2.5	3.0
R_Δ	2.16	2.45	2.52	2.40	2.22	1.82	1.50

有下列情况之一时，可不考虑其侵袭影响：

1. 洪峰历时短促的河流；

2. 浪程短于 200 m；

3. 水深小于 1.0 m；

4. 靠近路堤的河滩上长有高于水深加半个波浪高度的成片灌木丛。

[第 9.3.4 条解读]

本条沿用《规范》(TBJ 17—86)第 6.2.4 条。

水域风浪受到路堤阻挡时，波浪在路堤边坡上卷至一定高度后滚退，自静止水位的波浪卷爬最大高度为波浪侵袭高。

风浪高度与风速、浪程、水深等有关。波浪在路堤上侵袭爬高又与边坡坡度、边坡糙渗度、风力有关。国内外关于浪高与侵袭爬高计算方法很多，与具体水域特定条件相关，但多为海域，对内河风浪研究极少。国内对波浪的研究成果包括南京水利科研所与原华东水利学院制定的莆田试验站公式、原山东海洋学院制定的公式等。此外，官厅水库、青海湖、鄱阳湖等通过观测建立了各自区域性的公式。

铁路桥梁跨越或濒邻的水域多为内河、湖泊、水库，确定这些水域的风浪爬高尚无成熟统一公式。本条强调，可根据本地区或相似地区的观测资料或地区经验来确定，搬用某些特定公式可能造成较大误差。

风浪爬高计算以鄱阳湖经验公式、《海港水文》推荐方法精度较高。

1. 鄱阳湖经验公式

$$h_{侵}=\frac{0.266}{\sqrt{n}}h_{b1\%}^{0.724}\tan\alpha^{0.479}$$

式中 $h_{侵}$——波浪侵袭高度；

n——坡面糙率，见表 9-8；

α——斜坡坡角度。

表 9-8 鄱阳湖水文气象试验站计算风浪爬高采用的坡面糙率

序号	边坡表面衬砌性质	n	$\frac{1}{n}$	$\sqrt{n}$
1	良好的纯水泥抹面	0.010	100	0.100
2	混凝土、钢筋混凝土、水泥抹面(含砂 1/3)	0.011	90.9	0.105
3	很好的混凝土	0.012	83.3	0.109
4	中等的混凝土	0.014	71.4	0.118
5	良好的块石、粗糙的混凝土、光滑的岩石	0.017	58.8	0.130
6	紧密的黄土，紧密的小砾石	0.018	55.6	0.134

续上表

序号	边坡表面衬砌性质	n	$\frac{1}{n}$	$\sqrt{n}$
7	中等的块石、圆石、岩石、黄土、紧密的砾石、紧密的土壤	0.020	50.0	0.140
8	良好的干砌土	0.025	40.0	0.158
9	一定数量的石块与水草	0.035	28.6	0.187

2.《海港水文》推荐的方法

斜坡式建筑物上的波浪爬高可按下列要求确定。

(1)正向规则波在斜坡式建筑物上的波浪爬高(图 9-13)可按下列公式计算：

$$R = K_{\Delta} R_1 H$$

$$R_1 = K_1 \tanh(0.432M) + (R_{1m} - K_2) R(M)$$

$$M = \frac{1}{m}\left(\frac{L}{H}\right)^{1/2}\left(\tanh\frac{2\pi d}{L}\right)^{-1/2}$$

$$R_{1m} = \frac{K_3}{2}\tanh\frac{2\pi d}{L}\left(1 + \frac{\frac{4\pi d}{L}}{\sinh\frac{4\pi d}{L}}\right)$$

$$R(M) = 1.09 M^{3.32}\exp(-1.25M)$$

式中 R——波浪爬高,从静水面起算,向上为正；

K_{Δ}——与斜坡护面结构型式有关的糙渗系数,见表 9-9；

R_1——$K_{\Delta}=1$ 且 $H=1$ m 时的波浪爬高；

H——建筑物所在处进行波的波高；

M——与斜坡的 m 值有关的函数；

R_{1m}——相应于某一 d/L 值的爬高最大值；

$R(M)$——爬高函数；

m——斜坡坡度系数,即坡度的倒数；

L——波长；

d——建筑物前水深；

K_1, K_2, K_3——系数,见表 9-10。

表 9-9　糙渗系数 K_Δ

护面结构型式	K_Δ	护面结构型式	K_Δ
整片光滑不透水护面（沥青、混凝土）	1.00	块石（抛填两层）	0.50～0.55
混凝土护面	0.90	混凝土块体（抛填两层）	0.50
砌石	0.75～0.80	四脚锥体（安放两层）	0.40
块石（安放一层）	0.60～0.65	扭工字块体（安放两层）	0.38
四脚空心块体（安放一层）	0.55	扭王字块体	0.47

表 9-10　系数 K_1，K_2，K_3

K_1	K_2	K_3
1.24	1.029	4.98

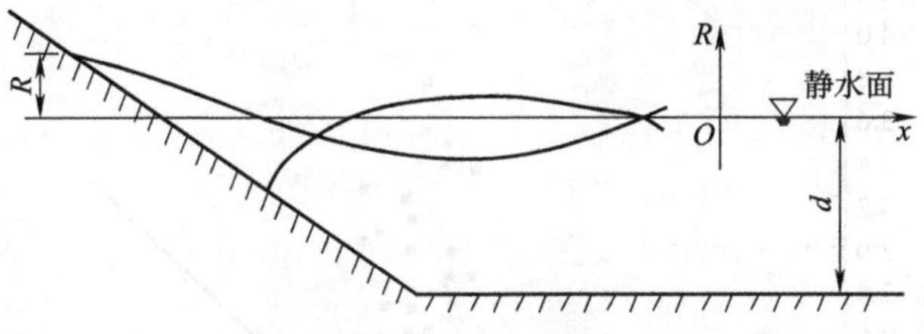

图 9-13　斜坡上波浪爬高

(2)风的直接作用下，不规则波的爬高按下两式计算：

$$R_{1\%}=K_\Delta K_v R_1 H_{1\%}$$

$$R_{F\%}=K_F R_{1\%}$$

式中　$R_{1\%}$——累积频率 1%的爬高；

K_v——与风速有关的系数，见表 9-11；

R_1——$K_\Delta=1$、$H=1$ m 时的爬高，按上述(1)计算，波坦取 $L/H_{1\%}$；

$H_{1\%}$——累积频率 1%的波高；

$R_{F\%}$——累积频率 F%的爬高；

K_F——系数，见表 9-12。

表 9-11　系数 K_v

v/C	≤1	2	3	4	≥5
K_v	1.00	1.10	1.18	1.24	1.28

注：v 为风速，波速 $C=L/T$。

表 9-12　系数 K_F

F(%)	0.1	1	2	4	5	10	13.7	20	30	50
K_F	1.17	1	0.93	0.87	0.84	0.75	0.71	0.65	0.58	0.47

系数 K_v、K_F 由《海港水文》根据实测资料修正后提出。

鄱阳湖经验公式、《海港水文》风浪爬高计算值与实测值关系如图 9-14、图 9-15 所示。

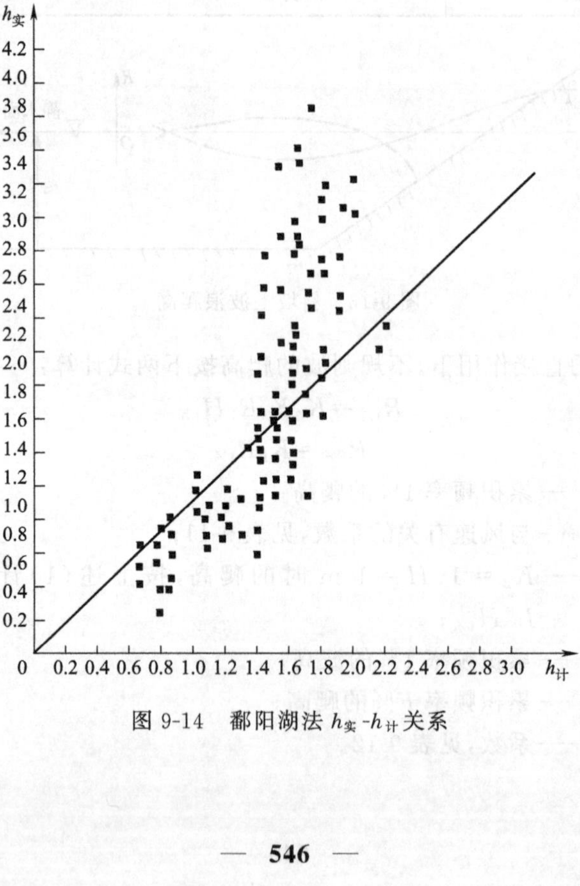

图 9-14　鄱阳湖法 $h_{实}$-$h_{计}$ 关系

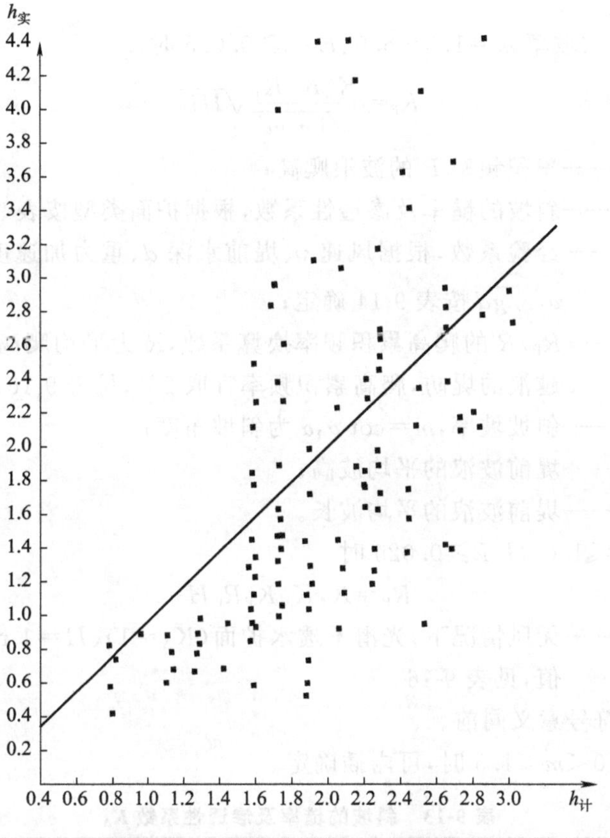

图 9-15 《海港水文》法 $h_{实}$-$h_{计}$ 关系

《规范》(TBJ 17—86)基本按照《海港水文》推荐的方法，参照原华东水利学院的试验成果，结合桥梁特点予以简化，计算公式如下。

$$h_{侵}=k_{\Delta}\cdot k_{v}\cdot R_0\cdot h_{b1\%}$$

式中 $h_{侵}$——波浪侵袭高度；

k_{Δ}——边坡糙渗系数；

k_{v}——与风速等有关的系数；

R_0——相对波浪侵袭高度，与斜坡坡度 m 有关。

3.《堤防工程设计规范》(GB 50286—2013)波浪爬高算式

在风的直接作用下，正向来波在单一斜坡上的波浪爬高可按下列要求确定。

(1)斜坡坡率 $m=1.5\sim5.0$、$H/L\geqslant0.025$ 时，

$$R_P=\frac{K_\Delta K_V K_P}{\sqrt{1+m^2}}\sqrt{HL}$$

式中 R_P——累积频率 P 的波浪爬高；

K_Δ——斜坡的糙率及渗透性系数，根据护面类型按表 9-13 确定；

K_v——经验系数，根据风速 v、堤前水深 d、重力加速度 g 组成的 $v/\sqrt{gd}$ 按表 9-14 确定；

K_P——R_P/R 的爬高累积频率换算系数，R 为平均爬高，对不允许越浪的堤防，爬高累积频率宜取 2%，见表 9-15；

m——斜坡坡率，$m=\cot\alpha$，α 为斜坡角度；

H——堤前波浪的平均波高；

L——堤前波浪的平均波长。

(2)$m\leqslant1.0$、$H/L\geqslant0.025$ 时

$$R_P=K_\Delta K_V K_P R_0 H$$

式中 R_0——无风情况下，光滑不透水护面($K_\Delta=1$)、$H=1$ m 时的爬高值，见表 9-16。

其余符号意义同前。

(3)$1.0<m<1.5$ 时，可内插确定。

表 9-13 斜坡的糙率及渗透性系数 K_Δ

护面类型	K_Δ
光滑不透水护面(沥青、混凝土)	1.0
混凝土板	0.95
草皮	0.90
砌石	0.80
抛填两层块石(不透水堤心)	0.60～0.65
抛填两层块石(透水堤心)	0.50～0.55

注：$m\leqslant1.0$ 时，砌石护面取 $K_\Delta=1.0$。

表 9-14　经验系数 K_v

$v/\sqrt{gd}$	≤1	1.5	2	2.5	3	3.5	4	≥5
K_v	1	1.02	1.08	1.16	1.22	1.25	1.28	1.30

表 9-15　爬高累积频率换算系数 K_P

H/d	P(%)									
	0.1	1	2	3	4	5	10	15	20	50
<0.1	2.66	2.23	2.07	1.97	1.90	1.84	1.64	1.54	1.39	0.96
0.1～0.3	2.44	2.08	1.94	1.86	1.80	1.75	1.57	1.18	1.36	0.97
>0.3	2.13	1.86	1.76	1.70	1.65	1.61	1.48	1.40	1.31	0.99

注：d 为水域的平均水深(m)。

表 9-16　R_0 值

$m=\cot\alpha$	0	0.5	1.0
R_0(m)	1.24	1.45	2.20

9.3.5　波浪斜向冲击边坡的侵袭高度

[第 9.3.5 条引文]

波浪斜向冲击边坡时，侵袭高有所降低。当边坡横竖尺寸比 $m>1$ 和路堤边坡上水边线与波射线的夹角 $\beta\geqslant30°$时，侵袭高应乘以折减系数 K_β，其值按下式计算：

$$K_\beta=\frac{1+2\sin\beta}{3} \tag{9.3.5}$$

式中　β——在路堤边坡上的水边线与波射线的夹角。

[第 9.3.5 条解读]

本条沿用《规范》(TBJ 17—86)第 6.2.4 条。

根据现场观测和室内试验，斜向波作用的爬高(侵袭高)一般较正向波作用的爬高小，因此需对正向波的计算结果加以修正。

国内规范主要有两种修正方法，当传播变形后来波的波向线与堤轴线的法线呈 β 角(90°$-\alpha$)时，修正系数 K_β 按表 9-17 确定(坡率 $m\geqslant1$)。

表 9-17 修正系数 K_β

β(°)	≤15	20	30	40	50	60	90
K_β	1	0.96	0.92	0.87	0.82	0.76	0.6

表 9-17 的修正系数根据现场资料给出，实践验证应优先考虑采用。近年来国外一些不规则波试验结果表明，有时小角度来波的越浪大于正向来波的越浪，$\beta \leqslant 15°$时取修正系数 $K_\beta=1$，即不进行斜向修正。

也可采用另一经验公式：

$$K_\beta=\frac{1+2\cos\beta}{3}$$

式中 β——来波的波向线与堤轴线的法线夹角。

本规范要求，当边坡横竖尺寸比 $m>1$ 或 $\alpha<45°$、路堤边坡上水边线与波射线的夹角 $\beta \geqslant 30°$时，按式(9.3.4)计算的波浪侵袭高度应乘以修正系数 K_β。

$$K_\beta=\frac{1+2\sin\beta}{3}$$

式中 β——路堤边坡上的水边线与波射线的夹角。

9.3.6 桥涵附近路堤的路肩最低高程计算

[第 9.3.6 条引文]

桥涵附近路堤的路肩最低高程应高出按本规范第 9.3.1 条所规定的各项影响后的水位至少 0.5 m；大中桥桥头河滩路堤沿堤高程还应根据不同型式导流堤的布设，分别按以下办法计算：

1. 上游无导流堤或有梨形导流堤时，路堤任意点处路肩最低高程可按下列公式计算：

$$L_x<L' \text{时，}\quad H_{\min}=H_p+\Delta Z_M+L_x\frac{SI_0}{L'}+\Delta h_p+0.5 \qquad (9.3.6\text{—}1)$$

$$L_x \geqslant L' \text{时，}\quad H_{\min}=H_p+\Delta Z_M+SI_0+\Delta h_p+0.5 \qquad (9.3.6\text{—}2)$$

式中 $H_{\min}$——路堤路肩最低高程(m)；

L_x——路堤计算点距桥头台尾的距离(m)；

Δh_p——除桥前壅水高以外的水位附加高度(m)，包括波浪侵袭高度和河床淤积等。

其余符号意义同前。

2. 上游有非封闭式导流堤时，路堤任意点处路肩的最低高程作为同一高度，可按下列公式计算：

(1)$L_a \geqslant L'$时，H_{min}可按式(9.3.6—2)计算。

(2)$L_a < L'$时，H_{min}可按式(9.3.6—3)计算。

$$H_{min}=H_p+\Delta Z_M+L_a\frac{SI_0}{L}+\Delta h_p+0.5 \qquad (9.3.6—3)$$

式中符号意义同前。

3. 上游有封闭式导流堤时，桥头河滩路堤的路肩高程受下游水位控制，对封闭式导流堤的坚固程度，应分析其遭受洪水破坏的可能性。必要时应按上游有非封闭式导流堤的有关公式计算确定。

［第9.3.6条解读］

本条沿用《规范》(TBJ 17—86)第6.3.1条。

河滩路堤最低高程应在桥梁设计洪水位以上再加各种可能的水位升高，并留有0.5 m的安全高度。

路堤上游存在的水位升高(壅水)空间变化如本规范图9.3.2及本书图9-9所示。波浪对路堤边坡的侵袭高度、斜水流或河流弯道凹岸引起的水面升高、河床逐年淤积等设计洪水出现时存在的水位升高因素，确定河滩路堤高程(以路肩高程计)时都应计入。大中桥桥头河滩路堤沿堤高程，根据导流堤的不同型式分别确定。位于感潮河口段、海峡、海滩上桥头路堤的高程应根据高潮潮位、波浪侵袭高度，并考虑风暴潮等影响来确定。

桥头河滩路堤任一处的路肩最低标高(结合考虑路堤纵坡的影响)应高出设计水位及其相应的壅水值，并有一定安全富余。这种水位与导流堤的设置有一定关系，分别按本规范计算。

9.3.7 桥头路堤的路肩最低高程要求

［第9.3.7条引文］

桥头路堤的路肩最低高程应满足桥下净空高度的要求，可按下列两式中的较大值来确定：

$$H_{min}=H_{1d}+C_g-h_g \qquad (9.3.7—1)$$

或

$$H_{min}=H_{dd}+C'_g-h_g \qquad (9.3.7—2)$$

式中 H_{1d}——根据通航、排洪要求的梁底高程(m),可按本规范第 6.4 节有关规定确定；

H_{dd}——根据水位要求的桥墩台支承垫石顶高程(m)可按本规范第 6.4 节有关规定确定；

C_g——轨底至梁底高度(m)；

C'_g——轨底至桥墩台支承垫石顶高度(m)；

h_g——轨底至路肩高度(m)。

[第 9.3.7 条解读]

本条沿用《规范》(TBJ 17—86)第 6.3.2 条。

紧接桥梁一段路堤的路肩标高可根据桥下净高要求计算确定。

1. 按通航要求

通航或通筏的河流上,桥头河滩路堤路肩最低标高按下式计算：

$$H_{min}=H_{ih}+H_i+C-h$$

式中 H_{min}——路肩最低标高；

H_{ih}——设计最高通航水位标高；

H_i——桥下通航要求净空高度；

C——轨底至梁底的高度；

h——轨底至路肩的高度。

2. 按排洪条件

按排洪条件确定桥头河滩路堤路肩最低标高时,应按本规范对梁底或墩台支承垫石顶面标高的要求计算：

$$H_{min}=H_1+C-h$$

或

$$H_{min}=H_2+C_1-h$$

或

$$H_{min}=H_3+C_1-h$$

式中 C_1——墩台支承垫石顶至轨底的高度；

H_1,H_2,H_3——梁底、桥墩、桥台支承垫石顶要求的标高。

其余符号意义同前。

3. 按立交要求

跨线立交桥桥头路堤路肩最低标高计算公式为：

$$H_{min}=H_r+r+C-h$$

式中 r——道路需要的净高或铁路建筑限界；

H_r——道路路面标高或铁路轨顶标高。

其余符号意义同前。

9.3.8 桥头路堤护道的最低高程要求

[第 9.3.8 条引文]

桥头河滩路堤筑有不没水的护道时，上游侧护道顶面的最低高程应与本规范第 9.3.6 条对路肩最低高程的规定相同。

下游侧按下式计算确定：

$$H'_{min}=H_p-\Delta H_x+\Delta h'_p+0.5 \quad (9.3.8)$$

式中 H'_{min}——河滩路堤下游护道顶面的最低高程。

其余符号意义同前。

[第 9.3.8 条解读]

本条沿用《规范》(TBJ 17—86)第 6.3.3 条。

桥头河滩路堤双侧筑有不没水的护道时，上游护道顶面的最低标高按上述有关公式计算，下游按下式计算确定：

$$H'_{min}=H_p-\Delta H_x+\Delta h'_p+0.5$$

式中 H'_{min}——河滩路堤下游侧护道顶面的最低标高。

其余符号意义同前。

顺沿河滩的线路一般对水流有压缩，确定路肩标高时应考虑由此产生的壅水，并计算波浪侵袭高：

$$H_{min}=H_p+\Delta Z'+h_{侵}+0.5$$

式中 $\Delta Z'$——滨河路堤压缩水流而产生的壅水高度。

其余符号意义同前。

上式需考虑斜水流局部冲高、河湾超高、河床淤积等影响，留有抬高值，波浪侵袭爬高与斜水流局部冲高取其大值。

9.3.9 桥头河滩路堤的坡面防护标准

[第 9.3.9 条引文]

桥头河滩路堤的坡面防护，应根据河段特性、河道地形、水文条件等情况计算沿堤的水流流速，以确定防护标准。

[第 9.3.9 条解读]

本条沿用《规范》(TBJ 17—86)第 6.4.1 条。

河滩路堤的最高水位及附加高度以上，其边坡与普通路堤边坡相同，水下边坡一般为1∶1.5～1∶3，根据检算确定。没有底部护道时其最下部的边坡一般采用1∶8，也应根据检算而定。如检算仍不稳定则边坡还要适当放缓，或中间再加一层护道，重新检算至稳定为止。

1. 防护加固的考虑因素

为防止河滩路堤边坡受洪水波浪等水流作用影响而毁坏，边坡与基础必须防护加固。选择类型结构时需考虑以下几点。

(1)气候条件：湿度、年温差度、降雨强度、风力、风向等。

(2)水文条件：防护建筑物浸水时长、水深或水位、流速，以及波浪与流冰等情况。

经常浸水处宜采用梢料结构，不适于种草或铺草皮。流速极大或水深较大处一般采用重型加固结构，有流冰的河岸不宜采用辅草皮或梢料防护。

(3)填料情况：填土密度、土壤渗水能力及其水位。

只有路堤完全夯实后，才允许在边坡上铺坚硬的防护结构。

2. 防护加固的注意事项

(1)在满足质量要求的同时，尽可能利用当地材料，节约贵重稀有材料，使建筑维修费用合理，型式简单易于施工。

(2)桥台锥体填方是桥头路堤与桥体的连接区段，能起到保护桥台作用。无导流堤时，锥体填方有一定导流能力。桥台锥体填方的坡面一般应全高进行铺砌防护，水流作用部分应按水流、流冰、流木等冲击情况确定防护类型。一般在设计水位0.25 m以下采用浆砌片石铺砌，以上采用单层干砌片石铺砌并下设10 cm垫层。铺砌坡脚埋入河床的深度应考虑冲刷影响，坡脚基础顶面应在一般冲刷线下至少0.25 m。如遇冻胀土壤则考虑一般冲刷线加冻结深度，再加0.25 m。旱桥的锥体是否需要防护及其标准，视边坡填料与当地具体情况确定。

9.3.10 河滩路堤两侧沿堤的水流流速计算

[第9.3.10条引文]

河滩路堤上下游两侧沿堤的水流流速可按下式计算。靠近桥台部分的路堤应采用桥下流速。

$$v_t = 0.7\bar{v}_{0t} \tag{9.3.10}$$

式中　v_t——桥头河滩路堤上下游两侧的沿堤水流流速(m/s)；

$\bar{v}_{0t}$——天然河道在设计水位时，河滩路堤范围内的平均流速(m/s)。

[第 9.3.10 条解读]

本条沿用《规范》(TBJ 17—86)第 6.4.2 条。

沿堤水流是转变流向并受桥前壅水阻滞的水流，流速较天然河滩小，主要与河流天然流速、桥孔挤压程度有关，并在一次行洪过程中有变化。一般在退水过程中桥前壅水降低，上游沿堤流向桥孔的流速渐大；在涨水过程中桥孔泄洪量增加，下游沿堤流向岸边的流速渐大。上下游沿堤流速按下式计算。

上游沿堤流速：$v_{sh} = 0.7\left(\dfrac{\bar{h}_{0t}}{\bar{h}_{0t} + \Delta Z_M}\right)\bar{v}_{0t}$

下游沿堤流速：$v_t = 0.7\,\bar{v}_{0t}$

式中　v_{sh}，v_t——上下游沿堤流速；

$\bar{h}_{0t}$，$\bar{v}_{0t}$——河滩天然平均水深与流速。

考虑洪水涨落等情况，本条对上下游沿堤流速简化为一式计算。

桥头未设导流堤时，靠近桥台的上游沿堤水流受桥头水流对桥孔挤压的影响，流速显著提高，靠近桥台部分应采用桥下流速为沿堤流速。

9.4　桥头河堤防护

9.4.1　跨越设有堤防的河道桥梁设计要求

[第 9.4.1 条引文]

桥梁跨越设有堤防的河道时，其梁底高程应高出河道规划设计堤顶高程。在特殊困难条件下，应高于河道设计洪水位与现有堤顶高程，并留有一定超高。墩台及基础按将来梁底能抬高的条件设计。

[第 9.4.1 条解读]

本条沿用《规范》(TB 10017—99)第 3.8.1 条。

堤防的设置要考虑河道的水文形态特性、防护对象的重要程度、对灾后损失的评估，以及江河流域防洪规划等要求，有一定标准。

堤防工程的等级根据其防洪标准来确定。《堤防工程设计规范》(GB

50286—2013)表 3.1.3 即本书表 9-18 中，堤防工程的防洪标准为 5 级。各级的堤顶高程按设计洪水位或设计高潮位加堤顶超高来确定。

表 9-18 堤防工程的级别

防洪标准［重现期(年)］	≥100	＜100 且≥50	＜50 且≥30	＜30 且≥20	＜20 且≥10
堤防工程的级别	1	2	3	4	5

我国的堤防工程中，乡村低级堤防占很大比例，通常较高级堤防工程设计进行简化，其防洪标准划分较为具体以便于掌握。高级堤防工程的设计通常要求较为详尽，其防洪标准变幅较大，需通过技术经济论证才能确定。防洪标准划分粗一些并不影响工作开展，故将 1 级堤防的防洪标准定为重现期不小于 100 年。

桥梁跨越设有堤防的河道时，梁底高程通常高于河道的设计洪水位与现有堤顶高程；对有规划的河道通常高出堤顶设计高程。

一般情况下，河道设计标准低于桥梁的设计洪水频率标准，梁底高程能高于河道设计洪水位和现有堤顶高程。但一些如人工开挖的河道和蓄滞洪区，由于防洪、蓄水、通航等方面的要求及其发展，都有规划且标准较高。

一些河道的设计标准高于铁路桥梁的设计洪水频率标准。如京九线跨越滏阳新河特大桥，滏阳新河按 1963 年洪水型校核标准设计，铁路桥梁按 100 年一遇设计水位计算路基最小高度，确定的梁底高程较堤顶低，为满足防洪要求不能将河堤开槽，避免大洪水时沿缺口跑水，必须将桥抬高。对于有规划的河道或设计标准高于桥梁的河道，都应将梁底高程按高于规划或现状堤顶高程来设计。

困难条件下设计梁底高程不能满足堤防规划要求时，墩台及基础要考虑预留梁底抬高的条件。如京九铁路津霸联络线永定新河桥，受有关规划限制，虽设计梁底高程较规划堤顶高程低 0.69 m，仍较既有河堤高程和校核洪水位高。经国家有关部门磋商，维持设计桥梁高程，但要考虑桥梁抬高的措施。

萧甬铁路海塘铁路大桥现有堤顶高程 11.4 m，仅低于铁路大桥梁底 0.4 m，达 100 年一遇设计标准。铁路大桥交叉处堤顶高程 11.6 m，铁路平面在堤顶高程以下 1.0 m,每年成为防汛的一个薄弱点,需按抢险方案准备大量人力和防汛物资。

9.4.2　现有河堤桥孔布设要求

[第 9.4.2 条引文]

桥孔布设应避免扰动现有河堤。墩台布置有困难而必须扰动河堤时,应在施工中作好防洪措施,墩台竣工后及时回填夯实,恢复原状;现有河堤如有铺砌,应按铺砌原状恢复,桥墩台附近适当加强,现有河堤无铺砌时,恢复后的河堤迎水面应增加铺砌防护,铺砌长度一般为上下游各 30～50 m,铺砌标准参照桥台锥体。

[第 9.4.2 条解读]

本条沿用《规范》(TB 10017—99)第 3.8.2 条。

堤防是保护河道顺利行洪防止水害发生的重要设施,桥孔布设时应该尽量将墩台避开河堤,避免由于墩台设在河堤上施工时扰动河堤。《堤防工程设计规范》(GB 50286—2013)要求,为了堤防的稳定和防洪安全,且不影响堤防的加固和扩建,跨堤建筑物、构筑物的支墩应布置在堤身设计断面之外。

但由于桥头附近地形、河道的水力特征等方面原因,给桥孔布设造成困难,不得已将墩台设在河堤。这种情况下,为防止洪水造成冲刷使墩台处的河堤形成薄弱点,沿此处破堤要求施工时作好防洪措施,墩台施工后及时回填夯实,使回填土达到开挖前的密实程度,对原有铺砌河堤应按原断面恢复。原河堤无铺砌时,为加强其防冲能力,对墩台附近恢复后的河堤迎水面增加铺砌防护。

铺砌长度一般根据墩台与基础施工时基坑开挖范围的上下游再增加一定距离。京九铁路即将开通运营之际,1996 年 8 月海河流域出现 1963 年 8 月以来最大一次洪水。设计单位对该结果进行全面调查,以滹沱河特大桥为例,洪峰流量达到该桥设计洪水情况下,一些河道、堤防出现洪涝险情,铁路没有发生水害。洪水退后的现场实地考察表明,两端桥头上下游各 30 m 的河堤边坡铺砌完好无损,伸入河床的铺砌末端未出现冲刷坑及垂裙损坏情况。根据京九线及以往各线大中桥河堤边坡防护设计和使用情况,墩台竣工后恢复河堤原状并加强,河堤迎水面按桥台锥体铺砌标准，上下游铺砌 30～50 m 为合适。

黄委会要求，禁止在堤身(不含淤背区)断面设桥墩。采用立交方式跨堤时，桥墩应离开堤脚几米(黄河为 10 m，渭河、沁河为 5 m)并对桥墩进行防渗处理。

9.4.3 铁路与堤防交叉防汛抢险通道

[第 9.4.3 条引文]

铁路与堤防交叉处应留有防汛抢险通道。防汛通道及其引道的位置、标准应根据地形条件、现有河堤状况以及防汛时交通情况，与河道主管部门协商确定。

[第 9.4.3 条解读]

本条沿用《规范》(TB 10017—99)第 3.8.3 条。

对于行洪河道以及蓄滞洪区，为确保汛期的抗洪抢险人员、物资设备及时到位，车辆畅通无阻，满足防洪运用和安全，铁路与堤防交叉时应根据防护区内各防护对象的重要性、堤防工程在防洪体系中的级别及其作用，与河道主管部门协商，留有防汛抢险通道。一般在台后设置平交道口，重要通道同时在台前、台后设置立交通道。

黄委会要求，大桥如与堤防采取立交的交叉方式，为满足防汛交通需要，桥下弦与 50 年设计堤顶高程之间的交通净空应满足 4.5 m。如平交，大桥路基应满足 50 年设计堤顶高程，并与堤防按 1∶50 的坡度连接。《堤防工程设计规范》(GB 50286—2013)第 13.3.4 条要求，对于堤顶防汛道路宽度，I 级堤防工程应满足双车道行车，其他堤防工程应满足单车道的最小宽度。堤顶宽度小于 6 m 时，应按一定距离设置坡道或错车段。

9.5 改沟工程

9.5.1 基本要求

[第 9.5.1 条引文]

铁路与河沟交叉时，宜在维持天然排水状况下设置桥涵，不宜改沟。携带泥沙较多的河沟不应改动。

[第 9.5.1 条解读]

铁路通过河沟时，一般应在维持天然排水状况下设置桥涵，不应轻易改河改沟。随水流方向沿河床移动、滚动或跳动的泥沙称为推移质挟沙；悬浮于水流中的泥沙称为悬移质挟沙。在造床过程中，推移质挟沙起主要作用。但悬移质泥沙的含量会影响水流的冲刷或淤积，故泥沙较多的河沟不应轻易改动。

改河改沟只有在裁弯取直确能使水流畅顺通过桥涵时，且对农业经济的技术发展有利才可考虑。对土质较差或靠近路基地段，尽量避免改河改沟。

为修建铁路而进行的改河大都在河流的局部地段，其改动范围较小，与河工治理大段或整个河段的改河工程有相当区别。一般要求为顺应河势，大体符合该段天然河流的特性即可，较为简易。改河工程牵涉较大范围时，应与水利部门等相关单位按照农田、交通、水利各方面的要求签订协议进行设计。

9.5.2 设计洪水频率

[第 9.5.2 条引文]

改沟工程的设计洪水频率，可根据其对铁路以及附近农田、村舍、交通、水利等各方面的影响和水文特征等因素研究确定。

[第 9.5.2 条解读]

最易引起河道变迁的洪水流量称为造床流量。按以往多数观测研究结果，认为中水位流量或主槽河水满槽流量为造床流量。实践中应对某些山区和半山区的改河工点经几次洪水后进行调查，证明每一较长河段的造床流量近似于当地河滩河槽所容流量，与中水位河槽大体一致。造床流量是改河设计的依据之一，一般约相当于 10～20 年一遇洪水频率流量。

9.5.3 改沟的平面布置

[第 9.5.3 条引文]

改沟的平面布置应使新改河段进出口顺畅，取直河槽在平面上应与河湾的两端顺接。改沟段应少占耕地，并不得损害附近居民点及其他建筑物的安全。对于旧河沟应设置挡水坝堵截，受水流顶冲处及河湾外侧应防护。改沟中线的曲线半径不宜小于上下游河沟宽度(设计水位时水面宽)的5～8倍。

[第9.5.3条解读]

新河道应尽量避免占用耕地林场,其平面、纵断面、横断面的设计应大体符合当地天然稳定河道的规律,还应注意结合地形地质情况选定适宜的河道轴线(相当于改河中线),尽可能节省土石方等防护工程数量。新河道的河岸边缘与路基坡脚之间应留有适当宽度的护道,不使洪水直接威胁路基。不得已靠近路基时需采取适当防护措施。对旧河沟用挡水坝堵截,受水流顶冲处及河湾外侧应适当防护。改河的中间地段有支流汇入新河道时,注意平面和纵断面的设计应使两股水流平顺衔接顺应流势,流向既定方向。还应注意水流汇集处附近做好导流防护工程。

根据观测研究,河道弯曲段的曲率半径 R 小于直线段水面宽度 B 的3.5倍(即 $R<3.5B$)时,河槽不稳定,因为急弯段内水流会离开凸岸并形成愈来愈大的浅滩,迫使河道向凹岸移动。但弯曲段的曲率半径过大则接近直线河段的情况,河槽也不稳定。一般稳定弯曲段的曲率半径 R 约为 $5B$～$8B$。

9.5.4 改沟的河沟底线

[第9.5.4条引文]

改沟的河沟底线两端应与天然河沟的深槽底顺接。

[第9.5.4条解读]

改河起点(上游进口部分)的选择务求顺应河势因势利导,使水流自然流入新河道,不可形成急转弯。该起点应选择在河床土质较硬实不易受冲刷处,以便将进口部分设计成较陡的纵坡,使水流顺利进入新河道。改河终点(下游与原河道衔接部分)应选择在河槽较稳定地段,附近的新河道应与原河道平顺衔接,务使不干扰原水流的性质,以免引起下游河道的不稳与变迁。

裁弯取直改河时,因取直段较原来的天然弯曲段要短,一般改河段坡度较原河沟略陡。其纵坡坡段不宜过多,各坡段间的坡度差不宜过大,尤其不应单纯为节省土石方而任意变更纵坡,且变坡点不应设在桥下。河沟坡度很缓时,更不能只为争取桥下净空而将桥下某段坡度局部变陡,以求减小水深,这时受下游段水位控制,常达不到该目的。

新河道进口部分一段纵坡宜较其相邻上游原河道的纵坡略陡。一般情况下，其长度较废弃的旧河道要短，其多余落差可用于加陡进口段的纵坡。但落差较大且进口段纵坡不宜过陡时，可在进口处以低矮跌水方式调整。进口段以下的纵坡宜比照原河道的平均纵坡来设计，也可略陡并近似于稳定河道的比降。

新河道的尾段纵坡宜与其相邻下游原河道的纵坡一致或略陡，并不缓于原河道的最缓纵坡。纵断面上坡段需和缓，不致使水流紊乱，故相邻两坡段的坡度差不宜太大，可比照当地同样河床地层条件下缓变流段的差别，一般为10%～15%或更小。不得已时可插入一个缓变坡段，长度不宜太短。同一河床地层条件的坡度宜尽量统一。

9.5.5　改沟段开挖断面尺寸

［第9.5.5条引文］

改沟段开挖断面尺寸应根据设计流量，同时比照河床的形态进行设计，设计流速不宜超过原河沟天然情况流速，水文计算中应考虑改沟糙率变化的影响。当设计流速超过原河沟天然情况流速时，应根据地质条件设置防护工程。对于河湾及支岔顶冲地段应进行防护。

［第9.5.5条解读］

与水流情况和河床土质相适应、并不发生显著冲刷和淤积的最小河槽断面可视为极限断面。每一河段不尽相同，要在河床地质情况类似的相当长的河段内进行详细调查比较后才可为依据。改沟段开挖断面尺寸应根据设计流量，同时比照河床的形态进行设计，设计流速不宜超过原河沟天然情况下流速，新河道的设计横断而不可小于旧河道的极限断面。

水文计算中应考虑改沟糙率变化的影响。改河改沟在计算中对糙率的选择应注意刚开挖的沟槽比较光滑，糙率较小，几年后会变得粗糙一些或生长杂草，糙率变大。因此求算水位时可采用将来可能变大的糙率，计算冲刷时可采用新开挖的糙率。

改河改沟设计流速不宜超过河床容许流速过多。设计流速超过原河沟的天然流速时，应根据地质条件设置防护工程。对于河湾及支岔顶冲地段应有必要的防护。

1. 改河断面设计要点

(1)断面尺寸可参照原河上下游有相同地质条件的河床断面，并结合计算确定。

(2)新河槽有冲刷可能时,断面应根据控制流速设计。

由下式求算控制流速 v_{qc},判别河床石块是否可能被冲动。

$$v_{qc}=K\sqrt{d_{cp}} \quad \text{(大量石块)}$$

$$v_{qc}=K\sqrt{d} \quad \text{(单个石块)}$$

式中 d_{cp}——石块颗粒的平均粒径,在山区或半山区一般为河床最大颗粒直径 d_{max} 的 0.25~0.33;

d——单个石块颗粒的粒径;

K——系数,大量石块颗粒冲动时取 $\sqrt{14+\frac{0.006}{d_{cp}}}$,$d_{cp}>0.1$ m 时取 12,单个石块颗粒冲动时取 6.5。

v_{cp}确定后可通过资料查得各种水流深度的允许流速。

(3)在宽河滩地段及设计复式河床时,采用的计算流量除考虑大洪水流量还应考虑造床流量,并由下式核对是否符合稳定河宽 B 的要求。

$$B=\frac{AQ^{0.5}}{I^{0.2}}$$

式中 Q——造床流量;

I——河床纵坡的水面比降;

A——断面稳定系数,一般取 0.7~1.7,或用 $A=nK_0$ 求得(n 为糙率系数),其相关参数见表 9-19。

表 9-19 A 的相关参数

河床描述		$A=B\frac{I^{0.2}}{Q^{0.5}}$		$K_0=\frac{\sqrt{B}}{H_{cp}}$	
		a	b	a	b
上游河床为大石块,近于临界流速及临界比降		0.7	0.9	2	3
上游河床为砂砾,水流较平静		0.9	1.0	3	5
中游河床为细砾、粗砂、中等砂及细砂,水流平静		1.0	1.1	4	5
下游河床为细砂	河岸为砂黏土	1.1	1.3	2.7	3
	河岸为砂及砂黏土	1.3	1.7	8	10

注:a 为两岸不受冲刷的河床;b 为两岸及河底均可受冲刷的河床。

设计宽度大于此值时可能造成河道分汊，但设计河槽的宽深比不能有过大出入。

(4)稳定弯曲段的平均水深 H_k 可由下式计算：

$$H_k = H\left(1+\tau\sqrt{\frac{B}{r}}\right)$$

式中 H——直线段的平均水深；

τ——与$\frac{r}{B}$有关的系数，见表 9-20。

表 9-20　系数 τ

r/B	1	2	3	4	5	6
τ	0.60	0.62	0.65	0.75	0.85	2.0

(5)用假设水深进行断面计算时，应考虑上下游或相邻两段间不宜相差过大，避免水面过大跌水。

(6)检查复式河槽是否有冲刷时，既要考虑最大洪水的岸边流速，也要考虑洪水满槽时的流速(即造床流量的流速)。

(7)河床断面的边坡坡度主要根据地质条件确定，条件许可时可按水流的经济断面确定边坡，必要时其坡度应由检算确定。

(8)不同断面地段应分别进行水力计算。

2. 工程实例

龙烟铁路改河段属于典型的峡谷河段，河槽宽窄相间错综复杂，宽处可达 10 m 以上，窄处不足 3 m，断面呈 V、U 形。河床比降大，平均达 3%。水流季节变化较大，每年暴雨时溢流而出，水流湍急，旱季几乎无水。下游龙烟铁路高程受总设计方案限制不能抬高，为保证运营安全，进行改河设计以使水流顺利通过涵洞，如图 9-16 所示。

为使改河段进口顺畅，起点选在有稳定岩石外露河床、水流均匀的顺直段。由于山区河流挟带泥沙卵石，在改河曲线段采用稳定河宽曲线半径的 5 倍。位于涵洞上游段改河，尽量与线路正交，并适当加长涵洞入口处的直线段，出口处避免改移沟渠急转弯，改河的终点需与原河床平顺连接，如图 9-17 所示。

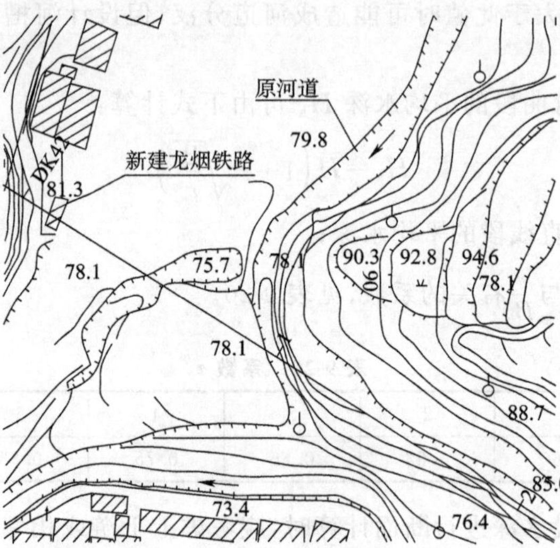

图 9-16　原河道位置

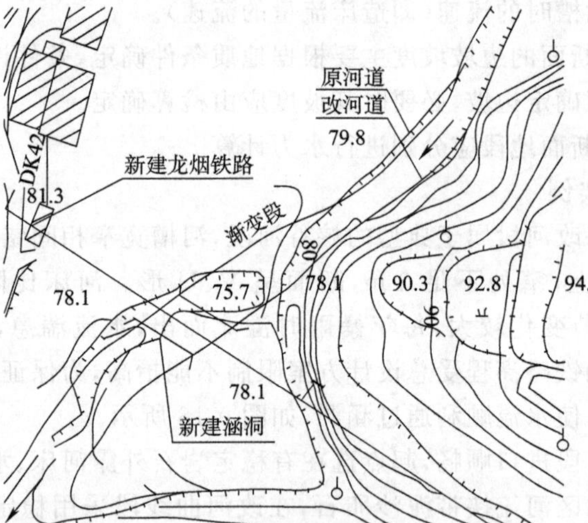

图 9-17　新建河道布置

设计流量采用山东省地方公式与铁三院公式计算相比较，取较大值

$Q_{1/100}=169.19\ m^3/s$。

改河工程的沟底线两端与天然河沟深槽底相接。纵坡尽量采用原河道稳定河段纵坡，计算得原始河段稳定纵坡 3.5%。此处改河段河床的地质条件较单一，均为片麻岩，宜采用单一坡度。由于对河道进行裁弯取直，其平均纵坡较原河道纵坡要陡。为解决河道地段多余落差问题，将新河道入口地段设计成较陡的纵坡。为减小冲刷，以矮跌水方式调整。如图 9-18 所示。

横断面比照原河床横断面进行设计，不压缩既有河道，宽度选取原河道稳定宽度，估算设计断面面积。再根据谢才—满宁公式计算得到改河断面流量，其与实际洪水流量之差不超过 5%即合适，否则重新假定试算。

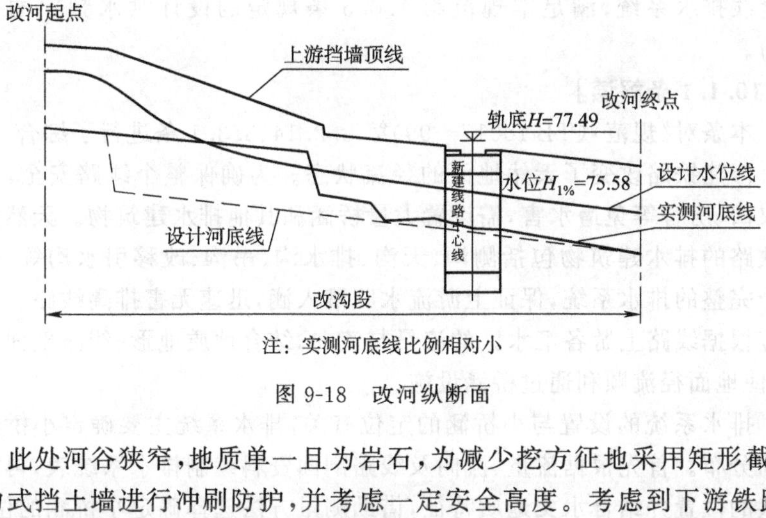

注：实测河底线比例相对小

图 9-18　改河纵断面

此处河谷狭窄，地质单一且为岩石，为减少挖方征地采用矩形截面、重力式挡土墙进行冲刷防护，并考虑一定安全高度。考虑到下游铁路高程限制，在靠近涵洞入口处对河道横断面进行拓宽，使水位满足涵洞的净空高度，在不同底宽的连接处设置渐变段。

为保持改移河道的河床稳定，抵御水流对挡土墙基础的淘刷，需做好防护设计。根据谢才—满宁公式求得改河后的设计流速 6～8 m/s，选取石料浆砌，护砌厚度按流速选用，改河分区段铺砌厚度分别为 35、50 cm。

第10章 小 桥 涵

10.1 一般规定

10.1.1 小桥涵布设基本要求

［第10.1.1条引文］

具有排洪功能的小桥涵布设应根据沿线地形、地质、水文等条件，结合全线排水系统，满足本规范第1.0.5条规定的设计洪水频率的排洪能力。

［第10.1.1条解读］

本条对《规范》(TB 10017—99)第3.2.14、3.3.1条进行了综合。

修建铁路改变了天然地面的径流状态。为确保整个线路安全，使沿线农田、房舍等免遭水害，需设置大量桥涵和其他排水建筑物。天然沟渠和铁路的排水建筑物包括侧沟、天沟、排水沟、吊沟、改移引水沟等，构成一个完整的排水系统，保证上游流水归槽入涵，迅速无害排离线路。该系统应根据线路上游各汇水区的流量与流向，结合地质地形、线路剖面等因素，使地面径流顺利通过桥涵设施。

排水系统的设置与小桥涵的定位有关，排水系统主要确定小桥涵的布局分布。首先根据流量、流向及线路剖面资料编制排水系统表，再按其提供的位置并结合水文地质特征，借助测量方法选择确定小桥涵的位置。

1. 平原地区涵位

(1)根据农田灌溉所需的天然河沟和人工沟渠位置，按天然排水系统设置涵洞，避免因改沟影响农田耕地与排水系统。

(2)线路通过较长的低洼泥沼地带时，可根据水流分布及洼地积水情况，在地面有天然纵坡处设置涵洞。

(3)沟心设涵：平原地区涵位通常设于河沟中心，一般与路线方向正交，并将进水口对准上游沟心。

(4)适当改沟：为使河沟十分弯曲地段水流通畅，条件许可时可采用裁弯取直或改沟合并的办法设正交涵。移位后的涵洞上游应有河沟宽度1～1.5倍的直沟段。

2. 山岭及丘陵区涵位

(1)顺沟设涵:涵位布置应尽量顺应流水方向,一般每沟设一涵,但不强求正交。

(2)设置截水沟的地段,在排水出口处应设置涵洞。

(3)当线路转角较大,曲线半径较小,进入弯道前纵坡坡度大于4%,坡长小于200 m又无别的排水涵洞时,在弯道起止点附近应设置涵洞。

(4)由线路陡坡段过渡到缓坡段,此间200 m内无涵洞时,在凹形变坡点附近设置涵洞。

(5)当沟底坡度较陡,路基填土较高,路基填土为亚黏土等不透水土壤,地形条件许可时,可将涵洞设置在沟坡上,应注意出水洞口不冲刷农田和路基边坡。

(6)山岭区首先考虑沿溪选线,即选择与坡脚水流有一定距离的线路。

(7)对于线路跨越丘陵地区的山脊线,在边坡点的凹形竖曲线处可开挖排水沟,排水沟较长且为岩石地质条件时,是否设置涵洞应通过经济比较加以确定。

(8)位于全挖方的凹形竖曲线路段,需在沟底设涵并设排水沟,将水流排入天然河沟。

洪水的作用影响铁路正常运营多发生于小桥涵,洪水常因难预测的暴雨形成,小桥涵作为排洪的主要系统应予以高度重视,孔径设计应符合本规范第1.0.5条要求。但任何水文计算方法都不能完全适用于复杂的自然现象,且我国一些地区的水文气象资料积累时间不长,流量计算未达到很高精度。桥涵孔径不能单凭流量及理论公式计算来确定,更不能单纯用经济比较来确定,需根据河沟桥址的具体特性全面比较。水文资料不足时,桥涵孔径宜大些,基础埋置宜深些。

10.1.2 设置小桥涵要求

[第10.1.2条引文]

每个汇水区或每条排水河沟都宜设置小桥涵。

[第10.1.2条解读]

本条对《规范》(TB 10017—99)第3.2.14条第1、2款进行了综合。

小桥涵应根据排洪、灌溉和交通需要，结合地质地形等自然特征合理选定。原则上每个汇水区或每条河沟冲沟都应设置小桥涵，但为节省造价，条件允许时可考虑合理利用地形，将相邻汇水区或河沟冲沟合并至一个涵洞处，但应避免长距离改沟和强行合并。

线路与河沟斜交时，确定涵洞具体位置时不应为缩短涵洞长度一律采用改沟正交设涵，避免造成水流入涵方向不顺，洞内水流分布不均，或泥沙停积形成淤塞，尤其多孔涵洞常有部分涵孔不能充分泄洪。沟床地形起伏较大时，如强求涵位正交，常使改沟土石方及防护工程量过大。当洪水流量流速不大，挟带泥沙甚少且地形简单时，可采取导流措施调整水流方向后设置正交涵洞。

平原地区应根据农田灌溉所需要的天然河沟和人工沟渠的位置，按天然排水系统设置涵洞，避免因改沟并沟影响既有农田耕地和排水系统。

纵坡很陡或具有天然跌水的山区河沟一般顺沟建涵，不宜强行与线路正交而改沟或抬高涵位，一般将涵洞入口对准沟心，出口改在一侧稳定岸坡。

1. 避免涵洞基础有悬空或地基软硬不均的情况。

2. 洞身纵坡不得过缓，以免淤积。

3. 下游应挖沟顺接原沟，并适当防护加固。

4. 避免因挖沟而引起岸坡坍滑。

10.1.3　距下游汇入河道较近小桥涵净高和基础埋深

[第 10.1.3 条引文]

小桥涵距下游汇入河道较近时，应考虑下游河道的设计水位倒灌、冲淤变化对桥涵净高和基础埋深的影响。

[第 10.1.3 条解读]

本条参考了《规范》(JTG C30—2015)的相关内容。

洪水发生过程中存在支流。干流洪水处于起涨阶段时将注入支流，使支流水位壅高，形成支流倒灌；干流洪水处于落水阶段时，支流中的壅高水体又会回灌干流，称为支流回灌。尽管设计中考虑了干流洪水倒灌的水位抬高，但常忽视支流河床的自然冲淤变化。支流受干流洪水倒灌时，常造成支流河口段淤积，有的厚度很大。但支流发生较大洪水而干流未发生洪水时，这些河口段的淤积又会大部或全部被冲刷而造成河床高度严重下降。小桥涵距下游汇入河道较近时，应考虑下游河道的设计水位倒灌、冲淤变化对桥涵净高和基础埋深的影响。

当下游河道的水位倒灌，支流淤积不断升高时，应预估小桥涵可能被淤满堵塞的情况。因此设计时先在河道淤积纵剖面图上，定出桥涵位置与下游河道汇合口处的淤积标高，求出小河口桥涵位置的淤积厚度 H_0，由小河的原河床比降 I_0，按终极平衡比降法计算其淤积后的比降。再由汇合口处的淤积标高，按求得的终极平衡比降推算涵址处的淤积标高。如该值不超过其沟底标高，则桥涵不受下游河道水位倒灌淤积的影响；如该值超过其沟底标高则应修改设计。地质地形条件许可时，涵洞也可移筑于较高坡岸上。

10.1.4　冲积扇地区小桥涵设置

[第 10.1.4 条引文]

冲积扇地区小桥涵应分散设置，不应改沟引至低洼处。两冲积扇间洼地应布设小桥涵。

[第 10.1.4 条解读]

本条基本沿用《规范》(TB 10017—99)第 3.2.14 条第 3 款。

线路通过冲积扇地区时应进行水系测绘调查。结合航测遥感图片，根据地形条件、洪水主流位置，分散布置沿线桥涵，不得强行改移主流位置将桥涵设于地势低洼处。冲积扇上不得强行改沟至低洼处，主要由于改沟开挖工程量大，沟床沟壁易被冲刷，边坡易坍塌造成淤积。布设桥涵改沟过多不易成功，应保持天然水系水流状态，尽量避免改沟合并。

10.1.5　农田排灌系统与小桥涵设置

[第 10.1.5 条引文]

小桥涵应与农田排灌系统相配合。局部改变原有排灌系统时，不应降低原有排灌功能。

[第 10.1.5 条解读]

本条参考了《规范》(JTG C30—2015)的相关内容。

线路设计时应当考虑排水条件。地形宽阔平坦、农田灌溉渠道较多地段，线路宜尽量采用填方以便增设桥涵，减小对原有农田排灌系统的影响。线路跨越农田灌溉渠或水库排水渠处应考虑设置小桥或涵洞。分布涵洞时应力求减小对农用灌溉系统的影响。确有影响时需采取相应措施,如设渡槽、虹吸管或改沟等,不降低原有排灌功能。规划设计前应详细勘察搜集资料,保证灌溉沟渠有足够的流水断面。灌溉涵洞的出水口高程应与当地农田水利部门协商确定,注意设涵洞后出口对农田的冲刷,尤其供水渠的流速较大,必须做好洞口护砌。

平原地区应重视桥涵积水引起的水位壅高。20 世纪 70 年代初的成昆铁路成峨段水害,部分原因是桥涵布设及孔径设计不当,造成涵前积水时间过长。应调查本地区作物生长允许的淹没深度、耐淹时间和上游村庄房舍不淹没高程,作为桥涵布设及孔径设计的依据。

10.1.6 寒冷地区的小桥涵孔径及高度

[第 10.1.6 条引文]

寒冷地区的小桥涵孔径及高度应考虑冰凌的影响。

[第 10.1.6 条解读]

本条参考了《规范》(JTG C30—2015)的相关内容。

寒冷地区的河沟可能形成冰塞或冰坝壅水,需调查有无此现象,如有则不宜设置涵洞,且需考虑冰塞或冰坝壅水的高度,以确定路肩标高。

10.1.7 小桥涵孔径设计

[第 10.1.7 条引文]

涵洞宜设计为无压涵。涵洞宜设计成单孔或双孔。

[第 10.1.7 条解读]

本条基本沿用《规范》(TBJ 17—86)第 5.1.3 条。

有压涵洞要求管节之间接缝处密不透水,以免水流在高压力下渗入路堤基底,影响路堤及基底的稳定性。涵洞要求不透水,这样在构造上较复杂,故应设计为无压涵。仅在有充分技术经济比较依据时方可采用有压涵。有压涵必须采用整体式的钢筋混凝土圆涵或框架箱涵,管节接缝应不透水,以保证路堤及涵洞基础的稳定性。

既有线上的涵洞在超过设计流量情况下发生病害者,大部分是出口被冲毁。对于经多年洪水期间常被淹没,而技术状态良好的涵洞,如上下游防护坚固、管节严密,是允许超过设计流量的。因此在不影响农田村镇安全情况下，可将这些涵洞按有压状态进行检定。

由于多孔涵洞流量分配不均匀，个别涵孔通过流量有可能超过设计标准，故只有在技术经济条件适宜时，方可采用多孔。如线路高度不够，但地形条件允许设置多孔时，一般不宜超过双孔。经规院发布的高速铁路涵洞通用参考图目录见表 10-1。

表 10-1　高速铁路涵洞通用参考图目录

图号	名称	孔径
通桥(2018)5401-01	高速铁路钢筋混凝土框架箱涵	1.0 m(单孔)
通桥(2018)5401-02	(同上)	1.5 m(单孔)
通桥(2018)5401-03	(同上)	2.0 m(单孔)
通桥(2018)5401-04	(同上)	2.5 m(单孔)
通桥(2018)5401-05	(同上)	3.0 m(单孔)
通桥(2018)5401-06	(同上)	3.5 m(单孔)
通桥(2018)5401-07	(同上)	4.0 m(单孔)
通桥(2018)5401-08	(同上)	5.0 m(单孔)
通桥(2018)5401-09	(同上)	6.0 m(单孔)
通桥(2018)5401-10	(同上)	3.0 m(双孔)
通桥(2018)5401-11	(同上)	4.0 m(双孔)
通桥(2018)5401-12	(同上)	5.0 m(双孔)
通桥(2018)5401-13	(同上)	6.0 m(双孔)

10.2　水文调查和勘测

10.2.1 小桥涵初测测绘要求

[第 10.2.1 条引文]

小桥涵初测应测绘以下内容：

1. 汇水面积图。可利用既有地形图和航摄像片沿线路连续勾绘。

2. 泄水隧洞平面图。可利用线路平面图加宽，其范围应能满足确定泄水隧洞长度、出入口和附属建筑物的设置。

3. 既有小桥涵丈量图。可结合竣工图或工务台账，丈量其外露部分的主要尺寸。

［第 10.2.1 条解读］

小桥涵水文勘测的目的是确定沿线各小桥涵的设计流量，作为小桥涵孔跨式样布置的依据。

1. 汇水面积图

初测小桥涵不进行全面勘测，但应沿线踏勘一遍。参照汇水面积及其形状、既有小桥涵孔径类型，并结合农田水利等情况，全面确定小桥涵位置及其类型。汇水面积是确定小桥涵设计流量的主要依据，初测阶段需进行勾绘或测绘，定测时进行必要的补充修改，可采用下述方法。

(1)利用既有地形图勾绘

首先尽量利用地形图进行勾绘，将线路中线绘于该图，然后沿线调查核对勾绘的每一桥涵汇水区的形状、沟心与分水岭位置，以及相应于流域线路实际位置，找出差错及变化情况并改正。

(2)利用航摄像片勾绘

利用航摄像片与在地形图上的勾绘方法基本相同，但注意同一像片各部分比例尺不相同，需注意调整。

(3)现地实测汇水面积

无既有地形图或航摄像片时，需进行现场实测。测出控制汇水面积的主要分水线和沟心线，绘出汇水区轮廓，求算面积，需查明有关资料测出高程，具体应根据采用的流量计算方法要求确定。

如遇地形十分平坦，找不出分水线，需实测而又无法进行时，可向当地群众了解汇水区的大致长宽、水流流向和通过线路位置，估算汇水面积作为确定孔径的参考。

实测时一般采用经纬仪视距法，有困难时可采用交汇法。导线长度及高程可用钢尺丈量、水准仪抄平，也可用光电测距仪测距三角高程，应符合《铁路工程测量规范》(TB 10101—2018)的要求。

必要时应重点抽查核对实测或勾绘的汇水面积，允许误差不得超过±(10～20)%。

汇水面积图的比例尺一般为：2 km^2 以上 1∶10 000～1∶50 000；2 km^2 以下 1∶5 000～1∶10 000。

2. 泄水隧洞平面图

泄水隧洞在初测阶段需测绘总平面图，其范围以确定泄水长度及出入口位置为原则，可利用线路平面图加宽，确定泄水隧洞长度、出入口及附属建筑物位置。定测阶段对初测资料进行补充修正，测绘内容要求原则上与对桥址平面图的要求相同，可适当简化，但应明确有关线路位置、泄水洞中线位置等。

3. 既有小桥涵丈量图

初测期间既有涵洞主要丈量涵长、孔径、净空，以及路肩、帽石顶、出入口流水面的高程。既有小桥主要丈量桥长、梁宽、墩台中心线与线路中心线之距、支承垫石顶高程、挡土墙顶高程，以及结构病害部位等。

(1)目的与用途

①设计时拟定控制性线间距或确定桥涵是否改建；

②弄清结构尺寸、病害位置，作为拟定新建涵式样孔径或加固既有桥涵的依据；

③确定加固改建的施工方法与防护措施。

(2)丈量与挖探要求

①既有桥梁、涵洞的丈量与挖探应在调查搜集有关资料基础上进行，检查核对各种数据，300 m 以上的桥梁应在桥头设置水准点，现场填绘丈量草图。并对建筑材料、变形(裂纹、下沉、倾斜等)、基底土壤及填料等情况进行检查判明，并记录在丈量草图上。

②竣工图资料能满足设计要求时，隐蔽部分可不进行开挖丈量，但应将所需高程等尺寸标注在丈量图上。

③当无竣工资料或竣工资料的桥涵隐蔽部分不清晰，需改建或加固的桥涵缺少隐蔽部分及控制新旧桥涵线间距的基础尺寸时，应丈量既有桥涵墩台的基础尺寸，根据墩台结构类型、基础埋深、水文地质等情况，采用开挖或钻探等方法。开挖前需与养护单位研究确定防护方案，确保运输与施工安全。

④丈量完成后应根据断面草图资料(包括隐蔽部分)及水文地质资料绘制丈量图。大中桥丈量图比例尺 1∶100～1∶500；小桥涵丈量图比例尺 1∶50～1∶100；局部结构图比例尺 1∶10～1∶50。

10.2.2 小桥涵定测测绘要求

[第 10.2.2 条引文]

小桥涵定测应测绘以下内容：

1. 桥(涵)址平面图。地形、水文或附属工程较复杂的工点,应测绘桥(涵)址平面图。增建第二线的桥(涵)址平面图,还应测绘既有线路的中心线、既有桥涵和附属工程位置;改建既有线应根据需要测绘桥(涵)址平面图。

2. 泄水隧洞洞口平面图。测绘范围应能满足确定洞口位置和设置出入口附属建筑物的需要。

3. 桥址纵断面图。对既有可能改设涵洞的小桥,应同时测绘涵洞轴向断面。地质复杂时应加绘工程地质资料。

4. 桥址辅助断面图。地面坡度陡于 1∶3 或地质复杂的小桥,应在平行于线路中心线上、下游各 3～5 m 处测绘辅助纵断面图,并在墩台基础范围内测绘辅助横断面图和加绘工程地质资料。

5. 涵洞轴向断面图。新建涵洞在洞身长度范围内可按直线施测,当测取足够长度后,即可转向与原沟的沟心顺接。出口排水困难时,施测范围应加长。地质复杂时应加绘工程地质资料。对于陡坡涵洞的轴向断面长度,应能满足陡坡建筑物的设置。增建第二线涵洞的轴向断面图,除按新建涵洞要求施测外,应测出其相应的既有涵洞轴向断面位置的关系。既有涵洞轴向断面图应注明与线路的平面关系、斜交角度、既有涵洞在线路上下游的长度、路肩宽度以及路肩、帽石顶、出入口流水面及沟底高程。

6. 泄水隧洞洞身纵断面图及出入口横断面图。在陡峻山坡及洞口地形复杂时,应测绘垂直于轴向断面的横断面图。

7. 既有小桥涵丈量图。可利用初测资料进行核对补充;既有涵洞接长时应详细丈量其接长端结构细部尺寸;既有小桥改建时应按既有大中桥改建要求丈量各部尺寸。

8. 改河改沟和灌溉渠平面、纵断面和横断面图。平坦地区断面图可在平面图上点绘。

[第 10.2.2 条解读]

1. 桥(涵)址平面图

小桥涵平面图一般不初测。定测时,地形简单平坦、河沟顺直平缓桥涵位置肯定、不影响耕地、无改沟等附属工程、线路平面图足供参考时可不测;地形水文及附属工程复杂如桥涵陡峻、涵洞弯曲、斜交较大、小桥涵有倒灌等情况,均应测绘小桥涵平面图(比例尺 1∶500～1∶1 000)。测绘范围应满足正确选择位置、布置改沟、布置附属工程的需要。

小桥涵平面图测绘一般自桥涵中心起算，至上下游各 50 m 或以上，包括铺砌防护及河道开挖整理范围，可根据实际需要确定。对于设置陡坡建筑物的桥涵，为便于正确布置进出口，应加密附近地形测点或加测辅助断面。类似大中桥的平面图，绘出改沟位置。

增建第二线时应测绘既有线路中心线位置，测绘既有桥涵及其附属工程位置。改建既有线时按需要而定。

2. 泄水隧洞洞口平面图

过河道弯曲的峡谷地段经全面比选确定采用泄水隧洞方案时，应测绘隧洞平面图（比例尺 1：500～1：2 000）、纵断面图（比例尺 1：100～1：500）、地形图（比例尺 1：200～1：500）、必要的辅助横断面图（比例尺 1：100～1：500）以便确定洞长，布置出入口和必要的附属建筑物（附工程地质资料）。泄水洞洞口平面图应据以确定洞口位置，满足上下游消力建筑物的需要，测绘内容同小桥涵。倒虹吸、渡槽等附属工程的平面图测绘可参照小桥涵办理。受倒灌蓄水、泥石流、水库等影响的泄水隧洞均应按实际情况确定测绘范围及内容。

3. 桥址纵断面图

地势平坦、无显著沟形处设小桥，可不测桥址纵断面，准确测出中心高程。

小桥桥址纵断面（比例尺 1：50～1：200）可利用线路纵断面，按地形变化加桩并进行必要核对。地形陡峻、地质复杂处设小桥，应增测两线外侧各 3、5 或 8 m 纵断面线，同绘于一张桥址纵断面图上。

对可能改设涵洞的小桥应测取涵洞轴向断面。其位置在现场调查后确定，复杂时应利用小桥涵地形图结合现场核对确定。

原沟心地质条件较差且有可能移位时，涵位宜选择在原沟心两侧坡岸，可节省投资利于施工。涵洞轴向断面与线路斜交时应测出该角度，轴线与线路法线的交角一般不宜超过 30°，最大不超过 45°。地形复杂、确定涵位有困难时应测绘必要的辅助断面。

当涵位与沟床不吻合、无小桥涵地形图、无法确定泄水面高度时应实测沟床纵断面，以便设计时合理确定流水面标高。

涵洞轴向在由定线资料估算的涵长基础上，实测增加 15～25 m 或以上。河沟弯曲或与线路斜交时,准确施测河沟与涵轴断面的相对位置。必要时加测河沟横断面,注明涵洞出入口与原沟渠的衔接关系。

地质复杂时,小桥涵的各种断面均应加绘地质资料,提供桥涵地基沉降计算所需参数。

4. 桥址辅助断面图

初测时不测本图。定测时线路经由陡峻山坡,对地面坡度陡于1∶3或地质复杂的小桥,如按单一的桥址纵断面考虑,墩台基础或锥体护坡可能悬空时,根据需要加测相距桥址纵断面上下游3~5 m的辅助纵断面,其测量精度同桥址纵断面,断面资料可与桥址纵断面合并绘制。此时桥址纵断面以实线表示;上下游辅助断面以虚线表示,如增建第二线桥,可用桥头或墩台处的纵断面代替,其测量精度同桥址纵断面。

对于小桥,为正确布置陡坡建筑物,上下游可加测顺沟方向河床纵断面,上游连接原沟心,下游接至有出路处。需计算天然水深以判断水流状态或考虑蓄水计算时,加测有代表性的河床纵坡和下游原沟正交断面。

对于涵洞,位于陡峻山坡或下游为陡坎跌水时,为避免基础或出口发生落空可增测轴向辅助断面。为求算涵洞下游正常水深和流速,应施测河沟纵坡和代表性河沟垂直断面。位于平坦地带且有蓄水条件的桥涵需增测河沟纵坡,以供孔径计算。灌溉渠桥涵还应测量原有渠道代表性断面,提供渠道纵向坡度、控制高程、最大清淤高度等。

5. 涵洞轴向断面图

涵洞轴向断面图需定测时测绘,涵洞长度内一般应为直线,地形复杂处可视情况在洞身内转向。

出入口直接连于沟心时,轴向断面测至沟心后可顺沟方向酌测2~3点,出口排水困难时,施测范围根据需要增长。出入口不直接连于沟心时,测取洞身足够长度后可转向与原沟心顺坡相接。陡坡涵洞上游断面长度满足布置缓流、并流、急流槽的需要。

涵洞轴向断面位置尽可能在现场一次确定。地形复杂不易确定时应利用涵址平面图,结合现场勘查确定。增建涵洞需考虑既有涵洞出入口外一定长度,确定既有线中心位置。

增建第二线或改建既有线时,应测出线路的平面相互关系、斜交角度、既有涵洞涵长、路肩宽度,以及轨底、路肩帽石顶、出入口流水面、沟床等处的高程。两涵尺寸不对应时需绘制平面关系示意图。

6. 泄水隧洞断面图

确定泄水隧洞位置应符合涵洞定位要求，并考虑地形地质条件，避免仰坡过高和明沟开挖较深。必要时应接长洞身，避免洞口仰坡受洞顶活载影响，避免洞身受过大的偏压影响。洞口位于陡峻山坡边缘时，应测绘轴向断面的垂直断面。

7. 既有小桥涵丈量图

定测时需全面核对补充初测丈量资料，接长既有涵洞时应详细丈量端部结构尺寸。改建小桥涵时，丈量内容同大中桥，并包括梁宽、墩台中心线与线路中心线之距、各部位高程，以及病害部位等。

8. 改河(沟)、改渠断面

未测绘桥涵平面图时，定测应在现场确定桥涵中心位置并施测改沟纵断面。

定测时，比例尺不小于1∶1 000的桥涵平面一般不再测绘桥涵中心改沟纵断面图。但桥涵中心或改沟中线附近的地形地质复杂，如纵坡陡峻、地形起伏变化剧烈、基础或改沟开挖可能遇有岩性相差很大的岩层等，应另行实地测绘桥涵中心改沟纵断面等图，并标注工程地质资料。地质简单、地层单一时可仅提供土石成分说明资料。

长大改沟工程的平面图比例尺小于1∶2 000时，定测应实地测绘改沟纵横断面图，并标注必要的土石成分等地质资料。

对于必须设置的平行渠和改渠工程，定测时可用比例尺不小于1∶5 000的线路平面图进行纸上定线，实地测绘平行渠或改渠中心的纵断面图，以及代表性横断面图，并标注必要的土石成分资料。

改河(沟)、改渠的纵断面测量精度同涵洞轴向断面，起讫点高程采用水准仪施测，由水准点引测的闭合精度按五级水准测量要求，横断面测量精度同小桥涵。

10.2.3 小桥涵水文测量原则

[第10.2.3条引文]

小桥涵水文测量应按以下原则办理：

1. 汇水区流域特性调查应符合本规范第4.2.8条。

2. 搜集沿线地区的雨量等有关资料，对选用的流量计算公式(包括地区性计算公式)进行验证。验证时采用水文调查或间接推算等办法，必要时可进行水文观测。

3. 沟槽明显的河沟有条件调查历史洪水位时，应实测沟床或水面坡度和沟床横断面，调查沟岸和岸壁情况，推算设计水位、流量和流速。

[第10.2.3条解读]

1. 汇水区流域特性调查

(1)土质种类及其分布情况；

(2)地形地貌、农田、森林植被、沼泽岩溶等情况；

(3)流域分水线调查情况(必要时进行)；

(4)水工建筑物等人类活动情况。

确定径流量时需上述特征资料，在调洪使径流重分配时将起到作用。

流域内植被、土质、地貌情况差异大，即形成流量的产流、汇流条件不同时，虽流域面积及暴雨情况相近，但产生的流量相差非常悬殊。实测洪水调查资料能够反映其规律，应重视流域内各种地面及其变化情况。

根据数理统计原则，发生条件不一致的事件不能放在一起统计。流量数值统计应考虑流域现状特征和演变过程，主要是围绕产流、汇流条件的调查。

2. 小流域流量验证

小桥涵水文勘测一般采用汇水面积法，小流域流量计算采用小流域暴雨径流法，是铁路工程确定排洪小桥涵孔径的主要依据。小流域暴雨径流与流域位置、地形、土壤、植被、气象条件，以及人类活动等密切相关。公式及参数选择直接影响计算成果，一般 50～100 km^2 选择三个典型汇水面积，采用水文调查或间接推算流量方法验证，提出小径流计算公式或修正初选的公式。

对沟槽明显的河沟在有条件调查历史洪水时，沿实床(或水面)坡度和沟床横断面调查沟岸和岸壁情况，推算设计水位、流量、流速。每条河沟至少施测两个断面，与计算值相互印证。影响流量计算精度的因素很多，如洪水坡度、水深等，两个断面的流量计算误差不允许超过25%。

10.3 小径流设计流量

10.3.1 雨量资料推算设计流量

[第 10.3.1 条引文]

根据雨量资料推算设计流量时，暴雨公式和暴雨参数的制定应搜集水文气象台站及其他有关部门的自记资料，按不同成因选出不同时段的最大值进行统计计算，其经验频率可按本规范第 5.2.1 条的规定计算。

[第 10.3.1 条解读]

小流域径流的形成因素很多，其中暴雨是洪水的主要来源。需要从产流及汇流转换成出口断面的流量，对流量过程降雨进行全过程研究分析，制定精度较高的估算方法，此时暴雨和洪水设计频率的一般假定是相应的。中小型工程常采用由雨量资料推求设计洪水的方法。

日降雨量 50 mm 以上为暴雨，超过 100 mm 为大暴雨或特大暴雨。小流域由于面积小、汇流时间短，形成最大流量是在短历时暴雨时。

各雨量站的雨量一般称为点雨量，有降雨全过程的自记雨量计观测记录。时段雨量即每隔 1～8 h 观测值；日雨量即每天定时一次的观测值。从资料精度要求看，以国家气象台站、水文站的自记资料为主。

当气象台站、水文站布置合理，单站资料连续 25 年以上时一般采用单站分析。为弥补观测资料的不足可采用站年法，将影响暴雨的地理气候条件相同、所降暴雨彼此独立互不相关的各站代表性资料合并起来，作为一个站的多年资料，一般每年不少于 60～100 个。单站分析成果用等值线图表示，站年法用分区暴雨公式表示。推求桥涵设计流量所用暴雨公式一般采用年最大法。

按不同成因选出不同时段雨量资料的最大值，经数据整理进行统计分析，成果的精度主要取决于对样品的选择。常用的两组暴雨强度公式如下。

$$a_p = \frac{S_p}{t^n}$$

$$H_{t \cdot p} = a_p t = S_p t^{1-n}$$

$$\text{或}\ a_p = \frac{S_p}{(t+b)^n}$$

$$H_{t.p}=S_p \frac{t}{(t+b)^n}$$

式中 a_p——频率 P 的暴雨强度(mm/min);

S_p——频率 P 的雨力(mm/min);

n——暴雨衰减指数;

$H_{t.p}$——各种时段 t、频率 P 的暴雨量(mm);

b——特定参数。

制定暴雨强度公式一般采用数理统计,配以图解分析。按大小顺序排列暴雨资料的统计系列,其经验频率 P(%)或重现期 T(年)可按本规范第 5.2.1 条计算。

10.3.2 实测暴雨资料推算设计流量

[第 10.3.2 条引文]

有实测暴雨资料的流域,可根据实测资料采用单位线法推算设计流量。流域面积很大或流域形状特殊、产流面积分布很不均匀时,可分区分别推算各区的单位线,叠加后推算设计流量。短缺实测暴雨资料的流域,可移用邻近流域地理条件相似的单位线,或应用本地区的综合单位线推算设计流量。

[第 10.3.2 条解读]

水利部门在无洪水资料而只有暴雨记录的地区,一般采用推理公式等方法。在资料不多的地区多采用单位线法,即只要有洪水实测资料及对应的降雨资料,就可分析得出流域的典型单位线。用实测资料分析的单位线可综合反映沿程汇流速度及河网调蓄作用的变化。本规范要求有实测暴雨资料的流域可根据该资料,用单位线法推算设计流量。

单位线是一种特定的地面径流过程线,是在一个单位时段内流域上均匀分布的一个单位净雨深,在出口断面处形成的地面径流过程线,实质上为时段单位线。单位时段可取 3、6、12 h 等,在取用时段内净雨强度的分配要比较均匀,单位净雨深一般采用 10 mm。

单位线是由暴雨推求径流过程的,反映了暴雨同地面径流的关系,包括三点经验性假定:单位线流量与净雨呈线性关系;同一单位净雨时段的单位线底长不变;单位线与前后期径流无关,可叠加。归纳为下列要点。

两次暴雨如净雨历时相同但净雨深不同,分别为 h_1、h_2 时,地表径流

过程线相似，即洪水过程线的底宽和涨洪历时相等，相应时段的流量坐标与净雨深呈正比，即

$$\frac{h_1}{h_2}=\frac{Q'_{1-1}}{Q'_{2-1}}=\frac{Q'_{1-2}}{Q'_{2-2}}=\cdots\frac{Q'_{1-i}}{Q'_{2-i}}$$

式中　　　h_1, h_2——第一、二时段的净雨量；

$Q'_{1-1}, Q'_{1-2}, \cdots, Q'_{1-i}$——净雨量 h_1 在第一、二，…，i 时段内未形成的地表径流；

$Q'_{2-1}, Q'_{2-2}, \cdots, Q'_{2-i}$——净雨量 h_2 在第一、二，…，i 时段内未形成的地表径流。

以上说明降雨强度不影响单位线的形状，称之为时间不变原理。

两段相邻的净雨量 h_1、h_2（历时均为 Δt）地表径流过程线相似，但二者的相应点（如起涨、洪峰出现、终了等时刻）恰好错开一个时段 Δt，等于净雨相隔时间。

这说明前期和后期暴雨不影响单位线形状，且流量可叠加，称为线性原理。一些具体资料表明线性叠加不合理，有条件时应考虑非线性叠加，尤其对罕见暴雨洪水，这种因素影响很大。

用一次洪水分析的单位线常具有一定偶然性，因此一般需用几场洪水资料进行检验，如误差较大应进行修正。如发现暴雨中心不同，或影响单位线形状的规律性因素，可分别拟定单位线，如暴雨中心在上、中、下游的单位线。

1. 经验单位线

经验单位线是指采用本流域实测降雨和流量的经验性资料，根据一定假定，由经验方法求得的单位线，基本假定同前所述。

净雨时段不超过两个时，一般根据单位线的基本假定逐一推求经验单位线。超过两个时，可用图解法或试错法推求。

假定地表径流过程各时段 Δt 的流量分别为 Q'_1、Q'_2、Q'_3，…，相应时段净雨深为 h_1、h_2、h_3，求单位线各时段流量 q_1、q_2、q_3，…。

如图 10-1 所示，根据单位线的基本假定，可认为地表径流过程由时段净雨深 h_1、h_2 形成的地表径流过程叠加。第一时段末的流量全部由该时段的径流量产生，故流量 $Q'_1=Q'_{1-1}$；第二时段末流量 $Q'_2=Q'_{1-2}+Q'_{2-1}$，即由净雨深 h_1 的第二时段流量 Q'_{1-2} 和净雨深 h_2 的第一时段流量 Q'_{2-1} 共

同组成。

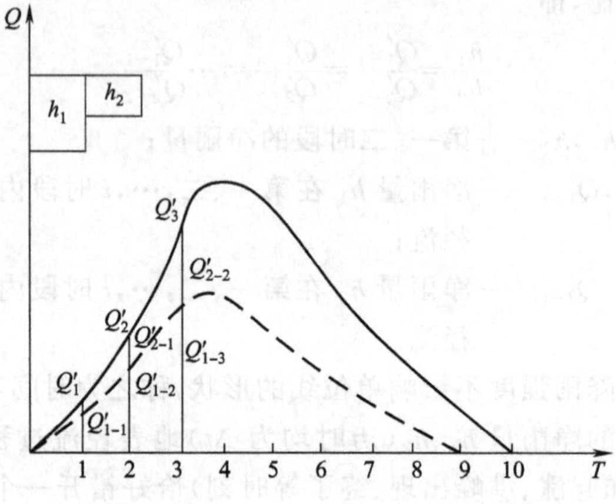

图 10-1　由地表径流过程线求单位线

由于$\dfrac{Q'_{1-1}}{Q'_{2-1}}=\dfrac{h_1}{h_2}$,则 $Q'_{2-1}=Q'_{1-1}\dfrac{h_1}{h_2}$

$$Q'_{1-2}=Q'_2-Q'_{1-1}\frac{h_2}{h_1}$$

$$Q'_{2-2}=Q'_{1-2}\frac{h_1}{h_2}$$

$$Q'_{1-3}=Q'_3-Q'_{1-3}\frac{h_2}{h_1}$$

$$\vdots$$

由此可分割出一个由 h_1 形成的地表径流过程,并算出地表径流总量进行校核。将 h_1 形成的地表径流过程乘以$\dfrac{10}{h_1}$,即得单位线的时段流量。

$$q_1=10\times\frac{Q'_{1-1}}{h_1}$$

$$q_2=\frac{10}{h_1}\left(Q'_2-\frac{Q'_{1-1}h_2}{h_1}\right)=10\times\frac{Q'_{1-2}}{h_1}$$

$$q_3=\frac{10}{h_1}\left(Q'_3-\frac{Q'_{1-2}h_2}{h_1}\right)=10\times\frac{Q'_{1-3}}{h_1}$$

$$\vdots$$

最后计算由单位过程线代表的径流总量,作为校核。

2. 综合单位线

我国水利部门根据现有实测资料，对综合单位线进行分析研究，提出适合各地区的计算方法和经验公式。现行的综合单位线方法有多种，主要对应于不同的净雨强度和历时。

单位线具有非线性的要素特征，在地区综合时需选定某一净雨标准 h、某一部分汇流程度标准 $\frac{t_\mathrm{r}}{t_\mathrm{R}}$ 或某一净雨历时标准 t_r。

单位线洪峰为 $q_\mathrm{m}=\frac{Q_\mathrm{p}}{h}=K_1 b_{\mathrm{tr}}^m S_{\mathrm{L}_x}^n h^{m-1}$，即某 h 及 $\frac{L_x}{v_\tau}$ 标准的综合单位线要素简化成因公式 $q_\mathrm{m}\left(h、\frac{t_\mathrm{r}}{t_\mathrm{R}}\right)=K_1 b_{\mathrm{tr}}^m S_{\mathrm{L}_x}^{0.5}$。

径流洪峰上涨历时为 $t_R=\theta'_{\tau_2} t'_R=\theta'_{\tau_2}\frac{L_x}{v_\tau}$，

即某 h 及 $\frac{L_x}{v_\tau}$ 标准的综合单位线要素简化成因公式

$$t_\mathrm{R}\left(h、\frac{t_\mathrm{r}}{t_\mathrm{R}}\right)=K_2 L_x S_{\mathrm{L}x}^{-0.5} b_{\mathrm{tr}}^{-(m-1)}。$$

式中 K_1——洪峰综合参数；

M,n——指数；

b_{tr}——相应于 t_r 的最大汇流面积的平均宽度；

t_R——径流洪峰上涨历时；

$S_{\mathrm{L}x}$——相应于部分汇流最大流程 L_x 的干流平均比降；

θ'_{τ_2}——河网天然调节影响参数，$\theta'_{\tau_2}>1$；

K_2——洪峰上涨历时综合参数；

v_τ——沿流程平均流速；

h——一次净雨深度；

t_r——净雨历时；

t'_R——部分汇流的漫流洪峰上涨历时为部分汇流面积最远处 L_x 的水体流达出口断面所需时间，$t'_\mathrm{R}=\frac{L_x}{v_\tau}$。

总之，单位线是由暴雨推算地面径流过程的一种方法。国内外都有较广泛的发展应用，通过对设计暴雨的分析，推算流域上的产流过程，再进行汇流计算，得出桥渡设计流量过程线。我国很多水利部门按照实测的暴雨径流资料，编制了地区性的经验单位线和综合单位线的参数图表。此方法在产流、汇流分析时涉及因素较多，经过一定的综合处理，使用参数时要利用本流域或相似流域的实测资料，对各项参数及成果进行检验。

10.3.3 小流域暴雨径流计算公式

［第10.3.3条引文］

小流域暴雨径流可根据地区特点采用附录L公式进行计算，并采用水利部门和有关地区的计算公式进行验证。

［第10.3.3条解读］

我国地域辽阔，水文气象条件复杂变化较大。对于小流域暴雨径流的计算除采用本规范附录L公式外，可参照水利部门及地区单位制定的算式，以便互相验证。

1. 铁路部门暴雨径流计算公式

小流域设计洪峰流量的计算是确定铁路小桥涵孔径设计的重要依据，主要可归纳为两类方法：一是以联解水流连续方程和运动方程的水量平衡法；二是以径流成因公式为基础的推理公式法。铁二院于1978年用汇流面积上的水量平衡方程制定“小流域暴雨径流分析与计算法”，简称“二院法”。铁四院于1979年与长沙铁道学院协作，用水量平衡法进行坡面汇流和河槽汇流分析计算，制定“小流域暴雨地面径流计算法”，简称“四院长院法”。铁一院于1978年与中科院地理所、铁科院西南所协作，发展了造峰历时的概念，丰富了推理公式的内容，制定“小流域暴雨洪峰流量计算法”，简称“一院二所法”。铁三院于1983年与铁科院西南所协作，以部分面积造峰的推理公式为基础，用单位线分析洪水要素与下垫面因素的关系，制定“小流域暴雨洪水计算——推理单位线法”，简称“三院新法”。水量平衡法和推理公式法都是一种数学模型，都有一定的理论依据。一定的概化和假设应根据所具备的资料、计算条件及应用范围，因地制宜加以选用。

各铁路设计研究单位制定出的各地区半理论半经验公式是在大量暴雨和径流观测资料，辅以局部地区试验的基础上得到的。这些结合地区特点的算式成功经历了几十年实际洪水的检验。由于增加了分析数据，提高了参数的准确性，简化了计算环节，其应用环境日益成熟。故此，本规范附录L纳入西北、西南、东北、华北、华东、华中各地区计算公式。此前的规范均将四个设计院的算式附于条文说明中。

各铁路设计研究单位制定的算式中都含有暴雨、产流、汇流三方面的参数，流量计算时应认真对待解决。首先需对流域内的短历时暴雨资料进行细致分析，推求各时段的设计暴雨，合理选配暴雨强度公式，确定暴雨参数 S、n 值，据此进行综合或编制参数等值线图；勘测中深入调查了解流域的自然地理特征、河道断面形态、土壤植被类别及其分布特征，合理选用产流、汇流参数；有条件时尽量搜集沿线河流发生较大洪水的水文资料，验证公式参数，有一定数量的实测资料时，采用几种流量算法相互检验以提高成果精度。

(1)西北地区计算公式(一院二所法)

根据西北地区特点制定下式：

$$Q_p=\left[\frac{k_1\cdot(1-k_2)\cdot k_3}{x^{n'}}\right]^{\frac{1}{1-n'y}}$$

式中 Q_p——设计流量(m^3/s)；

k_1——产流因子，$k_1=0.278\eta S_p F$；

其中 η——暴雨点面折减系数，见表10-2，

表10-2 η值

$F(km^2)$	η	$F(km^2)$	η	$F(km^2)$	η
<10	1.00	25	0.90	60	0.84
10	0.94	30	0.89	70	0.83
12.5	0.93	35	0.88	80	0.82
15	0.92	40	0.87	90	0.81
20	0.91	50	0.86	100	0.80

S_p——设计暴雨参数(mm/h)，

F——汇水面积(km^2)；

k_2——损失因子，$k_2=R\cdot(\eta\cdot S_p)^{r_1-1}$

其中 R——损失系数，见表10-3，

r_1——损失指数，见表10-3；

表 10-3 R、r_1 值

损失等级	特 征	R	r_1
Ⅱ	黏土：地下水位较高(0.3～0.5 m)盐碱土地面；土层较薄的岩石地区；植被差、风化轻微的岩石地区	0.93	0.63
Ⅲ	植被差的砂黏土：戈壁滩；土层较厚的岩石山区；植被中等、风化中等岩石地区；北方地区坡度不大的山间草地；黄土(Q_2)区	1.02	0.69
Ⅳ	植被差的黏砂土，风化严重、土层厚的土石山区；杂草灌木较密的山丘区或草地；人工幼林或土层较薄中等密度的林区；黄土(Q_3、Q_4)区	1.10	0.76
Ⅴ	植被差的一般砂土地面；土层较厚森林较密的地区；有大面积水土保持措施、治理较好的土层山区	1.18	0.83
Ⅵ	无植被的松散的砂土地面；茂密的并有枯枝落叶层的原始森林区	1.25	0.90

注：若土内有钙质胶结，流域内有沼泽以及地下水位较高，损失等级应降低 1～2 级，如Ⅲ类降为Ⅱ类；若流域内土疏松、坑洼不平及有较多虫穴时，损失等级应提高一级，当流域内有两种以上土类，应分别按各自的损失等级计算流量后，用面积作加权平均求得。

k_3——造峰因子，$k_3=\dfrac{(1-n')^{1-n'}}{(1-0.5n')^{2-n'}}$，$n'$为暴雨衰减指数 n 的相关指数，$n'=C_c\cdot n=\dfrac{1-r_1\cdot k_2}{1-k_2}\cdot n$；

x——河槽和山坡综合汇流因子，由河槽汇流因子 K_1 和山坡汇流因子 K_2 确定，$x=K_1+K_2=\dfrac{0.278L_1}{A_1I_1^{0.35}}+\dfrac{0.278L_2^{0.5}F^{0.5}}{A_2I_2^{0.333}}$

其中 L_1——主河槽长度，显著河槽起点与出口断面的间距(km)，

A_1——主河槽流速系数，根据断面扩散系数 α_0、主河槽沿程平均糙率系数 m_1 见表 10-4，α_0 在出口断面附近选取代表性断面，量取水深 1 m 时相应河宽的 1/2，

I_1——主河槽平均坡度，相当于显著河槽起点到出口断面的平均坡度(‰)，

L_2——流域坡面平均长度(km)，$L_2=\dfrac{F}{1.8\left(L_1+\sum l_i\right)}$，

$\sum l_i$ 为流域支汊河沟总长(km)，每条支沟的长度大于$\dfrac{3F}{4L_0}$，L_0 为流域分水岭最远点至桥涵处的距离，(km)，

A_2——坡面流速系数，见表 10-5，

I_2——流域坡面平均坡度(‰)，可取若干代表性坡面求算坡度，取算术平均值；

y——反映流域汇流特征的指数，$y=0.5-0.5\lg\dfrac{3.12\dfrac{K_1}{K_2}+1}{1.246\dfrac{K_1}{K_2}+1}$。

设计暴雨强度计算采用公式 $a_p=\dfrac{S_p}{t_Q^n}$，n 为暴雨衰减指数，暴雨长短历时一般固定为 1 h，可用下式检验。

$$t_Q=p_1\cdot x\cdot Q_p^{-y}$$

式中 t_Q——造峰历时(h)；

p_1——形成洪峰流量时的汇水时间系数，$p_1=\dfrac{1-n'}{1-0.5n'}$，或见表 10-6。

表 10-4　主河槽流速系数 A_t

m_1	α_0											主河槽形态特征
	1	2	3	4	5	7	10	15	20	30	50	
5	0.095	0.084	0.077	0.071	0.068	0.062	0.057	0.050	0.047	0.041	0.036	丛林郁闭度占75%以上的河沟，有大量灌石堵塞的山区弯曲大的河床；杂草灌木密生的河滩
7	0.120	0.106	0.098	0.092	0.087	0.079	0.072	0.064	0.060	0.053	0.046	丛林郁闭度占60%以上的河沟；有较多漂石堵塞的山区弯曲河床；有杂草死水的沼泽河沟；平坦地区的梯田、漫滩地
10	0.154	0.137	0.126	0.117	0.111	0.102	0.092	0.083	0.076	0.068	0.059	植物覆盖度50%以上有漂石堵塞的河床；河床弯曲有漂石及跌水的山区河槽；山丘区的冲田、滩地
15	0.205	0.181	0.167	0.155	0.147	0.135	0.123	0.110	0.102	0.090	0.078	植物覆盖度占50%以下，有少量堵塞物的河床
20	0.251	0.223	0.204	0.190	0.180	0.165	0.150	0.134	0.124	0.111	0.096	弯曲或生长杂草的河床
25	0.294	0.260	0.239	0.223	0.211	0.193	0.176	0.158	0.145	0.130	0.120	杂草稀疏，较为平坦、顺直的河床
30	0.335	0.297	0.273	0.254	0.241	0.221	0.200	0.180	0.165	0.148	0.127	平坦、通畅、顺直的河床

注：表中 A_t 值系数按断面为二次抛物线的计算成果。断面为复式河槽时，按设计洪水时的大致水深 h(m)及水面宽 B(m)用 $\alpha_0=\frac{B}{2}h^{\frac{1}{2}}$ 计算，用此值在表中查 A_t，若 m_1 与 α_0 超过表中数值，可按 $A_t=0.036\,8m_1^{0.705}\frac{\alpha_0^{0.175}}{(\alpha_0+0.5)^{0.47}}$ 计算。

表 10-5 坡面流速系数 A_2

类别	地表特征	举例	变化范围	一般情况
森林地区	郁闭度大于70%的森林，林下有密草或落叶层	原始森林地区	0.002～0.003	0.002 5
密草地、一般林区、平坦水田、治理过的坡地	覆盖度大于50%的茂密草地；郁闭度大于30%的林区；地形平坦的水田区；水土保持措施较好的坡地区（密草中杂生有树木及灌木丛；带田埂及管理得较好的水田区等取较小值）	宝天线宝鸡至拓石段；森林区、宝略段灌木密草山坡、陕北黄龙林区、峨眉径流站伏虎山区和豆山平坦区等植被良好的地区	0.003～0.007 5	0.005
中密草地、疏林地、水平梯田	覆盖度小于50%的中等密度的草地；人工幼林；带田埂梯田（草地中杂生有灌木丛、人工幼林较密或梯田的坡度较平缓者取较小值）	宝天线折石至天水段；宝安阳涉等线植被一般的地区；峨眉径流站保宁丘陵区	0.007 5～0.015	0.01
蔬草地。戈壁滩、旱地	覆盖稀疏的草地，戈壁滩；种有旱作物的坡地	兰新、兰青、天兰等线植被较差的地区；新疆、青海的戈壁滩地区；太原径流站	0.015～0.025	0.02
土石山坡	无草的或有很稀疏小草的坡地	南疆线巴仓台地区；黄土高原水土流失区	0.025～0.035	0.03
路图	平整密实的路面	沥青或混凝土路面	0.035～0.055	0.045

表 10-6 P_1 值

n'	P_1	n'	P_1	n'	P_1	n'	P_1
0.45	0.71	0.48	0.684	0.51	0.658	0.54	0.630
0.46	0.701	0.49	0.675	0.52	0.649	0.55	0.621
0.47	0.693	0.50	0.667	0.53	0.639	0.56	0.611

续上表

n'	P_1	n'	P_1	n'	P_1	n'	P_1
0.57	0.601	0.66	0.507	0.75	0.400	0.84	0.276
0.58	0.592	0.67	0.496	0.76	0.387	0.85	0.261
0.59	0.582	0.68	0.485	0.77	0.374	0.86	0.246
0.60	0.571	0.69	0.473	0.78	0.361	0.87	0.230
0.61	0.561	0.70	0.462	0.79	0.347	0.88	0.214
0.62	0.551	0.71	0.450	0.80	0.333	0.89	0.198
0.63	0.540	0.72	0.438	0.81	0.319	0.90	0.182
0.64	0.529	0.73	0.425	0.82	0.305	—	—
0.65	0.519	0.74	0.413	0.83	0.291	—	—

注：当 n' 为中间值时，P_1 值可以内插取得。

$t_Q=1h$ 附近的流量与时间可能出现不确定情况，此时可取由 n_1 与 n_2 算出的流量中的较小值，作为采用值。

当流域内有森林、水稻田、带田埂的梯田（F'/km^2）时，求得的流量应折减，无资料地区可查表 10-7 确定折减系数。

表 10-7　折减系数

F'/F(%)	5	10	15	20	25	30	35	40
稀疏的森林或带田埂的梯田	0.99	0.97	0.96	0.94	0.93	0.91	0.90	0.88
稠密的森林或水稻田	0.98	0.95	0.93	0.90	0.88	0.85	0.83	0.80
F'/F(%)	45	50	60	70	80	90	100	
稀疏的森林或带田埂的梯田	0.87	0.85	0.82	0.79	0.76	0.73	0.70	
稠密的森林或水稻田	0.78	0.75	0.70	0.65	0.60	0.55	0.50	

(2)西南地区计算公式（二院法）

根据西南地区特点制定下式：

$$Q_p=0.278FC_1a_py_m$$

式中　C_1——产流系数，见表 10-8；

a_p——设计暴雨强度（mm/h），$F\leqslant10$ km² 时 $a_p=6^{n_1}S_p$，$F>10$ km² 时 $a_p=1.413F^{-0.15}6^{n_1}S_p$（$n_1$ 为短历时暴雨衰减指数）；

y_m——径流函数，根据径流因子 r 查表 10-10。

表 10-8　产流系数

土的类别	前期雨情				
	Ⅵ	Ⅱ	Ⅲ	Ⅳ	Ⅴ
前期大雨(年径流系数大于 0.5)	0.9	0.85	0.80	0.60	0.45
前期中雨(年径流系数 0.5～0.3)	0.8	0.75	0.65	0.50	0.35
前期小雨(年径流系数小于 0.3 和年径流深 300 mm 以下)	0.6	0.55	0.50	0.40	0.25

注:土的类别可根据表 10-9 确定.

表 10-9　土的类别

土的名称	含沙量(%)	土的类别
黏土、肥沃黏壤土	5～15	Ⅱ
灰化土,森林型黏壤土	15～35	Ⅲ
黑土、栗色土、生草砂壤土	35～65	Ⅳ
砂壤土	65～85	Ⅴ
砂	85～100	Ⅵ

表 10-10　径流函数 y

γ	λ										
	0.2	0.3	0.5	0.7	1.0	1.2	1.5	1.8	2.0	2.3	2.7
1	0.001	0.002	0.060	0.200	0.362	0.425	0.502	0.564	0.515	0.673	0.663
2	0.001	0.002	0.045	0.165	0.330	0.390	0.162	0.504	0.520	0.530	0.516
3	0.001	0.002	0.032	0.131	0.293	0.360	0.427	0.462	0.068	0.459	0.424
4	0.001	0.005	0.060	0.195	0.359	0.407	0.405	0.365	0.343	0.307	0.260
5	0.002	0.007	0.086	0.243	0.373	0.362	0.323	0.279	0.251	0.217	0.177
6	0.002	0.011	0.106	0.266	0.257	0.320	0.263	0.216	0.191	0.162	0.130
7	0.002	0.015	0.123	0.277	0.329	0.277	0.216	0.173	0.151	0.128	0.102
8	0.002	0.018	0.134	0.274	0.296	0.243	0.183	0.144	0.125	0.105	0.084

续上表

γ	λ										
	0.2	0.3	0.5	0.7	1.0	1.2	1.5	1.8	2.0	2.3	2.7
9	0.003	0.020	0.140	0.265	0.266	0.212	0.158	0.122	0.106	0.088	0.070
10	0.003	0.020	0.140	0.260	0.240	0.190	0.135	0.108	0.092	0.075	0.060
20	0.004	0.020	0.100	0.140	0.118	0.090	0.065	0.045	0.040	0.035	0.030
30	0.005	0.020	0.075	0.095	0.080	0.060	0.040	0.035	0.030	0.020	0.015

γ	λ											
	3.0	3.3	3.7	4.0	4.5	5.0	5.5	6.0	6.5	7.0	λ_m	y_m
1	0.665	0.652	0.610	0.565	0.465	0.245	0.235	0.140	0.070	0.035	2.96	0.665
2	0.490	0.450	0.385	0.333	0.245	0.160	0.090	0.043	0.017	0.006	2.34	0.530
3	0.386	0.344	0.284	0.239	0.167	0.104	0.057	0.026	0.009	0.006	2.01	0.468
4	0.228	0.198	0.162	0.137	0.099	0.068	0.042	0.024	0.010	0.004	1.32	0.418
5	0.152	0.132	0.108	0.092	0.069	0.049	0.033	0.021	0.010	0.006	1.01	0.374
6	0.111	0.096	0.079	0.068	0.052	0.039	0.027	0.018	0.010	0.005	0.96	0.362
7	0.087	0.076	0.062	0.053	0.042	0.032	0.023	0.016	0.010	0.006	0.91	0.342
8	0.071	0.062	0.060	0.043	0.034	0.026	0.019	0.014	0.010	0.006	0.86	0.318
9	0.060	0.052	0.043	0.037	0.028	0.023	0.017	0.012	0.010	0.006	0.84	0.294
10	0.050	0.045	0.040	0.035	0.025	0.020	0.015	0.010	0.008	0.006	0.82	0.270
20	0.022	0.020	0.015	0.012	0.011	0.010	0.007	0.005	0.005	0.004	0.78	0.142
30	0.014	0.013	0.010	0.007	0.005	0.003	0.002	0.001	0.001	0.001	0.76	0.096

表 10-10 内不同 γ 值对应的 y 及 y_m 值可按图 10-2 内插。λ 为两个时间之比，$\lambda=\frac{t}{\tau}$，γ 按下式计算。

$$\gamma=0.36a_p^{0.4}\tau$$

式中　τ——流域汇流时间(h)，$\tau=\frac{L_3^{0.72}}{1.2A_3^{0.6}\,I_3^{0.21}\,F^{0.24}a_p^{0.24}}$

其中　A_3——阻力系数，见表 10-11，

L_3——流域分水岭沿流程至桥涵址间距(km)，

I_3——流域平均坡度，可从出口断面至分水岭处，沿流程绘制纵断面图按面积补偿法计算，也可按式 $I_3=\dfrac{\text{流域平均高程—出口断崖处高程}}{L_2^{1}}$ 计算。

表 10-11　A_3 值

流域植被、坡面、地貌、河(沟)槽情况	A_3
流域内山坡陡峻．植被茂密，河谷多旱地，河槽内乱石交错，河槽陡峻	1.0
流域内坡面上有中等密度的竹林或树木，坡面多旱地，沟谷有稻田，河床为大卵石，间有圆砾	1.0～1.5
坡面有灌木杂草和旱地，河谷中有少量稻田，河槽中等弯曲．河床为砂质或卵石	1.5～2.0
坡面平缓。有少量小树，坡面多为稻田、旱地。河沟较顺直，且为砂质卵石河槽	2.0～2.5
坡面光秃，杂草稀少，多为稻田，有少量旱地，河槽为细砂或明显泥质河槽，河沟顺直	2.5～3.0

(3)东北、华北地区计算公式(三院新法)

①山丘地区 $a_p=\dfrac{S_p}{t^n}$ 时，$Q_p=\dfrac{C_2F^{g_0}I_4^{P_0}}{L_4^{P_0}}\cdot\eta^{\frac{1+r_0}{1-m_0n}}$

式中　C_2——参数，$C_2=16.7\beta_0\dfrac{S_p^{\frac{1+r_0}{1-m_0n}}}{A_4^{\frac{(1+r_0)n}{1-m_0n}}}$，$\beta_0$、$r_0$、$m_0$、$A_4$ 均为参数，见表 10-12。

P_0——参数，$P_0=\dfrac{N_0n(1+r_0)}{1-m_0n}$，$N_0$ 为参数，见表 5-21；

g_0——参数，$g_0=1+m_0P_0$；

L_4——流域长度，从分水岭算起(km)；

I_4——流域坡度，从分水岭算起，用加权法计算。

其余符号意义同前。

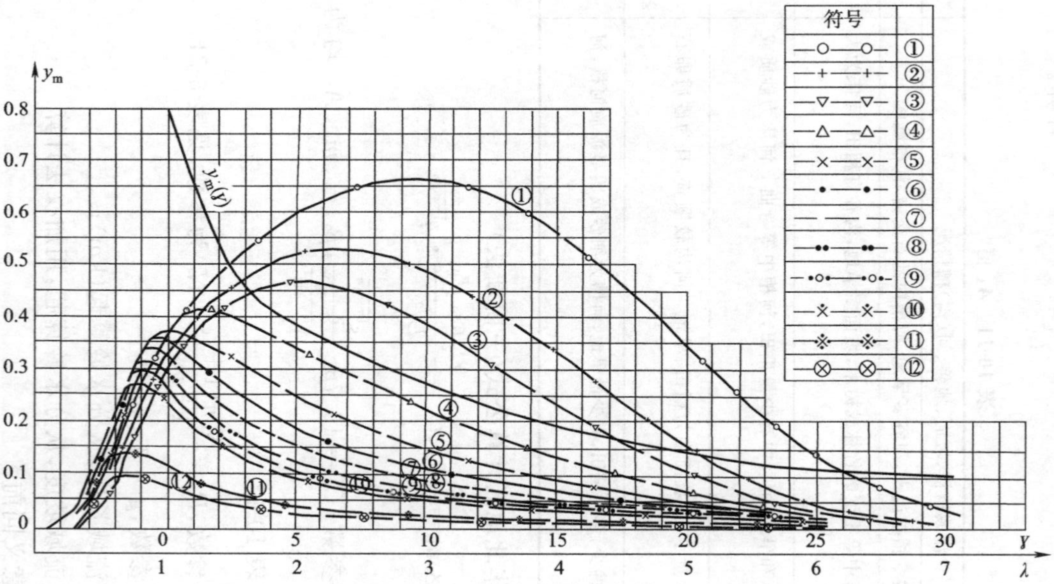

图 10-2　径流函数 $y(\lambda)$曲线

注：图内不同 γ 对应的 y_m 值可按图内插。线型编号等于 γ 值，如 9 即为 $\gamma=9$。

表 10-12 参数值

土质类别	分类号	参数					流域概况
		A_4	m_0	N_0	β_0	r_0	
土质或土石区	1	7	0.25	0.30	1.04	0.45	冲沟多而深(可达数十米)且宽,遇水易松散的黄土,坡面草木稀疏,耕地大部为斜坡式,水土流失非常严重
	2	7	0.25	0.30	0.68	0.45	岩石露头,风化严重成粗粒状,占流域面积30%以上,沟壑较多(沟深在10～20 m以内),坡面草木稀,耕地大部分为斜坡式土质,沙性大
	3	7	0.25	0.30	0.52	0.45	流域有下列情况之一,或下列综合情况,用本参数 ①流域内大部分为斜坡耕地,冲沟不深,地形为丘陵区; ②岩石露头,风化严重;占流域面积20%～30%以内,坡面草木稀疏,沟形为下切式的窄深状态; ③第一类流域,在较宽沟道内筑有多级坝式耕地
	4	10	0.25	0.30	0.52	0.45	流域有下列情况之一,或下列综合情况,用本参数 ①岩石露头,风化轻微,占流域面积20%～50%之间,耕地及树、草坡地均有; ②坡地上虽然草很矮,但能盘根错节,保护地表,坡面上冲沟较少; ③黑土丘陵区,大部分斜坡耕地的流域; ④植被差的石山区,其中有20%左右风化较严重
	5	12	0.40	0.37	0.32	0.30	流域有下列情况之一,或下列综合情况,用本参数 ①全流域基本为灌木草丛所被覆; ②较稀的乔木林与草地相间; ③较密的乔木林,与密草丛的流域,但其中有30%左右垦为斜坡耕地; ④冲沟少而较平坦的流域;或冲积扇上与等高线相平行之有埂台地
	6	12	0.40	0.37	0.27	0.30	乔木成林,或草丛高而密(在人高以上),地表有厚腐殖层
	7	17	0.40	0.37	0.22	0.30	腐殖层厚的森林区;或塔头草区;或较好植被之下为松散易入渗之土质
石山区	8	12	0.40	0.37	0.48	0.23	岩石露头,风化轻微,占流域面积50%以上,植被较差;或表层土极薄,只能长稀草,下为岩石山区
	9	17	0.40	0.37	0.48	0.23	岩石露头,风化轻微,占流域面积50%以上,植被较好(夏季在非悬崖部分,大部分能为植物被覆)

续上表

土质类别	分类号	参数					流域概况
		A_4	m_0	N_0	β_0	r_0	
梯地	10	7	0.25	0.30	0.40	0	山坡较陡，梯地块小，冲沟切入梯地较多(限用于 10 km² 以内)
	11	10	0.25	0.30	0.40	0	梯地虽然块小，但层层规整(限于 10 km² 以内)
	12	12	0.40	0.37	0.40	0	地势较缓梯地块大，或带地埂的梯地(限于 10 km²)

注：1. 本表使用范围：1～3 类用于 50 km² 以内，4～9 受用于 300 km² 以内，少雨地区使用范围小一些，多雨地区可大一些。

2. 关于草原与干旱地区，洪峰流量需乘折减系数 0.3～0.6。愈近沙漠干旱区，洪峰流量折减系数愈小。

3. 流域概况介乎两类之间，可取两类之平均参数计算，或用两类计算结果的平均值。

4. 流量过程线，涨水历时采用 τ，退水历时：1～4 类及 8～11 类用 3τ；5 类及 12 类用 4.5τ；6 类及 7 类用 5.5τ。

②山丘地区 $a_p=\dfrac{S_p}{(t+b)^n}$时，$Q_P=16.7\beta_0 a_P^{1+r_0}F$

a_p 可由图解求得，即 $a_p=\dfrac{\eta S_p}{(t+b)^n}$与$\tau=A_4\left(\dfrac{L_4}{I_4 F^{m_0}}\right)^{N_0}\dfrac{1}{a_P^{m_0}}$两曲线的交点。$\tau$ 为流域汇流时间，其余符号意义同前。

对于具有山区和平原两种情况的流域，计算流量时可分别针对山区(全流域的汇水面积、河沟长度、河沟坡度)、平原(冲积扇的汇水面积、河沟长度、河沟坡度)，计算叠加即得全流域的流量。

③平原地区治理 $F>30\ \text{km}^2$ 以上的河道

$H_p=1.56^{N'_0}m'_0\cdot F^{0.3N'_0}>90$ mm 时，

$$Q_p=0.189m'^{0.813}_0 1.56^{0.813N'_0}F^{(0.244N'_0+0.571)}\eta^{0.813}$$

$H_p\leqslant 90$ mm 时，$Q_p=0.011\ 8m'^{1.43}_0 1.56^{1.43N'_0}F^{(0.429N'_0+0.571)}\eta^{1.43}$

④平原地区治理标准低的大小河道

$$H_p=2.53^{N'_0}m'_0F^{0.3N'_0}>90\ \text{mm 时},$$

$$Q_p=0.095m'^{0.813}_0 2.53^{0.813N'_0}F^{(0.244N'_0+0.571)}\eta^{0.813}$$

$H_p\leqslant 90$ mm 时，

$$Q_p=0.005\ 89m'^{1.43}_0 2.53^{1.43N'_0}F^{(0.429N'_0+0.571)}\eta^{1.43}$$

式中　Q_p——设计暴雨雨量(mm)；

m_0'——参数，$m_0'=S_p\cdot 60^{1-n}$；

N_0'——参数，$N_0'=1-n$。

其余符号意义同前。

(4)华东、华中地区计算公式(四院长院法)

根据华东、华中地区特点制定下式：

$$Q_p=0.278A_5B_5\frac{R_p}{t_0}F$$

式中 R_p——设计净雨深(mm)，净雨历时 t_0 取 6 h 或 24 h，采用径流系数法则 $R_p-C_3\cdot H_p$，H_p 为 6 h 或 24 h 设计暴雨量(mm)，可采用水利部门资料，C_3 为洪峰径流系数，见表 10-13；

表 10-13 C_3 值

土质特征	C_3 值	
	范围	一般采用
多石山区，黏土	0.85 ～0.95	0.90
砂黏土	0.75 ～0.85	0.80
黏砂土	0.65～0.75	0.70

B_5——雨型系数，见表 10-14；

表 10-14 B_5 值

n_2		0.50	0.55	0.60	0.65	0.70	0.75
n_1		0.35～0.45		0.40 ～0.50			
B_5	6 h	4.50	5.08	5.78	6.38	7.02	7.82
	24 h	9.00	10.89	13.28	15.71	18.52	22.11

A_5——洪峰削减系数，随 E、D 而变，E 为与坡面自然特征及产流条件有关的参数，D 为反映河槽与山坡调蓄能力的参数，

$$E=27k_0I_2^{\frac{1}{3}}\left(\frac{B_5R_pt_0}{b_c}\right)^{0.5},D=0.851k_AL_1(B_5R_pF)^{-\frac{1}{3}}t_0^{-\frac{2}{3}}E$$

其中 I_2——流域坡面平均坡度(‰)，$I_2\leqslant 300$‰，

b_c——坡面平均长度(m)，双侧坡 $b_c=\dfrac{1\,000F}{1.8\left(L_1+\sum l_i\right)}$，单

侧坡 $b_c=\dfrac{1\,000F}{0.9L_1}$，$\sum l_i$ 为流域中支汊河沟的总长(km)，所取支汊河沟的长度均应大于 $0.4L_1$，

k_A——断面系数，$k_A=\dfrac{1}{0.076\,6}m_1^{-\frac{2}{3}}I_1^{-\frac{1}{3}}\left[\dfrac{a_0}{(1+a_0^2)^2}\right]^{-\frac{1}{9}}$，$a_0$ 应取高水位过水全面积 ω 及其最大水深 h_m 时，$a_0=\dfrac{2}{3}\omega h_m^{-\frac{4}{3}}$，

山区河流在缺少有关数据计算 k_A 时，可从图 10-3 中查估，I_1 为主河槽平均坡度(‰)，

$$I_1=\frac{h_1l_1+(h_1+h_2)l_2+\cdots+(h_{n-1}+h_n)l_n}{L_1^2}$$

$l_1,l_2,\cdots,l_n$ 为分段河长(km)；$h_1,h_2,\cdots,h_n$ 为河道各纵断面与出口断面在分段点的高差(m)；m_1 见表 10-15。

表 10-15　m_1 值

河床特征	m_1
平坦顺直的河床	30
无杂草生长，较为平坦顺直的河床	25
弯曲或生有杂草的河床	20
植物覆盖度占 50%以下，有少量堵塞物的河床	15
植物覆盖度占 75%以下，有漂石堵塞的河床	10

k_0——与坡面流速有关的参数，见表 10-16。

表 10-16　k_0 值

类型	植被情况	k_0 值	
		范围	一般采用
Ⅰ	有较厚的枯枝落叶层的密林(包括竹林、灌木林或乔、灌木、杂草混交深密)植被面积占 80%～90%以上，有少量水田旱地	0.004～0.007	0.005 5
Ⅱ	杂草中密至稠密，灌木丛间杂疏林，植被面积达 80%～90%，有少量水田与耕地	0.007 1～0.011 0	0.009 5

续上表

类型	植被情况	k_0 值	
		范围	一般采用
Ⅲ	水田与旱地面积约占全流域的 80%，其余为稀疏杂草的荒坡	0.010～0.014	0.012 0
Ⅳ	杂草、灌木稀疏或土层较薄，部分基岩裸露，虽长有疏林，但林下杂草稀疏	0.012～0.018	0.016 0
Ⅴ	种植旱作物的旱坡地或半干旱地区杂草很稀疏的荒坡	0.019～0.039	0.025 0
Ⅵ	混凝土水泥浆抹面较光滑	0.09～0.11	0.100 0

注：1. k_0 值的选用可视现场实际情况结合一般采用值与变动范围确定。
2. 影响 k_0 值的部位是靠近地表部分，应根据靠近地表的植被情况选定 k_0 值。
3. 如流域内为综合植被时，可用各类植被的面积加权平均计算 k_0 值。
4. 表中旱地系指种植旱地作物带田埂之梯田，旱坡地系指种植旱地作物之坡耕地。

2. 水利部门暴雨径流计算公式

推理公式法是将小流域内产流、汇流条件均匀概化后，根据暴雨资料间接推求设计年最大洪峰流量的一种方法。我国水利工程一般采用水利水电科研院提出的推理公式法，推求设计年最大洪峰流量，按下式计算。

$$Q_{\mathrm{m}}=0.278\frac{\Psi S}{\tau^{n}}F$$

$$\tau=0.278\frac{L}{mJ^{1/3}Q_{\mathrm{m}}^{1/4}}$$

式中 Q_{m}——年最大洪峰流量($\mathrm{m^3/s}$)；

Ψ——洪峰径流系数；

S——最大时雨量(mm/h)；

n——暴雨递减指数；

F——设计断面以上的流域集水面积($\mathrm{km^2}$)；

L——自设计断面沿主河道至分水岭的最长距离(km)，包括主河道以上沟形不明显部分坡面沿流程的长度；

J——沿长度 L 的河道平均比降(‰)；

τ——流域汇流时间(h)；

m——汇流参数。

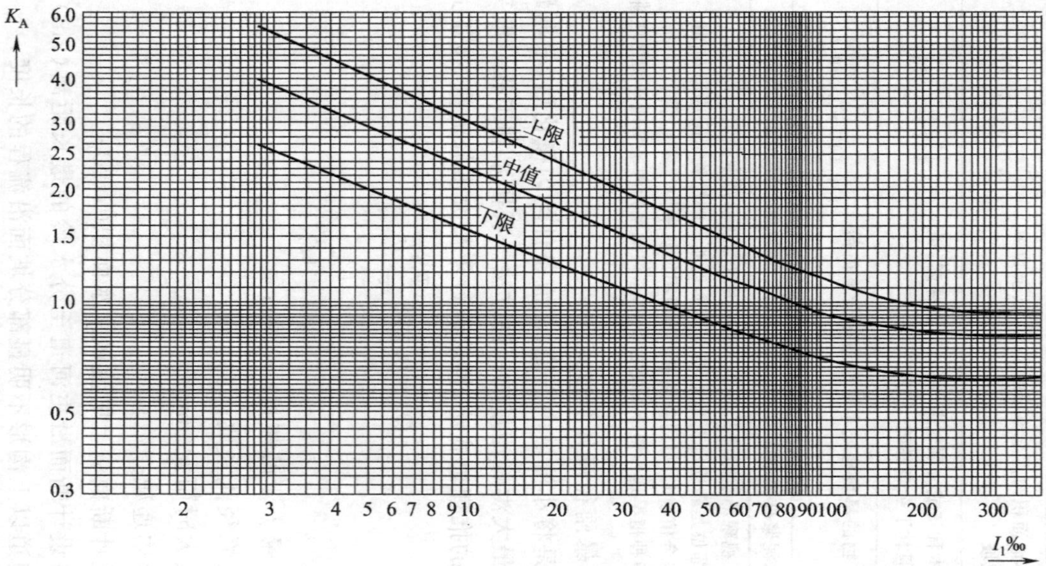

图 10-3　k_A 值

注：一般情况时选用中间值，当河道不顺直，流速系数 m_1 值小，或漫滩严重时选用上限值，否则用下限值。

全面汇流、部分汇流条件下，ψ 可分别按下列三式计算：

$$\psi=1-\frac{\mu}{S}\tau^{n} \quad \tau<t_{c}$$

$$\psi=n\left(\frac{t_{c}}{\tau}\right)^{1-n} \quad \tau\geqslant t_{c}$$

$$t_{c}=\left[(1-n)\frac{S}{\mu}\right]^{\frac{1}{n}}$$

式中 μ——损失参数，即产流历时内流域平均入渗强度(mm/h)，

t_c——产流历时(h)。

推理公式法中需定量的参数分为流域特征参数、暴雨参数、经验性参数三类。流域特征参数包括集水面积 F、河流长度 L、河道平均比降 J。F、L 需在精确至 1∶50 000 及以上的地形图上量取，J 可按下式计算。

$$J=\frac{\sum(Z_{i-1}+Z_{i})l_{i}-2Z_{0}L}{L^{2}} \quad i=1,2,\cdots,n$$

式中 Z_i——主河道各断面比降变化特征点的高程(m)；

Z_0——设计断面比降变化特征点的高程(m)；

l_i——各断面比降变化特征点的间距(km)。

暴雨参数包括暴雨递减指数 n、最大时雨量 S。n 可根据实测暴雨资料分析计算，或查当地水文手册确定。在不同降雨历时 $t(0<t\leqslant24)$ 内可将 n 分段概化，S 可按下式计算。

$$S=\frac{H_{t}}{t^{1-n}}$$

式中 t——降雨历时(h)；

H_t——历时 t 的最大降雨量(mm)。

经验性参数包括损失参数 μ、汇流参数 m，可根据流域条件和暴雨洪水资料等分析确定。无资料时 m 见表 10-17，集水面积小于 10 km^2 的设计流域还可参照地区小流域汇流参数变化规律来推算。

表 10-17 汇流参数 m

类别	雨洪特性、河道特性、土壤植被条件	$m\sim\theta=\frac{L}{J^{1/3}}$			
		$\theta=1\sim10$	$\theta=10\sim30$	$\theta=30\sim90$	$\theta=90\sim400$
Ⅰ	雨量丰沛的湿润山区，植被条件优良，森林覆盖度可高达70%以上，多为深山原始森林区，枯枝落叶层厚，壤中流较丰富，河床呈山区型大卵石、大砾石河槽，有跌水，洪水多呈缓落型	0.20～0.30	0.30～0.35	0.35～0.40	0.40～0.80
Ⅱ	南方、东北湿润山丘区，植被条件良好，以灌木林、竹林为主的石山区或森林覆盖度达40%～50%或流域内以水稻田或优良的草皮为主，河床多砾石、卵石，两岸滩地杂草丛生，大洪水多为尖瘦型，中小洪水多为矮胖型	0.30～0.40	0.40～0.50	0.50～0.60	0.60～0.90
Ⅲ	南方、北方地理景观过渡区，植被条件一般，以稀疏林、针叶林、幼林为主的土石山丘区或流域内耕地较多	0.60～0.70	0.70～0.80	0.80～0.90	0.90～1.30
Ⅳ	北方半干旱地区，植被条件较差，以荒草坡、梯田或少量的稀疏林为主的土石山丘区，旱作物较多，河道呈宽浅型间隙性水流，洪水陡涨陡落	1.00～1.30	1.30～1.60	1.60～1.80	1.80～2.20

3. 有关地区暴雨径流计算公式

地区暴雨径流计算除推理公式法制定外，小流域洪峰流量还可凭其流域特征由经验公式推算，给出洪峰流量与形成该流量的计算参数之间的纯经验关系。估算洪峰流量的地区综合经验公式结构简单、计算方便，得到广泛应用。

计算洪峰流量的经验公式分为单参数、多参数两类，单参数经验公式如下。

$$Q_P=C_PF^n$$

式中　F——流域面积(km^2)；

C_P——经验系数，随频率变化；

n——经验指数。

该式适用于暴雨等流域特征变化不大的地区，范围不能太大。对于实测流量系列较短、暴雨资料相对较长地区，采用多参数经验公式如下。

$$Q_m = CH_{24}F^n$$

$$Q_m = Ch_i^{\beta}F^n j^m$$

式中　H_{24}——24 h 的最大雨量(mm)；

h——时段净雨量(mm)；

β——暴雨特征指数；

m,n——流域特征指数；

C——综合系数；

F——流域面积(km^2)；

j——河床平均比降(%)。

有些地区建立洪峰流量均值 $\bar{Q}_m$ 与暴雨等流域特征的关系，公式如下。

$$\bar{Q}_m = CF^n$$

$$\bar{Q}_m = C\bar{H}_{24}F^n j^m$$

式中　$\bar{H}_{24}$——24 h 雨量均值。

由上述公式还应求出该地区小流域洪峰流量的离差系数 C_v 及 C_s/C_v，才能算出设计洪峰流量，这些数值可从地方水文手册或图集中查得。经验公式法根据充分的雨洪观测资料，分析求得各流域河流的设计洪峰流量，并配合各流域的气候特征、几何特征及下垫面自然地理特征等资料，通过多元回归分析，建立设计洪峰流量的经验公式，经地区综合后用于相似流域的流量计算。

应用这类公式推求设计流量时，关键是确定设计工点的流域参数特征指标，使用查算时应注意两方面。

(1)公式的制定原则、适用条件与范围；

(2)参数的地理分布：如流域的气候特征参数存在空间上的变化，属于分区性因素，通常可根据分区数值表或等值线图查算。还有如流域特征值等非分区性因素，可根据图形资料或调查确定。

当实测资料较多、精度较好、具有一定代表性时，这类经验公式较为可靠。

当流域内暴雨资料短缺时，采用地区综合法估算设计洪水是较为可行的。31个省区市的暴雨径流或洪水查算图表也是计算无资料地区设计洪水的常用方法。

我国针对设计暴雨积累了丰富的经验与资料，2004年进一步完成了10 min、1 h、6 h、24 h、3 d新的年最大点暴雨量的统计参数等值线图、实测调查最大点雨量分布图、100年一遇点雨量等值线图等，水利部于2005年3月批准使用。20世纪80年代综合分析了暴雨的点面关系，编制完成设计雨量的时程分配，以及相应产流、汇流查算图表，这些成果是地区综合法的重要依据。由于水文资料系列较短，使用时应根据流域特性，利用近期发生的大暴雨洪水资料进行检验。也可根据洪水统计参数的地区变化规律，确定设计洪水。

暴雨洪水查算图表为无资料地区的中小型水库工程计算设计洪水而编制，主要用于计算50年一遇及以下标准的洪水，需注意分析该计算成果的合理性，采用其设计流量需经过验证。

4. 验证实例

本规范要求小流域暴雨径流可根据地区特点采用附录L计算，并采用水利部门和有关地区的算式进行验证。

在鄂尔多斯地区，新恩铁路流域面积较小的河流多属内陆闭流水系，对该地区小桥涵工点进行调绘，发现地表水不甚发育，地形平坦开阔，汇流区域不明显。通过选取沿线流域面积不超过100 km^{2}的河流，利用一院二所法（$F \leqslant 100$ km^2）计算，利用内蒙古地区公式法（$F \leqslant 300$ km^2）验证。计算结果见表10-18。

一院二所法水文参数查取《壹桥8216》A-6、A-7图表可得，暴雨衰减指数$n_1 = 0.6$、$n_2 = 0.75$，设计暴雨参数$S_{1\%} = 80$ mm。

内蒙古地区公式法水文参数查取相关地区水文手册可得，暴雨递减指数$n_2 = 0.75$、$n_3 = 0.83$，年平均24 h最大雨量$H_{24} = 60$ mm，相应变异系数$C_v = 0.85$，偏差系数$C_S = 3.5C_v$。

表 10-18 新恩铁路小流域水文计算结果对比

序号	桥名或河名	流域面积 $F(km^2)$	$Q_{1\%}/(m^3/s)$	
			内蒙古地区公式法	铁一院公式法
1	塔河1号大桥	25.79	169.70	158.76
2	塔河2号大桥	55.00	401.33	394.12
3	庙河1号支流大桥	45.83	377.56	382.06
4	庙河2号支流大桥	44.48	336.33	328.75
5	跨独戈渠中桥(专用线)	30.75	203.86	202.35
6	台格庙1号大桥	42.15	311.92	313.32
7	台格庙2号大桥	12.55	96.08	98.85

由表 10-18 可知，一院二所法与内蒙古地区公式法计算结果相差甚小，最后选用一院二所法为本线流域面积不超过 100 km² 河流 100 年一遇设计流量的算法。

10.3.4 地区性经验公式推算设计流量

[第 10.3.4 条引文]

采用地区性经验公式推算设计流量时，应研究编制公式的依据和参数概化的条件，并应按本地区已发生过的较大暴雨径流资料、历史洪水调查资料推算的设计流量进行对比分析，检验其合理性。

[第 10.3.4 条解读]

我国地域辽阔，地势地貌复杂多样，河流众多。铁路线路跨越若干大小河流，修建各式桥涵以顺利排泄洪水。大江大河流域地区一般建有水文站，可通过其观测数据，用数理统计法计算设计流量。对于众多沟渠小河的小流域地区无水文观测站，不能用该法确定其流量。

采用地区经验公式(包括本规范附录 L 推荐的公式)推求设计成果时，一般首先分析经验公式的适用条件，然后研究是否可用于设计流域，盲目搬用经验公式常导致错误结果。因此本规范要求采用地区性经验公式应按本地区已发生的较大暴雨径流资料、历史洪水调查资料推算的设计流量进行对比分析，检验其合理性。通常采用形态调查验证，其目的在于修订参数，使推算的设计流量更接近实际。

1. 形态调查验证的基本要求

(1)为了验证小桥涵所用流量公式的计算结果,初测时要求沿线选择一定数量具有代表性的河沟,一般情况下每 10 km 选择不少于一处或全线不少于 10～15 处为宜。利用汇水面积理论公式进行详细水文勘测,分别求算相同频率流量并相互核对。验证调整后的流量计算成果可作为小桥涵孔径计算的依据。

(2)按照本规范 10.3.3 条推荐采用附录 L 各地区暴雨径流基本公式,即“一院二所法～四院长院法”公式,参考地区性流量算式等方法,确定适用于本线的小流域流量公式。线路较长或各区段地形、气候变化较大时,可分段采用不同参数。

(3)溶洞地区常有暗河、溶沟,设计流量宜采用水文勘测方法确定。

(4)沙丘、湖泊、沼泽地区应先扣除不产生径流部分的面积,再进行流量计算及其验证对比。

2. 形态调查验证的河沟条件

(1)具备调查准确洪水位及其相应频率的条件;

(2)洪水不漫滩或少量漫滩;

(3)河段较为整齐顺直;

(4)河床断面无逐年刷深或淤积情况;

(5)下游无洪水倒灌或漂流物阻塞水流现象;

(6)无泥石流现象。

3. 形态调查验证的步骤

(1)调查历史洪水位,通过两种方法确定其相应频率:按经验公式法计算;采用雨量频率作为洪峰流量频率。

(2)根据实测河流断面、河床纵坡情况,以及按河床特征确定的糙率,用谢才-满宁公式计算历史洪水最大流量,并将其换算成要求频率的设计流量。

(3)根据一定数量的洪水调查资料,对相同频率的设计流量进行比较,以了解调查计算流量与公式计算流量的偏差范围,对公式的参数加以修正。

4. 形态调查验证的重点

(1)确定洪水痕迹时,对历史洪水当事者提供的洪水痕迹信息加以甄别，去伪存真；

(2)准确地确定历史洪水频率，以得到设计频率流量的准确值。

5. 形态调查验证实例

西安—成都高速铁路初测时，选取十岔沟、枫香沟、翁山沟、山沟河、潮溪河、东岳沟6个小流域河沟，进行典型流域历史洪水调查验证，见表10-19。根据实测水文断面、河床纵坡情况推算的历史洪水流量见表10-20。按一院二所法计算的设计流量见表10-21。

表10-19 洪水调查记录

序号	名称	地点	洪水发生年代与状况(根据居民陈述)	对洪水位的分析判断
1	十岔沟	涝峪乡郭清村	洪水发生于1957年，此前没有更大洪水，洪痕点固定，位于大石顶端	此洪痕较可靠，与文献记载相符，1957年7月16日涝峪河发洪904 m^3/s，发生频率相当于75年一遇
2	枫香沟	张家坪村七组	1991年7月洪水最大，整个河槽满水，但未上至耕地，河边挡水砌的石坝漫水，与坎齐平，但未上耕地	初步判定1991年7月洪水频率约50年一遇，洪痕位于沟边石坎边缘，较清晰
3	翁山沟	铁锁关村	1991年夏季洪水极大，漫过水泥台，持续时间3 d	初步判定1991年洪水频率约50年一遇，洪痕位置明确，位于河边水泥台下
4	山沟河	兰家坝村	1991年洪水最大，冲上菜地，其他几年洪水较大，未冲上菜地	初步判定1991年洪水频率约50年一遇，洪痕较明确，位于菜地边缘
5	潮溪河	刘家渠坎村	潮溪河常发洪水，2008年6月的水深约2.4 m，下游的场院被冲毁，水中挟带沙卵石	路面高约2.5 m，洪水漫过路面，路边柳树底部有水痕，初步判定2008年洪水频率约50年一遇
6	东岳沟	袁家庄东岳殿村	2002年6月9日发洪水，水深约3.0 m，冲毁左岸浆砌堤坝，洪水时常发生，冲毁两片浆砌堤坝，河岸民房倒塌	初步判定洪水时水深约3.0 m，洪水频率约50年一遇

表 10-20　实测的水文断面、河床纵坡，推算的历史洪水流量

序号	沟名	实测水位(m)	实测河床坡度	历史流量(m^3/s)	重现期	设计流量(m^3/s)
1	十岔沟	932.48	0.099	240	75	266
2	枫香沟	733.22	0.016	187	50	233
3	翁山沟	743.73	0.009	440	50	550
4	山沟河	736.85	0.050	98	50	122
5	潮溪河	595.74	0.075	114	50	142
6	东岳沟	818.10	0.040	333	50	416

表 10-21　一院法计算的设计流量

序号	沟名	汇水面积(km^2)	$S_{1\%}$	土壤	地形	n_1	n_2	A_2	流量 $Q_{1\%}$(m^3/s)
1	十岔沟	24.5	80	Ⅲ	高山	0.5	0.75	0.01	270
2	枫香沟	12.0	95	Ⅲ	高山	0.5	0.75	0.01	240
3	翁山沟	49.0	95	Ⅲ	高山	0.5	0.75	0.01	580
4	山沟河	4.4	95	Ⅲ	高山	0.5	0.75	0.01	115
5	潮溪河	6.0	80	Ⅲ	高山	0.5	0,75	0.01	130
6	东岳沟	38.9	90	Ⅲ	高山	0.5	0.75	0.01	460

上述结果表明，一院二所法计算的流量与形态调查法计算的流量偏差在10%以内，与地区经验法计算的流量偏差最大到26%，可对一院法或地区经验法计算的流量适当修改，作为基础数据。

10.4　孔径计算

10.4.1　小桥孔径计算公式

[第 10.4.1 条引文]

桥下沟床设置防冲铺砌的小桥，临界流过水状态时可选用下列公式计算：

1. 桥下需要的净孔宽度 B 可采用下式计算：

$$B=\frac{Q_p g}{\varepsilon v_p^3} \tag{10.4.1—1}$$

式中设计流速 v_p 可根据河床铺砌类型选用相应的容许流速。

2. 桥下需要的净孔宽度达到标准梁跨的净孔宽度 b 后，桥下的临界流速 v_k 可按下式计算：

$$v_k=\left(\frac{Q_p g}{\varepsilon b}\right)^{\frac{1}{3}} \tag{10.4.1—2}$$

3. 桥下临界水深 h_k 可按下式计算：

$$h_k=\frac{v_k^2}{g} \tag{10.4.1—3}$$

4. 桥前积水的水深 H_0 可按下式计算：

$$H_0=h_k+\frac{v_k^2}{2g\varphi^2}-\frac{v_0^2}{2g} \tag{10.4.1—4}$$

［第 10.4.2 条引文］

桥下沟床设置防冲铺砌的小桥，缓流过水状态时可选用下列公式计算：

1. 桥下需要的净孔宽度 B 可按下式计算：

$$B=\frac{Q_p}{\varepsilon v_p h_0} \tag{10.4.2—1}$$

2. 桥前积水的水深 H_0 可按下式计算：

$$H_0=h_0+\frac{v_p^2}{2g\varphi^2}-\frac{v_0^2}{2g} \tag{10.4.2—2}$$

式中 v_0——桥前水流行近流速(m/s)，可用设计流量除以桥前积水断面面积，当 $v_0 \leqslant 1.0$ m/s 时，流速水头 $\frac{v_0^2}{2g}$ 可忽略不计；

φ,ε——小桥流速系数和侧收缩系数，有锥体护坡的单孔桥 φ,ε 都可取 0.9，多孔桥时 φ 可取 0.85，ε 可取 0.8；

h_0——天然情况下河道水深(m)。

其余符号意义同前。

［第 10.4.1、10.4.2 条解读］

1. 小桥涵水流类型

水流分为临界流、缓流、急流三种类型。

任一已知流量具有的能率为计算基线通过河底线时的断面单位能

量，为其位能（以水深 H 计）与动能$\left(\text{以流速水头}\frac{v^2}{2g}\text{计}\right)$之和，如图 10-4 所示。将能率、位能、动能、水深，平均流速、流水断面面积分别以 E_0、E_p、E_k、H、v、ω 表示。

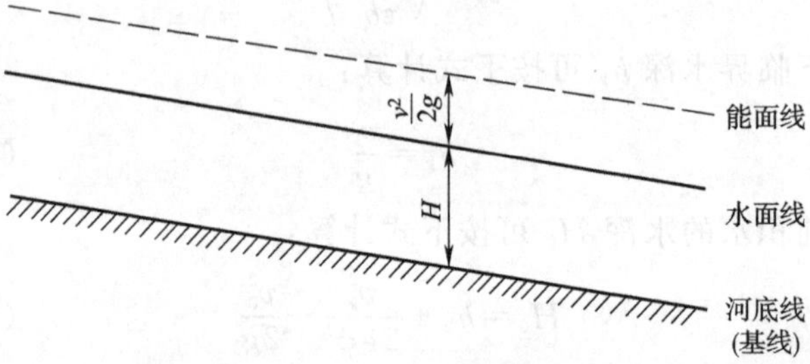

图 10-4　能面线示意

则位能 $$E_p = H$$

动能 $$E_k = \frac{v_1^2}{2g}$$

能率 $$E_0 = E_p + E_k = H + \frac{v_1^2}{2g} = H + \frac{Q^2}{2g\omega^2}$$

由上式可知，能率 E_0 系水深 H 的函数，即 $E_0 = f(H)$。因此流量、流水断面形状为已知时，假设不同的 H 可求得相应 E_0。分别以 E_0、H 为坐标轴（图 10-5），按位能公式绘出的直线称为位能线，按动能公式绘出的曲线称为动能线，按能率公式绘出的曲线称为能率线。位能线通过坐标原点斜交 45°；动能线以坐标轴为渐近线；能率线以位能线、动能线为渐近线，能率线上任何一点的横坐标为动能线与位能线上相应水深各点横坐标之和。

由能率线可知 C 点能率最小，对应水深 h_k。水深增加时，C 点以上部分水流的能率 E_0 增加，以下部分 E_0 减少。由于 C 点位于能率线变化的突出点，水流性质以此点为界上下不同，故 C 点为临界点，该点相应水深 h_k 为临界水深，相应流速 v_k 为临界流速。临界水深将能率线分为两部分：水流超过临界水深时，流速小于临界流速，为缓流；水流不超过临界水深时，流速大于临界流速，为急流；流速为临界流速时，为临界流。

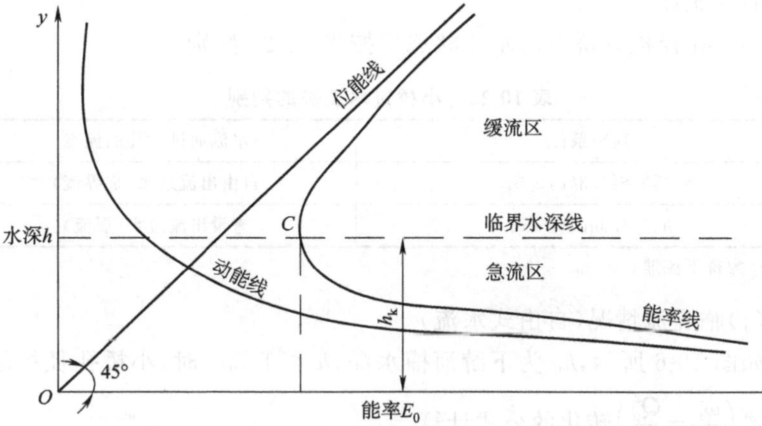

图 10-5　位能、动能、能率与水深的关系

2. 小桥涵孔径计算

河槽中桥涵遇到水流时对其产生压缩影响，过水状态发生变化，与上下游河槽、桥涵底坡、孔径压缩程度有关。桥涵孔径计算因其过水状态的变化复杂而逐一相异。

孔径计算中，小桥涵与大中桥有不同特点。大中桥允许河床发生一定冲刷，一般采用天然河槽平均流速为设计流速。小桥涵一般不允许河底发生冲刷，可根据河床加固铺砌类型，选择适当的容许流速为设计流速。如小桥桥下沟床不设铺砌，其孔径计算办法与大中桥相同；桥下沟床铺砌后的孔径计算应根据过水状态选用相应公式。

小桥上游由于桥前水流被压缩而产生积水，水深会比桥下大，入口水面必然降低，形成宽顶堰水流的收缩断面，水深 h_c。出口下游河槽正常水深 h_0 较小时水面下降，此时 h_c 不影响小桥入口水流，为自由式水流。h_0 达某一值时，桥下水深增至 h_c，收缩断面处淹没 h_0，为淹没式水流。据大量资料分析达 $1.3h_k$，h_k 为桥下临界水深。小桥在临界流情况为自由式水流，缓流情况为淹没式水流。小桥建于陡坡河床，水流通过成为急流时，过水状态又不同。

不论何种情况求算铺砌小桥孔径，确定后需检查是否呈临界流状态。如不允许临界流时积水过高则按缓流计算孔径，天然状态属急流时更不应按临界流计算。

小桥孔径检算桥下的水流状态可按表 10-22 判别。

表 10-22 小桥过水流态的判别

判别条件	水流通过桥孔的流态
$h_k \leqslant h_0 \leqslant 1.3h_k, v_c \leqslant v_k$	自由出流过水(临界流)
$h_0 > 1.3h_k, v_c \leqslant v_k$	淹没出流过水(缓流)

注：v_c 为桥下流速。

(1)临界流情况(自由式水流)

如图 10-6 所示，h_0 为下游河槽水深，$h_0 \leqslant 1.3h_k$ 时，小桥孔径按临界方程式$\left(\frac{\omega_k^2}{B_k}=\frac{Q_p^2}{g}\right)$转化的公式计算。

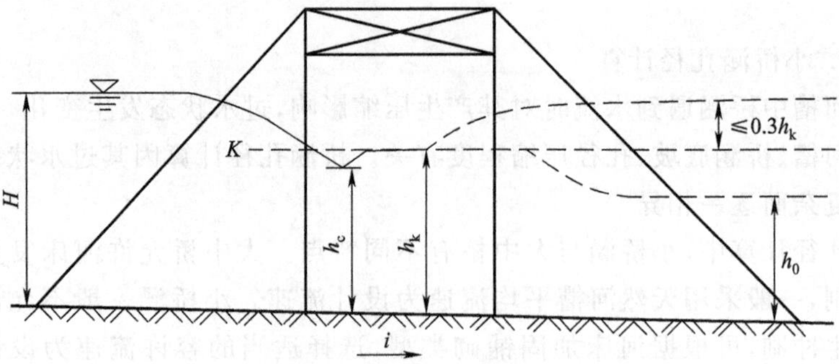

图 10-6 自由水流图式

桥下矩形过水断面设计参数可按下列公式计算。

①桥下需要的净孔宽度

$$B=\frac{Q_p g}{\varepsilon v_p^3}$$

式中，设计流速 v_p 可根据河床铺砌类型参见本书附录 E，即《铁路工程设计技术手册·桥渡水文》附录十四，取其相应值。

②桥下的临界流速

将桥下需要孔径的净宽趋近标准梁跨孔径的净宽 b，桥下临界流速可按下式计算。

$$v_k=\sqrt[3]{\frac{Q_p g}{\varepsilon b}}$$

式中，ε 为水流侧面受墩台挤压影响而收缩的系数，与上游侧墩台平面形状有关，$\varepsilon=1-0.1n\xi H_0 b^{-1}$，$n$ 为多孔桥收缩的边数，b 为水流净宽，$H_0=H+\frac{v_0^2}{2g}$（H 为上游水深，v_0 为上游桥前行近流速），ξ 为上游侧墩台平面形状系数（图 10-7），ε 见表 10-23，εb 为桥下水流有效宽度。

图 10-7　上游侧墩台的平面形状及其系数 ξ

表 10-23　ε、φ 值

桥梁情况	ε	φ
上游侧有锥体护坡的单孔桥	0.90	0.90
上游侧有八字翼墙的单孔桥	0.85	0.90
桥台伸出锥体护坡的单孔桥、无锥体护坡的单孔桥、多孔桥	0.80	0.85
拱脚浸水的拱桥	0.75	0.80

③桥下的临界水深

$$h_k=\frac{v_k^2}{g}$$

④桥前积水后的水深

$$H=h_k+\frac{v_k^2}{2g\varphi^2}-\frac{v_0^2}{2g}$$

式中　φ——流速系数，见表 10-23 可得其粗略值；

v_0——桥前行近流速（m/s），$v_0<1.0$ m/s 时，$\frac{v_0^2}{2g}\leqslant 0.05$，该项可忽略不计。

则 $H \approx \left(1+\frac{1}{2\varphi^2}\right)h_k$

其余符号意义同前。

(2)缓流情况(淹没式水流)

如图 10-8 所示,$h_0 > 1.3h_k$ 时,小桥孔径按水流连续方程式转化的公式计算。

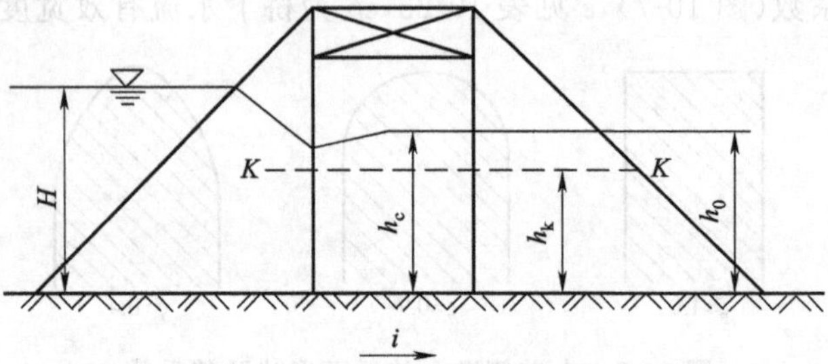

图 10-8 淹没式水流

桥下矩形过水断面设计参数可按下列公式计算。

①桥下孔径的净宽

$$B=\frac{Q_p}{\varepsilon v_p h_0}$$

②桥下的实际流速

$$v_c=\frac{Q_p}{\varepsilon h_0 B}$$

③桥前积水后的水深

$$H=h_0+\frac{v_c^2}{2g\varphi^2}-\frac{v_0^2}{2g}$$

$v_0 < 1.0$ m/s 时,$\frac{v_0^2}{2g}$可忽略不计:

则 $H \approx h_0+\frac{v_c^2}{2g\varphi^2}$

式中符号意义同前。

(3)下游天然水深 h_0 的情况

求得 h_k、h_0 后,应检查 $h_0 \leqslant 1.3h_k$ 是否成立,如成立则说明上列各项计算结果合理，否则按桥下处于淹没流状态进行水力计算。

下游天然水深 h_0 是指设桥前所在河段通过设计流量时的水深。可由设计流量 Q_p、洪水水面比降 I（或河底纵坡 i）、河床糙率系数 n，以及过水断面测量资料，通过试算由图解法求得。

先假定一天然水深 h_{01}，由实测资料算出过水断面面积 ω、水力半径 R，按公式 $C=\frac{1}{n}R^{1/6}$、$v=C\sqrt{Ri}$、$Q_1=\omega v$ 求得平均天然流速和相应流量 Q_1。$Q_1>Q_p$时，再假定一较小 h_0 试算。$Q_1<Q_p$时，假定一较大 h_0 试算，直至算得 $Q_n\approx Q_p$。也可将几次试算的 h_0、Q 在 h_0-Q 关系图上标出相应点并以曲线连接，由设计流量在曲线上交汇，求得天然水深 h_0（图 10-9）。

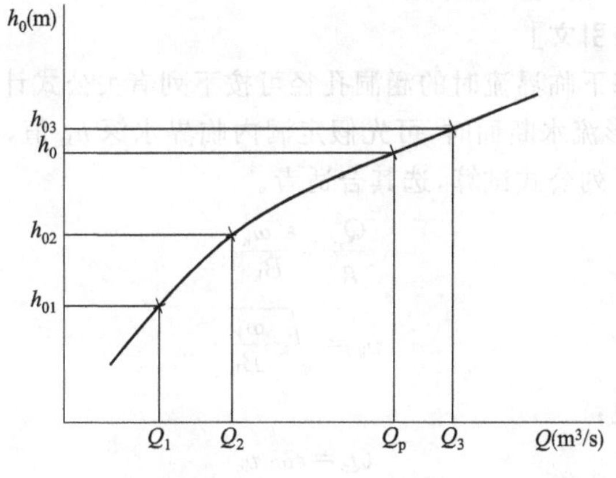

图 10-9　h_0-Q 关系曲线

10.4.2　急流河床小桥孔径计算

［第 10.4.3 条引文］

桥下沟床设置防冲铺砌的小桥，急流过水状态下，其孔径宜按沟槽的天然宽度设置，桥前水深即为天然情况下的河道水深。桥孔压缩沟槽时，计算采用缓流过水状态公式。

［第 10.4.3 条解读］

小桥建在陡坡河床时，水流通过陡坡成为急流。急流过水状态下，桥梁应按通过设计流量时水面全宽来设计，此时无需计算孔径，只要根据设计洪水推算出桥高即可(图 10-10)。

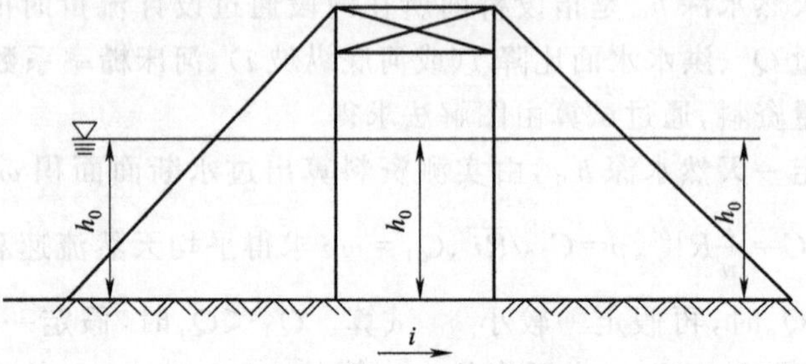

图 10-10 无压缩水流图式

10.4.3 涵洞孔径计算公式

[第 10.4.4 条引文]

无压状态下临界流时的涵洞孔径可按下列有关公式计算：

1. 曲线形流水断面时,可先假定洞内临界水深 h_k 值,并采用涵洞的标准孔径按下列公式试算,选其合适者。

$$\frac{Q_p^2}{g}=\frac{\varepsilon^2\omega_k^3}{B_k} \tag{10.4.4—1}$$

由于

$$v_k=\sqrt{g\frac{\omega_k}{B_k}}$$

上式又可写成：

$$Q_p=\varepsilon\omega_k v_k \tag{10.4.4—2}$$

2. 矩形流水断面时可采用下列公式计算：

$$B_k=\frac{Q_p g}{\varepsilon v_k^3} \tag{10.4.4—3}$$

$$h_k=\sqrt[3]{\frac{Q_p^2}{\varepsilon^2 B_k^2 g}}\text{；或 } h_k=\frac{v_k^2}{g} \tag{10.4.4—4}$$

3. 涵前积水深 H_0 按下式计算：

$$H_0=h_c+\frac{v_c^2}{2g\varphi^2}-\frac{v_0^2}{2g} \tag{10.4.4—5}$$

式中 ε——单侧收缩系数,可取 $\varepsilon=1.0$；

v_0——涵前水流行近流速(m/s),可用设计流量除以涵前积水断面面积，当 $v_0 \leqslant 1.0$ m/s 时，流速水头 $\frac{v_0^2}{2g}$ 可忽略不计；

h_c——洞口收缩断面处水深(m)，可取 $h_c=0.9h_k$；

v_c——洞口收缩断面处流速(m/s)，可取 $v_c=\frac{v_k}{0.9}$；

φ——流速系数，可按表 10.4.4 的规定取值。

其余符号意义同前。

表 10.4.4(本规范)　流速系数

<table>
<tr><th>入口情况</th><th colspan="2">断面形状</th><th>流速系数 φ</th></tr>
<tr><td rowspan="3">涵前积水不淹没八字翼墙的前墙</td><td colspan="2">矩形</td><td>0.90</td></tr>
<tr><td rowspan="2">曲线形</td><td>圆形</td><td rowspan="2">0.85</td></tr>
<tr><td>其他</td></tr>
<tr><td rowspan="3">涵前积水淹没八字翼墙的前墙或端墙式进口</td><td colspan="2">矩形</td><td>0.85</td></tr>
<tr><td rowspan="2">曲线形</td><td>圆形</td><td rowspan="2">0.80</td></tr>
<tr><td>其他</td></tr>
</table>

[第 10.4.4 条解读]

通过涵洞的水流过水状态基本与小桥相似，不同在于涵洞受到洞壁约束，孔径较小，一般涵洞轴向长度比小桥长，水流方向地面高差的影响比小桥大，故涵洞过水状态比小桥复杂很多，涵洞过水状态与其孔径计算极为相关。

1. 无压状态的形成

当水流通过涵洞，出入口均不发生淹没，且全部过流长度始终保持自由水面时称为无压状态，形成条件如下。

(1)涵洞出口处河槽天然水深 h_0 不超过洞身净高；

(2)设 H 为涵前水深，H_0 为涵洞净高，当端墙式及八字式入口无提高节，$H \leqslant 1.2H_0$ 时，或八字式入口有提高节，有流线型入口，$H \leqslant 1.4H_0$ 时，入口不被淹没；

(3)水流进入涵洞后跌落约 $0.88H$，形成收缩断面，洞内为自由水面，跌落水深不超过涵洞入口提高节的净高。

如壹桥 5191 圆形涵洞(非提高节)入口：$H \leqslant 1.2H_0$，$h_0' < H_0$。提高

节入口因涵洞标准设计图入口提高值不同而各异，如专桥 5004 拱涵（提高节）入口：$H \leqslant 1.4H_0$，$h'_0 < H_0$。肆桥 5009 盖板箱涵（提高节）入口：$0.88H \leqslant H'_0$，$h'_0 < H_0$。h'_0为涵洞内正常水深，H'_0为涵洞入口提高节净高。

不符合上述有关条件时变为有压状态，见表 10-25 中水流情况示意。

《铁路桥涵设计规范》(TB 10002—2017)第 3.2.7 条要求涵洞宜设计成为无压状态。有压涵洞要求涵节间的接缝密不透水，避免渗水进入基底路堤，但很难做到。

无压状态下，根据涵洞入口处水流性质的不同又可将无压状态分为临界流、缓流、急流三种情况。当涵洞孔径对水流有较大压缩时，水流被迫在涵前产生积水，然后按临界流情况进入涵洞，用最小的能率使全部流量通过涵洞。同时，涵洞过水断面对水流产生骤然压缩，水面在入口内形成宽顶堰水流状态，入口有一水深最小的断面称为收缩断面 ω_c，该断面水深 h_c 小于临界水深 h_k，流速 v_c 大于临界流速 v_k，为急流。

本规范确定了无压涵洞孔径设计临界流计算公式。

已知设计流量 Q，拟定某孔径 $B=B_k$，洞内临界水深 h_k：曲线形过水断面$\dfrac{Q_p^2}{g}=\dfrac{\varepsilon^2\omega_k^3}{B_k}$则 $v_k=\sqrt{g\dfrac{\omega_k}{B_k}}$

矩形流水断面 $h_k=\sqrt[3]{\dfrac{Q_p^2}{\varepsilon^2 B_k^2 g}}$则 $v_k=\sqrt{gh_k}$

此时涵前积水深度由下式求出：

$$H_0=h_c+\frac{v_c^2}{2g\varphi^2}-\frac{v_0^2}{2g}$$

$$h_c=(0.76\sim0.92)h_k$$

$$v_c=(1.09\sim1.14)v_k$$

本规范提到无压状态下临界流时的孔径设计。如天然河沟坡度平缓，采取局部开挖产生临界坡度易造成淤积，因此仍应按缓流条件设计孔径。如已属天然急流状态，按临界流设计则需增设缓流设施，与急流设计方案进行比较斟酌确定。

本规范未提到有压涵洞孔径设计。新建桥涵时一般不允许桥涵内水流呈有压状态，既有线涵洞可能出现半有压或有压状态。改建既有线检算涵洞孔径时，可能用到有压状态下的水力公式来核算涵洞过水能力，《铁路工程设计技术手册·桥渡水文》中有详细介绍。

有关方面"涵洞水力特征试验研究"鉴定通过了该项成果，对有压、无压状态用 K（$K=H/h_t$，H 为积水深，h_t 为涵洞入口处净高）、流速系数 φ 来判别，见表 10-24。

表 10-24 涵洞有压、无压状态 K、φ 值

进口型式		圆涵		盖板涵（入口）				拱涵（入口）			
				无提高节		有提高节		无提高节		有提高节	
		单孔	双孔	单孔	双孔	单孔	双孔	单孔	双孔	单孔	双孔
判别式 K	八字翼墙	1.12	1.11	1.14	1.13	1.12	1.11	1.21	1.15	1.23	1.17
	端墙	1.04									
流速系数 φ		0.92	0.95	0.88	0.95	0.88	0.95	0.90	0.95	0.90	0.95
$k(=h_c/h_k)$		0.92	0.92	0.88	0.88	0.90	0.90	0.90	0.90	0.92	0.92

注：该试验研究的 φ 值包括了侧收缩系数 ε 在内。

该项试验还提出箱涵（盖板涵）关于单孔、双孔设计流量的相互关系。箱涵与拱涵洞内净空条件相同时，模型试验的实际通过流量均大于标准图的值。无论有无提高节，单孔拱涵设计流量均超出标准图的值 40%，双孔超出 30%。入口无提高节的箱涵，单孔、双孔分别超出 16%、23%；入口有提高节的箱涵，单孔、双孔分别超出 30%、34%。箱涵入口有提高节时，双孔与单孔涵洞流量之比为 2.06，无提高节时为 2.12，拱涵分别为 1.89、1.87，圆涵为 1.83。表明涵洞标准图双孔、单孔流量之比为 2.0 时，箱涵状态安全，而拱涵、圆涵状态不安全。

理论上的临界流为涵洞设计理想的水流状态，可安全宣泄设计洪水。当水流输沙能力、地形地质条件许可时，涵洞应设置于临界纵度。但不宜在洞身范围强行设置临界坡，改变天然纵坡会引起或加剧沟槽的冲刷淤积。涵洞的纵坡宜与天然纵坡相近，当其变化时较长的涵洞可设置在一个以上坡段上，尽量减少坡段数和坡度差。表 10-25 均为临界流的情况。

表 10-25　临界流情况示意

<table>
<tr><th>类型</th><th>入口临界流形成条件</th><th>确定临界条件
需要计算项目</th><th>附注</th></tr>
<tr><td>a</td><td>$I=I_k$
$h_0<h_k$</td><td>I_k, h_k, h_0</td><td rowspan="7">1. $l_0=1.5\sim2.5(H-h_0)$
2. $h_0\approx0.9h_k$
3. H_0=涵前总水头，
$$H_0=H+\frac{v_0^2}{2g}$$
4. 水流情况图形详见《铁路工程设计技术手册·桥渡水文》表 7-4</td></tr>
<tr><td>b</td><td>$I<I_k$
$h_0<h_k$
$h_0'<1.3h_k$</td><td>I_k, h_k, h_0, h_0'</td></tr>
<tr><td>c</td><td>$I<I_k$
$h_0<h_k$</td><td>I_k, h_k, h_0</td></tr>
<tr><td>d</td><td>$I<I_k$
$h_0>h_k$
$h_0<1.3h_k+\frac{I(L-l_0)}{2}$
$h_0'<1.3h_k$</td><td>I_k, h_k, h_0', h_0, l_0</td></tr>
<tr><td>e</td><td>$I>I_k$
$h_0>h_k$
$h_0<1.3h_k+I(L-l_0)$</td><td>I_k, h_k, h_0, l_0</td></tr>
<tr><td>f</td><td>$I>I_k$
$h_0>h_k$
$h_0'>1.3h_k$
$L<8H$</td><td>I_k, h_k, h_0', h_0</td></tr>
<tr><td>g</td><td>$I>I_k$
$I<I_k$
$I=I_k$
$h_0<1.3h_k$</td><td>h_k, h_0</td></tr>
</table>

求出孔径后应参照这些图形，检查计算涵洞实际过流情况，确定是否符合图示。如不符则为非临界流，按其他过流情况检算。

涵内临界坡度 I_k 由下式计算：

$$I_k=\frac{n^2v_k^2}{R_k^{4/2}}$$

式中　n——涵内糙率，一般采用 0.017；

R_k——水深 h_k 时的水力半径，$R_k=\frac{\omega_k}{\rho_k}$，$\rho_k$ 为水深 h_k 时的湿周。

涵洞标准设计图均按涵洞坡度为临界坡设计。对于非临界坡涵洞，如符合表 10-25 中的水流图形，也为临界流情况。

各类涵洞标准图中均列有水力特征性质可供涵洞设计选用，表 10-26 中列出每一种孔径通过不同流量时的水流状态、涵前水深 H、洞内临界水深 h_k、洞内临界流速 v_k、洞内临界坡度 I_k 等参数，由设计流量 Q 查出相应孔径。

表 10-26　常用涵洞水力特征

a. 钢筋混凝土圆形涵洞(壹桥 5191)

孔径(m)	Q (m^3/s)	端墙式及八字式						坡度		
		水流状态	涵前水深 H(m)	h_c(m)	洞内临界水深 h_k(m)	v_c(m/s)	洞内临界流速 v_k(m/s)	I_c	洞内临界坡度 I_k	I_{max}
1.0	0.60	无压	0.72	0.41	0.45	2.08	1.84	0.009	0.007	0.136
	0.60		0.85	0.47	0.52	2.32	2.04	0.010	0.007	0.145
	0.89		0.90	0.50	0.55	2.39	2.09	0.010	0.007	0.135
	0.89		1.00	0.50	0.55	2.51	2.11	0.011	0.003	0.130
	1.00		1.07	0.54	0.60	2.57	2.26	0.011	0.008	0.116
	1.20		1.13	0.60	0.67	2.71	2.38	0.012	0.008	0.100
	1.22		1.20	0.60	0.67	2.75	2.41	0.012	0.009	0.009
1.25	1.20	无压	0.97	0.54	0.60	2.49	2.17	0.010	0.007	0.112
	1.26		1.00	0.56	0.62	2.40	2.18	0.010	0.007	0.107
	1.26		1.10	0.57	0.63	2.57	2.19	0.010	0.007	0.102
	1.40		1.17	0.60	0.67	2.67	2.32	0.010	0.007	0.094
	1.60		1.26	0.65	0.72	2.76	2.44	0.010	0.007	0.085
	1.80		1.35	0.63	0.77	2.88	2.52	0.010	0.007	0.077
	2.00		1.44	0.73	0.81	2.99	2.64	0.011	0.008	0.071
	2.12		1.50	0.75	0.84	3.06	2.70	0.011	0.008	0.068
1.50	2.00	无压	1.20	0.63	0.75	2.71	2.38	0.009	0.006	0.078
	2.00		1.32	0.69	0.77	2.80	2.43	0.009	0.006	0.074
	2.50		1.51	0.77	0.86	3.04	2.65	0.010	0.007	0.062
	3.00		1.67	0.86	0.95	3.18	2.83	0.010	0.007	0.053
	3.35		1.80	0.90	1.00	3.36	2.27	0.010	0.008	0.050

续上表

孔径(m)	Q (m³/s)	端墙式及八字式						坡度		
		水流状态	涵前水深 H(m)	h_c(m)	洞内临界水深 h_k(m)	v_c(m/s)	洞内临界流速 v_k(m/s)	I_c	洞内临界坡度 I_k	I_{max}
2.0	3.50	无压	1.60	0.85	0.84	3.06	2.68	0.008	0.016	0.051
	4.00		1.73	0.91	1.01	3.20	2.79	0.008	0.016	0.046
	4.50		1.85	0.96	1.07	3.35	2.92	0.008	0.006	0.042
	5.00		1.97	1.02	1.13	3.45	3.04	0.009	0.006	0.039
	5.50		2.08	1.07	1.19	3.57	3.14	0.009	0.006	0.035
	6.00		2.19	1.13	1.25	3.64	3.23	0.009	0.006	0.033
	6.50		2.31	1.17	1.30	3.78	3.34	0.009	0.007	0.031
	6.84		2.39	1.20	1.34	3.87	3.40	0.009	0.007	0.030
2.5	7.00	无压	2.17	1.13	1.26	3.61	3.14	0.008	0.005	0.031
	7.50		2.25	1.18	1.31	3.66	3.20	0.008	0.005	0.030
	8.00		2.33	1.22	1.36	3.74	3.26	0.008	0.005	0.020
	8.50		2.42	1.26	1.40	3.81	3.34	0.008	0.006	0.027
	9.00		2.50	1.30	1.44	3.88	3.42	0.008	0.006	0.026
	9.50		2.59	1.33	1.48	3.98	3.49	0.008	0.006	0.025
	10.00		2.66	1.37	1.52	4.03	3.56	0.008	0.006	6.024
	11.00		2.82	1.44	1.60	4.17	3.68	0.008	0.006	0.022
	12.00		3.00	1.50	1.67	4.34	3.83	0.009	0.006	0.021

注：1. 表中 h_c 为涵洞入口跌落后压缩断面处水深(m)；

2. 表中 v_c 为当水深为 h_c 时的流速(m/s)；

3. 表中 I_c 为出口处形成水深 h_c 时的坡度；

4. 表中 I_{max} 为出口流速 6 m/s 时的坡度。

b. 石涵及钢筋混凝土拱涵(专桥 5004)

孔径(m)	流量 Q(m³/s)	净高(m)		临界水深 h_k(m)	临界流速 v_k(m/s)	涵前积水 H(m)	临界坡度 I_k
		抬高节	普通节				
入口抬高式							
1.00	2.84	1.75	1.30	0.96	3.12	1.65	0.012

续上表

孔径(m)	流量 $Q(m^3/s)$	净高(m)		临界水深 $h_k(m)$	临界流速 $v_k(m/s)$	涵前积水 $H(m)$	临界坡度 I_k
		抬高节	普通节				
1.25	5.22	2.30	1.65	1.24	3.55	2.14	0.013
1.50	8.27	2.75	2.00	1.49	3.90	2.55	0.011
2.00	16.61	3.55	2.65	1.99	4.40	3.43	0.010
2.50	29.12	4.30	3.30	2.46	5.00	4.20	0.009
3.00	33.31	4.20	3.20	2.35	5.00	4.10	0.008
3.50	37.77	4.20	3.20	2.30	5.00	4.05	0.007
4.00	42.79	4.30	3.30	2.28	5.00	4.04	0.007
4.50	48.49	4.45	3.45	2.30	5.00	4.05	0.006
5.00	54.08	4.60	3.60	2.31	5.00	4.08	0.006
5.50	60.05	4.80	3.80	2.33	5.00	4.10	0.005
6.00	68.12	5.00	4.00	2.35	5.00	4.10	0.005
入口不抬高式							
1.00	1.78	—	1.30	0.69	2.59	1.11	0.010
1.25	3.17	—	1.65	0.87	2.92	1.41	0.010
1.50	5.08	—	2.00	1.05	3.22	1.70	0.009
2.00	10.34	—	2.65	1.40	3.70	2.25	0.008
2.50	17.08	—	3.30	1.74	4.13	2.80	0.008
3.00	20.57	—	3.20	1.69	4.07	2.73	0.007
3.50	24.00	—	3.20	1.69	4.07	2.73	0.006
4.00	26.49	—	3.30	1.70	4.10	2.88	0.005
4.50	32.02	—	3.45	1.78	4.21	3.03	0.005
5.00	36.30	—	3.60	1.80	4.25	3.07	0.005
5.50	43.38	—	3.80	1.90	4.38	3.25	0.005
6.00	51.22	—	4.00	2.00	4.51	3.44	0.005

注：表列流量值为单孔涵洞时设计流量，双孔涵洞为其 2 倍，临界水深 h_k，涵前积水深度、临界坡度等均与单孔一致。

c. 钢筋混凝土盖板箱涵(肆桥 5009)

孔径(m)	净高 h_t(m)	流量 Q (m^3/s)	涵前积水 H(m)	临界水深 h_k(m)	临界流速 v_k(m/s)	临界坡度 I_k(‰)	最大坡度 I_{max}(‰)
高边墙(有提高节)							
1.00	1.60	4.81	2.15	1.33	3.62	1.46	2.00
1.25	1.80	7.22	2.43	1.50	3.84	1.27	2.00
1.50	2.00	10.17	2.71	1.67	4.05	1.14	1.91
2.00	2.50	17.86	3.52	2.08	4.52	0.99	1.31
2.50	3.00	29.39	4.23	2.50	4.95	0.90	0.93
3.00	3.50	36.34	4.31	2.55	5.00	0.78	0.78
高边墙(无提高节)							
1.00	1.60	2.75	1.60	0.95	3.01	1.19	2.00
1.25	1.80	4.08	1.80	1.06	3.23	1.04	2.00
1.50	2.00	5.72	2.00	1.18	3.40	0.94	2.00
2.00	2.50	10.71	2.50	1.48	3.81	0.84	1.70
2.50	3.00	17.51	3.00	1.77	4.17	0.76	1.22
3.00	3.50	27.75	3.60	2.13	4.57	0.72	0.90
3.50	5.00	42.41	4.31	2.55	5.00	0.69	0.69
4.00	5.00	48.46	4.31	2.55	5.00	0.62	0.62
4.50	5.00	54.53	4.31	2.55	5.00	0.57	0.57
5.00	5.00	60.58	4.31	2.55	5.00	0.53	0.53
5.50	5.00	66.63	4.31	2.55	5.00	0.50	0.50
6.00	5.00	72.69	4.31	2.55	5.00	0.47	0.47
低边墙(无提高节)							
1.00	1.00	1.35	1.00	0.59	2.41	0.96	2.00
1.25	1.10	1.95	1.10	0.65	2.53	0.85	2.00
1.50	1.20	2.67	1.20	0.71	2.64	0.77	2.00
2.00	1.50	5.00	1.50	0.59	2.96	0.69	2.00
2.50	1.80	8.23	1.80	1.07	3.24	0.63	2.00
3.00	2.10	12.33	2.10	1.24	3.49	0.59	1.61

续上表

孔径(m)	净高 h_t(m)	流量Q (m^3/s)	涵前积水 H(m)	临界水深 h_k(m)	临界流速 v_k(m/s)	临界坡度 I_k(‰)	最大坡度 I_{max}(‰)
3.50	3.50	32.40	3.60	2.13	4.57	0.64	0.81
4.00	3.50	36.99	3.60	2.13	4.57	0.58	0.74
4.50	3.50	41.64	3.60	2.13	4.57	0.54	0.68
5.00	3.50	46.25	3.60	2.13	4.57	0.50	0.64
5.50	3.50	50.87	3.60	2.13	4.57	0.47	0.61
6.00	3.50	55.50	3.60	2.13	4.57	0.45	0.58

注:1. 表列流量值为单孔涵洞设计流量,双孔涵洞为其2倍;
2. 表列涵洞设置的最大坡度按洞内流速5 m/s计算得到。

标准设计均接近无压临界坡不淹没出流设计,临界坡涵洞的洞内水深受到下游天然水深的影响。$h_0 \leqslant 1.3h_k + I_k(L-l_c)$时为不淹没出流,入口部分流速、涵前壅水均按该情况计算。$1.3h_k < h_0 < 1.3h_k + I_k(L-l_c)$时,涵洞净高按$h_0$检查。$h_0 > 1.3h_k + I_k(L-l_c)$时为淹没出流,入口段长度$l_c = 1.5(H-h_c) \sim 2.5(H-h_c)$。与上述条件不符时则变为有压状态。

2. 对临界流情况的检查

很多情况下检查临界流情况可凭经验确定,不必计算。

(1)当河槽较为宽浅,纵坡在涵洞出口以下适当距离内,无显著减缓时,除特殊情况(涵洞下游有阻流建筑物、涵洞位于水流排泄不畅地带等),河槽天然水深h_0一般均小于涵内临界水深h_k,此时h_0不需检算。

(2)当涵洞设置于陡坡,下游适当距离内无其他阻流建筑物时,h_0及洞内水深h_0'不需检算。

(3)涵长较短($L<8H$)且$h_0<h_k$时,h_0'不需检算。

(4)计算流量接近有关水力特征(表10-26)流量时,可选用相应的h_k、I_k作为检查比较的依据。

10.4.4 涵洞孔径和长度

[第10.4.5条引文]

排洪涵洞的最小孔径不应小于1.25 m。城市或车站范围内有污水流入的涵洞可根据需要加大孔径。为路基或站场排水而设的、无天然沟槽的涵洞孔径可根据具体情况确定。改建既有线和增建第二线时，如需延长既有线上的涵洞，则涵洞孔径和长度可根据具体情况确定，但孔径不应低于现行标准。

[第 10.4.6 条引文]

涵洞的长度应根据净高(或内径) H 确定：

1. $H=1.25$ m 时，涵洞长度不宜超过 25 m。

2. $H\geqslant 1.5$ m 时，涵洞长度可不受限制。

[第 10.4.5、10.4.6 条解读]

20 世纪 50 年代，我国铁路桥涵设计规程或设计规范未正式制订涵洞孔径系列。采用苏联时期的孔径系列标准，对涵洞的使用长度无明确要求。

此后，我国根据实践经验逐步设计了我国自己的各类涵洞标准图，在设计、施工、养护方面走出了自己的新路，在孔径系列予以增补配套。

在桥梁专业标准设计 1961 年座谈会年上，代表普遍建议新线设计不宜采用孔径小于 1 m 小圆涵，以减轻清理检查的困难，特殊时按壹桥 5070 标准图办理，被《关于桥梁专业标准设计座谈会的技术问题的批复》确认。

《铁路工程技术规范・第二篇桥涵》于 1974 年发布实施，首次对涵洞作出要求。

涵洞标准孔径采用 0.75、1.0、1.25、1.5、2.0、2.5、3.0、3.5、4.0、4.5、5.0、5.5、6.0 m。泄水隧洞孔径一般不小于 2.0 m，排洪涵洞最小孔径不应小于 1.0 m。

各式涵洞长度视其净高或内径 h 而定：

$h=1.0$ m，长度不宜超过 15 m；

$h=1.25$ m，长度不宜超过 25 m；

$h\geqslant 1.5$ m，长度不受限制。

位于灌溉渠道淤积较少的涵洞，孔径一般不小于 0.75 m，全长不宜超过 10 m。

1.《铁路桥涵设计规范》(TBJ 2—85)的修订补充要求

(1)孔径 0.75 m 的涵洞仅用于无淤积地区的灌溉渠。采用 0.75 m

孔径且 $h<1.0$ m时，长度不宜超过10 m；$h\geq1.0$ m时，长度不宜超过15 m。

(2)为路基或站场排水而设的天然沟槽的涵洞孔径，视具体情况而定。

(3)位于城市或车站范围内有污水流入的涵洞，根据需要加大孔径。

(4)增建第二线或改建既有线时，如旧涵洞状态良好，孔径和长度视具体情况而定。

《铁路桥涵设计基本规范》(TB 10002.1—99)沿用该项要求，2005年仅调整排洪涵洞最小孔径，并被《铁路桥涵设计规范》(TB 10002—2017)相关条款和本规范第10.4.5、10.4.6条沿用。

本规范考虑涵洞的维修养护清淤作业，对孔径与长度有些限制。排洪涵洞孔径不应小于1.25 m，孔径超过1.25 m时，涵洞长度不宜超过25 m。孔径超过1.5 m时，对其长度不加限制。

位于城市大型车站枢纽区段的涵洞，除排洪污水尚有垃圾杂物流入，清淤条件较一般涵洞好些，孔径酌情加大。

2. 数据实例

南京某编组站涵洞长度70～80 m，扩建后超过100 m；大同枢纽站一涵洞孔径1.25 m，长度50～60 m，扩建接长至120 m，与孔径不匹配。桥涵位置应考虑因远期站场股道增加而接长涵身时，既有孔径与接长后的长度相互不适应，小涵洞宜加大孔径。站内涵洞如受站场高程控制，为满足限制长度可加大孔径，结合站场布置在股道间设置检查井，且涵洞分段长度不超过该限制长度。

涵洞为路基或站场排水设置于人工开挖的沟槽上，其断面及其流量一般很小，如路基侧沟宽0.4 m、深0.6 m，则排泄流量约0.2 m^3/s，孔径较小时其长度也受到限制。考虑维修养护条件，以及净高或内径所限，各式涵洞长度受到限制。

改建既有线或增建二线时，如延长既有涵洞，其长度可根据具体情况确定，孔径不低于现行标准。

涵洞长度的计算详见《铁路工程设计技术手册·涵洞与拱桥》第一章第三节，注意流水方向、斜交方向、曲线路基加宽方向、上下坡度的公式。站内斜涵按站场斜交断面设计，遇道岔时，其断面相应加宽。特殊路基地段涵洞的长度应适应其缓坡，并考虑护道宽度。涵洞为大斜交、小半径时，其长度应考虑线路曲线的影响。

10.4.5　涵洞内顶点至最高流水面的净高

［第 10.4.7 条引文］

无压式涵洞内顶点至最高流水面的净高应符合表 10.4.7 的规定。

表 10.4.7（本规范）　无压式涵洞内顶点至最高流水面的净高（m）

净高 H	类　型		
	圆涵	拱涵	矩形涵
≤3	$>H/4$	$>H/4$	$>H/6$
>3	≥0.75	≥0.75	≥0.5

注：圆涵入口端部净空高度可不受表列数值限制。

［第 10.4.7 条解读］

本条与《铁路桥涵设计规范》(TB 10002—2017)第 3.2.7 条基本一致。

为保证涵洞与路堤的稳定，无压涵洞过水断面需留有一定富余高度，以免因流量计算不准确使涵洞由无压变为半有压或有压，并防止漂流物堵塞涵洞。

矩形涵的净高超过 3.0 m 时，涵内顶点高出洞内设计频率水位的净高不小于 0.5 m，与不通航、无筏河流上的桥梁最小净高相同。圆涵或拱涵水面上的净空较小，故净高较高些。圆涵孔径较小，入口均无提高节。经验证明，其端部净空高度可不受本规范表 10.4.7 所列数值限制。该条为本规范新增。

运营线上的涵洞在洪水期常被淹没，经多年考验确认洞内管节严密、上下游防护坚固，技术状态良好者，可按有压涵洞进行检定，其检定水位不能高出路肩以下 0.25 m。如影响到上游农田村镇，以不影响其安全的控制水位进行检定。

10.5　小桥涵防护

10.5.1　防护要求

［第 10.5.1 条引文］

小桥涵上下游一定范围内的沟床可根据设计需要设置防冲铺砌，并根据允许流速确定铺砌类型。

1. 铺砌方式随沟形而定,铺砌末端应设直立式垂裙。

2. 出口流速小于土的容许不冲刷流速或沟床为岩石时可不铺砌。

3. 小桥基底埋置深度满足冲刷要求时可不铺砌。

[第10.5.1条解读]

小桥涵造成水流集中,水深和流速显著增加,为防止冲刷危及桥涵基础及路基的安全,一般多采用铺砌防护。

小桥防护范围包括桥下沟床和锥体。涵洞防护范围则包括进出口以外适当的沟床、路基边坡和锥体,涵洞防护高度按路基上下游设计水位加0.25 m,且不低于锥体高度。一般小桥涵可参考标准图来确定出入口沟床铺砌范围和类型(陡坡涵洞除外)。

原铁道部通用图《小桥涵出入口铺砌》(叁桥8011)大体将小桥涵出入口分为三种铺砌方式。

1. 标准铺砌

当涵洞附近无严重冲刷和明显沟形,下游形成无跳水陡坎的非淹没流,涵洞出口流速小于6.0 m/s时,可用标准图要求的一般型式尺寸,即标准铺砌。但不适用于严寒地区、湿陷性黄土地区、大河河滩分洪涵洞的出入口,此情况应采取加强防寒措施或另行设计,如加深垂裙,增大铺砌长度等。

2. 浅沟铺砌

当与涵洞出入口相连的天然沟槽或人工开挖沟槽较浅,设计水位漫上两岸时可采用浅沟铺砌。其底宽与涵洞出入口宽度一致,沟槽顶面两侧与两岸地面齐平铺砌,总宽度不应小于标准铺砌宽度,末端仍需设置垂裙,洞口需设置锥体和路基铺砌。

如沟槽深度约为0.3～0.5 m或更小,以及天然沟槽宽度接近标准铺砌宽度时,宜将沟槽挖宽,改为标准铺砌。

3. 深槽铺砌

当与沟槽出入口相连的天然或人工开挖沟槽都能存纳全部洪水,且沟槽宽度与涵洞孔径相近时,涵洞出入口应采用与沟槽铺砌一致的梯形或矩形槽铺砌。其宽度应与涵洞出入口宽度一致,展宽后与天然或人工沟槽顺接,并视沟岸高度设置洞口需要的锥体。

桥涵出入口沟床铺砌的末端冲刷会破坏整个铺砌，应在沟床铺砌末端修建一定深度的垂裙，一般采用厚度 0.5 m 的直墙式浆砌片石。

一般小桥上游的垂裙深度 0.6 m，涵洞孔径 1.0 m，若水流湍急，或截断地下潜流以防止地面水流下渗，影响到桥涵基底的承载力，应增加深垂裙深度，下游应根据铺砌末端处沟床可能的冲刷深度确定。一般沟床铺砌采用干砌片石时该深度可为 1.0～1.5 m，沟床铺砌采用浆砌片石时该深度可为 1.5～2.5 m。

小桥涵防护关键在于关注下游的冲刷，尤其对于涵洞。其损毁大多因水流作用下出口附近形成冲刷而引起。这种冲刷与加固长度有关，加固愈短则冲刷愈深。准确估计涵洞出口的冲刷深度、合理选定加固长度在设计中甚为重要。

小桥涵出入口沟床的出口流速小于河床土的容许不冲刷流速时可不铺砌，此外均应铺砌。有干砌片石、浆砌片石、混凝土三种方式。对于出口流速大于沟床土的容许不冲刷流速的情况：出口流速小于 2 m/s 时采用干砌片石；2～6 m/s 时采用 M50 水泥砂浆片石；大于 6 m/s 时采用 C15 混凝土。干砌片石、浆砌片石、混凝土的厚度可采用 0.35 m，下设厚 0.1 m 的碎石垫层。出口流速小于 3.5 m/s 时的浆砌片石、小于 1.5 m/s 的干砌片石可酌情减薄，但不得小于 0.25 m。

入口沟床铺砌长度一般采用铺至锥体坡脚端部的长度加垂裙厚度，出口沟床铺砌长度为出口锥体坡脚至铺砌末端的长度（不加垂裙厚度）。主要按铺砌末端沟底冲刷的程度，以不影响出口路基坡脚稳定为目的，一般由孔径、流量、流速来确定。为简化计算可用单宽流量（通过涵洞的流量除以洞宽）确定出口铺砌长度，见表 10-27。

表 10-27　出口沟床铺砌长度

单宽流量(m^3/s)	＜1.0	1.0～5.0	5.0～10.0	≥10.0
铺砌长度(m)	0.6	1.6	2.6	3.6

对于平原无沟形或沟宽大于出入口两锥体间宽度的浅河沟，出入口沟床铺砌宽度可为两锥体间外侧各加 0.5 m，出口锥体坡脚下游按 20°扩散角放宽至铺砌边缘。对于有沟形但设计洪水漫出沟槽，沟宽小于出入口两锥体间宽度的情况，出入口铺砌宽度适当加宽至达到两锥体间宽度，

出口锥体外不铺砌，即扩散角为零。有较深的入槽且设计洪水不出槽时，出入口铺砌宽度可与沟宽相等，在铺砌段做好沟岸防护。铺砌顶面应与沟床顶面齐平。

铺砌末端均应设置垂裙且采用直墙式，不宜采用斜卧式。垂裙埋置深度为铺砌顶面至垂裙底的距离，按通过的单宽流量由表 10-28 确定，垂裙厚度由表 10-29 确定。小桥涵位于大河的河滩分洪区域时，因洪水历时较长，桥下为淹没流，其入口垂裙埋置深度适当加大，一般乘以 1.3。对于河床不铺砌，锥体铺砌至坡脚的基底需在一般冲刷线以下 0.25 m 处。

表 10-28　垂裙埋置深度(m)

单宽流量(m^3/s)	≤1	2	3	4	5	6	8	10	12
土质、砂质、圆砾$\bar{d}$<15.6 mm	1.25	1.50	1.70	1.80	1.90	2.00	2.20	2.30	2.40
卵石$\bar{d}$=15.6～78 mm	1.00	1.25	1.40	1.50	1.60	1.70	1.80	1.30	2.00
鹅卵石$\bar{d}$=78～130 mm	0.85	0.90	1.10	1.20	1.20	1.30	1.40	1.50	1.60
大鹅卵石、漂石$\bar{d}$≥130 mm	0.85	0.85	0.85	0.85	0.85	0.90	1.00	1.00	1.10

注：1. 出口垂裙埋置深度采用本表全值，入口采用本表的半值，但最低限度不小于 0.85 m；

2. 在单宽流量大于 12 m^3/s 时，本表不适用。

表 10-29　垂裙相应厚度

垂裙埋深(m)	≤1.2	1.2～1.5	1.5～1.8	1.8～2.4
垂裙厚度(m)	0.4	0.5	0.6	0.7

10.5.2　排洪涵洞设置要求

[第 10.5.2 条引文]

排洪涵洞设置应满足铁路路基排水的要求，并与自然水系、地方排灌系统相衔接。排洪涵洞设计应符合下列要求：

1. 满足路基排水、地方既有或规划排水系统的要求。

2. 有足够净空满足养护维修的需要。

3. 黄土、砂土、戈壁碎石土等地区，应考虑泥沙淤积对过水面积的影响。

4. 岩溶地区应考虑暗河、泉眼等水流对设计流量的影响。

5. 涵洞上下游铺砌设计，应考虑壅水、冲刷对上下游的影响，膨胀土、黄土、戈壁碎石土地区涵洞上下游铺砌长度不应小于10 m。湿陷性黄土、严寒和寒冷地区的铺砌基底应进行防渗处理。

［第10.5.2条解读］

本条根据《铁路边坡防护及防排水工程设计补充规定》(铁建设〔2009〕172号)编写。

本条针对铁路工程防排水设计中容易发生的问题提出各方面要求。如路基排水、地方既有排水、规划排水方面，黄土、沙土、戈壁碎石土地区泥沙淤积方面，膨胀土、黄土、戈壁碎石土地区涵洞上下游铺砌方面，岩溶地区暗河泉眼方面，湿陷性黄土地区、严寒地区基底铺砌等。

沟床地质为湿陷性黄土时，铺砌床面应全部夯实，且范围适当加大，垂裙适当加深，采用不透水的浆砌片石或混凝土铺砌。严寒地区沟床地质为非渗水土时，应换填为渗水土。铺砌面分割为1～2 m^2 的小块，使冻胀或融沉时铺砌不致破裂，严寒季节铺砌面上覆盖炉灰、黄土等。

10.5.3　涵洞出入口布置

［第10.5.3条引文］

涵洞内可回填原状土，使洞内不积水。排洪涵出入口与两侧地面或既有水沟不能顺接时，应根据不同地形作以下特殊处理：

1. 涵洞入口流水面高程低于既有水沟高程2 m以上时，应在涵洞入口端设置急流槽或缓流坎。

2. 涵洞出口流水面高程低于既有水沟高程时，应在涵洞出口拉沟引出汇入自然水系，必要时设置缓流池。

［第10.5.3条解读］

本条根据《铁路边坡防护及防排水工程设计补充规定》(铁建设〔2009〕172号)编写。

涵洞出入口高程应与上下游沟床衔接，入口不得高于原沟底以避免涵前经常积水。出口高于原沟底时，应采取措施防止冲刷。涵洞出入口高程应与线路排水系统及路堤两侧的取土坑相匹配，避免涵洞出入口过高或过低而影响泄洪能力。

涵洞入口水面低于既有水沟的高程超过2 m时，应在涵洞入口设置急流槽或缓流坎。入口引水及出口排水建筑物常采用急流槽、跌水缓流井等。

有些陡坡涵洞入口处的跌水缓流被泥沙堵塞造成泛滥，威胁路基安全。水流泥沙含量很大时，不建议设置缓流井，需加大孔径或改设小桥。

桥涵入口位于河沟转弯处时，凹岸及其锥体应加强防护。桥涵出口处河沟转弯时，凹岸会发生冲刷，应加强防护。

当桥涵下游有陡坎或陡坡，会发生溯源冲刷危及桥涵时，应设置台阶式铺砌，深度为一般垂裙埋置深度加陡坎或陡坡的跌落高度，如陡坎或陡坡离桥涵较远也可缓建。桥涵上游附近有陡坎跌水时，应在该处修建消力池以减缓流速，避免入口被冲成深坑。

涵洞出口水面低于既有水沟的高程时，应在涵洞出口设沟引入自然水系，必要时设置缓流池。

复线上下行两座小桥涵间距较近时，该处宜采用导流工程连接，否则水流通过上游桥台后扩散，冲击下游桥台破坏护底、护锥、路基，涵洞可连接为整体。

第11章　路　　基

11.1　滨河路基

11.1.1　滨河路堤水文勘测基本要求

[第11.1.1条引文]

滨河路堤应进行水文勘测。施测时可利用线路平面图和水文站的水文资料,并测绘以下内容:

1. 布设水文断面的间距应根据需要和现场实际情况确定。紧贴河滨受设计水位控制的线路紧坡地段、重要工点、重大防护工程处、有较大支流汇入处、河道平纵断面有突变处及河湾处,均应设置水文断面。

2. 水文平面关系图中应绘出河段简易地貌、最高洪水泛滥线、水准点、线路中线(车站应绘出车站范围)及水工建筑物的位置等。

3. 水面坡度图施测内容应符合本规范第4.2.4条的相关规定。

[第11.1.1条解读]

沿河岸修筑的路堤只有一侧边坡受设计洪水浸淹并经受水流作用者称为滨河路堤,其高度受设计洪水位控制影响。路基横跨河滩布设,大致与水流方向垂直或斜交,在其中间适当部位有过水建筑物。两侧边坡均浸水并经受水流作用者称为河滩路堤,其高度受设计洪水位或梁高的控制。

滨河路堤水文勘测时需对河流变迁、水库回水、水利规划进行全面了解。水文断面沿线的布设间距可取河宽的1～2倍或50～200 m,线路紧坡地段、重要工点、重大防护工程处、有较大支流汇入处、历史洪水位调查点附近应增设水文断面。有扩散、卡口、跌水、急滩等人工建筑物挤压侵占河道,有弃渣堵塞等处为河道平纵断面有突变处,应设置水文断面以控制水面曲线变化。

水文平面关系图应包括对工程有影响的河段,高程测绘至历史洪水位以上;测绘内容着重于影响流向的地形地物,并标出水文断面及历史洪水位。

水面坡度可利用河段地形图点绘，洪水坡度测绘应与本规范第4.2.4条相符。

11.1.2 滨河路堤水文分析基本要求

[第11.1.2条引文]

受洪水影响的滨河路堤应根据天然河道的形态和水文特征进行分析，计算沿堤的水位和流速，用以确定路堤最小高度与防护措施。

[第11.1.2条解读]

当线路顺延河岸，滨河路堤的路肩高程受设计洪水位控制，路堤受水流冲刷时，应进行水文勘测计算。在沿河洪水位纵断面设计时需详细调查计算河段河床平纵断面变化特征、沿堤水工建筑物现状以及可能挤压河道的因素。根据河流类型、河道特性、水文气象特征，分析计算沿河水位、流速，确定路堤最小高度以及防护工程措施，确保路堤稳定和运营安全。

11.1.3 洪水泛滥区和站场范围滨河路堤要求

[第11.1.3条引文]

滨河路堤不应侵入洪水泛滥区。站场范围内的滨河路堤宽度应考虑站场预留发展需要，以及站场范围内路堤侵入河道的程度后，根据站场股道与附属建筑物的布设确定。

[第11.1.3条解读]

滨河路堤进入洪水泛滥区时，路堤受洪水浸泡冲刷，需修建防护加固工程，同时增加了工程造价和养护工作量。路堤进入河道压缩河道流水断面，改变了天然河道的水力因素使水位壅高，流速增大，加剧危害路堤。局部河床形态与水力因素的变化会影响上下游较长河段的水流状态，危害沿河建筑物、农田房舍，故要求铁路定线时滨河路堤尽量避开洪水泛滥区，或该河滩范围内的路堤应减小其与水流的交角以减轻冲刷，进入洪水河槽的路堤需采取完善的工程措施，并要求路堤不得进入山区河流河槽。修建山区铁路曾通过经济技术比较，在河道内修建桥梁代替浸水滨河路堤。

站场范围内的路堤宽度通常根据站场股道与附属建筑物确定。站场常分期修建，勘测期间应按站场股道与建筑物的布设，检查站场范围内路堤进入河道的程度。

11.1.4　滨河路堤水文计算

［第 11.1.4 条引文］

滨河路堤水文计算，应考虑河道弯曲、卡口、扩散、山嘴及建(构)筑物等不同的平面形态，以及河床由陡变缓、由缓变陡、险滩急流、深坑跌水等纵坡变化和路堤侵占河道的行洪断面等因素对水位、流速的影响。

［第 11.1.4 条解读］

计算滨河路堤的沿堤洪水位和流速时，需调查分析有影响的河段。河床的平面、纵断面、横断面发生变化均可引起较长河段内的水流状态发生变化。如下游天然卡口或人工建筑物形成的壅水会使上游回水区内水流成为恒定非均匀流；河床纵断面突变会使水流形成恒定非均匀流；路堤对水流断面的挤缩会使水位抬高。这些因素均应充分考虑，不能一律按恒定均匀流计算，山区河段的河床变化剧烈尤应注意。需根据河流类型、河段特征、水流流态等，选择合理的水力计算方法。

宝成铁路为 1958 年建成通车的山区铁路干线。宝略段有 14 座跨嘉陵江大桥，多处路堤沿嘉陵江而设。1981 年 8 月连日暴雨，多段线路被冲毁，行车中断 50 余处，主要有河床防护及路基被毁、桥台被淘刷倾倒、桥墩受剪而断、江水漫道、隧道灌水等，其主要成因分析如下。

1. 计算参数选择不当

20 年代 50 年代初期，由于水文资料缺乏和对洪水的规律掌握不够，对大中河流的流速计算以及其他参数的选用有局限性，使设计水位较实际水位偏低。

嘉陵江 8～11 号桥之间距离约 13 km，本次特大洪水淹没线路，隧道灌水灾害严重。该段河道狭窄弯曲，岸壁凹凸不平灌木丛生。计算流速时，粗糙系数采用 $r=13.4\sqrt[4]{i}-1$。根据调查确定，1981 年洪水为 20 年一遇，并按 C_s 为平均数的统计方法推求频率 33％的流量。由于粗糙系数和流速尚与中低水位时的实际水力特征相吻合，算得该流量 $Q_{33\%}$ 尚能符合实际。但反求频率 33％的高水位时仍采用中低水位的水面比降和粗糙系数，使计算流速偏大，水位偏低。

2. 路堤护坡侵占河床、挤压河道，引起水位升高

以往的设计水位按天然情况考虑。当路堤及防护侵占河道或江中堆积大量石块挤压河道，未考虑水位升高影响时，对河道狭窄地段有突出影响，并影响水面比降。如 70 号隧道洞口于江流急弯，路堤防护侵占主河槽，下游 80 m 处江中堆积大石块，最大 7 m×7 m×13 m，挤占河宽 15 m，严重阻水，1981 年洪水瞬时壅高达接触网，水位高出轨面 5 m，回水长 500 m。洪水后河道由窄变宽，河湾凸岸淤积碎石弃渣，一般淤高 1～2 m，河湾曲率愈大则淤积愈多，最大淤高 4～5 m，一个淤积断面 120 m^2。凸岸淤积迫使水流冲向线路所在的凹岸，水力要素和河道形态发生强烈变化，水位明显抬升，水面比降上缓下陡。

3. 沿河洪水位设计未考虑河湾超冲高，忽视河床断面的变化

本段沿江路肩设计高度未考虑河湾超冲高。几座灌水严重的隧道口均位于河流凹岸上端，1981 年洪水凹岸水位较凸岸高出 1～1.5 m，河道变化宽窄不一。20 世纪 50 年代勘测时，长达 10 km 的峡谷段无人烟，无法调查洪水位，在较宽的地段作了 6 个分布不均的水流断面，仅凭该断面设计沿河洪水位的纵断面，使峡谷段水位偏低。

因参数选择不当、未考虑河道挤压淤积、未考虑河湾超冲高以及洪水位纵断面选择所限，产生水位偏差。对比 50 年代与 1981 年的推算水位，最大相差 4.6 m，流量相同。可见滨河路堤水文计算需考虑河道平面、纵横断面的变化，以及工程引起的河道水力形态要素变化，使设计水位接近实际情况。

11.1.5 滨河路堤的路肩高程

[第 11.1.5 条引文]

滨河路堤的路肩高程应根据河流的具体情况，考虑河道卡口或建筑物造成的壅水、河湾水面超高、波浪侵袭或斜水流局部冲高、河床淤积等影响的高度。其最低高程应高出设计水位加上述所规定的各项影响后至少 0.5 m。波浪侵袭高度与斜水流局部冲高取两者之较大者。

[第 11.1.5 条解读]

沿堤洪水位纵断面应根据计算各断面设计水位，结合河段平纵断面特征，考虑河湾、卡口、纵坡变化地段引起水面线的变化，以及既有水工建

筑物的挤压河道情况，并与较大的洪水位进行分析比较。

附加5项影响水位包括：河道卡口或建筑物造成的壅水、河湾水面超高、波浪侵袭高度、斜水流局部冲高、河床淤积高度。

最低路肩高程按下式计算：

$$H_{min}=H_p+\Delta h_p+0.5$$

式中 H_p——设计水位(m)；

Δh_p——附加5项影响水位之和(m)，因3、4两项相互干扰不予叠加，取较大值。

11.1.6 波浪在路堤边坡上侵袭高度

［第11.1.6条引文］

波浪在路堤边坡上的侵袭高度可按本规范第9.3.4条的规定计算确定。

［第11.1.6条解读］

波浪在路堤边坡上的侵袭高度按下式计算：

$$\Delta h_p=K_\Delta\cdot K_V\cdot R_\Delta\cdot H_{b_{1\%}}$$

式中 K_Δ——边坡糙渗系数；

K_V——与风速等有关的系数；

R_Δ——相对波浪侵袭高度(m)，与斜坡的坡度有关。

详见本规范第9.3.4条。

11.1.7 斜水流在路堤边坡上局部冲高

［第11.1.7条引文］

山区或山前河流上滨河路堤轴线与水流流向不平行时，斜水流在路堤边坡上的局部冲高可按下式计算：

$$\Delta h_{cp}=\frac{\bar{v}_g^2\sin^2\beta}{g\sqrt{1+m^2}} \tag{11.1.7}$$

式中 Δh_{cp}——斜水流在路堤边坡上的局部冲高(m)；

$\bar{v}_g$——冲向路堤的水流或股流的平均流速(m/s)；

β——水流流向与路堤边坡水边线的平面夹角；

m——路堤边坡坡度。

其余符号意义同前。

[第 11.1.7 条解读]

山区或山前河流水流与路堤不平行时路堤滞水，路堤承受水流压力，斜流在堤坡上出现局部冲击高度，用能量变化原理[即式(11.1.7)]计算。因边坡倾斜下降水流增加，消耗一些能量，局部冲高减小，故该式引进 $\sqrt{1+m^2}$。

11.2 滨海路基

11.2.1 滨海铁路选线基本要求

[第 11.2.1 条引文]

靠近或通过海峡、海湾在滨海范围的铁路，应选择在海面最短和水深不大、海底地势较为平坦与地质良好的地段。

[第 11.2.1 条解读]

滨海路基除与滨河、水库等浸水路基相似外还有其独特之处：受海流、潮汐、波浪（甚至台风、海啸）因素影响；基底地形倾斜或平坦，多存在厚度不等的淤泥，有各自的显著特点。

修建滨海铁路受水文气象条件影响，海上施工作业技术复杂难度大。若地质条件不好、防护设备不到位，水下基础的施工就更困难；且在铁路运营中的养护维修工作量和难度都大，费用也高，尤其遇到恶劣天气易出险情影响行车安全。因此选线勘测设计应注意尽量缩短线路长度，选择海岸稳定、海底地质良好的地段。

11.2.2 滨海路堤类型的选择

[第 11.2.2 条引文]

滨海路堤类型的选择，应考虑到所在地区的海岸形势、水深、设计水位、波浪高度、冰凌、淤沙、海流情况和当地的工程材料、海上施工的条件以及对海堤的使用要求等因素。

[第 11.2.2 条解读]

滨海路堤长期受海水作用，其填筑材料、断面型式、坡面防护、基础种类均与地质地貌、材料来源及海上施工条件有关，并与水深、水位、海流、浪高、冰凌及淤沙等因素有关。

海水在几米至十几米且波浪高度不大时，滨海路堤分为斜坡式、直墙式两种。

斜坡式路堤与一般路基断面型式一致，易于衔接且施工方便，整体稳定性较强，为铁路路基的常用断面，采用浆砌、干砌块石，或抛石、安放块石，设置人工混凝土护体、坡脚护底棱体。

通常在受材料缺乏等条件所限时采用直墙式路堤，一般采用块石或混凝土砌筑，基底常采用抛石暗基床或在基底外侧抛石，以防冲刷。

在面临高潮水位且水深大，路堤填筑高度大并位于软土地基时，为降低造价便于处理，可设置直墙式防浪墙路基，墙顶高程应符合滨海路基设计高程的要求，见本规范第 11.2.4 条。

路堤按堤身透水性可分为透水路堤、不透水路堤；按所处地理环境可分为跨海峡路堤、跨海湾路堤、突入海中路堤。

滨海路基填料应根据水深大小、波浪强弱、水位潮差、路堤断面型式、地基情况及其施工处理方案等，本着就地取材的原则选定。

一般情况下，正常潮施工水位以下的浸水路基应采用稳定性强、未风化的坚硬片块石填筑。

若石料缺乏，且有退潮时堤身露出水面或两侧水位不深等适宜条件，可采用粗粒砂砾石、碎石为填料，需保证建成后不被海流冲移，外部采用片块石护坡，下铺垫层或反滤层。

滨海路堤跨过海湾时，为使该路堤不透水可采用土石混合断面，即堤身迎水侧用片块石填筑，背水侧用填土直接设置。

11.2.3　滨海地区的潮位、波浪、海流等基础资料

[第 11.2.3 条引文]

滨海路堤的路肩高程受潮位、波浪、海流影响时，应调查、搜集、测绘下列资料：

1. 搜集测站历年潮位、波浪、海流等资料。

2. 测绘滨海路堤范围的地形图及路基设计需要的横断面。能搜集到历年滨海地形图或海底地形图及断面等资料时也可不测。

3. 封冻及流冰的滨海地段应调查、搜集冰凌资料。

4. 调查海水浪溅高度。

[第 11.2.3 条解读]

滨海路堤的路肩高程受潮位、波浪、海流影响很大，需对该地区的基础资料有所了解。

1. 潮位

海水受涨落潮作用产生长周期波动现象，垂向上表现为潮位升降。潮位上升至最高点称为高潮或满潮；此刻前后一段时间，潮位不升不降称为平潮；潮位开始降落至最低点时称为低潮或干潮；此刻前后一段时间，潮位又不升不降称为停潮。此后潮位又开始上升，平潮和停潮时间都因地而异。平潮的中间时刻为高潮时，潮位高度为高潮高；停潮的中间时刻为低潮时，潮位高度为低潮高。相邻高潮与低潮的高差称为潮差。由低潮至高潮的过程称为涨潮；由高潮至低潮的过程称为落潮。涨潮阶段的潮差称为涨潮差，该时间称为涨潮时；落潮阶段的潮差称为落潮差，该时间称为落潮时。

潮位的变化特征是确定滨海路堤各部分高程的重要依据，勘测设计时应根据铁路等级、对建筑物的要求、对潮位的统计分析，采取有一定保障的潮位作为设计水位。

2. 波浪

滨海路基设计中所需的波浪资料均系风浪。海洋中由风产生的波浪称为海浪。在不同风速、风向和地形条件下，海浪的尺寸变化很大，通常周期 0.5～25 s，波长几十厘米至几百米，波高几厘米至 20 余米，波高 30 m 以上为罕见情况。

水深对波浪的性质也有影响，水深大于半个波长($d>L/2$)发生的波浪称为深水波，$d<L/2$ 时称为浅水波。波峰水质点的前进速度超过波浪本身传播速度时波浪破碎。不破浪溅是一种振荡波(进行坡)，甚至在深水中破碎后能重新形成波高减小的振荡波，只有波浪进入浅水，破碎后不能再形成振荡波时才变为前移波，是形成沿岸边破浪溅的常见现象。

波浪资料是滨海路基工程设计的主要依据，直接关系到路堤高度和断面尺寸，设计前必须搜集该资料。

3. 海流

海流是海洋中除了由引潮力引起的潮汐运动外，海水沿一定途径的大规模运动。引起海流的因素表现为作用于海面的风压力，可以是热盐效应造成的海水密度分布的不均匀性，表现为海水中的水平压强梯度力，造成海水既有水平流动又有铅直流动。由于海岸与海底的阻挡和摩擦作用，海流在接近海岸、海底处与在开阔海洋面上的表现差别很大。

通常的海流为一种综合流，即各种类型海流的合成流。一般情况下，滨海路堤受近岸海流的影响较多，近岸海流以潮流和风海流为主，滨海路基工程设计需全面了解路堤附近海域的海流性质，搜集海流流速、流向等资料，分析建堤前后海流情况以确定路堤基础及坡面防护类型。

海冰主要发生在渤海、黄海北部和辽东半岛沿岸海域，会对滨海路堤结构产生破坏。分析设计波高或周期频率时，要求实测波浪资料需包含有台风大浪或寒潮大风等引起的大浪资料，其结果才较准确。

11.2.4 滨海路堤路肩设计高程

［第 11.2.4 条引文］

滨路堤未设防浪胸墙时，路肩设计高程应不低于设计水位、波浪侵袭高度（波浪爬高）、不小于 0.5 m 的安全高度三者之和；滨海路堤顶设有防浪胸墙时，路肩设计高程应不低于设计高潮水位高程以上至少 0.5 m。

［第 11.2.4 条解读］

滨海路基为确保路堤的安全，路肩的设计高程除满足设计水位（设计标准的高潮位）需要的高度，还应考虑为抵抗波浪对路堤的侵袭所需的高度。因此路肩设计高程应不低于设计水位、波浪侵袭高度（波浪爬高）、安全高度 0.5 m 三者之和。已设防浪胸墙的路堤，可不计波浪侵袭高度。

11.2.5 滨海路堤设计水位

［第 11.2.5 条引文］

滨海路堤设计水位采用设计频率 1/100 的高潮位。滨海路堤兼做水运码头时，应按水运码头设计要求确定设计最低潮位。

［第 11.2.5 条解读］

我国修建滨海铁路较少，路基设计需要的潮位、波浪等标准均参照港工规范的有关要求。设计高水位采用高潮（潮峰）累积频率 10％的潮位；设计低水位通常采用低潮（潮谷）累积频率 90％的潮位。海港工程的极端高水位应采用设计频率 1/50 的年极值高水位；极端低水位应采用设计频率 1/50 的年极值低水位。对不同等级建筑物的设计波浪频率、波高的累积标准都有要求。

海港工程与滨海铁路的性质、用途都不尽相同，设计标准也有一定差异。以海港码头为例，主要停靠最大船舶进行装卸作业，按某潮位各种船舶的技术性能和作业场地要求定出设计高、低水位；并考虑发生罕见潮位及风浪时，要求码头在各种荷载作用下，其结构和地基具有足够安全度，确定出校核高、低水位；另外为抵抗波浪侵袭，参照设计标准的累积频率波高，常于外海修建防波堤以使港区水域稳定。

滨海铁路由于路堤类似防波堤暴露于外海，直接受到潮位控制和波浪侵袭。路堤高度应达到防波堤相当于港工相关规范要求的校核频率高潮位标准，以及能够抵抗累积频率波高的标准。但海港码头所设的防波堤堤顶，一般稍可允许越浪，即使局部破坏也影响不很大。而铁路路面不允许越浪，要求在一定罕见频率的高潮位及波浪发生时，路堤能够抵抗侵袭，其标准比防波堤还高，设计水位应与陆域铁路具有同等技术标准。因此Ⅰ、Ⅱ级铁路滨海路堤的设计水位采用100年一遇的高潮位。

《规范》(TB 10017—99)第4.2.5条要求，对于滨海路堤的设计水位，Ⅲ级铁路采用重现期50年一遇的高潮位。本规范局部修订为滨海路堤设计水位采用设计频率1/100的高潮位。

滨海路堤兼做水运码头时，应按水运码头设计要求确定设计最低潮位。港区铁路采用的设计潮位频率一般为1/50，需在滨海路堤的一定区段内设置渐变段，逐渐降低路肩高程，使之与港区铁路平顺相接，同时需采取可靠的防浪措施以保证不产生越浪，一般可采用防浪墙。

11.2.6　设计波浪标准

[第11.2.6条引文]

设计波浪的标准应包括设计波浪的设计频率与设计波浪的波列累积频率。设计波浪的设计频率采用1/50。

[第11.2.6条解读]

设计频率显示波浪要素的长期统计分布规律，累积频率指波高等某一要素在该波列的占比，显示波浪要素的短期统计分布规律，可认为波浪要素的平均状态不随时间变化。

滨海铁路的设计水位应与陆域铁路具有同样的等级标准。海港部门对防波堤的调查发现，50 年一遇波浪检算结果与实际状态相符。

《规范》(TB 10017—99)第 4.2.6 条对滨海路堤的设计波浪重现期标准提出要求，Ⅰ、Ⅱ级铁路采用 50 年一遇，Ⅲ级铁路采用 25 年一遇。本规范有局部修订，滨海路堤设计波浪频率采用 1/50。

11.2.7 斜坡式或直墙式滨海路堤的强度和稳定性

[第 11.2.7 条引文]

斜坡式或直墙式滨海路堤的强度和稳定性计算时，设计波高 H 的波列累积频率标准应采用表 11.2.7 的规定。推算波高大于浅水极限波高时应采用极限波高。

表 11.2.7(本规范) 波列累积频率标准

滨海路堤型式	部位	计算内容	波列累积频率 F(%)
斜坡式	胸墙、堤顶方块	强度和稳定性	1
	护坡块石、护坡块体	稳定性	13 或 5
	护底块石	稳定性	13
直墙式	上部结构、墙身、桩基	强度和稳定性	1
	基床、护底块石	稳定性	5

注：在进行斜坡式建筑物的护面块石、护面块体稳定性计算时，平均波高与水深的比值 $\overline{H}/d \geqslant 0.3$ 时，F 取 13%；$\overline{H}/d < 0.3$ 时，F 取 5%。

[第 11.2.7 条解读]

滨海路堤长期受海水作用，不同建筑材料与断面型式的路堤适用于不同水深等情况，分为斜坡式和直墙式。

斜坡式断面与一般路基的断面型式一致，施工方便且整体稳定性较高，采用浆砌块石、干砌块石、混凝土护面等，坡脚设置棱体护底，为铁路、公路所常用。

滨海路堤因波浪作用，其边坡坡率较滨河路堤要大，外侧缓于内侧，坡石护面边坡的坡率相应放缓，堤头部分抗御波浪的能力较差。根据路堤的填料、高度及海洋水文条件等因素确定路堤边坡的坡率。当外侧缓于内侧、块石护面缓于混凝土护面、堤头缓于堤身时可按表 11-1 选用。

表 11-1　不同坡面边坡的坡率

坡面防护类型	坡率
抛填或安放块石	1∶1.5～1∶3
干砌或浆砌块石	1∶1.5～1∶2
干砌条石	1∶0.8～1∶2
安放人工块体	1∶1.25～1∶2
抛填方块	1∶1.0～1∶1.25

直墙式路堤一般采用块石或混凝土砌筑，基底常采用抛石暗基床或外侧抛石，通常只在材料缺乏等条件限制时采用。

当高潮水位水深大、路堤填筑高度大、处于软土地基时，可设置直墙式防浪墙路堤，墙顶高程应符合本规范第 11.2.4 条要求。

波浪传播至一定浅水区时破碎，计算波高大于浅水极限波高时采用后者。

对于设计波高 H 的波列累积频率标准，本规范沿用《规范》(TB 10017—99)第 4.2.6 条。

11.2.8　滨海路堤设计参数

[第 11.2.8 条引文]

不同设计频率的设计潮位、波浪的推算，波浪侵袭高度(波浪爬高)与波浪作用力的计算，可执行《海港水文规范》JTS 145-2 的规定。

[第 11.2.8 条解读]

对于滨海路堤设计参数，本规范参照《海港水文规范》的相关要求。

11.3　水库路基

11.3.1　水库路基设计基本要求

[第 11.3.1 条引文]

沿水库边缘或跨越水库库湾修筑的路基，应根据水库的特点和要求并考虑水位升降、波浪侵袭、水流冲刷、坍岸、淤积和地下水上升而引起土的湿陷性影响，采取相应的防护加固措施。

[第 11.3.1 条解读]

沿水库边缘或跨越库湾修筑路基，除考虑水位升降、波浪侵袭、水流冲刷，还应考虑以下因素。

1. 水库坍岸

水库蓄水后，库岸在波浪力作用下被淘刷磨蚀而产生变形，一般简称坍岸。

蓄水初期 3～4 年内，坍岸速度较快，其宽度可占总宽度 80% 以上。如某黄土地区水库蓄水 1 年，坍岸的岸嘴最大宽度 280 m，凸岸 172 m，凹岸 146 m，顺直岸 82 m。当解冻、涨水、开始冻结时易发生坍岸，水库蓄水位愈高则坍岸愈严重。

2. 水库淤积

水库蓄水后流速减小，泥沙易淤积。最低库水位末端以下只有淤积没有冲刷，为常年固定回水区。最高库水位与回水末端以内，因水流挟沙能力和含沙饱和程度而产生冲淤现象，为变动回水区。淤积过程中形成新的河床比降和均衡河床剖面。

淤积对水库的蓄水、抗洪能力不利，特别是挟沙量大的河流淤积速度快，分析库岸的稳定性时需充分考虑水库淤积的有利因素。

3. 地下水壅升与土的湿陷

水库蓄水引起当地水文地质条件变化。若库岸中埋藏地下水则随水位升高而壅升，若无地下水则水库的蓄水呈曲线向库岸渗透降落，地下水壅升渗透引起土的湿陷。某黄土地区水库，黄土类渗透率约 48.3～84.4 mm/d，地下水壅升波及 8 km 范围，黄土发生湿陷，土地沼泽化。

寒冷地区库位的变化引起库岸岩层或路堤护坡片石发生变化，封冻季节水库水位仍有变动。水位下降后部分残留于岩层孔隙中，因冻结体积膨胀，使岩层或护坡松动，冰块沿坡面摩擦撞击加速其破坏。水库下游一定范围落差加大，一般可按水位差的 20 倍估算计其与坝址的距离。

路基的坚固稳定受库水的浸泡渗透、波浪侵袭、地下水壅升、坍岸、冲刷、淤积等不利因素影响，设计时需分清主次，采取相应的加固防护措施。

11.3.2 水库路基勘测基本要求

[第 11.3.2 条引文]

水库路基除按要求进行测量外，还应调查、搜集水库各种特征的水位、水库坍岸与淤积情况、库区最大波浪高度及其相应的水位、库区冰情等资料。

[**第 11.3.2 条解读**]

水库建成后，原有河岸和沟谷发生改变。沿水库边岸修筑铁路受水位涨落、波浪冲刷、地下水壅升、坍岸引起土的湿陷及淤积等现象，路基勘测需参照水库资料的情况。

首先搜集水库的水位、淤积前后的回水曲线、全库区的地质资料图，以及风向、风速、最高波浪、冰情等资料。

然后从地质资料图等资料中调查该线路地段的地质条件，如土层颗粒及其湿陷、岩层节理发育及其风化崩解、岸坡形态及其稳定程度、路堤基底的地层岩性、防护填料的数量来源，以及地下水的深度等。对于不良地质现象，按特殊地段要求分析其稳定性。

11.3.3 水库路基路肩设计高程

[**第 11.3.3 条引文**]

水库路基的路肩设计高程，应不小于路基设计洪水频率的洪水位、波浪侵袭高、壅水高（包括水库回水及边岸壅水）、0.5 m 安全高度之和。

[**第 11.3.3 条解读**]

大型水库水坝的设计洪水频率标准较铁路路基设计洪水频率标准高，水库路基的设计洪水频率不采用水库的设计洪水频率标准，仍采用与滨河路基等相同的路基设计洪水频率标准。

《水利水电工程等级划分及洪水标准》(SL 252—2017)有关水库设计洪水频率标准见表 11-2、表 11-3。

表 11-2 山区、丘陵区水库工程永久性水工建筑物洪水标准

项目		永久性水工建筑物级别				
		1	2	3	4	5
设计重现期(年)		500～1 000	100～500	50～100	30～50	20～30
校核洪水标准重现期(年)	土石坝	可能最大洪水或 5 000～10 000	2 000～5 000	1 000～2 000	300～1 000	200～300
	混凝土坝、浆砌石坝	2 000～5 000	1 000～2 000	500～1 000	200～500	100～200

表 11-3 平原、滨海区水库工程永久性水工建筑物洪水标准

项目	永久性水工建筑物级别				
	1	2	3	4	5
设计重现期(年)	100～300	50～100	20～50	10～20	10
校核洪水标准重现期(年)	1 000～2 000	300～1 000	100～300	50～100	20～50

水库路基路肩标高的确定与一般大中桥不同,需考虑淤积的影响,设计水位采用水库淤积后设计洪水时的回水水位。水库淤积可能引起通航、灌溉、发电蓄水位的提高,对水库路基造成不利影响时可酌量提高其设计水位。

较宽阔的封闭水面上,迎风边岸的水面标高常有壅升趋势。风速较大、壅水浪程较长时,确定防浪建筑物顶面标高必须考虑该趋势。《铁路工程设计技术手册·桥渡水文》对这种水库或湖泊边岸壅水高度计算,推荐公式如下。

$$\Delta_{Z_b}=0.020\,2\,\frac{v_w^2 D'}{g\bar{h}}$$

式中 Δ_{Z_b}——风吹引起的水库边岸壅水高度,自静止水位算起(m);

v_w——水面风速(m/s);

D'——壅水浪程(km),由托风边岸至迎风边岸,为沿风向水面上的一条曲线,较有效浪程要长;

$\bar{h}$——平均水深(m)。

水库路基路肩标高应尽可能留有余地。当水库淤积严重,对路基工程产生影响时可预估淤积量,提高路基设计洪水频率标准。

11.3.4 水库路基路肩设计高程

[第 11.3.4 条引文]

水库设计洪水频率小于铁路设计洪水频率时,路肩设计高程应按水库最高正常蓄水位确定。在跨越水库边缘,填挖交界处的路肩高程不应低于水库的坝顶高程。

[第 11.3.4 条解读]

水库设计洪水频率标准高,正常蓄水位高于铁路设计洪水位时,为避免路基长期被库水淹没,路肩高程按水库正常蓄水位考虑。跨越水库边

缘,考虑非常时期避免库水溢入路基,填挖交界处的路肩高程不应低于水库坝顶高程。

11.3.5 水库岸坡防护顶面高程

[第 11.3.5 条引文]

水库岸坡的防护顶面高程,应为水库正常高水位、波浪侵袭高、0.5 m 安全高度之和,底面高程为水库设计低水位减波浪影响深度。

[第 11.3.5 条解读]

本规范第 11.3.3 条要求,水库路基顶面高程为按铁路设计洪水频率设计水位、波浪侵袭高度、壅水高度、0.5 m 安全值之和。铁路设计洪水频率标准常低于水库设计洪水频率标准。铁路设计水位低于水库正常高水位时,为确保路基稳定,采用水库正常高水位作为设计水位。

水库坍岸主要由常水位时波浪力对库岸的冲刷磨蚀而产生,可采用水库正常高水位作为防护建筑物顶面控制高程。取水库正常高水位、波浪侵袭高、0.5 m 安全值之和为水库坍岸的防护顶面高程。水库路堤顶面高程由设计洪水水位控制时,岸坡防护高度仍由水库正常高水位控制,水库路堤防护高程由设计洪水水位控制,二者有区别。

底面高程为水库设计低水位与波浪影响深度之差。有封冰和流冰时要低于冰盖层的下缘。根据官厅水库等实测资料,波浪影响深度约为波浪高的 2～2.5 倍。

11.3.6 水库淤积对水位的影响

[第 11.3.6 条引文]

库区内或沿水库修建的路堤,应考虑水库淤积对水位抬高的影响。水库淤积后的回水曲线可向有关部门搜集,也可应用平衡原理或简易法推算。

[第 11.3.6 条解读]

铁路通过水库回水区段时,需考虑该区段的河床标高因水库淤积而逐渐升高现象。回水水面线随之升高,发展到库区达成输沙平衡为止,水库不再淤积,上游来沙量随水流排出。有的水库淤积发展很快,河流开始进入水库的库尾地段淤积升高,回水末端向上游延伸很远。有的水库淤积发展迟缓,库尾淤积升高很少,回水末端向上游延伸较近。

为确定库区桥梁和路堤高度，需求出淤积后发生设计洪水时的水面线。水库淤积后的回水曲线可用两种方法来计算。用能量平衡原理计算工作量较大，粗估桥梁和路堤处回水面时，简易计算法较为方便。

1. 能量平衡法

水库某河段如图 11-1 所示：上游入口断面Ⅱ-Ⅱ，下游出口断面Ⅰ-Ⅰ。河段长度为 L，底坡为 I，平均摩阻坡度为 $\overline{J}$，通过设计流量为 Q_p。Ⅰ-Ⅰ、Ⅱ-Ⅱ断面的过水面积分别为 A_1、A_2，水深分别为 h_1、h_2，流速分别为 v_1、v_2，糙率分别为 n_1、n_2，水面标高分别为 H_1、H_2。由能量平衡原理可得下式：

$$H_2+\frac{v_2^2}{2g}=H_1+\frac{v_1^2}{2g}+\overline{J}_L$$

$$\overline{J}=\frac{1}{2}(J_1+J_2)=\frac{1}{2}\left(\frac{v_1^2}{C_1^2R_1}+\frac{v_2^2}{C_2^2R_2}\right)$$

代入 $v_1=\dfrac{Q}{A}$ 及 $v_2=\dfrac{1}{n}R^{1/6}$，则 $\overline{J}=\dfrac{Q^2}{2}\left(\dfrac{n_1^2}{A_1^2R_1^{4/3}}+\dfrac{n_2^2}{A_2^2R_2^{4/3}}\right)$

故 $H_2=H_1+\dfrac{Q^2}{2}\left(\dfrac{n_1^2}{A_1^2R_1^{4/3}}+\dfrac{n_2^2}{A_2^2R_2^{4/3}}\right)L+\dfrac{v_1^2-v_2^2}{2g}=H_1+\Delta h_1+\Delta h_2$

即可由下游断面水位 H_1 推算上游断面回水水位 H_2。

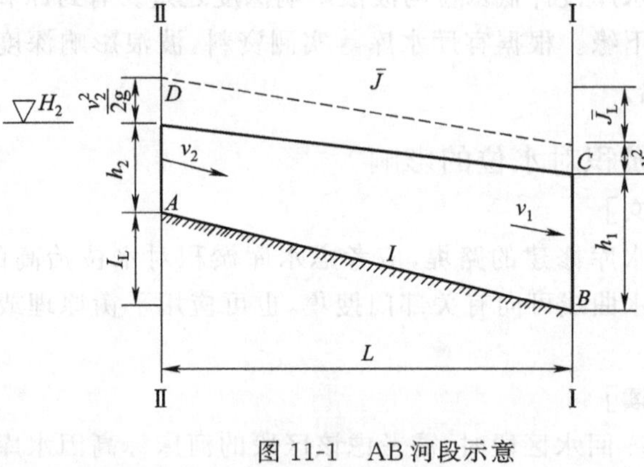

图 11-1　AB 河段示意

2. 简易计算法

①方法一

根据前述水库淤积计算中求得的淤积纵剖面，在三角洲顶点处确定通过设计流量的正常水深 h_0，该处壅水水面与坝前水位相差甚微，近似认为呈水平，求得三角洲顶点处的壅水高度 Z_1，再按下式求算桥址处壅水值 $Z_{桥}$。

$$\frac{I_c}{h_0}l=f\left(\frac{Z_1}{h_0}\right)-f\left(\frac{Z_{桥}}{h_0}\right)$$

查表 11-4 求得 $f\left(\frac{Z_1}{h_0}\right)$，代入求得 $f\left(\frac{Z_{桥}}{h_0}\right)$，反求 $\frac{Z_{桥}}{h_0}$ 即可求得桥址处的壅水值 $Z_{桥}$，如图 11-2 所示。

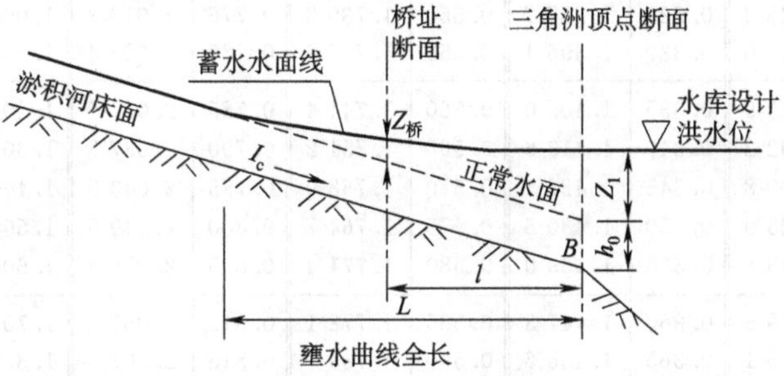

图 11-2　壅水曲线示意

表 11-4　壅水曲线 $f\left(\frac{Z_1}{h_0}\right)$ 值

$\frac{z}{h_0}$	$f\left(\frac{z}{h_0}\right)$	$\frac{z}{h_0}$	$f\left(\frac{z}{h_0}\right)$	$\frac{z}{h_0}$	$f\left(\frac{z}{h_0}\right)$	$\frac{z}{h_0}$	$f\left(\frac{z}{h_0}\right)$	$\frac{z}{h_0}$	$f\left(\frac{z}{h_0}\right)$
1	2	1	2	1	2	1	2	1	2
0.010	0.006 7	0.235	1.214 8	0.460	1.603 2	0.685	1.907 7	0.910	2.180 0
0.015	0.145 2	0.240	1.225 4	0.465	1.610 6	0.690	1.914 0	0.915	2.185 8
0.020	0.244 4	0.245	1.235 8	0.470	1.617 9	0.695	1.920 3	0.920	2.191 6
0.025	0.322 2	0.250	1.246 1	0.475	1.625 2	0.700	1.926 6	0.925	2.197 4
0.030	0.386 3	0.255	1.258 3	0.480	1.632 4	0.705	1.932 9	0.930	2.203 2
0.035	0.441 1	0.260	1.266 4	0.485	1.639 6	0.710	1.939 2	0.935	2.209 0
0.040	0.488 9	0.265	1.276 3	0.490	1.646 8	0.715	1.945 5	0.940	2.214 8
0.045	0.531 6	0.270	1.286 1	0.495	1.654 0	0.720	1.951 7	0.945	2.220 6
0.050	0.570 1	0.275	1.295 8	0.500	1.661 1	0.725	1.957 9	0.950	2.226 4
0.055	0.605 3	0.280	1.305 4	0.505	1.668 2	0.730	1.964 1	0.955	2.232 2

续上表

$\frac{z}{h_0}$	$f\left(\frac{z}{h_0}\right)$	$\frac{z}{h_0}$	$f\left(\frac{z}{h_0}\right)$	$\frac{z}{h_0}$	$f\left(\frac{z}{h_0}\right)$	$\frac{z}{h_0}$	$f\left(\frac{z}{h_0}\right)$	$\frac{z}{h_0}$	$f\left(\frac{z}{h_0}\right)$
0.060	0.637 6	0.285	1.314 9	0.510	1.675 3	0.735	1.970 3	0.960	2.238 0
0.065	0.667 7	0.290	1.324 3	0.515	1.682 3	0.740	1.976 5	0.965	2.243 8
0.070	0.695 8	0.295	1.333 6	0.520	1.689 3	0.745	1.982 7	0.970	2.249 6
0.075	0.722 2	0.300	1.342 8	0.525	1.696 3	0.750	1.988 8	0.975	2.255 4
0.080	0.747 2	0.305	1.351 9	0.530	1.703 2	0.755	1.994 9	0.980	2.261 1
0.085	0.770 8	0.310	1.361 0	0.535	1.710 1	0.760	2.001 0	0.985	2.266 8
0.090	0.793 3	0.315	1.370 0	0.540	1.717 0	0.765	2.007 1	0.990	2.272 5
0.095	0.814 8	0.320	1.378 9	0.545	1.723 9	0.770	2.013 2	0.995	2.278 2
0.100	0.835 3	0.325	1.387 7	0.550	1.730 8	0.775	2.019 3	1.000	2.283 0
0.105	0.855 0	0.330	1.396 4	0.555	1.737 6	0.780	2.025 4	1.100	2.397 1
0.110	0.873 9	0.335	1.405 0	0.560	1.744 4	0.785	2.031 5	1.200	2.508 3
0.115	0.892 2	0.340	1.413 6	0.565	1.751 2	0.790	2.037 5	1.300	2.617 0
0.120	0.900 8	0.345	1.422 1	0.570	1.758 9	0.795	2.043 5	1.400	2.726 4
0.125	0.926 9	0.350	1.430 6	0.575	1.764 7	0.800	2.049 5	1.500	2.833 7
0.130	0.943 4	0.355	1.439 0	0.580	1.771 4	0.805	2.055 5	1.600	2.940 1
0.135	0.959 5	0.360	1.447 3	0.585	1.778 1	0.810	2.061 5	1.700	3.045 8
0.140	0.975 1	0.365	1.455 6	0.590	1.784 8	0.815	2.067 5	1.800	3.150 8
0.145	0.990 3	0.370	1.463 8	0.595	1.791 4	0.820	2.073 5	1.900	3.255 3
0.150	1.005 1	0.375	1.472 0	0.600	1.798 0	0.825	2.079 5	2.000	3.359 4
0.155	1.019 5	0.380	1.480 1	0.605	1.804 6	0.830	2.085 5	2.100	3.463 1
0.160	1.033 5	0.385	1.488 2	0.610	1.811 2	0.835	2.091 5	2.200	3.566 4
0.165	1.047 3	0.390	1.496 2	0.615	1.817 8	0.840	2.097 5	2.300	3.669 4
0.170	1.060 8	0.395	1.504 1	0.620	1.824 3	0.845	2.103 5	2.400	3.772 0
0.175	1.074 0	0.400	1.511 9	0.625	1.830 8	0.850	2.109 5	2.500	3.874 5
0.180	1.086 9	0.405	1.519 7	0.630	1.837 3	0.855	2.115 4	2.600	3.976 8
0.185	1.099 5	0.410	1.527 5	0.635	1.843 8	0.860	2.121 3	2.700	4.078 9
0.190	1.111 9	0.415	1.535 3	0.640	1.850 3	0.865	2.127 2	2.800	4.180 8
0.195	1.124 1	0.420	1.543 0	0.645	1.856 7	0.870	2.133 1	2.900	4.282 6
0.200	1.136 1	0.425	1.550 7	0.650	1.863 1	0.875	2.138 0	3.000	4.384 3
0.205	1.147 0	0.430	1.558 3	0.655	1.869 5	0.880	2.144 0	3.500	4.889 1
0.210	1.155 5	3.435	1.565 9	0.660	1.875 9	0.885	2.150 8	4.000	5.395 8
0.215	1.170 9	1.440	1.573 4	0.665	1.882 3	0.890	2.156 7	4.500	5.899 3
0.220	1.182 1	0.445	1.580 9	0.670	1.888 7	0.895	2.162 5	5.000	6.402 0
0.225	1.193 1	0.450	1.588 4	0.675	1.895 1	0.900	2.168 3		
0.230	1.204 0	0.455	1.595 8	0.680	1.901 4	0.905	2.174 2		

注：$\frac{z_1}{h_0}>5$ 时壅水曲线即变为水平直线。

②方法二

$\frac{Z_1}{h_0}<1.5$ 时可按下式计算：

$$Z_{桥}=Z_1\left(\frac{L-l}{L}\right)^2$$

$$L=\frac{2Z_1}{I_e}$$

将该简易公式用于桥渡计算，只在路堤压缩较大时较合适。

11.3.7　水库岸坡防护

［第 11.3.7 条引文］

水库岸坡应根据线路位置、库岸土质、库岸高度与陡度、浸水深度、水库淤积等情况，采取适当防护措施，避免坍岸。

［第 11.3.7 条解读］

当库岸距线路较远、最终稳定时间较长、防护工程量较大时可预测坍岸规模，分期分批防护。近期措施仅考虑急需的防护设施，远期措施需考虑在各种变化因素中加强防护，保证路基安全。

水库的坍岸因土质不同各异。受主导风向作用、浸水深处、陡峭的库岸，其坍势都较重。需根据线路与库岸的距离及上述具体因素综合考虑，分清缓急区别投资。

水库蓄水后流速减小，上游及支沟挟带的沙土在库中逐渐沉积。水库岸边淤积对路基产生影响，容易发生在老河床漫滩、支沟沟口、河湾凸出一侧、突出岸嘴处。这些易淤积地段的防护建筑物开始还能发挥作用，但淤积后会被掩埋而失去作用，使用时间较短，应尽量采用轻型临时措施。

水库坍岸的防护类型应根据波浪、冰荷、流速及地形地质等条件确定，通常采用干砌片石、挡土墙、抛石、片石垛、石笼等防护措施。黄河中游某水库在洪水时期水库坍岸，抢险中采用石笼防护，枯水期采用挡土墙防护。对码头等建筑物可采用浆砌片石护坡防护。

11.4 路基冲刷防护

11.4.1 水库路基冲刷防护

[第 11.4.1 条引文]

滨河、滨海和水库路基受经常的或周期性的水流冲刷作用时，应采取冲刷防护措施。

[第 11.4.1 条解读]

河岸与河床受到周期性冲刷，在河滩或岸边修建路堤和防护建筑物时会改变水流的状态。因基础处理不当埋设过浅而引起被毁较多。

滨海水库或河流宽深地段，波浪的冲击力是破坏路堤和建筑物的主因。水库水位的变化影响路堤稳定，引起其变形或被毁。

严寒地区的河流或水库有封冰和流冰，需考虑冰压力对防护建筑物的影响。

11.4.2 滨河路堤的坡面防护

[第 11.4.2 条引文]

滨河路堤的坡面防护，应根据河段特性、河道地形、水文条件等情况，计算沿堤的水流流速，以确定防护措施。

[第 11.4.2 条解读]

1. 河段的特性

滨河路堤在整个河流可分为侵蚀、输送或沉积区段；侵蚀区段又分为下切或旁蚀，输送区段需考虑冲刷与淤积是否平衡，沉积区段需考虑其性质及淤高。根据河段特性估算其天然演变趋势。

2. 河道地形地质情况

滨河路堤河段存在凹岸或凸岸、岸坡的陡缓程度、河岸与河床的地层组成及其对水流冲刷的抵抗能力、各种水位泛滥的痕迹、水流压缩后的局部冲刷深度等问题。

3. 水文条件

滨河路堤河段的低中水位和设计洪水位的泛滥范围、线路位置与标高的关系，以及不同水位水流的流向、流量、流速、挟沙量的变化等情况，可分析判断出设计需考虑的最不利组合。

坡面防护措施应结合上下游水流形态、山嘴或建筑物的防护作用等情况确定防护工程的起讫里程，不能使防护过短。

11.4.3 滨河路堤沿堤的水流流速

[第 11.4.3 条引文]

滨河路堤沿堤的水流流速，可采用靠近路堤的河槽或河滩的平均流速，但应考虑可能的河床变迁所造成的影响。

[第 11.4.3 条解读]

岸边的平均流速等于岸边第一条垂线平均流速乘以流速岸边系数。相关水文规范要求，在斜坡岸边水深均匀变浅为零的岸边系数为 0.67～0.75，可取 0.7。

在岸边流速系数推导中，对岸边垂线平均流速沿河宽的分布有直线或曲线两个分布假定。实际分布不一定介于这之间，常呈现一定的不规则性。

1. 岸边垂线平均流速沿河宽呈直线分布[图 11-3(a)]

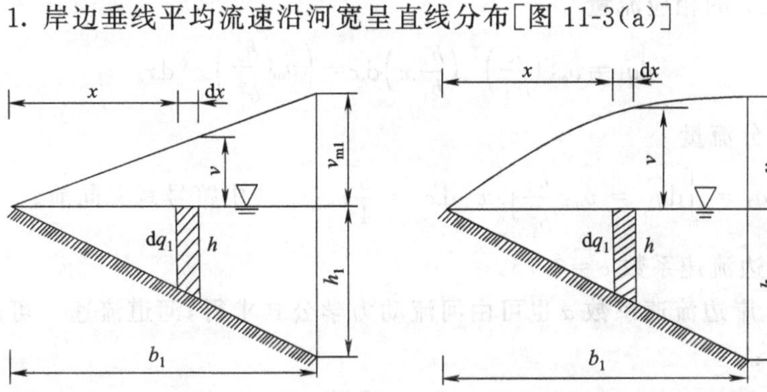

图 11-3 岸边垂线平均流速分布

由相似三角形关系可得

$$v=\frac{x}{b_1}v_{m1};h=\frac{h_1}{b_1}x$$

面积 $h\mathrm{d}x$ 对应的流量为 $\mathrm{d}q_1$

$$dq_1=(hv\mathrm{d}x)=\frac{h_1 v_{m1}}{b_1^2}x^2\mathrm{d}x$$

得出岸边的部分流量 q

$$q=\int \mathrm{d}q_1=\frac{h_1 v_{m1}}{b_1^2}\int_0^{b_1}x^2\mathrm{d}x=\frac{2}{3}v_{m1}f_1$$

式中 q_1——岸边部分流量；

v_{m1}——距岸边第一根垂线的平均流速；

f_1——岸边部分面积，$f_1=(1/2)b_1h_1$。

岸边流速系数 $\alpha=0.67$。

2. 岸边垂线平均流速呈指数曲线分布[图 11-3(b)]

按满宁公式可得

$$\frac{v}{v_{m1}}=\left(\frac{h}{h_1}\right)^{\frac{2}{3}}\quad v=\left(\frac{h}{h_1}\right)^{\frac{2}{3}}v_{m1}$$

同前：$h=\frac{h_1}{b_1}x$，$\mathrm{d}h=\frac{h_1}{b_1}\mathrm{d}x$

面积 $h\mathrm{d}x$ 的相应流量

$$\mathrm{d}q_1=v_{m1}\left(\frac{h}{h_1}\right)^{\frac{2}{3}}\left(\frac{h_1}{b_1}x\right)\mathrm{d}x=\left(v_{m1}\frac{h_1}{b_1^{\frac{5}{3}}}\right)x^{\frac{5}{3}}\mathrm{d}x$$

岸边部分流量

$$q_1=\int \mathrm{d}q_1=v_{m1}\frac{h_1}{b_1^{\frac{5}{3}}}\int_0^1 x^{\frac{5}{3}}\mathrm{d}x=\frac{3}{4}v_{m1}f_1$$ 式中符号意义同前。

岸边流速系数 $\alpha=0.75$。

3. 岸边流速系数 α 也可由河流动力学公式求得，河道流速 v 可用下式表示：

$$v=C\sqrt{RI}$$

式中 v——平均流速；

C——谢才系数，$C=\frac{1}{n}R^{\frac{1}{6}}$；

R——断面水力半径，宽阔河道处约为水深 H；

I——水面降低坡度。

可得 $v=\frac{\sqrt{I}}{n}H^{\frac{2}{3}}$，根据结果可假设任一点流速 v_i 与当地水深 H_i 有如

下关系：

$$v_i=\beta H_i^{2/3}$$

可得岸边部分流量(图 11-4)：

$$Q=\sum\left(\frac{v_i+v_{i+1}}{2}\right)\left(\frac{H_i+H_{1+i}}{2}\right)b_i$$

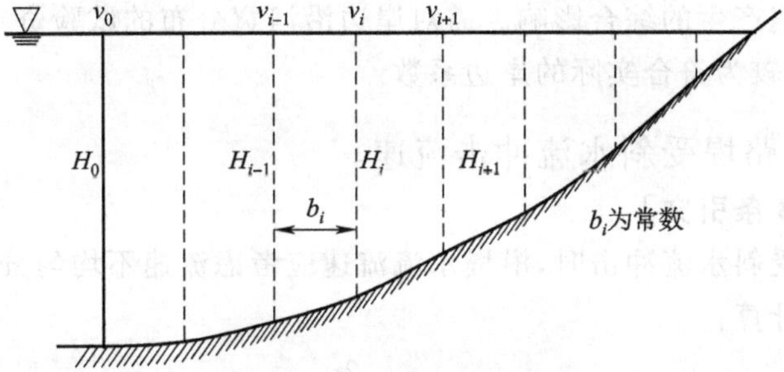

图 11-4　岸边部分流量

可得 $Q=\dfrac{\beta}{4}\sum(H_i^{2/3}+H_{i+1}^{2/3})(H_i+H_{i+1})b_i$

由下式确定采用平均断面流速

$$v=Q/A$$

式中，Q 为岸边部分流量，A 为岸边部分面积。

$$A=\sum\frac{(H_i+H_{i+1})}{2}\times b_i$$

$$v=\frac{\beta\sum(H_i^{2/3}+H_{i+1}^{2/3})(H_i+H_{i+1})}{2\sum(H_i+H_{i+1})}$$

测点 H_0 处 $v_0=\beta H_i^{2/3}$，代入后可得

$$v=\frac{\sum(H^{7/3}+H_{i+1}^{2/3})(H_i+H_{i+1})}{2H_0^{2/3}\sum(H_i+H_{i+1})}v_0$$

或

$$v=\alpha v_0$$

可得岸边系数

$$\alpha=\frac{\sum(H_i^{2/3}+H_{i+1}^{2/3})(H_i+H_{i+1})}{2H_0^{2/3}\sum(H_i+H_{i+1})}v_0$$

该式基于假定 $v=Q/A$ 而得。v 为岸边部分平均流速，Q、A 意义同上。所得 α 值与相关水文规范按平均流速曲线布置时的计算高值 0.75 相当。

为确定滨河路堤沿堤水流流速，本规范采用靠近路堤的河槽或河滩的平均流速简化计算在总体上可行。还要求考虑河床变迁可能造成的影响。

岸边系数反映了坡斜度、坡壁糙率、水深、近岸部分水面宽度等因素对边坡流速产生的综合影响。需对岸边沿河宽分布的试验资料进行具体分析，得出较为符合实际的岸边系数。

11.4.4 路堤受斜水流冲击流速

［第 11.4.4 条引文］

路堤受斜水流冲击时，沿堤水流流速应考虑流速不均匀分布的影响，可按下式计算：

$$v_x=\bar{v}'\frac{2\varepsilon_g}{1+\varepsilon_g} \tag{11.4.4}$$

式中 v_x——斜流流速(m/s)；

$\bar{v}'$——沿堤河槽或河滩的平均流速(m/s)；

ε_g——流速不均匀分布系数，可根据水流流向与路堤的夹角 β 按表 11.4.4 取值。

表 11.4.4(本规范) ε_g 值

β(°)	ε_g	β(°)	ε_g	β(°)	ε_g
90	3.00	60	2.25	30	1.50
80	2.75	50	2.00	20	1.25
70	2.50	40	1.75	≤15	1.00

［第 11.4.4 条解读］

滨河路堤沿堤水流的流速可采用靠近路堤的河槽或河滩的平均流速，并考虑河床变迁可能造成的影响。

11.4.5 滨河路堤防护顶面高程

［第 11.4.5 条引文］

滨河路堤防护顶面高程应为设计水位、波浪侵袭高(或斜水流冲高)、壅水高、0.5 m 安全高度之和。

[第 11.4.5 条解读]

1. 该条与本规范第 11.1.5 条的比较

该条基本采纳了本规范第 11.1.5 条。滨河铁路的路基路肩及防护工程顶面高程应选取不同河段水流断面确定。在峡谷地段或下游河道变窄处均应加测水流控制断面以确定准确水位,并考虑河槽冲刷淤积变化、附近支流冲积扇作用、施工弃渣占据河槽岸坡等情况,并计入河湾的超冲高。宝成铁路 1981 年受洪水影响,凹岸较凸岸水位一般超冲高 1.0～1.5 m,线路的隧道洞口能显示洪水高出的痕迹,超冲高很明显。

2. 工程实例

某既有铁路 DK49＋740～DK50＋400 区段沿河展布线路,因波浪侵袭高于斜水流冲高,故滨河路堤采用的防护高程为设计水位、波浪侵袭高、壅水位、0.5 m 安全高度之和。其以上部分的路基不受浸水和水流冲击,按普通路基边坡设计。滨河路堤浸水和水流冲击对路基稳定影响较大,故采取以下防护型式。

(1)路基面为三角形,向两侧设 4% 的横向排水坡,曲线加宽时保持三角形,基床表层、底层做成相同的排水坡。

(2)防护高程以上 8 m 内的边坡采用 1∶1.5,以上 8～15 m 采用 1∶1.75,以下边坡相应放缓,并设置宽 2.0 m 的护道,顶面做成向外 4% 的横向排水坡。

(3)防护高程以下边坡的坡面采用厚 0.3 m 的 M7.5 浆砌片石,下设厚 0.1 m 的碎石垫层,坡面下设宽 0.8 m、深 1.5 m 的条形基础,采用 M10 浆砌片石。

11.4.6 路堤的护坡与护底

[第 11.4.6 条引文]

滨海路堤根据波浪对路堤的作用特点和堤前水深、波浪高度、最大波浪底流速及地基情况等因素,确定路堤护坡与护底的型式。

[第 11.4.6 条解读]

1. 滨海路堤的几种毁坏方式

(1)海堤护面结构首先受到破坏引起整个海堤毁坏,为常见的破坏方式。海堤护面在波浪冲击下,且本身强度不够或反滤层失效,导致堤身土体冲蚀、护面垫层冲空而垮塌,堤身土体很快被冲蚀。

(2)海堤的堤顶高程不够,遭遇台风和天文大潮组合成的高潮位时海浪漫过堤顶,背海一侧没有足够保护时,漫过堤顶的水流先冲蚀堤身,引发海堤决口,也是常见的破坏方式。

(3)海堤的堤身结构单薄,防浪墙不稳固,护面的护角、消浪平台等关键部位不牢固,经不住强风浪的反复冲击,先出现局部破坏,引起海堤溃决。这种破坏方式不易被发现,故应引起重视。

(4)位于侵蚀性海岸或河口的海堤,岸滩被海流或洪水侵蚀淘刷,堤角被淘空,护面倒塌堤身被毁,或整个堤身向邻海一侧整体滑动,在河口的海堤中较为常见。

(5)海堤的堤身或基础质量较差,在高潮大浪作用下发生渗透变形、滑坡坍塌等破坏,在江河堤中较为常见。

(6)海堤与交叉建筑物、构筑物的连接处存在隐患,高潮位时发生集中渗漏破坏,导致海堤溃决。

2. 对滨海路堤毁坏的分析

滨海路堤长期受海水作用,波浪的侵袭是路堤毁坏的主因。护坡及护底的材料与断面型式应适应不同的水深、波浪的作用特点等情况。

滨海路堤通常采用斜坡式和直墙式两种。斜坡式结构简单施工方便,具有较强的整体稳定性。波浪在斜坡面上爬升后破碎,能量被水吸收扩散,适用于水位较浅、石料来源丰富的情况;又因路堤基础宽大,单位面积压力较小且分布均匀,也适用于地基承载力较差的情况。波浪作用下基底具有较小的流速,冲刷较小。

直墙式结构断面较小节省材料,但施工较困难。墙身外侧受较大的动水压力,水深足够时作用于直墙上的波浪发生反射,故对其外壁的强度要求较高,上部的防浪结构要求其整体性良好。另为防止堤前产生底流冲刷,在堤前一定范围的明基床外坡及坡肩应采取保护措施。由于直墙基础小,适用于地基承载力较大的情况,尤其水位较深、波浪不易破碎、海底不受冲刷、地基不发生不均匀沉降的情况。

11.4.7 波浪对边坡的破坏作用

[第 11.4.7 条引文]

水库路堤边坡防护应考虑波浪作用对边坡的破坏影响。

[第 11.4.7 条解读]

水库路堤浸水部位的坡面主要为防止波浪侵袭破坏，防护范围内常设置护坡。

护坡有上下等厚与上下不等厚、底部设置与不设置基础等方式，一般根据水库最高与最低设计水位时波浪压力的差别及分布选择确定。

按砌筑层数，护坡分单层和多层。为抵抗波浪的翻滚主要靠片石压重，一般多用单层。波浪很大的地段，波浪及冰的压力超过路堤土壤的容许承压力时，为增加护坡的弹性与强度而采用双层，表层石块应有足够的尺寸。

护面工程顶面高程为设计高水位、波浪侵袭高度、壅水高度、0.5 m 安全值之和，护面工程底面高程为设计低水位与波浪最大影响深度、0.5 m 安全值之差。

波浪最大影响深度 h_m 可根据下式计算：

岸坡为黏质土壤时 $h_m=\frac{2}{3}L\approx 6h$

岸坡为砂质土壤时 $h_m=\frac{1}{2}L\approx 4h$

式中，L 为 1/2 波浪长度，h 为 1/2 波浪高度。

根据官厅水库等实测资料，波浪最大影响深度 h_m 可采用低水位时波浪高的 2～2.5 倍，有封冰或流水时常低于冰盖层的下缘。

如最低水位时完全退水，护坡需加固至坡脚以防受冲；如最低水位时仍有一定水位且流速很小，只需加固受波浪冲刷的岸坡。铺石护坡的标高下限在低水位以下波浪最大影响深度与 0.5 m 安全值之和处。

经静力稳定计算如边坡需设护道，则需设在护坡底部水位以下波浪最大影响深度与 0.5 m 安全值之和处并设置防护。

11.4.8 水库路堤冰荷载边坡防护

[第 11.4.8 条引文]

封冰和流冰严重地区，水库路堤边坡防护应考虑冰荷载作用。

[第 11.4.8 条解读]

严寒地区冬春期间，零下温度持续时间较长，河流或水库有严重的封冰和流冰现象，对于水边的防护建筑物需考虑冰荷载影响。《铁路工程设计技术手册·路基》介绍了几种计算情形。

1. 冰水位通常在低水位以上：

(1)飘浮流动的冰块撞击防护建筑物产生的动压力可按下式计算：

$$P_{\mathrm{ld}}=Cv\delta^2\sqrt{\frac{\Omega}{\mu\Omega+\lambda\delta^2}}\sin\theta$$

式中 P_{ld}——浮动冰块撞击防护建筑物的法向动压力(t)；

v——浮动冰块的流动速度，在水文气象分析基础上并根据水库地形轮廓确定，且不大于 0.6 m/s；

Ω——浮动冰块的面积；

δ——浮动冰块的厚度，可取当地多年观测最大厚度的 60%～80%；

θ——浮动冰块运动方向与防护建筑物正面切线的夹角；

C,λ——与冰的压碎极限强度 R_y 有关的系数，见表 11-5；

μ——与 θ 有关的系数，见表 11-6，也可取

$$\mu=\cos^2\theta/\tan^2\theta。$$

冰块与防护建筑物接触面的单位计算压力不应超过表 11-5 所列冰的压碎极限强度 R_y。

(2)由于冰带或冰堆挤向积聚于防护建筑物引起的静压力可按下式估算：

①冰带沿运动方向的长度小于 1 200 m 时

$$P_{\mathrm{lj}}=(0.3+0.001L)v^2$$

②冰带沿运动方向的长度大于 1 200 m 时

$$P_{\mathrm{lj}}=\left(3-\frac{1800}{L}\right)v^2$$

式中 P_{lj}——冰带挤压积聚作用于单位宽度建筑物上的静压力(t/m)；

v——冰带下水流的平均流速，可采用 0.6～1.0 m/s 或更小；

L——冰带沿运动方向的长度，采用不大于河流水面宽度的 3 倍。

表 11-5　与 R_y 有关的系数 C,λ

气温条件	流冰情形	R_y(t/m²)	C	λ
0 ℃以上时解冻	开始流冰阶段	50	68	500
	最高流冰水位	30	68	833

续上表

气温条件	流冰情形	R_y(t/m²)	C	λ
0 ℃以下时解冻	开始流冰阶段	100	96	500
	最高流冰水位	60	96	833

表 11-6　与 θ 有关的系数 μ

θ	20°	30°	45°	55°	60°	65°	70°	75°	80°
μ	6.7	2.25	0.5	0.16	0.08	0.04	0.009	0.005	0.001

注：$\theta=80°\sim90°$时可取 $\mu=0$。

2. 封冰水通常在低水位附近：

周围气温上升引起冰盖层连续热膨胀，而作用于防护建筑物的静压力，可按下式计算。

$$P_{fj}=0.9K\delta(t_i+1)^{5/3}\left(\frac{t_i}{T}\right)^{1/3}$$

式中　P_{fj}——封冰后由于冰盖层热膨胀，作用于建筑物单位宽度的静压力(t/m)；

δ——冰盖层厚度(m)，可采用最大厚度的 0.8 倍；

T——气温连续升高的时间(h)；

t_i——时间 T 内冰盖层最大可能的连续升高温度(℃)，约为冰盖层温度开始上升瞬间的气温 t_a 的 0.35 倍，应选用 T 与 t_i 的最不利组合，该项资料缺乏时可采用 $t_i/T=6/t_a$；

K——与冰盖层宽度有关的系数，见表 11-7。

表 11-7　与冰盖层宽度有关的系数 K

冰盖层宽度(m)	<50	50～75	75～100	>100
K	1.0	0.85	0.7	0.55

注：1. 计算的单位面积上的冰压力不能大于该情形下冰的极限压碎强度；

2. 计算的冰压力为水平方向，如求作用于斜坡建筑物上的法向压力，应乘以斜坡角的正弦；

3. 冰层厚度的 8/9 在水面以下，故冰压力的作用点可采用在水面以下 0.4δ 处。

3. 河流或水库中的水位有变化时，若冰盖层未融冻，则冻结在护坡上的冰盖层对护面产生拔出力矩，水位上升与下降时其方向不同，如图 11-5 所示。

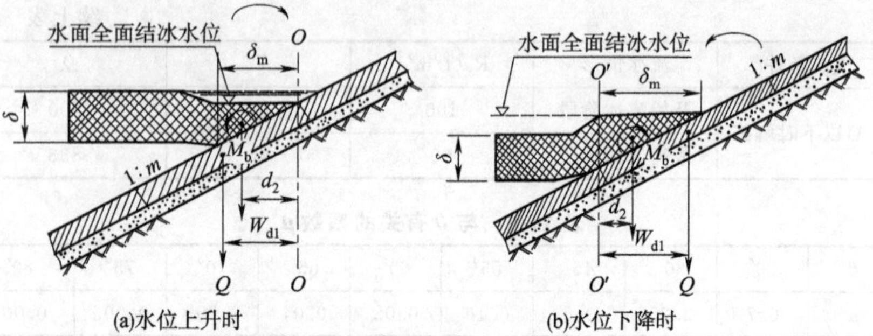

图 11-5　水位有变化时冰盖层作用于护面的拔出力矩

$$M_b=\frac{(1+2K_E)}{6}\cdot\left(\frac{\sigma_{lj}\cdot\sigma_{yj}}{\sigma_{lj}+\sigma_{yj}}\right)\delta_j^2$$

式中　M_b——作用于单位宽度护面的拔出力矩(t·m/m)；

δ_j——冰盖层的计算厚度(m)，可取原冰盖层厚度的 0.8～0.9 倍；

σ_{lj}——冰的计算拉伸极限强度(t/m^2)，按冰内应力随时间减小的系数 $e^{-\frac{\tau}{n}}$ 确定，$e^{-\frac{\tau}{n}}>0.85$ 时可取冰的拉伸极限强度 σ_e，$e^{-\frac{\tau}{n}}\leqslant 0.85$ 时可取 $\sigma_l\cdot e^{-\frac{\tau}{n}}$

其中　τ——水位变化量为 δ 时的冰盖层变形时间(h)，

n——松弛强度参数，$n=\mu/E_j$，

μ——冰的黏滞系数，由周围气温 T 而定，$\mu=(1.244-0.52T+0.0355T^2)\times10^{10}$，

E_j——冰的静力弹性模数，平均 $4\times10^5\ t/m^2$；

σ_{yj}——冰的计算压缩极限强度(t/m^2)，参照上述 σ_{lj} 确定；

K_E——与冰的弹性模数有关的系数，$e^{-\frac{\tau}{n}}\leqslant 0.85$ 时取值 1，$e^{-\frac{\tau}{n}}>0.85$ 时取值 2。

气温接近 0 ℃时，冰的强度极限见表 11-8。

表 11-8　0 ℃时冰的强度极限

强度类别	最大	最小	平均
拉伸极限强度 σ_l	100	60	80
压缩极限强度 σ_y	140	30	80
剪切极限强度 σ_q	90	20	50

注：1. 强度单位 t/m^2；2. 弯曲极限强度与压缩极限强度约同。

4.《水工建筑物抗冰冻设计规范》(GB/T 50662—2011)关于冰压力的计算：

(1)大冰块运动作用于垂向坝面或其他宽长建筑物的动冰压力；

(2)冰层升温膨胀时作用于水平方向坝面或其他宽长建筑物的静冰压力；

(3)静冰压力的作用点。

详见本书附录A.0.2,可供水库路堤边坡防护设计参考。

11.4.9 水库上游地段水流冲刷的防护

[第11.4.9条引文]

流速较大的水库上游地段应考虑按水流的冲刷作用进行防护。

[第11.4.9条解读]

水库路堤浸水部位的坡面一般以防止波浪侵袭破坏作用为主。水库上游地段因库水下泄后流速增大,需考虑水流的冲刷作用。

11.4.10 水库路堤防护顶面高程

[第11.4.10条引文]

水库路堤防护顶面高程应为设计水位、波浪侵袭高、壅水高、0.5 m安全高度之和;底面高程应为水库设计低水位减波浪影响深度(可采用2.0～2.5倍低水位时的波浪高)。

[第11.4.10条解读]

水库路堤防护范围主要在库位消落带。其高程上限为铁路设计洪水位、壅水高、波浪侵袭高、0.5 m安全值几项之和;下限为水库设计低水位、波浪影响深度(一般为波浪高的2～2.5倍或以上)之差,该下限值在有封冰或流冰时应低于冰盖层的下缘、水库上游受冲刷地段应低于洪水冲刷深度。水库坍岸主要由常水位时波浪力对库岸的冲刷、磨蚀作用而产生。水库岸坡防护高度由水库正常高水位控制,水库路堤防护高程由设计洪水水位控制,二者有区别。

11.4.11 蓄水初期水库坡面防护

[第11.4.11条引文]

蓄水初期由于浸水或水流的作用影响边坡稳定时,水库路堤防护底面至路堤坡脚之间的坡面应进行防护。

[**第 11.4.11 条解读**]

据资料统计,水库蓄水初期 3～4 年内坍岸速度较快,其宽度可超过总宽度的 80%。某黄土地区水库蓄水约 1 年,岸嘴的坍岸最大宽度达 280 m,凸岸达 172 m,凹岸达 146 m,顺直岸达 82 m。水位达到新高度一次则库岸产生较大变化一次。当解冻、涨水、开始冻结时,坍岸较活跃。1960 年建成三门峡水库开始蓄水,1962 年最高蓄水位 332.6 m,引发库区高岸局部坍塌。

蓄水初期由于浸水作用影响边坡稳定,水库路堤底面至坡脚的坡面需加强防护。

11.4.12　冲刷防护工程基础冲刷深度

[**第 11.4.12 条引文**]

冲刷防护工程基础冲刷深度可根据计算、河床地层冲淤分析和类似工程的实践资料,综合分析确定。防护基础应埋置在冲刷深度以下不小于 1 m,或嵌入基岩内。冲刷深度较深、水下施工有困难时,可采用桩基、沉井基础或适宜的平面防护。

[**第 11.4.12 条解读**]

本条与《铁路路基设计规范》(TB 10001—2016)的相关条款一致。

1. 路基冲刷深度

在河道岸边修建路基防护构造物,如何确定其基础埋深的一个重要依据是一定流速条件下河床的冲刷深度。有很多计算公式,但其结果与冲刷的实际值常有很大出入。一般计算值偏小,造成防护构造物基础被淘空而倒塌,再冲刷路基,影响正常通车;或计算值偏大超过实际值,不但浪费投资,而且基础埋置过深还会对施工造成困难。故冲刷深度的确定应将公式计算与实际调查相结合,对附近既有冲刷防护基础的埋深使用情况进行了解,并结合防护地段河床地层的钻孔资料,对冲淤交替进行综合分析判断。

路基设计使用的冲刷深度公式分为一般冲刷和局部冲刷两类:当防护地段河床纵坡变大,或防护建筑物较多而压缩了水流断面使流速增大,且水流不直冲建筑物时,可按一般冲刷考虑;当防护建筑物很少压缩水流断面,且水流几乎迎面直冲建筑物时,可按局部冲刷考虑。

(1)路基一般冲刷计算公式

$$h_{p}=\frac{A_{1}}{A_{2}}h$$

式中 h_p——压缩断面冲刷停止时的垂线水深；

h——压缩断面冲刷前的垂线水深；

A_1——以主槽天然平均流速通过设计流量时需要的断面面积；

A_2——压缩断面在冲刷前能提供的断面面积。

《铁路路基设计规范》(TB 10001—2016)采用上式，即包尔达柯夫一般冲刷计算公式。

(2)路基局部冲刷计算公式

路基局部冲刷深度常用包尔达柯夫公式或雅罗斯拉夫公式计算。

构造物直接阻挡水流改变了流向，以强烈的涡流方式与河槽床面泥沙发生作用，其周围尤其在迎水面附近形成强烈的垂向水流淘刷河床，局部范围内产生深的冲刷坑，称为局部冲刷。影响局部冲刷深度的主要因素为河段特性，一般分为平原稳定河段、平原次稳定河段、平原游荡性河段、山区稳定性河段、半山区山前区变迁性河段5类，对不同河段选用不同的冲刷深度。河床土分为黏性土和非黏性土，后者的粒径对于起动流速及局部最大冲刷深度都有影响。平均粒径大时起动流速大，相应冲刷深度小。水流的特性主要包括水深、流速、水流冲击角等。

①包尔达柯夫局部冲刷计算公式

根据"桥渡下冲刷发展到压缩断面上的垂线流速恢复到未压缩断面的主槽天然平均流速时冲刷停止"的假定，该学者建立桥渡冲刷公式，并建议采用桥墩局部冲刷公式来计算路基防护冲刷深度。

$$h_{b}=Ph\left[\left(\frac{v}{v_{n}}\right)^{n}-1\right]$$

式中 h_b——局部冲刷坑深；

P——冲刷系数，$P=\Omega/\omega$

其中 Ω——断面压缩前通过设计流量所需面积，

ω——断面压缩后通过设计流量所需面积；

h——冲刷前建筑物水深；

v——设计水位时行近水流的平均流速；

v_n——河床的允许不冲刷流速，$v_n = v_1 h^{1/5}$，v_1 为水深 $h=1$ m 时河床的容许不冲刷流速；

n——建筑物的外形指数。

该式的主要缺点在于，如水深 h 与局部冲刷深度 h_b 呈线性关系，即认为水深对冲刷的影响大，这与试验不符。因而用于深水河流时计算值偏大，用于浅水河流时则偏小。

《堤防工程设计规范》(GB 50286—2013)中，顺坝及平顺护岸冲刷深度计算采用了该式。用一些公式对长江、黄河等江河进行计算时发现，水流平行于岸坡产生局部冲刷。

$$h_b = H_0\left[\left(\frac{v_{cp}}{v_n}\right)^n - 1\right]$$

$$v_{cp} = v\frac{2\eta}{1+\eta}$$

式中 h_b——局部冲刷深度；

H_0——冲刷处的水深；

v_{cp}——近岸垂线平均流速；

v_n——泥沙起动流速；

v——行近流速；

n——与防护岸坡平面形状有关的参数，按 1/4～1/6 取值；

η——流速不均匀系数，根据流向与岸坡的交角 α 确定，见表 11-9。

表 11-9　水流流速不均匀系数

α	≤15°	20°	30°	40°	50°	60°	70°	80°	90°
η	1.00	1.25	1.50	1.75	2.00	2.25	2.50	2.75	3.00

对于黏性与砂质河床，泥沙起动流速 v_n 可用下式计算：

$$v_n = \left(\frac{H_0}{d_{50}}\right)^{0.14}\sqrt{17.6\frac{\gamma_s-\gamma}{\gamma}d_{50} + 0.000\,000\,605\frac{10+H_0}{d_{50}^{0.72}}}$$

式中 d_{50}——床沙的中值粒径(cm)；

H_0——水流的水深(m)；

γ_s，γ——泥沙、水的容重(kN/m³)。

②雅罗斯拉夫局部冲刷计算公式

该式的出发点为，行进水流遇到桥墩受阻后发生能量变化，动能转为势能，又转为横向及沿桥墩垂向的动能。下降水流冲击墩前河床泥沙产生局部冲刷。随着冲刷坑的加深，下降水流的动能逐渐减少，直到不能带走冲刷坑的泥沙即停止冲刷。以 $E_1 = kv^2/g$ 表示下降水流的动能，以坑底泥沙粒径的函数 $E_2 = f(d)$ 表示冲刷停止时的坑底能量，下降水流进入冲刷坑沿途消耗的能量为 $E_1 - E_2$，导出局部冲刷计算公式。

对于非黏性土河床

$$h_b = K_\xi K_v (a + K_H) \frac{v^2}{g} - 30d$$

对于黏性土河床

$$h_b = K_\xi K_v (a + K_H) \frac{v^2}{g} - 6\frac{v_n^2}{g}$$

式中 h_b——局部冲刷坑深(m)；

d——冲刷过程中裸露出河床土石的最大粒径(cm)；

a——反映流速沿垂线分布特征的系数，有边滩，河槽最深处取 0.6、较浅处取 1.0；

K_ξ——反映墩形、水流方向、相对位置的系数；

K_v——由墩宽和平均流速确定的系数，$\lg K_v = 0.28\sqrt[3]{\frac{v^2}{gB_1}}$；

K_H——由水深 H 和计算墩宽 B_1 确定的系数，$\lg K_H = 0.17 - 0.35H/B_1$；

B_1——桥墩的计算宽度；

v——水流的垂线平均流速；

v_n——冲刷坑内泥沙的容许不冲刷流速。

对于桥头锥体护坡、横向导游建筑物、路基冲刷防护建筑物附近的局部冲刷可用上述算式，但系数需相应修改。K_ξ 可用 11.5，K_v 可用 1，$(a + K_H)$ 可用 2。并考虑水流冲击建筑物的角度，形成剩余压力。分析水流对偏斜平板的冲击，根据能量变化，剩余压力与 $\tan\frac{\alpha}{2}\left(即\frac{1-\cos\alpha}{\sin\alpha}\right)$ 呈正比。由于边坡的倾斜变化增加了下降流程，消耗一些能量，减小一些冲刷深度故引入 $\sqrt{1+m^2}$，得出用于导流建筑物和路基的局部冲刷防护计算公式。

对于非黏性土河床

$$h_b=\frac{23\tan\frac{\alpha}{2}}{\sqrt{1+m^2}}\frac{v_n^2}{g}-30d$$

对于黏性土河床

$$h_b=\frac{23\tan\frac{\alpha}{2}}{\sqrt{1+m^2}}\frac{v_n^2}{g}-6\frac{v_n^2}{g}$$

式中 h_b——局部冲刷坑深；

α——水流方向与建筑物近水面的交角，对桥头锥体护坡或横向导流建筑物头部采用 90°，变迁性河段在设计洪水位时，该角度可能大为减小，需分析普通洪水位时的该角度，此时流量虽小但局部冲刷的可能较大；

m——边坡系数。

上述②计算公式的主要缺点在于，只单纯考虑了下降水流的冲击作用，与试验观察到较复杂的水流变化现象不甚相符。且将坑底水流的宽度定为 $30d$ 过于简单，与实际情况有出入。与我国一些桥渡局部冲刷的实测资料相比，发现流速大时两式计算结果偏大，流速小且河床泥沙颗粒较大时偏小，还可能出现负值。

《铁路路基设计规范》(TB 10001—2016)推荐采用上述②计算公式。该规范对冲刷中裸露出的坑底土的粒径 d(cm)取用 15%以上土体的最大粒径，取该值时需注意土层的代表性以减小误差。v、d 直接影响局部冲刷深度，需找出相应水位时 v 的最大值及其代表地段。

2. 冲刷防护措施

冲刷防护工程的基础处理关系到该工程的成败关键。多年实践证明，冲刷防护工程的失败多由地基被淘空引起。上述《规范》(TB 10001—2016)要求，对于实体护坡基础埋深，冲刷防护地段应设在冲刷深度以下不小于 1 m 处或嵌入基岩内，路堑地段应埋置在路肩线以下不小于 1 m 处，且不高于侧沟砌体底面。

防止地基淘刷措施可分为立面防淘与平面防淘两类：前者将建筑物的基础设在冲刷深度以下，使基底不受冲刷，在冲刷较深处，明挖施工抽水困难，该措施不容易采用，可考虑沉井或桩基；后者将柔性建筑物铺于河床或将散体材料堆放于主体工程前面，河床受冲后，该建筑物随之下沉以保护基底，抛石、石床、潜坝、混凝土块板、石笼等都属于该类防淘建筑物，适用于次重要线路，或作为前者的辅助措施。

3. 冲刷防护工程实例

铁一院编制《路基冲刷基础防护图》时，分别调查了沿河地段线路上设置的各种路基防护工程措施。

(1)脚墙

脚墙主要设置于河岸路堤坡脚，起防止水流冲刷坡脚和稳定路基边坡作用，鹰厦、宝成铁路都有很多这种工程。

多年实践证明，大部分脚墙对保护路堤坡脚起到行之有效的作用。一般采用 M75 或 M100 浆砌片石砌筑。墙身断面多为矩形，面坡、背坡均取 1：0.25 坡度，其次为梯形(图 11-6)。有的墙面坡度缓至 1：0.4，墙背坡度 1：0.1、1：0.2、1：0.25 等。基底多为平底，也有 1：1 或 0.3：1 的斜底。墙背多用碎块石、卵石填筑。脚墙基底均埋置在冲刷线以下，或在墙前加设平面防护。此外也有 L 型混凝土或钢筋混凝土脚墙(图 11-7)。

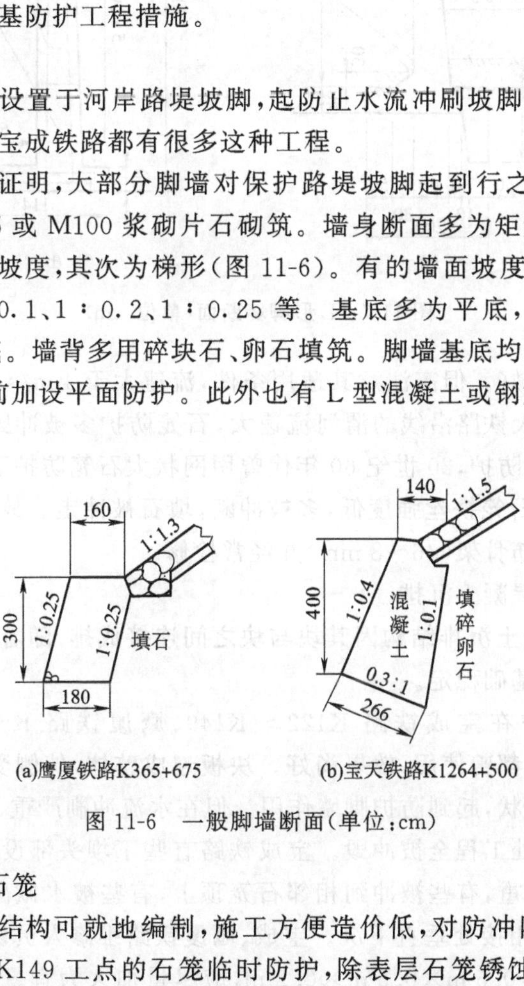

图 11-6　一般脚墙断面(单位：cm)

(2)铁丝石笼

铁丝石笼结构可就地编制，施工方便造价低，对防冲防淘有一定效果：宝成铁路 K149 工点的石笼临时防护，除表层石笼锈蚀其他完好；鹰厦铁路 K419 工点采用 3 m×1 m×0.5 m 石笼，用 $\phi3 \sim 4$ mm 铁丝编制，

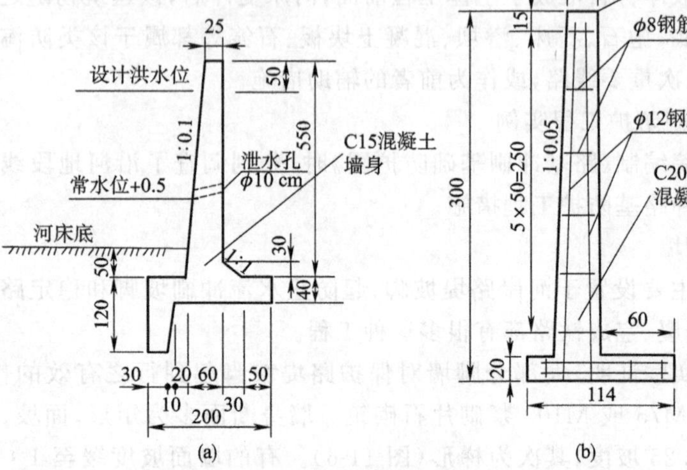

图 11-7 L 形脚墙断面(单位:cm)

内填卵石尚完好。但需注意其适用条件,流速大于 4 m/s 的严重冲刷地段易损坏:宝天铁路沿线的渭河流速大,石笼防护多被冲毁;宝成铁路沿线李家河改河防护,20 世纪 60 年代曾用网状大石笼防护丁坝头,该处水流冲刷严重,石笼铁丝强度低,多被冲断,填石被冲走。故石笼尺寸不宜过大,宜设钢筋骨架(ϕ6~8 mm)并经常检修。

(3)柔性混凝土沉排

柔性混凝土沉排结构因其块与块之间连接成排,随着冲刷加深能自动下沉,保护基础稳定。

此类防护在宝成铁路 K122~K149、鹰厦铁路 K579、陇海铁路 K1095 等工点都曾使用,效果尚好。块板连成整体,外侧受冲刷,自动均匀下沉呈斜坡状,起到防护脚墙作用。但在水流冲刷严重、流速较大的宝天铁路,十几处工程全被冲毁。宝成铁路有些丁坝头部设置的混凝土沉排防护冲刷严重,有些被冲到相邻石笼顶上,有些被水掀翻冲散,下部被淘空,与脚墙相接处垂直下沉。宝成、鹰厦铁路维修人员认为,沉排除流速很小可采用 0.5 m×0.5 m×0.2 m,应尽量加大为宜。另外连接钢筋环如采用 ϕ20 mm 则直径偏小,有些连接钢筋环搭接处焊接质量不过关而断开。沉排常 3、4 排一组,宜增加排数以加强整体性。

(4)大型砌块

大型砌块多用于流速超过 5 m/s 的冲刷严重地段,且设置深基础或其他防护工程有困难时。如 1 m×1 m×1 m、2 m×2 m×1 m 或更大。块体多为 20%片石混凝土,或采用 M75 浆砌片石砌筑。

宝天铁路受渭河水流冲刷严重,K1307 工点的流速达 6~8 m/s,使用该防护结构较完整,效果较好。20 世纪 60 年代后逐步推广到宝成、鹰厦等铁路上,工务部门认为在冲刷严重地段,其防护作用较显著。

调查后还发现大型砌块若摆在坡脚表面,下部易被淘空导致砌块被水流冲走。故要求水流冲刷严重处的设计与施工,砌块尺寸尽可能大一些,埋置深一些。除矩形外还可设计成凸榫形或棱形,且尽量少增加圬工数量,水流不易将其冲翻冲走。

(5)混凝土六脚块

南昌铁路局于 1965—1966 年采用混凝土六脚块,对某线 K77+050 处的小溪大桥 3 号墩、漳州支线某大桥 4、5 号墩设置防护块体(图 11-8)。

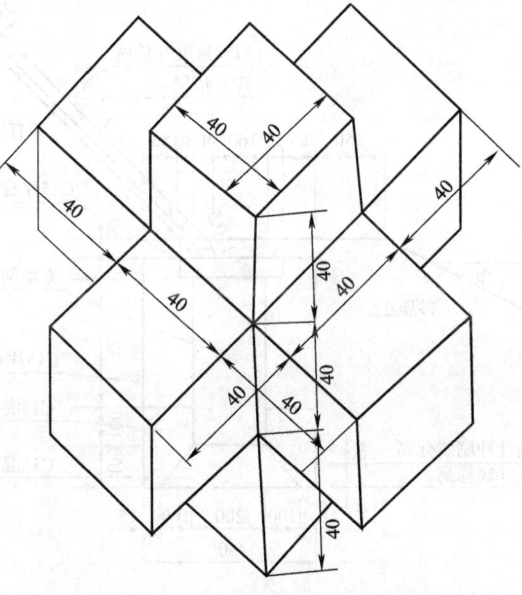

图 11-8　混凝土六脚块立体示意(单位:cm)

单体为 0.45 m^3 的 C15 预制混凝土，重 1 t。1969 年 8 月遇台风及大洪水，3 号墩的防护六脚块被冲走；4、5 号墩的抛设六脚块尚完好。后者位于沙质河床，河面宽阔属平原稳定河段，最大流速 4 m/s。六脚块可考虑用于桥墩、路基与基础防护，石料来源困难地段或水下部分可用于代替抛石防护。

(6)沉井基础

西安铁路局于 1977 年在陇海铁路渭河桥采用素混凝土沉井防护措施，该沉井深 6 m，总长 193 m，效果良好。1979 年又在某支线 K138＋628 处的文川河大桥设置一处深 3 m 的沉井基础防护工程。

陇海铁路某段的咸阳渭河大桥，地基为细砂和粉砂。曾考虑采用围堰作明挖护坡基础，但涌砂问题不易解决；再考虑采用桩基，但所需钢材多，且机具设备缺乏；最后确定采用混凝土沉井，深基础防护。沉井按排水下沉设计，内侧宽 2 m、长 3 m，壁厚 1.15 m，采用 C15 片石混凝土灌注施工，井底用 C15 混凝土封底，厚 1 m，井内用河沙、砾石夯填，并用 C15 片石混凝土封顶，厚 0.5 m，顶盖上接护坡，如图 11-9 所示。

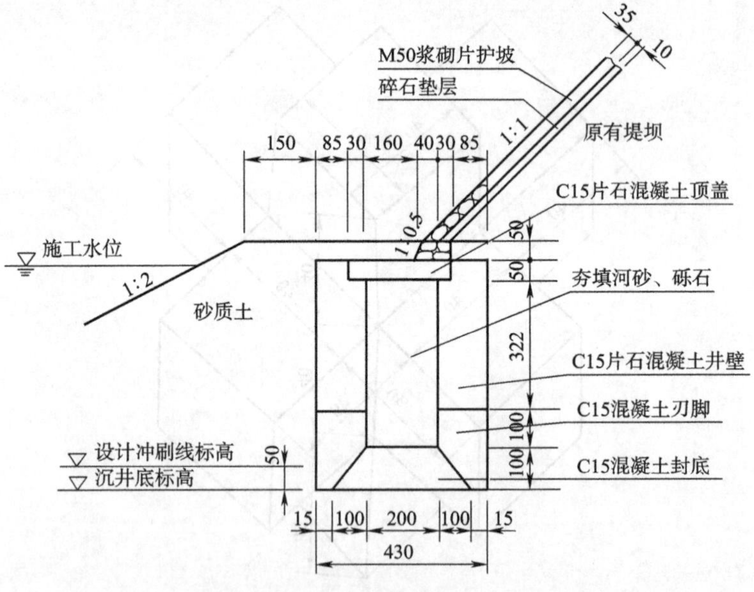

图 11-9　沉井护坡带断面(单位：cm)

(7)混凝土桩柱基础

1979 年以来,甘肃平凉地区水电局治河试验组对泾河采用灌注混凝土桩柱基础防护。该河岸为卵石、砾石地层,最大冲刷深度 3 m,除洪水季节平时水量较小。曾用深挖挡土墙、灌浆基础等措施对河岸进行防护,造价较高,如图 11-10 所示。1980 年经受洪水冲刷的考验,尚属良好。此种防护具有人力省、材料造价低、施工简便、效率较高等优点,也可用于路基冲刷防护。

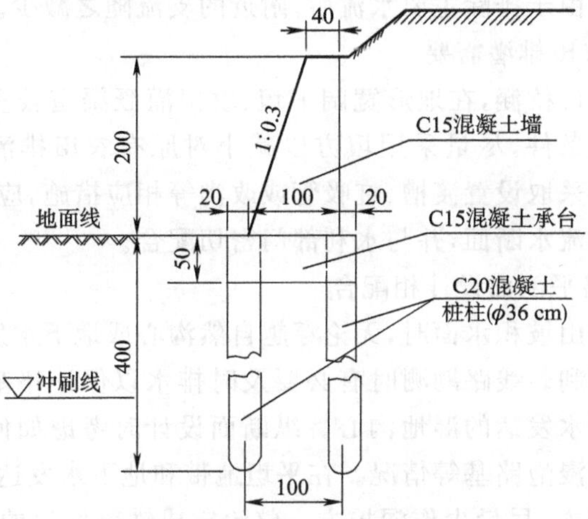

图 11-10　桩柱基础断面(单位:cm)

11.5　路基排水

11.5.1　路基排水设施基本要求

[第 11.5.1 条引文]

路基排水设施应布置合理、排水通畅、系统完整、地基稳固,并与桥涵、隧道、车站等排水设备衔接协调。排水沟、侧沟、天沟、吊沟等排水设施的过水面积,应按当地 50 年一遇最大小时雨量和汇水面积确定。

[第 11.5.1 条解读]

路基地面排水设计应包括沿线排水系统设施结构的设计,地面排水系统包括路堤、路堑、路基面的排水系统，将路基本体范围内的地面水顺畅排出，将流向路基的地面水截流引排以保持土体干燥。排水系统规划是路基排水的一项重要内容。

1. 排除危害路基的积水

排水设计中会遇到各种地表水和地下水，很难将这些水流全部拦排。应着重分析其补给关系、危害程度，排除严重危害路基的水流。先考虑应首先排除的水量以及降低的水位标高，对各种水流需按轻重缓急分别对待。施工中常由于排除主要水流后，附近的支流随之减少。

2. 考虑农田排灌需要

为便于增设桥涵，在地形宽阔平坦、农田灌溉渠道较多地段，线路设计应考虑排水条件，尽量采用填方以减小对原有农田排灌系统的影响。确有影响时需采取设置渡槽、虹吸管或改沟等相应措施，应注意保证灌溉沟渠有足够的流水断面，并与水利部门密切配合。

3. 与线路平剖面设计相配合

线路位于山坡积水面时，无论穿越自然沟心或地下水发达地带，都会对排水造成不利。线路勘测时有必要及时排水以保证路基质量，选线时尽量避开地下水发达的湿地沟心。纵断面设计时考虑如何使排水通畅，不发生淤积和浸泡路基等情况。在平坦地带和地下水发达地带宜多作小填方代替浅挖方，尽量少作深挖方。整治宝成铁路发生的 75 个滑坡中，由于地下水丰富，开挖路堑引起滑动 47 个，占比超过 62%。由于线路穿越沟心，因排水不良造成不少病害。1956～1957 年该线马蹄湾站附近，线路穿越沟心将沟槽填塞，雨季时地表水直灌使排水复杂化，施工时发生边坡坍塌，路基隆起。该工点修延长明洞 146 m、挡土墙 260 m、排水隧洞 190 m、边坡渗沟 25 条、各种排水沟 7 500 m，增加大量整治费用。

4. 与桥涵布置相结合

桥涵是上游的泄水门户，其位置、设置密度、孔径及流水标高等均应满足路基排水需要，路基设计人员应及时提出意见或建议。

以往由于路基与桥涵的设计相互不协调，造成一些因排水不畅使设备被冲毁的教训。如包兰铁路某段，线路一侧为宽阔草滩，1954 年设计时认为该地层覆盖细砂颗粒故渗透性强，仅在低洼处设置三座小型涵管，1961 年 9 月的一次暴雨将其冲毁并使行车中断。又如为缩短涵管或解决基础问题常将涵管抬高，造成路基上侧积水引起堤身滑动下沉。桥涵设计时有不少改沟合并工作，时常发生因加固不良引起水冲路基，故路基与桥涵的设计配合非常重要。

5. 与路堑布置相结合

由于排水设施的设计协调问题，造成多处高路堑道床排水不良、被水冲毁的病害教训。如湘黔铁路 K266＋220～＋275 为半路堑地段，两端为隧道，左侧堑坡高 10 m，下部设有挡土墙，上部为山坡洼地，汇水面较大，地表水由 K266＋264 堑顶天沟经吊沟集中流入侧沟。吊沟距线路很近，坡度陡、落差大，且无消能设备，极易造成水冲道床事故。1997 年 6 月因特大暴雨，由下行左侧吊沟泄洪，造成 K266＋250～＋275 区段下行左侧 15 m、右侧 9 m 道床冲空轨排悬空，货车颠覆脱轨，下行中断行车 110 h。

路基排水设施应系统完整、排水通畅、地基稳固。区间路基排水建筑物与桥涵、隧道、车站、农田水利等排水建筑物相互顺接互不干扰，并避免相互脱节。

路基地面排水仅排除路基两侧的少量雨水，引至附近桥涵及沟谷。一般可根据经验直接使用标准断面尺寸，不作水力计算。

引入集中水流的水沟及其上方地表流量拦截较大时，需根据汇入流量计算确定其过水能力。路基地面排水设计流量与区域暴雨强度、降雨重现期、工程特点、地形条件等有关。确定设计流量时需参考地区经验公式或规范公式。

降雨设计重现期的选定与铁路的重要程度、地区类型等有关，关系到铁路设施受水侵害的风险大小，还关系到排水设施的工程投资。

《铁路路基设计规范》(TB 10001—2016)第 13.1.7 条要求，路基排水设计降雨重现期应根据铁路等级，按表 11-10 确定。

表 11-10　路基排水设计降雨重现期

铁路等级	设计速度 200 km/h 及以上铁路、重载铁路	设计速度 200 km/h 以下的铁路
重现期(年)	50	25～50

排水是保证路基强度与稳定性的重要措施，需合理设计排水设施。其中的重要因素是确定合理的设计降雨重现期，有效降低铁路设施受水

侵害的风险。排水设施断面的选择确定影响到工程造价，会对周边造成影响。需较准确地算出设计流量，合理确定排水设施的断面尺寸。通过分析对比铁路桥涵工程的降雨重现期可知，不同等级铁路的重现期不一样。根据《铁路路基排水设防标准及小流域流量计算研究》的成果，重载铁路、设计速度 200 km/h 及以上铁路选用 50 年，以下选用 25～50 年。铁路排水与地方防排洪系统相衔接时，设计重现期取其中之大值。

路基排水计算应结合当地的经验合理选取参数，缺少地区经验时参照《规范》(TB 10001—2016)第 13.1.8 条。结合汇水面积、表面形状、地质条件、气候特点选取合理的方法，并参照该规范附录 F，即本书附录 G。

本规范的路基排水设施应按当地 50 年一遇最大雨量和汇水面积来确定，与《规范》(TB 10001—2016)一致。

11.5.2 路基边坡排水设施系统性和完整性

[第 11.5.2 条引文]

路基边坡防排水工程设计应确保排水设施系统性和完整性，加强末端设计。边坡排水设施应结合工程实际需要进行防渗设计。

[第 11.5.2 条解读]

路基排水不良引起路基损坏的事故教训有很多。路基设计应有良好的排水设施，主要包括侧沟、天沟、吊沟、截水沟、排水沟、跌水、急流槽、线间集水井、排水管等。

侧沟、天沟、急流槽的横断面设置应考虑流量大小，保证流水通畅。其底宽一般不小于 0.4 m，深度不小于 0.6 m(干燥少雨地区可减至 0.4 m)。石质路堑的侧沟深度可减至 0.4 m，路堑的侧沟位于平道及坡度小于 2‰的坡道时，分水处的深度可减至 0.2 m。

侧沟、天沟、排水沟、取土坑的底部应设置一定纵坡。排水沟应有通向附近桥涵建筑物的纵坡，一般不小于 2‰，平地、河滩地带的坡度较缓但不应小于 1‰，路堑中侧沟的纵坡应与路基的纵坡相等。平道及坡度小于 2‰的地段一般为 2‰，隧道口处路堑侧沟的纵坡不应小于 2‰，反坡地段可减至 1‰。

靠近线路一侧的侧沟边坡一般为 1∶1，另一侧边坡应与路堑边坡相同。有坡脚平台的外侧边坡为 1∶1，砂性土质的两侧边坡为 1∶1～

1∶1.5,黄土类土质的两侧边坡不超过1∶1,天沟、排水沟的土质边坡一般为1∶1～1∶1.5。

路基排水设施应有足够的过水能力,需根据设计流量来验证,还应结合水文水力计算结果综合评估。

为充分发挥路基排水设施的功能,需做好出水口设计的选择处理,引导水体流向路基外侧使水流顺畅,不出现堵塞淤积、溢流渗漏、冲刷及冻结等。

对于侧沟、天沟、排水沟的边坡与沟底设计,当遇到松软渗水土质、有裂缝的岩石、坡度过陡可能引起冲刷的地形地貌等情况时,应根据计算流速,采取防止冲刷渗漏的路基排水加固措施。尤其受水浸蚀的黄土地区,其土质的强度与稳定性大幅降低,需特别注意排水防渗。

11.5.3　路基排水设施设计要求

[第11.5.3条引文]

路基排水设施设计应符合下列要求:

1. 侧沟、天沟、排水沟的纵向排水坡度、单面排水坡段长度应符合相关规范要求,必要时应增设横向排水设施引入自然沟渠或排洪涵洞,不得直接排入农田。湿陷性黄土地区的路基排水设施或自然坡排水集水区应远离路基坡脚。

2. 膨胀土、湿陷性黄土、砂性土、戈壁碎石土等易冲刷地区排水设施设计,应考虑集中水流冲刷对局部微地貌改造以及淤积的影响,并适当加大过水断面尺寸。

3. 路基与桥台衔接处的排水沟应与天然沟槽衔接,避免冲刷桥台锥坡。排水沟与涵洞衔接处的沟底高程不应低于涵洞流水面高程。

4. 深长路堑或反坡排水困难的地段宜增设横向排水设施或桥涵建筑物,将侧沟水引排至路基外。

5. 堑坡吊沟设置不应朝向线路,否则应设置防止吊沟水流直冲线路的阻挡设施。

[第11.5.3条解读]

本条借鉴了《铁路边坡防护及防排水工程设计补充规定》(铁建设〔2009〕172号)的相关条文,对路基排水设施提出了基本设计要求。

地面水渗入路基土体会降低其抗剪强度，对路基边坡面和坡脚造成冲刷，渗入含易溶盐的黄土会产生溶蚀作用而形成陷穴，气温下降时常成为寒冷地区冻害的重要因素，说明地面水对路基的稳定影响很大，还对施工与运营造成许多困难。排除路基地面水的主要设备有排水沟、侧沟、截水沟(天沟)、跌水、急流槽、缓流井等。

1. 相关规范对排水设施的要求

(1)《铁路路基设计规范》(TB 10001—2016)第 13.2.5 条对各种路基面排水设施平面、沟底纵坡的布置要求如下。

①地质或土质条件差、有可能产生渗漏或变形时，应采取适宜的加固防护措施；

②沟底纵坡不宜小于 2‰，单面排水坡长度大于 400 m 时应在适宜位置增设出水口；

③沟渠的线型要求平顺，转弯处宜做成弧线；

④沟槽的顶面高度应高出设计水位至少 0.2 m。

(2)《高速铁路路基修理规则》(铁总运〔2015〕60 号)对排水设施的布置要求如下。

①地面横坡明显地段的排水沟、天沟可在横坡上方一侧设置，地面横坡不明显时宜在路基两侧设置；

②路堑地段应于路肩两侧设置侧沟；

③年降水量不低于 400 mm 地区，路堑边坡平台宜设置截水沟，并将边坡平台截水沟的水引入相邻排水设施；

④地面排水设施的纵坡不小于 2‰；

⑤排水沟的沟顶高出设计水位不小于 0.2 m；

⑥天沟不应向路堑侧沟排水，受地形限制需排入侧沟时需设置急流槽及挡水设施，根据流量调整下游侧沟截面尺寸；

⑦路堑地段汇水面积较大时，视情况可在天沟外增设截水沟；

⑧沿线路纵向的排水坡段长度不宜大于 400 m，必要时增设横向排水设施将水流引出路基，排至自然河槽沟渠；

⑨排水沟、侧沟及天沟的水应引入桥涵、沟渠，其端部沟底高程不应低于桥涵沟底高程；

⑩侧沟、天沟、排水沟、急流槽等排水设施严禁设在虚填土上。

对不良地质地段路基的处理，防排水作为工程措施之一受到很高重视，排出路基地面水的各项具体措施应相互适应协调，如冻土地区、黄土地区、膨胀土地区、软弱土地区的路基以及滑坡地区特殊土等路基。为加强排水设施稳定和防止渗漏，应对基础进行必要处理，对沟渠进行防护。

为将水流尽快排出路基，减少冲刷和淤积堵塞，排水设施的沟底纵坡需不小于2‰，为防止水流溢出应有一定安全储备，各种设施常预留一定安全高度，沟顶高出流水面至少0.2 m并选择最短路径，防止渗漏溢出。排水沟、天沟的单面排水坡段一般不超过400 m，排水设施应与其他防护加固措施相适应。

天沟不能向侧沟排水，受地形限制难以选择出水口且无其他替代措施时，可用急流槽(吊沟)或急流管将天沟的水引入侧沟。选择急流槽下游侧沟断面时，需考虑天沟汇入的流量，通过水力计算确定。

路基地面排水设施不得兼有其他用途，排放水不直接进入饮用水源及农田等。切实做好水处理，保护水利排灌系统。

湿陷性黄土地区的路基排水设施或自然坡排水集水区应远离路基坡脚，路堑天沟应设置在离堑顶边缘不小于10 m处，有必要的防冲刷渗漏的加固措施，要夯实天沟至堑顶边缘的地表，防止黄土层内渗水，造成边坡受到破坏或影响其稳定性。

2. 不良地质条件处的排水处理

对于普通单线及双线铁路，路基面设置排水横坡引排积水。客运专线铁路根据路基和轨道结构类型，采取加强措施横向排水，常将路基面纵向水集中后横向引排。直线地段无砟轨道路基面可通过横向坡度散流排水，曲线地段为避免积水，可通过设置集水井及横向排水管集中引排，其埋深等布置需根据降水量和防冻要求等确定。

对于膨胀土、湿陷性黄土、砂性土、戈壁碎石土等易冲刷地区路基排水设施设计，应考虑集水冲刷对局部地貌淤积的影响，适当扩大过水断面，一般采用设计径流量的1.1倍来确定。

黄土、膨胀土等对水的敏感性较强的特殊地区路基，根据需要设置防水层，避免水分下渗影响路基或地基稳定。路堑边坡为坚固岩层时，天沟与堑顶之距一般不小于5 m，路堑坡度不高或沟内铺砌时不小于2 m。边坡为松散岩层时，天沟应距坡顶6～20 m或以上，湿陷性黄土路堑天沟与堑顶之距一般不小于10 m并加固防渗。

3. 路基与桥涵衔接处的排水处理

为充分发挥路基地面排水设施的功能，需做好出水口的选择处理。路基与桥台衔接处排水沟的布置应保证自然水系通畅，与天然沟槽衔接，避免冲刷桥台锥坡。

排水沟与涵洞衔接处的沟底高程不应低于涵洞流水面高程，可避免涵前经常积水和涵洞流水面过高。

4. 深长路堑的排水设施要求

天沟的作用是拦截路堑坡顶的地面水，不使其流入堑坡形成冲刷而影响堑坡的稳定，天沟的位置要根据堑坡的稳定程度来选择，沟深一般不小于5 m，必要时采取防渗措施。堑坡地层不良、边坡较高、坡顶受控时，通过相关计算来确定天沟的位置。

侧沟的主要作用是排除路堑坡面及路基面汇入的水流。位于挖方地段的路基，其路肩两侧外均需设置侧沟。干旱与极干旱荒漠地带的一次降雨能全部渗入沙层而不产生径流，可不设侧沟。路堑边坡高度大于15 m、坡面为台阶式时，为截断坡面上游的水流而设置截水沟。侧沟一般可采用梯形或矩形断面。对于反坡排水地段的深长路堑，不易设置桥涵时，侧沟可采用带槽孔盖板的矩形断面，以减小开挖量。

路堑长、纵坡大时，反坡排水工程量大且不易选择出水口。《铁路隧道设计规范》(TB 10003—2016)条文说明第10.4.1条建议，为排除洞外路堑汇水，出洞方向路堑为上坡时，将洞外侧沟做成与线路坡度相反，且一般不小于2%。对于不超过300 m的隧道，如路堑水量小、含泥量少，修建反向侧沟反坡排水将增加大量土石方砌体，不经济且不安全，路堑侧沟可通过隧道排水。为保证运营安全，需检算隧道水沟断面，必要时应扩大，在高端洞口设置沉淀井。

根据该建议，由于汇集流量增大，下游地段深长路堑的侧沟用一般标准的横断面已不能满足流量通过的要求，可能造成水溢道床。加大横断面将增加土石方数量，并非良策，尤其对于反坡排水地段的侧沟，下游的加深更多，难度更大。应视地形条件设法增建桥涵建筑物，将水引排至路基之外。

5. 堑坡吊沟的设置要求

天沟一般不向侧沟排水，受地形限制不易确定出口时，采用急流槽（吊沟）向侧沟排水，将天沟的水引向侧沟。急流槽下游侧沟的断面流量采用本侧沟流量与急流槽引入流量之和，洪水频率采用 50 年一遇，根据流量来调整下游侧沟断面，防止流量增大可能漫溢。吊沟断面应与流量相适应，如断面过小，遇到大流量时会造成道床受冲。急流槽如朝向线路，需设置挡水设施，防止吊沟水流直冲道床，威胁线路安全。

第 11.5.1 条解读中介绍的湘黔铁路 K266＋220～＋275 路堑区段病害就是吊沟泄洪冲空道床，导致货车脱轨颠覆的严重典型案例事故。

在山区铁路的路基养护中，常遇的天沟、吊沟病害主要包括下列情形：沟底淘空、沟壁坍塌、沟床淤积、灰块脱落、道床受冲、泥流漫道等。对路基排水设备的养护是预防山区铁路病害的基本措施之一。为防止吊沟水流直冲道床，工务部门采取如下措施。

（1）降坡

吊沟的沟床纵坡陡峻不平顺，上缓下陡形如鹅头，坡面有错台，高速水流脱离沟床直冲道床（图 11-11）。

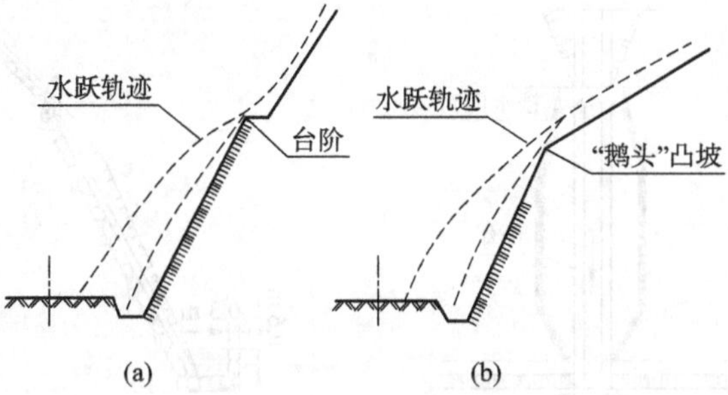

图 11-11　吊沟水冲道床

吊沟水流冲击道床可采用降坡方法，并将缓坡或平坡段取消，由射水起点下降，线型为抛物形竖曲线（图 11-12）。

该曲线算式为 $y=x\tan\theta+\dfrac{gx^2}{2v^2\cos^2\theta}$

式中　θ——射水起点上段沟底线与水平线的夹角；

v——射水起点上段沟槽的平均流速。

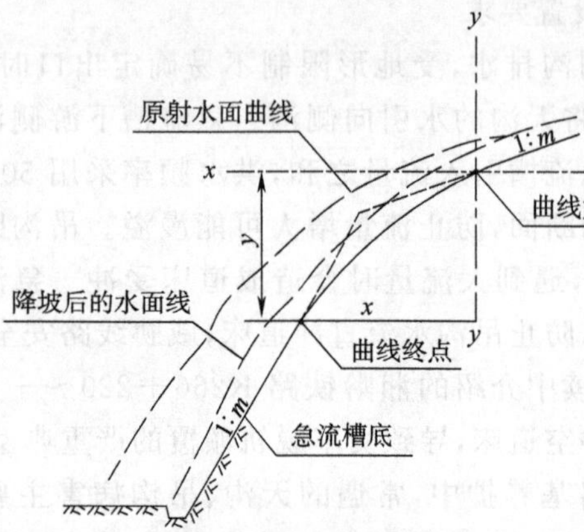

图 11-12 改善吊沟纵坡

(2)增设挡水墙

在吊沟出口路肩处增设挡水墙，一般高 0.6～0.8 m，厚 0.25～0.30 m，长 2～3 m，以不超过铁路建筑限界为宜。或在吊沟入口处增设挡水栅窗门帘(图 11-13)。

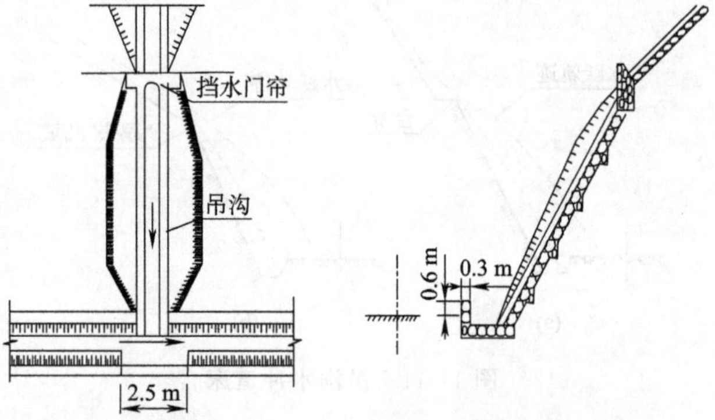

(a) 吊沟平面　　(b) 吊沟中心的纵断面

图 11-13 吊沟增设挡水墙

第12章 其他建筑物

12.1 隧 道

12.1.1 隧道水文勘测设计基本要求

[第12.1.1条引文]

隧道水文勘测设计应对隧道和辅助坑道洞口、疏散出口(紧急出口、避难所)、疏散平台的地表水以及沟谷、河流进行调查。

[第12.1.1条解读]

隧道洞口设计在隧道设计中作用十分重要,直接关系到后期的施工安全及进度。隧道未开挖时的山坡稳定,洞口开挖对山体的原始排水状态有很大影响,如排水不畅则洞口易积地表水。施工时需在洞口设置有效的排水设施或截水沟等,及时截除地表水。隧道水文勘测设计应理顺洞口排水系统,合理配置设备,有效处理洞口的工程病害,保护边、仰坡的稳定以及生态环境。

12.1.2 隧道地表排水设施

[第12.1.2条引文]

新建和改建隧道应对隧道和辅助坑道洞口的地表水作妥善处理洞外应有完整的排水设施,保证结构物和设备的正常使用和行车安全。

[第12.1.2条解读]

隧道地表水如处理不当会严重影响运营安全。修建隧道时应建立完整的排水设施,妥善处理地表水。洞口仰坡周围应有完善的排水截水设施,包括截水沟、吊沟、排水沟等组成的地面排水设施,确保仰坡周围能迅速排水,一般经洞门墙顶水沟排泄。洞口排水的几种方式如下:洞口路堑一侧边坡较低的隧道洞门和明洞门,采用顺坡单向排水;路堑边坡较高且稳定,无法利用自然地形单侧横向排水的隧道洞门和明洞门,采用洞门与路堑连接处修筑吊沟排水;路堑边坡较高,洞口仰坡汇水不多的隧道洞门和明洞门,可在拱部两侧端墙上方对准洞口侧沟中心开凿排水孔;单压式明洞洞门可采用半路堑边墙排水。地表水处理措施主要有地面引排、地表加固。

1. 地面引排

①隧顶天沟、截水沟应选择对地面植被破坏最小、排水畅通方案,配合永久排水系统先行修建。

②细致确定与隧道相接的路堑水沟排水方向,应保证隧道明挖工段与辅助坑道内外排水系统有效连接水流通畅,不破坏地表环境。

③对隧道周围的地表水采取有效截排及防洪措施。出洞方向路堑为上坡时,应在洞口外 2 m 设置截水沟,并将洞外侧沟做成与线路坡度相反,且不小于 2‰。

④为防止洞口及明挖段的边、仰坡地表水下渗冲刷,应在坡顶修建截排水沟并在开挖前完成。隧道洞门处的截排水设施宜与洞门工程同步施工,翼墙式及单侧挡土墙式的洞门顶部宜采用单向排水。

⑤边、仰坡截水沟应在距其开挖边缘至少 5 m 处,黄土地区应在 10 m 以上。分段采用不低于 M7.5 浆砌片石。可将截水沟设计为单侧或双侧排水均可,并与路堑排水系统顺接,出水口需防止顺坡散流冲刷。

2. 地表加固

①采用地表注浆等防水措施,并评估其效果。

②隧道覆盖层较薄或地表水可能渗入隧道时,对地表积水、坑洼处进行施工前处理,洞口附近和浅埋地段洞顶不积水。

③不透水的土层宜回填并分层夯实,黄土陷穴和岩溶孔洞等特殊地质处理符合设计要求,应整治洞顶的流水沟槽,必要时铺砌沟床,周边有河流或水塘时采取防渗漏措施。

④洞口排截水沟可采用 M7.5 浆砌片石,砌缝砂浆应饱满密实,并夯实水沟基底填土。

12.1.3 隧道洞外排水设施

[第 12.1.3 条引文]

洞外排水设施应避开不良、不稳定地质体,以较短途径引排到自然稳定的沟谷中。途经路堑侧沟、涵洞排放时,水沟末端应与侧沟、涵洞无缝顺接，并应检算其过水能力，防止壅水。隧道洞口不应设在排水困难的沟谷低洼处。

[第 12.1.3 条解读]

隧道洞身范围大、覆盖面宽，相关工程集中且常位于线路转向附近。隧道定线时需注意洞身、洞口的位置选择条件，以及洞外相关工程的处理措施，选定隧道位置时需特别注意洞口位置。

还需重视洞口附近的排水等辅助防护工程设施。洞外排水设施应避开不稳定的不良地质区段，以较短途径将水引排至自然稳定沟谷。经路堑侧沟、涵洞时，水沟末端应与其无缝顺接，并检算过水能力防止壅水。该要求根据《铁路边坡防护及排水工程设计补充规定》(铁建设〔2009〕172 号)编写。

洞口如设置在排水困难的沟谷低洼处，由于地质条件常较薄弱，不仅施工与排水困难，隧道竣工后还会渗水漏水甚至洪水灌入。洞顶存在积水的洼地宜由排水沟疏导引流并填平洼地，经过洞顶的天然沟槽、输水渠道等排水设施宜铺砌沟床。对隧道地表的沟谷、坑洼、渗水宜采用疏导勾补、铺砌填平等措施使地表径流畅通；对易发生积水下渗的坑穴、钻孔等应填实封闭。

隧道洞口不应设在排水困难的沟谷低洼处，修订了《规范》(TB 10017—99)第 5.1.2 条的“不宜”。

12.1.4 隧道设计水位的洪水频率

[第 12.1.4 条引文]

隧道设计水位的洪水频率除满足本规范第 1.0.5 条规定外，尚应符合下列规定：

1. 观测洪水频率(包括调查可靠的有重现可能的历史洪水)小于上述设计洪水频率时，应按观测洪水设计。

2. 若水库设计洪水频率小于铁路设计洪水频率时，在水库边缘填挖交界处的隧道洞口高程不应低于水库的坝顶高程。

[第 12.1.4 条解读]

观测洪水包括调查有重现可能的历史洪水。洪水频率高于本规范第 1.0.5 条的设计值时，按观测洪水设计；高于该设计洪水频率标准时，考虑工程投资及频率标准重现几率，作出一些限制。隧道洞口的设计水位洪水频率标准按本规范应为1/100，若观测洪水频率高于该值但不超过1/300，应按观测洪水设计；若观测洪水频率超过1/300则采用1/300，并应考虑自然地理的变化影响因素。

为避免非常时期洪水使隧道变成溢洪道，水库边缘填挖交界处的隧道洞口高程不应低于水库坝顶高程。

12.1.5　隧道洞口路肩高程

[第12.1.5条引文]

隧道洞口、疏散出口（紧急出口、避难所）、疏散平台以及作为永久性工程使用的辅助坑道洞口位于滨河可能被洪水淹没地段、水库回水影响范围或受山洪威胁地段时，其路肩高程应为设计水位、波浪侵袭高、壅水高、0.5 m安全值之和。

[第12.1.5条解读]

本规范第12.1.4、12.1.5条对《规范》(TB 10017—99)第5.1.3条进行局部修订，与《铁路隧道设计规范》(TB 10003—2016)第3.3.3条基本一致。

隧道洞口位于受水库回水影响或山洪威胁地段时，如其路肩高程设计标准过低，可能发生洪水流经隧道，影响运营安全。故要求与特大桥、大中桥的桥头路基路肩高程相等同。

辅助坑道口用作运营通风或排水时，设计高程按标准设计。仅作为临时工程，竣工后需封堵时，设计高程可按施工水位考虑。

路肩标高按标准要求确定，此外由于水库的淤积与回水问题十分复杂，计算结果与实际情况可能产生出入，故确定路肩标高时应适当留有余地。

《铁路隧道设计规范》(TB 10003—2016)第3.3.3条要求，当洞口位于滨河可能被洪水淹没地带、水库回水影响范围或受山洪威胁地段时，路肩高程应高出设计水位、波浪侵袭高度、壅水高度、不小于0.5 m安全值之和。Ⅰ、Ⅱ级铁路设计水位的洪水频率标准为1/100，观测洪水频率标准（有重现可能的历史洪水等）高于设计洪水值时，应按观测洪水考虑。

12.1.6　隧道洞口截水沟和排水沟

[第 12.1.6 条引文]

隧道洞口、疏散出口(紧急出口、避难所)、疏散平台以及作为永久性工程使用的辅助坑道的洞口,应设置截水沟和排水沟,并应符合下列规定:

1. 截、排水沟横断面应按 1/50 洪水频率的流量进行设计。

2. 对不利于施工及运营安全的地表径流、坑洞、漏斗、陷穴、裂缝等应采取封闭、引排、截流等工程措施。

3. 洞口自然冲沟、水渠横跨隧道洞口时,排水方案可选用明洞顶设渡槽排水。

[第 12.1.6 条解读]

1. 截、排水沟等设施

20 世纪 50 年代前,隧道洞外很少设计截水工程,地表水渗入洞内由侧沟排出洞外。此后开始注意洞外截水系统。修建宝成铁路时少数隧道洞外设计了较为完整的改沟和截水沟,洞门仰坡设置截水沟使其不被雨水冲刷。1960 年发布了第一部《铁路隧道设计规范》,对洞外截水工程更为重视。贵昆铁路梅花山隧道涌水较大,将洞顶河沟改道设计,溶洞口附近修建截水墙。

边坡、仰坡外的截排水沟与洞口排水沟组成排水系统,是保证洞口稳定的关键因素。施工测量放线后先开始截排水施工,采用人工配合机械开挖修筑。洞口土石方开挖前完成边坡、仰坡外的截排水沟施工,水沟上游进水口与原地面衔接紧密或略低于原地面,下游出水口引入边沟等排水系统。为防止边坡、仰坡地表水冲刷并流入隧道洞口或辅助坑道口,应设置截排水沟。《规范》(TB 10017—99)第 5.1.4 条要求,截排水沟横断面按 1/25 洪水频率流量来设计。本规范调整为 1/50,详见本规范表 1.0.5—2。

对不利于施工运营安全的地表径流、漏斗坑洞、陷穴裂缝等处采取截流引排等工程补救措施,该要求根据《铁路边坡防护及排水工程设计补充规定》(铁建设〔2009〕172 号)编写。

2. 明洞洞顶过水渡槽

洞口自然冲沟、水渠横跨隧道洞口时,一般在洞口外设置桥涵通过洪水。需注意设置的桥涵净空不宜过低。成昆铁路沙木拉达隧道南端设置了 2-16 m 钢筋混凝土梁，由于净空过低，泥沙弃渣淤塞严重，水流不畅威胁洞口安全；鸭子池隧道南端为下挖设置桥孔排水，为减少下游沟渠开挖土石方工程量将沟底抬高，沟床坡度过缓，桥下净空不足，泥沙淤积严重。

修建成昆铁路时采取以下三种措施。

(1)扩大洞门墙顶水沟排水：紧靠洞口洞顶有天然沟横跨线路流量很小，需结合地形、流量情况，扩大端墙顶水沟。

(2)用渡槽引渡：布祖湾隧道南端水沟交错横跨洞顶，汇水面积较大，地表为碎石块石土体，需设置明洞，洞顶设置过水渡槽。

(3)改沟排水：洞顶水沟流量大，对隧道施工和运营不利时，结合地形地质条件改沟。如猴子岩隧道南端天然沟斜穿洞顶，地层为砂页岩，采用改沟截流。

本规范要求洞口自然冲沟、水渠横跨隧道洞口时，排水方案可选用明洞顶设渡槽排水。明洞顶上的过水渡槽一般是排泄山沟洪水或为保证农田灌溉所需水量，过水断面设计应参照有关排洪灌溉标准，渡槽为排泄山沟洪水时需注意有无泥石流的影响。泥石流沟还应考虑淤积引起的漫溢、大砾石对槽身的撞击等情况，明洞渡槽顶面高程需适当高出设计水位。

12.1.7 洞内外排水系统的连接

[第 12.1.7 条引文]

洞内排水系统应与洞外排水系统顺接，必要时设置具有检修、维护功能的缓冲井(池)。多雨地区应根据具体情况采取防止洞门仰坡范围地表水下渗和冲刷的措施。

[第 12.1.7 条解读]

本条沿用《规范》(TB 10017—99)第 5.1.5 条，与《铁路隧道设计规范》(TB 10003—2016)第 10.4.1 条一致。

隧道内排水系统应在全长范围设置排水沟，并宜设置在线路两侧。如单线碎石道床如设置为中心水沟，埋在道床下对养护维修造成困难；如在两侧边墙，则养护维修方便很多，极有利于洞内水沟排流，隧道有仰拱时也应采用侧沟。

20 世纪 60 年代开始采用隧道整体道床设置浅式中心水沟。水沟浅不利于降低地下水位,围岩地下水在道床底潜流。若道床底围岩较软则易被潜流带走,列车荷载冲击下易引起整体道床开裂下沉。这种病害较普遍,应设置双侧水沟和疏水盲沟。隧道两线间距较大,中心水沟不利于拦截衬砌外地下水,影响道床稳定并加大养护维修难度,不宜单独采用中心水沟。为尽快排除衬砌外及洞底的地下水,水沟侧面应设置足够的进水孔。

洞内外排水系统应顺接,洞外设置排水沟、洞口截水横沟、洞顶截水天沟、仰坡排水沟等。必要时应设置具有检修维护功能的洞外缓冲池。

隧道排水系统功能的降低或失效时有发生,重建难度与投入很大。针对排水系统的构成、材料选择等方面,需充分考虑维修方法,采取防淤积堵塞、冻结措施。洞外排水注意与相邻工程排水系统的能力匹配。

多雨地区指干燥度小于 1.5 的湿润半湿润地区。隧道仰坡地层覆盖薄,岩层裂隙通畅。为防止地表水下渗,即使岩层结构不需防护也要加强防截水要求,宜采用浆砌片石、喷射砂浆混凝土措施。为降低仰拱或底部积水的水位,地下水较多时应在隧道底部设置疏水盲沟,回填土面宜铺设黏性土隔水层或复合防水层,阻隔水流通路。回填土与边坡搭接处常为水流的良好通道,水流的渗透软化作用于回填土体,易产生滑移,需与边坡搭接良好。

根据《铁路边坡防护及排水工程设计补充规定》(铁建设〔2009〕172 号),隧道洞口应对边仰坡防护及洞外排水系统专门设计,边仰坡防护包括边仰坡防护平面、纵断面设计等,洞外排水系统包括洞外排水系统平面图设计等。

12.1.8　洞外路堑与隧道防水

[第 12.1.8 条引文]

洞外路堑的水不宜流入隧道。出洞方向路堑为上坡时,宜将洞外侧沟做成与线路坡度相反且不小于 2%的坡度。

[第 12.1.8 条解读]

本条沿用《规范》(TB 10017—99)第 5.1.6 条,与《铁路隧道设计规范》(TB 10003—2016)第 10.4.1 条一致。

为排除洞外路堑汇水，出洞路堑为上坡时将洞外侧沟做成与线路坡度相反，且一般不小于2%。隧道全长小于300 m时，如路堑水量小，泥沙含量少不易淤积，如修建反向侧沟将增加大量土石方砌体与混凝土工程，不经济且不安全，路堑侧沟流水由隧道排出，同时检算隧道水沟断面，不够时予以扩大，特别要求在高端洞口设置沉淀井。

对隧道有影响的地表沟谷、坑洼积水时，宜采用疏导、铺砌、填平措施，防止洞外地表水渗入隧道。

12.1.9 明洞的防水与排水措施

［第12.1.9条引文］

明洞的防水与排水措施应符合下列规定：

1. 明洞顶部应设置必要的截、排水系统。

2. 靠山侧边墙顶或边墙后应设置纵向和竖向盲沟，将水引至边墙泄水孔排除。

［第12.1.9条解读］

明洞按结构可分为拱形明洞和棚洞：拱形明洞可分为路堑式、偏压直墙式、偏压斜墙式、单压式，每种按围岩级别可再分；棚洞可分为墙式、柱式、刚架式、悬臂式等。应根据地形地质条件，结合施工难易程度及经济合理性等因素，综合比选确定。

拱形明洞结构整体性好，能适应较大的山体压力。一般情况一次塌方量可能较大，基础设施条件较好时宜采用拱形明洞。当线路外侧地形狭窄或半路堑基岩埋藏较深，设置明洞确有困难时，可采用棚洞以方便施工。设置明洞防排水应考虑以下措施。

1. 明洞顶部的截排水系统

露天空旷地区的明洞一般受地表径流的影响，如不截拦排出，易产生冲刷使坡面坍塌，或流入回填土浸泡填料，增加明洞负荷，要求其顶部设置必要的截排水系统。对称式路堑洞顶水沟向洞门方向排水，线路出洞为上坡时，反坡排水坡度不小于1%并保证洞顶回填土厚度不小于1.5 m，明洞较长时可横向拉槽，向山坡较低一侧排水。

为防止地表水冲刷仰坡流入隧道，一般应在隧道口边仰坡及明洞顶设置截水沟。

(1)截水沟应设置在洞顶边仰坡外侧 5 m 以上,黄土地区在 10 m 以上。

(2)为防止泥沙淤塞,截水沟坡度不应小于 3‰,纵坡过陡时设置急流槽或跌水连接,截水沟尺寸根据流入的汇水流量确定。量大时引至沟谷或涵洞处排泄,不宜引入路堑。出水口需防止顺坡散流冲刷。

(3)独立明洞的洞身宜设双侧排水沟,横向设排水坡。隧道洞口接长的明洞应与洞身一并考虑排水设施。

(4)客运专线及时速 200 km 客货共线 I 级铁路的侧沟、天沟、排水沟应采用混凝土浇注或预制拼装,不得采用浆砌片石。

2. 引水盲沟

衬砌背后有地下水源时,靠山一侧边墙应设置纵向和竖向盲沟,排水进入洞内排水沟。衬砌拱脚或边墙背后纵向盲管纵坡不小于 2‰,衬砌边墙背后竖向盲管间距宜为 5～10 m。明洞工程纵向盲管直径不小于 100 mm,竖向盲管直径不小于 50 mm,进水孔直径宜为 50 mm,纵向、竖向排水管与进水孔通过三通接头连接。

明洞衬砌拱脚或边墙背后纵向排水管设置纵坡需不小于 2‰,衬砌边墙背后竖向排水管设置间距一般为 5～10 m。

设置明洞的防排水措施时需注意两条,即本规范沿用的《规范》(TB 10017—99)第 5.1.7 条、《铁路隧道设计规范》(TB 10003—2016)第 13.4.2 条。

12.1.10　隧道弃渣处理

[第 12.1.10 条引文]

隧道弃渣处理应符合下列规定:

1. 勘测阶段应注意调查弃渣场地附近的河流特性,搜集隧道弃渣设计必要的水文资料。

2. 弃渣设计时应选择好弃渣场地,防止弃渣挤压河道,影响河流泄洪,弃渣场不宜设在桥位上游侧。

3. 弃渣场地应作好防洪与排水。

4. 严禁在对重要基础设施、人民群众生命财产安全和行洪安全有重大影响的区域布设弃渣场。

[第 12.1.10 条解读]

隧道弃渣处理需做好下列工作。

1. 弃渣场水文调查

勘测阶段应注意搜集隧道弃渣设计资料，先估算弃渣的数量、占地面积，选择并测量弃渣场地，签订占地协议。

向河边或河滩弃渣时，需对山区河流高、中水位的糙率、比降、流向、河湾冲高以及河道冲淤变化等资料加以核实。

2. 弃渣场地选择

向河边或河滩弃渣不能影响河道泄洪，不能影响水利工程的正常使用，不能影响水库大坝、水利工程取水，以及泄水建筑物、排灌渠沟的功能。严禁在对重要基础设施、对人民群众生命财产安全有重大影响的区域布设弃渣场。

因选址不当导致弃渣场失稳垮塌，发生滑坡引发泥石流的事故多有发生，必须规避渣场失稳而造成的次生灾害。

3. 弃渣场防洪与排水

根据《水土保持工程设计规范》(GB 51018—2014)第 5.7.1 条，弃渣场级别应根据堆渣量及其最大高度、对主体工程造成的危害程度进行划分，见表 12-1。

表 12-1　弃渣场级别

渣场级别	堆渣量(万 m^3)	最大堆渣高度(m)	渣场失事对主体工程或环境造成的危害程度
1	$2\,000 \geqslant V \geqslant 1\,000$	$200 \geqslant H \geqslant 150$	严重
2	$1\,000 > V \geqslant 500$	$150 > H \geqslant 100$	较严重
3	$500 > V \geqslant 100$	$100 > H \geqslant 60$	不严重
4	$100 > V \geqslant 50$	$60 > H \geqslant 20$	较轻
5	$V < 50$	$H < 20$	无危害

根据《水土保持工程设计规范》(GB 51018—2014)第 5.7.3 条，弃渣场排洪工程设计校核标准见表 12-2。

表 12-2　弃渣场排洪工程设计标准

拦渣坝级别	排洪工程级别	防洪标准重现期(年)			
		山区、丘陵区		平原区、滨海区	
		设计	校核	设计	校核
1	1	100	200	50	100
2	2	50～100	100～200	30～50	50～100
3	3	30～50	50～100	20～30	30～50
4	4	20～30	30～50	10～20	20～30
5	5	10～20	20～30	10	20

排洪工程失事可能对周边下游基础设施造成重大危害时，2 级以下排洪工程的设计防洪标准可按表 12-2 的要求提高 1 级。

弃渣场临时性拦挡工程防洪标准取 3～5 年一遇，弃渣场级别为 3 级以上时可提高到 10 年一遇。永久性截排水设计标准取 3～5 年一遇、5～10 min 短历时设计暴雨。

弃渣场的截排水能力不足易造成浸水软化，形成溜坍滑坡，影响下游构筑物安全，应有足够能力满足排水泄洪要求。

隧道弃渣为软硬不均的松散堆积体，力学参数较低，水沟置于弃渣顶部易产生沉降及冲刷破坏，以至达不到使用年限已失效，遇到雨季弃渣场冲沟流量大的情况易造成毁灭性破坏，应严格按设计要求对弃渣进行碾压夯实。

为确保水流环境不因弃渣而被污染，可设置排水管、纵横盲沟、截排水沟。弃渣堆坡脚应有防洪冲刷措施。

12.1.11　水库坍岸对隧道的影响

［第 12.1.11 条引文］

濒邻水库地区的隧道应考虑水库坍岸对隧道稳定的影响，并采取相应的工程措施。

［第 12.1.11 条解读］

本条与《铁路隧道设计规范》(TB 10003—2016)第 3.2.4 条一致。

对于濒邻水库地区的隧道，遇到松软堆积、风化破碎的岩层，常易造成山体坍岸病害，必须确保隧道结构的运营安全，应设于牢靠的基岩，或坍岸外一定距离的非岩质土层，不将隧道置于不稳定的坍岸影响地带，尤其注意水库充水可能引起滑坡的复活。

12.1.12　水下隧道资料

［第 12.1.12 条引文］

下穿江、河、湖、海等水体的水下隧道，应搜集所穿越区段的水文条件、防洪标准、河流的流量、流速及水位、海域的潮汐变化规律、附近水域的波浪资料、水下障碍物分布状况、河势演变与河床演变观测与分析等资料，以确定隧道方案和合理的施工方法。

［第 12.1.12 条解读］

江、河、湖、海将陆地分成不同区域，通过桥梁、轮渡、水下隧道连接交通。

武广客运专线浏阳河铁路隧道全长 10 115 m，地质条件差，施工难度大，为重点控制工程之一，是我国第一条穿越河底及市区的大断面铁路隧道。施工中加强地质工程险情预报监测监控，合理选择工艺，隧道顺利穿越河底、市内居民区及城市道路等地段。

广深港狮子洋铁路盾构隧道是我国第一条特长水下铁路盾构隧道，全长 10.8 km，三次穿江越洋，水面宽 3 300 m，最大水深 26.6 m，为珠江航运主航道，最大设计水压 0.67 MPa，为国内首次在软硬不均地层和风化岩层中用大直径气压调节式泥水盾构施工。

天津站—天津西站高速铁路地下联络隧道采用口径 11.97 m 的泥水加压平衡式盾构施工，是我国首座市区大口径泥水盾构铁路隧道。线路全长 5 km，其中隧道 3.3 km，盾构隧道 2 146 m，单洞上下行双线，在 50 m 宽度内全断面注浆。

宁波—舟山铁路金塘海底隧道全长 16.2 km，最大埋深 78 m，海域段 8.3 km，最大埋深 50 m，最小埋深 17 m，直径 14 m，最大水压 0.85 MPa。成为迄今最长、承压最高的国内首条海底高铁隧道。

确定水下隧道施工方案时需考虑地质水文、运输场地环境、防排水与养护维修、高程规划、河流冲刷淤积层等因素。

水文资料内容丰富，如对隧道穿越水域区段河床河势演变的观测，河流的流量、流速、水位及其防洪标准，海域潮汐变化规律及附近水域波浪资料,水下障碍物分布状况及航道规划等情况。本条明确了下穿江、河、湖、海的隧道应满足的合理施工方案要求。

1. 水下隧道的建设条件

水下隧道的建设条件直接影响建设的难易程度、工程造价及施工工期,甚至决定工程的成败。隧道应避开地质环境条件复杂区域及敏感建筑物,避免穿越水域深槽及河床变化较大地段。河床的稳定对隧道的运营安全影响较大,确定隧道定线位置时应充分重视。

京沪高速铁路跨越长江对于沉管隧道方案,考虑江床泥沙迁移、主槽位置摆动、冲淤交替频繁、河势变迁大、冲刷深度大、局部冲刷防护工程量大、底部地基有可能被淘空等情况,经深入论证否定了该沉管隧道方案,采用大胜关钢拱桥方案。

钱塘江河口平面河床宽浅,河床冲淤剧烈,河势不稳定,大冲大淤使越江隧道覆土层厚度变化大,可最大冲去 6.5 m 覆土,土体回弹,带动越江隧道产生纵向变形,严重时可引起隧道接缝处渗水等事故。

搜集穿越区段的水文地质资料,以确定水下隧道施工方案是十分重要的环节。

2. 水下隧道施工方法

水下隧道施工主要有钻爆、盾构、沉管、堰筑等方法。

(1)钻爆隧道

钻爆隧道是通过人工爆破开挖的隧道,应在坚硬完整、连续稳定的岩石地层中穿越,尽量避开涌水涌泥等地质条件复杂的地层。隧道最小埋置深度应综合考虑河床地质水文条件、围岩物理力学性质等确定。

(2)盾构隧道

盾构隧道是用盾构机械开挖推进形成的隧道,应在均匀软弱的地层穿越,避开冲淤严重软硬或不均河床、含溶岩或砾石孤石等地下障碍物的不稳定区段。

盾构隧道纵向应考虑航道规划深度、河床冲刷及疏浚的影响,通航水域最小覆盖厚度应大于通航船只抛锚入土的深度要求。施工期间顶部覆盖层厚不宜小于隧道外径,运营期间最小覆盖层厚应满足隧道抗浮稳定性要求。

(3)沉管隧道

沉管隧道是由若干预制的隧道结构单元通过浮运、沉放、水下对接形成的隧道,应考虑地质水文条件、通航条件、施工组织和水域生态环境等因素,规避锚地、船舶调头区、港口码头、特定保护区,满足两岸连接、水域航运船舶作业及环保等要求,避开不稳定岸线、急弯河道、局部深槽冲刷严重水域。河段流速宜小于 2.5 m/s,沉管隧道水深宜小于 30 m。

沉管隧道覆盖层顶面高程应满足航运规划要求,且不高于最低冲刷高程。顶部回填覆盖层高出河床或最低冲刷高程时应采取抗冲刷措施。覆盖层厚度满足隧道抗浮及船只抛锚的要求,分析不同水位条件围堰基坑的支护稳定、基底隆起渗流的稳定。围堰设置在流速较大河段或海域时,需进行相应水工模型试验,进行防冲计算。

隧道要穿越水域的水文地质资料是合理确定施工方法的重要依据。据不完全统计,铁路水下隧道施工方法见表 12-3。

表 12-3 铁路水下隧道施工方法一览

顺序	隧道名称	开工年份	完工年份	施工方法
1	武广客专浏阳河隧道	2005	2009	矿山法
2	广深港客专狮子洋隧道	2006	2011	盾构法
3	天津地下直径线海河隧道	2008	2013	盾构法
4	莞惠城际东江隧道	2009	2012	盾构法
5	长珠潭城际湘江隧道	2010	2017	盾构法
6	广佛城际陈村水道隧道	2013	2016	盾构法
7	佛莞城际狮子洋隧道	2015	2020	盾构法
8	珠三角城际环广佛环线珠江隧道	2017	2022	盾构法
9	珠三角城际琶洲支线珠江隧道	2018	2022	盾构法
10	汕汕高铁海底隧道	2019	2023	盾构法
11	深江铁路珠江口隧道	2020	预计 2024	矿山法、盾构法
12	渝黔铁路重庆长江隧道	2020	预计 2025	盾构法
13	广湛高铁海底隧道	2020	2024.3	堰筑法、盾构法

12.1.13　泥石流明洞要求

[第 12.1.13 条引文]

修建明洞使泥石流在铁路上方通过时，明洞顶应有足够的排泄坡度和宽度，在平面和剖面上能平顺地与上下游沟床相连接。

[第 12.1.13 条解读]

为减小施工对洞口环境的影响，铁路隧道洞口段一般设置明洞，主要有以下类型。

对称路堑式明洞适用于地面横坡较为平缓、两侧地形基本对称的情况，根据洞顶的填土厚度分为浅埋式和深埋式。浅埋式洞顶填土厚度小于 3 m，深埋式洞顶填土厚度 3～10 m。

偏压路堑式明洞适用于地面横坡较大、外墙未出地面且地层稳定的情况，洞顶填土厚度一般小于 5 m。断面结构一般与对称式路堑明洞相同，配筋量不同。

单压路堑式明洞适用于地面横坡较陡、明洞外墙露出地面或外墙地层不稳定的情况，明洞顶填土厚度一般小于 3 m。

泥石流地区在铁路上方设置明洞或渡槽，是避免泥石流危害的有效方法。其结构整体性强，应考虑两侧平衡作用，以及洪积层潜流渗漏的软化作用，采取平行泄水洞等排潜措施。兰青铁路某段 1959 年泥石流灾后改线采用 170 m 明洞，是国内最早修建的铁路明洞渡槽。青藏地区某处有一条严重的泥石流沟，1961 年发生泥石流漫道，1965 年与上游 85 m 的青藏公路同时改建明洞渡槽。

修建明洞使泥石流在铁路上方通过时，洞顶泥石流渡槽应有足够的排泄坡度和宽度，平面和剖面平顺地与上下游沟床相接。洞顶的排导工程需加强对冲刷磨蚀的防护。

成昆铁路上的明洞渡槽取得了可靠的防灾效果，但投资较大，只在产砂量大、拦排工程难以消除灾害的工点采用。图 12-1 为成昆铁路泥石流导流渡槽。

渡槽可用于排泄 30 m^3/s 以下流量的泥石流，一般在特定地形条件下采用，纵坡以 8%～15%为宜。对于冲淤变化急剧的沟道，流量大、黏性大、粒径大的泥石流，以及含巨大砾石的水流，不宜采用或慎用渡槽。

图 12-1　成昆铁路泥石流导流渡槽

12.2　站　　场

12.2.1　站场排水设施要求

[第 12.2.1 条引文]

站场应有良好的排水设施，排除雨水、融化雪水、客车上水时的漏水、废水等地面水，确保站场路基稳定、可靠、安全。

[第 12.2.1 条解读]

站场一般地势平坦，汇水面积大，排水种类较多。地面水包括雨水、雪水、机车与客车上水时的漏水等。大量股道和分散的房屋建筑物造成排水系统相当复杂。车站内尚有地下水、生产废水、生活污水，设计时按专业分别处理，做到总体布置合理，统筹相互配合。

京广铁路信阳站曾每逢雨季水漫站场，宝成铁路绵阳、广元站也曾遭雨水威胁，枢纽站场的排水工作十分重要。应注意宣泄道岔、检查坑等低洼处的积水，地表水、地下水补给来源丰富时随时拦截，降低水位。多股道的大站一般利用纵向排水系统作为集水设备，纵列式站坪一般利用各种横向排水设备进行疏干。

《关于铁路货运场站功能和设施设备配置的指导意见》（铁运〔2013〕57 号）要求，散堆装货物作业场地排水设计宜增大结构的斜面坡度，避免货场堵塞积水，露天货物站台应向场地一侧排水，排水沟盖板尽量避开车辆及装卸机具的通道。

现将保定北站的排水设施介绍如下。

1. 排水存在的问题

(1)车站原纵断面由两端向中间分别设 0.4‰和 0.2‰的下坡，横断面为两面坡，两侧设 1、2 站台，股道间设纵向排水渠，地表水横穿道床流向指定排水设备，道床虽每年两次清筛但脏污很快。

(2)车站每天接发列车 30 余对，站内均上水冲洗车厢，溢水时有发生，枕底常年积水。

(3)站内股道为钢筋混凝土轨枕，为防止负弯矩引起轨枕折断，需挖空板心至枕底 40～100 mm，由于深度不一而形成锯齿形纵沟，且沟底标高低于路拱，积水无法流入道间的排水沟，如图 12-2 所示。

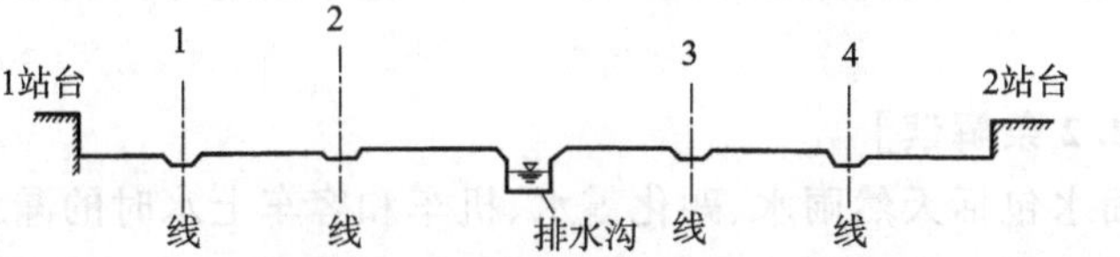

图 12-2　站内纵向排水沟示意

2. 排水设施的铺设

(1)在原纵向排水渠道基础上增加横向设备，使纵向沟连成一体组成网格式排水系统，污水顺股道中心排向沉井，通过横向排水管流入主渠道，如图 12-3 所示。

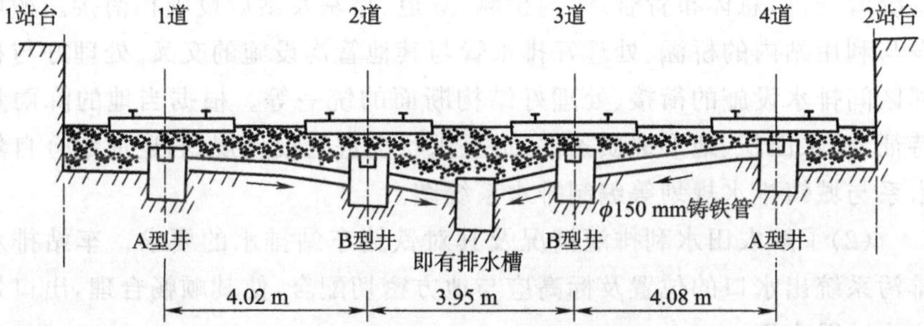

图 12-3　站内横向排水沟示意

(2)横向排水设备采用 ϕ150 mm 铸铁管，每隔 10～15 m 设一处。1～3 道、2～4 道坡度为 3%，1、2 道至主渠道坡度为 6%。

(3)横向管路为不均匀排列，根据水量布置。一般在上水处、雨棚排水管出口处、地道桥附近的间隔密，尽量避开钢轨接头处，共设22道。

原道床轨枕下积水深达50 mm，网格式排水系统坡度调整后基本无积水现象，道床清筛每年减为一次，节省了工料费用，延长了使用寿命并可进行捣固作业。

12.2.2 站场排水系统

[第12.2.2条引文]

站场排水系统设计应在勘测调查的基础上进行总体规划，并与当地的排灌系统密切配合，做到纵、横向排水及场内、外截排水等设备紧密结合，选型合理，水流径路最短而顺直。改扩建车站应尽量利用既有的排水设施。

[第12.2.2条解读]

地面水包括天然雨水、融化雪水、机车和客车上水时的漏水等。排水措施包括设置路基面横向坡度，设置纵向、横向的排水沟、槽、管，设置天沟、侧沟、盲沟，处理好各种沟、槽、管之间的衔接等。

1. 总体规划

站场排水系统总体规划时，应了解掌握既有排水排灌设施的现状及存在的问题，确定排水出路。

(1)车站内部尚有地下水、生产废水和生活污水，按专业分别设计，做到统筹安排，总体布置合理，与桥涵、隧道、路基及站后设施相衔接。如增设与利用站内的桥涵、处理好排水管与其他管沟设施的交叉、处理好与相邻区间排水设施的衔接、处理好结构断面的统一等。根据当地的降雨量特征、汇水面积、地形地质条件、地下水状况进行设计规划，还应结合自然水系与城镇排水规划等编制排水系统图。

(2)了解农田水利排灌情况及其对铁路车站排水的要求。车站排水排污系统出水口的位置及标高应与地方密切配合，使其顺畅合理，出口处防止冲毁农田。

(3)改建站场时充分发挥原有排水系统的作用，尽量利用既有设备。

(4)站场的纵向、横向排水设施主要区别在于：前者汇集线路间的积水；后者将纵向沟内的积水排出站外。应使水流径路尽量顺直并最短，以迅速畅通地排出站内积水。

横向排水设施的距离应满足纵向汇水流量要求，结合纵向排水设施的深度，确定其有效长度、出水口位置等。

2. 大型车站排水

大型车站的股道之间、站内建筑物之间的雨水不易由路基面排至坡脚涵洞处，易形成积水，路基面为双向排水坡时更甚，不及时排除会浸软路基造成病害。解决办法是在排洪涵顶部、股道集水低洼处设置竖向泄水管，引积水至排洪涵洞内。

3. 京津城际车站排水设计

该工程系国内首次在车站正线采用Ⅱ型板式无砟轨道，到发线采用有砟轨道。路基面采取一系列防排水措施，不渗入路基。

(1)路基防排水

①路基表面设置沥青混凝土防水层，防止雨水渗入；

②到发线道床下设置排水管，路基面设置4%排水横坡，采用摩擦系数较小的面层以加大排水速度；

③站台区到发线与站台之间设置排水槽，引导表层雨水排出；

④站台区到发线与站台之间表层下设置钢筋混凝土渗水暗管和排水检查维修井，排除基床表层中可能出现的渗流水；

⑤在路基边坡或挡土墙设置导流水渠或PVC落水管。

(2)车站排水

车站上部排水系统主要解决路基以上的雨水排放，由雨棚、路基面、路基内防渗漏水设施三部分组成。下部排水系统主要汇集上部排水进入市政系统或沟渠。

①雨棚

雨棚上的雨水集中在雨棚两端，沿支柱设置落水管，下泄排入泄压井，汇至下部排水系统。

②路基面

路基面设置4%排水横坡，表层铺设沥青混凝土。

站台与相邻到发线之间设置排水槽盖板，两端与路基边坡的急流槽连通。雨水经排水横坡向两侧汇集，经到发线碎石道砟汇至排水槽，再汇至下部排水系统。

③路基内渗漏水

为防止少量渗漏水使路基产生病害，车站设计首创采用路基内渗漏水排水系统。

基床表层采用级配碎石，底层采用 AB 两组填料，底层表面设 4% 排水横坡，少量雨水可利用级配碎石与两组填料渗水性能的差异，沿横坡向两侧汇集。站台内侧基床表层以下，设置纵向钢筋混凝土排水渗管集中渗漏水。每隔 30 m 设置检查井，便于清理维修，维护排水渗管。

渗入路基的雨水经级配碎石，沿 4% 横坡汇入两侧排水渗管，流入下部排水系统。

在坡脚外侧设置浆砌片石或预制混凝土排水沟，集中上部排水系统的雨水，与市政排水沟渠连通。

(3)排水接口

①雨棚与站场

雨棚汇水面积较大，如雨水直接排入正线与到发线之间，对站场路基的稳定影响较大，采用倒虹吸排水技术，雨水汇集至雨棚两端，经独立排水通路集中排入路基外侧排水系统。

②站房与站场

站房雨水经屋面排水系统汇集，由落水管汇入地面集中排出。出入口扶梯设备井内积水由雨水泵站提升，汇入排水系统。

12.2.3 站场的路肩设计高程

[第 12.2.3 条引文]

站场的路肩设计高程受洪水位控制时，站内正线和站线的路肩高程应符合本规范的规定。

[第 12.2.3 条解读]

1. 本条基本沿用《规范》(TB 10017—99)第 5.2.1 条。

2. 相关规范的要求如下所列：

《铁路车站及枢纽设计规范》(TB 10099—2017)第 15.1.2 条要求，站场路基路肩高程受洪水位或潮水位控制时，设计洪水频率或重现期应符合下列要求。

(1)车站、机务段所、车辆段所、动车段所的设计洪水频率标准采用

1/100。

(2)铁路物流中心设计洪水频率标准采用1/50。

(3)一般生产办公及相关配套用房设计洪水频率标准采用1/50。

(4)港湾滨海路堤的设计潮位采用重现期100年一遇的高潮位,兼用于水运码头时应按设计要求确定最低潮位。

上述要求与本规范第1.0.5条基本一致。

区间正线的路肩高程受洪水位控制时的设计水位频率标准如下:Ⅲ级及以上铁路为1/100,Ⅳ级及专用线铁路为1/50。观测洪水频率小于上述设计洪水频率时,应按观测频率设计。观测洪水频率小于下列频率时应接下列频率设计:Ⅲ级及以上铁路为1/300,Ⅳ级及专用线铁路为1/100。可能被淹的河滩路堤路肩高程应高于设计水位、壅水高度、波浪侵袭高度(或斜水流局部冲高)、河床淤积影响高度、0.5 m安全值几项之和。

站内排水沟形成管网并集中与站外水系相连,不受波浪及壅水影响,其顶部高程可不计波浪及壅水高,按设计水位加0.5 m(困难时取0.2 m)考虑。正线外的编组站调车场路基边缘或沟顶的高程宜按设计水位加0.2 m考虑,困难时不低于设计水位。

站场靠河一侧筑有防洪堤时,路基的边缘高程按内涝水位加0.5 m考虑。

地下和地面水位较高地段的路肩高程应高出其最高值、毛细水上升高度、0.5 m安全值之和。困难时可降低水位、设置毛细水隔断层。

驼峰跨线桥下的路基高程受地下水、地表水双重影响,可降低地下水位、采用抽水设施和框架涵。

站场路基边缘路肩高程受排水横坡影响,外侧站线的路基边缘最低,通常按正线标准设计。引起较大工程时在满足正线路肩设计标高情况下,外侧站线的路基边缘设计高程可低于正线标准,按不低于设计水位加0.5 m确定。

12.2.4 站场排水设备布设

[第12.2.4条引文]

排水设备的布设型式,应根据地区降雨量、汇水面积、建筑物及设备布置、路基土的种类、路基纵横断面、出水口、城镇排水规划及排灌系统等因素综合考虑确定。

[第 12.2.4 条解读]

1. 本条沿用《规范》(TB 10017—99)第 5.2.4 条。

2. 排水设备数量一般根据年降雨量按以下原则确定：

(1)年降雨量不超过 700 mm 站段需在重点处适当设置排水设备，即本规范第 12.2.7 条所指应适当加强排水的路基部位，以及站段纵断面的低洼处。

(2)年降雨量超过 700 mm 站段设置纵向、横向排水设施，数量及位置可按以下原则确定。

①编组站、区段站以及线路较多车站，纵向排水槽可参考相邻站点的数量布置。

②客运站和办理客车上水作业的车站，一般在两站台之间设一条纵向排水槽，结合客车上水管路确定其位置，宽度可采用 0.6 m，并支托给水管。

③客车整备场一般每隔 2～4 条线路设一条纵向排水槽，整备线通常铺设混凝土宽枕或整体道床。

④货场排水应结合考虑场地和路面硬化情况。

(3)站台墙边尽量不设排水槽，易堵塞不便清淤，排水作用不大。

(4)货位下不设排水槽以免堵塞泄水孔，影响清淤。排水槽常设在货位外侧顺序排列。

(5)两仓库站台间设汽车通道时，可在其一侧或中部设置排水槽，两站台间有两条装卸线时可在线间设置纵向排水槽，一条时有以下做法：

①用浆砌片石铺砌路基面、修跨线雨棚；

②封闭道床、铺设混凝土宽枕或整体道床。

(6)采用浆砌片石或封闭道床时，可沿站台一侧设置小明沟，散堆场地货位外侧需修建排水沟。

(7)线路布置不规则的站段如货场、机务段等，其纵向、横向排水设备可视情况具体设置。

12.2.5 站场排水沟(槽)断面计算

[第 12.2.5 条引文]

站场范围内需按流量设计的排水沟(槽)等可按下式计算。

$$A=\frac{Q_{\mathrm{p}}}{v} \tag{12.2.5}$$

式中 Q_{p}——设计流量(m^3/s);

A——过水断面面积(m^2);

v——排水沟(槽)内的平均流速。

[第 12.2.5 条解读]

本条沿用《规范》(TB 10017—99)第 5.2.5 条,并参考了《铁路工程设计技术手册·站场及枢纽》中的水利计算公式。

排水沟、槽、管内平均流速可按下式计算:

$$v=\frac{1}{n}R^{\frac{2}{3}}I^{\frac{1}{2}}$$

式中 n——沟、槽、管的粗糙系数,见表 12-4;

R——水力半径(m),见附表 G-1,或按式 $R=A/\rho$ 计算,ρ 为湿周(m);

I——水力坡度,可采用沟、槽、管底坡度。

表 12-4 沟、槽、管粗糙系数

沟、槽、管类别	系数 n
陶土管	0.013
混凝土、钢筋混凝土管	0.013~0.014
石棉水泥管	0.012
铸铁管	0.013~0.015
钢管	0.012
水泥砂浆抹面渠道	0.013~0.014
砂砾质明沟	0.025
浆砌砖渠道	0.015
浆砌块石渠道	0.025
干砌块石渠道	0.032

续上表

沟、槽、管类别	系数 n
土明渠	0.022(无草皮) 0.035(植草皮) 0.027(杂草)
木槽	0.012～0.014
塑料管	0.010
岩石质明沟	0.035

12.2.6　站场暴雨径流地面汇水流量

[第 12.2.6 条引文]

站场暴雨径流地面汇水流量可按下式计算，或采用适合的地区公式。

$$Q_p = 16.7\psi a_p KF \qquad (12.2.6)$$

式中　Q_p——设计流量(m^3/s)；

a_p——设计暴雨强度(mm/min)；

ψ——径流系数；

K——气候系数，(无资料时可采用 $K=1$)；

F——汇水面积(km^2)。

[第 12.2.6 条解读]

本条沿用《规范》(TB 10017—99)第 5.2.6 条。

流量计算各地有所不同，可按本规范公式计算，并参照《铁路工程设计技术手册·站场及枢纽》。

地面汇水流量分两部分。站场范围以外的大流量由桥涵专业计算，上述手册只叙述站场范围内的流量计算。

站场范围内地面排水与区间不同，站内的洪峰小、排水历时长、截流量大、汇水面积小、地面径流区间不同，暴雨径流地面流量可按本规范式(12.2.6)计算。径流系数由汇水地表种类和地面坡度确定(表 12-5)，汇水区域有多种地表时应分别选取径流系数，按相应面积加权平均。

表 12-5 径流系数 ψ

地表种类	坡度		
	<0.01	0.01～0.05	>0.05
松软的石砾和砂质土壤	0.05	0.10	0.15
砂土上繁茂的灌木丛	0.10	0.15	0.20
一般耕种土壤	0.15	0.20	0.25
耕种黏土	0.20	0.25	0.30
砂土草原牧场	0.20	0.25	0.30
紧密的含石土壤	0.50	0.60	0.70
碎石路面	0.25	0.30	0.35
圆石路面	0.30	0.40	0.50
无沙缝的块石路面	0.40	0.50	0.60
沥青路面	0.75	0.85	0.93

设计暴雨强度 a_p 查暴雨分区图，按上述手册第 11 篇表 11-2-2 计算，集水时间按下式计算。

$$t=t_n+1.2t_k$$

式中 t_n——地面集水时间，可采用 10 min；

t_k——沟管内集水时间(min)，$t_k=\dfrac{L}{v\times 60}$

其中 L——沟管长度(m)，

v——平均流速(m/s)。

也可采用其他适合本地区或站场的公式。用各省区市的《暴雨洪水查算图表》计算设计流量时，注意它是为无资料地区中小型水库工程编制的，主要用于计算罕见设计洪水，如用于计算 50 年一遇及以下标准洪水，结果可能偏大，需分析其合理性。

12.2.7 站场内路基的排水

[第 12.2.7 条引文]

站场内下列场所或场地，应加强路基排水：

1. 客运站和办理客车上水作业车站的到发线，客车整备所的洗车机线、整备线，高速动车段所(存车场)的车体外皮洗刷线及兼做人工洗刷线的存车线。

2. 机务段内各种洗车机线。

3. 货场、物流园区等场所内设有站台的装卸线、车辆洗刷线、加冰线和牲畜线等。

4. 车辆减速器和设有轨道电路的大站咽喉区。

5. 立交桥下的线路或道路路基和进出站线路布置所形成的低洼处。

6. 排水设备与河道、沟渠、天然沟槽等衔接处，与桥台衔接处。

7. 改扩建车站时，应改造既有排水不良路基和相应不良排水设施。

[第 12.2.7 条解读]

1. 本条基本沿用《规范》(TB 10017—99)第 5.2.6 条，增加第 6 款。

2. 突出的排水问题包括以下方面。

(1)设有给水栓和车辆洗刷作业的客车到发线、整备线如使用管理不善会产生漏水和废水，造成排水不良，路基翻浆冒泥。到发线两侧站台无法横向排水，设有给水栓的线路都需设置纵向排水槽。

高铁动车段洗刷车辆的废水可能外溢，洗车线会产生大量废水，不及时排出会影响路基稳定。

(2)机车检查、待班、临修时常清炉渣放出废水，乘务人员冲洗机车会产生废水，机车出入站段分界处和库前线路也应加强排水。

(3)仓库站台线的路基标高低于仓库、站台，雨水易流入线路，道床排水不畅。车辆洗刷线、加冰线等处需排除大量废水。

(4)车辆减速器、驼峰电气自动化设备集中的咽喉区应有良好的排水系统。

(5)驼峰立交桥下线路的路基较两头引线低，一般需单独设抽水设备。进出站线路形成低洼处，排水有困难，可设置涵洞等设备。

(6)在路基取弃土场、桥涵弃土场进行水文勘测设计时应执行国标的相关要求。《生产建设项目水土保持技术标准》(GB 50433—2018)第 3～5 章对取弃土场的设置选址有明确要求：严禁在崩塌和滑坡危险区、泥石流易发区设置取土(石、砂)场；严禁在公共基础设施、工业企业、居民点等附近区域设置弃土(石、灰渣、尾矿)场，涉及河道的应符合河流防洪规划和治导线要求，不得设在河道、湖泊、水库范围内；取土场开挖前应有截排水、沉沙等措施；设备应与河道、沟渠、沟槽、桥台等衔接。

(7)改扩建站段时应消除原路基病害以免扩大。可利用施工机会一次性处理，人力物力不需重新调配组织，对运营线的干扰大为减小。

12.2.8 车站路基面横向排水坡度

［第 12.2.8 条引文］

车站路基面应设有倾向排水系统的横向坡度。根据 50 年一遇小时最大降雨量汇流、车站路基面宽度、排水要求和路基填挖情况，可设计成一面坡、两面坡或锯齿形坡的横断面。

［第 12.2.8 条解读］

车站路基面一般较宽，有一定汇水面积。为保持路基干燥，防止沉陷、翻浆冒泥和冻害，应设置横向坡度以利于排水。

车站路基横断面应根据路基的宽度、线路的连接坡度、排水要求、填挖情况等条件设计，中间站、会让站、越行站宜采用单面或双面坡横断面，站线数量较多的编组站、区段站、工业站宜采用锯齿形横断面。

路基面的横向坡度采用 2%～4%，各类装卸作业及站房场坪不小于 1%，一个坡面的最大线路数量按表 12-6 确定。

表 12-6　路基面一个坡面的最大线路数量

路基岩土种类	地区年平均降水量(mm)	一个坡面的最大线路数量(条)
块石、碎石、砾石、砂类土（粉砂除外）	<600	4
	>600	3
除上述外其他岩土	<600	3
	>600	2

表中地区年平均降水量主要根据对全国六个片区的调查划分得出，资料表明不同的降雨量对路基横向坡度有不同要求。为加强站场排水设计，本规范提高了标准，将排水横向坡度增至 4%。各类装卸作业及站房场坪一般较宽，构筑物较少，对水流的阻挡作用较小，修建房屋或其他构筑物时会另修排水沟，采用不小于 1%的横向坡度。

由于极端天气，降雨量较大地区应加强排水，根据瞬时最大降雨量计算确定横向坡度及坡面最大线路数量，迅速排除路面地表水。

站场内双面坡路基防排水断面如图 12-4 所示。

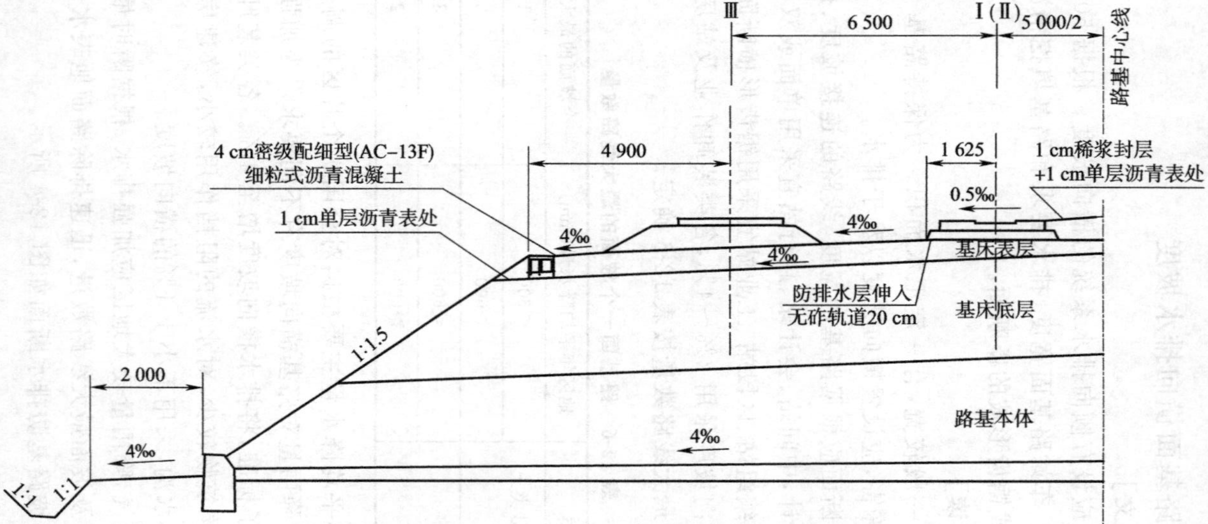

图 12-4　站场内双面坡路基防排水断面(长度单位:mm)

12.2.9　站场横向排水设备

［第 12.2.9 条引文］

横向排水设备宜利用站内桥涵，无桥涵利用时可采用横向排水槽(管)。

［第 12.2.9 条解读］

本条沿用《规范》(TB 10017—99)第 5.2.9 条。

布置横向排水设备时应尽量利用桥涵设备，连接横向排水设备的纵向排水沟槽太长则易淤积，且槽深大于 1.2 m 时清淤困难。一个车场内可设置主要横向排水设备 1～2 条，最多不超过 3 条。对车站咽喉区及线路间低凹处的积水可单独设置小型设备。在桥台、涵顶或涵壁预留泄水洞可取得很好效果，且工程简单造价低、清淤养护方便。

横向排水槽为砟底式小型箱涵，要求地质条件较好，基底较稳定。道砟直接铺在盖板上填满线路，为方便清淤可每隔 2～3 股道在其顶面设置不小于 1.0 m×1.0 m 的砟顶式检查口，由于排水槽不深且线路间盖板可揭开，清淤养护维修较方便，排水效果较好。一般在新建铁路的挖方或填方较低(2 m 左右)地段和既有线路基较稳定情况下可广泛采用。

横向排水管的管径小，清淤困难，仅当路基填方较高，设置横向排水槽工程量较大时可考虑采用。

12.2.10　穿越站内道路的排水沟(槽)设计

［第 12.2.10 条引文］

排水沟(槽)穿越站内道路或位于道路侧及场地通行汽车的地段，宜采用公路排水槽或公路涵洞。

［第 12.2.10 条解读］

本条沿用《规范》(TB 10017—99)第 5.2.10 条。

站场内桥涵设计流量和孔径的确定应与上下游的公路桥涵基本一致。如公路桥涵的孔径设计标准低于铁路桥涵，则该设计应采用铁路设计标准。两者差异较大时应深入实际调整，必要时加大公路桥涵孔径。

穿越站内道路或位于道路侧及场地通行汽车的排水沟(槽)宜采用公路排水槽或公路涵洞，主要考虑排水沟(槽)通过道路或位于有汽车通行的场地时，为防止排水槽被压坏，应采用公路排水槽或公路涵洞。

对站内道路或其两侧公路的排水槽、涵洞有如下要求。

1. 站内公路排水槽的最大允许槽深：槽宽 0.4 m 时取 1.2 m，槽宽 0.5～0.6 m 时取 1.5 m，槽深起点不应小于 0.35 m。

2. 公路排水槽的进出口应设置端墙。

3. 站台边排水槽宽度应为 0.25 m，槽深不应大于 1.2 m，槽深起点不应小于 0.2 m。

4. 横穿铁路的钢筋混凝土圆管直径可采用 0.75 m 或 1.0 m；横穿道路钢筋混凝土圆管直径可采用 0.5 m 或 0.75 m。设计时尽量采用大管径以方便清淤。排水管穿越较多线路时，每隔 2～3 条线路设一处检查井。

5. 公路排水槽、站台边排水槽可采用 M10 浆砌片石或 C15 混凝土，站台边排水槽盖板可采用 C20 或 C15 混凝土，有特殊要求的排水设备应提高强度等级。

6. 公路排水槽每隔 4～6 m、站台边排水槽每隔 10 m 设一处宽 3 cm 的沉降缝。

12.2.11　纵向、横向排水设施的坡度

[第 12.2.11 条引文]

纵向排水设施的坡度不宜小于 2‰。穿越线路的横向排水设施的坡度不宜小于 5‰。

[第 12.2.11 条解读]

本条基本沿用《规范》(TB 10017—99)第 5.2.11 条。

站场排水设备内的泥沙和杂物较多，为避免淤塞，水流的一般平均速度不应小于 0.5 m/s，排水设备纵向坡度不应小于 2‰，宜采用 3‰～5‰。大站的站场纵向坡度一般不超过 1.5‰，排水设施坡度不宜过大。为使下游不发生沉积，水流及时排出，应使流速自上游至出水口逐渐增大，排水设施的坡度应自上游至下游逐渐增大。位于河滩、平坦地区的站场，当排水系统出水困难或纵向坡度 2‰ 会导致很大工程量时，坡度可减至 1‰，排水设施在分水点处的深度可为 0.2 m。为使穿越站线的横向排水设施发挥正常作用，泥沙不淤积，其坡度不应小于 5‰，有条件时可适当增至 8‰ 或以上。平坦地区和改建站场的横向排水设施坡度不易达到

5‰,有的出口不易连接,可视情况设置。

12.2.12 排水沟(槽)的断面尺寸

[第 12.2.12 条引文]

排水沟(槽)的断面尺寸除需按当地 50 年一遇小时最大降雨量、汇水面积进行流量设计外,还应符合下列规定:

1. 排水沟(槽)底部宽度不应小于 0.4 m,深度不宜小于 0.6 m。

2. 干旱少雨地区或岩石路基的纵向排水沟(槽)深度可减少至 0.4 m,困难条件下,其分水点或起点沟(槽)深可减少至 0.2 m。沟(槽)深度不大于 1.2 m 时,底宽可采用 0.4 m;深度大于 1.2 m 的沟(槽)底宽宜采用 0.5～0.6 m。

[第 12.2.12 条解读]

本条基本沿用《规范》(TB 10017—99)第 5.2.12 条。

站内各条纵向排水设施吸引的汇水面积较小,流量一般不大,故确定其断面尺寸的主要因素通常不是流量,而是养护维修清淤的需要,一般采用宽 0.4～0.6 m 的矩形沟,深度根据路基横断面和基床结构确定。但对于深长路堑侧沟、站房顶面汇水集中排入的线间纵向排水槽、多条纵向排水槽汇入的横向排水设施等,应根据通过的总流量确定断面尺寸。本规范采用 50 年一遇洪水流量检算,如达不到排水要求则根据计算加大排水沟(槽)断面。

侧沟、天沟、排水沟的断面尺寸,需保证排泄全部设计流量而不至溢出,由水利计算得知:若采用底宽 0.4 m、深度 0.4 m、边坡坡度为 1∶1 的梯形断面,在 2‰的纵坡满槽时可排泄约 0.2 m^3/s 的流量,这在一般地区几乎是经常碰到的,所以对于一般土质的水沟断面,再加安全高度 0.2 m,就得出一般情况下水沟断面标准尺寸 0.4 m×0.6 m 的要求。

在干旱少雨地区,由于流量较小,可将水沟深度减至 0.4 m。岩石路堑的水沟深度亦可减少至 0.4 m,岩石路堑水流即使稍有漫溢,对边坡和路基面的危害不大,但半岩质路堑侧沟通常按土质考虑。

排水槽宽小于 0.4 m 或槽深大于 1.2 m 时,不便于清淤养护也易堵塞,应加宽至 0.5～0.6 m 以便养护人员维修清理。

对于只排除局部积水的次要排水槽管,其宽度或管径可根据具体情况设计。

12.2.13 检查井或集水井设置

［第 12.2.13 条引文］

纵横向排水槽、管交汇处、排水管的转弯处和高程变化处应设置检查井或集水井。

［第 12.2.13 条解读］

本条沿用《规范》(TB 10017—99)第 5.2.13 条。

纵向、横向排水槽与排水管之间为了便于衔接，需要设检查井连接。检查井内入水口处的槽底高程不应低于出水口处排水管底内壁高程，或排水管入水口管底内壁高程不应低于出水口处排水管底内壁高程。

降雨量及路基土壤种类与排水管的淤积直接相关。降雨量大或为土质路基时，排水管较易淤积，检查井间距需小一些；降雨量小或为渗水土路基时，排水管淤积少一些，检查井间距可大一些。但尽量不超过 40 m，连接管径小于 1.0 m 的检查井间距不超过 15 m。

检查井包括流槽式和沉淀池式两类结构。流槽式不便于泥沙沉积和清理，站场内采用沉淀池式。井口有圆形和方形，管壁可用 M7.5 水泥砂浆砌砖、M10 水泥砂浆砌片石或 C15 混凝土浇筑，圆形井口部位用 M10 水泥砂浆或 C15 混凝土填塞密贴，内径不宜小于 1.0 m，方形井口不宜小于 1.0 m×1.0 m。

12.3 立交地道

12.3.1 立交地道排水系统要求

［第 12.3.1 条引文］

道路下穿铁路，桥下出现凹形坡的立交地道应设置排水系统，排除桥下雨水。

［第 12.3.1 条解读］

本条沿用《规范》(TB 10017—99)第 5.3.1 条。

城镇附近的铁路常跨越公路、城市道路，需设置立交地道，一般进出口高、中间低，易积水，为确保通畅无阻常年使用，需设置排水系统，及时排除引道中和桥下的雨水。

公铁立交地道包括立交地道主体和引道(路基):前者的水文勘测参照本规范第 12.3.2～12.3.6 条;由于后者与公路、城市道路相接,其水文设计参照《室外排水设计标准》(GB 50014—2021)第 5 章中的立交道路排水计算与管道设计等要求考虑。

地道排水系统由雨水排除系统和地下水排除系统构成:前者包括收水设施、输水管道、雨水提升泵站,收水设施多在地道最低点设置多组收水井,由于引道纵坡较大,雨水径流时易造成流速较快,按常规道路排水方式设置收水井,其效果并不理想,故引道一般不设置收水井;后者包括引道内盲沟管道、地下水提升泵站。

道路下穿铁路的排水系统是一项系统工程,涉及道路、排水、土建多专业,对保证区域交通安全至关重要。设计时应结合区域情况合理选择参数,多方案比选其泵站选址、造型等,保证安全可靠。

[第 12.3.2 条引文]

立交地道排水应利用地形条件采用自流排水方式,条件困难时设立泵站,采用机械抽升排水方式。排水出路宜将汇集的水流直接送往天然水体;如经比较必须排入市政排水干管时,应调查分析既有市政排水干管的使用情况,采取措施,避免相互干扰。

[第 12.3.2 条解读]

本条沿用《规范》(TB 10017—99)第 5.3.2 条。

立交地道的排水方式直接影响其效果,通常利用地形条件尽量采用自流方式,将汇集的水量直接汇入天然水体。

地道排水有其自身特点,要在短时间内及时排除积水,其管路最好自成系统,一般不适合将立交排水引向市政排水管网以免互相干扰,尤其当市政管道的设计标准偏低,逢雨季雨量集中时,易造成市政管网上游的雨水宣泄不及时形成积水。桥下雨水滞留时应直接汇入天然水体,如需排入市政排水管网,应调查分析既有市政排水管网的排水能力和使用情况,根据地道的型式规模、设计标准、排水量及其方向等因素,总体布置排水系统,使地道排水与市政排水互不干扰。位于乡村的地道桥应与当地农田水利规划结合考虑,以免冲毁农田淹没村舍,做到因地制宜。

1. 野外排水出口

野外排水出口直接影响到排水设施的使用效果,经济技术条件允许时,尽量考虑汇集的流量直接流入天然沟河,短时间内及时排出汇水,设计时注意如下几点。

(1)出水口宜首先考虑设置于地道桥处既有水工建筑物的下游,其次考虑在其上游,并保持一定距离。

(2)当出水口接入泄洪河道,必要时设置人工开启闸门,以防倒灌。

(3)出水口与接入沟河顺水方向的夹角约60°,宜高于常水位以保持通畅。低于常水位时可采用淹没式,根据沟岸情况铺砌加固。

2. 市内排水出口

市内排水出口一般与市政雨水管网连接,为避免暴雨汇水宣泄不及时形成长时间积水,当排向天然沟河困难、市政管道的设计标准较高且有排水余量时,可排向市政雨水管道,设计时注意如下几点。

(1)出水管接入方向与市政管道排水方向的夹角约60°,以防止滞流。

(2)出水管的设计流速宜不超过接入点上游的设计流速。

(3)出水管的设计水面与市政排水管道持平或稍高。

12.3.2 立交地道排水范围

[第12.3.3条引文]

立交地道排水一般仅考虑排除引道范围内的雨水和渗水。引道两端与两侧地面应设反坡,防止引道范围外的雨水流入。

[第12.3.3条解读]

本条沿用《规范》(TB 10017—99)第5.3.3条。

为及时排出立交地道的雨水,应尽量控制排向地道的汇水范围。引道的地表水量很大程度取决于划定的汇水范围是否适当,一般情况地道排水仅负担地道本身的水量,不担负周围的水量,以免因排水量过大对排水出路造成困难。为控制汇水面积,立交地道四周和两侧出口引道起点均需采用不小于1%的反坡与原道路顺接,防止水流涌入地道。计算汇水面积时应预留余地,以免水量计算偏小。

12.3.3 立交地道雨水设计流量计算

[第12.3.4条引文]

雨水设计流量应按下式计算:

$$Q=q\psi F \tag{12.3.4}$$

式中 Q——雨水设计流量(L/s);

q——设计暴雨强度[L/(s·ha)];

ψ——径流系数,采用0.8～1.0;

F——汇水面积(ha)。

[第12.3.4条解读]

本条沿用《规范》(TB 10017—99)第5.3.4条。

立交地道的位置多在城镇的交通要道或重要公路上,雨水流量可参照城市排水设计的流量算法确定,采用恒定均匀流公式,即规范式(12.3.4)计算雨水设计流量。该式基于以下假设:降雨在整个汇水面积上均匀分布;降雨强度在选定时段内均匀不变;汇水面积随着集流时间均匀增长。因此该式适用于立交地道等较小的排水系统,如规模较大则该式误差较大。汇水面积一般超过2 km^2 时,设计流量宜采用数学模型来确定。

地道排水设计标准应考虑城市道路防洪、地道工程规模、地道排水特点等要求确定,短时间内及时将水排除以防交通受阻,根据道路的重要程度确定设计标准。一般较城市排水设计标准要高:降雨强度选用设计频率3～5年,设计降雨历时包括集水时间、管流时间,一般不详细计算,选用5～10 min,按随降随排的原则计算排水量,地面径流系数一般为0.8～1.0。

本规范有关雨水设计流量算式符号、术语、单位等沿用《规范》(TB 10017—99)的用法,并参考了《室外排水设计规范》(TJ 14—74),设计暴雨强度单位仍用L/(s·ha)(ha表示公顷,1 ha=100^2 m^2),汇水面积 F 的单位为ha。

1.《铁路工程设计技术手册·桥渡水文》有关雨水设计流量的计算要求

雨水设计流量采用 $Q=q\psi F$(L/s)计算:

式中 q——设计暴雨强度[L/(s·ha)];

ψ——径流系数(表12-7);

F——汇水面积(ha),根据地形及附近排水系统综合考虑确定。

该手册还列出若干城市暴雨强度公式,计算流量时可结合调查搜集的地方雨量资料参考使用。

表 12-7　各种地面及相应径流系数 ψ

地面种类	系数 ψ
各种屋面,混凝土及沥青路面	0.90
大块石铺砌路面,沥青表面的碎石路面	0.60
级配碎石路面	0.45
干砌砖石、碎石路面	0.40
非铺砌土地面	0.30
公园或草地	0.15

注:流域的平均径流系数应加权平均计算。

多雨地区的土层基本处于饱和状态,入渗率较小,地表径流量较大,选择径流系数时应考虑前期降雨量的影响。一般可用 0.6～0.8,山势陡峻或多梯田地区可用 0.9,草地较多且覆盖较好地区可用 0.7,树林密布且覆盖很好地区可用 0.6。

2.《室外排水设计标准》(GB 50014—2021)有关雨水设计流量的计算要求(第 4.1.7、4.1.8 条)

(1)汇水面积大于 2 km^2 时,应考虑区域降雨过程、管网汇流过程、地面渗透性能的不均匀分布等因素,采用数学模型确定雨水设计流量。采用推理公式计算如下。

$$Q_s = q\psi F$$

式中　Q_s——排水管渠的雨水设计流量(L/s);

ψ——综合径流系数;

F——汇水面积(hm^2)。

(2)综合径流系数应严格按规划控制确定,并符合以下要求。

①该系数高于 0.7 的地区应采用渗透、调蓄等措施。

②该系数可参照表 12-8,通过地面种类加权平均得到,也可按表 12-9 取值,并核实地面的组成比例。

表 12-8　不同地面种类径流系数

地面种类	系数值
各种屋面,混凝土及沥青路面	0.85～0.90

续上表

地面种类	系数值
大块石铺砌路面，沥青表面的碎石路面	0.55～0.65
级配碎石路面	0.40～0.50
干砌砖石、碎石路面	0.35～0.40
非铺砌土地面	0.25～0.35
公园或草地	0.10～0.20

表 12-9　综合径流系数

城镇建筑区域情况	系数值
密集区	0.60～0.70
较密区	0.45～0.60
稀疏区	0.20～0.45

12.3.4　立交地道雨水口的设置

[第 12.3.5 条引文]

立交地道雨水口的设置与型式应符合以下规定：

1. 雨水口的设置应适应立交地道汇水快、排流急、流量集中的特点和要求。雨水口宜采用大型平篦，组装串联，同时应设置沉泥槽。

2. 雨水口的数量应以立交地道的汇水流量和选用的雨水口泄水能力确定。一般雨水口的设置数量应采用计算值的 1.2～1.5 倍。

3. 雨水口可设置在位于立交地道洞身的一端，即引道竖曲线最低处。慢车道和人行道也应安设于相应的位置处，并用雨水支管与雨水口连通雨水，最后汇集至汇流井，由排水总管引出。排水总管承受立交地道内各个雨水口所排来的水量，径直引向水体或排水泵站，沿线不应再汇入其他水量或接入支管。

[第 12.3.5 条解读]

本条沿用《规范》(TB 10017—99)第 5.3.5 条。

1. 雨水口由井篦、井筒、连接管构成。井篦多为铸铁件或混凝土制品，一般为 450 mm×750 mm 的铸铁件，篦面低于路面 2～3 cm 以利进水,井筒为圆形或矩形。雨水口一般深 0.7～1.0 m 并按引道路面和冻胀情况适当加深。水流含沙较多时还应设置沉泥槽,一般槽深 30 cm 或适当加深。雨水口的总深不应大于 1.5 m。

2. 雨水口的井篦数量应根据引道及边坡快慢车道的汇水面积分别计算确定。用上述尺寸铸铁件时,单篦泄水流量 15～20 L/s,双篦为单篦的 1.8 倍,三篦为单篦的 2.5 倍,串联越多则平均每篦的泄水能力越小,井篦数可按下式计算。

$$N=\frac{K \cdot Q}{q_1}$$

式中 Q——快慢车道的泄水流量;

K——安全系数,取 1.2～1.5;

q_1——单篦或多篦串联的平均泄水流量。

3. 雨水口一般设置在桥涵一端的引道竖曲线最低处,顶进桥涵较长时也可分设于两端,慢车道也应在相应处设置。人行道一般不设置,雨水由路面横坡流入慢车道雨水口。引道较长时可根据雨量在慢车道内分段设置雨水口。汇集的雨水量经支管汇入总管,再引入排水泵站,有条件时也可采用明渠。雨水管道一般参照管道水利特征表选用,如需计算可按管渠水利算式求出满流水深及流速。在最小管径基础上可适当加大,铺设一根或多根并联。

12.3.5 洞身位于地下水位以下工程措施

[第 12.3.6 条引文]

立交地道洞身位于地下水位以下时,宜采用渗水暗沟排水方法,降低地下水位。

[第 12.3.6 条解读]

本条沿用《规范》(TB 10017—99)第 5.3.6 条。

当立交地道桥洞身位于地下水位以下,尤其地道洞身与两侧引道为分离式结构时,不仅要将引道及桥下的地表水及时排除,还需考虑地下水对地道的影响,经常降低地下水位以保证地道安全。一般方法为埋设纵横双向渗水暗沟,将引道两侧的地下水沟通,再经洞身底板内埋设的铸铁管或混凝土管将地下水汇集至洞身一端的汇流井,采用自流排水或机械抽升的排水总管方式排出地下水。

纵向渗水暗沟沿快慢车道两侧边缘平行埋设，一般距边坡挡土墙1～2 m，深度自引道结构垫层地面以下30 cm，并保证地下降水曲线顶点低于路面50 cm。冻胀影响地区的顶部滤层至冻结线下不小于25 cm，渗水暗沟起点自设计最高地下水位线开始，纵向渗水暗沟根据情况设置。

当地下水位不高，土壤渗水性较小且引道较窄时，沿快车道边缘埋设一道渗水暗沟。通常布置双侧盲沟，沿快车道两侧边缘各埋设一道渗水暗沟。

当地下稳定水位或顶进桥涵附近河沟水位高于慢车道、土壤渗水能力较强、引道较宽时，可沿快慢车道两侧平行埋设渗水暗沟。

为使降低地下水的效果更明显，需在纵向渗水暗沟每隔10～20 m设置一道横向渗水暗沟，自引道中心以1%～1.5%的坡度与两侧的纵向渗水暗沟衔接。在挡土墙后设置滤层，并用暗管连通暗沟。

12.4 房屋建筑

12.4.1 铁路房屋选址与地面高程要求

[第12.4.1条引文]

铁路房屋的选址宜选择在地势较高、平坦、排水畅通、有利发展、交通方便的地段。

[第12.4.2条引文]

铁路房屋选址应符合下列规定：

1. 应避开洪水淹没地段。受条件限制无法避开时，场坪地面应采用全面填土法填高至比设计水位高出0.5 m。

2. 不应设在泥石流、泄洪区、滑坡、岩溶及断层构造发育带严重地质不良地段。

[第12.4.1、12.4.2条解读]

此两条基本沿用《规范》(TB 10017—99)第5.4.1条。

1.《铁路房屋建筑设计标准》(QCR 9146—2017)第2.2.1条第1款对铁路房址的要求

(1)宜选择地势较高、平坦、排水通畅、有利发展、交通方便地段。

(2)不应设在泥石流、滑坡、岩溶及断层构造发育带等严重地质不良地段。

(3)远离大量粉尘煤烟、有害物质挥发等严重污染地段，远离储存易燃易爆物、放射物等不安全地段。

(4)不得设在高压电力线路走廊之处,以及重要的地下工程、地下管道影响范围之内。

(5)不宜大量拆迁既有建筑物。

考虑到铁路运营后的设备维护与更换,场地对外道路交通方便也是选址的重要因素之一。

房屋选址前需要广泛搜集有关洪水位资料,如调查实测的河流湖泊最高洪水位、推算设计洪水位、洪水淹没范围、水库设计洪水位、滨海最高潮水位。房屋选址应避开洪水淹没地段,选在高出设计洪水位 0.5 m 的合适地点。出现波浪侵袭和壅水时还应考虑其高度。受条件限制无法避开时,建筑场地可采用填土方法,使填方地面高程高出设计洪水位0.5 m。按其确定的设计高程填方量大且较为经济合理时,可设置防洪防潮堤,设计高程应高于周围汇水区域设计频率的内涝水位。当内涝水位较高,场地填方量很大,较为经济合理时,可采取防排内涝措施,此时不规定设计高程。

2.《铁路房屋建筑设计标准》(QCR 9146—2017)第 2.2.2 条对铁路区间生产设备房屋设计的要求

房屋室外地面高程应符合国标中的相关要求,洪水位或内涝水位重现期应符合表 12-10 的要求。

表 12-10　铁路房屋室外地面设计洪水位或内涝水位重现期

房屋名称	设计洪水位或内涝水位重现期(年)
牵引变电所	100
分区所、开闭所及自耦变压器(AT)所、电力变电所、配电所、区间通信信号设备房屋、给水站的泵站	50
生活供水站点的泵站	20

注:1. 表中生产设备房屋室外地面采用的设计洪水位或内涝水位应增加 0.5 m 的安全超高。

2. 当泵站位于大江河、湖泊或水库岸边时,室外地面高程尚应加波浪高。

3. 设置在同一处所的通信、信号、电力等生产设备房屋基础高程应一致,并采用较高设计洪水位或内涝水位高。

山区会发生不良地质情况如危岩滑坡、泥石流、岩溶、放射性有害气体泄漏、水库塌岸、崩塌落石等,沟谷地势狭长狭窄,地质条件远较平原地区复杂许多。故地质选址需超前,避免选在不良区域而对铁路房屋造成破坏。

［第 12.4.3 条引文］

铁路房屋地面高程应结合地形、水文等自然条件确定。与线路高程相关的生产房屋，应结合线路轨顶面、路基面、设计频率洪水位或站台面高程进行竖向设计。

［第 12.4.3 条解读］

本条沿用《铁路房屋建筑设计标准》(QCR 9146—2017)第 2.3.1 条第 4 款，提出铁路房屋场地的竖向设计要求，用于确定建筑场地填挖高程、土方调配，协调道路与场地，确定场地排水及单体建筑设计方案。对于地形起伏较大的山地丘陵站区的房屋等建筑物，场地的竖向设计十分重要。

12.4.2 排洪渠道的断面设计布置与排水系统的衔接

［第 12.4.4 条引文］

城市区域内的建筑场地背后为山地、坡地时，应设置排洪渠道，排除山洪与坡面径流。排洪渠道的断面应按场地建筑物设计洪水频率的流量设计。

［第 12.4.4 条解读］

本条基本沿用《规范》(TB 10017—99)第 5.4.2 条。

设置排洪渠道是为防止洪水、坡面场地雨水径流侵入房屋等建筑物。排洪沟渠设计纵坡应接近于天然纵坡，可使土石方工程量较小。地面坡度较大时，尽可能使沟渠下游的流速大于上游流速，以免排洪不畅。沟渠纵坡应使实际流速介于不冲流速与不淤流速之间。

本条规定了排洪沟及截水沟断面流量的不同设计洪水频率，结合地形、汇水面积等因素确定。对铁路区间生产设备房屋洪水位或内涝水位重现期的要求见《铁路房屋建筑设计标准》(QCR 9146—2017)第 2.2.2 条。

本条修改了原规范中“排洪沟及截水沟断面按 1/25～1/50 洪水频率流量设计”的要求，并将排洪沟改为排洪渠道，使之与《城市防洪工程设计规范》(GB/T 50805—2012)相一致。

［第 12.4.5 条引文］

排洪渠道渠线宜沿天然沟道布置，宜选择地势平缓、地质条件稳定、拆迁少、渠线顺直的地带。

［第 12.4.5 条解读］

本条基本沿用《规范》(TB 10017—99)第 5.4.3 条,并参考了《城市防洪工程设计规范》(GB/T 50805—2012)的相关条款。

排洪渠道的渠线布置应与城市规划密切配合。为减小工程量,渠线布置应尽量充分利用现有排洪设施和原有沟渠。必须改线时,除了要注意渠线平顺,还要尽量减少拆迁和新建交叉建筑物,以降低工程造价。

［第 12.4.6 条引文］

排洪渠道的平、纵断面设计应符合《城市防洪工程设计规范》GB/T 50805 的有关规定。

［第 12.4.6 条解读］

《城市防洪工程设计规范》(GB/T 50805—2012)第 10.5 节将排洪渠道分为明渠、暗渠两类。对明渠的纵坡、边坡、进出口平面、安全超高、弯曲段等进行了阐述,对暗渠的沉沙井、检查井、防冻措施等提出了说明。

1. 排洪明渠

排洪明渠设计纵坡应考虑地形渠线及其与山洪沟的连接条件等因素,经技术经济比较后确定。当自然纵坡大于 1∶20 或局部渠段高差较大时,可设置陡坡或跌水。

排洪明渠转弯处为避免弯道半径过小而造成排洪不畅,排洪明渠弯曲段的轴线弯曲半径按下式计算,并不小于渠底宽度的 5 倍。

$$R_{\min}=1.1v^2\sqrt{A}+12$$

式中 $R_{\min}$——渠道最小允许弯曲半径;

v——渠道中水流流速;

A——渠道过水断面面积。

$R_{\min}$ 小于渠底宽度的 5 倍时,凹岸应采取防冲措施。盖板渠和铺砌明渠不小于设计水面宽度的 2.5 倍,如图 12-5 所示。

渠道较长的排洪明渠尽量分段设计,相邻两段的断面变化宜渐变衔接,其长度可取水面宽度之差的 5～20 倍,根据水工模型试验和实践经验确定。此要求是为使水流平顺均匀地与上下游衔接,如图 12-6 所示。

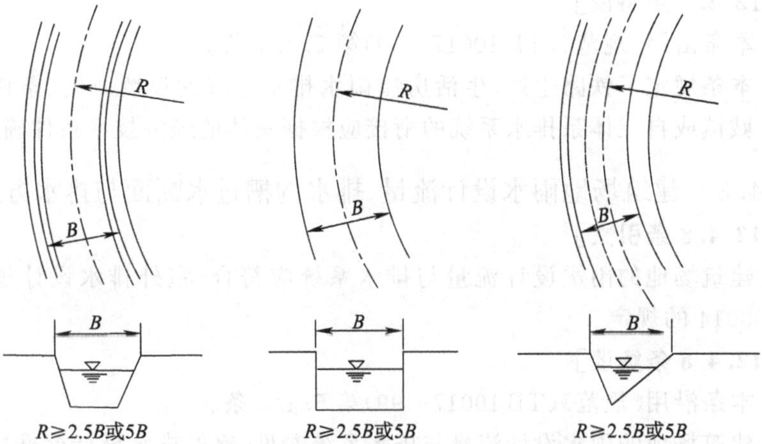

图 12-5　排洪明渠允许转弯半径示意

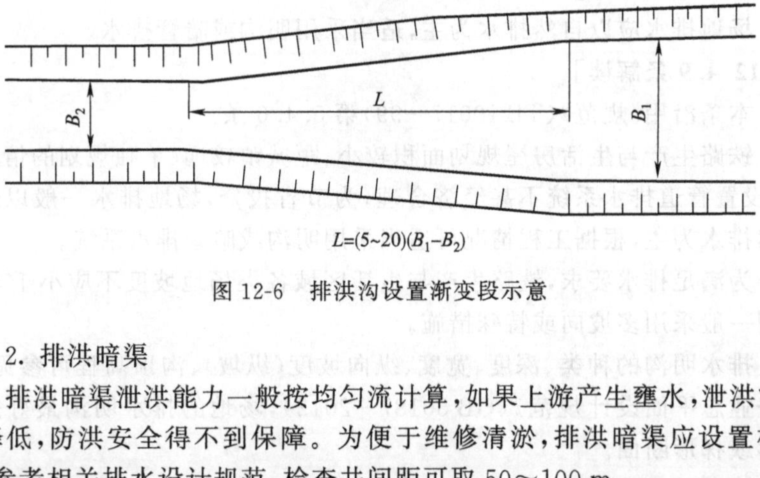

图 12-6　排洪沟设置渐变段示意

2. 排洪暗渠

排洪暗渠泄洪能力一般按均匀流计算，如果上游产生壅水，泄洪能力会降低，防洪安全得不到保障。为便于维修清淤，排洪暗渠应设置检查井，参考相关排水设计规范，检查井间距可取 50～100 m。

无压流排洪暗渠设计水位以上的净空面积不应小于断面面积的 15%，起安全超高作用以弥补洪水计算误差。该净空关系到排洪过程中是否发生满流，为防止出现满流状态，故要求水面线以上留有该空间。

[第 12.4.7 条引文]

集中建设的铁路生产、生活房屋应有排除屋面、厂（场）、绿地、道路雨水的排水系统。排水系统可自成体系或与所在城镇的排水系统衔接。

［第 **12.4.7** 条解读］

本条沿用《规范》(TB 10017—99)第 5.4.4 条。

本条规定了铁路生产、生活房屋雨水排水系统的设置原则、条件、范围。城镇或自成体系排水系统的衔接应根据具体的经济技术条件确定。

12.4.3　建筑场地雨水设计流量、排水沟槽过水断面与排水方式

［第 **12.4.8** 条引文］

建筑场地的雨水设计流量与排水系统应符合《室外排水设计规范》GB 50014 的规定。

［第 **12.4.8** 条解读］

本条沿用《规范》(TB 10017—99)第 5.4.5 条。

建筑场地的雨水设计流量与排水系统参见《室外排水设计标准》(GB 50014—2021)第 4 章第 4.1 节、第 5 章。

［第 **12.4.9** 条引文］

场地排水应以自然排水为主,适当采用明沟或暗管排水。

［第 **12.4.9** 条解读］

本条沿用《规范》(TB 10017—99)第 5.4.6 条。

铁路生产与生活房屋规划面积较小、距城镇较远、单独规划的情况较多,设置管道排水系统不甚经济合理,为节省投资,场地排水一般以地面自然排水为主,根据工程情况可适当采用明沟或暗管排水系统。

为满足排水要求,铁路生产与生活区域各类场地坡度不应小于 3‰,否则一般采用多坡向或特殊措施。

排水明沟的种类、深度、宽度、纵向坡度(纵坡)、沟顶高程可参见《工业企业总平面设计规范》(GB 50187—2012),场地的排水明沟最好采用矩形或梯形断面。

1. 纵坡等断面尺寸

(1)明沟的起点深度不宜小于 0.2 m,矩形明沟的沟底宽度不宜小于 0.4 m,梯形明沟的沟底宽度不宜小于 0.3 m。

(2)明沟的纵坡不宜小于 3‰,地形平坦地段不小于 2‰。

(3)按流量计算的明沟,沟顶一般高于计算水位 0.2 m 以上。

2. 排水明沟边坡情况(表 12-11)

表 12-11　排水明沟边坡情况

地质情况	边坡坡度
粉砂	1∶3～1∶3.5
松散的细砂、中砂、粗砂	1∶2～1∶2.5
密实的细砂、中砂、粗砂或粉质黏土	1∶1.5～1∶2
粉质黏土、黏土砾石或卵石	1∶1.25～1∶1.5
半岩性土	1∶0.5～1∶1
风化岩石	1∶0.25～1∶0.5
岩石	1∶0.1～1∶0.25

[第 12.4.10 条引文]

建筑场区的汇水流量参照本规范第 12.2.6 条执行。排水沟(槽)的过水断面面积参照第 12.2.5 条执行。

[第 12.4.10 条解读]

1. 建筑场区的汇水流量计算

建筑场区暴雨径流地面汇水流量可按下式计算,或采用适合的地区公式。

$$Q_p = 16.7\psi a_p KF$$

式中　Q_p——设计流量(m^3/s);

a_p——设计暴雨强度(mm/min);

ψ——径流系数;

K——气候系数,无资料时可取 $K=1$;

F——汇水面积(km^2)。

2. 排水沟(槽)的过水断面计算

建筑场区范围内需按流量设计的排水沟(槽)等可按下式计算。

$$A = \frac{Q_p}{v}$$

式中　Q_p——设计流量;

A——过水断面面积;

v——排水沟(槽)内的平均流速。

12.5 “四电”场地

［第 12.5.1 条引文］

牵引变电所、开闭所及自耦变压器(AT)所、电力变电所、配电所、区间通信信号设备房屋等四电所址的设计洪水或内涝水位频率标准应符合本规范第 1.0.6 条的规定。

［第 12.5.2 条引文］

四电所址宜选择在地势较高、平坦、排水畅通、交通方便地段并应符合下列规定：

1. 所址场地高程和四电房屋结构设计应考虑洪水位影响。

2. 不应设在泥石流、泄洪区、滑坡、岩溶及断层构造发育等不良地段。

［第 12.5.3 条引文］

四电场地地面高程应结合地形、水文等自然条件确定，应比设计水位高出 0.5 m。

［第 12.5.4 条引文］

场区的汇水流量参照本规范第 12.2.6 条执行，排水沟(槽)的过水断面面积参照本规范第 12.2.5 条执行。

［第 12.5 节解读］

铁路“四电”系统主要包括通信、信号、电力、电气化四个专业。“四电”专业与水文相关的主要是牵引变电所、开闭所及自耦变压器(AT)所、电力变电所、配电所、区间通信信号设备房屋等四电场地。本规范要求，“四电”场地的设计洪水或内涝水位频率标准、所址选择、地面高程及场区汇水流量、排水沟(槽)过水断面均应达到标准，其他解读与第 12.4 节相同。

第13章 思　　考

13.1 关于“总则”的几个问题

13.1.1 关于设计洪水频率标准

1. 我国铁路的设计洪水频率标准

铁道部1974年颁布《铁路工程技术规范·桥涵》，第2.6节规定了桥涵洪水频率标准，见表13-1。

表13-1 铁路桥涵洪水频率标准(1974年)

铁路等级	设计洪水频率 P		检算洪水频率 P
	桥梁	涵洞	技术复杂、修复困难的特大桥和其他重要大桥
Ⅰ、Ⅱ	1/100	1/100	1/300
Ⅲ	1/50	1/50	1/100

《规范》(TBJ 17—86)第1.0.8条要求，桥涵设计洪水频率标准沿用表13-1。《规范》(TB10017—99)第1.0.5条要求，桥涵设计洪水频率标准沿用表13-1。本规范第1.0.5条对设计洪水频率标准进行局部修订，见表13-2。

表13-2 桥涵、路基洪水频率标准(2021年)

铁路分类	设计洪水频率 P			检算洪水频率 P
	桥梁	涵洞	路基	特大桥或大桥属于技术复杂、修复困难或重要者
高速铁路、城际铁路、市域(郊)铁路，Ⅰ、Ⅱ级铁路，重载铁路	1/100	1/100	1/100	1/300
Ⅲ级铁路	1/100	1/50	1/100	1/300
Ⅳ级铁路	1/50	1/50	1/50	1/100
≥5 Mt铁路专用线	1/100	1/50	1/50	
＜5 Mt铁路专用线	1/50	1/50	1/50	

由表 13-1、表 13-2 可见：

①铁路桥涵洪水频率除涵洞或铁路等级调整外，洪水频率标准没有变化。

②新增的路基设计洪水频率与桥梁相同，但无校核洪水。

2. 国外公路、铁路的设计洪水频率标准

现将国外有关桥渡设计洪水频率标准资料列为参考。

(1)英国的桥梁设计洪水重现期参考了 1982 年的相关建议，见表 13-3。

表 13-3　桥梁设计洪水重现期(英国)

桥梁情况	建议重现期(年)
紧靠村镇下游跨河桥梁	1 000
高速公路、干线公路桥梁	150
乡间道路桥梁	30
漫水桥	5

(2)加拿大道路和运输协会编写的 1975 年《桥渡水力设计规范》建议了桥梁设计洪水频率标准，见表 13-4。

表 13-4　桥梁设计洪水频率标准(加拿大)

道路类型	桥型	洪水频率 P	相应重现期(年)
高速	长	0.5%	200
	短	1%	100
干线	长	1%	100
	短	1%	100
联络线	长	1%	100
	短	2%	50
地方线	长	2%	50
	短	5%	20

(3)苏联时期的桥渡设计洪水频率

苏联时期发布的《铁路桥涵技术规范》(TYΠM—47)要求，确定桥涵孔径时用下列频率的设计流量检查建筑物孔径的可靠性。

①除地方铁路外，各等级铁路桥用 1/100；地方铁路桥、各等级铁路

涵用 1/50。

②与设计流量相应的水位为设计水位。所用设计水位不能低于历史最高观测水位,设计流量不能小于最大观测水位相应的最小流量。

③路基边坡顶面标高按频率为 1/300 确定。

苏联后期 1990 年发布的《铁路桥渡设计》第 5 章第 1 节给出了设计洪水频率标准,见表 13-5。

表 13-5　铁路桥、导治工程、河滩路堤设计洪水频率标准 *P*(苏联后期)

设计用	Ⅱ级和Ⅱ级以上铁路	1/100
	所有低于Ⅱ级的铁路	1/50
最大检算用	Ⅱ级和Ⅱ级以上铁路	1/300
	所有低于Ⅱ级的铁路	1/100

(4)美国的洪水频率标准

1987 年和 1989 年,美国两座大桥因洪水塌入河中导致人员死亡。美国联邦公路总局对新桥设计提出要求:跨越可冲刷水道的新桥,必须按不大于 1/100 的洪水冲刷频率进行设计。所有桥梁基础必须按超大洪水(Superflood,即 500 年一遇的洪水)进行冲刷校核。基础设计应假定总冲刷线以上所有河床泥沙在设计洪水时全部冲刷,无承载力和侧向支承作用,并取 1.0 为超大洪水对基础稳定的相应安全系数。

3. 对比数据资料得到的例证

(1)生命安全是考虑设计洪水频率标准的重要方面。英国人口密度大,对靠近村镇及河流下游桥梁提出 1/1 000 的设计洪水频率标准。美国因洪水造成桥梁垮塌人员死亡,强调采用校核洪水频率标准。

(2)对于一些大型重要桥梁,英国和加拿大采用 1/100 为设计洪水频率标准。美国采用 1/500 为校核超大洪水频率标准。

(3)我国《公路工程水文勘测设计规范》(JTG C30—2015)由交通运输部公路局以编制大纲审查会议纪要方式进行《公路工程防洪减灾标准及水平》《各级公路设计洪水频率》专题研究,并结合《公路工程技术标准》(JTG B01—2014),用多种方法对工程实例进行分析,得出各级公路设计洪水频率标准修改建议,最后确定表 13-6。

表 13-6　公路工程设计洪水频率标准 P

构造物名称	公路等级				
	高速	一级	二级	三级	四级
特大桥	1/300	1/300	1/100	1/100	1/100
大、中桥	1/100	1/100	1/100	1/50	1/50
小桥	1/100	1/100	1/50	1/25	1/25
涵洞及小型排水构造物	1/100	1/100	1/50	1/25	不作要求
路基	1/100	1/100	1/50	1/25	按具体情况确定

综上,我国现行的铁路设计洪水频率标准低于国内公路标准。国内高速公路和一级公路的特大桥已达到 1/300 进行设计,铁路则对技术复杂、修复困难的特大桥和其他重要大桥用 1/300 进行检算。苏联时期则要求对所有铁路桥、导治工程、河滩路堤都需要进行洪水检算。

1995 年,铁科院在专题研讨中分析了 155 例桥渡水害。其结论为:设计流量偏小是桥渡水害最主要的先天性原因,设计时就留下隐患,会导致其他病害;其二是桥位选择不佳;还有桥下净空、基础埋深不足,导治工程不完善等。

在 155 例中,设计流量明显偏小为 28 例。其中,实际洪水频率超过该桥设计标准的而导致其他病害为 14 例。只有 2 例的设计标准为 $P=1/100$,其他 12 例为 $P=1/50$。可见铁路桥渡的设计标准偏低。所有因设计流量偏小导致水害的 28 例中,都存在设计时用短系列(小于设计标准重现期的系列)推算设计流量的问题;还有桥渡布置不合理等因素。如宝成铁路北段 1981 年水害,京广铁路北段 1962、1963 年两次特大水害等。

4. 对上述案例的探讨

(1)开展提高短系列资料推算设计流量准确性的研究,这是减少铁路水害、提高运营安全的重要措施。

(2)不宜采用 $P=1/50$ 为铁路桥渡设计标准,即使Ⅲ、Ⅳ级线路。我国地域覆盖面积大,江河湖海水域复杂,水文特征变化大,资料尚待完善。

(3)对于货客运量迅速增长的Ⅰ、Ⅱ级线路,应考虑适当完善设计洪水频率标准。

(4)新建高速铁路的设计洪水频率标准更应得到完善。

5. 确定设计洪水频率标准应依据的原则

(1)运营安全

确定路桥设计洪水频率标准首先应考虑运营安全,并考虑一旦修复时,其方案应尽量减小对运营损失的影响。践行以人为本的理念,保障生命财产安全,是分析确定路桥设计洪水频率标准时的一个重要问题。确定高速铁路桥梁的设计洪水频率标准时更应如此。

(2)运量需求

我国在 20 世纪参照苏联时期的洪水频率标准,以运量为主要依据,今后仍应考虑运量的因素,特别是货运或客货联运线路,应与客运线路得到同等重视。

(3)施工投资和维修更新费用

这是对上述两条起到制约作用的因素,随着国民经济的发展,施工技术的提高带动了地区经济的发展,逐渐消减了投资费用等因素对改进设计标准的制约。

(4)水害损失

水害损失包括直接损失和间接损失。前者包括客货列车落水导致的人员损失、机车车辆及货物损失,以及断道停运的经济损失、修复重建费用等。后者包括暂停运营对厂矿、农业、服务等行业造成的损失。常导致下一个环节、再下一个环节的骨牌式损失链,其统计甚难,非短时间能够具体量化。

(5)社会效益

有选择性地适当提高结构物设计洪水频率标准,最大限度地利用有限的投资保障铁路运营安全,满足人员出行和物质运输的需求,也体现了国家日益增长的硬实力。

(6)经济效益

经济效益包括直接效益和间接效益。前者主要指运输收入,后者则涵盖了铁路交通能够带动沿线经济发展的理念。

以上 6 条首先应考虑运营安全因素,在此前提下可用运量(客货流量)加以量化,是确定线路等级和设计洪水频率标准的主要依据。对投资规模进行分析比较时,需量化其效益。最终将投资规模与设计洪水频率标准联系起来，筛选效益最佳的投资建设方案，确定适宜的设计洪水频率标准。

13.1.2　关于施工水位洪水频率标准

本规范第1.0.9条要求，施工阶段临时设施采用的洪水频率，应考虑防洪度汛要求，结合工程的重要性、工期长短等因素综合确定。这是一条原则性意见，对施工水位洪水频率标准并没有明确说明。

施工水位的概念为：水工建筑物施工时，为在要求时间内完成某项水工作业，在水位过程线上确定的相应水位。施工水位是以现场水文情况、施工技术水平、工期安排等因素为依据来确定的。

1. 内陆河流的施工水位

内陆河流的通常做法是：对有多年实测水位资料的大中河流，一般点绘非汛期逐日平均水位过程线，取其峰值平均值的外包线作为施工水位；对没有实测水位资料的中小河流，多采用调查非汛期常水位作为施工水位；而对基础施工时间跨越汛期的大型桥梁，通常采用3～10年、20年一遇洪水作为施工水位。以上施工水位的确定方法均受到人为因素的较大影响。

武汉天兴洲公铁两用长江大桥北汊的铁路桥主跨为(54＋2-80＋54)m混凝土连续梁。主墩62～65号的基础设计采用高桩承台结构，桩基由12根ϕ2.5 m钻孔灌注桩组成，承台设计尺寸为23.1 m×16.8 m×5.0 m。62～64号3个主墩的基础在深水中，枯水期最深达13～20 m。根据长江水位变化规律，将施工枯水期定在10月20日～5月20日(来年)约210 d。天兴洲大桥2004年9月底开工，即将进入枯水期。采用钻孔平台方案进行钻孔作业，能保证在枯水期完成钻孔桩施工，围堰在下一个枯水期施工，能降低围堰高度和成本，且可利用汛期加工围堰。

(1)钻孔桩施工：在枯水期2004年10月～2005年5月完成。根据设计和水文资料，施工水位按枯水期20年一遇最高水位20.252 m确定。

(2)承台施工：在枯水期2005年10月～2006年5月完成。这期间20年一遇最高水位20.252 m为围堰设计施工水位，围堰顶面高程21.000 m。

(3)汉口方向栈桥62～65号墩，桥面宽2.5 m，顶面高程23.00 m，钢管桩基础，上部结构采用贝雷梁，跨度 15～18 m。汛期按照海事部门通航要求拆除栈桥桥面系，枯水季节恢复施工时重新搭设桥面系统。

京珠高速公路黄河特大桥根据对黄河水位实际冲刷的调查及有关资料，施工水位按 10 年一遇 93.65 m 设计水位考虑，栈桥下弦系统线标高 94.00 m。

2. 感潮河段、海洋环境施工水位

在感潮河段、海洋环境施工水位以某一累积频率为标准，从潮位历时曲线上读取，宜采用港工规范以及港工部门施工水位的研究成果确定。

(1)感潮河段的施工水位

结合当地的潮汐变幅特点，施工水位一般采用历时 2～3 h 的低水位，有经验的取用设计低水位以上 1.5～2.0 m，港工实例见表 13-7。

表 13-7　感潮河段的施工水位工程实例

码头名称	结构型式	设计高水位(m)	设计低水位(m)	施工水位(m)	施工方法	河段地点
南通远洋船务有限公司码头	高桩梁板	4.72	1.55	3.50	桩基	长江下游
广州文冲船厂码头	高桩梁板	107.0	105.6	104.50	桩基	珠江口
江南造船厂舾装码头	高桩梁板	3.62	0.67	2.50	桩基	黄浦江
广州菠萝庙船厂码头	重力扶壁式	2.91 (P=10%)	0.27 (P=90%)	1.27	水下整平、起吊扶壁、浇上部结构	珠江口
镇江大港港区码头	高桩梁板	5.80 (P=1%)	0.00 (P=98%)	1.80	水上打桩、桩帽数量多、底标高低、枯水位困难	长江黄海零点
谏壁电厂万吨级码头扩建工程	高桩梁板	7.93	1.80	3.59	桩基	长江吴淞零点
镇江大港木材中转码头	高桩大板式	5.67 (P=5%)	0.00 (P=95%)	3.30	桩基	长江黄海零点

续上表

码头名称	结构型式	设计高水位(m)	设计低水位(m)	施工水位(m)	施工方法	河段地点
南京煤码头扩建工程	高桩钢簇桩台	7.94($P=1\%$)	0.44($P=98\%$)	1.84	桩基	长江下游
南京新生圩二期码头	高桩梁板	9.21($P=1\%$)	2.20($P=98\%$)	3.53	桩基	长江下游
张家港二期工程14、15号泊位	高桩梁板	4.98($P=2\%$)	1.62($P=98\%$)	2.20	桩基	长江吴淞零点
张家港市化工杂货码头	高桩梁板	6.69($P=1\%$)	0.74($P=98\%$)	2.30	桩基	长江下游
南京扬子乙烯石化公司码头	高桩梁板	9.96	1.92	4.25	桩基	长江下游
马钢原料进口码头	高桩梁板	10.64	2.46	5.00	桩基	长江下游吴淞零点
马鞍山二电厂进口煤码头	高桩梁板	11.00	2.34	4.50	桩基	长江下游吴淞零点

(2)海上桥梁的施工水位

东海大桥始于上海浦东南汇区，跨越杭州湾北部海域，直达浙江省崎岖列岛，全长 31 km，自然条件恶劣。

桥区不利气象水文因素主要有大风、大雾、暴雨、高温、严寒、波浪、水流等，综合考虑各种不利因素，一年有效作业天数约 200 d。

主桥为斜拉桥，长 710 m，采用双塔双索面叠合梁结构，基础为钻孔灌注桩，全桥主墩桩基共 52 根，桩径 250～300 cm，最大桩长约 100 m。根据工程特点、自然条件及工期要求，主墩钻孔桩采用搭设海上平台进行施工。平台顶面标高根据《海港总平面设计规范》(JTJ 211—99)第 4.3.4 条要求为 9 m。

第 4.3.4 条要求，开敞式码头应满足码头面不被波浪淹没的要求，通常不考虑码头及连接桥上部结构直接承受波浪力的作用，码头面高程可按下式确定。必要时应通过模型试验确定。

$$E = H_{WL} + \eta_0 + h + \Delta$$

式中 E——码头面高程；

H_{WL}——设计高水位；

η_0——设计高水位时重现期为50年的 $H_{1\%}$（波列累积频率为1%的波高）静水面以上的波峰面高度；

h——码头上部结构的高度；

Δ——波峰面以上至上部结构底面的富余高度，最大可取1 m。

当码头上部结构允许承受波浪力时，可根据结构的受力条件，适当降低码头面高程。

该条说明如下：外海开敞式码头，由于开敞暴露程度高，波浪直接作用在码头结构上，为减少波浪力对码头结构作用和降低码头建设费用，码头多采用墩柱式透空结构。为保证码头面不上水、装卸设备不受损害以及码头上部梁板不受波浪力作用，码头面高程通常取设计高水位时的设计波浪的波峰面以上安全高度，使开敞式码头做到既便于作业，又经济合理、安全可靠。故本条对码头面高程建议按该式确定。

如果按该式计算码头面设计高程过高而造成使用不便，应从结构受力条件采取措施，通常允许梁承受波浪力，此时式中可不计Δ值。

按该式计算的码头面高程，若系缆柱设在码头面上过高，可根据船舶吨位大小、干舷高度，在满足工艺条件下，将系缆墩降低到合理的高程，使系缆墩、装卸平台做成台阶式，以满足系缆和装卸作业要求。

根据上述说明，海上桥梁基础的施工水位可采用码头设计高水位控制，栈桥桥面高程按《海港总平面设计规范》(JTJ 211—99)第4.3.4条计算。

13.1.3　按溃坝流量控制梁底高程要考虑水拱的影响

本规范第1.0.5条注3、第8.5.4条均要求，当水库校核洪水频率标准低于桥梁设计洪水频率，且提高水坝校核洪水频率标准以便与铁路标准相同有困难时，应适当考虑溃坝可能对桥涵造成的不利影响。对溃坝流量的计算方法列于附录A。

现以实例证明。1963年河北保定西北的刘家台水库溃坝，该水库控制流域面积17 km²，库容0.4亿 m³，溃坝前最大入库流量1.318 m³/s，平坝顶时水头高 35.8 m,按决口口门宽计算溃坝流量 28 000 m^3/s,为最大入库流量的 21 倍多。当年由 5 个单位组成调查组,于大坝下游 20 km 的东土门调查。当地驻军及居民均反映,明显见到水拱高 3～4 m,但未在岸边留下痕迹。大坝溃决,水流将顺行涨水波往下游传播,该 5 个单位计算得波速 $C=12\sim13$ m/s,水面宽330 m,将水拱按三角形计算流量为 6 200～8 600 m^3/s,水拱下的流量7 800 m^3/s。

在大坝附近调查时发现,库区内岸边有大量漂浮物及水痕,基本与坝顶高相近,但在残存坝段的防浪墙背面及大坝背水坡上均未见过水痕迹。如当时无水拱,则大坝的迎水面与背水面将按一定的比降相连,而所见这种现象说明洪水冲出大坝后的水拱相当高。

本规范要求,按最高水位+0.5 m 净空来确定梁底高程,不允许洪水上梁冲击桥梁。可见这样高的水拱及高速水流如对桥梁发生冲击将造成危害。故建议按溃坝流量控制梁底高程需要考虑水拱的影响,进一步研究解决其计算方法。

13.2 关于"水文调查与勘测"中的"天然河道洪水糙率"

糙率是推求流量和水位等水力要素的重要参数。糙率的选定合理与否直接影响水文计算成果,关系到桥渡的经济合理性和运营安全。

本规范第 5.2.6 条要求,推算流量所用的糙率宜采用调查河段或其上、下游或其邻近地区水文站较大洪水实测资料分析求得的水位糙率关系曲线外延的数值。若无实测资料可按附录 D 天然河道洪水糙率表选用。然而,使用天然河道的流量资料反求糙率,求出的 n 值变化幅度很大。主要原因是洪峰流量的计算中常以满宁公式计算,由于该式适用于稳定均匀流条件,一般天然河道不易满足该式的边界条件。只有在稳定均匀流和水流边界条件及各水力因素变化很小情况下,用流量资料反求出的糙率变化幅度才会小,趋于一个稳定值。但实际应用中常不注意糙率系数的使用条件,选用的糙率在某种程度上失去一定含义,洪峰流量的计算成果也会不符合实际。

本规范附录 D 天然河道洪水糙率表,基于计算糙率使用均匀流中断面法的满宁公式,未能考虑如峰顶、涨水与退水等糙率差别很大的情况,对查表糙率取值也应认真核实。采用满宁公式计算流量时应分析水文站的糙率分布特性，选取合适的糙率进行流量计算。

1980 年以来，水文测验及计算先后实施国家标准或行业标准。《比降—面积法测流规范》(SD 174—85)第 5.1.1、5.1.2 条及附录Ⅲ均有要求，糙率及流量计算需应用非恒定流或恒定非均匀流公式。《水工建筑物与堰槽测流规范》(SL 537—2011)取代了《比降—面积法测流规范》(SD 174—85)，非恒定流或恒定非均匀流糙率计算公式没有变化。其后《河流流量测验规范》(GB 50179—2015)第 4.3.4 条要求，应用比降面积法作为高洪测流的主要手段之一。

比降面积法的基本流量计算公式用满宁公式，其基本前提是河段顺直，无收缩和扩张，各段过水断面形态和面积相等，水流为恒定流，在实际应用中，应根据河段实际的水流涨落状况和断面沿程收缩扩散及局部变化情况，采用恒定非均匀流或非恒定流公式计算流量。恒定均匀流中断面法用满宁公式计算；峰顶和水流平稳期，用恒定非均匀流公式计算；洪水的涨水、落水过程，用非恒定流公式计算。但在非恒定流中，如果加速比降占水面比降的百分数较小，可忽略不计。

按照《水工建筑物与堰槽测流规范》(SL 537—2011)附录Ⅰ或《比降—面积法测流规范》(SD 174—85)附录Ⅲ糙率分析方法，糙率计算公式可以归纳如下。

1. 恒定均匀流糙率满宁计算公式

$$n=\frac{AR^{2/3}}{Q_s}\sqrt{\frac{\Delta Z}{L}}$$

式中 n——河床糙率；

Q_s——恒定流流量；

A——断面面积；

R——水力半径；

ΔZ——比降上下断面水位差；

L——比降上下断面间距。

2. 恒定非均匀流糙率计算公式

$$n=\frac{AR^{2/3}}{Q_s}\sqrt{\frac{\Delta Z+(1-\xi)\alpha(v_u^2-v_l^2)/2g}{L}}$$

式中　v_u，v_l——比降上、下断面平均流速；

ξ——断面沿程水头损失系数；

α——动能校正系数。

其余符号意义同前。

3. 非恒定流糙率计算公式

$$n=\frac{AR^{2/3}}{Q_s}\sqrt{\frac{1}{L}\left[\Delta Z+(1-\xi)\frac{\alpha(v_u^2-v_l^2)}{2g}\right]-S_w}$$

式中　S_w——加速比降，近似用$\frac{\Delta v}{g\Delta t}$计算。

其余符号意义同前。

非均匀流、非恒定流糙率与满宁公式糙率相比，考虑了比降断面的面积变化，引入局部阻力系数 ξ 更能反映河段的河床特性，因而相对合理。为适应新糙率资料搜集不足的情况，必须仍然应用过去的部分糙率资料，并对其分析改正。

13.3　关于"桥位选择和桥涵孔径设计"的几个问题

13.3.1　斜交跨河设桥

本规范第 6.2.1 条第 5 款要求，桥梁轴线宜与中高水位时的流向正交。斜交时应考虑水流对孔径、墩台、基础的设计影响。这是桥梁布置的一个原则性要求。

随着经济建设发展，修建西部铁路、改造提速既有线、设计高标准铁路都需要在山区和山前区修建与非通航河流大角度斜交的桥梁。设计单位在正交过河行不通时，也要将河流两岸铁路设计成曲线尽量正交过河。其结果造成桥头因曲线加剧了桥梁的振动，对列车走行条件造成不利，降低了线路标准。究其根源在于苛求正交过河，除桥梁最短、桥梁工程量最小外，尚有斜交设桥不方便计算之因。

各铁路线上设置的斜交桥有关的水力计算多采用投影法，此法是将水中建筑物投影到垂直于水流断面，而在顺直的河流上就是投影到正交断面。

无论多大角度的斜交桥，均投影到正交断面的计算方法并不妥。值得注意的是，水流绕墩局部改变流向，这种绕流在某种斜交角度情况下，增大了下游桥孔的冲刷和壅高。

水力计算是从概化模型上推演出来的一般性认识，有理论基础且系统性强，对一般冲刷、局部冲刷、桥前壅水、冲高等均有规范性计算方法。斜交桥的水力计算可考虑对一般性计算公式加以修正采用。如根据斜交角度的不同，取其认为相关的几个或若干个桥墩参加投影；或根据斜交角度的不同确定一条认为合理的投影轴线。

这些设想尚需深入研究，能有一些试验旁证则更有把握。

前面第 6.3.7 条解读提到，西康铁路长哨车站两桥跨越乾佑河，采用大角度斜交五线高架车站桥梁。为保证桥跨方案安全可靠进行两桥水工模型试验。斜交分别为 0°、30°、40°、50°；桥墩布置分别为五线五柱、五线双柱、双线圆端墩；各墩台顺应水流方向错落布置；流量分别为 $Q_{2\%}$、$Q_{1\%}$、$Q_{0.5\%}$、$Q_{0.33\%}$ 时各种组合下的流向、流速、单宽流量分布、壅水高度、一般冲刷水位、水面坡度等均进行试验研究。就遇到的水文问题提出论证意见，提出两桥安全合理的桥跨布置。

河流本身是复杂多变的，再加入斜交设桥会更加复杂，虽有粗略的计算，但很大程度上仍停留在定性的水平上，故建议斜交设桥应采取如下措施。

1. 不压缩河道，尽量满槽设桥。
2. 降低阻水比，采用大跨孔径。
3. 顺流逐渐加深桥墩基础的埋深。
4. 多线桥顺水流设墩。
5. 对下游相关河岸进行必要防护。
6. 重要的工程或环境应补充水工模型试验。

其出发点应该是在山区和山前区的非通航河流上设桥时，从全线标准出发，不必苛求正交设桥，只要考虑好桥梁自身和周边环境的安全，斜交设桥是可行的。全国各铁路线上的大量实例已证明这一点。

13.3.2 壅水值计算公式中的 η 值

本规范按河流特征表选用壅水值计算公式中的 η 值。我国各地区、各部门均按此法计算，比较适合具体情况，将此列入表 6.4.14-1。也有

将 η 值改用公式计算的情况，例如 1972 年引进版《苏联桥渡勘测设计规范》的算式 $\eta=\frac{1}{2g}\left[1+\left(\frac{v_t}{v_m}\right)^2\frac{\alpha}{\sqrt{\frac{F_r}{i_t}}}\right]$

式中　v_t——天然河道断面河床平均流速；

v_m——相应桥下过水断面范围内天然河道断面的平均流速；

$\frac{F_r}{i_t}$——压缩水流的无因次参数，i_t 为天然水面纵向比降，$F_r=\frac{v_t^2}{gB_f}$；

B_f——计算泛滥宽度，当桥头引线只一端压缩水流时等于整个泛滥宽度，当桥头引线两端压缩时等于 1/2 泛滥宽度；

α——系数，根据水流的压缩程度$\frac{Q_J}{Q_m}$查表 13-8。

表 13-8　α 值

序号	$\frac{F_r}{i_t}$	$\frac{Q_J}{Q_m}$					
		1.25	1.5	2.0	2.5	3.0	4.0
		α					
1	0.05	1.14	1.21	1.36	1.51	1.66	2.28
2	0.10	1.07	1.12	1.24	1.39	1.54	2.00
3	0.15	1.02	1.05	1.13	1.28	1.42	1.72
4	0.20	0.98	1.01	1.08	1.19	1.30	1.48
5	0.25	0.94	0.97	1.04	1.11	1.18	1.26
6	0.30	0.90	0.92	0.97	1.03	1.09	1.08
7	0.40	0.81	0.87	0.86	0.88	0.90	0.83
8	0.50	0.73	0.74	0.74	0.73	0.72	0.51

注：Q_J——设计流量；

Q_m——相应桥下过水断面范围内天然河道通过的流量，当$\frac{Q_J}{Q_m}$和$\frac{F_r}{i_t}$的比值超出表中的范围时，α 取其边界值。

用上述公式计算 η 值，我国尚缺乏实际运用经验，可供水文计算验证参考。

13.3.3 关于一河多桥的并行桥壅水计算

一河多桥包括两种情况：一是沿线路方向并设多座桥梁，如京广铁路南沙河，在 7 km 线路上并设 8 座桥梁；二是沿水流方向串设多座桥梁，如在一个不太长的河段有铁路分设的复线桥、公路桥与城市交通桥等。不论属于哪种情况，如果一条河流上布设两座以上桥梁且桥间距又较小的话，势必会恶化水流情况，前后左右间相互干扰，定会使现有壅水计算公式失效。

现行水文设计规范中，尚无并行桥壅水计算方法。以往采用单独计算原有桥的壅水曲线高程，求出新建桥的桥下壅水高度与新建天然壅水高度(一般取桥前壅水高度的 1/2)相叠加，用以计算新建桥梁梁底最小高程。此外还曾采用过 1972 年引进版《苏联桥渡勘测设计规范》公式法、美国曲线法和铁科院公式法。

1. 苏联时期公式法

河段上有两座并行桥时，上游桥的桥前壅水高度比单一桥高出下列数值。

$$\Delta h = S_q I_b \left[\left(\frac{Q}{Q_M}\right)^2 - 1\right] C_M$$

式中 Δh——上游桥比单一桥高出的壅水值；

S_q——并行桥轴间距；

I_b——天然水面纵坡；

Q_M——桥孔天然流量；

Q——总流量(设计流量)；

C_M——系数，$C_M = \left(\frac{70h_{bm}}{S_q}\right)\left(\eta - \frac{S_q}{h_{bm}}\right)/(\eta - 70)$；

h_{bm}——桥孔天然水深；

η——与 $\frac{Q}{Q_M}$ 有关的参数，见表 13-9。

表 13-9 η 值

Q/Q_M	1.25	1.50	2.00	2.50	3.00
η	250	400	700	1 300	1 900

2. 美国曲线法

美国运输部联邦道路管理局 1973 年给出双桥并行时的上游桥壅水系数 η 法。η 可由曲线查得，η 随着桥间距 L_d 增大而增大，L_d 为上游桥上游边缘到下游桥下游边缘的距离；L_d 增大到一定距离后，η 随着 L_d 的增大而减小。先算出单桥壅水值 Δh_1 再乘以双桥壅水增大系数 η，即得双桥联合引起的壅水值。

$$\Delta h_d = \Delta h_1 \cdot \eta$$

3. 铁科院公式法

铁科院 1993 年对 2～3 座并行桥进行试验，在以往单桥壅水计算研究成果的基础上通过系列模型试验，并对试验资料进行系列分析，提出计算方法。

(1)以路堤压缩为主的双桥，上游桥的桥前壅水增大系数如下(L 为桥间距，L_M 为桥长)。

$1 \leqslant L/L_M < 12$ 时，$K_{2U} = (L/L_M)/[0.34(L/L_M)^{1.33} + 0.47]$；

$0.25 \leqslant L/L_M \leqslant 1$ 时，$K_{2U} = 0.23(L/L_m) + 1$；

$L/L_M > 7$ 时，$K_{2U} = 1.0$；

两桥间距小于桥长，即 $L/L_M < 1$ 时，下游桥无壅水。

(2)以墩台压缩为主的双桥，上游桥的桥前壅水增大系数如下(L_B 为桥墩间距，即跨径)。

$L < 2L_B$ 时，$K_{2U} = 1 + 0.45(L/L_M)$；

$L = 2L_B \sim 4L_B$ 时，$K_{2U\max} = 1.9$；

$L = 4L_B \sim 50L_B$ 时，$K_{2U} = 1.96 - 0.015(L/L_M)$。

(3)以路堤压缩为主的三桥在河滩对称情况下，每两座桥的间距均为 $L = (2 \sim 4)L_M$ 时，上游桥桥前壅水增大系数 $K_{3U\max} = 1.65$。

其他任意桥位组合时 $K_{3U} < 1.65$；每两座桥的间距 $L > 7L_M$ 时互不影响；河滩非对称情况下 $K_{3U} < 1.42$。

鉴于目前在国内尚无成熟计算并行桥壅水方法的情况下，采用铁科院公式法计算也是一种选择。建议在条件允许的情况下，洪水过后对相关并行桥进行壅水测量，进一步验证完善试验成果的可靠性和精度，以便于更好推广使用。

13.4 关于“桥梁冲刷计算与防护”的几个问题

13.4.1 局部冲刷与一般冲刷的连接

局部冲刷深度 h_b 起算面规范没有明确要求，通常以一般冲刷最大冲深线为起算面，这就带来两种值得推敲的问题。

1. 局部冲刷和一般冲刷发生的时间

认为局部冲刷深 h_b 是在一般冲刷完成后的基础上又冲刷完成的。如计算局部冲刷的流速 v,《规范》(TBJ 17—86)认为“一般冲刷后的行近流速”(实际使用的为一般冲刷最大冲止流速 v_s)；《规范》(JTG C30—2015)定义 v 为“一般冲刷后的平均流速，通常采用一般冲刷时的垂线冲止流速”。

实际桥孔下一般冲刷与桥墩前的局部冲刷同步，可用洪水过程线与起动流速 v_0 来分析。天然河道洪水过程线由涨水、洪峰顶、退水三阶段组成；起动流速 v_0 为河床泥沙由静止转入运动状态的流速。由 $v_0 = 0.024\,6\left(\frac{h_p}{\bar{d}}\right)^{0.14}\sqrt{332\bar{d}+\frac{10+h_p}{\bar{d}^{0.72}}}$ (7.3.2—3)可知，两处的水深 h、河床沙粒直径 $\bar{d}$ 都相同时，起动流速 v_0 相同，它既是泥沙由静止开始转入运动状态，也是开始冲刷的流速。桥孔下、桥墩前原河床面上 h 与 $\bar{d}$ 基本不变，故开始冲刷的时间相同。

大洪水时的涨水阶段，水位逐步上升，相应流速逐步加大，冲刷也随之发展加深直到洪峰顶附近，水深与流速达最大值，桥墩局部冲刷坑深与桥孔下的一般冲刷深度此时也都达最大值。为什么同时达最大值，是因为洪峰顶(沙质河床除外)是河床由冲变淤的转折阶段，洪峰顶转入退水阶段后，水深逐步减小，流速逐步降低，河床要回淤，故洪峰顶时为最大冲刷时。可见墩前的局部冲刷与桥孔下的一般冲刷同时开始又同时达到最大，二者为同步。

2. 墩前行近流速和一般冲刷冲止流速

既然局部冲刷与一般冲刷同步进行，位置又不在一处，一在墩前，一在桥孔下，不是通常所说“局部冲刷在一般冲刷完成后才开始”。一般冲刷后墩前行近流速难于定量，行近流速一般指建筑物前尚未受到建筑物干扰时的流速，便于定量，一般冲刷后的行近流速难于定量。规范要求，一般冲刷后墩前行近流速指相应的一般冲刷公式计算的垂线平均流速。一般冲刷后的垂线平均流速同样也无法定量。墩前行近流速分布图的每条垂线不同水深处的流速取平均值，即为垂线平均流速，但不能被桥孔下的流速所取代。

一般冲刷深度基于水流动力与床沙抗冲阻力达到平衡时的水深，其相应的垂线平均流速即为一般冲刷后的流速。显然在一定的单宽流量作用下，当水深增加时垂线平均流速必然降低，这符合水力特征的一般规律，但不能倒过来解释为"一定水深下床沙的抗冲能力（起动流速）一定等于水的流速"，这完全不是同一概念，不能混淆。如果仍按 $v_s = Ed_{\mathrm{cp}}^{1/6} h_{\mathrm{p}}^{2/3}$ 计算，由于一般冲刷深度 h_{p} 的参与，局部冲刷公式中的有些关系更不易处理。

冲击桥墩而造成最深冲刷坑的是桥墩前的最大行近流速，而不是冲止流速，也不是一般冲刷后的行近流速。因为冲止流速是有假设条件的，其中因素由 $h_{\mathrm{p}} = \left[\dfrac{A \dfrac{Q_{\mathrm{c}}}{B_{\mathrm{c}}} \left(\dfrac{h_{\mathrm{mc}}}{\bar{d}_{\mathrm{c}}} \right)^{5/3}}{E \bar{d}_{\mathrm{c}}^{1/6}} \right]^{3/5}$［本规范式(7.2.2—1)］可知，$h_{\mathrm{p}}$ 在墩前是无条件发生的，而墩前行近流速则发生条件简单得多。将 h_{p} 用于起动流速公式中非常不合理。因为 h_{p} 由上式求得，是桥下在设计流量时已经停止冲刷的最大水深。以此计算一般冲刷后的冲止流速，作为局部冲刷墩前行近流速，理论上欠妥，计算成果也不能被接受。

3. 墩前行近流速水工模型试验

按当前总冲刷为一般冲刷加局部冲刷的概念，应采用一般冲刷完成后的冲止流速作为计算桥墩局部冲刷的行近流速。但由于建立冲止流速用的是桥下断面跨中垂线流速，从理论角度看，这一流速是冲刷停止时桥下全断面上单宽流量最大垂线的垂线流速。行近流速为桥墩前冲刷坑范围外实测的流速，从理论角度看，这一流速应比一般冲刷的冲止流速小。

铁一院针对《规范》(TBJ 17—86)中一般冲刷后的流速问题，进行了11组圆形桥墩不同单宽流量动床断面水工模型试验，发现在冲刷过程中，桥前断面平均流速约为上游未压缩断面平均流速的0.95倍。

$$v_{桥前}=v_{未}\cdot J$$

式中 $v_{未}$——上游未压缩断面的平均流速；

J——桥孔压缩比，$J=\dfrac{桥下全部过水面积-桥墩阻水面积}{桥下全部过水面积}$。

墩前行近流速约为上游未压缩断面平均流速的 0.8 倍；桥址断面平均流速约为上游未压缩断面平均流速的 1.07 倍；墩侧流速则为上游未压缩断面平均流速的 1.17 倍。

同时对二组整体定床水工模型测试资料进行分析发现，桥下与桥前断面平均流速之比与上述变化规律基本一致，约 1.1 倍(动床断面模型中，桥下与桥前断面平均流速之比为 1.07/0.95=1.13)。

分析认为，上述水工模型的测试资料基本体现出桥址河段水流的运动特征。由于水流受墩台压缩，在桥前引起水位壅高而流速减小，桥下呈跌水状而动能增加。桥下一般冲刷的流速应介于两者之间，即(0.8+1.17)/2≈1.0，或趋近桥下断面平均流速。如果计入墩前水流的紊动流速 $v>v_{上}$，或遵循冲刷后过水面积达到所需要过水面积的原则，则一般冲刷后墩前行近流速采用桥址上游未压缩河段的断面平均流速，符合逻辑推理，水工模型测试资料也反映了这个规律。

为此建议桥渡一般冲刷完成后，墩前行近流速可采用如下。

稳定河段，$h_{m}/\bar{h}<1.2$ 时，采用 v_{p} 或 $\bar{v}$；不稳定河段，$h_{m}/\bar{h}>1.2$ 时，采用 $v=\bar{v}\left(\dfrac{h_{m}}{\bar{h}}\right)^{2/3}$ 或 $v=\dfrac{\dfrac{Q}{\bar{v}B}\left(\dfrac{h_{m}}{\bar{h}}\right)^{5/3}}{h_{p}}$

式中 v_{p}——设计流速，适用于单式断面；

$\bar{v}$——桥墩所在部位相应相断面平均流速；

$\bar{h}$——平均水深；

h_{m}——最大水深；

Q——设计流量；

B——净孔宽度；

A——流量集中系数；

h_{p}——一般冲刷水深。

13.4.2　河湾处桥渡冲刷计算

弯曲型河流上的桥渡可能跨越顶部，或上游河湾有可能下移坐到桥头，游荡型和变迁型河流上，这种现象也可能发生。这些场合必须按弯道环流集中冲刷计算弯道凹岸侧的一般冲刷和相应的局部冲刷。

在弯道水流的凹岸侧，由于强大的环流集中冲刷，形成大面积的冲刷深槽，在此槽中的桥墩，其局部冲刷很小或没有。此处的桥渡一般冲刷计算就是弯道环流集中冲刷计算，根据试验资料可用下式计算弯道环流集中冲刷的最大深度 h_{Pc}。

$$h_{\mathrm{Pc}}=\left(1+\psi_{\mathrm{h}}\sqrt{\frac{B}{R}}\right)\bar{h}$$

$$\psi_{\mathrm{h}}=0.5+0.62\sqrt{\frac{B}{\bar{h}}}$$

式中　B——弯道平均宽度；

$\bar{h}$——河段平均水深；

R——弯曲半径。

该式以中心角 90°和$\dfrac{R}{B}$分别为 3.0、5.0、∞三种弯曲水流试验为基础而建立；位于弯道凹岸深槽中的桥墩局部冲刷 h_{bc}可按下式计算。

$$h_{\mathrm{bc}}=\frac{B}{R}(1-K_{\theta})h_{\mathrm{b}}$$

式中　h_{b}——同等水流条件下顺水流中桥墩局部冲刷深度；

K_{θ}——环流强度折减系数，环流强度愈大则 K_{θ} 愈小，当弯曲水流中心角为 90°时，$K_{\theta}=1.54$。

当 K_{θ} 较大或$\dfrac{R}{B}$甚小时，h_{bc}可能出负值，表示此处无局部冲刷。

13.4.3　分层土桥墩局部冲刷计算

对分层土桥墩局部冲刷的计算，规范未作要求。以往主要参考《铁路工程设计技术手册・桥渡水文》中介绍的逐层计算法和图解法确定。这里介绍两个分层土桥墩局部冲刷计算方法，供计算参考。

1. 解析公式

通过对分层土冲刷物理过程和边界条件的分析，建立分层土局部冲刷深度的无因次的解析表达式如下。

$$h_b = y_1 + \left(1 - \frac{y_1}{h_{b1}}\right) h_{b2}$$

式中 h_b——在分层土内的桥墩局部冲刷总深度；

h_{b1}——上层土为单层土时桥墩局部冲刷深度；

h_{b2}——下层土为单层土时桥墩局部冲刷深度；

y_1——上层土厚度。

通过试验资料的检验，解析式的计算结果与试验值吻合较好。

2. 试验研究公式

通过对大规模系统性分层土局部冲刷试验资料的分析研究，得分层土局部冲刷深度计算公式。

(1)上细下粗的两层土时，局部冲刷深度

$$h_b = h_{b2} + (h_{b1} - h_{b2}) \left(\frac{y_1}{h_{b1}}\right)^{1.2};$$

(2)上粗下细的两层土时，局部冲刷深度

$$h_b = h_{b2} - (h_{b2} - h_{b1}) \left(\frac{y_1}{h_{b1}}\right)^{0.8};$$

(3)三层土局部冲刷深度

①第一层较第二层细时

$$h_{bV} = h_{b2} + (h_{b1} - h_{b2}) \left(\frac{y_1}{h_{b1}}\right)^{1.2};$$

②第一层较第二层粗时

$$h_{bV} = h_{b2} - (h_{b2} - h_{b1}) \left(\frac{y_1}{h_{b1}}\right)^{0.8};$$

③计算进入第三层土后，总的冲刷深度 h_b

当 $h_{bV} > h_{b3}$ 时，$h_b = h_{b3} + (h_{bV} - h_{b3}) \left(\frac{y_2}{h_{bV}}\right)^{1.2}$；

当 $h_{bV} < h_{b3}$ 时，$h_b = h_{b3} - (h_{b3} - h_{bV}) \left(\frac{y_2}{h_{bV}}\right)^{0.8}$。

上述(3)各式中

h_{bV}——上两层土综合冲刷深度；

h_{b3}——第三层土为单层土的桥墩局部冲刷深度；

y_2——上两层土的总厚度。

3. 上列两法所得解析公式和试验研究公式的共同特点

(1)所列公式都是因次平衡的，故只需用相同单位代入即得可信结果。且既可用于原型，也可用于模型。

(2)所列公式都有一定可信度，都是以单层土桥墩局部冲刷深度 h_{b1}、h_{b2}、h_{b3} 为主要基础建立的公式。只要计算单层土桥墩局部冲刷的公式选择正确，分层土冲刷深度的计算结果是可信的。

4. 分层土桥墩局部冲刷计算尚存的问题

(1)对上粗下细的分层土，冲刷过程会有粗化现象；反之，上细下粗的分层土冲刷过程是否有泥沙补给的可能。上下两层土的粒径(抗冲力)差别愈大，这两种现象可能愈明显。

(2)分层土很多情况为沙质土和黏性土相互交叠，这种场合的桥墩局部冲刷计算尚待进一步研究。

13.4.4 关于冲刷总深度的组合计算

《公路桥位勘测设计规程(试行)》(JTJ 062—82)第 8.4.7 条要求，冲刷总深度计算公式如下。

$$h_s = h_p + h_b + \Delta h$$

式中 h_s——总冲刷深度；

h_p——桥下河槽一般冲刷后最大水深；

h_b——桥墩局部冲刷深度；

Δh——自然冲刷深度。

此后的《规范》(TBJ 17—86)第 5.6.8 条、《规范》(TB 10017—99)第 3.6.8 条、《规范》(TB 10017—2021)第 7.4.2 条同样要求：冲刷总深度为自河床面算起的一般冲刷深度与局部冲刷深度之和。《公路桥位勘测设计规范》(JTJ 062—91)第 8.6.2 条、《规范》(JTG C30—2015)第 8.6.2 条同样要求：总冲刷深度为自河床面算起的河床自然演变冲刷、一般冲刷与局部冲刷深度之和。至于冲刷总深度的组合如何计算均无明确说明。仅有《规范》(JTJ 062—91)第 8.5.1 条的条文说明如下：为便于研究和计算，通常将这一复杂的冲刷过程分解为河床自然演变冲刷、桥下一般冲刷和桥墩局部冲刷三个独立部分，并假定三部分冲刷先后进行，可分别计算后叠加，作为桥梁墩台的最大冲刷深度，据以确定墩台基础埋置深度。

铁路相关设计规范中没有这样明确要求，但做法类似（图 13-1、图 13-2）。

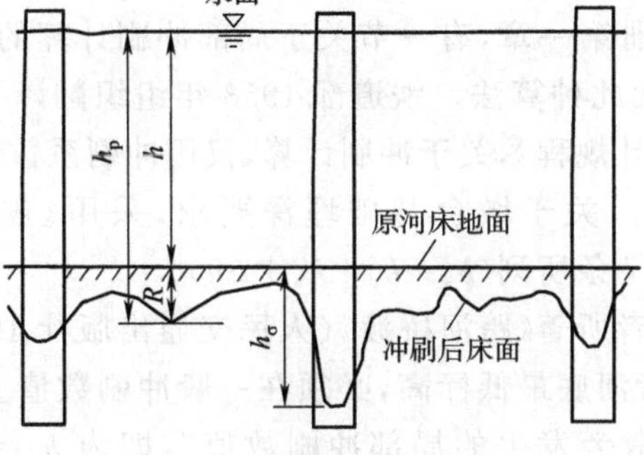

图 13-1　从上游看桥下过水断面

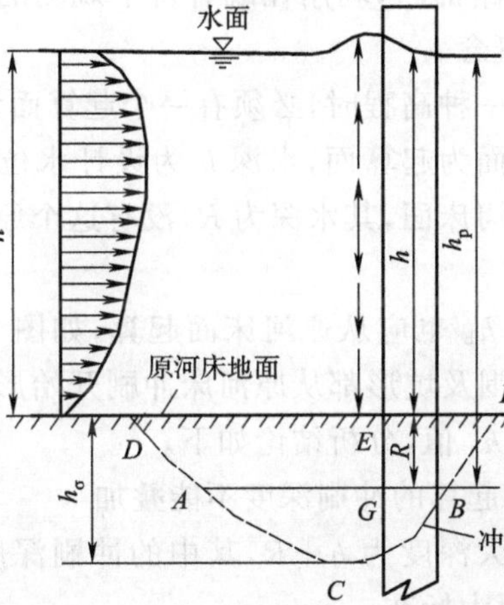

图 13-2　从河道纵断面看桥墩冲刷

由图 13-1、图 13-2 可知

$$h_p = h + R$$

式中 h——从水面至原来河床面的水深；

R——从原来河床面往下冲刷的纯冲刷深度。

关于自然冲淤 Δh，虽然列有这个因素，在实际设计中基本不考虑，都是假定河床无自然冲淤来进行计算冲刷深度的。在粗颗粒泥沙河床，可能误差还不是很大，对沙质河床会造成很大误差。

公式 $h_s=h_p+h_b+\Delta h$ 源于苏联时期《桥渡勘测设计规程》(铁三院1957年翻译)下册第一章，有一节关于局部冲刷计算的要求，我国20世纪50年代前尚无此种算法。铁道部1953年组织翻译了苏联时期《永久桥址之勘测及设计规程》，关于冲刷计算，仅用冲刷系数计算冲刷深度，无局部冲刷的计算。关于墩台基础埋深要求，采用《规程(试行)》(JTJ 062—82)第8.4.7条所列($h_s=h_p+h_b+\Delta h$)。

苏联时期学者所著《跨河桥渡》(人民交通出版社1995年版)中表述为"为求得桥墩旁河底最低标高，必须在一般冲刷数值上，再加水流绕过桥墩时，中间桥墩旁发生的局部冲刷数值"，即为 $h_s=h_p+h_b+\Delta h$ 的概念。

国内的公路与铁路部门，利用在既有桥下观测的洪水冲刷资料研究冲刷时，也接受这一概念。

研究一种深度或一种高程时，必须有一个起算面为标准，前述一般冲刷深度就是以原河床面为起算面，水深 h 为设计水位到原河床面。原河床面到冲刷形成新的河床面，其水深为 R，没有这个原河床面为标准就无法确定 h、R 值。

局部的冲刷深度 h_b 也应从原河床面起算，如图13-1、图13-2所示，冲刷坑 h_b 的深度、范围及坑形都从原河床冲刷开始形成。如不以原河床面为标准就无法定出 h_b 值，分析结论如下。

1. 同以原河床面起算的冲刷深度不能叠加

既然一般冲刷最大深度为 $h+R$，其中的冲刷深度 R 与局部冲刷深度 h_b 都以原河床地面为标准。

$$h_s=h_p+h_b+\Delta h=h+R+h_b+\Delta h$$

由图13-1、图13-2可见，R 是重复的，h_b 深度内已有这种冲刷深度。

2. 不同位置的冲刷深度也不能叠加

局部冲刷的最大深度发生在桥墩上游方向的近水面，因水流冲击桥墩而产生；而一般最大冲刷发生在桥孔稍下、收缩最大的断面上，是因断面收缩水流最大而产生。流量越大，桥孔越小，收缩断面在桥孔下游越远。前者在桥墩上游方向，后者在桥墩下游方向，互不相干。

公式 $h_s=h_p+h_b+\Delta h$ 的形成是有其原因的，如开始计算桥墩埋深时用冲刷系数，而包氏公式就脱离不了冲刷系数，可能后来在实践中又发现桥墩前还有局部冲刷，冲得很深，因此又加局部冲刷深度。作为桥渡冲刷计算中两个重要的设计参数，两者间的相互关系应进一步研究。

图 13-3 为京广铁路郑州黄河桥 1958 年建桥实测的一般冲刷和局部冲刷深度的组合关系，既有处于弯曲水流凹岸受环流集中冲刷控制的桥墩的实测资料，也有处于河中受中泓集中冲刷控制的桥墩资料。还有 12 个点取自 1964 年全国桥渡冲刷会议上其他桥实测资料，还有 6 个点

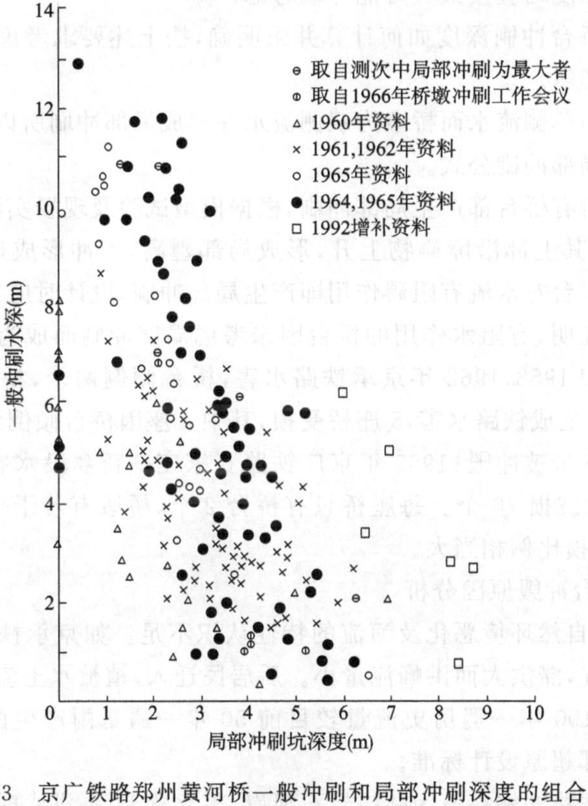

图 13-3　京广铁路郑州黄河桥一般冲刷和局部冲刷深度的组合关系

为 1992 年增加的黄河铁路桥资料。此图明确显示出，对郑州黄河铁路桥来说的确是一般冲刷充分发展后，局部冲刷坑的深度较小，甚至没有。并非用当前的计算方法那样，二者都为最大值相加。

近来在其他桥渡的观测资料中也发现这类现象，显然将为综合研究桥渡冲刷机理，建立更为符合实际的计算公式带来希望。

13.4.5 对桥台冲刷计算的考虑

本规范第 7.4.2 条表述为，根据计算冲刷深度确定墩台基底埋置深度时，应符合下列规定：在非岩石河床而无冲刷处或河床设有铺砌防冲处，基底埋在地面以下的深度不应小于 2.0 m；在有冲刷处，基底埋在墩台局部冲刷线下不应小于下列安全值；在深泓线可能摆动的范围内墩台基底埋置深度均应按最大可能冲刷考虑。

对于桥台冲刷深度如何计算并未明确，按上述要求考虑桥台冲刷问题有如下理解。

桥台为单侧流水而桥墩为双侧流水并形成局部冲刷所以桥台不能套用桥墩的局部冲刷公式。

不是所有桥台都产生局部冲刷，根据模型试验及现场实测，当水流遇障碍物时，其上部沿障碍物上升，形成局部壅高，下冲形成局部冲刷坑。可见只要桥台对水流有阻碍作用即产生局部冲刷，设计时应考虑。

实践证明，有阻水作用的桥台因未考虑局部冲刷而成为桥渡中的薄弱环节。如 1958、1962 年京承铁路水害，桥台倾倒两个，桥墩仅位移一个；1981 年宝成铁路水害，5 座桥受损，其中 4 座因桥台倾倒致梁落墩折，桥墩本身均未被冲毁；1963 年京广铁路石家庄—新乡段水害，桥台破损 27 个，桥墩破损 70 个。每座桥只有桥台 2 个，桥墩有若干个甚至 20 多个，桥台破损比例相当大。

1. 桥台冲毁原因分析

(1)对自然环境恶化及河流的特性认识不足。如京承铁路柳河流域原植被良好，滞洪大而洪峰流量小。后居民迁入，植被水土流失。勘测时调查过去 100 年一遇历史流量较目前 50 年一遇暴雨产生的流量还小。连年流量都超原设计标准。

宝成铁路的峡谷段为陡峻岩石河岸，多急弯卡口，洪水时易形成漩涡回流，所以水位越高，糙率 m 值越小，水面比降也因干支流相互顶托而减小，致按枯水河槽糙率及比降推得的设计水位偏低。实际洪水时，水位大幅度提高，有的高出原设计水位 4.5 m，桥台及台后路基成为挑水丁坝。此时桥台似丁坝的坝头，产生严重局部冲刷，台后路基成为坝身的强回流淘刷区，路基被淘空后，桥台孤立似桥墩而被毁。

(2)水流与桥渡斜交。有的桥枯水时正交，大洪水时偏移而斜交。受斜冲一岸的桥台由于受冲刷的宽度大，同时台后产生回流淘刷；再加弯曲的斜流外侧流速大，使局部冲刷加大，桥台似孤墩而被毁。

(3)河床及流向改变。洪水不受桥孔约束，任冲一岸，尤其在山前平原区更为频繁。如包银铁路昆独仑河，1958 年第一场洪水冲坏包头方向桥台及路基，第二场洪水冲坏银川方向的桥台、路基、桥墩等。

上述情况均易使桥台成为孤立而被毁。这种情况的桥台应按桥墩考虑冲刷较合适。

(4)桥台及锥体突入河中。当台后有坚实河岸或有利地形时，不易为回流淘刷，按一侧流水形成局部冲刷计算。

(5)当桥台处于顺直坚实河岸或有坚实不漫水的导流堤保护时，局部冲刷可不考虑。

综合上述分析，桥台冲刷计算的基本原则如下。

当桥台基底的河床、流向易摆动或流域下垫面情况继续恶化及水流与桥渡斜交等情况时，桥台基底应与桥墩基底同样考虑，桥台突入河中不多时，应计算一般冲刷及局部冲刷深度再加安全值。当桥台受坚实顺直河岸或坚实不漫水导流堤保护时，只考虑一般冲刷及安全值，不考虑局部冲刷。

2. 桥台冲刷深度计算

推荐采用《规范》(JTG C30—2015)第 8.4.3 条：桥台最大冲刷深度应结合桥位河床特征、压缩程度等情况，分析比较后确定。对于非黏性土河床桥台局部冲刷深度，可分河槽、河滩按下式计算。

(1)桥台位于河槽

$\frac{h_p}{d} \leqslant 500$ 时

$$h_p = 1.17 k_\varepsilon k_\alpha h_p \left(\frac{l}{h_p}\right)^{0.6} \left(\frac{d}{h_p}\right)^{-0.15} \left[\frac{(v - v_0')^2}{g h_p}\right]^{0.15};$$

$\frac{h_p}{\bar{d}}>500$ 时

$$h_b=1.17k_{\varepsilon}k_{\alpha}h_p\left(\frac{l}{h_p}\right)^{0.6}\left(\frac{\bar{d}}{h_p}\right)^{-0.10}\left[\frac{(v-v_0')^2}{gh_p}\right]^{0.15}。$$

式中 h_b——桥台局部冲刷深度；

k_{ε}——台型系数，见表 13-10；

α——桥台轴线与水流的夹角，与水流垂直时即为 90°；

k_{α}——桥台与水流交角系数，$k_{\alpha}=\left(\frac{\alpha}{90}\right)^{0.2}$，$\alpha\leqslant 90°$；

l——垂直于水流流向的桥台和路堤长度，或称桥台和路堤阻挡过流的宽度，$l/h_b=0.16\sim 8.80$ 时适用；

h_p——桥下河槽部分一般冲刷后水深；

$\bar{d}$——河槽泥沙平均粒径；

v——一般冲刷后台前行近流速；

v_0'——台前泥沙始冲流速。

表 13-10 台型系数 k_{ε}

桥台型式	k_{ε}	桥台型式	k_{ε}
埋置式直立桥台	0.39～0.42	埋置式肋板桥台	0.43～0.47
重力式 U 型桥台	0.92		

(2)桥台位于河滩

局部冲刷深度可按上述(1)计算，但其中水、沙变量均取河滩上的相应值。

北京交通大学广泛调研国内外已发表的桥台冲刷计算公式，进行深入的分析计算评估。在此基础上并根据冲刷原理认为，还需考虑必要的影响因素，包括泥沙性质、河槽形态的不同以及桥台形状的影响等。采用多因素影响的量纲分析，在试验室进行了 218 组水槽试验，建立了桥台局部冲刷公式。

应指出，河床断面几何形状非常复杂，可概化为两种：仅有河槽而无河滩的单式断面、既有河槽又有河滩的复式断面。桥台布置与河床断面的几何相对关系也有多种。上述(1)的局部冲刷计算式针对桥台位于无河滩的单式断面或复式断面中的河槽部分；上述(2)仅针对桥台位于复式断面中的河滩。

然后利用国外 50 多组试验资料，对桥台冲刷计算式进行了验证，也与其他公式的验证结果进行了偏差分析(图 13-4～图 13-6)，可见该式吻合度最好。

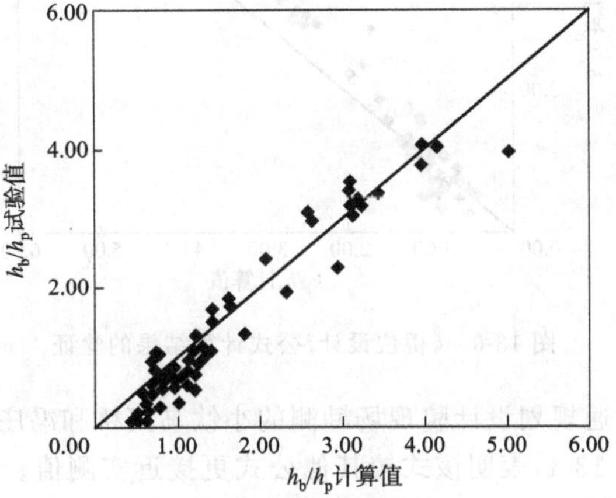

图 13-4　推荐公式计算结果的验证

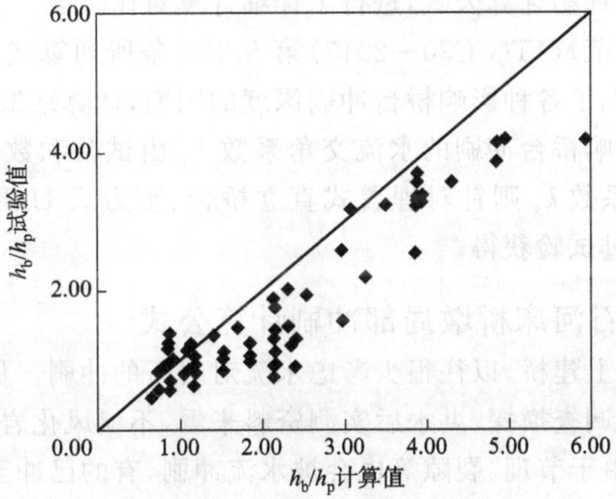

图 13-5　新西兰 Melville 公式计算结果的验证

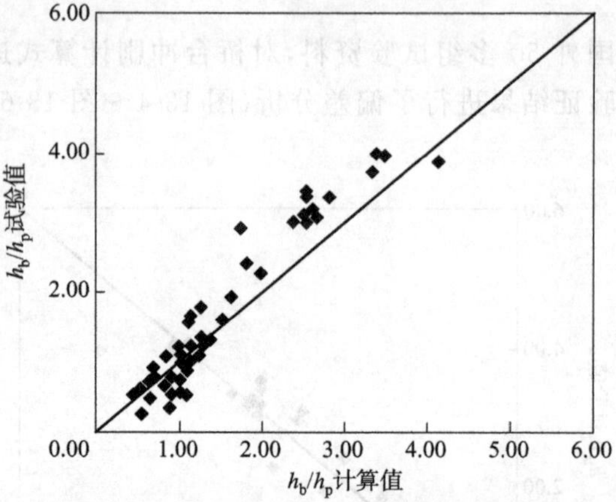

图 13-6 《桥位设计》公式计算结果的验证

河北省交通规划设计院现场勘测的小饮马河桥和冯庄子桥实际冲刷资料验证了图 13-4，表明该式较其他公式更接近实测值。同时针对不同地域和水文情况，选择了唐河大桥、龙洋河大桥、磴口黄河大桥、宣大高速 K72＋447 桥、宣大高速 K104＋217 桥 5 座实桥资料，利用国内外公开发表的 8 种桥台冲刷计算公式，进行了详细计算对比验证。

综上，《规范》(JTG C30—2015)第 8.4.3 条所列算式适用不同地域水文情况，考虑了各种影响桥台冲刷深度的因素，计算结果合理。

公式中影响桥台冲刷的水流交角系数 k_α 由试验和数值模拟计算得到，桥台形状系数 k_ξ 则针对埋置式直立桥台、重力式 U 形桥台、埋置式肋板桥台，通过试验获得。

13.4.6 岩石河床桥墩局部冲刷计算公式

岩石河床上建桥，以往很少考虑水流对岩石的冲刷。从铁路、公路岩石桥渡冲刷的调查摸探、洪水后实测资料来看，不但风化岩石会被水流冲刷，新鲜岩石由于节理、裂隙等也会被水流冲刷，有的已冲至桥基以下，威胁基础安全。

目前对岩石河床桥渡冲刷的研究很少。根据实测资料，建立水流与岩石桥墩周围最大局部冲刷深度的经验关系如下。

$\frac{h_{cp}}{b_1} \geqslant 3.0$ 时

$$h_b = 1.35 K_\xi \frac{v}{\sqrt{g h_{cp}}} b_1 a_s^{-0.40};$$

$\frac{h_{cp}}{b_1} \leqslant 3.0$ 时

$$h_b = 0.65 K_\xi \frac{v}{\sqrt{g h_{cp}}} \left(\frac{h_{cp}}{b_1}\right)^{2/3} b_1 a_s^{-0.40}。$$

式中 b_1——桥墩计算墩宽；

h_{cp}——设计水位时断面平均水深；

h_b——局部最大冲刷深度；

v——墩前垂线设计平均流速；

K_ξ——墩形系数；

a_s——岩石抗冲刷能力系数，表示岩石在水中空气中或河床机械磨损等风化后抗水流冲刷能力的综合特征值，$a_s = f_i' \sigma$；

σ——岩石地基容许承载力；

f_i'——岩石风化程度系数，见表 13-11。

表 13-11 岩石风化程度系数 f_i'

符号	风化特征	相当风化带	风化程度系数 f_i'	基岩容许承载力 σ(kg/cm²)
f_1'	剧风化(风化极严重)	破碎，土状	0.1～0.2	1.5～2.5
f_2'	强风化(风化严重)	碎石，粒状	0.2～0.4	2.5～3.0
f_3'	弱风化(风化颇重)	块石，块石状	0.4～0.75	3.0～5.0
f_4'	微风化(风化轻微)	裂隙，整石状	0.75～0.90	5.0～8.0
f_5'	新鲜岩石(未风化)	新鲜碎石	0.9～1.0	>8.0

13.4.7 桥渡冲刷新概念

铁科院阚译研究员是我国桥渡水文研究的老前辈，2012 年曾在铁科院做有关桥渡冲刷专题讲座，提出了桥渡冲刷新概念，现摘录如下。

提出的桥渡冲刷新概念，是指和以往的桥渡冲刷传统计算方法有所区别的一个概念。传统的桥渡冲刷计算，均是将冲刷分为一般冲刷和局部冲刷，分别按公式计算再汇总为总冲刷深度，这也是现有桥渡设计的主要计算方法，专业大学教师大多按这套计算思路来讲授。对一般冲刷，传统方法认为其与水深呈正比，是一种均匀的冲刷作用，但通过大量实测资料发现，对于弯道河段而言，傍岸的集中冲刷才是正确的物理图形，根据大量实际资料和试验总结得出“小水坐弯，大水趋直”，即枯水时水流在主槽中运动，而洪水期水流漫滩，边滩水浅而流速大的现象，而河床的冲刷作用一般发生在凹岸，弯道环流作用是其主要动力，这种明显的冲刷作用与河型密切相关。说明实际一般冲刷的主体是河道的天然冲刷，桥渡压缩的作用影响不大。进一步根据弯道冲刷实测资料发现，一般冲刷较大时，对应局部冲刷较小，而局部冲刷较大时一般冲刷作用较小，从而提出桥渡冲刷三角形的概念。这与传统计算冲刷的思路不同，是从大量实际观测资料中总结得出的规律，值得进一步研究。

13.5 关于“特殊地区水文计算”的几个问题

13.5.1 潮流作用下的双向流桥墩冲刷

潮汐双向流条件下的桥墩局部冲刷过程更复杂，与单向流相比，一个潮周期内水流不断变化，且涨潮时相反方向的水流会使冲刷最大深度变小。单向流桥墩的墩前迎水面水流冲刷作用明显，墩后水流减弱，泥沙沉积形成沙脊，是明显的前深后浅冲刷坑形态。由于潮流的双向性，桥墩两端都成为迎水面，都产生冲刷，形成马蹄形冲刷坑，且墩两侧冲刷坑的深度和范围都比单向流要小。

2000 年美国制定了行业规范《潮汐河道冲刷》，首次提出“潮汐水流下桥墩局部冲刷”。该规范认为潮汐水道与单向河流有着同样的冲刷机理，现行公式不能预测历时演变过程，但能够预测冲刷深度。潮汐水道的水流条件不同，但对水流条件进行评价后认为，非潮汐河流的相应公式可用来预测潮汐河流局部冲刷。我国对潮流作用下桥墩局部冲刷机理和冲刷特性的研究尚未成熟。南京水利科研所水槽试验研究指出，潮汐往复流作用下的冲刷过程在一个潮周期内有相当长的小流速和憩流时间，冲刷坑形成比较慢，需要更长时间。并对比研究了圆形桥墩与尖头盾形桥墩在单向流和往复流作用下冲刷坑平面形态的差别，认为当涨落潮最大流速与单向平均流速接近时，二者的最大冲刷深度基本一致。铁科院对汕头跨海大桥和钱塘江二桥的研究，以及南京水利科研所对苏通大桥的研究，均发现潮流最大冲深比单向流冲深小，折减75%～90%。

由于对潮流冲刷认识不够深入，现在很多潮汐河口的大型桥梁和跨海大桥（如东海大桥、杭州湾大桥）都通过物理模型试验来分析冲刷。目前没有潮流作用下单独的冲刷公式，只是认为潮流的最大冲刷深度可借鉴单向流的冲刷深度，以潮流涨落最大流速代替单向流的平均流速，或适当调整系数以预测潮流的冲刷。

13.5.2 通航感潮河段的最高通航水位

1. 对本规范第8.3.10条的商榷

该条内容是在通航的感潮河段上如何确定最高通航水位，推荐采用下列三种办法。

(1)具有不少于20年大潮期的逐时潮位资料时，宜选取10年一遇的实测全年潮位记录，以小时为单位作时潮位频率统计，采用通航保证率98%的相应潮位作为最高通航水位。

“大潮”在海洋水文学中是专指每月农历初一、十五的大潮。该时刻，太阳、地球、月球三者于同一直线，太阳和月球对地球的引力会叠加，而上弦月和下弦月时，太阳和月球分别位于与地球垂直的方向，引力会抵消。

如“选取10年一遇的实测全年潮位记录”每年只能取一个有代表性的数值进行计算。如以每月农历初一、十五大潮计，在半日潮区全年有40多次，可取其中最大潮峰值或取各潮峰的平均值；如以每小时的潮位计，大潮期共570多次，可取最高值或平均值；或取每年365×24=8 760 h的平均潮位。如需用后者，则不需以“大潮期的逐时潮位资料”为前提。

通航保证率的习惯用法是对最低通航水位而言，即在最低通航水位及以上，均能保证本航道上行驶最大船舶的要求，有些不能满足航行的河段则必须开挖整治，故选用保证率应全面考虑航运时间与疏浚工程造价的经济关系。

条文中保证率98%指最高通航水位，即最高通航水位以上有2%时间不能保证通航。有些等级低的航道，通航保证率只有90%～95%，最低通航水位以下有5%～10%的时间不能通航，而最高通航水位的要求将这些不能通航的时间包括在98%的保证率中。

最高通航水位以上2%时间不能保证通航要求，可能仅对10年一遇的时潮位而言，对其他重现期潮位则远超过2%。

(2)资料不足时，宜采用实测最高潮位年的全年潮位记录，作时潮位频率统计，保证率亦取98%的相应潮位作为提高通航水位。

要求的最高潮位年可以指每年中的最高一次值、大潮潮峰平均值、全年时潮的平均值等。其含义并不明确。

(3)仅有年最高潮位资料，而无逐时潮位记录时，通航水位的最高值，可采用到历年高潮位的平均值。

年最高潮位是指每年中各次高潮位中的最高者；而高潮位的平均值系指每日高潮潮峰的平均值；历年高潮位平均值系指历年来每年高潮位平均值的平均值。年最高潮位值可以调查，也可直接观测到。如果仅有年最高潮位，而无其他记录，则无历年高潮位值，更谈不到求出其历年平均值，前后有冲突。

2. 水运行业有关标准感潮河段通航水位研究

根据现行水运行业有关标准规范，感潮河段航道设计通航水位的确定采用内河方法或海港方法。

内河方法中以多年(20年以上)日平均水位作样本，设计最高通航水位采用频率分析法确定；设计最低通航水位采用综合历时曲线法或保证率频率法确定。按航道等级取用相应频率或保证率的水位作为设计最高(低)通航水位。一般情况下，感潮河段航道等级大都为Ⅰ～Ⅲ级，设计最低通航水位取20年一遇洪水位，设计最低通航水位取保证率98%的水位。海港方法中以一年内每日高(低)潮位作样本，设计最高(低)通航水位都采用累积频率法确定，以一年内每天24次整点潮位作为样本计算累积频率，取历时累积频率2%、98%潮位作为设计最高、最低水位，两种方法的特点和异同主要表现如下。

(1)设计最高通航水位的确定，内河方法与海港方法是两种不同概念的方法；设计最低通航水位的确定，内河方法与海港方法在计算方法(累积频率法与保证率法)上相同。

(2)内河方法中，不同航道等级设计水位标准不同，并有一定幅度范围；海港方法中，设计水位标准为一个定值，没有幅度范围。

(3)内河径流存在年际变化，因而要求资料年限20年以上；海港由于海平面基本不随年际变化，因而仅取用完整1年资料进行统计。

(4)内河每日水位变化幅度很小，取日均水位为样本；海港潮位随时变化，则取用日整点潮位为样本进行统计。

对于设计最高通航水位，研究认为由内河频率分析法所得水位值比海港高潮累积频率法所得潮位值高很多。高潮累积频率分年平均和多年综合两种方法相差很小(5 cm以内)。说明该潮位值的重现期较低。若高潮位出现的历时年际变化不大，最不利情况为1年一遇，如采用其作为航道设计通航水位显然偏低。故桥渡设计最高通航水位采用内河频率分析方法确定是正确的。

对于设计最低通航水位，在大致枯水潮流界以下的大部分感潮河段，以日均水位为样本按综合历时曲线法(保证率为98%)推算的水位普遍高于低潮位累积频率90%水位，且距河口越近结果相差越大。实际上，在日均水位高于该保证率水位的357 d中因受潮汐影响，仍有一些时段的水位低于该水位。反之，在日均水位低于该水位的7 d中也有一些时段的水位高于该水位。低于该保证率水位时间长短与潮汐作用强弱紧密相关，距河口越近，潮汐作用越强，水位涨落幅度越大，存在日内部分时段水位低于该保证率水位的天数越多，则低于该水位的总时间越长，达不到保证率要求。因此，采用日均水位为样本按综合历时曲线法推算，保证率概念较难确定，且有可能使标准偏低，不宜采用，而应取每日低潮位为样本，按累积频率法推算设计最低通航水位。设计最低通航水位并不影响桥渡净高设计，仅是航道要求的通航水位，故现行各规范无相关要求。

13.5.3 感潮河段通航水位分段计算

感潮河段分段，感潮河段水流双向流动，水位产生周期性波动，既有内陆河流的特征，又有海洋的某些特征，情况十分复杂。目前如何划分不同区段，各行业尚未统一。通常根据潮流界和潮区界分为河口河流段、河口潮流段、口外海滨段。但潮流界和潮区界位置不固定且变动范围较大，具体难以确定，理论上也不够严谨。应结合航道工程特点，以沿程山潮比为指标进行区段划分。但山潮比影响因素多，统计量大，具体操作困难。也有按“多年月平均潮位年变幅、多年平均潮差”两特征值，以两者比值确定感潮河段属性。前者大于后者则表明径流影响大于潮汐影响，为潮汐作用不明显段，设计通航水位按内河方法标准确定。反之表明潮汐影响大于径流影响，为潮汐作用明显段，设计通航水位按海港方法及标准确定。已有多个水运标准规范用此方法。但上下游分别采用内河和海港方法及标准仍不够严谨，应该按两特征值比值进一步划分区段，考虑各段受潮汐影响的程度和航道等级，采用相应的方法标准。

感潮河段设计通航水位计算方法的选择与河段到河口的距离有关。从偏于安全的角度考虑，距离河口较近的感潮河段采用海港规范较为适宜，而距离河口较远的感潮河段采用内河规范较为适宜。

《港口与航道水文规范》(JTS 145—2015)按下列三种情况分段。

1. 仅受径流影响的内河水域，包括不受潮汐影响的天然河流和河网、运河、渠道、湖泊、水库等。

2. 受径流和潮汐双重影响的内河感潮河段水域，依据工程所在地多年月平均水位变幅 ΔZ_1 与多年平均潮差 ΔZ_2 的比值，划分为常年径流段、季节性潮流段和常年潮流段三个区段；常年径流段，位于枯水潮流界以上，$\Delta Z_1/\Delta Z_2>5$；季节性潮流段，位于枯水潮流界与洪水潮流界之间，$\Delta Z_1/\Delta Z_2=1\sim5$；常年潮流段，位于洪水潮流界以下，$\Delta Z_1/\Delta Z_2<1$。其中 $\Delta Z_1/\Delta Z_2\geqslant1$ 为潮汐影响不明显河段，$\Delta Z_1/\Delta Z_2<1$ 为潮汐影响明显河段。

3. 不受径流影响的海洋水域，包括无河流汇入的海岸、河口外海滨段和离岸外海水域。

13.5.4 海平面上升对通航海轮桥梁梁底最低高程的影响

当跨越航道建筑物、构筑物所在地区的平均海面有上升趋势时，其上升的量应另计入富余高度。平均海面上升的预测年限不应少于 50 年。

由于地球变暖等原因可能造成的海平面上升对海岸工程的影响已经得到广泛的关注。近百年来全球的平均海面有上升的趋势，关于海平面上升的研究，目前大家多采用 IPCC(政府间气候变化专门委员会)的研究成果。IPCC 第五次气候变化评估报告指出气候变化导致全球海洋变暖、冰川融化，全球平均海平面持续上升。19 世纪中叶以来，全球海平面上升速率高于过去 2000 年的平均速率。1901—2010 年，全球平均海平面上升 0.19 m，上升速率为 1.7 mm/年；1971—2010 年为 2.0 mm/年；

1993—2010 年为 3.2 mm/年。全球平均海平面将会继续上升，至 2100 年将会上升 0.26～0.82 m。

国家海洋局发布了《2021 年中国海平面公报》，其中表明，中国沿海海平面变化总体呈波动上升趋势。1980—2021 年，中国沿海海平面上升速率为 3.4 mm/年，高于同时段全球平均水平。过去 10 年，中国沿海平均海平面持续处于近 40 年来高位。2021 年的中国沿海海平面较常年高 84 mm，为 1980 年以来最高。

2021 年的中国沿海海平面变化区域特征明显。与常年相比，渤海、黄海、东海、南海沿海海平面分别上升 118、88、80、50 mm；与 2020 年相比，渤海、黄海沿海海平面分别上升 32、28 mm，东海沿海海平面基本持平，南海沿海海平面下降 18 mm。

2021 年的中国沿海各月海平面变化波动较大。4 月和 7 月东部沿海、6 月台湾海峡以北沿海，以及 9 月长江以北沿海海平面均为 1980 年以来同期最高，较常年同期分别上升 118、133、112、172 mm；9 月台湾海峡至广东东部沿海海平面为近 35 年同期最低。

《2021 年中国海平面公报》给出了我国沿海各省未来 30 年海平面变化预测，见表 13-12。该报告所列我国沿海地区平均海面的上升幅度较大，各地的差别也较大，取值时要慎重，要结合当地平均海平面变化情况经充分论证后再使用。

表 13-12　2021 年中国沿海各省区市海平面变化(mm)

省区市	与 2020 年比较	未来 30 年预测
辽宁	36	65～165
河北	42	55～165
天津	45	90～200
山东	30	60～165
江苏	18	70～170
上海	0	70～175
浙江	8	70～170
福建	−3	65～160
广东	−23	70～180

续上表

省区市	与 2020 年比较	未来 30 年预测
广西	−17	55～150
海南	−10	90～190

注：未来 30 年预测值为相对于 2020 年海平面。

13.5.5 一河多桥

设一河一桥还是一河多桥，应根据河道具体位置确定这种历来有争论的问题，应以河道位置而定，不能硬性要求。平原、宽滩、蛇曲河段的成因，以及桥渡出现水害的现象，都说明大洪水时在平而宽的地面上，水流一定根据自身走向取捷径流向，不会循深槽弯曲运行。

东北平齐铁路的洮儿河桥上下游为蛇曲河段，与铁路交汇处正是历次冲坏处；呼兰河长期遭受水患的秦家河桥处于蛇曲河段的中线上；纳谟尔河桥造成 681 m 大缺口处于河段的取直中线上；嫩江的江桥桥渡遇 1998 年大洪水，宽 2 km、深 18～20 m 的 4 个大缺口处于水流捷径流向与铁路相交处。大洪水取直示意如图 13-7 所示。

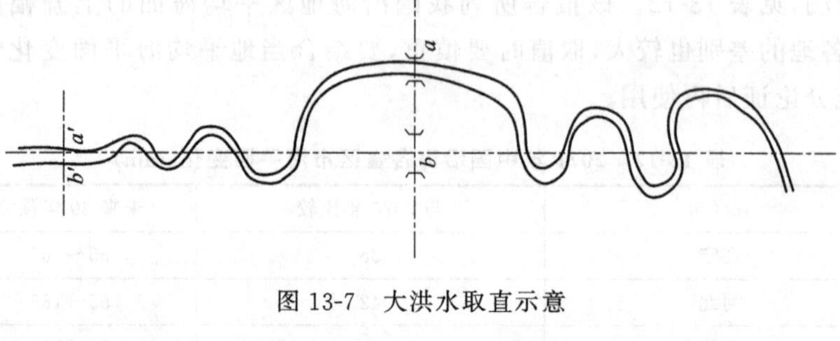

图 13-7 大洪水取直示意

可见深槽似弓箭的弓，水流捷径流向似弓箭的弦。铁路 a 和 b 穿过弓与弦时，实践证明只在深槽上设桥，不在水流捷径处设桥一定要出水害，由水害情况看，必须要设主桥。东北平齐铁路洮儿河桥，由无桥到小桥涵演变到大桥，仍然孔径不够，第二桥墩被冲歪，粗估通过流量达洮儿河总流量的 72％。其他如水流捷径处未建桥的，冲开宽约 600～700 m 或近 2 km 大缺口，造成断道停运。可见在这种铁路走行情况下，必须是一河多桥。

如果铁路走行在$a'b'$位置上，水流捷径流向与深槽一致，建一河一桥是可行的，不会出现水害。它符合平原宽滩蛇曲河段水流运行的自然规律，即大洪水时的主流与深槽位置一致。可见在实践中，一河一桥的成功与失败都存在，应分析出其中的缘由。

设计一河二桥，水流取直位置上的主桥设计流量宜采用全部流量的70%～80%，深槽上的桥宜采用20%～30%，或10～20年一遇流量，目的是中小洪水能从深槽通过，因为中小洪水时，漫出深槽的流量不大，还是以深槽运行为主。

平原宽滩河段的特点就是平而宽，河道纵坡也比较缓，修建铁路后，一河多桥的路堤阻挡水流，桥上游水面更平，壅水向上游漫延更远，水面近似水深不大的水库面，遇风要产生风浪。风向的水面宽时风浪大，因此平原宽滩的风浪，比其他山丘区的滩地风浪大。如纳漠尔河1963年发生过较大风浪，有目击者称水深不大，浪头轻易将路基掀开。所以在宽滩长路堤的情况下，为了将来养护及安全运营，应按水库条件适当考虑波浪的影响。

13.6 关于“调治和桥头路堤工程”中“桥渡上游布设丁坝的合适距离”

《规范》(TBJ 17—86)要求，桥址上游附近宜导不宜挑，不得布设丁坝。在距桥梁轴线以外一定距离处，才可布设丁坝。由此提出桥渡上游多远距离才可布设丁坝的问题。原兰州铁道学院选择黄河兰州中山桥—城盐桥之间的试验河段，对不同坝长、不同位置的丁坝产生的影响程度进行了河工模型试验。

河段长1 750 m，河宽从黄河上游的中山桥至下游的城盐桥以237～330 m逐渐变宽。河床构成以沙、砾、卵石为主，粒径最大200～300 mm，平均中值40～49 mm。河床比降1‰，水流含沙量平均2.34 kg/m^3，最大32.9 kg/m^3。河相关系值$\zeta=\frac{\sqrt{B}}{H}=3\sim9.6$，纵向稳定系数$\varphi=d/J=40$。100年一遇洪水流量6 500 m^3/s，造床流量3 000 m^3/s，试验流量分别取1 430、3 000、5 600 m^3/s三级。试验在进水口工程整体正态模型上进行，

$A=80$,采用天然沙,两桥上下游均有足够的模型长度。

试验分别取丁坝沿断面方向的投影长度 b_0 与该处河宽 B_0 的三组比值 $b_0/B_0=1/9$、$1/4.5$、$1/3$,取丁坝坝头至桥轴距离 S 与桥轴处河宽 B 的三组比值 $S/B=0.33$、0.98、2.32。加上天然无坝状态与三组试验流量组合,共36个试验组次。根据试验结果得出如下结论:

1. 丁坝回流影响到下游桥址断面的回流相对宽度,即存在 $b_1/B=f(S/B,b_0/B_0,Q/Q_m)$ 的函数关系。

2. 丁坝回流长度 X_r 存在 $X_r=f[b_0,B/(B-b_0),Q/Q_m]$ 的函数关系。

3. 丁坝引起桥下最大单宽流量 q_{max} 偏离动力轴线,其相对距离存在 $l_q/B=f(b_0/B_0,S/B,Q/Q_m)$ 的函数关系。

4. 丁坝挑流对桥墩冲刷及冲坑深度的影响

结论认为,在丁坝压缩比 $b_0/B_0=1/9\sim1/3$ 的条件下,当 $S/B\geqslant2.5$ 时,丁坝对桥址断面处水流已不产生影响,故桥址上游设丁坝的距离以不小于2.5倍桥轴处河宽为宜。若在此范围内设置丁坝,需考虑因丁坝使水流集中,对桥墩冲刷及冲坑深度产生影响。

13.7 关于"小桥涵的小流域暴雨洪水计算方法"

小流域设计洪峰流量的计算,是确定铁路小桥涵孔径设计的重要依据。铁路上计算小流域设计洪峰流量的方法主要可归纳为两类:一类是以联解水流连续方程和运动方程的"水量平衡法";另一类是以径流成因公式为基础的推理公式法。1978年铁二院用汇流面积上的水量平衡方程取得"小流域暴雨径流分析与计算"的成果(简称二院法),1979年铁四院与长沙铁道学院协作,也用水量平衡法进行坡面汇流和河槽汇流分析计算,并制定"小流域暴雨地面径流计算法"(简称四院长院法)。1978年铁一院、中科院地理所、铁道部西南研究所联合协作,发展了造峰历时的概念,丰富了推理公式的内容,提出"小流域暴雨洪峰流量计算"(简称一院二所法)。1983年铁三院与铁道部西南研究所协作,以部分面积造峰的推理公式为基础,用单位线分析洪水要素与下垫面因素的关系,提出"小流域暴雨洪水计算——推理单位线法"(简称三院新法)。

暴雨洪水计算方法的精度主要取决于参数的综合与分析。上述各院计算方法所需参数的数量和含义不完全相同，都是暴雨、产流、汇流三个环节的参数。

铁科院通过上千室内模型试验资料和几百场暴雨洪水观测资料，对四个设计院暴雨洪水计算公式中的参数进行了分析综合，得到一套既有理论基础，又有实用价值的统一参数。并提出了以下几点综合认识，为研究改进小桥涵流量计算公式提供了依据。

1. 小流域暴雨洪水计算方法包含降雨、产流、汇流三个主要环节，各设计院的方法均有全面系统概括。

2. 各院计算方法的三大环节对于降雨方面，尽管一院二所法用 S_1(mm/h)，二院法用 a_m，三院新法用 S(mm/min)，铁四院长院法用 R_{24}，都可化为 S_1(mm/h)的统一参数。产流因素也可合为一个洪峰径流系数表。山坡流速系数、流速计算公式中指数可用相同数据。河槽或流域流速系数(A_1 或 A_3)也可用综合的糙率系数表求得。

3. 根据小流域暴雨洪水计算现状，北方偏重采用推理公式(铁一、三院)，南方偏重采用水量平衡法(铁二、四院)，今后如各设计院有条件力量可相互协作共同研究，将几个方法进一步统一提高。

附　　录

附录 A　中国主要河流冰情特征及冰压力计算

本附录根据《水工建筑物抗冰冻设计规范》(GB/T 50662—2011)附录 A、D 编写。

A.0.1　中国主要河流冰情特征

河流和水库的冰情特征宜根据当地水文站实际观测资料确定。无实测资料时,可按以下要求确定。

1. 主要河流稳定初冰、封冰、解冻的时间及最大冰厚可按附表 A-1 查取,也可根据河流区域按《规范》(GB/T 50662—2011)图 A.0.1～图 A.0.4 查取。

2. 水库冰厚可按下式计算

$$\delta_i = \varphi_i \sqrt{I_m}$$

式中　φ_i——冰厚系数,取 0.022～0.026,严寒地区取大值;

I_m——历年最大冻结指数(℃·d)。

附表 A-1　中国北方河流主要站点冰情特征值

江河名称	站名	经纬度(度、分)		冰情日期(月．日)			冰情天数(d)		最大冰厚多年平均值(m)
		东经	北纬	初冰	封冻	解冻	流冰花	封冻	
黑龙江	开库康	124°48′	53°09′	10.22	11.06	5.03	15	178	1.60
	呼玛	126°39′	51°43′	10.25	11.13	4.28	19	167	1.46
	黑河	127°29′	50°15′	10.27	11.16	4.28	20	164	1.28
	奇克	128°28′	49°35′	10.26	11.16	4.27	19	163	1.24
	嘉防	130°23′	48°54′	10.31	11.24	4.23	24	151	1.14
	萝北	131°20′	47°43′	11.01	11.19	4.19	16	150	1.04
嫩江	库漠北	125°16′	49°27′	10.24	11.06	4.17	13	163	1.35
	阿彦浅	124°37′	48°46′	10.30	11.13	4.17	14	153	1.18
	同盟	124°22′	48°04′	11.03	11.18	4.10	15	140	0.97
	富拉尔基	123°40′	47°12′	11.05	11.17	4.14	12	149	1.03
	大赉	124°16′	45°33′	11.04	11.20	4.08	12	139	0.86
松花江	下岱吉	125°24′	45°25′	11.02	11.23	4.07	9	136	0.92
	哈尔滨	126°35′	45°46′	11.12	11.25	4.05	13	134	1.00
	依兰	129°33′	46°20′	11.02	11.17	4.13	16	138	1.08
	佳木斯	130°20′	46°50′	11.02	11.22	4.16	13	146	1.13
	盘锦	132°00′	47°16′	11.07	11.23	4.17	16	144	1.02
辽河	福德店	123°35′	42°59′	11.11	11.26	3.28	14	123	0.86
	铁岭	123°50′	42°20′	11.12	12.01	3.19	19	108	0.61
	巨流河	122°57′	42°00′	11.14	12.04	3.20	19	107	0.61
鸭绿江	十四道沟	127°55′	41°26′	11.01	12.01	4.04	22	124	0.98
	集安	126°10′	41°06′	11.30	12.22	3.22	23	90	0.82
永定河	卢沟桥	116°13′	39°52′	11.30	12.11	2.27	11	42	0.51
黄河	兰州	103°49′	36°04′	11.16	12.13	2.23	58	42	0.48
	石嘴山	106°47′	39°15′	11.25	12.28	3.08	34	71	0.51
	包头	110°11′	40°33′	11.19	12.08	3.21	19	104	0.79
卫运河	德州	116°22′	37°31′	12.10	12.30	2.10	20	42	0.20

续上表

江河名称	站名	经纬度(度、分)		冰情日期(月.日)			冰情天数(d)		最大冰厚多年平均值(m)
		东经	北纬	初冰	封冻	解冻	流冰花	封冻	
额尔齐斯河	布尔津	86°51′	47°42′	11.03	11.23	4.03	20	131	0.94
伊犁河	雅马渡	81°40′	43°37′	11.27	—	—	99	0	—
库马拉克河	协合拉	79°37′	41°43′	11.20	—	—	97	0	—
叶尔羌河	卡群	76°54′	37°59′	11.03	—	—	86	0	—

A.0.2 动冰压力

1. 大冰块运动作用在铅直的坝面或其他宽长建筑物上的动冰压力可按下式计算。

$$F_{i1}=0.07v\delta_i\sqrt{Af_{ic}}$$

式中 F_{i1}——冰块撞击建筑物时产生的动冰压力(MN)；

v——冰块运动速度(m/s)，按现场观测资料确定，无现场观测资料时，对于河(渠)可取水流速度，水库冰可取历年冰块运动期最大风速的3%，但不宜大于0.6，过冰建筑物可取建筑物前水流行近流速；

δ_i——流冰厚度(m)，取最大冰厚的0.7～0.8倍，流冰初期取大值；

A——冰块面积(m^2)，由现场观测或调查确定；

f_{ic}——冰的抗压强度(MPa)，根据流冰条件和试验确定，无试验资料时，根据已有工程经验和下列抗压强度值综合确定，水库流冰期可取0.3，河流流冰初期可取0.45，流冰后期高水位时可取0.3。

2. 大冰块运动作用在墩柱上的冰压力可按下列要求计算。

(1)作用于前缘为铅直的三角形墩柱上的动冰压力分别按下列公式

计算，取其中的小值：

$$F_{i2}=mf_{\mathrm{ib}}B\delta_i$$

$$F_{i3}=0.04v\delta_i\sqrt{mAf_{\mathrm{ib}}\tan\gamma}$$

式中　F_{i2}——冰块契入三角形墩柱时的动冰压力(MN)；

F_{i3}——冰块撞击三角形墩柱时的动冰压力(MN)；

m——墩柱前缘的平面形状系数，查附表 A-2；

f_{ib}——冰的抗挤压强度(MPa)，根据流冰条件和试验确定，无试验资料时，宜根据已有工程经验和下列抗压强度值综合确定，流冰初期可取 0.75，后期可取 0.45；

B——墩柱在冰作用高程上的前沿宽度(m)；

γ——三角形夹角的 1/2。

(2)作用于前缘为铅直面的非三角形独立墩上的动冰压力可参照(1)计算。

附表 A-2　形状系数 m

平面形状	三角形夹角 2γ(°)					矩形	多边形或圆形
	45	60	75	90	120		
m	0.54	0.59	0.64	0.69	0.77	1.00	0.90

A.0.3　静冰压力

1. 冰层升温膨胀时水平方向作用于坝面或其他宽长建筑物上的静冰压力值可由附表 A-3 查得。

附表 A-3　静冰压力 P_i 值

冰厚 δ_i(m)	0.4	0.6	0.8	1.0	1.2
静冰压力 P_i(kN/m)	85	180	215	245	280

注：1. 表中冰压力值对库面狭小的水库和库面开阔的大型平原水库应分别乘以系数 0.87 和 1.25；
2. 冰厚取多年平均最大值；
3. 表中所列冰压力值系水库在结冰期内水位基本不变情况下的压力，在此期间水位变动情况下的冰压力应作专门研究；
4. 表中静冰压力值可按冰厚内插。

2. 静冰压力作用点应取冰面以下冰厚 1/3 处。

3. 作用在独立墩柱上的静冰压力可参照 A. 0. 2 之 2.(1)计算，但式中冰的抗挤压强度 f_{ib} 值宜根据建筑物和冰温等具体条件确定。

附录 B 水文计算用表

本附表 B-1(P-Ⅲ型曲线 Φ_P 值)、附表 B-2(C_s 为平均数时的 P-Ⅲ型曲线 K_P 值)根据《铁路工程设计技术手册 · 桥渡水文》附表 1-2、附表 1-11 编写。

附表 B-1 P-Ⅲ型曲线 Φ_P 值

C_s	P(%)																	
	0.000 1	0.001	0.002	0.005	0.01	0.02	0.05	0.1	0.2	0.33	0.5	1	2	3	3.33	4	5	10	15
0.00	4.753	4.265	4.107	3.891	3.719	3.540	3.291	3.090	2.878	2.713	2.576	2.326	2.054	1.881	1.834	1.751	1.645	1.282	1.036
0.02	4.826	4.322	4.161	3.938	3.762	3.579	3.323	3.119	2.903	2.735	2.595	2.341	2.064	1.889	1.842	1.758	1.651	1.284	1.037
0.04	4.898	4.380	4.214	3.985	3.805	3.617	3.356	3.147	2.927	2.756	2.613	2.356	2.075	1.898	1.850	1.764	1.656	1.286	1.037
0.06	4.971	4.438	4.267	4.033	3.848	3.656	3.389	3.176	2.951	2.777	2.632	2.370	2.086	1.906	1.857	1.771	1.662	1.288	1.037
0.08	5.045	4.496	4.321	4.080	3.891	3.695	3.422	3.205	2.976	2.798	2.651	2.385	2.096	1.914	1.865	1.778	1.667	1.290	1.037
0.10	5.118	4.555	4.375	4.128	3.935	3.784	3.455	3.233	3.000	2.819	2.670	2.400	2.107	1.923	1.873	1.785	1.673	1.292	1.037
0.12	5.192	4.613	4.429	4.176	3.978	3.773	3.488	3.262	3.024	2.840	2.688	2.414	2.118	1.931	1.880	1.791	1.678	1.294	1.037
0.14	5.267	4.872	4.483	4.224	4.022	3.812	3.521	3.291	3.049	2.862	2.707	2.429	2.128	1.939	1.888	1.798	1.684	1.296	1.037
0.16	5.341	4.731	4.537	4.273	4.065	3.851	3.555	3.319	3.073	2.883	2.726	2.443	2.139	1.947	1.896	1.805	1.689	1.298	1.037
0.18	5.417	4.790	4.593	4.321	4.109	3.890	3.588	3.348	3.097	2.904	2.745	2.458	2.149	1.955	1.903	1.811	1.691	1.299	1.037
0.20	5.492	4.850	4.647	4.370	4.153	3.929	3.621	3.377	3.122	2.925	2.763	2.472	2.159	1.961	1.911	1.818	1.700	1.301	1.037
0.22	5.568	4.910	4.702	4.418	4.197	3.969	3.654	3.406	3.146	2.946	2.781	2.487	2.170	1.972	1.918	1.824	1.705	1.303	1.037
0.24	5.644	4.969	4.757	4.467	4.241	4.008	3.688	3.435	3.170	2.967	2.800	2.501	2.180	1.980	1.926	1.830	1.710	1.305	1.037
0.26	5.720	5.029	4.812	4.516	4.285	4.048	3.721	3.464	3.195	2.989	2.819	2.516	2.190	1.988	1.933	1.837	1.715	1.306	1.037
0.28	5.796	5.090	4.867	4.565	4.330	4.087	3.755	3.492	3.219	3.010	2.838	2.530	2.201	1.993	1.940	1.843	1.721	1.308	1.037
0.30	5.873	5.150	4.923	4.614	4.374	4.127	3.788	3.521	3.244	3.03!	2.856	2.544	2.211	2.003	1.948	1.849	1.726	1.309	1.036
0.32	5.950	5.211	4.978	4.663	4.418	4.167	3.822	3.550	3.268	3.052	2.875	2.559	2.221	2.011	1.955	1.856	1.731	1.311	1.036
0.34	6.027	5.271	5.034	4.713	4.463	4.206	3.855	3.579	3.293	3.073	2.8d4	2.573	2.231	2.019	1.962	1.862	1.738	1.312	1.036

续上表

C_s	P(%)																	
	0.000 1	0.001	0.002	0.005	0.01	0.02	0.05	0.1	0.2	0.33	0.5	1	2	3	3.33	4	5	10	15
0.36	6.105	5.332	5.091	4.762	4.507	4.246	3.889	3.608	3.317	3.091	2.912	2.587	2.241	2.027	1.969	1.868	1.741	1.314	1.035
0.38	6.183	5.393	5.146	4.812	4.552	4.286	3.922	3.637	3.341	3.115	2.931	2.601	2.251	2.035	1.977	1.874	1.746	1.315	1.035
0.40	6.261	5.454	5.202	4.861	4.597	4.326	3.956	3.666	3.366	3.136	2.949	2.615	2.261	2.012	1.984	1.880	1.750	1.317	1.035
0.42	6.339	5.515	5.258	4.911	4.642	4.366	3.990	3.695	3.390	3.157	2.967	2.630	2.271	2.050	1.991	1.886	1.755	1.318	1.034
0.44	6.417	5.577	5.315	4.961	4.687	4.406	4.023	3.724	3.414	3.179	2.986	2.644	2.281	2.058	1.998	1.892	1.760	1.319	1.034
0.46	6.496	5.638	5.371	5.011	4.731	4.446	4.057	3.753	3.439	3.199	3.001	2.658	2.291	2.065	2.005	1.898	1.765	1.321	1.033
0.48	6.575	5.700	5 428	5.061	4.776	4.486	4.091	3.782	3.463	3.220	3.023	2.672	2.301	2.073	2.012	1.904	1.770	1.322	1.033
0.50	6.654	5.762	5.485	5.111	4.821	4.526	4.124	3.811	3.487	3.241	3.041	2.686	2.311	2.080	2.019	1.910	1.774	1.323	1.032
0.55	6.852	5.917	5.627	5.236	4.934	4.626	4.209	3.883	3.548	3.294	3.087	2.721	2.335	2.099	2.036	1.925	1.786	1.326	1.030
0.60	7.052	6.072	5.769	5.362	5.047	4.727	4.293	3.956	3.609	3.346	3.132	2.755	2.359	2.117	2.052	1.939	1.797	1.329	1.029
0.65	7.252	6.228	5.912	5.488	5.160	4.828	4.377	4.028	3.669	3.398	3.178	2.790	2.383	2.135	2.069	1.953	1.808	1.331	1.027
0.70	7.453	6.385	6.056	5.614	5.274	4.928	4.462	4.100	3.730	3.450	3.223	2.824	2.407	2.153	2.085	1.967	1.819	1.333	1.024
0.75	7.656	6.542	6.200	5.740	5.383	5.029	4.546	4.172	3.790	3.501	3.268	2.857	2.430	2.170	2.101	1.980	1.829	1.335	1.022
0.80	7.858	6.700	6.344	5.867	5.501	5.136	4.631	4.244	3.850	3.553	3.312	2.891	2.453	2.187	2.117	1.993	1.839	1.336	1.019
0.85	8.062	6.858	6.468	5.994	5.615	5.231	4.715	4.316	3.910	3.604	3.357	2.924	2.476	2.201	2.132	2.006	1.849	1.338	1.017
0.90	8.266	7.016	6.633	6.121	5.729	5.332	4.799	4.388	3.969	3.655	3.401	2.957	2.498	2.220	2.147	2.018	1.859	1.339	1.013
0.95	8.470	7.174	6.778	6.248	5.843	5.433	4.883	4.460	4.029	3.706	3.445	2.990	2.620	2.237	2.152	2.031	1.868	1.340	1.010
1.00	8.675	7.333	6.923	6.375	5.957	5.534	4.967	4.531	4.088	3.756	3.489	3.023	2.542	2.253	2.176	2.043	1.877	1.340	1.007

续上表

C_s	P(%)																	
	0.0001	0.001	0.002	0.005	0.01	0.02	0.05	0.1	0.2	0.33	0.5	1	2	3	3.33	4	5	10	15
1.05	8.881	7.492	7.068	6.503	6.071	5.635	5.051	4.602	4.147	3.806	3.532	3.055	2.564	2.268	2.190	2.054	1.886	1.341	1.003
1.10	9.087	7.651	7.213	6.630	6.185	5.736	5.134	4.674	4.206	3.856	3.575	3.087	2.585	2.284	2.204	2.066	1.891	1.341	0.999
1.15	9.293	7.810	7.359	6.757	6.299	5.836	5.218	4.744	4.264	3.906	3.618	3.118	2.606	2.299	2.218	2.077	1.902	1.341	0.995
1.20	9.499	7.970	7.504	6.885	6.412	5.937	5.301	4.815	4.323	3.955	3.661	3.149	2.626	2.313	2.231	2.088	1.910	1.341	0.991
1.25	9.706	8.129	7.650	7.012	6.526	6.037	5.384	4.885	4.381	4.005	3.703	3.180	2.647	2.328	2.244	2.098	1.917	1.340	0.983
1.30	9.913	8.288	7.795	7.139	6.640	6.137	5.467	4.955	4.438	4.053	3.745	3.211	2.667	2.342	2.257	2.108	1.925	1.339	0.982
1.35	10.12	8.448	7.940	7.266	6.753	6.237	5.550	5.025	4.496	4.102	3.787	3.241	2.686	2.356	2.269	2.118	1.932	1.338	0.077
1.40	10.33	8.607	8.086	7.~93	6.867	6.337	5.632	5.095	4.553	4.150	3.828	3.271	2.706	2.369	2.281	2.128	1.938	1.337	0.972
1.45	10.53	8.767	8.231	7.520	6.980	6.437	5.715	5.164	4.610	4.198	3.869	3.301	2.725	2.382	2.293	2.137	1.945	1.335	0.967
1.50	10.74	8.926	8.376	7.647	7.093	6.536	5.797	5.234	4.666	4.246	3.910	3.330	2.743	2.395	2.304	2.146	1.950	1.333	0.961
1.55	10.95	9.085	8.521	7.773	7.206	6.636	5.878	5.302	4.723	4.293	3.950	3.359	2.762	2.408	2.315	2.154	1.957	1.331	0.956
1.60	11.16	9.245	8.666	7.900	7.318	6.735	5.960	5.371	4.779	4.340	3.990	3.388	2.780	2.420	2.326	2.163	1.962	1.329	0.950
1.65	11.36	9.404	8.811	8.026	7.430	6.833	6.041	5.439	4.834	4.387	4.030	3.416	2.797	2.432	2.337	2.171	1.967	1.326	0.944
1.70	11.57	9.563	8.956	8.152	7.543	6.932	6.122	5.507	4.890	4.433	4.069	3.444	2.815	2.444	2.347	2.179	1.972	1.324	0.938
1.75	11.78	9.721	9.100	8.278	7.655	7.030	6.203	5.575	4.945	4.479	4.108	3.472	2.832	2.455	2.357	2.186	1.977	1.321	0.931
1.80	11.99	9.880	9.245	8.404	7.766	7.128	6.283	5.642	4.999	4.525	4.147	3.499	2.848	2.466	2.366	2.193	1.981	1.318	0.925
1.85	12.19	10.04	9.389	8.529	7.878	7.226	6.363	5.709	5.054	4.570	4.185	3.526	2.865	2.477	2.375	2.200	1.985	1.314	0.918
1.90	12.40	10.20	9.533	8.654	7.989	7.323	6.443	5.775	5.108	4.615	4.223	3.553	2.8《1	2.487	2.384	2.207	1.989	1.311	0.911

续上表

C_s	P(%)																	
	0.000 1	0.001	0.002	0.005	0.01	0.02	0.05	0.1	0.2	0.33	0.5	1	2	3	3.33	4	5	10	15
1.95	12.61	10.36	9.676	8.779	8.100	7.420	6.522	5.842	5.161	4.659	4.261	3.579	2.89?	2.497	2.393	2.213	1.993	1.307	0.904
2.00	12.82	10.51	9.820	8.904	8.210	7.517	6.601	5.908	5.215	4.704	4.298	3.605	2.912	2.507	2.401	2.219	1.996	1.303	0.897
2.1	13.23	10.83	10.11	9.152	8.431	7.710	6.758	6.039	5.320	4.791	4.372	3.656	2.942	2.525	2.417	2.230	2.001	1.294	0.882
2.2	13.64	11.14	10.39	9.399	8.650	7.901	6.914	6.168	5.424	4.877	4.444	3.705	2.970	2.542	2.431	2.240	2.006	1.284	0.867
2.3	14.05	11.46	10.67	9.645	8.868	8.091	7.068	6.296	5.527	4.962	4.515	3.753	2.997	2.558	2.445	2.248	2.009	1.274	0.851
2.4	14.46	11.77	10.96	9.890	9.084	8.280	7.221	6.423	5.628	5.045	4.584	3.800	3.023	2.573	2.457	2.256	2.011	1.262	0.834
2.5	14.87	12.08	11.24	10.13	9.299	8.468	7.373	6.548	5.728	5.127	4.652	3.845	3.048	2.587	2.467	2.262	2.012	1.250	0.817
2.6	15.28	12.39	11.52	10.38	9.513	8.654	7.523	6.672	5.826	5.207	4.718	3.889	3.071	2.599	2.477	2.267	2.013	1.238	0.800
2 7	15.69	12.70	11.80	10.62	9.725	8.838	7.671	6.794	5.923	5.286	4.783	3.932	3.093	2.610	2.486	2.271	2.012	1.224	0.782
2.8	16 10	13.00	12.08	10.86	9.936	9.021	7.818	6.915	6.019	5.363	4.847	3.973	3.114	2.620	2.493	2.275	2.010	1.210	0.763
2.9	16.50	13.31	12.35	11.09	10.15	9.203	7.964	7.034	6.113	5.439	4.909	4.013	3.134	2.629	2.499	2.277	2.007	1.195	0.745
3.0	16.91	13.61	12.63	11.33	10.35	9.383	8.108	7.152	6.205	5.514	4.970	4.051	3.152	2.63?	2.505	2.278	2.003	1.180	0.726
3.1	17.31	13.92	12.90	11.57	10.56	9.562	8.251	7.269	6.296	5.587	5.029	4.089	3.169	2.644	2.509	2.278	1.999	1.164	0.706
3.2	17.71	14.22	13.17	11.80	10.77	9.739	8.393	7.384	6.386	5.658	5.087	4.125	3.185	2.649	2.512	2.277	1.993	1.148	0.687
3.4	18.52	14.82	13.71	12.26	11.17	10.09	8.671	7.609	6.561	5.79B	5.199	4.193	3.214	2.658	2.516	2.272	1.980	1.113	0.647
3.6	19.29	15.41	14.25	12.72	11.57	10.43	8.943	7.829	6.730	5.931	5.306	4.258	3.238	2.662	2.515	2.264	1.963	1.077	0.607
3.8	20.08	16.00	14.78	13.17	11.97	10.77	9.210	8.044	6.894	6.060	5.407	4.314	3.258	2.663	2.511	2.253	1.943	1.040	0.566
4.0	20.88	16.58	15.30	13.62	12.36	11.11	9.471	8.253	7.053	6.183	5.504	4.363	3.274	2.659	2.504	2.238	1.920	1.001	0.525

附表 B-2　C_s 为平均数时的 P-Ⅲ型曲线 K_P 值

C_v	C_s	P(%)																			
		0.33	1	2	2.5	3	3.33	4	5	5.88	6.67	8.34	10.1	11.1	12.5	14.3	16.6	20	25	30	50
		T																			
		300	100	50	40	33	30	25	20	17	15	12	10	9	8	7	6	5	4	3.3	2.1
0.3	1.35	2.23	1.97	1.81	1.75	1.71	1.68	1.64	1.58	1.54	1.50	1.44	1.40	1.37	1.34	1.30	1.26	1.21	1.15	1.09	0.93
0.4	1.50	2.70	2.33	2.10	2.02	1.96	1.92	1.86	1.78	1.72	1.68	1.60	1.53	1.49	1.45	1.40	1.34	1.28	1.19	1.12	0.90
0.5	1.63	3.18	2.70	2.40	2.30	2.23	2.17	2.09	1.98	1.91	1.85	1.75	1.66	1.61	1.56	1.49	1.42	1.34	1.23	1.14	0.87
0.6	1.75	3.69	3.08	2.70	2.57	2.47	2.41	2.31	2.18	2.09	2.02	1.89	1.79	1.73	1.66	1.58	1.49	1.39	1.26	1.15	0.83
0.7	1.87	4.21	3.48	3.01	2.86	2.74	2.66	2.55	2.39	2.28	2.19	2.04	1.92	1.84	1.76	1.67	1.56	1.44	1.29	1.15	o. so
0.8	1.97	4.74	3.88	3.32	3.15	3.00	2.92	2.78	2.60	2.46	2.36	2.18	2.04	1.96	1.86	1.75	1.63	1.49	1.31	1.16	0.76
0.9	2.07	5.28	4.28	3.64	3.44	3.27	3.17	3.01	2.80	2.65	2.54	2.33	2.17	2.07	1.96	1.84	1.69	1.54	1.33	1.17	0.72
1.0	2.17	5.85	4.70	3.96	3.73	3.55	3.43	3.25	3.00	2.83	2.71	2.47	2.29	2.17	2.06	1.92	1.76	1.58	1.35	1.17	0.67
1.1	2.28	6.44	5.12	4.29	4.02	3.81	3.63	3.48	3.21	3.01	2.87	2.61	2.40	2.28	2.14	1.99	1.81	1.62	1.36	1.17	0.63
1.2	2.35	7.00	5.54	4.61	4.32	4.08	3.94	3.71	3.41	3.20	3.04	2.75	2.52	2.38	2.24	2.06	1.86	1.66	1.38	1.17	0.58
1.3	2.46	7.61	5.93	4.94	4.62	4.35	4.20	3.95	3.61	3.38	3.21	2.89	2.63	2.47	2.32	2.12	1.92	1.69	1.39	1.16	0.56
1.4	2.55	8.22	6.42	5.28	4.92	4.63	4.46	4.18	3.82	3.56	3.37	3.02	2.74	2.57	2.40	2.19	1.97	1.72	1.39	1.14	0.49
1.5	2.63	8.84	6.85	5.61	5.22	4.90	4.72	4.41	4.02	3.74	3.54	3.15	2.84	2.66	2.49	2.26	2.01	1.75	1.39	1.14	0.44
1.6	2.72	9.48	7.30	5.95	5.93	5.18	4.98	4.64	4.22	3.92	3.70	3.28	2.95	2.75	2.56	2.31	2.06	1.77	1.40	1.13	0.39
1.7	2.79	10.10	7.73	6.28	5.83	5.45	5.24	4.87	4.42	4.10	3.85	3.41	3.05	2.84	2.63	2.37	2.10	1.80	1.40	1.12	0.35

续上表

C_v	C_s	P(%)																			
		0.33	1	2	2.5	3	3.33	4	5	5.88	6.67	8.34	10.1	11.1	12.5	14.3	16.6	20	25	30	50
		T																			
		300	100	50	40	33	30	25	20	17	15	12	10	9	8	7	6	5	4	3.3	2.1
1.8	2.86	10.74	8.19	6.62	6.13	5.72	5.49	5.10	4.61	4.26	4.01	3.53	3.15	2.93	2.70	2.44	2.15	1.&2	1.40	1.09	0.30
1.9	2.4	11.40	8.65	6.97	6.44	6.00	5.75	5.33	4.81	4.44	4.16	3.65	3.25	3.01	2.77	2.48	2.18	1.84	1.38	1.06	0.26
2.0	3.04	12.08	9.11	7.32	6.75	6.28	6.01	5.56	5.01	4.61	4.31	3.73	3.34	3.08	2.83	2.52	2.20	1.84	1.36	1.04	0.21
2.1	3.15	12.80	9.62	7.65	7.06	6.56	6.27	5.78	5.19	4.77	4.45	3.87	3.42	3.15	2.88	2.56	2.21	1.84	1.34	1.00	0.16
2.2	3.19	13.40	10.06	7.98	7.35	6.83	0.52	6.00	5.38	4.94	4.61	4.00	3.52	3.24	2.96	2.61	2.25	1 87	1.33	0.98	0.12
2.3	3.27	14.11	10.54	8.34	7.66	7.10	6.78	6.22	5.58	5.10	4.75	4.10	3.60	3.31	3.01	2.65	2.27	1.87	1.32	0.96	0.07
2.4	3.1	14.75	10.98	8.68	7.96	7.37	7.03	6.45	5.77	5.27	4.91	4.22	3.70	3.38	3.07	2.70	2.31	1.87	1.33	0.95	0.03
2.5	3.40	15.50	11.49	9.05	8.26	7.65	7.27	6.68	5.95	5.43	5.04	4.32	3.78	3.46	3.12	2.72	2.32	1.88	1.30	0.9	
2.6	3.46	16.17	11.94	9.38	8.57	7.92	7.52	6.89	6.14	5.59	5.18	4.43	3.86	3.53	3.20	2.76	2.34	1.884	1.29	0.87	
2.7	3.56	16.92	12.44	9.73	8.87	8.18	7.76	7.10	6.32	5.74	5.31	4.52	3.92	3.59	3.20	2.77	2.33	1.86	1.24	0.81	
2.8	3.61	17.60	12.92	10.07	9.16	8.45	8.01	7.31	6.50	5.90	5.44	4.63	4.00	3.64	3.24.	2.81	2.35	1.865	1.24	0.80	
2.9	3.68	18.32	13.40	10.43	9.47	8.72	8.25	7.53	6.67	6.04	5.58	4.73	4.08	3.70	3.29	2.83	2.36	1.85	1.20	0.74	
3.0	3.75	19.06	13.89	10.77	9.77	8.98	8.50	7.74	6.85	6.19	5.70	4.82	4.15	3.75	3.32	2.84	2.35	1.84	1.19	0.70	

注:1. 本表系根据我国长江、黄河、淮河、海河、东南沿海各省的大中河流上,大于15年的52个水文站的历年实测最大流量,分别计算出该河的 C_v、C_s 及 C_s/C_v 值,并在对数格纸上点绘 $C_v \propto C_s/C_v$ 的关系曲线,最后在该曲线上定出 C_v 与 C_s 的关系值;

2. 根据 C_v、C_s 数值,从 $C_v=1$ 在P-Ⅲ型曲线 Φ 值表中查出各种频率下的 Φ 值,代入 $K_P=1+C_v\Phi$ 式,求出各种 C_v、C_s,以及各种频率的 K_P 值。

附录C　波浪高度计算

本附录根据《公路桥位勘测设计规程》(JTJ 062—82)附录七编写。

C.0.1　风速资料换算

计算波浪时应将风速资料进行高度换算、时距换算和地貌、地形影响的换算。当无风速资料时,可根据调查按风力等级查附表C-1确定。

附表C-1　风力等级

风力等级	地面物的特征	相当风速(m/s)	
		范围	均值
0	静,烟直上	0～0.2	0.1
1	烟能表示风向	0.3～1.5	0.9
2	人面感觉有风,树枝有微响	1.6～3.3	2.5
3	树枝及微枝动摇不息,旌旗展开	3.4～5.4	4.4
4	能吹起地面灰尘和纸张,树的小枝动摇	5.5～7.9	6.7
5	有叶的小树摇摆,内陆的水面有小波	8.0～10.7	9.4
6	大树枝摇动,电线呼呼有声,举伞困难	10.8～13.8	12.3
7	全树摇动,大树枝弯下来,迎风步行感觉不便	13.9～17.1	15.5
8	可折毁树枝,人向前行感觉阻力甚大	17.2～20.7	19.0
9	烟囱及平房顶受到损坏,小屋受到破坏	20.8～24.4	22.6
10	陆上少有,有则可使树木拔起或将建筑物摧毁	24.5～28.4	26.5
11	陆上少有,有则必有重大损毁	28.5～32.6	30.6
12	陆上极少,其摧毁力极大	大于32.6	大于30.6

1. 高度换算

气象台站测风仪测的风速,可按下式换算为水面上10 m高度处的风速。

$$v_{w10}=K_h\cdot v_{wz}$$

式中　v_{w10}——在水面上10 m高度处的风速;

v_{wz}——测风仪离水面高度Z(m)处观测到的风速;

K_h——高度换算系数，见附表 C-2。

附表 C-2　高度换算系数

测风仪离水面高度 Z(m)	K_h	测风仪离水面高度 Z(m)	K_h	测风仪离水面高度 Z(m)	K_h
1	1.66	8	1.04	15	0.94
2	1.39	9	1.02	16	0.93
3	1.26	10	1.00	17	0.92
4	1.19	11	0.98	18	0.91
5	1.14	12	0.97	19	0.90
6	1.11	13	0.96	20	0.89
7	1.07	14	0.95		

2. 时距换算

每日四次定时 2 min 平均最大风速，换算为自记 10 min 最大风速，见附表 C-3。

附表 C-3　时距换算

适用范围	方程	适用范围	方程
华北	$Y=0.882X+7.82$	湖北，江西，河南	$Y=0.732X+7.00$
东北	$Y=1.04X+2.20$	湖南	$Y=0.68X+9.54$
西北，西藏	$Y=1.004X+1.57$	广东，广西，福建，台湾	$Y=1.03X+4.15$
青海	$Y=0.845X+5.21$	江苏，浙江，上海，安徽	$Y=0.78X+8.41$
云南，贵州	$Y=0.751X+6.17$	山东	$Y=1.03X+2.19$
四川	$Y=1.24X$		

注：表中 X 为定时四次 2 min 平均年最大风速；Y 为自记 10 min 平均年最大风速。

几种自记风速时距关系的换算见附表 C-4。表中顺序 1～4 项中 X 为瞬时风速，Y 为 1、2、5、10 min 平均风速；顺序 5 项中 X 为 2 min 平均风速，Y 为 10 min 平均风速。

附表 C-4　自记风速时距关系的换算

顺序	不同风速	方程	地区
1	瞬时与 1 min 平均风速	$Y=0.893X-0.82$	
2	瞬时与 2 min 平均风速	$Y=0.79X-0.45$	
3	瞬时与 5 min 平均风速	$Y=0.71X-0.10$	
4	瞬时与 10 mim 平均风速	$Y=0.65X+0.50$ $Y=0.70X-1.66$ $Y=0.73X-2.80$ $Y=0.66X+0.80$ $Y=0.69X-1.38$ $Y=0.63X+1.00$ $Y=0.70X-0.10$	北京、天津、塘沽 云南、贵州 广东 四川 上海 福建 浙江
5	2 min 与 10 min 平均风速	$Y=0.88X+0.80$	

3. 地貌、地形影响的换算

当桥位距气象站有一段距离，且两地的地貌、地形不同时，应考虑局部地区地貌、地形不同的影响。地貌影响换算见附表 C-5，地形影响换算见附表 C-6。

附表 C-5　各种地貌的风速比值

地貌	海面	湖面	空旷平原	一般田野	多树乡村	城镇	大城市
风速比值	1.22	1.14	1.00	0.81	0.69	0.63	0.48

附表 C-6　各种地形与平地风速比值

平地风速(m/s)		10	15	20	25	30
各种地形与平地风速之比值	山间盆地	0.84	0.79	0.77	0.70	0.75
	弯曲河谷	0.82	0.79	0.77	0.76	0.75
	峡谷口或山口	1.20	0.19	1.18	1.18	1.17

C.0.2　浪程 D 的确定

一般情况可按汛期风玫瑰图河桥位地形图求得。最大浪程的方向与风向之间的夹角不超过 22.5°时，可认为二者重合。狭窄水面河流上的计算浪程按以下方法确定。

1. 河流的平均泛滥宽度 B 与泛滥边缘至计算波浪处的距离 D 之比不大于 0.7 时，按下式确定。

$$D_g = K_D D$$

式中 D_g——有效浪程(m)；

D——计算浪程(m)；

K_D——修正系数，查附表 C-7。

附表 C-7 修正系数 K_D

B/D	0.1	0.2	0.3	0.4	0.5	0.6	≥0.7
K_D	0.3	0.5	0.63	0.71	0.80	0.85	1.00

2. 河流岸边形状复杂或河段范围内有岛屿、突嘴和其他障碍物时，修正后的浪程可按简化法计算。

$$D_g = 0.27[D_i + 0.85(D_{i+1} + D_{i-1}) + 0.5(D_{i+2} + D_{i-2})]$$

D_i、D_{i+1}、D_{i-1}、D_{i+2}、D_{i-2}的求法见附图 C-1。

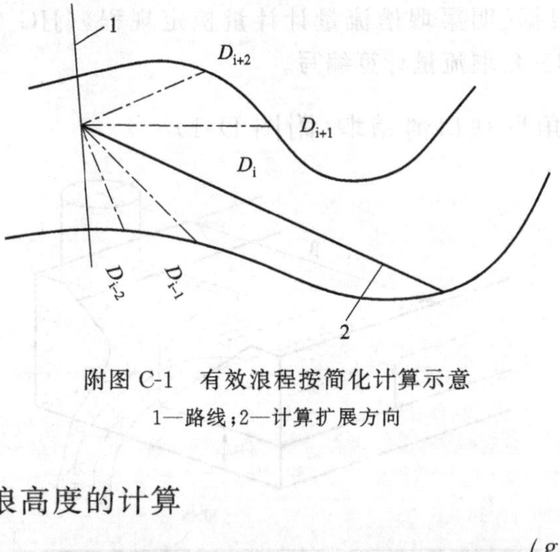

附图 C-1 有效浪程按简化计算示意

1—路线；2—计算扩展方向

C.0.3 波浪高度的计算

$$h_{b1\%} = \frac{2.3 \times 0.13\tanh\left[0.7\left(\frac{g\bar{h}}{\bar{v}_w^2}\right)^{0.7}\right]\tanh\frac{0.0018\left(\frac{gD}{\bar{v}_w^2}\right)^{0.45}}{0.13\tanh\left[0.7\left(\frac{g\bar{h}}{\bar{v}_w^2}\right)^{0.7}\right]}}{\frac{g}{\bar{v}_w^2}}$$

式中 $h_{b1\%}$——波浪高度(m)，即连续观测的 100 个波浪高度的最大值，1%表示积累频率；

tanh——双曲正切函数；

$\bar{v}_W$——风速(m/s)，水面上 10 m 高度处多年测得的洪水期间自记 2 min 平均最大风速的平均值，可按附表 C-2、附表 C-3 换算，也可按$\bar{v}_w=\dfrac{\bar{v}_{w0}-0.80}{0.88}$换算，

其中 $\bar{v}_{W0}$——水面上 10 m 高度处多年测得的洪水期间自记 10 min 平均最大风速的平均值(m/s)；

$\bar{h}$——沿浪程的平均水深(m)；

D——计算浪程(m)。

附录 D　明渠堰槽流量计算公式

本附录根据《明渠堰槽流量计计量检定规程》(JJG 004—2015)第 4 章矩形堰和三角堰流量计算编写。

D.0.1　三角形缺口薄壁堰(附图 D-1)

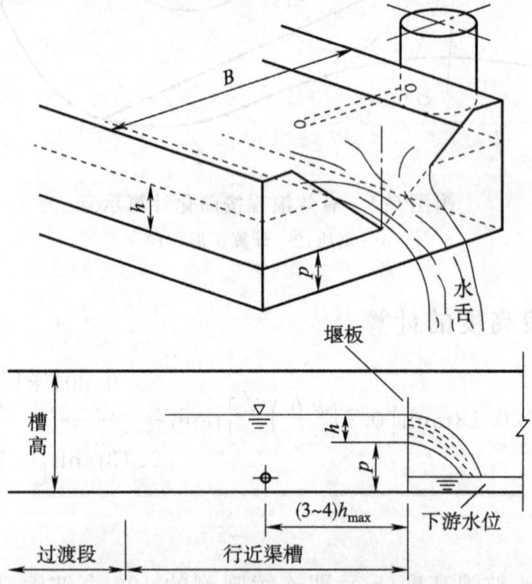

附图 D-1　三角形缺口薄壁堰示意

1. 流量计算

$$Q=C\frac{8}{15}\tan\frac{\theta}{2}\sqrt{2g}h_c^{5/2},h_c=h+K_h$$

式中 C——流量系数，$\theta=90°$时，C 值查附图 D-7，$\theta\neq 90°$时，C 值查附图 D-8；

θ——三角形缺口角度；

h_c——有效测量水头(m)；

h——上游实测水头(m)；

K_h——水头修正值(m)，$\theta=90°$时，$K_h=0.000\ 85$ m，$\theta\neq 90°$时，K_h查附图 D-9。

2. 上述流量计算式的适用条件

(1)$\theta=20°\sim100°$；

(2)h/p 和 p/B 的适用范围(p 为槛高，B 为堰宽)：$\theta=90°$时可查附图 D-7，$\theta\neq 90°$时 $h/p\leqslant 0.35$，$0.1<h/p<1.5$，$h\geqslant 0.06$ m，$p\geqslant 0.09$ m。

3. 结构尺寸要求

过水断面为三角形缺口，角顶向下。常用薄壁三角堰的堰顶夹角为45°、90°，通常采用 90°的直角三角形水堰，适用于小流量。堰口与两侧渠坡的距离 T、角顶与渠底的高度 D，不应小于实测水头 h，结构尺寸应符合附图 D-2 和附表 D-1 的要求。

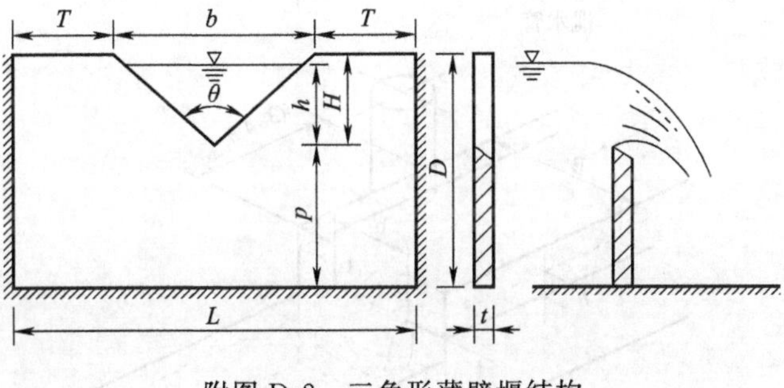

附图 D-2 三角形薄壁堰结构

附表 D-1　直角三角形量水堰结构尺寸

序号	渠道流量 Q(L/s)	实测水头 h(cm)	口高 H(cm)	槛高 P(cm)	堰高 D(cm)	边宽 T(cm)	堰宽 L(cm)	堰口宽 b(cm)
1	50～70	30	35	30	75	30	150	70
2	70～100	35	40	35	85	35	170	80
3	100～140	40	45	40	95	40	190	90
4	140～185	45	50	45	105	45	210	100
5	185～240	50	55	50	115	50	230	110
6	240～300	55	60	55	125	55	250	120
7	300～375	60	65	60	135	60	270	130

D. 0. 2　矩形薄壁堰

矩形薄壁堰分为矩形缺口薄壁堰和等宽矩形薄壁堰。

1. 矩形缺口薄壁堰(附图 D-3)

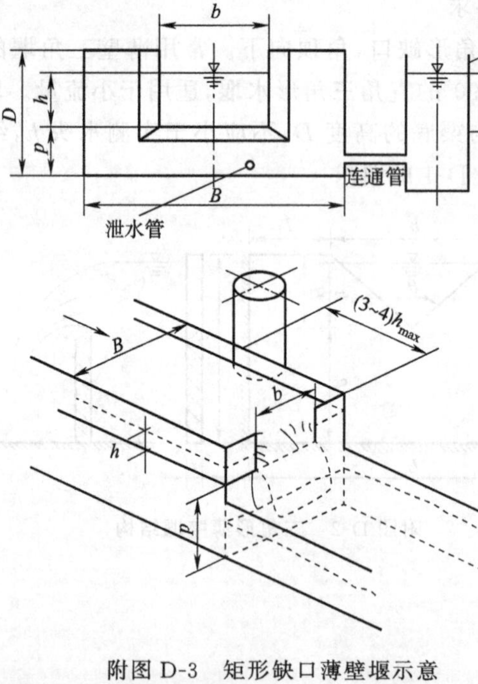

附图 D-3　矩形缺口薄壁堰示意

(1)流量计算

$$Q=C\frac{2}{3}\sqrt{2g}b_{c}h_{c}^{3/2}$$

式中 C——流量系数，不同 b/B 值的 C 值计算公式见附表 D-2，也可查附图 D-10；

b_c——有效缺口宽度(m)，$b_c=b+K_b$；

b——实测缺口宽度(m)；

K_b——宽度修正系数，查附图 D-11；

h_c——有效水头(m)，$h_c=h+K_h$；

h——上游实测水头(m)；

K_h——水头修正系数，$K_h=0.001$ m；

B——槽宽(m)。

附表 D-2　不同 *b/B* 值的 C 值计算公式

b/B	C	b/B	C
0.9	$0.598+0.064h/p$	0.5	$0.592+0.010h/p$
0.8	$0.596+0.045h/p$	0.4	$0.591+0.0058h/p$
0.7	$0.594+0.030h/p$	0.2	$0.589-0.0018h/p$
0.6	$0.593+0.018h/p$		

(2)上述流量计算式的适用条件

$$h/p\leqslant 2.5;$$
$$h\geqslant 0.03\ \text{m};$$
$$b\geqslant 0.15\ \text{m};$$
$$p\geqslant 0.10\ \text{m};$$
$$(B-b)/2\geqslant 0.10\ \text{m}。$$

(3)结构尺寸要求

①矩形缺口薄壁堰型式，矩形缺口侧边 ac、fd 与底边 cd 交角 90°，堰板缺口顶面及侧面与迎水面以锐角相交，矩形缺口中垂线 0—0 与行近渠槽中心线相重合(附图 D-4)。

②堰顶底边 cd 应大于堰板下游渠槽可能出现的最高水位 0.1 m。

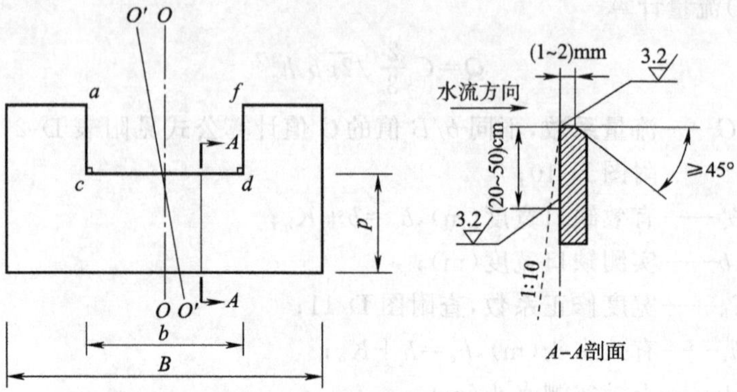

附图 D-4　矩形缺口薄壁堰加工及安装要求

2. 等宽矩形薄壁堰(附图 D-5)

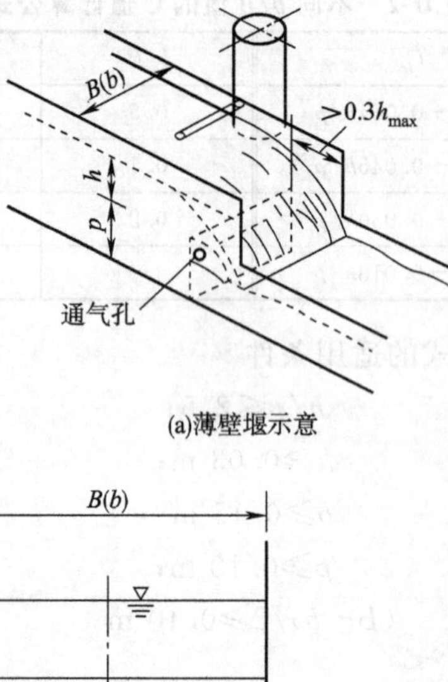

(a)薄壁堰示意

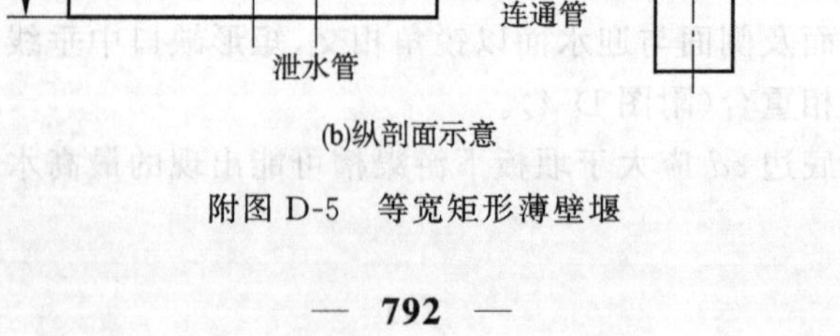

(b)纵剖面示意

附图 D-5　等宽矩形薄壁堰

(1)流量计算

$$Q=C\frac{2}{3}\sqrt{2g}bh_c^{3/2},h_c=h+0.0012$$

式中　C——流量系数，$C=0.602+0.083h/p$；

h_c——有效水头(m)；

h——上游实测水头(m)。

(2)上述流量计算式的适用条件

$$h/p\leqslant 1.0;$$

$$0.75\ \text{m}>h>0.03\ \text{m};$$

$$b\geqslant 0.3\ \text{m};$$

$$p\geqslant 0.10\ \text{m}。$$

(3)结构尺寸要求

①等宽薄壁堰顶部为水平面，堰口宽度与行近渠槽宽度相同。堰板至上游水位观测断面之间的渠槽两壁应是垂直的光滑表面，堰板处沿高度方向渠槽宽度尺寸保持准确一致。为使水舌宽度尺寸保持不变，渠槽边墙往堰板下游延伸长度应大于 $0.3h_{max}$，h_{max} 为实测最大水头值(附图 D-6)。

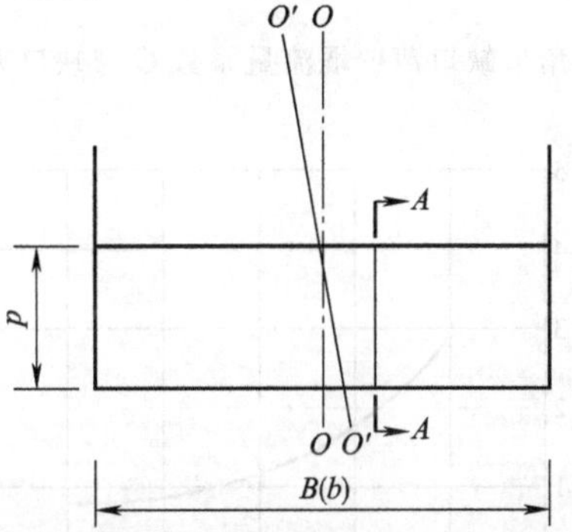

附图 D-6　等宽薄壁堰加工及安装要求(A—A 剖面同附图 D-4)

②堰顶高程应大于堰板下游渠槽可能出现的最高水位 0.1 m。

③堰板上游行近渠槽顺直段长度应大于水面宽度的 10 倍。

④等宽薄壁堰水舌底缘与下游水面之间的边墙上应设通气孔，以使水舌上下表面始终与大气相通。

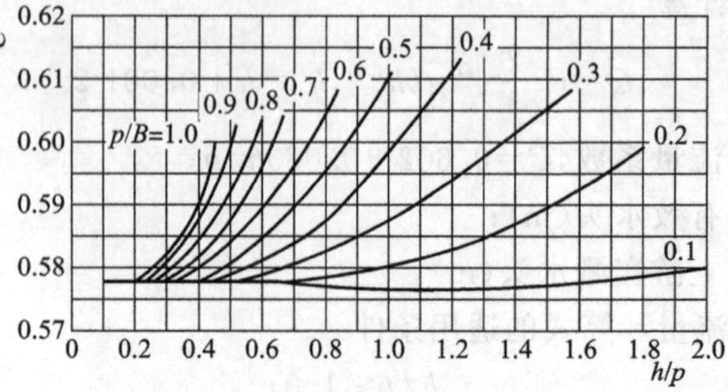

附图 D-7　三角形缺口薄壁堰流量系数 C 与 h/h 关系曲线

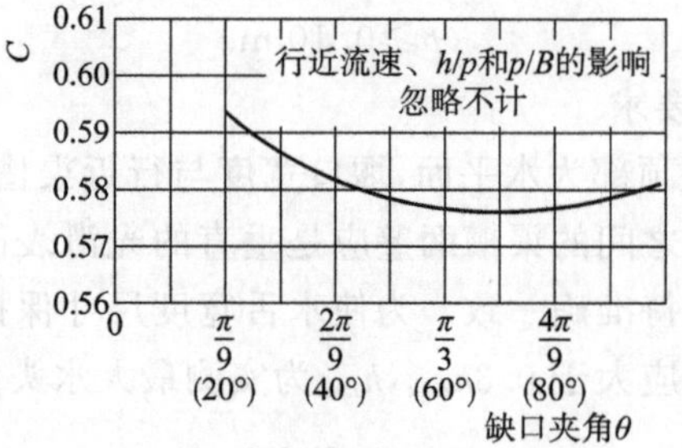

附图 D-8　三角形缺口薄壁堰流量系数 C 与缺口夹角 θ 关系曲线

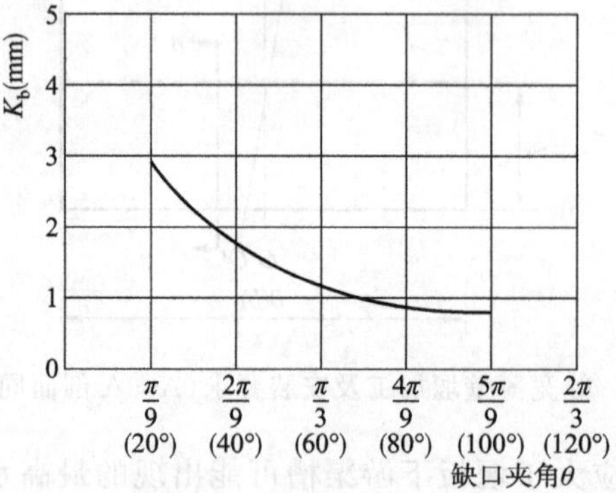

附图 D-9　三角形缺口薄壁堰水头修正系数 K_h 与缺口夹角 θ 关系曲线

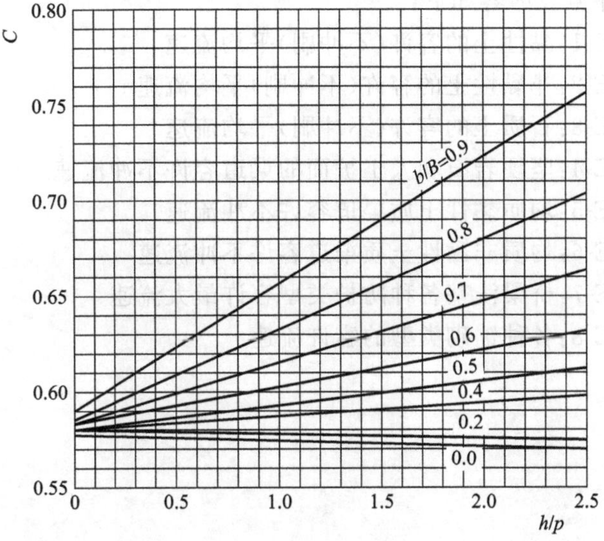

附图 D-10　矩形缺口薄壁堰流量系数 C 与 h/h 关系曲线

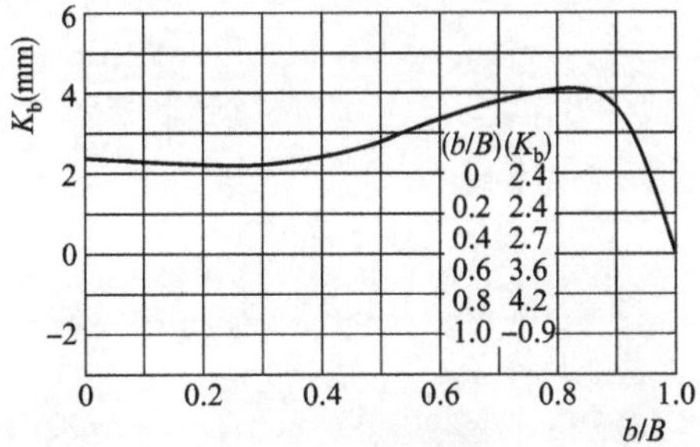

附图 D-11　矩形缺口薄壁堰 b/B 与宽度修正系数 K_b 关系曲线

附录 E　各种类型容许不冲流速 v_H

本附录根据《铁路工程设计技术手册·桥渡水文》附录十四及《铁路桥梁检定规范》(铁运函〔2004〕120 号)附录 T 编写。

附表序号及内容如下：

附表 E-1：黏性土的容许(不冲刷)平均流速

附表 E-2：非黏性土的容许(不冲刷)平均流速

附表 E-3：石质土的容许(不冲刷)平均流速

附表 E-4：坚硬岩石和人工护面的渠道容许不冲流速

附表 E-5：均质黏性土质渠道容许不冲流速

附表 E-6：均质非黏性土质渠道容许不冲流速

附表 E-7：桥梁浅基各种防护类型容许最大流速

附表 E-8：各种铺砌类型的容许流速

附表 E-1 黏性土的容许不冲刷平均流速

顺序号	土的名称	颗粒成分(%)		土的特征															
				不大密实的土(孔隙比为1.2~0.9,土骨架容重为 12 kN/m³以下)				中等密实的土(孔隙比为(0.9~0.6,土骨架容重为 12~16.6 kN/m³)				密实的土(孔隙比为0.6~0.3,土骨架容重为16.6~20.4 kN/m³)				极密实的土(孔隙比为0.3~0.2,土骨架容重为 20.4~21.4 kN/m³)			
		<0.005 mm	0.005~0.05 mm	平均水深(m)															
				0.4	1.0	2.0	3.0	0.4	1.0	2.0	3.0	0.4	1.0	2.0	3.0	0.4	1.0	2.0	3.0
				容许流速(m/s)															
1	黏土	30~50	50~70	0.35	0.40	0.45	0.50	0.70	0.85	0.95	1.10	1.00	1.20	1.40	1.50	1.40	1.70	1.90	2.10
2	重粉质砂黏土	20~30	70~80																
3	中、轻粉质砂黏土	10~20	80~90	0.35	0.40	0.45	0.50	0.65	0.80	0.90	1.00	0.95	1.20	1.40	1.50	1.40	1.70	1.90	2.10
4	新沉淀黄土类土							0.60	0.70	0.80	0.85	0.80	1.00	1.20	1.30	1.10	1.30	1.50	1.70
5	黏砂土	5~10	20~40	根据土中含砂粒大小按非黏性土的容许(不冲刷)平均流速采用															

注:1. 表中数值不可内插,如水流的深度在表列水深值的中间,则流速应取与实际水流深度最接近的;

2. 当水流深度大于 3.0 m 而同时又缺少专门观测及计算资料时,容许流速采用 3.0 m 水深时的数值;

3. 均质黏性土按表中数值采用,对于粗颗粒石块的混杂土,其中黏性上只填充粗颗粒石块之间的空隙时,则容许流速根据粗颗粒石块的平均粒径按非黏性土的容许(不冲刷)平均流速表采用;

4. 若设计标高位于密实或极密实的土已遭受风化时,则容许(不冲刷)平均流速可采用中等密实土的数值。

附表 E-2 非黏性土的容许不冲刷平均流速

土及其特征			土的粒径(mm)	平均水深(m)						
				0.4	1.0	2.0	3.0	5.0		10及以上
序号	名称	分类		容许流速(m/s)						
1	粉土	含细砂的粉土和淤泥,种植土	0.005～0.05	0.15～0.20	0.20～0.30	0.25～0.40	0.30～0.45	0.40～0.55	0.45～0.65	
2	砂	含有中砂的细砂	0.05～0.25	0.20～0.35	0.30～0.45	0.40～0.55	0.45～0.60	0.55～0.70	0.65～U.80	
		含黏土的中砂,含有粗砂的中砂	0.25～1.00	0.35～0.50	0.45～0.60	0.55～0.70	0.60～0.75	0.70～0.85	0.80～0.95	
		含有砾石的粗砂,含黏土的粗砂	1.00～2.50	0.50～0.65	0.60～0.75	0.70～0.80	0.75～0.90	0.85～1.00	0.95～1.20	
3	圆砾	含有中圆砾的小圆砾	2.50～5.00	0.65～0.80	0.75～0.85	0.80～1.00	0.90～1.10	1.00～1.20	1.20～1.50	
		含有砂和小圆砾的中圆砾	5.00～10.0	0.80～0.90	0.85～1.05	1.00～1.15	1.10～1.30	1.20～1.45	1.50～1.75	
		含有砂和中小圆砾的大圆砾	10.0～15.0	0.90～1.10	1.05～1.20	1.15～1.35	1.30～1.50	1.45～1.65	1.75～2.00	
4	卵石	含有砂和圆砾的小卵石	15.0～25.0	1.10～1.25	1.20～1.45	1.35～1.65	1.50～1.85	1.65～2.00	2.00～2.30	
		含有砾石和中卵石的小卵石	25.0～40.0	1.25～1.50	1.45～1.85	1.65～2.10	1.85～2.30	2.00～2.45	2.30～2.70	
		含有大卵石的中卵石	40.0～75.0	1.50～2.00	1.85～2.40	2.10～2.75	2.30～3.10	2.45～3.30	2.70～3.60	

续上表

土及其特征			土的粒径(mm)	平均水深(m)					
				0.4	1.0	2.0	3.0	5.0	10及以上
序号	名称	分类		容许流速(m/s)					
5	大卵石	含有卵、圆砾的小号大卵石	75.0～100	2.00～2.45	2.40～2.80	2.75～3.20	3.10～3.50	3.30～3.80	3.60～4.20
		含有卵、圆砾的中号大卵石	100～150	2.45～3.00	2.80～3.35	3.20～3.75	3.50～4.10	3.80～4.40	4.20～4.50
		含有卵、圆砾的大号大卵石	150～200	3.00～3.50	3.35～3.80	3.75～4.30	4.10～4.65	4.40～5.00	4.50～5.40
6	漂石	含有卵石的小漂石	200～300	3.50～3.85	3.80～4.35	4.30～4.70	4.65～4.90	5.00～5.50	5.40～5.90
		含有中漂石的小漂石	300～400	—	4.35～4.75	4.70～4.95	4.90～5.30	5.50～5.60	5.90～6.00
		中漂石及大漂石	400～500及以上的	—	—	4.95～5.35	5.30～5.50	5.60～6.00	6.00～6.20

注:1. 在本表每一栏中,流速的较低值与土颗粒的较低值相对应,流速的较高值与土颗粒的较高值相对应。
2. 表列流速不可内插,当土颗粒尺寸与水深值在表列数值之间时,流速采用表中颗粒尺寸及水深最接近的。

附表 E-3 石质土的容许不冲刷平均流速

顺号	土的名称	平均水深(m)			
		0.4	1.0	2.0	3.0
		容许流速(m/s)			
1	砾岩、泥灰岩、页岩	2.0	2.5	3.0	3.5
2	多孔的石灰岩、紧密的砾岩、成层的石灰岩、石灰质砂岩、白云质石灰岩	3.0	3.5	4.0	4.3
3	白云质砂岩、紧密不分层的石灰岩、矽质石灰岩、大理岩	4.0	5.0	6.0	6.5
4	花岗岩、晖绿岩、玄武岩、安山岩、石英岩、斑岩	15	18	20	22

注:1. 表中数值不可内插,如水流的深度在表列水深值之间,则流速应取与实际水流深度最接近的。

2. 当水流的深度大于 3.0 m 而同时又缺少观测资料时,容许流速可采用水深为 3.0 m 时的数值。

3. 表中流速是按岩层比较完整的情况考虑的。对于有裂隙或已风化的岩层,则容许流速值应根据岩层的完整程度减少 10%～15%,对于严重风化破碎的岩层,则应根据占大多数的碎块尺寸按非黏性土的容许(不冲刷)平均流速表采用。

附表 E-4 坚硬岩石和人工护面的渠道容许不冲流速(m/s)

岩石或护面的种类	渠道流量(m^3/s)		
	<1	1～10	>10
软质水成岩(泥灰岩、页岩、软砾岩)	2.5	3.0	3.5
中等硬质水成岩(致密砾岩、多孔石灰岩、层状石灰岩、白云砂岩、灰质砂岩)	3.5	4.25	5.0
硬质水成岩(白云砂岩、砂成石灰岩)	5.0	6.0	7.0
结晶岩、火成岩	8.0	9.0	10.0
单层块石铺砌	2.5	3.5	4.0
双层块石铺砌	3.5	4.5	5.0
混凝土护面	6.0	8.0	10.0

附表 E-5 均质黏性土质渠道容许不冲流速

土质	容许不冲流速(m/s)
轻壤土	0.6～0.8
中壤土	0.65～0.85
重壤土	0.70～1.00
黏土	0.75～0.95

附表 E-6 均质非黏性土质渠道容许不冲流速

土质	粒径(mm)	容许不冲流速(m/s)
极细砂	0.05～0.1	0.35～0.45
细砂和中砂	0.25～0.5	0.45～0.60
粗砂	0.5～2.0	0.60～0.75
细砾石	2.0～5.0	0.75～0.90
中砾石	5.0～10.0	0.90～1.10
粗砾石	10.0～20.0	1.10～1.30
小卵石	20.0～40.0	1.30～1.80
中卵石	40.0～60.0	1.80～2.20

注:1. 均质黏性土质渠道中各种土质的干容重为13～17 kN/m^3。

2. 土质渠道表中所列的容许不冲流速,是属于水力半径$R=1$ m的情况。当$R\neq 1$ m时,表中所列数值乘以R^a,即得相应的容许不冲流速。指数a对各种粒径的砂、砾石和卵石,以及疏松的砂壤土,壤土和黏土,$a=1/3\sim1/4$。对中等密实的和密实的砂壤土,壤土和黏土,$a=1/4\sim1/5$。

3. 退水渠道的容许不冲流速可比表中所列数值加大10%。而对不常放水的退水渠则可加大20%。

4. 对于流量大于50 m/s的渠道,容许不冲流速应专门研究确定。

附表 E-7 桥梁浅基各种防护类型容许最大流速

序号	防护类型	容许最大流速(m/s)	序号	防护类型	容许最大流速(m/s)
1	混凝土护底 (厚0.3～0.4 m)	7.0	4	料石护底	2.5～3.5
2	浆砌片石(厚0.3 m)	4.0	5	铅丝石笼	2.5～3.5
	浆砌片石(厚0.5 m)	7.0	6	干砌片石	2.0～3.0
3	混凝土块排	3.5～4.5			

附表 E-8 各种铺砌类型的容许流速

序号	加固类型	容许最大值流速(m/s)	适用条件
1	平铺草皮	<1.5	适用于草皮易于成活的环境，淹没时间不长处
2	干砌片石	1.5～2.5	适用于不受水流作用的部位或临时性防护，最小厚度为0.2 m，当用漂石代替时厚度不小于0.3 m，如漂石形状为扁平时，不小于0.25 m，干砌片石铺设时，底部应铺设厚度不小于0.15 m的反滤层，漂石下设反滤层厚度与干砌片石者同
3	浆砌片石	3～6	采用抗压极限强度不小于20 MPa不风化的片石，用50号水泥砂浆砌筑，最小砌筑厚度为0.35 m。下设垫层最小厚度为0.1 m
4	C15 混凝土板	4～8	板厚宜为0.1～0.2 m，板块宜大勿小，可在缺乏石料地区代替片石使用，可预制或就地灌注，预制板铺设时要靠紧并用沥青麻筋塞缝，垫层厚度对于干燥边坡用0.1～0.15 m。对于潮湿边坡用0.2～0.3 m
5	钢筋混凝土土块排	3.5～5.0	一般在平原区河流为防护浅埋边坡基础使用，块排与基础及块排间宜用环套连接，末端块应视流速大小加厚加重
6	铁丝石笼	2.5～3.6	为半永久性防护工程，不宜用于水流中有滚石的河段，可用来作堤坝身，也可用来防护浅埋基础，当用钢筋桩锚固加强时，容许流速可达5.0 m/s
7	柴排	2～3	适用于堤坝边坡坡脚浅埋防护，可设在常水位以下，并用抛石等办法使之固定

附录F 代表船型水线以上高度

本附录根据《海轮航道通航标准》(JTS 180-3—2018)附录A编写。

F.0.1 船体正常营运时的水线以上高度

杂货船、散货船、油船、集装箱船、货物滚装船、汽车滚装船、客货滚装船、散装水泥船、化学品船、液化气(LPG/LNG)船和客船(邮轮)的水线以上高度可分别按附表F-1～附表F-11确定。

附表 F-1　杂货船

船舶吨级 DWT(t)	船舶水线以上高度(m)
1 000(1 000～1 500)	20.0
2 000(1 501～2 500)	25.2
3 000(2 501～4 500)	35.3
5 000(4 501～7 500)	39.1
10 000(7 501～11 500)	43.4
15 000(11 501～16 500)	44.5
20 000(16 501～22 000)	45.4
30 000(22 001～35 000)	46.9
40 000(35 001～55 000)	49.5

附表 F-2　散货船

船舶吨级 DWT(t)	船舶水线以上高度(m)
2 000(1 501～2 500)	22.6
3 000(2 501～4 500)	34.5
5 000(4 501～7 500)	34.5
10 000(7 501～12 500)	36.4
15 000(12 501～17 500)	38.3
20 000(17 501～22 500)	43.6
35 000(22 501～45 000)	47.3
50 000(45 001～65 000)	47.8
70 000(65 001～85 000)	50.4
100 000(85 001～105 000)	51.3
120 000(105 001～135 000)	51.3
150 000(135 001～175 000)	53.6
200 000(175 001～225 000)	56.5
250 000(225 001～275 000)	59.1
300 000(275 001～325 000)	63.6
350 000	63.6
400 000	63.6

附表 F-3 油船

船舶吨级 DWT(t)	船舶水线以上高度(m)
1 000(1 000～1 500)	24.0
2 000(1 501～2 500)	30.1
3 000(2 501～4 500)	34.2
5 000(4 501～7 500)	39.1
10 000(7 501～12 500)	45.3
20 000(12 501～27 500)	45.6
30 000(27 501～45 000)	47.0
50 000(45 001～65 000)	50.4
80 000(65 001～85 000)	50.4
100 000(85 001～105 000)	50.4
120 000(105 001～13 500)	51.9
150 000(135 001～185 000)	52.7
250 000(185 001～275 000)	65.4
300 000(275 001～375 000)	58.3
450 000	65.4

附表 F-4 集装箱船

船舶吨级 DWT(t)	载箱量(TEU)	船舶水线以上高度(m)
1 000(1 000～2 500)	≥200	6.7
3 000(2 501～4 500)	201～350	30.5
5 000(4 501～7 500)	351～700	39.2
10 000(7 501～12 500)	701～1 050	43.2
20 000(12 501～27 500)	1 051～1 900	49.8
30 000(27 501～45 000)	1 901～3 500	50.9
50 000(45 001～65 000)	3 501～5 650	57.8
70 000(65 001～85 000)	5 651～6 630	57.8
100 000(85 001～115 000)	6 631～9 500	57.8
120 000(115 001～135 000)	9 501～11 000	62.6
150 000	11 001～15 500	66.9(降低桅杆后 63.4)
200 000	15 501～18 000	同上

附表 F-5 货物滚装船

船舶吨级 DWT(t)	船舶水线以上高度(m)
1 000(851～1 500)	24.5
2 000(1 501～2 500)	25.0
3 000(2 501～4 500)	34.0
5 000(4 501～7 500)	40.0
10 000(7 501～12 500)	45.6
15 000(12 501～17 500)	45.6
20 000(17 501～27 500)	48.5
30 000(27 501～45 000)	52.7
50 000	52.7

附表 F-6 汽车滚装船

总吨级(t)	船舶水线以上高度(m)
3 000(1 501～4 500)	28.5
5 000(4 501～7 500)	39.0
10 000(7 501～12 500)	39.0
20 000(12 501～27 500)	390
30 000(27 501～45 000)	48.1
50 000(45 001～65 000)	48.1
70 000(65 001～85 000)	51.6

附表 F-7 客货滚装船

总吨级(t)	船舶水线以上高度(m)
1 000(851～1 500)	22.6
2 000(1 501～2 500)	25.5
3 000(2 501～4 500)	30.6
5 000(4 501～7 500)	31.7
10 000(7 501～12 500)	40.8
20 000(12 501～27 500)	46.1
30 000(27 501～45 000)	50.5
50 000(45 001～65 000)	55.7
70 000	56.5

附表 F-8 散装水泥船

船舶吨级 DWT(t)	船舶水线以上高度(m)
3 000(2 501～4 500)	29.3
5 000(4 501～7 500)	30.0
10 000(7 501～12 500)	33.2
20 000(12 501～27 500)	37.0
40 000(35 001～55 000)	39.0

注:4 万吨级散装水泥船水线上最大高度为估算值。

附表 F-9 化学品船

船舶吨级 DWT(t)	船舶水线以上高度(m)
1 000(1 000～1 500)	24.5
2 000(1 501～2 500)	32.7
3 000(2 501～4 500)	33.3
5 000(4 501～7 500)	38.0
10 000(7 501～12 500)	40.8
20 000(12 501～27 500)	42.9
30 000(27 501～45 000)	44.9
50 000(45 001～65 000)	45.9
80 000(65 001～85 000)	46.6
100 000	46.6

附表 F-10 液化气(LPG/LNG)船

总吨级(t)	船舶水线以上高度(m)
1 000(1 000～1 500)	23.9
2 000(1 501～2 500)	31.4
3 000(2 501～4 500)	34.4
5 000(4 501～7 500)	40.8
10 000(7 501～12 500)	43.7
20 000(12 501～27 500)	50.2
30 000(27 501～45 000)	50.2

续上表

总吨级(t)	船舶水线以上高度(m)
50 000(45 001～65 000)	50.6
80 000(65 001～85 000)	58.6
100 000(85 001～125 000)	67.1
150 000(125 001～175 000)	67.1

附表 F-11　客船(邮轮)

总吨级(t)	船舶水线以上高度(m)
1 000(1 000～1 500)	20.0
2 000(1 501～2 500)	22.6
3 000(2 501～4 500)	30.4
5 000(4 501～7 500)	30.5
10 000(7 501～12 500)	39.8
20 000(12 501～27 500)	40.5
30 000(27 501～45 000)	49.0
50 000(45 001～65 000)	49.0
80 000(65 001～85 000)	56.9
100 000(85 001～125 000)	57.1
150 000(125 001～175 000)	64.1
225 282	72.0(伸缩烟囱后 65.0)

注:1. 表中 1 000 吨级客船的水水线上最大高度为估计值;

2. 表中 225 282 总吨客船为实船数据。

F.0.2　部分典型工程船和海洋工程装备设施的水线以上高度(附表 F-12)

附表 F-12　工程实船

名称	船舶水线以上高度(m)	备注
打桩 15	59.5	打桩船
粤工桩 9	40	打桩船
粤工桩 8	44	打桩船
粤工桩 7	50	打桩船
粤工桩 6	38	打桩船

续上表

名称	船舶水线以上高度(m)	备注
三航桩 18	44.75	打桩船
86 m 挤密砂桩船	86	挤密砂桩船
起重 27	71	1 600 t 起重船
一航津泰	80	4 000 t 起重船
三航风范	44	起重船
三航起 18	40	起重船
粤工起 10	67	起重船
粤工起 9	22	起重船
奋进号	33	起重船
华天龙	76.0	起重船
津平 1	85.8	整平船
华海龙	51.8	自航半潜船
新海风	46.1	耙吸挖泥船
万顷沙	32.25	耙吸挖泥船
浚海 1	33.65	耙吸挖泥船
新海鲲	21.5	绞吸挖泥船
华安龙	20.6	绞吸挖泥船
金雄	24.2	抓斗式挖泥船
南海 2 号	105.45	半潜式钻井平台
南海 5 号	117.7	半潜式钻井平台
南海 8 号	110	半潜式钻井平台
勘探 3 号	105	半潜式钻井平台
海洋石油 981	112	半潜式钻井平台
南海 4 号	132.5(桩腿长度)	自升式钻井平台
九龙号	126.5(桩腿长度)	自升式钻井平台
海洋石油 931	146(桩腿长度)	自升式钻井平台
海洋石油 941	167(桩腿长度)	自升式钻井平台
中海油 5 号	72.1	自升式钻井平台
CJ-46-X100-D	147.4	自升式钻井平台
海洋石油 901/902	80.8	自升式钻井平台
JB118(SEA-3250)	81.55	自升式钻井平台

附录 G 路基防排水设计图表

本附录根据《铁路路基设计规范》(TB 10001—2016)附录 F 编写。

G.0.1 常用排水设施计算用表

常用排水设施的水力半径和过水断面面积可按附表 G-1 确定。

附表 G-1 常用排水设施的水力半径和过水断面面积

断面形状	断面示意图	过水断面面积 A	水力半径 R
矩形	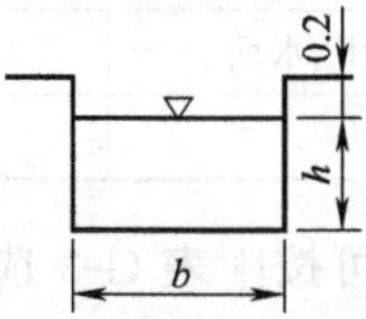	$A=bh$	$R=\frac{bh}{b+2h}$
对称梯形	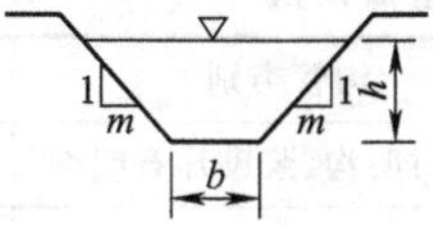	$A=bh+mh^2$	$R=\frac{bh+mh^2}{b+(2\sqrt{1+m^2})h}$
不对称梯形	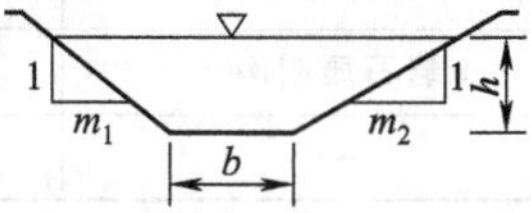	$A=bh+0.5(m_1+m_2)h^2$	$R=\frac{bh+0.5(m_1+m_2)h^2}{b+(\sqrt{1+m_1^2}+\sqrt{1+m_2^2})h}$
圆形	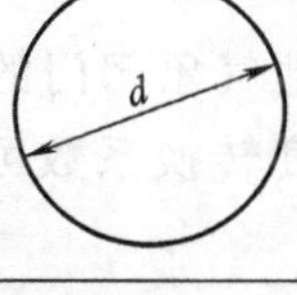	$A=\frac{\pi d^2}{4}$	$R=\frac{d}{4}$
半圆形	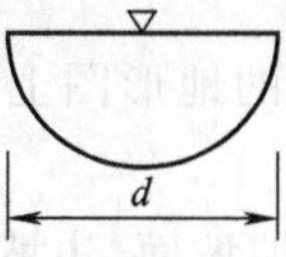	$A=\frac{\pi d^2}{8}$	$R=\frac{d}{4}$

G.0.2 路基地面排水设计流量

1. 地表径流系数在无试验资料时可按附表 G-2 选用。

附表 G-2 地表径流系数

地表种类	径流系数 ψ	地表种类	径流系数 ψ
粗粒土坡面	0.10～0.30	起伏的草地	0.40～0.65
细粒土坡面	0.40～0.65	平坦的耕地	0.45～0.60
硬质岩石坡面	0.70～0.85	落叶林地	0.35～0.60
软质岩石坡面	0.50～0.75	针叶林地	0.25～0.50
陡峻的山地	0.75～0.90	水田、水面	0.70～0.80
起伏的山地	0.60～0.80	—	—

2. 沟(管)壁粗糙系数在无实测资料时可按附表 G-3 选用。

附表 G-3 沟(管)壁粗糙系数

沟管类别	粗糙系数 n	沟管类别	粗糙系数 n
UPVC 管、PE 管、玻璃钢管	0.010	砂砾质明沟、浆砌片石明沟	0.025
混凝土明沟(预制)	0.012	波纹管、带杂草土质明沟	0.027
混凝土管、陶土管	0.013	干砌片石明沟	0.032
铸铁管、混凝土明沟(抹面)	0.015	岩石质明沟	0.035
土质明沟	0.022	—	—

注:本表给出的粗糙系数值是指过水界面较好的情况,若有充分资料或过水界面状况较为复杂时,可不受该表限制。

3. 设计径流量计算用降雨强度宜按当地气象部门的降雨强度公式确定。当无地方资料时,降雨强度及降雨强度转换系数可按《规范》(TB 10001—2016)图 F.0.4、图 F.0.5 确定。

4. 地面水汇水面积确定应符合下列规定

(1)汇水面积宜在 1∶2 000～1∶10 000 的地形图上勾绘,经现场校核确定。

(2)路堑侧沟汇水面积应包括路基面、边坡坡面、边坡平台、侧沟平台的径流面积。

(3)路堤排水沟汇水面积应包含路基面、边坡坡面、边坡平台、路堤坡脚至排水沟及排水沟外侧地面径流面积。

(4)路堑天沟汇水面积应包括天沟外侧汇水区域及可能流向天沟的内侧汇水区域。

(5)路基地面排水设施的设计径流量可按下式计算确定,膨胀土、湿陷性黄土、沙性土、戈壁碎石土等易冲刷地区,其设计径流量应在下式基础上乘以系数1.1。

$$Q=16.67\psi qF$$

式中 Q——设计径流量(m^3/s);

ψ——径流系数,按汇水区域内的地表种类确定,汇水区域内有多种类型的地表时,分别为每种类型选取径流系数后,按相应的面积大小取加权平均值;

q——设计重现期和降雨历时内的平均降雨强度(mm/min),宜采用当地气象部门的降雨强度计算公式;

F——汇水面积(km^2)。

G.0.3 水沟和管所需的断面

水沟和管所需的断面尺寸应根据设计流量、水力坡度、沟管粗糙率等计算确定,并检查其流速是否在允许范围内。

1. 水沟的泄水能力可按 $Q_c=vA$ 计算

式中 v——平均流速(m/s),$v=C\sqrt{Ri}$;

A——过水断面面积(m^2),可按附表G-1选用。

2. 水沟的平均流速可按 $v=C\sqrt{Ri}$ 计算

式中 R——水力半径(m),按附表G-1选用;

i——水力坡度,$i=\frac{h}{l}$,h 为水头差,l 为流水长度,一般情况可取用沟管的底坡;

C——流速系数或谢才系数,$C=\frac{1}{n}R^y$,

$$y=2.5\sqrt{n}-0.13-0.75\sqrt{R}(\sqrt{n}-0.1),$$

n 为沟管壁的粗糙系数,可按附表G-3确定。

3. 水沟的允许流速应符合下列规定

(1)明沟的最大允许流速应按附表 G-4 选用，并根据水深按附表 G-4 列值乘以附表 G-5 中相应的修正系数。

(2)膨胀土、黄土等易冲刷及淤积地区的沟应进行流速检算。

附表 G-4　明沟最大允许流速

明沟类别	最大允许流速（m/s）	明沟类别	最大允许流速（m/s）	明沟类别	最大允许流速（m/s）	明沟类别	最大允许流速（m/s）
粉土	0.8	干砌片石	2.0	黏土	1.2	混凝土	4.0
粉质黏土	1.0	浆砌片石	3.0	草皮护面	1.6	石灰岩、中砂岩	4.0

附表 G-5　最大允许流速的水深修正系数

水深 h(m)	$h\leqslant4$	$0.4<h\leqslant1.0$	$1.0<h<2.0$	$h\geqslant2.0$
修正系数	0.85	1.00	1.25	1.40

4. 不受结构或地形限制的水沟应采用水力最优断面。

参考文献

安康特大洪水分析小组,1986. 汉江安康"83·7"特大洪水分析[J]. 水文,(2):8-14.

成昆铁路技术总结委员会办公室,1979. 成昆铁路泥石流[J]. 铁道学报,(3):91-110.

成昆铁路技术总结委员会,1979. 成昆铁路(3)隧道[M]. 北京:人民铁道出版社.

成昆铁路技术总结委员会,1980. 成昆铁路(4)桥梁[M]. 北京:人民铁道出版社.

长江流域规划办公室水文处,1982. 水利工程实用水文计算[M]. 北京:水利出版社.

陈席珍,朱炳祥,1989. 桥前壅水的分析研究[J]. 铁道工程学报,(4):78-85.

陈文斌,2002. 海湾及河口地区桥梁通航净空尺度的确定[J]. 国外桥梁,(1):75-77.

曹奎章,1983. 水库区桥梁[J]. 桥梁建设,(1):58-69.

曹健,2010. 山西中南部铁路小流域暴雨径流公式验证[J]. 山西建筑,(29):291-292.

常福田,1992. 丁坝群合理间距的试验研究[J]. 河海大学学报,(4):10-17.

戴荣尧,卢金利,1982. 桥墩冲刷防护计算[J]. 泥沙研究,(1):53-58.

戴荣尧,王群,1983. 溃坝最大流量的研究[J]. 水利学报,(2):15-23.

戴荣尧,张佰战,2006. 桥梁壅水理论计算公式推导的探讨[C]//铁路桥梁水文及病害调查整治经验——中国铁道学会铁道工程分会水工水文专业委员会、中国灾害防御协会铁道专业委员会学术交流会论文汇编(第二集):4-8.

邓铭,2004. 干旱地区内陆河流域水文问题的研究实践与展望[J]. 水文,(3):18-24.

高智萍,胡勇,2009. 南京大胜关长江大桥桥渡水文分析[J]. 船海工程,(6):122-125.

高冬光,2011. 公路桥涵设计手册·桥位设计[M]. 北京:人民交通出版社.

高亮亮,龚爱军,2012. 山区铁路改河工程设计方案研究[J]. 铁道标准设计,(11):77-79.

关向琼,方艳,2012. 堤防工程冲刷深度的计算探讨[J]. 中国工程咨询,(4):52-54.

黄文俊,吴学鹏,1984. 小桥涵流量计算参数的试验研究[J]. 铁道学报,(2):68-83.

黄文俊,吴学鹏,王家服,1988. 小流域设计洪峰流量计算参数的综合研究[J]. 铁道学报,(3):38-48.

黄有俊,1986. 宝略段路基冲刷防护设计总结[J]. 路基工程,(2):6-12.

胡槿初,1991. 对《铁路桥渡勘测设计规范》表 1.0.8 注③的理解[J]. 铁道标准设计,(5):52.

胡勇,2006. 大型跨江海桥梁桥渡(桥位)设计[J]. 桥梁建设,(S2):11-14.

胡勇,2012. 跨海桥梁基础波浪流力计算问题探讨[J]. 水道港口,(4):101-105.

胡守增,2008. 桥渡冲刷的现状及简评[J]. 四川建筑,(4):70-71.

华鹏年,苏广和,2012. 全国水文分区流量计算参数研究[J]. 公路,(4):13-17.

交通部公路规划设计院,1982. 公路桥位勘测设计规程条文编写说明[M]. 北京:人民交通出版社.

交通部公路规划设计院,1993. 公路桥位勘测设计规范(JTJ 021—91)条文说明[M]. 北京:人民交通出版社.

蒋焕章,2001. 公路水文勘测设计与水毁防治[M]. 北京:人民交通出版社.

阚译,1984. 桥渡水工水文工作的回顾[J]. 铁道工程学报,(1):113-118.

阚译,1984. 桥渡设计河段分类[J]. 铁道工程学报,(2):51-57.

阚译,1997. 中国铁路桥渡设计成就综述[J]. 中国铁道科学,(2):3-12.

阚译,1998. 铁路设计洪水频率标准刍议[J]. 中国铁道科学,(1):29-41.

阚译,王群,1998. 桥渡水害的原因和对策[J]. 铁道工程学报,(2):40-46.

李毓林,1981. 路基冲刷防护调查报告[J]. 铁道标准设计,(11):11-14.

李鑫,李万成,1994. 京包线妫水河大桥的冰害整治[J]. 铁道建筑,(7):12-14.

李士峰,2006. 堤防工程设计波浪爬高分析与计算[J]. 东北水利水电,(6):7-9,12,73.

卢金利,1984. 黏性土河床桥渡冲刷计算[J]. 铁道工程学报,(2):129-133.

刘有录,1984. 第二线桥桥墩间距的水力学试验研究(摘要)[J]. 铁道工程学报,(2):188.

刘桃芬,1990. 铁路水工水文工作的发展概况[J]. 铁道工程学报,(2):114-119.

刘树良,2009.《公路路基设计规范》释义手册[M]. 北京:人民交通出版社.

刘新生,2015.《公路工程水文勘测设计规范》宣贯读本[M]. 北京:人民交通出版社.

林蔚深,1985. 宝成线略广段明洞棚洞工程设计及其特点[J]. 铁道建筑,(8):17-22.

罗研良,于伟忠,2013. 跨海大桥钢管桩腐蚀模拟试验及耐久性跟踪研究[J]. 宁波工程学院学报,(4):36-43.

孟河清,1986. 1981 年宝成铁路泥石流灾害与降雨条件的分析[J]. 铁道工程学报,(4):124-127.

孟卫华,2003. 湘黔铁路增建二线中路基若干问题探讨[J]. 路基工程,(5):15-17.

马先华,齐梅兰,2007. 常用桥墩冲刷计算公式的分析比较[C]//第三届全国水力学与水利信息学大会论文集:462-468.

聂树安,杨斌,1989. 大站站场排水系统的改进[J]. 铁道建筑,(3):26-28.

屈兆均,1978. 桥梁水文基础知识[M]. 北京:人民铁道出版社.

秦云鹏,1984. 从宝成铁路宝略段水害看山区铁路桥梁的设计[J]. 铁道工程学报,(2):98-101.

钱冬生,2003. 科学地对待桥渡和桥梁[M]. 北京:中国铁道出版社.

乔健,阚译,2004. 斜交跨河设桥的思考[J]. 铁道标准设计,(4):29.

苏培基,钟香炜,1984. 宝成线略广段桥梁水害中的经验教训[J]. 铁道工程学报,(2):101-105.

沈寿长,谭炳炎,1986. 铁路泥石流防治的回顾与展望[J]. 铁道工程学报,(3):200-204.

沈寿长,谢修齐,1993. 暴雨泥石流流量计算方法研究[J]. 中国铁道科学,(2):83-92.

孙国浩,吴媛娇,1987. 溃坝洪水计算概况[J]. 水文,(1):56-62.

孙福禄,1992. 滨海路堤波浪爬高及防护高程计算[J]. 路基工程,(3):40-42.

孙学祥,1996. 最高洪水位调查和洪峰流量的计算[J]. 铁道标准设计,(3):10-13.

孙学祥,2000.《铁路工程水文勘测设计规范》(TB 10017—99)编制情况简介[J]. 铁道标准设计,(10):48-50.

孙东坡,魏献明,2008. 万家寨水库上游新增二线黄河大桥防凌试验分析[J]. 华北水利水电学院学报,(2):17-20.

邵尧明,邵丹娜,2014. 中国城市新一代暴雨强度公式 2014 年[J]. 给水排水,(11):205.

铁道部基本建设局,1979. 铁路工程技术规范第二篇·桥涵(条文说明)[M]. 北京:人民铁道出版社.

铁道部第一勘测设计院,1992. 铁路工程设计技术手册·路基[M]. 北京:中国铁道出版社.

铁道部第一勘测设计院,兰州铁道学院,1994. 铁路工程设计技术手册·涵洞与拱桥[M]. 北京:中国铁道出版社.

铁道部第一勘测设计院,1999. 铁路工程地质手册(修订版)[M]. 北京:中国铁道出版社.

铁道部第二勘测设计院,1978. 铁路小桥涵设计[M]. 北京:人民铁道出版社.

铁道部第二勘测设计院,1999. 铁路工程设计技术手册·隧道[M]. 北京:中国铁道出版社.

铁道部第三勘测设计院,1993. 铁路工程设计技术手册·桥渡水文[M]. 北京:中国铁道出版社.

铁道部第四勘测设计院,2004. 铁路工程设计技术手册·站场及枢纽(修订版)[M]. 北京:中国铁道出版社.

铁道部科学研究院墩形系数专题组,1984. 桥墩局部冲刷墩形系数[J]. 铁道工程学报,(2):106-110.

铁道部科学研究院壅水专题组,1989. 齐齐哈尔嫩江公路大桥桥渡模型试验[J]. 铁道工程学报,(4):167-170.

吴学鹏,黄文俊,1986. 天然河流糙率表的编制和半经验公式的探讨[J]. 水文,(2):23-28.

吴家乃,朱梅心,1991. 论我国高程基准面问题[J]. 河海大学学报,(1):63-68.

王仁宽,1984. 关于式(64—1)和式(65—1)冲刷计算中若干问题的处理[J]. 铁道工程学报,(2):152-153.

王玉洁,1989. 路堤水力计算公式的验证和改进[J]. 铁道工程学报,(4):171-176.

王槐青,1991. 关于贯彻《桥规》第1.0.8条注③的探讨[J]. 铁道标准设计,(4):25-31.

王槐青,1992. 海湾铁路桥渡设计探讨[J]. 铁道标准设计,(11):18-22.

王槐青,1993. 桥台应如何考虑局部冲刷——对现行《铁路桥渡勘测设计规范》第5.6.8条修改的建议[J]. 铁道标准设计,(5):49-50.

王槐青,1993. 按溃坝流量设桥有用吗?[J]. 铁道标准设计,(9):25,50.

王槐青,2010. 桥渡水害成因分析与防控措施[M]. 北京:中国铁道出版社.

王熙东,2000. 沙漠地区水文计算及铁路桥涵布置和定位[J]. 铁道技术监督,(11):35-37.

王莉,2001. 西康线长哨车站特殊水文与多线斜交桥设计[J]. 重庆交通学院学报,(3):13-17.

王升,2010. 某地区铁路小流域暴雨径流公式验证[J]. 山西建筑,(8):369-371.

汪忠,赵志文,2009. 通让线K78—K84水害地段增建二线设计[J]. 铁道建筑,(8):115-117.

西安公路学院,1980. 桥涵水文[M]. 北京:人民交通出版社.

徐在庸,1959. 介绍铁道部小桥涵流量计算会议[J]. 水文月刊,(6):17-18.

徐剑峰,陈赞庭,1989. 黄河冰情概述[J]. 水文,(2):44-51.

许念曾,1986. 桥涵水文学[M]. 北京:中国铁道出版社.

许念曾,拾兵,1993. 论《桥渡设计》与桥渡水工模型试验[J]. 中国铁道科学,(1):90-96.

许力源，陈冬，2021. 感潮河段围垦工程对河势及桥梁安全的影响分析——以苏通大桥为例[J]. 中国水运，(9)：39-42.

谢衡光，王韦，1996. 成昆铁路泥石流防治工程运行效果浅析[J]. 山地研究，(3)：199-204.

谢绍平，2001. 贯彻新规范中对有关糙率应用问题的探讨[J]. 水文，(1)：50-53.

荀嘉雷，2008. 从牡绥线初测谈滨河路堤的水文计算[J]. 山西建筑，(13)：368-370.

项育德，2011. 浅谈兰新第二双线新疆段漫流特性及其桥位布设原则[J]. 城市道桥与防洪，(4)：10-11，110-112.

尹桂莲，1989. 桥墩局部冲刷经验公式的制定[J]. 铁道工程学报，(4)：181-185.

尹学良，1997. 黄河口的河床演变[M]. 北京：中国铁道出版社.

于强生，1999. 关于堤防工程的级别及设计标准的说明[J]. 水利技术监督，(4)：13-18.

闫高翔，2006. 沉管隧道勘察中的水文研究[J]. 铁道勘察，(5)：45-47.

杨文海，路志强，2013. 跨河桥梁防洪影响评价研究[J]. 水资源与水工程学报，(2)：166-168.

中华人民共和国铁道部，1975. 铁路工程技术规范·第二篇桥涵：交铁基字〔1974〕2960 号[S]. 北京：人民铁道出版社.

中华人民共和国铁道部，1978. 铁路桥梁检定规范：铁工电字 1279 号[S]. 北京：人民铁道出版社.

中华人民共和国铁道部，2009. 铁路边坡防护及防排水工程设计补充规定：铁建设〔2009〕172 号[S]. 北京：中国铁道出版社.

中国铁路桥梁史编委会，2003. 中国铁路桥梁史[M]. 北京：中国铁道出版社.

张佰战，李付军，2004. 桥墩局部冲刷计算研究[J]. 中国铁道科学，(2)：49-52.

张佰战，黄美兰，2005. 桥梁壅水曲线长度的计算[J]. 铁道建筑，(5)：14-16.

张胡，陈述，2006. 京沪高速铁路南京大胜关长江大桥桥墩局部冲刷及岸坡防护研究[J]. 桥梁建设，(S2)：81-85.

张景民，白鸿国，2008. 锦赤铁路小流域暴雨径流计算分析[J]. 铁道工程学报，(4)：6-9.

张瑞军，2012. 呼准铁路黄河特大桥工程防洪影响评价[J]. 内蒙古科技与经济，(17)：103-105.

周国良，2007.《中国暴雨统计参数图集》成果简介[J]. 水文，(1)：61.

赵宝盛，王槐青，1993. 从北方水害谈铁路桥涵的勘测设计[J]. 铁道工程学报，(3)：72-76.

赵宝盛,王槐青,1995. 铁路水害与桥涵勘测设计[J]. 铁道工程学报,(2):141-146.

赵文,2012. 中国戈壁地区地质勘察的几点体会[C]//中国铁道学会铁道工程学会工程地质与路基专业委员会第二十三届年会论文集:21-23.

朱炳祥,1985. 黏性土桥墩局部冲刷计算[J]. 公路,(12):20-22.

朱炳祥,1986. 水坝下游桥渡冲刷计算[J]. 长沙交通学院学报,(2):61-65.

朱炳祥,金仁义,1996. 宽滩河流桥孔设计流速与河槽宽度的计算[J]. 长沙交通学院学报,(1):41-48.

朱炳祥,1988. 岩石河床桥墩局部冲刷计算[J]. 长沙交通学院学报,(Z1):35-43.

郑仰奇,李怀恩,2005. 河道多桥连续壅水分析[J]. 水资源与水工程学报,(3):41-43.